本书系：

国家社会科学基金重大项目(12&ZD098)阶段性成果

国家自然科学基金项目(71402168、71673240、70972108、70572095、70401012)阶段性成果

浙江省自然科学基金项目(LR12G02001、LY17G020023、LY17G020024)阶段性成果

浙江省哲学社会科学重点研究基地 —— 技术创新与企业国际化研究中心资助成果

浙江工业大学中小微企业转型升级协同创新中心资助成果

战略网络中组织学习与创新相关理论研究

谢洪明　程　聪　章　俨　等◎著

中国社会科学出版社

图书在版编目（CIP）数据

战略网络中组织学习与创新相关理论研究/谢洪明等
著 . —北京：中国社会科学出版社，2016.11
ISBN 978 - 7 - 5161 - 9352 - 5

Ⅰ.①战…　Ⅱ.①谢…　Ⅲ.①企业战略—战略管理—
研究　Ⅳ.①F272.1

中国版本图书馆 CIP 数据核字（2016）第 280696 号

出 版 人	赵剑英
责任编辑	卢小生
特约编辑	林　木
责任校对	周晓东
责任印制	王　超

出　　版	中国社会科学出版社
社　　址	北京鼓楼西大街甲 158 号
邮　　编	100720
网　　址	http：//www. csspw. cn
发 行 部	010 - 84083685
门 市 部	010 - 84029450
经　　销	新华书店及其他书店

印刷装订	北京君升印刷有限公司
版　　次	2016 年 11 月第 1 版
印　　次	2016 年 11 月第 1 次印刷

开　　本	710 × 1000　1/16
印　　张	44. 5
插　　页	2
字　　数	733 千字
定　　价	180. 00 元

凡购买中国社会科学出版社图书，如有质量问题请与本社营销中心联系调换
电话：010 - 84083683

前　言

管理学大师德鲁克说过："企业的唯一目标就是创造价值。……因此，创新决定了企业的发展方向……企业有且只有两个基本功能：创新和战略。""十二五"以来，我国经济已经进入一个由粗放型高速增长逐步转向集约型稳定增长的新常态。而中国企业作为我国经济发展的基本"细胞"，其基于创新能力的企业核心竞争力构建则是我国企业面临的长期问题。

从产业发展态势和信息技术革新过程来看，当前世界范围内的科技进步和产业革命在不断孕育着新的市场机会，基于市场开发和知识力量比拼的现代企业战略网络经营将是决定我国企业未来国际竞争力的决定力量。一方面，产业国际分工的高度专业化，使得当前企业技术创新活动同时出现资本密集型的集成创新和全球化布局的产业链创新两种模式。以自身核心技术为基础的企业网络创新突破正在快速地改变企业原有的战略决策模式，企业战略决策行为与战略网络发展密切结合。另一方面，全球产业重新布局、技术国际化使得全球性的产业网络演进日益涌现出产业生态的特征，产业技术复杂性、产品/市场匹配度，等等，都需要企业采用全球化的眼光来应对这种产业变革所带来的风险。因此，在国际化竞争背景下，如何加强企业战略网络经营以及企业如何适应企业网络日益展现出的"准生态"特征，从而更加准确地指导企业战略决策，将是企业构建未来全球竞争力的决定要素。

在市场竞争日益激烈的国际化发展背景下，如何来经营企业战略网络是我国企业不得不面临的重要议题。显然，充分借助企业外部网络资源来发挥企业自身的能动性十分关键。从理论研究的视角来看，资源基础观和企业动态能力观为研究企业如何获取战略网络中的核心要素来维持企业竞争优势提供了大量的理论研究空间。比如，资源基础观中知识资源的积累、获取乃至整合，是企业经营中最重要的资本，是企业中最重要的资源。动态能力中企业学习能力则是得到了理论界的普遍重视，而企业市场导向则是几十年来市场营销研究领域长期关注的重要理论焦点之一。当前，国内外已经对企业战略网络、资源基础与动态能力对于企业竞争力的研究展开了大量讨论，形成一系列成果，但遗憾的是，这些研究都十分分散，缺乏一个系统的阐述战略网络中组织学习与企业竞争力之间关系的理论成果。另外，如何来看待这种基于企业内在要素禀赋的企业能动性在企业战略网络与企业核心竞争力之间所发挥的作用？这不仅是一个有待完善的基础性企业能力性理论框架构建问题，更是一个分析改革开放以来，我国不同地区企业在应对不同外部环境时，如何更好地适应和发挥战略网络推动企业竞争力构建的问题。能够更好地使我们理解 30 多年以来我国民营企业战略决策的变迁模式，这也是我们编著《战略网络中组织学习与创新相关理论研究》这本书的初衷之一。

本书充分汲取以往的研究成果，旨在通过前沿理论回顾、大样本实证研究以及典型企业案例研究，构建统合性企业战略网络与企业竞争力关系理论框架（见图 1），为我国企业战略网络决策、企业核心竞争力构建等提供启发。首先，通过对企业战略网络相关理论前沿的回顾，从网络连接关系、网络嵌入性以及战略网络涌现出来的生态特征进行了阐述，探讨了我国企业战略网络的主要特征以及对我国企业战略决策产生的影响机制。其次，全面论证了企业战略网络不同维度对于企业竞争力的影响，包括企业战略网络结构、企业战略网络关系等对于企业技术创新、企业管理创新等的影响机制，系统阐述了我国民营企业战略网络与企业竞争力之间的关系。最后，探讨了组织学习、知识管理和市场导向在企业战略网络与企业竞争力之间起到的中介作用和调节作用。而组织学习、知识管理和市场导向基本概括了企业资源基础观和动态能力观相关研究中的核心要素。因此，这一部分研究能够深化企业战略网络与企业组织创新及竞争力之间的内在影响关系。

改革开放 30 多年历程中，针对我国民营企业战略网络与企业竞争力的研究虽然浩如烟海，但却非常分散，相关研究支离破碎，研究结果之间缺乏广泛的联系和对话。基于大量的实地调查，我们收集了代表我国民营企业发展最高水平的广东和浙江大量民营企业调查数据，并围绕企业战略网络和竞争力进行了全方位、长期并且系统的跟踪研究。这在以往的研究中是非常少见的。总体来看，本书的学术价值和社会价值主要体现在以下几个方面。

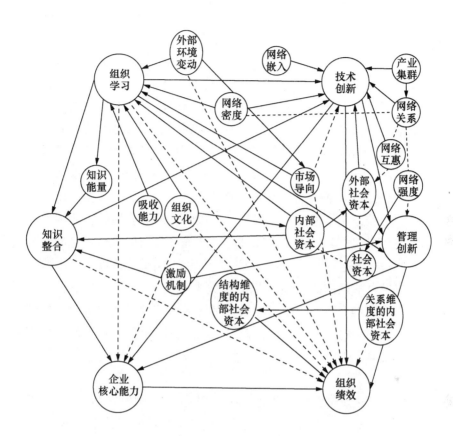

图 1　战略网络中组织与创新及其相关构念关系结构

第一，理论研究方面。本书详细阐述了企业战略网络的发展脉络，阐明了动态竞争情境下企业战略网络的主要特征，并重点阐释了企业战略网络涌现出来的"准生态"特征，创新性地发展了企业战略生态的理论构念，创造性地提出了 CD – MUSE 理论模型。本书中的第一章相关内容被引用次数达到了 130 次，总下载量则为 1324 次；第三章相关内容被引用率达到了 99 次，总下载量则为 1685 次；第五章的相关内容被引用次数达到 88 次，总下载量达到 1401 次；第六章的相关内容被引用次数达到 68 次，总下载量达到 495 次（截至 2015 年 12 月）。

第二，理论研究方面。全面探讨了企业学习能力、知识管理和市场导向对战略网络中企业核心能力构建的问题，明确了企业学习能力、知识管理和市场导向对于战略网络框架下企业核心能力的影响机制，产生了广泛的学术影响。其中，最有代表性的是，以第十一章相关研究成果为基础的成果被引用达到 62 次，总下载量达到了 1263 次；以第十八章相关研究成果为基础的成果被引用达到 140 次，总下载量达到了 5592 次；以第二十章相关研究成果为基础的成果被引用达到了 158 次，总下载量达到了 1924 次；以第二十二章相关研究成果为基础的成果被引用达到了 67 次，总下载量达到 1801 次；以第二十三章相关研究成果为基础的成果被引用达到了 71 次，总下载量达到了 2299 次；以第二十五章相关研究成果为基础的成果被引用次数则达到 117 次，总下载量达到 2160 次；以第二十七章相关研究成果为基础的成果被引用次数则达到 83 次，总下载量达到 1326 次；以第三十章相关研究成果为基础的成果被引用的次数则达到了 90 次，总下载量达到 1247 次；以第三十五章相关研究成果为基础的成果被引用的次数则达到了 259 次，总下载量达到 1761 次；以第三十八章相关研究成果为基础的成果被引用的次数则达到了 94 次，总下载量达到 1587 次；以第四十章相关研究成果为基础的成果被引用的次数则达到了 318 次，总下载量达到 5745 次；而以第四十一章相关内容为基础的研究成果被引用的次数达到了 111 次，总下载量则为 1596 次（截至 2015 年 12 月）。

第三，实践对策方面。本书也形成了较为广泛的影响力。本书在系统的理论研究基础上，提出了一系列针对我国民营企业战略网络经营改善的政策建议，对于提高我国民营企业国际竞争力具有重要的实践价值。例如，针对市场导向下的企业战略经营理论分析，本书的第四十四章和第四十五章分别提出了依托互联网为基础针对浙江企业全球化发展战略的建议得到了浙江省省长李强的肯定性批示采纳，具有很强的现实指导意义；第四十六章有关浙江企业在欧洲、美国、日本发达经济体投资的对策研究也得到了杭州市市长的肯定性批示。另外，本书的其他一些政策也曾得到浙江省商务厅等领导的肯定性批示和采纳。

本书由五篇构成。

第一篇为企业战略网络及生态性相关理论基础，包括第一章至第九章。具体内容有：基于系统论的企业战略管理理论、企业战略网络连接关系及其嵌入性理论、动态竞争理论研究评述、战略网络结构视角下企业动态竞争理论模型、企业动态竞争行为实证检验、战略生态演进理论基础、战略生态与企业战略网络经营、制度创业情境下战略生态与新创企业成长和战略网络与企业竞争优势关系理论。

　　第二篇为企业战略网络与企业竞争力关系相关研究，包括第十章至第十八章。具体内容有：集群网络关系与企业竞争力关系、产业集群中企业行为及其竞争力、企业网络互惠程度与技术创新绩效的关系、企业网络密度与技术创新的关系、企业网络嵌入对技术创新绩效的影响、企业网络强度与管理创新的关系、企业网络互惠程度与管理创新的关系、美的空调供应商网络及其效率案例和东菱凯琴企业战略升级案例。

　　第三篇为组织学习视角下企业竞争战略相关理论，包括第十九章至第二十八章，具体内容有：战略网络中组织学习的前因后果、企业组织学习与企业绩效的关系、环境变动下组织学习对组织绩效的影响、组织学习与知识整合对企业核心能力的影响、组织学习和组织文化对企业核心能力的影响、吸收能力对组织学习和组织创新的影响、组织学习与创新对企业核心能力影响机制、企业文化和组织学习对创新绩效的影响、社会资本对组织创新的影响以及社会资本结构对组织绩效的影响。

　　第四篇为知识管理视角下企业竞争战略相关理论，包括第二十九章至第三十八章。具体内容有：知识管理战略方法与绩效研究、企业技术创新类型与知识管理方法的关系、知识管理战略与企业技术创新理论模型、知识管理战略与企业技术创新实证研究、外部知识流入与企业产品创新绩效的关系、知识流入和企业创意对组织绩效的影响、企业知识吸收能力的主要影响因素、外部环境与知识流出对企业管理创新的影响、网络中心性与知识流出对企业技术创新的影响以及知识整合与组织创新对组织绩效的影响。

　　第五篇为市场导向视角下的企业竞争战略相关理论，包括第三十九章至第四十六章。具体内容有：市场导向前因后果理论分析；市场导向与组织绩效关系实证研究；外部环境与市场导向对组织绩效的影响；市场导向与组织绩效前因后果元分析；市场导向对组织绩效总体影响机制；实施全球化战略，促进浙江经济长期发展对策；依托互联网发展战略，打造浙江全球"网谷"策略；浙江企业在发达经济体投资对策及建议。

　　本书是国家社会科学基金重大项目（12&ZD098）、国家自然科学基金项目（71402168、71673240、70972108、70572095、70401012）和浙江省自然科学基金（LR12G02001、LY17G020023、LY17G020024）的阶段性成果，得到了浙江省哲学社会科学重点研究基地——技术创新与企业国际化研究中心和浙江工业大学中小微转型升级协同创新中心的支持。全书由谢洪明、程聪、章俨负责出版策划、组织和统撰。

参加本书研究和编撰的成员有（以章节为序）：前言谢洪明；第一章谢洪明、蓝海林、张德群；第二章谢洪明、刘钢庭、蓝海林、余志良；第三章谢洪明、蓝海林、刘钢庭、曾萍；第四章谢洪明；第五章谢洪明、蓝海林、叶广宇、杜党勇；第六章谢洪明、蓝海林、刘跃所；第七章谢洪明、刘跃所；第八章程聪、谢洪明；第九章谢洪明、刘跃所、蓝海林；第十章谢洪明、刘少川；第十一章谢洪明、金占明、陈盛松；第十二章谢洪明、张霞蓉、程聪、陈盈；第十三章谢洪明、赵丽、程聪；第十四章谢洪明、张颖、程聪、陈盈；第十五章谢洪明、陈盈、程聪；第十六章谢洪明、任艳艳、陈盈、程聪、程宣梅；第十七章程聪、谢洪明、李金刚；第十八章程聪、张颖、陈盈；第十九章谢洪明、吴隆增、王成、葛志良；第二十章谢洪明、韩子天；第二十一章彭说龙、谢洪明、陈春辉；第二十二章谢洪明、吴隆增、王成；第二十三章谢洪明、薛寒飞、程昱、蓝海林；第二十四章吴隆增、许长青、梁娉娉、谢洪明；第二十五章谢洪明、罗惠玲、王成、李新春；第二十六章谢洪明、王琪、葛志良；第二十七章谢洪明、葛志良、王成；第二十八章韩子天、谢洪明、王成；第二十九章谢洪明、刘常勇、李晓彤；第三十章谢洪明、刘常勇；第三十一章谢洪明；第三十二章和第三十三章谢洪明、郑海涛、蓝海林、刘常勇、杨英楠、王成；第三十四章程聪、谢洪明、杨英楠、陈盈；第三十五章刘常勇、谢洪明；第三十六章谢洪明、应郭丽、陈盈、程宣梅；第三十七章谢洪明、冯建新、程聪；第三十八章谢洪明、王成、吴隆增；第三十九章谢洪明；第四十章谢洪明、刘常勇、陈春辉；第四十一章谢洪明；第四十二章程聪、谢洪明；第四十三章程聪、谢洪明、陈盈；第四十四章谢洪明、周健、程宣梅；第四十五章谢洪明、周健、程宣梅、池仁勇、陈侃翔；第四十六章陈衍泰、谢洪明、池仁勇。谢洪明、程聪、章俨、郝世奇和黄宇琨等对全书初稿进行了编撰和校对工作。

本书在研究和编写过程中一直得到国家自然科学基金委员会管理科学部、全国哲学社会科学规划办公室基金处、浙江省政府办公厅、浙江省自然科学基金委员会、浙江省哲学社会科学规划办公室、浙江省商务厅、广东省科技厅、浙江工业大学中国中小企业研究院等有关部门及相关机构大力支持，在此一并表示诚挚的感谢。尽管参加本书编撰的学者们都对本书的内容进行了长期的跟踪研究，但由于新时期下企业战略管理仍然处于百家争鸣状态，加之当前我国面临经济发展的新常态，很多理论和实际问题都需要做进一步的思考和整理，考虑本书编撰时间仓促，难免存在不足之处，请各位批评指正。

内容提要

本书由前言和五篇共 46 章组成。

第一篇我国企业战略网络及生态性相关理论基础。研究内容包括基于系统论的企业战略管理理论；企业战略网络连接关系及其嵌入性理论；动态竞争理论研究评述；战略网络结构视角下企业动态竞争理论模型；企业动态竞争行为实证检验；战略生态演进理论基础；战略生态与企业战略网络经营；制度创业情境下战略生态与新创企业成长；战略网络与企业竞争优势关系理论。

第二篇企业战略网络与企业竞争力关系相关研究。研究内容包括集群网络关系与企业竞争力关系研究；产业集群中企业行为及其竞争力研究；企业网络互惠度与企业技术创新绩效关系研究；企业网络密度与企业技术创新关系研究；企业网络嵌入对企业技术创新绩效影响研究；企业网络强度与企业管理创新关系研究；企业网络互惠程度与企业管理创新关系研究；美的空调供应商网络及其效率案例研究；东菱凯琴企业战略升级案例研究。

第三篇组织学习视角下的企业竞争战略相关理论。研究内容包括战略网络中组织学习前因后果研究；企业组织学习与企业绩效关系研究；环境变动下组织学习对组织绩效影响研究；组织学习和知识整合对核心能力影响研究；组织学习及文化对企业核心能力影响研究；吸收能力对组织学习和组织创新影响研究；学习与创新对于企业核心能力影响机制研究；企业文化和学习对企业创新绩效影响研究；企业社会资本对组织创新的影响研究；社会资本结构和关系对企业绩效影响研究。

第四篇知识管理视角下的企业竞争战略相关理论。研究内容包括知识管理战略方法及其绩效研究；技术创新类型与知识管理方法关系研究；知识管理战略与企业技术创新理论模型；知识管理战略与企业技术创新实证研究；外部知识流入与产品创新绩效关系研究；知识流入和企业创意对组织绩效影响研究；企业知识吸收能力的主要影响因素；外部环境与知识流出对企业管理创新影响研究；企业网络中心性与知识流出对技术创新影响研究；知识整合与组织创新对组织绩效的影响研究。

第五篇市场导向视角下的企业竞争战略相关理论。研究内容包括市场导向前因后果理论分析；市场导向与组织绩效关系实证研究；外部环境与市场导向对组织绩效影响研究；市场导向与组织绩效前因后果元分析研究；市场导向对于组织绩效总体影响机制研究；浙江企业全球化战略促进浙江经济长期发展对策研究；依托互联网发展战略打造浙江全球"网谷"策略研究；浙江企业在欧盟、美国、日本发达经济体的投资对策建议。

目　录

第一篇　企业战略网络及生态性相关理论基础

第一章　基于系统论的企业战略管理理论 ································ 3

　　第一节　企业战略管理系统观 ································ 3

　　第二节　基于系统论的企业战略管理内涵 ················ 5

　　第三节　基于系统论的企业战略决策 ···················· 10

　　本章小结 ·· 13

第二章　企业战略网络连接关系及其嵌入性理论 ················ 15

　　第一节　战略网络相关内涵 ···························· 15

　　第二节　战略网络连接关系类别 ························ 18

　　第三节　战略网络与企业行为 ·························· 20

　　第四节　战略网络对企业嵌入关系的影响 ·············· 23

　　本章小结 ·· 26

第三章　动态竞争理论研究评述 ······························ 27

　　第一节　引言 ·· 27

　　第二节　博弈论与动态竞争 ···························· 28

　　第三节　多点竞争与市场关联 ·························· 30

　　第四节　竞争互动战略 ································ 32

　　本章小结 ·· 37

第四章　战略网络结构视角下企业动态竞争理论模型 ………… 39

第一节　引言 ……………………………………………………… 39

第二节　研究方法选择 …………………………………………… 40

第三节　概念模型的提出 ………………………………………… 41

第四节　战略网络结构与企业进攻回应行为 …………………… 43

本章小结 …………………………………………………………… 52

第五章　企业动态竞争行为实证检验 …………………………… 54

第一节　相关理论基础 …………………………………………… 54

第二节　研究设计 ………………………………………………… 57

第三节　企业竞争行为的一般特征及其关系 …………………… 60

第四节　企业竞争行为的动态特征 ……………………………… 66

本章小结 …………………………………………………………… 71

第六章　战略生态演进理论基础 ………………………………… 73

第一节　企业战略生态化缘起 …………………………………… 73

第二节　企业战略生态研究现状 ………………………………… 75

第三节　企业战略抽象群与战略生态表现形式 ………………… 80

第四节　战略生态研究基本问题 ………………………………… 85

本章小结 …………………………………………………………… 96

第七章　战略生态与企业战略网络经营 ………………………… 97

第一节　企业战略网络本质及行为 ……………………………… 97

第二节　企业战略行为及其生态特征 …………………………… 100

第三节　战略生态与战略网络联系和区别 ……………………… 102

第四节　基于生态视角的企业战略网络 ………………………… 105

第五节　战略生态影响企业战略行为决策 ……………………… 108

本章小结 …………………………………………………………… 109

第八章　制度创业情境下战略生态与新创企业成长 …………… 111

第一节　引言 ……………………………………………………… 111

第二节　战略生态与制度创业……………………………… 113

第三节　战略生态与新创企业成长………………………… 116

第四节　制度创业与新创企业成长………………………… 118

第五节　战略生态、制度创业与新创企业成长关系理论构建…… 120

本章小结……………………………………………………… 122

第九章　战略网络与企业竞争优势关系理论………………… 124

第一节　竞争动态情境下企业核心专长…………………… 124

第二节　战略网络制约企业竞争战略决策………………… 125

第三节　基于战略网络的企业竞争优势构建……………… 127

本章小结……………………………………………………… 129

第二篇　企业战略网络与企业竞争力
关系相关研究

第十章　集群网络关系与企业竞争力关系…………………… 133

第一节　引言………………………………………………… 133

第二节　理论基础与研究假设……………………………… 134

第三节　研究设计…………………………………………… 135

第四节　研究结果…………………………………………… 137

本章小结……………………………………………………… 141

第十一章　产业集群中企业行为及其竞争力………………… 143

第一节　引言………………………………………………… 143

第二节　理论背景与研究假设……………………………… 144

第三节　研究设计…………………………………………… 149

第四节　研究结果…………………………………………… 150

本章小结……………………………………………………… 152

第十二章　企业网络互惠程度与技术创新绩效的关系……… 154

第一节　引言………………………………………………… 154

　　第二节　理论基础与研究假设·······················155

　　第三节　研究设计·····································158

　　第四节　研究结果·····································160

　　本章小结···162

第十三章　企业网络密度与技术创新的关系···············164

　　第一节　引言···164

　　第二节　理论基础与研究假设·······················166

　　第三节　研究设计·····································168

　　第四节　研究结果·····································170

　　本章小结···173

第十四章　企业网络嵌入对技术创新绩效的影响···········175

　　第一节　引言···175

　　第二节　理论基础与研究假设·······················176

　　第三节　研究设计·····································179

　　第四节　研究结果·····································180

　　本章小结···184

第十五章　企业网络强度与管理创新的关系···············186

　　第一节　引言···186

　　第二节　理论基础与研究假设·······················187

　　第三节　研究设计·····································190

　　第四节　研究结果·····································191

　　本章小结···193

第十六章　企业网络互惠程度与管理创新的关系···········195

　　第一节　引言···195

　　第二节　理论基础与研究假设·······················196

　　第三节　研究设计·····································199

　　第四节　研究结果·····································201

　　本章小结···203

第十七章　美的空调供应商战略网络及其效率案例·············· 206

　　第一节　引言·· 206

　　第二节　研究设计·· 210

　　第三节　美的空调供应商网络效率分析···························· 215

　　本章小结·· 222

第十八章　东菱凯琴企业战略升级案例······················ 224

　　第一节　引言·· 224

　　第二节　相关理论回顾·· 226

　　第三节　东菱凯琴 OEM 到 OBM 的升级战略路径分析 ············· 227

　　第四节　东菱凯琴升级战略经验分析······························ 234

　　本章小结·· 235

第三篇　组织学习视角下企业竞争战略相关理论

第十九章　战略网络中组织学习的前因后果·················· 239

　　第一节　引言·· 239

　　第二节　组织学习内涵·· 240

　　第三节　组织学习过程及分类···································· 246

　　第四节　组织学习前因后果的理论框架····························· 254

　　本章小结·· 262

第二十章　企业组织学习与企业绩效的关系·················· 263

　　第一节　引言·· 263

　　第二节　理论基础与研究假设···································· 264

　　第三节　研究设计·· 265

　　第四节　研究结果·· 268

　　本章小结·· 275

第二十一章　环境变动下组织学习对组织绩效的影响……………… 277

　　第一节　引言…………………………………………………… 277

　　第二节　理论基础与研究假设………………………………… 277

　　第三节　研究设计……………………………………………… 279

　　第四节　研究结果……………………………………………… 280

　　本章小结………………………………………………………… 283

第二十二章　组织学习与知识整合对企业核心能力的影响……… 285

　　第一节　引言…………………………………………………… 285

　　第二节　理论基础与研究假设………………………………… 286

　　第三节　研究设计……………………………………………… 290

　　第四节　研究结果……………………………………………… 291

　　本章小结………………………………………………………… 294

第二十三章　组织学习和组织文化对企业核心能力的影响………… 296

　　第一节　引言…………………………………………………… 296

　　第二节　理论基础与研究假设………………………………… 297

　　第三节　研究设计……………………………………………… 300

　　第四节　研究结果……………………………………………… 302

　　本章小结………………………………………………………… 307

第二十四章　吸收能力对组织学习和组织创新的影响……………… 310

　　第一节　引言…………………………………………………… 310

　　第二节　理论基础与研究假设………………………………… 311

　　第三节　研究设计……………………………………………… 314

　　第四节　研究结果……………………………………………… 315

　　本章小结………………………………………………………… 317

第二十五章　组织学习与创新对企业核心能力影响机制…………… 319

　　第一节　引言…………………………………………………… 319

　　第二节　企业创新理论回顾…………………………………… 320

第三节　研究假设·······························330

第四节　研究设计·······························333

第五节　研究结果·······························337

本章小结·····································342

第二十六章　企业文化和组织学习对创新绩效的影响·······346

第一节　引言·································346

第二节　理论基础与研究假设···················347

第三节　研究设计·······························350

第四节　结果分析·······························351

本章小结·····································353

第二十七章　社会资本对组织创新的影响·············355

第一节　引言·································355

第二节　理论基础与研究假设···················356

第三节　研究设计·······························359

第四节　研究结果·······························362

本章小结·····································366

第二十八章　社会资本结构对组织绩效的影响·········368

第一节　引言·································368

第二节　理论基础与研究假设···················369

第三节　研究设计·······························371

第四节　结果分析·······························372

本章小结·····································374

第四篇　知识管理视角下企业竞争战略相关理论

第二十九章　知识管理战略方法与绩效研究···········379

第一节　引言·································379

第二节　理论基础·······························380

第三节　研究设计···385

第四节　知识管理战略与组织绩效·······································387

本章小结···393

第三十章　企业技术创新类型与知识管理方法的关系·······395

第一节　引言···395

第二节　理论基础···396

第三节　研究设计···398

第四节　技术创新类型与知识管理··400

本章小结···405

第三十一章　知识管理战略与企业技术创新理论模型·······406

第一节　引言···406

第二节　理论基础与研究假设··407

第三节　研究设计···415

本章小结···420

第三十二章　知识管理战略与企业技术创新实证研究·······421

第一节　可靠性分析··421

第二节　模型结果检验···437

第三节　中介变量分析···441

第四节　企业差异分析···453

本章小结···454

第三十三章　外部知识流入与企业产品创新绩效的关系·······461

第一节　引言···461

第二节　理论基础···462

第三节　研究假设···466

第四节　研究设计···470

第五节　研究结果···472

本章小结···476

第三十四章　知识流入和企业创意对组织绩效的影响…………… 480

　第一节　引言………………………………………………………… 480

　第二节　理论基础与研究假设……………………………………… 481

　第三节　研究设计…………………………………………………… 483

　第四节　研究结果…………………………………………………… 486

　本章小结…………………………………………………………… 489

第三十五章　企业知识吸收能力的主要影响因素………………… 491

　第一节　引言………………………………………………………… 491

　第二节　影响企业吸收能力相关因素……………………………… 491

　第三节　组织学习机制的作用机制………………………………… 494

　本章小结…………………………………………………………… 496

第三十六章　外部环境与知识流出对企业管理创新的影响……… 498

　第一节　引言………………………………………………………… 498

　第二节　理论基础与研究假设……………………………………… 499

　第三节　研究设计…………………………………………………… 502

　第四节　研究结果…………………………………………………… 505

　本章小结…………………………………………………………… 507

第三十七章　网络中心性与知识流出对企业技术创新的影响……… 509

　第一节　引言………………………………………………………… 509

　第二节　理论基础与研究假设……………………………………… 510

　第三节　研究设计…………………………………………………… 513

　第四节　研究结果…………………………………………………… 514

　本章小结…………………………………………………………… 515

第三十八章　知识整合与组织创新对组织绩效的影响…………… 517

　第一节　引言………………………………………………………… 517

　第二节　理论基础与研究假设……………………………………… 518

　第三节　研究设计…………………………………………………… 521

第四节　研究结果 ·· 524

本章小结 ··· 526

第五篇　市场导向视角下的企业竞争战略相关理论

第三十九章　市场导向前因后果理论分析 ··············· 531

第一节　引言 ··· 531

第二节　理论基础 ·· 532

第三节　市场导向诱因分析 ·· 534

第四节　市场导向后果分析 ·· 538

本章小结 ··· 540

第四十章　市场导向与组织绩效关系实证研究 ············ 542

第一节　引言 ··· 542

第二节　理论基础与研究假设 ··· 543

第三节　研究设计 ·· 548

第四节　研究结果 ·· 559

本章小结 ··· 570

第四十一章　外部环境与市场导向对组织绩效的影响 ···· 574

第一节　引言 ··· 574

第二节　理论基础与研究假设 ··· 575

第三节　研究设计 ·· 577

第四节　研究结果 ·· 579

本章小结 ··· 582

第四十二章　市场导向与组织绩效前因后果元分析 ······· 584

第一节　引言 ··· 584

第二节　理论基础 ·· 585

第三节　变量测度 ·· 593

第四节　研究设计 ·· 596

　　　本章小结 …………………………………………………… 601

第四十三章　市场导向对组织绩效总体影响机制 …………… 604

　　第一节　引言 ………………………………………………… 604
　　第二节　理论基础与研究假设 ……………………………… 605
　　第三节　研究设计 …………………………………………… 619
　　第四节　研究结果 …………………………………………… 620
　　　本章小结 …………………………………………………… 625

第四十四章　实施全球化战略，促进浙江经济长期发展对策 ………… 627

　　第一节　全球浙江、全球浙企、全球浙商战略的提出 ………… 627
　　第二节　实施全球浙江、全球浙企、全球浙商战略的迫切性 ……… 628
　　第三节　实施全球浙江、全球浙企、全球浙商战略的
　　　　　　对策建议 …………………………………………… 629

第四十五章　依托互联网发展战略，打造浙江全球"网谷"策略 … 632

　　第一节　以互联网为依托，推动产业升级 ………………… 632
　　第二节　利用互联网，加快信息基础设施建设 …………… 634
　　第三节　全面实施互联网产业发展理念 …………………… 635

第四十六章　浙江企业在发达经济体投资对策及建议 ………… 637

　　第一节　投资数量居全国首位 ……………………………… 637
　　第二节　海外投资领域正处于转型期 ……………………… 639
　　第三节　短期成效与长期投资挑战并存 …………………… 642
　　第四节　面临的主要问题和困难 …………………………… 644
　　第五节　主要对策和建议 …………………………………… 646

参考文献 ………………………………………………………… 649

第 一 篇

企业战略网络及生态性相关理论基础

　　本篇关于我国企业战略网络及生态性相关理论研究，包括第一章至第九章。

　　首先从系统论角度对企业战略管理的决策问题进行了分析。系统论视角下战略管理面临的首要问题是量化处理问题。企业战略管理是一项宏大的系统工程，企业战略决策所涉及的不仅仅是企业层面的经营问题，还受到社会、文化等多维度要素的影响，很难用完美的数学理论或者统计方法进行全面处理。在战略管理中，特别是动态竞争条件下，竞争的特点是以高强度和高速度为特点的，其中每一个竞争对手都试图不断地建立竞争优势和同时削弱对手的竞争优势，而且竞争对手之间的战略互动明显加快，竞争互动成为企业制定竞争和营销战略的决定因素。这使得利用传统的系统方法论工具来分析企业的竞争战略显得十分困难。因此，关注战略网络中最核心的企业关系的连接方式及其效益就显得尤为重要。战略网络中企业之间连接关系的建立在于成员之间存在互惠、互赖、柔性关系和权力角逐等多种要素的组合优化。基于此，我们提出了两种分析战略网络如何影响企业网络行为决策的方法，即关系嵌入法和结构嵌入法，并深入探讨了企业网络嵌入特征及其内涵，为企业战略网络结构与关系分析奠定了理论基础。

为了全面探讨企业网络中的连接关系，我们从动态竞争角度对网络中竞争主体之间的多点竞争及其竞争互动性进行了阐述，从企业间战略互动或者动态竞争的视角来研究企业战略具有很大的理论创新空间，因此，我们建立了基于战略网络多层次结构嵌入的动态竞争概念模型，并用以分析战略网络中企业进攻回应行为。嵌入的视角深化了本书对竞争资源和网络资源的理解。本书从企业、企业间、网络等层次的结构特性来分析企业的竞争行为，论证了战略网络结构关系如何影响企业间的竞争行为，同时运用资源基础观来理解企业间的竞争行为。并通过实证检验提出，企业动态竞争中，科学地对待与对手竞争互动中的技巧与策略；重视非价格竞争策略；重视联盟在竞争中的作用，争取建立比对手更多的对本企业有利的联盟关系，是非常重要的三个竞争策略。

　　随着战略网络中竞争动态性的持续演进，有关战略生态研究得到学者们的重点关注。我们通过对动态竞争、战略网络生态等理论的持续分析，进一步提出企业战略生态的概念及其内涵，系统提出了战略生态的元素及其关系、同态（构）现象、互动、平衡与稳定以及在企业战略规划实施中战略生态的有效嵌入等战略生态应该关注的几个基本问题。一方面，战略行为影响战略网络的结构和演变，也影响着战略生态的结构特性和战略生态的演进路程，并最终影响战略生态的健康发展。另一方面，战略网络与战略生态都对战略行为有约束作用，处于战略网络或战略生态中的企业既有机遇又有限制，探讨企业的战略行为需要分析企业所在战略网络或战略生态的结构特性及其在战略网络或战略生态中的位置和角色等，企业的战略行为应融入战略生态的理念来展开。战略生态以战略生态中企业战略群组合为基础，通过构建一种解决商业生态系统中企业共同面临的问题的战略整合模式。从战略生态的视角来看，新创企业的成长主要受到战略生态组织惯性、战略聚焦以及战略群构建与实施等因素的影响。而从制度创业角度来看，制度创业家能力和组织场域特征则为新创企业成长奠定了基础。

第一章　基于系统论的企业战略管理理论

企业战略是从企业整体和长远观点来研究企业生存和发展的重大问题。一般认为，企业能否更好地适应环境或者说能否更好地适应市场需求的变化，决定着企业对于竞争对手是否具有竞争优势，从而决定了企业生存和发展的空间和潜力。进入 20 世纪 90 年代以来，企业的经营环境发生了深刻的变化，主要表现在经济国际化、市场全球化、技术进步加快、竞争手段多样化以及多元文化、多种制度、多个市场交融等方面发生的深刻变化，并且这种变化在继续加快，这使得企业战略管理由制定适应环境变化为主的竞争定位转向发现或创造面向未来的企业核心专长。当前，企业战略决策也在极大影响甚至改变着外部竞争环境。企业管理者感到竞争环境越来越复杂，竞争的对抗性越来越强，竞争内容的变化越来越快，竞争优势的可保持性越来越低。企业战略管理越来越呈现出动态化、系统化的特征，越来越急迫地要求我们用更新、更有效的方法来进一步审视企业战略的制定、执行、评价与控制的全过程。本章试图用系统论的观点对企业的战略管理进行认识和分析。

第一节　企业战略管理系统观

系统是由一系列相互关联、相互作用的要素组成的集合。企业和企业管理的系统性已经得到了理论界和实务界的普遍认同。企业战略作为企业和企业管理的重要组成部分，或者说作为企业和企业管理系统的子集，其所涉及的因素及其相互关系的复杂性，要求企业管理研究者不能仅仅将其看作企业的一个子系统来考察和研究（Kaplan and Norton，2007）。

企业战略管理包括三个主要阶段：（1）战略分析即了解企业所处的环境和相对竞争地位；（2）战略选择即涉及对行为过程的模拟、评价和选择；（3）战略实施即采取怎样的措施使战略发挥作用。这三个阶段是相互作用的，具体参见图1-1和图1-2。这三个阶段分别涉及若干要素，每一要素又都可以看作一个子系统，如计划和分配资源，就要涉及若干次级组织、人和财物，这些组织、人和财物之间又会相互作用，为了组织共同目标发挥自身能量，并使这些因素协调发展，从而构成一个子系统。

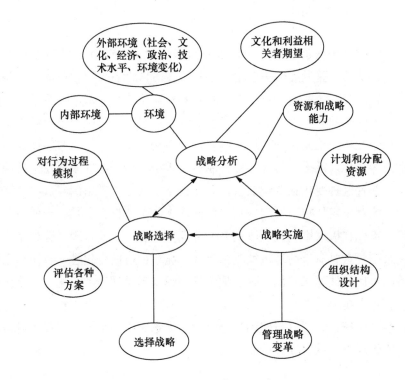

图1-1 战略管理过程及组成要素

资料来源：笔者整理。

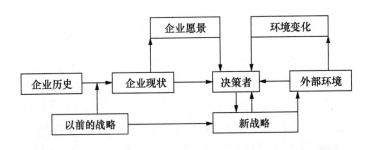

图1-2 企业战略的形成

企业战略的执行同样如此。可以说，企业战略管理的每一个阶段都可看作一个系统。甚至每一阶段所涉及的要素也是一个系统，例如环境，我们知道，组织的生存和发展要受到其所在环境的影响和制约，其所涉及的政治与法律环境、经济环境、社会文化和物质环境、技术环境、行业竞争状况等，这些环境因素分别自组织地运行着同时又相互作用，对企业战略管理在不同阶段、不同时期的影响也不同，在某些时候，可能只有一种环境因素在起主要作用，例如和平时期的技术环境，在战争时期可能更多地要考虑政治因素。另外，从战略实施主体角度看，企业战略又包括三个层次：(1) 公司级/集团战略，是拥有多个子公司的母公司战略，集团战略的主要目标是通过建立和经营行业组合实现投资收益的最大化。(2) 经营级/竞争性战略，是单一行业/产品/市场企业，或者集团下边的子公司所采用的战略，经营战略的目的是通过集中一个具体的行业，或者一个产品/市场实现利润和市场占有率的最大化。(3) 职能级战略/策略，主要是企业内部各个非实体组织，包括职能部门或者生产单位的战略，职能战略主要目的是提高工作有效性和效率。

　　钱学森曾指出，复杂巨系统有两个特点：一是系统的组成是分层次的，即在一个小局部上可以直接制约、协调；在此基础上还有更大的层次组织。二是系统大，作用不可能是瞬间的、一次的，而要分成多阶段来考虑。从上面的分析我们可以看出，企业战略管理不仅涉及相关因素数量庞大，这些要素中还含有许多不确定因素，许多因素还涉及人事层面。考虑到企业战略管理是分层次的，所以，企业战略管理可以看作一个复杂系统，甚至是开放的复杂巨系统。

第二节　基于系统论的企业战略管理内涵

　　为什么要从系统论观点认识企业战略管理？这是由战略管理在企业管理中的地位及其本身的复杂性决定的。我们知道，企业和企业的资源及其环境一起构成了一个系统，其中包括研发系统、生产系统、营销系统等，企业战略管理作为企业发展的总体谋划及其管理，更需要一个有效的工具来分析和指导。自从钱学森等最早提出开放复杂巨系统的概念及其方法论以来，我国系统科学和系统工程工作者越来越关心工程复杂性的研究。同理，企业战略管理的复杂性要求有必要利用系统科学的理论和方法来分析、理解企业的战略管理过程。当前环境下，企业战略管理的子系统及其要素变化的日趋激烈，为认识和把握战略管理带来了巨大的挑战，我们必须寻找有效的工具来把握企业战略。系统论是认识复杂系统相对有效的工具，在工程领域已经取得了许多可喜的成就，有许多方法论可供战略管理的研究和实践所借鉴。

研究企业战略系统首先必须明确企业战略管理系统边界。什么是系统边界？把系统与环境分开来的东西，称为系统的边界。应该说企业战略的系统边界是不确定的。要求很明确地说出哪些是战略系统的内容，哪些是战略系统的环境是不客观的，也是不科学的（蒋天颖和程聪，2012）。因为：（1）对企业战略所涉及的因素目前并没有完全认识清楚，例如，哪些因素最能导致企业战略实施的失败？哪些因素最能促进企业战略的实施，等等。（2）企业战略所面临问题的性质要求企业管理者需要考虑企业管理所涉及的几乎所有问题，其与企业长期发展是相互渗透的，这使得企业战略管理作为企业管理的子系统与企业管理之间不存在严格的界限。（3）从国家宏观发展来看，企业战略管理也不是一个孤立的系统，要放在整个国家乃至世界经济运行的大环境来考虑才有实际意义，外部环境的不确定性和复杂性使得企业战略管理要侧重考虑的因素在不同时期应有所不同。（4）企业战略是社会经济系统的子系统，社会经济系统边界的模糊性决定了企业战略系统边界的模糊性。

一   战略管理的整体性

战略管理是综合企业内外部环境的结果。企业战略是对企业未来发展的总体谋划，是将企业作为整体把握的，是按照"整体大于部分之和"来考虑企业资源、能力、专长与非专长以及外部环境的相互匹配，它制约、指导着企业经营管理的一切具体活动。同时，为了实现企业的长期战略，企业对内部资源和专长与非专长的配置也是从总体上考虑的。在企业总体战略最优的情况下，对每个子公司或者部门进行最优的资源配置。

为什么战略要从总体考虑，其最根本原因是战略系统各要素的相互作用，而且这种相互作用是非线性的。例如环境，对同一企业不同时期战略的影响是不同的。在同一时期对不同企业战略的影响也是不同的，再加上企业战略对环境的影响，这种影响与被影响的关系更难以用线性关系来描述。这种非线性使企业资源的整体作用并不是部分相互作用的简单叠加，部分无法在不对整体造成影响的情况下从整体之中分离出来，各部分处于有机的复杂联系之中，每一部分都是相互影响、相互制约的。这样，每一部分、每一因素都影响着作为整体的战略；反过来，整体又制约或影响着部分。战略的整体性还要求管理者妥善处理局部利益与整体利益之间的关系，在两者存在矛盾的情况下要以整体利益为重。例如，某一产品部门或销售部门为了本部门的利益进行偷工减料或违规销售就可能损害公司整体形象，尽管那样可能增加该部门的利益。

二　战略管理的层次性

一般来说，针对企业不同的管理层面，企业的战略分为公司级、经营级、职能级。每个级别的战略内容、性质、特征都有所不同。职能级战略隶属于并且支撑着企业经营战略，同样，经营级战略隶属于并且支撑着公司战略。公司战略支配着经营战略，经营战略支配着职能战略。要有效地将企业整个战略组织起来，需要企业按照战略层次的划分整合各级战略。有两种基本的整合思路。（1）从高级向低级进行整合，即根据公司级战略整合经营级战略，根据经营级战略整合职能级战略，再根据职能级战略整合其所涉及的因素。（2）首先整合职能级战略的元素，形成职能级战略系统，再将职能级战略整合成经营级战略，最后将经营级战略整合成公司级战略。公司级战略在执行过程中需要分解为若干经营级战略，经营级战略需要分解为若干职能级战略，而且，公司级战略的成功需要以经营级战略的成功为前提，经营级战略的成功需要以职能级战略的成功为前提。低一级战略的成功是实现高一级战略的手段。另外，低层次的战略与高层次的战略之间也可能存在矛盾与冲突，例如，经营级战略与公司级战略可能存在矛盾，解决这些矛盾常常需要对立统一的辩证思维。目的是要保证各层次战略的协调，保证总体战略的实施。

三　战略管理的开放性

企业战略是企业内外部环境的综合体，随着环境变化而变化。战略系统不断和外界交换着物质、信息、能量，从而使战略具有了开放性。在竞争条件下，企业实施战略管理时就非常注意企业的资源条件与外部环境、市场和行业结构的匹配。战略制定者会花大量的精力分析外部环境、进行预测、选择行业。而在动态竞争条件下，战略制定这不仅要在动态竞争条件下分析环境、市场和行业。还必须明确客观环境、市场结构和行业竞争结构都是可以通过企业的战略来改变的（蓝海林，2015），企业战略在执行过程中不断根据企业外部环境的变化进行部分修正，对于服从战略的企业计划而言尤其如此。企业与外部环境交互作用导致这两者之间不断地进行物质、能量、信息的交换。所以，企业战略作为一个系统是向外界开放的。

战略每一层次之间也有能量、信息的交换。例如根据公司战略制定的经营战略，在执行过程中遇到的新问题、新情况，应及时反馈给公司战略，从而对公司战略的调整产生影响。所以，职能战略是向经营战略开放的，经营战略是向公司战略开放的。同时，公司战略也是向经营战略开放的，经营战略也向职能战略开放。这样，各层次战略才能在多层次、多水平的差异之中协同发展，发挥系统的整体功能。但是，各层次的战略本身也是一个自组织系统，它是在本系统内部相互作用并作为整体向前发展的同时有条件、有选择、有过滤地向其他子系统开放，例如研发系统、营销系统，各子系统在向外界开放的同时首先要保持自身的相对稳定性。企业战略必须不断和环境进行能量交换才能使其真正对企业的发展起指导作用，这正是动态竞争战略所关心和要解决的问题。

四　战略管理的目的性

从广义上说，企业战略包括企业的宗旨、目标以及政策。从狭义来理解，企业战略是企业实现其宗旨和长期目标的一种比较宽泛和基本的计划和方法（蓝海林，2001）。无论怎样理解，企业战略都有一个强烈的目标作为支撑，那就是获得超过竞争对手持久的竞争优势，保持有利的竞争地位，从而获得高于平均水平的利润率。从当今世界企业管理的发展潮流来看，企业战略目标有四个层次：（1）企业规模和利润增长方面的目标；（2）企业所有者权益的目标；（3）客户利益的目标；（4）社会效益的目标。包括对社区、环境以及公众的贡献或服务。

企业战略目标具有阶段性。（1）企业所制定的目标不仅要有最终目标，还要有阶段目标。（2）战略管理决策实施者对战略目标的执行也是分阶段进行的，因为战略目标一般是企业5—10年的规划，在实现目标的过程中需要对战略目标进行分解。

战略目标的确定性与不确定性。企业的战略目标必须非常明确，并牢牢根植于企业的文化和日常行为中。只有这样，才能真正对企业的发展起指导作用。但同时，企业的战略又具有不确定性。以前，企业对目标的确定主要偏爱具体的数字目标。比如市场占有率、产值利润率、投资回报率、产值、多样化产品的品种数，等等。这种数字化的目标为企业提供了明确的努力方向，目标是看得到摸得着的。但不足是：企业容易被具体目标所误导。例如，企业为了达到产值的某个目标，有可能忽略企业的核心能力导致企业过分多样化。例如，三九集团的核心产品是"三九胃泰"，该公司后来又大量斥资进行食品、烟酒等行业开发，结果不但这些行业未能取得成功，连"三九胃泰"也受到影响。后来的研究发现，一味追求数量化目标并非一定正确；相反，一些模糊化的、愿景化的或者带有意图性质的战略目标对于企业来说可能更重要。例如，科龙集团把战略目标定为"世界级的制冷企业"而没有说要成为产值要达到多少的企业，就是基于这点考虑。当前，战略目标的抽象化和愿景化是战略管理的一个显著特点。

五　战略管理的突变性

战略在执行过程中的突变。企业战略受制于外部环境，同时又影响着外部环境，在其相互作用的过程中，环境或者企业内部资源的突然变化对企业战略的影响是巨大的，可能导致企业战略执行的终止或失效。

战略执行后续战略的突变。后续战略的制定是在企业的前续战略基础上，根据企业当前和未来可能面临的环境及企业所具有的能力制定的。后续战略基本上是企业前续战略的延续，如果制定战略的基础条件没有发生很大变化。另外，后续战略多半是断续的，或者突变的，因为此时的外部环境和内部条件相对前一战略制定时外部环境和企业资源可能已经发生很大变化。

六　战略管理的稳定性和自组织性

企业战略执行一般需要较长时间，也只有经过较长时间的执行，企业战略才能见到成效，才可能在企业竞争中体现出战略优势。研究表明，企业战略需要在一定时期内保持稳定才能保证企业战略的有效执行。企业战略在面对外部环境的不断变化时，通过在一定范围内的自我调节，保持或恢复所制定战略的有序状态、结构和功能，保证企业战略对企业发展的指导作用和约束作用，保证企业行为始终与企业战略的要求保持一致，而不是相差很远，保证企业的行为始终围绕企业战略在运行。在市场经济条件下，约束企业行为的主导力量仍然在企业手中，企业的行为是由企业自己来规范的，而且规范企业行为的指导思想就是企业战略。这为企业保持企业战略的稳定性和战略出现偏差时进行调整提供了保证。否则，朝令夕改，就会使企业的资源配置无所适从。

企业管理是一个持续动态过程，尤其是在目前外部环境快速变化的情境下，指导企业发展的战略，也应该是动态的，应该能够随机应变，以适应企业及时赢得竞争优势的需要。所以，战略的稳定性是相对的，而不是绝对的。谁在组织着和规范着企业的战略？一般来说，是企业高层管理者及相关领域专家对企业战略的制定有指导或辅助作用，但最终的决策还是由高层管理者来进行的。高层管理者控制和管理着企业的战略，这是毋庸置疑。然而，高层管理者是不是属于企业战略的核心呢？答案是肯定的。所以，企业战略更多具有自组织性质。事实上，对某些企业而言，在企业的发展过程中，企业不自觉地实施着某种不太明确的战略，并通过一个接一个的决策体现出来。这种随形势发展逐步明朗化而形成的战略，往往较难受到外部环境的干扰。

七　战略管理的相似性

为什么说企业战略管理具有相似性？这是由系统功能相似性决定的。系统功能相似性是指系统具有同构和同态的性质，体现在系统的结构和功能、存在方式和演化过程具有共同性，是一种有差异的共性。每个企业由于各自所面临的情况以及自身条件的不同，战略管理的具体内容应有所不同，但战略的维度、结构、功能是相似的，表现出一定的分形结构，体现出多样性的统一。也正是因为战略管理的相似性，不同企业间的战略管理才可以相互借鉴、相互学习，同时也增加了企业保持竞争优势的难度。

第三节　基于系统论的企业战略决策

近年来，除了有关复杂性的理论研究，诸如分形、混沌和自组织等研究有迅速的发展，在方法论和新算法方面也有新的发现，现在多主体系统已经越来越被人们所认识、研究和应用。人们在不断探索新的建模理论。而且更多的人在用计算机直接建模和进行社会实验，并取得了很多成果。一些密切结合国民经济发展方面的应用也不断涌现，诸如西部开发、三峡工程、可持续发展、防灾减灾以及各种经济领域的应用，如股票、证券、企业合并、国有企业的持续发展，还有与世界贸易组织有关的问题。其他新的应用领域也不断出现，如电子商务，以及知识经济、供应链和金融工程等，系统工程所取得的成就以及战略管理的复杂性和系统性使我们更加关心用系统方法解决战略管理问题的可行性。

一　宏观调控和微观搞活

根据战略管理特点，用系统观点认识、分析和实施战略管理的一个基本原则是在宏观调控原则下，实施微观搞活策略（张金萍、周游，2005）。与企业一般经营管理相比，从工程特性来看，战略管理主要是一个收集信息、建立信息系统以及运行系统进行加工、产出新目标及新规范的知识工程，待新目标及规范完全确立、成熟以后，企业战略管理便转入经营管理。战略管理的关键在于产品或服务的选择，在此方面，由于消费者需求具有稳定性、外显性，在充分占有信息的情况下，选择出错的可能性非常小。尽管现代科学技术发展迅速，新产品层出不穷，但相当多的产品或服务（按满足消费者某一特定的需求定义）只需做相应改进，寿命周期并不受影响，例如，计算机硬件、软件的快速升级换代就是如此，消费者对已有产品、服务的改进需要比对全新产品、全新服务的需求大得多，企业发展具有相当稳固的传统消费市场，而不是一味要去创新、求变。对新的产品或服务需求，其认知也是一个并不复杂的知识产出过程，比如电子计算机，尽管它是 21 世纪的产物，但机械计算机的研制及市场早就存在，电子计算机只不过是技术进步的自然发展。退一步看，新产品或服务选择即使出错，其损失一般也在可控制及承受范围以内，不会危及企业生存。战略管理的全局性要求我们站在企业管理的更高角度或者超过企业的角度来审视我们所进行的战略管理，要有整体观念，不能拘泥于企业运行过程中局部变化和局部利益。应该更加关注企业战略的整体能力与外部环境的相互作用来制定战略，规范企业战略的运行，并在适当的时候进行必要的调控。这种调控不仅包括战略方向的微调，重要的是对于经营级战略或者职能战略的调控，因为这些是实现公司战略的基础。

微观搞活策略主要包括以下几个方面：（1）制定战略时对战略所涉及因素的详细研究。（2）根据外部环境和企业资源的变化调整可调控的战略因素，例如资源的配置、能力的培养和获取等。（3）密切关注企业战略制定过程中战略所涉及因素的变化情况，及时反馈，为战略的调整提供第一手资料。

二　明确战略管理关键要素

战略管理要服从系统主从律，所谓主，即主成分、主联系、主渠道、主环节、主流、主力、主方向、主层次、主结构及主序。在进行战略管理时，要明确哪些是重要、主要的，哪些是不重要、次要的。哪些在战略管理中起着决定作用，哪些是起辅助作用的。在实际工作中，我们往往更加关心看得到摸得着的信息，但是，我们所见到的、发现的、认识得很明确的未必是最重要的；相反，战略管理的很多因素我们没有办法或者目前没有办法把它们认识清楚或者进行非常可信的预测，这些因素可能是最重要的，就需要我们拥有更加准确的预测能力，更好地认识事物的手段及方法。

三　战略管理要统筹兼顾，注重协同效应

随着社会经济的不断发展进步，企业的不断发展壮大，企业战略系统也处于不断的演化之中，并在演化之中，不断追求优化，不断对系统的组织、结构和功能进行改进，实现耗散最小而效率最高、效益最大的过程。通过企业战略系统的自组织、自学习，根据自己运行过程中的"经验"，完善从优化设计到优化计划、优化管理以及优化控制的整个过程。在整个战略系统中，当资源和战略能够相互匹配，公司各类业务之间或者战略实施目标的各组成部分之间的正确组合并运转协调，才能够保证战略的实施并给公司带来更高的回报。统筹兼顾要求战略管理者抓住战略管理重点或者关键因素的同时，兼顾战略管理的其他次要因素的运行情况，因为：（1）只有保证非主要或者非关键因素与主要因素或者关键因素的紧密配合才能更好地保证战略管理的良好运行状态；（2）非主要因素或者非关键因素在一定条件下可能转化成主要因素或者关键因素，如果我们不能密切关注其状态，就可能有损于目前战略或者将来战略的执行。

就个体企业而言，企业战略意味着创造出可持续的竞争优势（如更好的技术、出众的质量信誉、更高的市场占有率或较低的资金密集度）。企业战略管理的一个重要目标就是通过精心组建相互关联、相互促进的企业群来创造可持续的竞争优势，其目的不是去向孤立的项目进行投资，而是去发展结构合理的企业群，以便能够通过协同效应创造出远高于资本成本的收益。为此，战略管理者要能够发现协同机会并对协同机会进行深入细致的研究、分析和筛选。协同性要求企业战略管理处理好局部性与长远性的矛盾；经验性与理论性的矛盾；直接性与间接性的矛盾；眼前利益与长远利益的矛盾。

四 系统实施企业战略规划

企业战略为企业提供了一个行动纲领，让企业有依据地运行，而不致迷失方向、浪费资源。一般来说，有系统地使用战略的企业比没有战略的企业有更好的表现，因为那些有系统地使用战略管理的企业对环境的变化都比较敏感，并愿意投入资源去了解环境的变化，所以，他们更能掌握外在环境（如顾客的需求）和企业内部发展的配合，以至于有优越的表现。并不是所有进行战略管理的企业都会有优越的表现，问题往往出现在管理过程中，使用错误技术、引用错误假设、对内外环境做出错误评估等。

本章小结

本章主要从系统论角度对企业战略管理的决策问题进行了梳理，目前企业战略管理决策主要存在以下几方面的问题。

第一，实证处理上仍然面临很多困惑。毫不夸张地说，企业战略管理是一项宏大的系统工程，无论是管理学界还是经济学界目前都已经具备了丰富且成熟的统计学方法，并且大量应用于企业管理实践，但从企业战略决策的理性本质来看，有限理性假设虽然符合经济人决策的实际，但却很难用完美的数学理论或者统计方法进行处理，因为，企业战略决策所涉及的不仅仅是企业层面的经营问题，还受到社会、文化等多维度要素的影响。而从系统论本身的发展来看，因为系统论本身也在不断地完善和发展中，这在战略管理的研究和处理方面特别明显。

第二，方法论工具匹配性。现有方法论工具，比如，统计分析、数值仿真等，主要是针对和谐系统提出的，除对策论、博弈论、冲突分析等少数数学方法外，还找不到描述和解决冲突系统的有效方法和途径。而在战略管理中，特别是动态竞争条件下，竞争特点是高强度和高速度，其中每一个竞争对手都在不断地建立竞争优势，而且竞争对手之间的战略互动明显加快，竞争互动成为制定竞争和营销战略的决定因素。这使得采用传统的一些系统方法论工具来分析企业的竞争战略显得很困难。另外，战略管理面对的几乎都是不确定的变量，如经济环境的变化、对手策略的采用、自然环境的变化等。系统科学与数学对不确定的描述目前仍然主要是概率统计和模糊数学的方法，这些方法虽然对工程系统（控制系统）有效，但是，对社会经济系统的许多不确定性却很难抓住本质。

第三，社会经济系统整体发展要求。如经济发展速度与发展效益之间的关系、社会发展与社会稳定之间的平衡等，这些问题本身并不仅仅取决于战略决策一个要素，还受其他要素，例如，政府政策、社会需求等的影响，虽然这些问题一直以来都是经济学家、管理学家关注的焦点问题，但他们普遍从宏观层次来考虑经济发展问题，而从企业微观角度进行定量描述以及在系统整体层次上进行阐述还存在很多的不足之处。总体来说，如何解决宏观层面的经济发展与微观层面的企业战略管理决策之间"脱节"问题是当前企业战略管理研究需要重视的问题之一。

系统论和战略管理研究都处于不断的发展中，系统方法论的不断成熟为战略管理的研究提供更好的指导。因为战略管理特别需要一种能够定量或近似定量地描述和分析战略系统的方法。战略管理研究和应用越来越受到学术界和企业实际工作者的重视，战略管理本身也不断发展了一整套比较成熟的理论和方法，这些方法应用于企业实际也不断地取得了巨大的社会效益，越来越受到广大企业家的青睐。系统论可以为我们提供另一种分析企业战略的方法和手段，但战略管理的实际研究也可推动系统论的进一步发展。战略管理理论的发展不仅为系统科学提供了实践的舞台，而且其本身理论的发展也可能突破系统论发展的特定理论缺口。

第二章　企业战略网络连接关系及其嵌入性理论

上一章主要讨论系统论视角下的企业战略管理理论思想及方法。本章将在此基础上对战略网络中最核心的企业间关系的连接方式及其效益展开初步分析。进一步提出，战略网络中企业间关系的连接是建立在互惠、互赖、柔性关系和权力角逐的基础上。基于此，我们提出了两种分析战略网络如何影响企业网络行为决策方法，即关系嵌入法和结构嵌入法，并深入探讨企业网络嵌入特征及其内涵，为企业战略网络结构与关系分析奠定了理论基础。

第一节　战略网络相关内涵

早在 1988 年就已提出战略网络概念，但网络理论到 20 世纪 90 年代中期才受到西方学者的重视。战略联盟或者合作主要关注两个企业之间的双边关系，在企业的经营实践中，企业之间的联盟关系往往是多重的、相互交织的复杂关系，这些通过正式或者非正式合约而结成的关系通常被称为"网络"（谢洪明、蓝海林，2004；谢洪明、刘跃所、蓝海林，2005；蓝海林，2015）。以前，学术界在讨论企业行为和绩效为什么会存在差异这一战略管理理论关键问题时，通常做法是把企业看成自治的实体，从企业所在的产业环境或者企业的内部资源来探讨企业的竞争优势。这实际上忽略了企业所嵌入的个人关系网络、社会网络以及交易网络等对企业行为的影响（Gulati, 1998；Gulati, Nohria and Zaheer, 2000）。研究表明，企业实际上是嵌入在社会或者经济网络中（Granovetter, 1985），这种网络包括企业间的各种关系，例如企业与其他企业（供应商、消费者或者其他跨产业、跨国家企业之间）的横向或者纵向关系，这些关系在很大程度上影响了企业的竞争行为。而且学者们在讨论企业间的互动行为时，是以市场关系或者层级关系为基础展开的，实际上，企业在战略网络中的关系主要由嵌入关系构成（Gulati, Nohria and Zaheer, 2000），嵌入在市场交易中的作用介于市场关系和层级关系之间，这种关系更贴切地表达了企业实践中企业间的实际连接方式。虽然学者们对战略网络进行了较广泛的讨论，但对战略网络中企业间关系的特征却缺乏系统的总结。为了更加精确地分析战略网络中的企业连接关系，我们以我国主要彩电企业为例，采用访谈、田野调查和二手资料为基础的案例研究和理论研究相结合的方法，基于嵌入关系探讨居于战略网络中企业的一般竞争行为，分析战略网络中企业行为的机制和特征。相比以前把企业的行为看成是独立的、理性的经济行为而言，我们所采用方法对认识企业的竞争行为以及企业绩效的来源有更大的优势。

社会网络是"一些由特定社会关系如朋友关系等联系起来的个人或组织的连接点"（谢洪明，2003；谢洪明，2005a）。社会学领域的学者最早注意到网络现象，并开始以此为主题从事研究分析。后来，经济学、组织理论等领域的理论研究者也开始涉入网络现象的研究。按照一般的意义来理解，社会网络包含个人和组织网络。当前学术界还没有给出战略网络的准确、统一的定义，我们认为，所谓战略网络是指存在战略联盟、合资、技术合作或者供给与销售关系的企业及其之间的关系所构成的集合，这些企业及其之间的关系对企业的发展有重要影响。企业战略网络是一种以特殊的关系联结起来的组织网络（谢洪明、刘钢庭、蓝海林，2003；谢洪明、蓝海林，2004；高展军、李垣，2006）。它为企业提供了潜在的信息、资源、市场、技术等方面的渠道，利用其知识、规模以及范围经济等优势，企业更容易达到其战略目标，例如分担风险、外购价值链的某个阶段或者组织功能。最早的企业战略网络形式就是基于供应链的连接关系所形成的，例如，图2-1所示的彩电企业供应链。当然，网络也有不利的一面，也可能把企业锁定在没有效率的网络之中。也就是说，对企业来说，战略网络会带来优势，也可能对其行为产生制约（Gulati, Nohria and Zaheer, 2000）。

作为一种市场组织，企业战略网络是介于公平市场交易与层级制之间的一种组织形式。广义上，市场只不过是一个信息集成化的网络。相对于市场经济而言，网络化的产业市场更像一个"管理经济系统"，因此，需

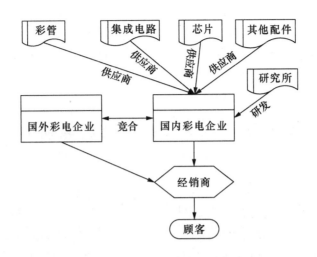

图 2 − 1　彩电企业基本供应链

资料来源：笔者整理。

要扩展企业理论以包容所谓的"管理经济"。作为市场和层级制的结合，企业战略网络是配置资源的一种形式，同时企业间的合作关系网络在相互补充和加强生产知识的基础上是作为降低成本和风险以及技术不确定性的手段。网络是企业间关系的复杂结合，企业通过与其他企业之间的相互作用而建立这些关系。竞争在其间更多的是在网络中寻求企业的合适定位，而不是对环境的改变。动态发展的网络组织是当前经济环境中最有效的一种组织形式，网络安排的重要效果在于提高了资源利用的效率。实践经验表明，无论企业之间的关系如何紧密，如果网络之外的交易条件（如质量、时间、价格等变量）更优越，则企业的行为就会向网络之外倾斜。战略网络的奠基人贾里洛（Jarillo）1988 年发表于《战略管理杂志》的《战略网络》是被认为最经典的奠基之作，他将网络概念归结为一种组织形式，管理者或企业家可通过这种网络在激烈的竞争中确立企业的定位。战略网络是一种长期的、有目的的组织安排，其目的在于使企业获得长期的竞争优势。

战略网络不仅是两个企业之间的联盟，更应看作是多个企业之间的、多重的、相互交织的企业间复杂的结盟关系。随着经济环境中竞争的日趋激烈，企业间的战略网络具有更重要的战略意义。战略联盟是战略网络中企业间的基本关系，由于战略联盟的多样性，在一个战略网络中，可能存在多种战略联盟关系，所以说，根据关系的类型对战略网络进行分类并不容易。但我们仍然发现这些关系有着一些共同的特征，即互惠、互赖、柔性关系和权力角逐。

第二节   战略网络连接关系类别

一   战略网络的互惠特征

在战略网络中，企业间交易既不完全是断续的交换（如市场机制）过程，也不完全是通过行政命令（如层级机制）实现的交换过程，战略网络中的交换更多是模糊的、连续的、互惠的过程。互惠意味着互动的双方可以在互动的过程中各取其利，而不是企业把自己的利益单方面建立在其他企业的基础上。而且，通常情况下，企业间的这种互惠是含蓄而不是明确表达出来的，默契在其中起着极其重要的作用。在战略网络中，互惠交换支配着市场交易，是比等价交换更一般的模式。在这种模式下，就单个交易行为而言，双方可能不是等价的，但整体上，参与交易的个体追求却是一致的。鲍威尔等（Powell et al. , 1996）也曾描绘了市场和网络交易中的不同理念，他认为："在市场中，标准的战略是在一次交易中，摧毁对手顽固的报价，而在战略网络中，最佳的选择通常是能够在长久的交易中创造收益，这是两种近乎对立的方式：在网络中，仅以市场理念来进行交易被认为是卑鄙的、不值得信任的小人，而如果总是期望在长期交易中获益又可能过于天真和愚蠢。"战略网络中的企业既不是严格基于价格机制也不是科层组织的权威指令，而是一种相互适应的协调机制。

二   战略网络的互赖特征

在长期交易中获益对理解网络中的互赖特征非常关键。企业在断续的交易中可以保持高度的独立性，而在层级制中的交易又是一方企业对另一方过于依赖，在稳定的战略网络关系中，企业间的关系是相互依赖的关系，同时又不失各自的独立性。这是一个调节过程，通过交换双方的不断调节，战略网络关系才会得以巩固。"声誉、友谊以及相互依赖就像一条拉紧的绳子，几乎构成了企业间关系的全部，市场关系仅在人格的边缘连接两个个体"，其结果是，企业在交换过程中的分歧被双方关系的整体发展所融解，网络关系得以维持。随着专业分工的不断深入，产业的供应链已经越分越细，每个企业仅占链条的一小部分，他们只有相互连接起来才能最终形成产品，并送到顾客的手中。例如，彩管企业与彩电企业总体上所形成的互赖关系就是这样。

三　战略网络中组织间关系的柔性特征

层级制企业中的伙伴关系过于"紧密"，而市场中的关系又过于松散，战略网络中连接关系处于中间状态，既可保证与某些企业能够进行充裕交换，又可保证不被锁定在某些企业特定关系中。这种柔性的连接意味着"弱刚性"，"这种关系不必涉及任何长期的正式法律义务，但同时它又包含一种或多或少稳定的互动和交流框架"，一位经理总结道。柔性关系既保证了战略伙伴间的同一性，又保证了企业间的相对独立（谢洪明、蓝海林，2003）。例如，虽然彩电企业与配件企业合作紧密，但一般来说，他们会与多家配件企业保持类似的关系，一方面出于成本的考虑，另一方面也考虑到交易的安全性。战略网络中的柔性关系为企业间交互式的学习和创新提供了良好的条件。网络更大程度开放了各种信息资源门径，相比层级制企业中的伙伴而言，这种关系为企业提供了更广阔的学习界面。在某种意义上说，柔性关系构建了在网络中基本交换得以完成的文化保证。而且，战略网络关系特征增强了在市场中难以交易的新知识的传播和学习能力，这对那些具有隐含特征以及难以编码的高深技术或者知识来说，表现得特别明显，这对企业的创新过程来说也特别重要。

四　战略网络中的权力诉求

在战略网络中，虽然企业间的关系是一个相互适应的过程，但这并不意味着企业间仅仅是融合的协作关系，网络中的每个联系都可能隐含着冲突。在企业间相互适应过程中，任何企业的互惠和协作都没能使企业放弃权力的诉求。权力是网络元素的一个功能。"在市场模型中，权力被认为是某种缺陷，与之相反，网络模型把权力看成是利用的必要因素——相互依赖"，这种相互利用可能是不对称的，因为有更多权力的企业能够利用其相对交换伙伴的优势"强制"实施自己的战略。例如，大企业由于拥有大量的顾客，在与供应商或者销售商的讨价还价过程中，会利用权力不对称与之达成不对称的正式或者非正式协议。由于彩管企业产品不是直接面对顾客，其价值需要通过彩电企业来实现，虽然我国彩电企业的经营在很大程度上依赖彩管企业，但由于其掌握了彩电供应链的中下游渠道，所以在战略网络中的权力相对较大，在与彩管企业的交易中常常有优势。彩管企业在与彩电企业的协调发展过程中，讨价还价之声也是此起彼伏。

第三节   战略网络与企业行为

一   战略网络中的企业行为

作为网络中成员，企业行为受到战略网络中资源和信息流动、网络规则、惯例等制度和文化因素的影响。所以，认识战略网络中的企业竞争行为，需要引入嵌入的研究视角。根据格拉诺维特（1985）的定义，嵌入是指与社会行为和结果一样，经济行为和结果受行为人之间的相关关系及其整个关系网络的结构影响。"指经济行为在认识、文化、社会结构以及政治制度等方面的本质特性"。嵌入是这样一种事实，那就是群内的交换和讨论是基于稳定的和惯例化的成员间的长期联系基础上的，作为社会结构演进的成员，行为人不是仅仅根据个人利益决定自己的行为。"群体中的长期交换和交流导致成员行为特性的惯例化和稳定化，而不是随心所欲，任意为之……这种社会结构会限制成员的行为"。乌齐（Uzzi，1996）、珀森、伦德伯格和安德森（Persson，Lundberg and Andresen，2011）更是认为，嵌入在社会经济的研究中是一个令人兴奋的话题，因为它的介入使我们对社会结构如何影响经济行为有了更深入的理解。

一般认为，嵌入概念由波兰尼（Polanyi，1967）首先在《大变革》中提出。但是，许多理论研究者试图从社会经济学而不是古典政治经济学角度来理解嵌入。这个概念最早可追溯到 19 世纪末 20 世纪初。我们认为，格拉诺维特（1985）的经典论述与现代学者对嵌入的理解更相似，即嵌入是当前社会关系中的经济行为，应该从经济行为背景理解其性质，嵌入可以避免个体行为和整体利益之间的冲突。近几年，关于嵌入的研究文献大量增加，而这些研究成果有关嵌入的思想很多都参考了格拉诺维特的研究成果，可见其影响之大。另外，也说明用嵌入方法来研究社会经济行为，已经引起学术界的极大关注。

战略网络观点认为，经济行为不仅受社会环境演进的影响，同时也受所嵌入的社会网络位置的影响，并认为网络关系结构同样会影响个体的行为。也正是因为社会关系结构和经济行为的相互影响关系，所以，学者们认为，几乎所有市场过程都可以从分析社会网络关系的角度来理解，并且这种分析可能揭示了市场过程的核心问题。这样，许多嵌入的研究都希望通过大范围的复杂的社会过程来理解市场交换。嵌入可以用来弥补新古典经济学的不足，因为新古典经济学严格遵守理性、无个性以及独立性这些假设。在现今的经济社会中，新古典经济学在某种程度上逐渐失去了对企业行为的解释力。

前人针对嵌入对组织行为进行了大量的研究，例如，波兰尼（1967）就用嵌入概念描绘了现代市场的社会结构。近几年出现了许多以嵌入为核心概念的研究，例如，针对产业区域，营销渠道，移民企业，企业家精神，借贷关系，定位决策，采购，组织的适应等方面的嵌入问题，这些研究的共同点是，竞争者不是仅仅根据自己的资源采取竞争行动，而且受到本企业嵌入的网络影响。

二　战略网络连接关系影响企业行为

有两种分析战略网络如何影响企业行为的方法，战略网络也是通过这两种方法蕴含的机制影响网络间信息和资源等内容的流动，从而影响企业竞争行为。（1）关系嵌入或者凝聚的观点，强调直接的黏结纽带是获得信息或者资源的机制，行为人互相连接在一起，因而可以分享其提供的信息、知识以及资源；（2）结构嵌入或者定位的视角重视企业间的直接联系纽带，但强调这些伙伴所占据的结构位置可能带来的价值，信息不仅通过最近网络中的纽带传递而且可以通过网络结构进行传递，结构影响着信息、资源、力量等因素的分配、流动或者占有。这两种机制都被用来解释通过共享信息所导致的企业行为和态度的相似性。前者把重点放在网络所提供的不同的信息优势，后者则把重点放在网络中的不同位置为行为人带来的利益。这种方法有区别，也有重叠，因为企业的利益来源于其对信息和资源的操纵。一般来说，网络结构的分析要以认识企业间的关系为基础，在网络结构中占据重要位置对企业操纵信息和资源等活动有至关重要的作用。所以，我们认为，应该从企业战略网络的结构特性出发来理解战略网络中的竞争行为，这是理解网络中企业竞争行为的有效途径。

如前所述，企业的战略网络为企业带来了许多优势。这样，企业战略管理的关键问题已经由过去的如何适应外部环境或者创造企业内部优势转向构建一个对企业有利的局部或者整体社会或经济环境，主动与其他企业进行互动，企业"内部"和"外部"的边界不再是静态地而是动态地调节着……在企业战略外购日益盛行的 21 世纪，企业战略管理重点应该转到如何经营好本企业的战略网络关系，尤其是战略网络嵌入性的影响。

三　战略网络中企业行为嵌入性

企业面临的环境具有不确定性，这对企业交易中的适应性、协调性和安全性提出了更高的要求。网络在处理这些问题时更多依赖于社会机制，而不是学者倡导的权威、官僚法则、标准化以及法律等机制。由于前人在理解这种社会机制过程中的不完善性，我们力图深入分析和解释这种社会机制，也就是战略网络中的嵌入关系的特征及其对企业行为的影响。

在社会网络中，社会资本是企业竞争优势的重要基础。在所嵌入的网络关系中，占有较多社会资本的企业不仅有更多获取网络成员信息的渠道，而且能够吸引更多对其有利的伙伴与之联盟。重要的是，他们在与潜在合作伙伴谈判时，能够达成对其更有利的条款。嵌入关系提高了企业间信息交流频率，这是伙伴间的关系得以维持的基础。乌齐（1996）、伦德伯格和安德森（2011）的研究表明，信任可以看作是嵌入关系的治理机制。在企业间的交易过程中，有些信息和资源对企业的绩效很重要但是由于难以评估其价值而难以通过市场手段进行交易（如一些商业信息等），信任恰好为这类资源和信息在企业间的流动提供了便利。反过来，这种交流又进一步增加了企业间协商解决争端的机会和能力。

企业间的合作是由比较优势驱动的。但是，企业间联盟除市场力量在起作用以外，嵌入也是非常重要的因素。企业间一些关键决策人的长期个人关系、友谊对联盟的生成起着重要的作用。潜在合作伙伴的信息很大程度上掌握在以前所建立的个人关系之中，这些个人关系极大地影响了建立联盟的目标取向，并降低了建立成本。战略联盟仅仅一部分是通过正规的契约建立并由其控制的，例如合作研究或者合作开发新产品，在合作过程中经常会涉及缄默知识，如果仅通过传统的所有权控制手段来管理这些知识，往往很不容易，因为企业间的协调仅是通过影响而不是通过层级来实现的，这导致合作的结果与合作的初始期望之间存在很大的差距。从这个意义上说，战略联盟中嵌入的个人关系不仅是非理性的态度或者对正常经济行为的阻力，而且在合作伙伴选择以及形成未来合作的期望等方面起着关键的作用。

企业间的交易关系主要有两类：一类是公平关系或者市场关系；另一类是"亲密的或者特殊的关系"，学术界称后者为嵌入关系。嵌入关系是企业间关系的主要内容，也是重要连接方式。目前学术界和实践都非常重视市场关系，很多研究都是建立在这些关系基础上的。相对而言，嵌入关系虽然很重要，却没得到应有重视。在通过对企业长期实践的调研中发现，企业之间更强调市场关系，而不是企业之间的"特殊关系"。虽然这种"特殊关系"在企业之间的交易中广泛存在并且非常重要。改革开放以后，我国企业间开始强调市场机制，国家也希望企业之间通过市场机制来解决企业间的交易行为。我们在研究中发现，企业之间的交易行为不完全是市场行为。商业伙伴之间除了做生意之外，也非常注重发展个人的友谊，从而成为商业上的朋友。"'圈外'的人很难与这些人成为朋友，'圈内'的人在交往中，彼此相互信任，彼此之间不仅关心生意上的事，许多交流都与目前的生意无关紧要"，一位负责采购的经理说，"有时我们会感觉彼此是一个家庭的成员，他们给我们的信息应该不会出错"。可见彩电企业战略网络中嵌入关系占了重要位置。那么，嵌入关系有哪些特征和功能？对企业间的关系有哪些影响？我们认为，企业间嵌入关系的特征和影响主要包括信任、信息交流、协商解决问题以及文化。

第四节 战略网络对企业嵌入关系的影响

一 企业信任关系

TCE 的核心假设是任何代理关系都不存在信任，因为行为人的投机主义会引发高昂代理成本。投机主义"是一种狡诈的寻租行为"，包括误导、扭曲、掩饰以及迷惑等方式。由于网络信任的传递性，所有的欺骗形式都不可能是局部的，任何行为人都不可能获得长期的投机机会。在市场中，主导者都必须监督契约的每一个细节以防止投机，在层级制中则意味着主导企业必须为此建立强有力的控制手段。交易成本在市场和层级机制中都是存在的，契约和控制成本的高低则决定了企业的战略选择和结构形式。在信任机制的推动下，可以通过网络中行为主体的"声誉"来降低交易成本。每个企业都居于市场系统之中，包括借贷或者资本市场、原料市场、劳动力市场、服务市场等。投机主义在一个市场中得逞，获得了短期利益，但它不可能永远得逞，从长远利益来讲，短期投机行为的代价可能更大。因此，声誉具有经济价值。

表 2 - 1　　　　　　　　　　　　信任定义

信任的形式	定义	来源
个体行为	需要把他人的利益放在首位 希望从被信任的人那里获得收益	巴伯（Barber, 1995）、 米克（Meeker, 1983）
个人关系	正直、一致、忠诚、公开	巴特勒和坎特雷尔 （Butler and Cantrell, 1984）
经济交易	自己的经济行为要有利于他人 信任意味着对他人的需要作出真诚的回应	甘比塔（Gambetta, 1988）、 弗里德兰（Friedland, 1990）
社会结构	信任以公平的社会规则为基础，同时在交易中重 视他人的权利	佐克（Zucker, 1986）

资料来源：霍斯默（Hosmer, 1995）。

　　格拉诺维特（1985），霍顿、史密斯和胡德（Houghton, Smith and Hood, 2009）认为，经济行为嵌入在非正规社会关系中，这些关系内化了责任和义务，过去的信任关系才会在将来被信任。乌齐（1997）的研究也表明，信任是嵌入关系的主要特征，是维系企业间长远关系的基础，他构筑了"企业不会把自己的利益建立在交换伙伴的利益基础上"的信念。企业倾向于假设对方的行为和动机是良性的，而不是首先考虑交易的风险。这种启发式的操作方法对企业间的合作非常重要，因为这提高了企业决策的速度。"信任是个人关系的显著特征"，"是一种个人感情"，"信任意味着对方不是完全自私的，不会想办法利用我"。一些经理人这样评价企业间的信任关系。

　　当然，信任关系的建立需要双方长期努力，这种努力往往要得到互惠的驱动，也正是这种互惠使企业间将"信任对方"作为交易过程中不重要信念。并以此作为双方谈判以及进一步交易的基础。在交易过程中，契约的作用并不是促动大家履行"约定"的主要力量。信任机制对企业竞争优势有重要作用，但难以通过市场进行交易的资源或者信息在企业间实现流动。确实，信任在我国主要彩电企业与其他企业，特别是在处理配件供应关系的交换活动中起到了重要作用。例如，彩电企业在采购零配件过程中，虽然某些新进入的供应商价格便宜很多，而有着长期合作关系的供应商价格要贵很多，但考虑到后者更有质量保障，所以，彩电企业更愿意采购这些企业的零配件。学者们从各个角度对信任进行了定义，详见表2

－1。可以看出，这些定义对信任的理解是基本相似的。也就是说，在嵌入关系中，企业间更多的是信任关系。

二 企业之间的网络信息交流

建立信任关系的同时，良好的信息交换机制在企业间也同时建立起来。否则，投机主义可能盛行。信息交换以重要甚至专属信息的交换为特征，是对相关信息的共享，更具开放性。在实践中，信息交换可能涉及产品的早期研发信息、成本信息、共同讨论未来产品的发展计划以及合作制定预期的供给和需求储备等。

随着信息技术的不断发展以及企业对质量要求的不断提高，企业越来越希望获得更广泛的信息来源。因为获得更多的信息能够提高产品的质量，更容易推出新产品。其他学者也认为，信息交换是嵌入关系的重要特征和功能。通过信息共享机制，交易双方对彼此的行为和结果有了更深刻的理解。而在有关商务谈判相关研究中，谈判中开放的信息共享越多，越容易达成理想的合作结果。但在封闭的市场环境中，谈判失败的可能性却会增加。乌齐（1997）的研究结果也表明，免费交换机密信息是网络中关系交易的主要特征，这也是企业间关系强化的基础，开放的信息共享也增强了企业间承担义务的能力。

三 战略网络中企业协商解决问题

与市场交易不同，嵌入关系提供了协商解决争端的机制，这种机制采用协商、惯例、相互谅解等灵活方法解决争端（余志良、谢洪明、蓝海林，2004）。例如，彩电企业与供应商企业建立不同寻常的合作关系，"我们之间已经不是一般的供货关系，而是朋友关系，伙伴关系"，"合同在我们中间的作用远远不如我们之间的友谊"，一位经理告诉我们。这种嵌入关系往往对企业的发展起到了至关重要的作用。例如，1998 年 11 月，长虹宣布垄断了国内彩管生产厂所产彩管总量的 70%，致使海信集团、康佳集团、创维集团的总经理、总裁等分别飞赴彩管厂现款提货。"老总成了采购员，成为今年中国彩电业岁末一景"。由于其他彩电企业与各彩管企业建立了长期的供货关系，长虹与各彩管企业所签订的采购合同并未得到彻底的执行，许多企业把长虹没能及时提货的彩管偷偷地卖给了其他彩电企业，当长虹发现这些问题后，去彩管企业提货，已经晚了。结果是，长虹的垄断彩管计划没有真正实现。其他彩电企业也并没有真正因为缺彩管而影响生产。而且长虹也没有因为彩管违反合同而与这些彩管企业断绝来往，因为他们之间不仅仅是市场关系，商业友谊也起着重要的作用。在嵌入关系中，协商解决问题的机制提高了企业在市场中的竞争力，增强了企业的学习能力和创新能力。一旦企业间建立起了信任和信息交换机制，他们也会在伙伴需要帮助时伸出援助之手。

四　企业之间的文化认同

企业虽然在对其他企业的假设和价值观上存在差异，但却可能共享着相同的民族或者社会文化，这使其在行为方式上具有一致性。文化对同一地区的网络中的所有企业的作用都一样，渗透到网络中的直接或者间接关系的方方面面。企业在战略网络中嵌入越深入（更多连接，更多互动），企业间越容易达成共识。文化对理解网络关系非常重要，其主要通过下面三种方式增强企业间的协调性。（1）通过社会化提高了企业期望的收敛性，使战略网络中成员的目标趋于收敛；（2）通过特定的语言来总结和传递复杂的规则或者信息，便利了企业间的交流；（3）通过确定的默契来理解不确定的意外事故，降低企业间的摩擦。文化也提高了企业间交易的效率，因为伙伴间的基本规则已经通过大文化得以统一，降低企业间的协调成本。

本章小结

本章主要关注战略网络中最核心的企业间关系的连接方式及其效益，企业战略网络中企业间之间的连接关系建立基础在于成员之间存在的互惠、互赖、柔性关系和权力角逐等多种要素的组合优化，以及在此基础上构建的独特互动关系，这种关系需要通过对网络成员嵌入的机制和状态进行阐述，因此，从网络关系嵌入与结构嵌入的角度来探讨网络关系成员之间的连接关系理论就非常的重要。本章研究指出，从网络连接关系来看，网络信任关系、成员之间信息交流以及网络中企业成员之间的协同机制非常重要。

第三章　动态竞争理论研究评述

　　国内外有关动态竞争研究始于 20 世纪 80 年代初，至今仍是国内外企业战略管理学界最重要、讨论最热烈的研究方向之一。对动态竞争及其相关理论进行回顾，是我们进一步探讨企业战略网络及其相关理论的重要基础，本章结合以往学者以及本书前面有关战略网络的研究工作，首先对动态竞争相关研究现状进行了评述，在此基础上探讨了动态竞争理论的主要观点及其将来可能的研究方向。

第一节　引言

　　20 世纪 90 年代末开始，我国学者开始引入动态竞争相关理论、方法和成果（蓝海林，2015；谢洪明、蓝海林、叶广宇、杜党勇，2003），并结合我国实际进行了一定的拓展性研究（程聪等，2015；田志龙等，2007）。在西方文献中，动态竞争的英文名称一般为 Competitive Dynamics（Hit, Ireland and Hoskisson, 2001），相关研究对企业间竞争动力的考察最后都落到了企业的行为层面，研究中使用的基本变量主要是企业的具体行为，所以我们将其称为动态竞争。其研究的基础立足于，战略是动态的：企业所发动的竞争行为会引起其他参与竞争的企业的一系列回应行为，研究的重点是企业间竞争行为之间的内在规律及其缘由。例如，战略管理学家贝蒂斯和希特（Bettis and Hitt, 1995）就描绘了许多产业中的企业间相互竞争的图景，达韦尼（D'Aveni, 1994）更是使用"超级竞争"一词来描述产业竞争的迅速升级，强调在快速变化的竞争环境中无情的竞争，以及企业竞争行为的机动性、速度和创新。学者们一致认为，相对企业战略的产业组织模式（IO）和资源基础模式（RBV）这一研究脉络对企业战略实践有更大指导作用，同时也对企业战略的 IO 和 RBV 模式做了一定的整合。

　　动态竞争的研究兴起于 20 世纪 80 年代初，其源头可追溯到 50 年代中期爱德华兹（Edwards，1955）对企业间对抗的研究。他主张从企业竞争行动的视角来探讨竞争战略。这种视角认为，战略是由一连串的行动构成的，正如著名战略管理学家明兹伯格（Minzberg，1998）所言，战略是由一连串已经实现的行动构成。这些行动包括并购、进入新市场、新行业、合作联盟、降低价格、提高价格、推出新产品等。这种视角与以前对企业战略的研究思路有很大的区别，那就是过去对企业战略的研究强调战略的概念类型或者一般战略，例如，波特（1980）的低成本、差异化等战略分类以及迈尔斯和斯诺（Miles and Snow，1978）的前瞻者、防御者、分析者和反应者分类，或者从资源等角度对战略进行量化。从行动视角探讨企业战略可以看作是对企业战略作基于行动的量化，企业竞争行动的数量和质量是企业获取竞争优势的工具，所以要使企业的整体战略有效发挥，就必须将其转化为大量优质的竞争行动并且有效地执行。所谓优质竞争行动已被证实是能快速并加大竞争者回应的延迟或者根本无法回应的行动（Chen，Smith and Grimm，1992；Chen，Lee and Lay，2009）。

　　动态竞争研究成果的不断发表意味着战略管理研究者对新的竞争情形的敏锐意识。动态竞争研究可以分为多点竞争和竞争互动两类。在企业间竞争互动的研究中，主要有从理性的角度来考察互动行为的选择机制，如博弈论的分析。另一个视角是利用实证的研究方法探讨企业实际竞争行动之间的关系及其影响因素的统计规律。下面我们从博弈论对战略互动的研究、竞争互动、多点竞争几方面评述前人在战略互动方面的研究成果。最后，我们对互动视角的企业战略作一个总结，并分析未来的研究方向。

第二节　博弈论与动态竞争

　　博弈论主要研究决策主体行为发生直接相互作用时决策以及决策均衡问题，也就是说，当主体，如一个人或一个企业的选择受到其他人、其他企业影响，而且反过来影响到其他人、其他企业的选择时的决策问题和均衡问题。显然，博弈论主体是理性行为者，并且行为结果是互相依赖的，即我的回报依赖他人行为，而我的行为将影响他人的回报。20 世纪 70 年代末，博弈论开始引入企业间竞争行为研究。

博弈论、行为科学和共同演化方法三者之间的关系如图 3 – 1 所示。

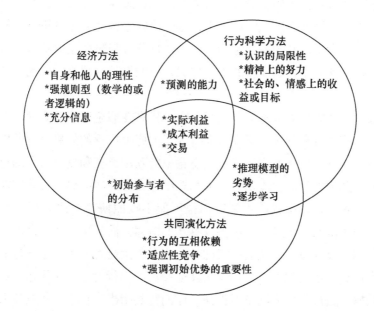

图 3 – 1　博弈论、行为科学和共同演化方法三者之间的关系

资料来源：笔者整理。

当环境可预测并且涉及较少的决策变量时，博弈是分析竞争行为的有效工具。实际上，博弈论已被企业广泛用于营销、提高或降低产量、市场进入和退出障碍、并购、拍卖和谈判等问题的决策。博弈论也被许多学者作为一个研究动态竞争互动的规范的方法引进了企业战略管理。而基于博弈论视角来研究战略问题，则特别强调对竞争对手行动的研究，强调企业的战略制定要考虑对手的可能反应，要根据对手的反应或可能的反应来不断调整自己的战略和行动，以达到击败对手或至少领先于对手的目标。运用博弈方法可以帮助了解自己和竞争对手，分析和预测竞争对手的战略行为，分析一个企业的战略行为与其竞争对手战略行为的互动效果。博弈方法在动态竞争战略中的应用已十分广泛（谢洪明、蓝海林、刘钢庭和曾萍，2003）。国外学者在运用博弈方法研究动态竞争战略的过程中得出了一些有利于我们认识动态竞争战略的成果。例如，战略的成功与失败取决于情境，没有绝对正确或者最佳的战略，因此战略的制定应该是一个动态或者渐进的过程，可以也应该根据战略互动的情况进行调整。但是，使用博弈理论时要受到几个假设的严格限制，例如，行为人应该是理性的、要能够清楚每个行为人的所有可能行为等。如果忽视这些假定，特别是决策变量太多、环境又不可预测情况下，博弈论就不太适合于分析企业的竞争行为和动态竞争。基于博弈论的战略关注规范性战略模型的筛选和抉择阶段，它们探求竞争行动反映的市场情况，寻找最佳的战略，以及需要采取的行动。

采用博弈方法对动态竞争进行研究，只有在假定竞争者非常理性以及竞争双方信息对称的条件下才可能。为了适应更广泛的战略决策条件，有些学者引入行为科学的方法研究动态竞争的互动过程和竞争双方的行为特征。采用这种方法的学者认为，人的思维存在着一些障碍而且认知能力是有限的，企业在动态竞争中的行为很可能不按照博弈方法分析的方式进行。他们还认为，事实上，许多没有掌握博弈方法的决策者却做出了许多正确的和有效的决策。他们决策的方法或者决策能力的提高是通过从类似案例中得到启示实现的。他们参照其他案例，把行为模式相同作为进行决策的依据，通过案例方法学习提高。他们特别指出，在不了解竞争者行为的情况下运用博弈方法可能给企业带来极大的危害，因为企业和竞争对手的信息与行为都不是完美的。当前，许多学者对动态竞争的研究是以行为科学为基础展开的，并且主要采用实证的研究方法。

但行为科学方法仍是以个体为研究对象的，在现实中，企业间的互动往往是多边的，呈现交叉互动的状态。许多的学者认识到博弈论和行为科学方法的优势和不足，提出分析竞争行为的综合方法——共同演化的观点。他们认为，博弈方法或者经济理论强调了理性和均衡，而行为方法强调了精神活动中的障碍和认识的局限性。这两种方法或者模式的共同点很少。共同进化观点从生物进化论引进了共同演化的概念，集中于相互依赖的行为、适应的速度和获得领先优势的重要性，蓝海林和谢洪明（2003）则对共同演化的方法做了进一步的延伸，提出了战略生态方法。

第三节　多点竞争与市场关联

多点竞争理论起源于产业组织经济学，主要研究企业间横跨多个市场的竞争问题，其关键概念包括战略群（Newman，1978）、相互克制（Edwards，1955；Bernheim and Whinston，1990）以及产品线的对抗（Porter，1985）。虽然这三方面的问题涉及不同的机制，但核心问题都是一样的，那就是企业间战略性的共谋有利于降低竞争强度，企业也乐于分享相似的市场，因为他们都清楚，激烈的竞争会损害彼此的利益。波特（Porter，1980）以及卡纳尼和沃纳菲尔特（Karnani and Wernerfelt，1985）首先关注多点竞争问题，并分别利用烘焙咖啡产业和重型机械行业的案例阐述了这个问题。波特就曾讨论了相互避让这种竞争状况，他认为，企业 B 在一个市场遭到企业 A 进攻时，企业 B 不会与企业 A 在这个市场上正面冲突，而会在企业 A 的另外一个市场对其发起攻击。卡纳尼和沃纳菲尔特讨论了"反击"和"据点的相互平衡"这两个概念。显然，在多个企业或者市场进行竞争给企业带来了多种选择。并且，一方面可重新配置竞争环境中的资源，另一方面可改变影响企业行为的竞争结构，他们的研究突出了企业间可能在多个市场上进行报复的问题。而伯恩海姆和温斯顿（Bernheim and Whinston，1990）基于博弈论的分析提出企业间可能由于存在多点竞争而在竞争市场上相互妥协的命题。

　　研究多点竞争的文献大都认为，企业间多市场关联程度越高，企业间的攻击和反击越可能"相互克制"，从而降低企业间的竞争强度，产生较稳定并且可预期的竞争行为（Baum and Korn，1999）。许多实证研究都支持这一结论（Gimeno，Woo，1996；Gimeno，Woo，1999）。Golden 和 Ma（2003）对多市场关联的相关研究进行了总结，发现只有少量研究与这一命题相反。王俊如等（2001）区分了产品上与地理上的多市场关联，指出其在竞争本质上存在重大差异。他们也强调，企业的多市场关联带来相互克制并进一步降低竞争强度这一结论会受到很多限制，例如，结构、体制以及心智等因素也会制约这一结论的正确性。但他们没能对分析的结果做进一步的实证研究。多点竞争能否降低市场竞争强度这一结论对企业战略管理具有极其重要的意义，因为每个企业都在寻找降低与对手间竞争强度的好办法，实际上至今还没有结果。

第四节　竞争互动战略

一　竞争互动战略

动态竞争的另一个研究路线是关于竞争者行为互动研究（Grimm and Smith，1997）。企业的行为不完全受理性的支配，采用博弈论的分析结果往往与实践运行的结果相差很大，因为其间还有大量的因素会起作用，有些因素的作用可能还是关键的。所以，很多学者认识到不仅要从理论上分析企业的行为，而且要从经验上、以统计数据为基础进行实证研究，以进一步认识企业的竞争互动行为及其规律。这方面的研究主要有陈明哲、史密斯、米勒和麦克米兰、格莱姆等人。由于考虑到经济、政治等环境相对静态，这些研究更多地关注在竞争者的行动上。

他们研究的基点是，企业为了在市场中获得竞争优势，经常会面临进攻与回应这类对抗性竞争的问题。在战略管理的研究中，竞争对抗应该受到学术界的足够重视，因为这是企业战略管理中的核心问题。近十几年来，大量战略管理的研究文献讨论了企业间的实际竞争行动及其相互作用的特征和规律。市场是各种企业之间互动行为所形成的社会结构（Miller and Chen，1994；Grimm and Smith，1997），因此，企业的竞争行动取决于与其他直接竞争者之间彼此实际行动的观察。他们关心的是企业的决策或者行动，而非组织战略背后的心智模式或者世界观，也不是组织具有秘密性的内部决策，如用人、信息系统、惯例等。

陈明哲教授在企业竞争战略互动的理论与实践研究领域作出了很大贡献。他在1988年就完成了一篇《竞争战略的互动：进攻与回应竞争研究》的博士学位论文，在企业间的互动行为问题上采用了更科学的学术研究方法。而后，米勒和陈明哲（Miller and Chen et al.，1994）通过对美国航空业的长期观察和竞争数据的收集，试图建立一个反映竞争者回应攻击可能性的分析模型，他们的实证研究发现：有三个因素影响竞争对手是否做出反应和如何进行反应：（1）行动的性质；（2）所涉及的竞争对手的性质；（3）竞争的性质。

总结当前学者对竞争互动研究大致有两个特征：一是建立了一些理论框架，例如，史密斯等（Smith et al.，1991）利用组织的信息处理模

型来解释企业采取回应行为的类型以及采取回应行为的企业类型；企业
发动进攻性的竞争行为，通常希望对手不回应或者采取回应行为的时间
较长，这样，企业可以获得更多的利益。陈明哲和麦克米兰（MacMil-
lan，1992）利用博弈论的基本分析框架，在美国航空市场的实证研究
表明：（1）被攻击者对被攻击市场的依赖度越大，回应的可能性也越
大，并且会针对进攻行动采取回应，或者会直接采取与进攻者行动类似
的报复行动；（2）如果回应进攻性竞争行为所需的资源较多，不回应
的可能性越大；（3）降低价格的竞争行为是最容易引起报复的进攻行动，
所引起的报复行动最快，也最直接；（4）被攻击者对被攻击市场的依赖
度越大，回应的速度越慢（似乎正好与感性认识相反）；（5）进攻性竞争
行为的变更难度越大，回应则越慢。

　　陈明哲和米勒（1994）以心理学的期望值理论为基础来探讨攻击行
为如何能减少遭到报复的机会。他们认为，企业要减少遭到报复的机会，
所发动的进攻行为要足够巧妙以降低对手企业采取报复行动的动机。具体
来说，竞争互动的研究需要回答某类竞争行为（进攻）与另一类竞争行
为（回应），或者说进攻性竞争行为的特征和回应性竞争行为的特征之间
是否存在对应关系？因为，一旦其他企业的竞争行为对本企业的竞争优势
带来损害，那么其他企业为了维持原来的竞争优势或者建立新的竞争优
势，就需要采取必要的回应性的竞争行为。陈明哲和格林姆（Grimm，
1991）的研究认为：（1）进攻性竞争行为的影响越大，回应的数量越多；
（2）进攻性竞争行为强度越大，回应数量越多；（3）进攻性竞争行为所
需的资源越多，规格越大，回应的数量便越少；（4）战略性竞争行为相
对于战术性竞争行为而言，回应的数量较少；（5）进攻性竞争行为的规
格越大，需要的资源越多，回应的速度越慢；（6）当企业的关键市场遭
到强烈冲击时，企业不会很快回应。

　　影响企业竞争行为的另一个重要因素就是惯性。惯性受企业管理者的
行动动机、意识所驱动，也会受到企业能力的制约。对于规模相似的企
业，如果在竞争中很少改变竞争行为，则该企业的竞争惯性就较高，否则
就较低。竞争行动包括战略性的竞争行动，也包括战术性竞争行动。前者
主要是指设备引进、并购、战略联盟、推出重要的新产品或服务等；后者
主要是指价格波动、广告、增加产品品种、服务调整等。米勒和陈明哲
（1994）以美国航空公司竞争惯性为例的研究表明：（1）过去绩效好的企

业一般有较高的战术行为惯性，而战略行动的惯性却与过去绩效无关；
（2）市场增长与否和战略行动惯性无关，但是，战略行动惯性却与市场
增长呈负相关；（3）市场多样性与竞争惯性呈负相关；（4）战略行动惯
性与企业绩效呈正相关，战略行动惯性与企业绩效的关系不明显。在这项
研究中运用了组织学习理论解释所发现的关系。在企业的实践中，小企业
和大企业之间由于自身资源、发展状况等方面的差异，导致其战略行为也
存在很大差异。陈明哲和汉布里克（Chen and Hambrick，1995）的研究
表明，小企业更多地表现出进攻性行动；在战略行动执行时速度更快，但
行动更低调、更隐蔽。小企业一般不愿意回应竞争对手的攻击，反应也更
迟钝。相对于较大的竞争对手而言，小企业的回应行动的隐蔽性更差，但
一旦做出回应的决定，小企业执行回应的速度较快。而大企业的竞争行动
比较迟缓。相比而言，攻击性竞争行动较少。大企业在遭受攻击时一般会
采取回应措施，但是执行速度相对中小企业而言，会显得较慢。

　　竞争互动研究的第二个特征是，不仅研究单个企业层面的竞争行为，
而且探讨进攻—回应这类双边行为，以进一步揭示动态竞争的特征。这些
工作为战略管理的研究提供了新的研究路线，揭示了企业间交互的、动态
的竞争本质。相关研究还从市场共同性和资源的相似性出发来探讨竞争互
动（见图3-2），从而整合了企业战略的两种基本模式，即产业组织模式
（IO）和资源基础模式（RBV）（Chen，1996）。这一结果曾被认为是战略
管理领域继核心竞争力理论之后的最大贡献。

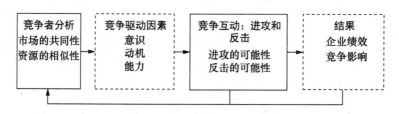

图3-2　竞争对手分析与企业间竞争的整合框架

资料来源：Chen，M. J.，"Competitor Analysis and Interfirm Rivalry：Toward a Theoretical Integra-
tion"．*Academy of Management Review*，Vol. 21，No. 1，1996，pp. 100-134。

　　企业之间竞争往往不仅仅是在一对一的市场中进行，也会在多个市场
间相互争夺（Miller and Chen，1994）。那么，当企业需要经营多个市场
时，该如何策略性地配置资源呢？Chen、Su 和 Tsai（2007）探讨了企业

如何战略性地分配资源以重建企业在多市场竞争的影响范围以及如何与竞争对手相互制衡的问题，并分析了威胁、佯攻等战略。这是模仿孙子兵法提出的企业战略。可见，竞争互动的研究是把企业间的竞争比作"战争"或者"游击战"，这是建立在企业战略与军事战略的相似性的基础上并由军事战略引申过来的。这种模型背后的逻辑是，如果企业善于迅速而持续地毁掉现有优势条件，并不断创造空前而非传统的竞争，就能取得非凡的业绩。其研究的目标在于对手间的对抗。但这类研究往往忽略了企业外部政治或者自然环境的变化。例如，富勒（Furrer et al.，2000）认为，陈明哲等研究的"战争"模型适合于分析战略决策涉及的变量较多而环境又可预测（静态）情况。但是，这种对抗在企业竞争的某个时间或者阶段却是企业战略决策最重要、最关键的问题。

二　竞争互动战略与其他战略范式

如何建立和保持竞争优势是战略管理的核心问题。如表 3 - 1 所示，产业分析、资源为基础的观点以及战略互动的观点对企业竞争优势的建立或保持存在不同的看法，从表 3 - 1 可以看出，基于行为互动的战略管理理念具有明显的优势，更能适应快速变化的环境，更强调企业间战略的使用，不断毁掉已建立的竞争优势，而且战略的机动性高。竞争互动视角的企业战略模型如图 3 - 3 所示。

表 3 - 1　　　　　　　　　几种主要战略范式比较

	产业分析	资源为基础的观点	动态能力的观点	战略互动
主要概念	产业吸引力或战略定位	资源或能力	能力	战略运用
智力起源	马森（Mason）、贝恩（Bain）	安德鲁斯、彭罗斯（Penrose）、塞尔尼克（Selznick）、克里斯滕森（Christensen）	熊波特（Schumpeter）、温特（Winter）、蒂斯（Teece）、尼尔森（Nelson）	古诺（Cournot）、纳什（Nash）
代表人物	波特	拉梅尔特（Rumelt, 1984）、钱德勒（Chandler, 1966）、韦纳菲尔特（Wernerfelt, 1984）	多斯、蒂斯和温特（Dosi, Teece and Winter）、普拉哈拉德和哈默尔（Parahalad and Hamel, 1990）；波特（Porter）	甘玛午特（Ghemawat, 1986）、伯格和诺夫西博夫（Berger and Novcibov）、陈明哲（Chen）

续表

	产业分析	资源为基础的观点	动态能力的观点	战略互动
租金的本质	垄断	理查德租金	熊彼特租金	垄断
管理者理性假设	理性	理性	理性	超理性
重新战略定向的短期能力	高	低	低	常常是无限的
分析单元	产业或公司产品或战略群	企业资源	过程、地位与路径	公司产品或先动行动
控制点	企业外生或产业环境	企业内生	企业内生	整合（内生的机动，外生的竞争行动）
战略机动性	改变产业或战略群的余地	有限（紧跟资源）	有限	高（战略机动）
倾向的环境	清楚的、可认识的	稳定，成熟	动态的、可改变的	动态的、可改变的
竞争维度	发现或维持细分市场	企业资源或能力；为顾客提供价值		不断毁掉已建立的竞争优势
竞争优势的可保持性	中等（依赖产业、有吸引力的定位、建立障碍的能力）	高（依赖可视性、独有性、模仿性、替代性）	高	低（依赖报复的程度、报复的速度等）
关注的核心问题	结构条件和竞争者定位	资源的替代性	资产积累、不可复制性和不可模仿性	战略互动

资料来源：本书改编自 Teece, D. J., Pisano, G., Shuen, A., "Dynamic Capabilities and Strategic Management". *Strateg Manage Journal*, No. 18, 1997, pp. 509 – 533。

图 3 – 3　竞争互动视角的企业战略模型

总体来看，动态竞争的研究实质上假定了企业的经营环境没有发生重大的变革。另外，这些研究也没有考虑多企业间的互动对企业战略选择的影响。这些研究没有关注企业间战略的结构性质及其在企业战略选择中的作用。但无论如何，动态竞争仍被认为是企业战略管理领域方兴未艾的研究方向之一（Gnyawai and Madhavan，2001；Silverman and Baum，2002）。

本章小结

多点竞争以及竞争互动是企业战略管理研究中的重要分析方法。这类研究基本分析单位是企业行为，相对传统战略管理研究方法和理论基础而言，具有一定的前沿性和先进性。在本章的研究中，我们将多点竞争结合与其他企业的对抗关系来讨论企业的竞争行为，这是与一般战略思维模式的不同之处。从前面的分析中我们看到，企业间多点竞争或者战略互动的研究取得了很大的进展，为后续研究开创了很大的拓展空间，指引我们在此方向继续前进，寻求突破。

传统战略理论以"企业个体"为分析单位，认为企业可依其自由意志和外界环境谈判，并通过战略的运用，改变现有的生存条件，或改变环境的威胁程度。但在企业的实践活动中，几乎没有一家企业能够由组织内部提供经营所需的全部资源，也无法完全由个体的力量对抗外界的压力。一般情况是，企业间基于自身的专业形成自然分工，同时又相互依赖、共同发展，形成一个祸福与共的战略共同体。所以，任何企业都无法独立思考战略问题，而是必须考虑组织间的关系。随着技术专业化程度的提高与全球化市场的快速成长，个别企业在未来将更难以生存，互赖关系将更显必要（吴思华，2002）。从前面的分析中我们看到，从企业间战略互动或者说动态竞争的视角来研究企业的战略，取得了很大的进展，为后续研究开创了很大的拓展空间，指引我们在此方向继续前进，寻求突破。但我们也发现，学者们在研究动态竞争的时候，更多地把企业看作是孤立的经济实体。在经济生活中，企业之间存在着各种各样的关联关系。这些关系影响、制约、刺激着企业的行为，企业是嵌入在社会或者经济网络中的"活体"，理解企业的竞争行为需要引入嵌入的方法。所以，研究企业的竞争行为，需要把企业放入所在的社会或者经济网络中来考察。基于这种思想，最近学术界已经开始从企业间的关系，如联盟（Silverman and Baum, 2002）、合作网络（Gnyawai et al., 2001）角度来研究动态竞争。

很多国外学者在动态竞争研究中渗透了中国孙子兵法思想，并认为我国古代的大哲学家孙子是动态竞争的鼻祖。但我国动态竞争研究尚处于起步阶段，甚至还未开始。实际上，如何认识中国企业的竞争行为是国内外许多学者都非常关心的话题。因为中国不仅有自己源远流长的独特文化，而且自改革开放以来，中国经济所取得的成就足以说明中国是一个极具代表性的转型经济社会，研究这一社会中的企业行为无疑具有非常重要的理论和应用价值。所以，将国外的动态竞争战略理论与中国的实际有机地结合起来，不仅可能研究出一套有中国特点的动态竞争战略的理论与方法，提高我国企业的竞争能力和管理水平，还有利于提高我国企业管理研究在国际上的学术地位。

第四章　战略网络结构视角下企业
动态竞争理论模型

第三章对企业动态竞争理论进行了初步分析，因此，本章将对战略网络情境下的企业动态竞争行为进行深入的探讨。我们基于中国主要彩电企业之间竞争行为的调查，对企业所嵌入的战略网络结构对企业间"进攻—回应"动态竞争行为的影响关系进行了深入的探讨。我们的研究发现，不同战略网络的结构特性，例如，中心性、结构均衡性、网络密度等对企业的"进攻—回应"竞争行为有不同的影响，战略网络中占据好的位置为企业带来了潜在的竞争优势，从而增加了企业采取进攻行为的可能性，同时也潜在地降低了遭遇其他企业进攻的可能性，并以此为基础提出了一个战略网络框架下的企业动态竞争理论模型。

第一节　引　言

20 世纪 90 年代以来学者在讨论动态竞争时，除了从产业协会、多市场关联角度考察企业间的动态竞争以外，基本上把企业的竞争行为看成独立的、理性的经济实体的竞争行为（谢洪明、蓝海林、刘钢庭、曾萍，2003；蓝海林，2015），很少从企业间关系的角度来切入。他们没有充分重视企业之间的关系对竞争行为的影响（Chen，1996；田志龙等，2007）。在不断深入探索企业竞争理论的同时，竞争实体的"原子论"越来越受到学者们的质疑，他们认为，嵌入在社会、文化、交易等网络中的企业行为不再是孤立的、理性的经济行为，而是在很大程度上与制度、文化以及所在网络融合的非经济行为。研究表明，企业嵌入在包括供应商、消费者、合作者等在内的战略网络之中，战略网络的关系及结构影响资源、信息等流经企业的方式和质量，进而为企业带来资源、能力、竞争优势或者信息的不对称，从而影响着企业的竞争行为和效果（程聪等，2015）。战略网络中企业之间的频繁交换也有利于双方的相互协作与增加信任，使交换过程更为顺畅，信息的流动更便捷、更容易。战略网络是一种更具效率、灵活优势的组织形式，使企业具有了获得雇员与供应商、专业化信息、其他专业性机构与公共物品的有效途径，同时使企业之间获得"双赢"或"多赢"的效应。既然战略网络对居于其中的企业行为特别是竞争行为有重要影响，那么战略网络如何影响企业间的动态竞争呢？这是一个重要而复杂的问题，需要多方的参与。本章讨论企业战略网络的结构特性对企业进攻与回应行为的影响。

第二节　研究方法选择

从目前学术界对战略网络结构的研究来看，战略网络的结构特性以及企业对嵌入的理解尚不成熟（谢洪明、蓝海林，2004），尚在不断探索其具体内容，学术界对相关问题研究多以定性分析为主，以理论的方法来拓展或深化相应的理论，鲜有采用大样本调查的定量研究方法。我们以样本数据为基础，细致地分析长虹、TCL、康佳、创维、海信这五家企业所在的战略网络结构及其动态竞争特征，配合深入的理论分析来讨论企业战略网络的结构特性对企业进攻与回应行为的影响。

谢洪明、蓝海林、叶广宇、杜党勇（2003）曾对我国主要彩电企业之间的进攻回应行为做了一般的描述和分析，本章以五家彩电企业所在的战略网络为基础，采用相类似的基于二手资料的"结构化的内容分析"方法，基础数据来源于报刊、网站等二手资料，并配合访谈，获得这些企业所在的战略网络，数据采集范围为 1997 年 1 月至 2002 年 7 月。战略网络结构的数量化方法为：（1）中心性 $= n_i / (n-1)$，其中，i 为与企业直接连接的企业数，n 为网络节点的总数；（2）结构均衡性 $= \dfrac{l_{AB} l_{AB}}{l_A l_B}$，其中，$l_A$ 为与 A 企业直接连接的企业数，l_B 为与 B 企业直接连接的企业数，l_{AB} 为既与 A 企业相连又与 B 企业连接的数目；（3）网络密度 $= \dfrac{l}{n(n-1)/2}$，l 为网络中所有关系的连接数，n 为网络中的节点数。这是目前学术界对网络结构量化的通用方法。利用这些方法提供的数据来建立战略网络结构和企业间进攻与回应的关系，并结合有关案例来分析这种关系的存在性、原因及意义。

第三节　概念模型的提出

对中国企业而言，企业间的战略联盟或者合作关系对企业的生存与发展具有重要意义。第一，中国企业在规模、技术、管理水平等方面与国外企业特别是国外知名企业相比，均处于劣势地位，在绝大多数市场上，国外品牌具有很强的竞争力。这说明真正对国内企业构成威胁的不是国内企业，而是国外企业。在对抗国外企业竞争中，国内企业很大程度存在共同利益。第二，很多国内企业是依靠引进国外先进设备和技术或者依赖于国外关键零部件进行生产的，这导致国内企业对国外企业的依赖，也导致国内企业产品及其面对市场的相似性。这种产品特性和市场目标的相似性可能加剧企业间的竞争（谢洪明、刘跃所，2005；程聪等，2015），而实际上我国许多行业的竞争已经非常激烈。第三，很多相互竞争的企业具有相同的主管部门，行业协会或者企业的决策者之间存在着千丝万缕的关系，这是影响企业间动态竞争的重要因素。

战略网络中企业间的竞争对企业生存和发展有重要影响。处于战略网络中的企业行为不再是孤立的经济实体行为，而是复杂的战略网络中一个成员的行为。那么，在整个或者局部战略网络中，企业间的动态竞争会受到怎样的影响呢？战略网络是如何影响企业竞争行为的呢？处在网络中的不同位置是否会影响企业竞争行为呢？同时，企业的竞争行为对企业间战略网络的发展、演化又有何影响呢？例如，在图4-1中，假设1-A、假设1-B、假设2-B、假设2-C、假设3-B和假设3-C是合作关系，2和4从同样的供应商获得资源，面对同样的顾客，那么，这两个企业间的竞争可能就与1和3之间的竞争行为会有所不同。至少1和3之间面对的顾客不相同，而2和4却需要为争夺相同的顾客而竞争。当然，在实际经济生活中，企业间的关系及其结构会有很多种，会相当复杂，不同的关系及其结构可能蕴含着不同的竞争行为。

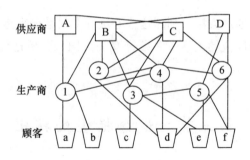

图 4 - 1　企业间的（部分可能）网

资料来源：笔者整理。

　　基于上述分析和资料，用如图 4 - 2 所示的概念模型来分析战略网络中的动态竞争，力图发现战略网络结构与动态竞争的某些内在关系。我们分别讨论网络中心性的差异对企业行为的影响；均衡性对企业进攻与回应可能性的影响；网络密度对企业间互动行为的影响。我们从多层次结构嵌入的视角来研究战略网络中的动态竞争，即 Competitive Dynamics Based on MUltilevel Structural Embeddedness，CD—MUSE，其分析思路如图 4 - 3 所示。

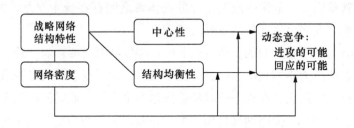

图 4 - 2　战略网络中 CD—MUSE 的概念模型

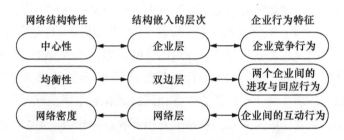

图 4 - 3　战略网络中 CD—MUSE 的分析思路

第四节　战略网络结构与企业进攻回应行为

融入战略网络概念有助于更深刻理解产业结构及其对竞争行为的影响，因为产业中的参与者可以看作是网络中资源、信息及其他流的节点。这种网络影响着产业内的竞争属性。例如，如果产业内的主要参与者连接在密集的网络中，会比这些企业没有连接更容易形成战略共谋，从而影响其绩效。下面分析企业所在的战略网络结构特性对企业间动态竞争的影响。

一　中心性对企业间进攻回应行为的影响

"格兰仕通过与200多家跨国公司结成产业联盟，利用全球经济一体化的趋势，利用欧美跨国公司制造业外移的机会，低成本引进对方现成的生产线、装备、原材料等，在全球产业链的分工中，真正做好制造中心的角色。由于在'拿来主义'过程中省却了大量的固定资产和市场开拓投资，使其在技术创新上有更充分的可利用资源，打造一个全球微波炉产业托拉斯联盟。这也为其全面掌控微波炉核心技术提供了最根本的可靠保障。"[①]

从所建立的网络位置或者从微波炉产业链看，格兰仕都居于较好的中心位置，因为有大量的企业为其提供原料、设备和技术，而且，由于只是产品加工，他也不需要对产品的销路考虑太多，这种中心的位置为格兰仕降低成本、提高质量提供优质的保障。也为格兰仕发动一系列进攻行为提供了支持，重要的是，极少有企业能够针对格兰仕的进攻行为进行反击，因为其他企业在战略网络中都不具备格兰仕那样的位置，相对而言，格兰仕已经嵌入这个网络的相对中心位置，并与其他组织形成了很好的共生关系。我们将各企业的进攻和回应行为与其中心性进行相关分析，如表4-1所示。研究发现，80%的企业其进攻行为与中心性指标显著相关，这说明中心位置对企业的竞争行为有重要影响，引导我们进一步分析战略网络对动态竞争的影响。

---

① 参见于君《格兰仕：挺起中国制造的脊梁》，《人民日报》2001年12月28日。

表4-1　　　　　各企业的进攻和回应行为与其中心性的相关分析

	长虹	TCL	康佳	创维	海信
进攻行为—中心性	0.9530**	0.8675*	0.0566	0.8981*	0.8744*
回应行为—中心性	-0.1144	-0.2532	-0.3259	-0.1869	0.7907

注：* 和 ** 分别表示在5%和1%的水平下显著。

相对较中心的企业意味着在战略网络中占据了具有中心性质的战略位置，与其他企业建立了重要连接。从上面的例子可以看出，位居相对中心位置的企业可以更快速地获得大量资产、信息以及由中心地位所带来的地位或者权力，因为网络连接可以看作是上述三种资源的渠道。第一，中心企业可以有更多的途径接触外部资产，例如更容易获得所连接企业的技术、财产或管理技巧；第二，由于网络中会有大量的信息在中心企业处汇合，中心企业比非中心企业更快也更容易获得信息，从而会比非中心企业更早有新的或者重要的发展；第三，中心企业意味着更高地位和更大的讨价还价权力。居于中心位置的企业是更多供应商的大客户，在很大程度上决定了这些供应商的出货量。而且，由于在产品供应链的下游有更多的合作者，使其产品可以更快速、更容易地到达最终顾客的手中。即使在供应链的同一层次上，居于中心位置的企业由于拥有大量的连接，会被其他企业认为是一个有声望的行动者（Chen and Danny，2012），这样，中心企业就会有更多途径掌握更多资源或者把握更多机会，从而成为资源不对称的受益者。例如，长虹与国内外多家优秀的供应商建立了策略性合作关系，不但能获得及时和完备的产品供应，而且能在技术方面获得比其他企业更好的支持，这为其发动进攻行为奠定了基础，无论是新产品的推出还是降低价格都是如此。

资源流动而导致的资源不对称会影响网络中的企业行为（见表4-2）。第一，利用网络连接可支配资源越多，中心企业就可能会比非中心企业采取更多的竞争行为。第二，较早接触相关的新信息或者技术发展会使中心企业拥有较好的竞争条件，大量的信息也会提高中心企业采取竞争行为的可行性，提高其竞争能力。第三，中心企业比非中心企业更容易掌握其他企业在做什么，可以更快、更精确地了解其行为动机及行为。第四，与中心企业相连的更高地位和强大实力会增强其采取主动行为的倾向，因为有较好资源基础的企业更可能采取进攻性竞争行为（Chen，

1996；Chen and Danny，2012）。总之，可以更及时地整合更多资产、更大的信息集以及与之关联的地位和权力会增加企业采取进攻性竞争行为的可能性。

　　一旦发动进攻性竞争行为，中心企业在网络中可能会较长时间享受其带来的利益。因为其他企业可能没有比其更优越的资源来反击它（程聪等，2015）。第一，不是位于中心位置的企业会发现很难组织到足够的资源和能力来配合反击，或者这样做成本太高；第二，由于信息有限，没有位于中心位置的企业在正确解释进攻性竞争行为的原因及其结果时可能会遇到困难；第三，中心企业可能更有声望并且实力强大，其他企业可能会担心反击导致进一步被攻击，因此竞争者回应中心企业时，会因为资产、信息或者地位的低微而遇到障碍，从而降低反击的可能性。中心企业会因为被反击的可能性降低而提高其发动进攻的可能性。例如，格兰仕的价格"撒手锏"屡试不爽，原因就在于其充分利用了微波炉产业链的中心位置。

　　网络中心性对动态竞争行为的影响如表 4 - 2 所示。

表 4 - 2　　　　　　　　网络中心性对动态竞争行为的影响

网络结构性质\企业行动性质	中心性	
	强	弱
进攻	采取进攻性竞争行为的可能性相对提高；遭遇反击的可能性降低	进攻中心性强的企业的可能性小
回应	反击其他企业进攻行为的可能性相对提高	难以组织资源配合反击；回应相对中心位置企业的进攻行为的可能性小

　　但是，居于中心位置的企业也有负面影响，主要表现如下：（1）中心企业可能会由于与大量的企业建立连接而对网络产生依赖性，例如，彩电企业的经营在很大程度上受到显像管、芯片以及一些关键芯片等上游企业的影响和制约。（2）并不是每一个连接都是帮助企业获得信息的，有些连接可能带来泄露信息的风险，例如，一些销售商可能会向其他企业透露本企业的价格底线等。但是，我们认为，中心企业仍具有优势，因为：第一，高中心性的企业具有建立在其他企业基础上的价值，例如讨价还价的权利，实际上，由于彩电企业的大规模经营，我国主要彩电企业已基本形成垄断格局，目前不是彩管企业辖制彩电企业，而是彩电企业辖制彩管

企业。第二，虽然对网络的依赖性为企业的生存和发展带来很多风险，但这种风险可能会通过多连接和扩散。例如，近几年下游的经销商例如国美、苏宁等大的经销商逐步崛起，讨价还价权力不断提高，已经引起了彩电企业的重视，并采取了相应的措施。例如，康佳、TCL 等企业已经在考虑自己建立和国美等经销商同样规模的下游企业以分散经营风险，降低国美等经销商的权力和制约。第三，对于信息泄露问题，事实上，杂乱信息的价值可能远低于被整合过的信息，所以，中心企业的周边其他企业掌握的杂乱信息可能不足以对中心企业构成威胁。基于上述分析，我们认为，在其他条件不变的情况下，随着战略网络中企业中心性的提升：（1）相对位于中心位置的企业发动进攻的可能性提高；（2）这类企业的进攻性行为遭到回应的可能性会降低。

二 均衡性对企业进攻与回应行为的影响

对中国彩电企业而言，居于前几位的企业都是原来不起眼的小企业，这些企业依靠引进国外先进生产技术、管理技术，使得我国生产的彩电质量迅速接近或赶上国外企业的质量。加上我国企业的生产成本较低，价格优势使这些企业在国内迅速崛起，几次价格战下来，主要彩电企业已经占据国内市场 70% 以上的份额，有些企业已经走向国际市场。为什么国内企业在迅速成长的同时"价格战""技术战""服务战""概念战"会打得这么激烈？主要原因是国内彩电企业是靠技术和生产线的引进而发展起来的，技术含量低。同时受国外转让技术的制约，许多品牌的技术来自同一企业，导致产品差别只是表现在细小之处，企业的产品在质量上并无实质性的差异，而且这些企业在彩电生产时的关键技术、原材料等内容的来源具有很大的相似性。各种品牌产品之间的竞争只能靠广告、价格和服务竞争。中国彩电业经常被讥讽为"装配工业"，因为有些彩电企业除了自己生产塑胶外壳之外，其余所有零部件、元器件以及核心技术都是外购的。所有的企业都是引进国外特别是日本的技术，生产彩电所用的彩管、芯片也都几乎来自相同几家企业。"他能生产的产品，我也能生产"，一位经理说，"他能得到的芯片、集成电路或者其他技术我们马上也能获得，为他们提供技术或者配件的公司我们很清楚，实际上，这些配件公司也为我们提供配件"，"大家的产品到底利润如何，彼此都很清楚……"产品的无差异性是中国彩电企业价格战的重要原因，而彩电企业产品的无差异性在很大程度上与他们的重要合作伙伴无差异有关。

　　将各企业进攻和回应行为与其（年度内的）均衡性进行相关分析，得到表4-3。我们发现，2/3 的企业的进攻行为与均衡性指标显著相关，2/3 的企业的回应行为与均衡性指标显著相关，这说明中心位置对企业的竞争行为有重要影响。下面分析企业间的结构均衡是如何影响企业行为的。从网络关系结构来看，这些主要彩电企业的上游供应商几乎是一样的，换句话说，至少这些彩电企业的上游结构是比较均衡的。那么什么是结构均衡呢？结构均衡是指企业间在网络中有相似的关系形态，当然，他们本身未必要存在直接的连接。如图4-4 所示，2 和 4 之间的结构状态比 1 和 2 的结构状态要均衡。因为与 2 存在关系的节点与 4 都存在相同的关系，例如 2 与 C 存在关系 R，则 4 与 C 必然存在关系 R。而 1 和 2 之间就不是这样，例如 1 与 A 之间存在关系，而 2 与 A 之间就没有关系。可以看出，结构均衡是企业间战略网络关系模式相似性的双边尺度，企业所连接的关系越相似，表示其结构越均衡。结构均衡的企业在企业行为上会表现出相似性，包括采取相似的态度、使用相似的资源和实施相似的行动。另外，结构均衡的行为人会积极相互模仿，也导致他们行为的相似性（Gnyawai，Madhavan，2001）。

表4-3　　　各企业的进攻和回应行为与其均衡性的相关分析

	长虹	TCL	康佳	创维	海信
进攻行为—均衡性	0.8978 *	0.8804 *	0.5619	-0.0935	0.9361 **
回应行为—均衡性	-0.3591	0.3210	0.9239 **	0.9495 **	0.9676 **

注：＊和＊＊分别表示在 1% 和 5% 的水平下显著。

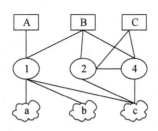

图4-4　均衡性比较

　　由于结构均衡的上述特征，结构上均衡的企业可以从网络中获得相似资产、信息和地位流，也就是说，他们在资源以及能力形态上具有对称性。国外的相关研究表明，这会使他们倾向于不直接对抗。原因是：第一，动态竞争的研究表明，资源不对称是进攻行为的重要诱因（程聪等，2015），第二，资源相似的企业会认识到他们的相互依赖性并避免直接的相互冲突。这种影响的内在机制主要有两方面：一是主动对信息的相互追踪使竞争者之间更容易达成共识，这提高了他们之间在行为方面的一致性；二是为了避免冲突的相互配合，他们认为，结构均衡的企业之间会倾向于不互相攻击。但我国彩电业正是因为这种均衡导致企业间的攻防频繁。究其原因，主要在于，在我国，即使长虹这样的大企业与国际大企业如松下、索尼相比，也很小。我国企业要迅速成长起来，需要把国外的类似企业看作竞争对手，在这种情况下，企业间发动一系列的对抗性竞争行为也是在所难免的。

　　研究表明，一旦遭遇资源相似的企业的攻击，企业会更容易调动资源来进行反击。而且，结构均衡的企业之间会认为彼此相似，更容易把对方的行为看作是一种威胁，这会增加回应的可能性。而且，企业间的相互监督以及相似的资源和行为也会提高对手回应的可能，这在我国彩电业得到了很好的验证。正是这种资源或者能力的相似，虽然长虹最初的价格战似乎并不是针对国内企业的，但国内企业明显感觉到了所受的威胁，所以采取了相应的反击行为，从而一系列的攻防就这样展开了。最近，彩电企业之间的战争似乎不那么激烈了，可能是因为这些企业在多次交锋之后，终于明白，攻击资源相似的企业会带来后续连绵不断的战争。所以，在其他条件不变的情况下，随着对手间结构均衡性的提高，企业发动进攻的可能性会提高。而且一旦被对手攻击，回应的可能性会提高。如表4-4所示。

表4-4　　　　　　　　　网络均衡性对动态竞争行为的影响

网络结构性质	均衡性
企业行动性质	随着企业间结构均衡性的提高
进攻	对结构均衡的企业发动进攻的可能性提高
回应	回应与之结构较均衡的企业发动的进攻行为的可能性提高

三　网络密度对企业间进攻回应行为的影响

网络密度是战略网络中企业间相互连接的程度，企业间连接越多，网络密度越大。位于较大网络密度中的企业行为和位于较小网络密度中的企业竞争行为之间存在差异。战略网络密度是影响企业行为及效果的重要特性（Gnyawai，Madhavan，2001）。第一，随着网络密度加大，战略网络中的信息及其他资源将加速集中和传播，提高了信息及其他资源的利用效率；第二，密集的网络具有一定的封闭性，这使企业间更容易建立相互信任、行为规范和一般的行为模式；第三，密集网络中的企业如果行为不规范更容易遭到制裁，密集网络增加了企业遭到制裁的可能，提高了制裁的效率，因为密集网络对制裁的效果有放大作用（Granovetter，1985）。把各年的网络密度与进攻行为的总和进行相关分析，得相关系数为 -0.1486，呈较弱的负相关关系。把各年的网络密度与回应行为的总和进行相关分析，得相关系数为 0.2602，呈较弱的正相关关系。也就是说，战略网络密度对企业的竞争行为也有重要影响。下面我们首先分析这种作用，然后分析战略网络密度如何干扰中心或者结构均衡等战略网络结构特性对企业间竞争行为的影响。

　　由于上述特征，不同网络密度中的企业进攻与回应行为有所不同。企业连接密集，意味着企业间可能存在更多的渠道接触相同的信息，企业面临不同的信息变化情况，这样，任何企业都可能没有独占某一独特的信息。而且，任何企业都不可能独占某类资产或资源。这意味着在密集战略网络中企业间的竞争力量的差异可能不大。企业要想创造独特的竞争优势，就需要建立自己的战略网络，例如，可以通过减少连接冗余来提高效率，也可通过建立新的网络来提高效益等。高密度网络也可能由于网络的凝聚力的力量而使企业被迫遵从公认的行为规范和市场准则。

　　这样，由于信息的高速流动、共有行为规范以及遭到制裁的威胁，处于高密度网络的企业相对于处于低密度网络的企业而言，发动进攻的可能性会降低。网络密度也会影响企业采取回应性竞争行为的可能。第一，在高密度网络中发动进攻意味着破坏行规，可能立即遭到制裁；而且，高密度网络也提供了多种途径来协调制裁的办法。第二，由于信息的快速流动，高密度网络中企业对彼此行为可能更熟悉，很容易破译其他企业行为的威胁和本质，从而容易采取适当的回击行为，考虑到容易遭到回应，此时企业发动进攻性竞争行为又会降低。因此，在其他条件不变的情况下，随着企业战略网络密度的提高，企业对其他企业发动进攻的可能性会降低，而对回应其他企业发动的进攻行为的可能性提高。如表4-5所示。

表4－5　　　　　　　　　网络密度对动态竞争行为的影响

网络结构性质	网络密度
企业行动性质	随着网络密度的增加
进攻	对其他企业发动进攻的可能性会降低
回应	回应其他企业发动的进攻行为的可能性提高

四　战略网络密度干扰作用

由于网络密度的变更会影响到企业中心性和结构均衡性的改变，所以，战略网络结构特性之间也存在相互影响的关系。例如，战略网络密度可能干扰结构中心性对动态竞争的影响。事实上，随着网络密度的增加，上述网络特性对企业间的进攻与回应行为的影响会有所变动。中心性的影响主要依赖企业之间的资源流量和流动速度的差异，以及非连接冗余带来的网络效率和效益；结构均衡的影响主要依赖于对竞争者的监控以及对资源均衡性认识的差异，这些差异可能避免或者刺激竞争行为的发生。这样，高密度网络提高了资源流动的流量和速度，企业原来拥有的中心性的优势因此会有所降低；高密度网络增加了企业之间的连接冗余，改变了原来很多企业由于缺乏结构冗余而导致的结构劣势，这使其可以有更多渠道获取资源；高密度网络提高了企业之间的结构均衡性，这使得企业之间避免直接的冲突更加困难。下面详细分析战略网络的密度与其他网络结构对竞争行为的影响关系。具体如图4-6所示。

表4－6　　　　　　　　网络密度对中心性和均衡性的干扰作用

网络结构性质	网络密度对中心性和均衡性的干扰作用
网络结构特性	随着网络密度的提高
中心性	较高的战略网络密度降低了中心性的影响
均衡性	较高的战略网络密度降低了结构均衡性的影响

较高的战略网络密度降低了中心性的影响。是否位于相对中心位置会对竞争行为产生影响的主要原因是企业可以通过中心位置获得超越其他企业的竞争优势。由于资源在高密度网络中的高速流动，随着网络密度的提高，位于中心位置的企业原来获得的资源流或者不对称利益将减少。高密度网络中资源的高速流动意味着不是位于中心位置的企业也可以通过他们

已经建立的连接获得资源。另外，随着网络密度的提高，原来位于中心位置的企业的潜在劣势还在于，不是位于中心位置的企业可以更容易整合网络中的一些零散信息，并用以与中心企业对抗。总之，由于资源和信息在高速网络中的高速流动，中心企业的资源优势降低，这会降低中心企业攻击其他企业的可能性，而且，如果中心企业发动进攻行为，更容易提高其他企业采取回应行为的可能性。而较高的回应行为又会反过来降低中心企业采取攻击行为的可能性。所以，在其他条件不变情况下，网络密度的提高会弱化企业由于具有中心性而产生的攻击性，同时，会强化不是位于中心位置的企业在受到攻击时，采取回应行为的可能（田志龙等，2007；程聪等，2015）。

较高的战略网络密度降低了结构均衡性的影响。由于增加了结构均衡的对数，随着网络密度的提高，结构均衡对竞争行为的影响降低。我们知道，结构均衡影响竞争行为的来源在于均衡的结构导致企业回应其他企业进攻的能力提高。随着网络密度的增加，原来没有连接的企业部分有了连接，总体来看，网络趋向于更加黏着。在完全连接的网络，即每个企业都与其他企业有连接，所有的企业都与其他企业结构均衡，也就是说，所有的企业都与其他企业有着相似的关系。这样，随着数量的增加，企业的信息负荷增加，企业间相互监督成本变得更加高昂，而且效率低下。这样，信息的可判读性、资源的快速移动性对进攻企业和回应企业来说都受到了抑制。前人的研究表明，随着数量的增加，企业间的协调会变得更加困难，这使得企业间通过协商解决问题的可能性会有所降低（Silverman，Baum，2002）。所以，网络密度的增加降低了发动针对结构均衡的对手的进攻行为的可能性，增加了针对结构均衡的对手发动的进攻行为采取回应行为的可能性。

不仅战略网络的结构特性对动态竞争有影响，而且动态竞争的结果也会影响战略网络的结构特性（见图4－5）。频繁的进攻回应破坏了互为对手的企业间关系的维持，降低了这些企业间嵌入关系的水平。例如，彩电企业之间的激烈竞争降低了这些企业间合作水平的降低和机会的减少，敌意情绪增加。同时，激烈的竞争又会使企业面临更紧迫、更不确定的经营环境，使企业经营管理任务变得更复杂，从而加强存在互补关系的企业间的合作，强化这些企业的嵌入关系。这又会改变网络的密度，并进而改变中心性、均衡性等网络结构性质。在实际中，战略网络与动态竞争的关系

（见图 4 - 6）是一个相互影响的关系。

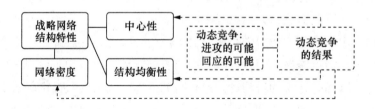

图 4 - 5　动态竞争对战略网络结构的反作用

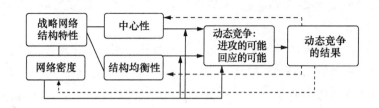

图 4 - 6　战略网络结构与动态竞争的相互影响

本章小结

　　在一个战略网络中存在资源互补的企业，也存在互相争夺资源（包括生产资料和顾客等）的企业，是不是处于网络中的企业都可以从网络中获得相同的资源呢？如果答案是：那么为争夺资源而竞争的企业是不是都能够获得相同的，至少是相似的竞争优势？从本章分析可以看出，答案是否定的。这说明，企业加入一个网络并不一定能够享受网络中的所有资源，也并不是网络中的所有成员都可以享受相同的资源。位于网络中的不同位置获得的资源及信息等内容的能力和水平是不同的，为企业带来的竞争优势更是差异较大，企业在市场中表现出的竞争行为特性因此也会存在差异。同时要分析企业间的竞争行为为什么存在差异，我们也可以从其在战略网络中的位置来寻找原因（谢洪明，2003）。

　　本章贡献在于建立了基于战略网络多层次结构嵌入的动态竞争概念模型，并用以分析战略网络中企业进攻回应行为。嵌入的视角深化了本章中我们对竞争资源和网络资源的理解。我们从企业、两个企业间、网络等层次的结构特性来分析企业的竞争行为，论证了战略网络结构关系如何影响企业间的竞争行为，同时运用资源为基础的观点来理解企业间的竞争行为。我们认为，企业带来租金的资源，不仅包括传统的品牌、技术能力、管理天赋等，还包括企业的网络资源，特别是网络结构带来的资源。企业拥有的关系是企业独特的、不可模仿的资产，包括企业所在的特定网络以及在网络中的位置都是非常重要的资产。例如，居于战略网络中相对中心位置的企业会因为其独特的位置而比其他企业拥有更便利的信息和机会，从而获得竞争优势。不同战略网络的结构特性，例如，中心性、结构均衡性、网络密度等对企业的进攻回应行为有不同的影响。同时我们认为，企业间的战略网络结构特性和企业间动态竞争存在相互影响作用。总之，本章整合了动态竞争和网络观点的企业战略研究，进一步拓展了当前的动态竞争理论，也进一步深化了战略的产业组织和以资源为基础的模式的研究。

　　与以往研究不同，我们认为，企业的资源和能力不仅从内部产生，重要的是从外部获取。由于战略网络一般是由跨产业的企业组成，所以，从战略网络角度认识企业的行为和动态竞争，就把研究的视角拓展到了跨产业的范围，为跨产业分析企业行为和动态竞争提供了新思路。我们称这种研究战略网络中动态竞争的多层次结构嵌入方法，为动态竞争的研究提供了新的思路。

第五章 企业动态竞争行为实证检验

本章将在第四章基础上进一步对企业动态竞争行为展开实证检验。虽然国外学者在这方面做了许多理论和实证的研究，但在我国这方面的研究却极少，很少有人从企业具体行为的角度来探讨进攻与回应问题，特别是针对中国企业行为的实证研究。与国外学者类似，本章采用结构内容分析法，以中国主要彩电企业为例，对中国企业的动态竞争行为特征进行了实证研究。本章的结论为进一步研究我国企业动态竞争提供了理论基础和实证支持，对企业战略实践也有一定的指导作用。

第一节 相关理论基础

动态竞争研究的基点是企业的具体行为或者说竞争行动，研究角度主要有单个企业的竞争行为特征、两个企业间的双边竞争行为特征及其规律以及产业环境对企业进攻与回应的影响等，其中企业间的双边行为特征及其规律是学者关注的主要问题，因为这是动态竞争的关键问题。

一 企业竞争行动

竞争行动是企业为了获得或保持竞争优势而实施的企业行为（Chen, Su and Tsai, 2007；Wang, Negrete－Pincetic and Kowli, 2012），概括起来大致有先动者、跟随者和后动者三类。采取第一竞争行动的企业一般要拥有能够在新市场或新技术方面进行冒险、探索的资源和能力，我们称之为原创者。一般来说，先动者要有足够的资金来进行产品创新，市场开拓，广告宣传和进一步的研发，只有通过这些行动先动者才能获得竞争优势。原创者的行动基础是：（1）在竞争对手回应之前能够收到客观回报；（2）能够获得顾客的忠诚，并以此建立阻止竞争对手进入的障碍；（3）优势是否持久取决于模仿的困难程度。跟随者为首先对原创者采取反应行动的企业，一般来说，跟随者往往会模仿原创者，对跟随者来说，反击的速度决定于其对成功与否的判断，企业会在采取回应前评价顾客的反应。快速的跟随者也能够夺取部分初始顾客并且建立品牌忠诚度，而且可以避免某些原创者的某些风险，但是，前提条件是必须具备必需的模仿能力。

竞争行动的另一个性质是战略与战术。战略性行动关注较长远问题，是长期的、影响整体利益的决策，主要指设备引进、并购、战略联盟、推出重要的新产品或服务等，往往需要大量的资源（尤其是指对固定资产进行大量投资）和时间来执行战略行动，也需要企业对企业目标进行重新定位，对企业组织架构进行重大调整，实施困难，返回困难等，其结果往往会给企业带来根本性的变革。而战术性行动更关注短期目标，是短期驱动、影响局部利益的决策，主要是指价格波动、广告、增加产品品种、服务调整等。执行战术行动需要动用的资源较少，对企业变革的影响也没那么大。其特征是：（1）在较小的范围内调整策略；（2）相对容易实施；（3）相对容易返回。研究表明，企业往往使用更多的是战术性行动而不是战略行动，而且所遭到的反击也更多的是战术性的。

二　竞争是一个动态过程

如果将企业间的竞争行为按照时间先后排列，这些行动之间应该存在一定的规律。例如，米勒和陈明哲（1994）等认为，市场是企业间各种互动行为所形成的社会结构，因此，企业密切关注与其相关企业的竞争行动，并以此来决定自己的行为。波特（1980）也指出："竞争的显著特征就是，企业是相互影响的……一家企业竞争行动的结果依赖于另一家企业的反应"。因此，研究企业间的竞争，就要研究企业的日常竞争行动中的两个基本方面："进攻"与"回应"。所谓进攻，是指由一家企业发动的特定可发觉的竞争行动，例如，推出一种新产品、进入一个新的市场、降低产品价格等，这类行动的结果是获得竞争对手的市场份额、减少竞争对手的收益或者降低对手的市场地位。回应是指一种明确的可察觉的对抗手段，这类行为用来抵御或改善本企业在产业中的市场份额或地位（Chen, 1996; Chen, Su and Tsai, 2007; Wang, Negrete - Pincetic and Kowli, 2012）。

综观相关文献，在企业间竞争互动的研究中，广泛使用了一些相对应的词，Action 和 Response、Attack 和 Retaliation、First - mover 和 Second - mover，从词意上看，除第二对词的排他性或者"火药味"较强外，其他两对词所表达的排他性，或者说"火药味"没有那么大，但这样的表达却告诉我们相对后出现的企业行为是针对其他企业的行为而实施的。正如一位总裁告诉我们的，"看到其他企业这么做（先动），如果我们不采取一些措施，我们就会失去市场"。另一位经理则说，"别的企业都在进行多元化发展，如果我们还仅仅是专注于电视机产业，将来我们就会落后"。"其实我们是在比赛，看谁跑得最快，而不是拉着对方，让对方慢下来"。所以，进攻与回应所表达的意思是企业的竞争行为之间具有一定的参照性，在实践中，每家企业都在时刻关注着其他相关企业，特别是竞争对手的行动，并且适时根据其他企业的行为制定并实施本企业的策略和行动。

三   进攻和回应行为是企业获取竞争优势的重要手段

企业通过采取一系列的进攻和反击行为来建立或者保持竞争优势。市场集中度越高，竞争行为就越表现出动态的特征，先动优势和创新就越成为企业获得利润的重要手段，竞争对手在进攻和回应过程中所表现出来的行为将成为影响企业竞争优势的重要因素。例如，波特（1980）指出，任何竞争行动的有效性都与对手的反击速度之间存在相关的关系。如果对手不进行反击或者反击速度较慢，那么，发动进攻企业的预期目标就容易实现。熊彼特（Schumpeter，1932）也认为，市场就像一个战场，竞争者通过采取特定的进攻行动，推陈出新。企业如果能够成功地抓住机会，就可能获得独占市场的高额利润或者先动的优势。虽然这时会有企业模仿他们的行动，但模仿需要一定的时间，企业即使仅仅充分利用了这段时间也可能收获颇丰。也因为企业的进攻行动会遇到模仿者，所以并不是所有企业的行动都会收到预期效果。

四   中国企业行为的动态性

改革开放以前，我国企业间并没有明显的战略互动，因为每个企业实际上都在执行上级的计划。也就是说，一家企业的经营战略与其他企业的战略相关性极低，甚至没有。企业似乎也无须对抗国外企业对国内企业的"威胁"和"入侵"。随着改革开放及我国社会主义市场经济的逐步建立，企业需要独立解决生存和发展问题的时候，企业间的竞争互动行为才逐步引起了企业界和学术界的重视，一家企业在进行战略管理时需要参照其他企业的战略，或合作，或跟随，或与之相对抗等（谢洪明、蓝海林、叶广宇、杜党勇，2002）。我国企业一方面要面对比自己强大数十倍的国外企业的竞争，抵御国外企业"入侵"；另一方面又要面对国内企业在各自成长过程中，对资源、市场的争夺。在"内战"与"外战"的共同压力之下，我国企业在自己所从事的行业中所遇竞争的激烈程度和竞争—回应的速度之快比较国外是有过之而无不及的（谢洪明、蓝海林，2004；蓝海林，2015）。从感性认识上看，这些企业是在与其他企业的互动中不断成长和壮大的，但这些企业的互动规律还需要数据的支持。

第二节　研究设计

一　研究范围与对象

研究表明，中国已成为世界家电生产大国。目前，我国主要家电产品的生产工艺和技术水平已经基本实现了与国际水平同步。而且国产品牌在国内市场均占主导地位。例如，中国国际经济咨询公司 2001 年 5 月根据 35 个城市的调查，认为国产品牌在各类家电市场所占份额分别为彩电 81.36%、电冰箱 94.49%、洗衣机 82.58%、空调器 74.22% 等，中国家电市场的竞争几乎就是中国国产品牌的竞争，所以中国家电企业的竞争具有一定的"封闭性"，是较好的对企业竞争行为进行实证研究的素材。

选择了 2001 年在中国大陆电视机市场占有率排名前 5 位的中国家电企业作为研究对象，如表 5 - 1 所示。这些企业堪称中国家电企业典型代表。在过去几年，这些企业所参与的各种"战"着实引起了实践和理论界的极大关注，各种讨论几乎天天可见报端，所以，这些企业的竞争行为几

表 5 - 1　　2001 年主要彩电企业彩电生产、销售、出口情况

单位：万台、%

企业	产量	同比增长	产量排名	销售	同比增长	销售排名	出口	出口排名
长虹	635.54	13.6	第一	599.77	13.6	第一	44.57	第三
TCL	566.98	8.3	第二	567.84	8.6	第二	40.44	第四
创维	411.89	17.2	第三	419.22	25.9	第四	93.0	第一
康佳	346.77		第四	429.21		第三	60.49	第二
海信	303.70		第五	304.40		第五	16.40	第五

资料来源：改编自徐明天和刘文英《2001 年广东 TCL、创维、深圳康佳位居全国彩电业五强》，《深圳商报》2002 年 3 月 10 日。

乎是"暴露"于各种媒体中,其行为比较容易从报纸中采集和加工。选择这些企业作为研究对象具有较大的可行性和科学性。

二   数据来源及分析方法

国外学者特别是美国学者在类似研究过程,大多通过对美国航空业的长期观察和竞争数据的采集,建立一个反映竞争者回应攻击可能性的模型,进行实证研究,详见陈明哲(1996)、田志龙等(2007)和程聪等(2015)文献。这种研究方法的独特性在于研究样本基本元素是企业的具体行为,并且样本来源于企业外部的公共信息,采用"结构化的内容分析"法,主要针对特定字词、字意、句子、主题、段落或者全书进行分析,以获得研究所需的数据,并探索各行为之间的规律。中国主要彩电企业竞争行为汇总(样表)见表5-2。

表5-2   中国主要彩电企业竞争行为汇总 (样表)

序号	行动日期	内容	主角	来源	分类	进攻回应	战略战术	备注

中国彩电企业的竞争非常激烈,每个企业几乎每天都在不同的地方推出各式各样的竞争行为。因此,在行为选择上,我们以该行为产生了较大影响,并且在主要媒体上进行了较大范围的报道为基础。这样,我们在中国资讯行(www. chinainfobank. com)、《中国高新技术产业报》《人民日报》《信息时报》等报刊中检索了自1997年1月1日至2002年7月31日期间企业竞争行动有关信息,共364条,经相关企业确认,这些行为的信息对彩电企业来说都是较重要的竞争信息。

按照时间顺序排列在表5-3的前5栏。然后采用类似德尔菲法的分析方法对这些行为进行分类,并确认该行为是进攻行为还是回应行为,是战略性行为还是战术性行为。具体方法是:成立了三人研究组,小组根据前人研究,共同确立了企业可能的行为并对其进行编号,主要包括推出新产品、扩大生产、进入新市场、进入新行业、合作联盟、银企合作、收购兼并、降低价格、提高价格、重要促销、对外投资、其他行为等。对这些行为的内涵、外延以及行为性质(进攻还是回应、战略还是战术)进行科学的定义,确认分类的标准。这里,"其他行为"是指极少被实施或者标准难以确认的行为。

表 5 - 3 企业竞争行为汇总

	长虹	TCL	康佳	创维	海信	合计
推出新产品	18	24	25	31	34	132
扩大生产	7	1	4	2	5	19
进入新市场	3	4	1	—	4	12
进入新行业	10	12	4	4	5	35
合作联盟	18	18	10	9	10	65
银企合作	4	6	3	1	2	16
收购兼并	4	4	2	—	2	12
降低价格	6	7	5	5	7	3
提高价格	1	—	1	1	—	3
重要促销	3	5	2	2	3	15
对外投资	3	3	2	1	2	11
其他	3	2	3	2	4	14
合计	80	86	62	58	78	364

每个组员分别独立地对这些关于行为的信息进行划分。在进行第一次汇总时，我们发现每个组员的划分存在许多差异。为此，请一位企业高层经理和一位研究家电行业的学者共同对标准进行修正和确认。这五个人再次独立地对上述行为进行了划分，然后，这五个人在一起共同确认每一行为的类别。表 5 - 3 列出了我国主要家电行业 1997 年 1 月至 2002 年 12 月间的企业竞争行为。这些行为的散点分布如图 5 - 1 所示。我们看到，各行为在这期间的分布并不均匀。从表 5 - 3 可以看出，虽然从长虹、TCL、康佳、创维到海信的市场份额从大到小排列，但推出新产品的数量却从少到多排列，这说明市场份额低的企业更希望通过推出新产品来提高市场地位。采取合作联盟的数量依次少，降低价格的次数几乎相同，这说明这些企业之间的价格竞争几乎是针锋相对的，这与以前学术界和媒体的讨论一致。

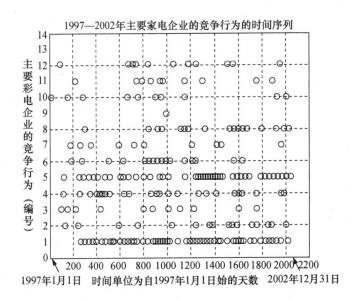

图5-1　竞争行为编号

资料来源：笔者整理。

第三节　企业竞争行为的一般特征及其关系

　　企业根据竞争需要以及本企业的能力实施着竞争行为。每个企业行为由于作用或者所需资源的不同，被实施的频率也会有所差异。那么，不同企业在竞争行为的总体数量上有无差异？各类行为之间的关系又如何呢？

一　哪些行为被实施的概率最大

　　1997—2002年各企业所采取的各类竞争行为所占的比例如图5-2所示，各竞争行为按照数量递减趋势依次为，"推出新产品""合作联盟""进入新行业""降低价格""银企合作""扩大生产"等。虽然价格战在我国家电企业中最引人注目，但发现其他行为的竞争似乎更激烈，例如在这期间，各企业"推出新产品""合作联盟"以及"进入新市场"的数量均占了很大比例，从总体上看，"推出新产品"以及"合作联盟"行为被实施的频率远远高于降低价格被实施的频率，在这些企业的竞争行为中占有极其重要的位置。这说明，这些企业非常重视不同顾客的需求，希望通过不断推出新产品来进一步扩大市场份额。说明这些企业在一直力图避免价格战，一直在力图寻找新的市场竞争手段。

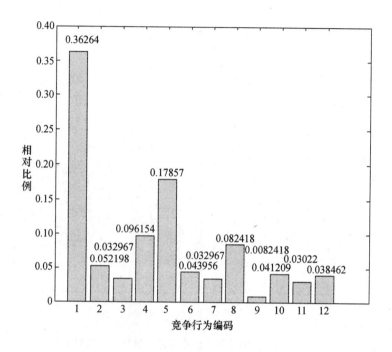

图 5 – 2　1997—2002 年各类竞争行为被实施的相对比例

资料来源：笔者整理。

二　不同市场占有率企业行为数量差异

通过对各企业实施的竞争行为进行统计，如图 5 – 3 所示。我们发现各企业所采取的行为的总体情况差异很小。对各行为的被实施的数量进行 χ^2 检验，得 $\chi^2 = 8.09 < \chi^2_{1-0.05}\,(4) = 9.49$。所以，我们有理由认为，各企业所采取的竞争行为在数量上并无明显差异，虽然各企业的市场占有率不同，但每个企业几乎实施了相同数量的竞争行为，在市场中的活跃程度相同。企业所实施的竞争行为不仅受到外部环境和企业资源的影响，各竞争行为在被实施时也是相互制约的。例如，降价和提价是两个几乎"相反"的过程，这两个行为"不应该"同时发生，这样的行为之间应该是负相关关系。而有些行为是相互关联的，例如，企业在进入新行业时，可能需要寻求银行或者其他企业的合作，这样进入新行业与银企合作之间应该存在相关关系。通过对各行为之间的关系进行分析（见表 5 – 4）。我们

发现，某些行为之间存在显著的相关关系，这不是偶然的现象，有其内在的必然性。

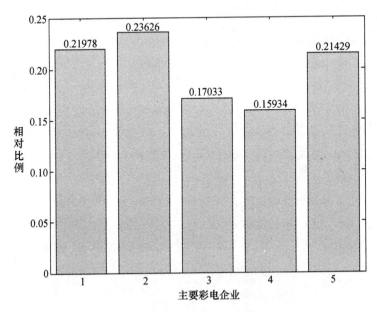

图 5 - 3 1997—2002 年各企业实施竞争行为的相对比例

资料来源：笔者整理。

三 企业如何进入新行业

企业在进行多元化发展时，主要采取同其他企业合作或者购并的方式进行（见表 5 - 4）。我们发现，"进入新行业"与"合作联盟"之间存在显著正相关关系（$R = 0.9769$，$P < 0.01$）。实践中也有许多这方面的例子，例如，1998 年长虹进入洗衣机行业就是通过与世界知名家电企业合作实现的，1998 年康佳通过与小天鹅合作生产洗衣机，2001 年海信也是与荣事达结盟进军白色家电领域，并推出了双方合作后的第一个白色家电产品：数字冰箱；而且，企业在进入新行业时，也获得了银行的合作与支持，因为从数据看，"进入新行业"与"银企合作"之间存在显著正相关关系（$R = 0.9031$，$P < 0.05$），也支持这一结论。另外，"进入新行业"与"收购兼并"之间存在显著正相关关系（$R = 0.8785$，$P < 0.05$），企业也会采取收购兼并的方式进入新的行业。例如，1997 年长虹进入电池行业是通过收购五洲电源厂实现的，2000 年 TCL 进入空调是通过收购索华空调实现的等。我们也发现，"对外投资"与"进入新行业"之间存在

表5-4　1997年1月至2002年12月中国主要彩电企业竞争行为及其相关关系

	均值	标准差	1	2	3	4	5	6	7	8	9	10	11
1. 推出新产品	26.4000	6.2690	—										
2. 扩大生产	3.8000	2.3875	-0.3274	—									
3. 进入新市场	2.4000	1.8166	-0.1273	0.1960	—								
4. 进入新行业	7.0000	3.7417	-0.6608	-0.0560	0.6621	—							
5. 合作联盟	13.0000	4.5826	-0.7919	0.1143	0.6006	0.9769**	—						
6. 银企合作	3.2000	1.9235	-0.6717	-0.1524	0.6153	0.9031*	0.8792*	—					
7. 收购兼并	2.4000	1.6733	-0.7340	0.2753	0.7566	0.8785*	0.9129*	0.9010*	—				
8. 降低价格	6.0000	1.0000	0.0798	0	0.9633**	0.6013	0.4910	0.5199	0.5976	—			
9. 提高价格	0.6000	0.5477	-0.3786	0.3059	-0.8040	-0.3660	-0.1192	-0.3797	-0.3273	-0.9129*	—		
10. 重要促销	3.0000	1.2247	-0.2605	-0.3420	0.7866	0.8729	0.7572	0.8490	0.7319	0.8165	-0.7454	—	
11. 对外投资	2.2000	0.8367	-0.7340	0.2753	0.7566	0.8785*	0.9129*	0.9010*	1.0000**	0.5976	-0.3273	0.7319	—
12. 其他	2.8000	0.8367	0.2574	0.7259	0.3948	-0.3194	-0.2608	-0.2796	0.0714	0.2988	-0.2182	-0.2440	0.0714

注：** 表示 p<0.01（双尾）；* 表示 p<0.0（双尾）。

表5-5　我国主要彩电企业进入不同行业（部分）的时间和方式

企业	长虹			康佳			创维		
行业	宣布	入市	方式	宣布	入市	方式	宣布	入市	方式
空调	1997年12月9日	1998年1月12日	与三洋达成技术合作	1999年7月14日	1999年10月	自主开发、引进技术			
洗衣机	1997年9月15日	1998年	与著名家电公司合作	1998年5月28日	1998年5月28日	与小天鹅合作			
电冰箱				—	1998年8月	与长风合作、定牌			
电脑	1998年3月16日	—					2001年5月21日	—	与微软、英特尔合作
显示器	1998年3月16日	—					2002年5月27日	—	收购
手机	1998年5月12日	—	与厦华，广州通信所合作	1999年7月6日	1999年11月22日	与朗讯合作	2000年2月26日	—	与中国台湾企业合作
电池	1997年12月9日	1998年2月	收并五洲电源厂						
信息产业							2000年11月22日	—	与德生合作

企业	TCL			海信		
行业	宣布	入市	方式	宣布	入市	方式
空调	1998年2月12日	1999年12月23日	兼并、收购	1996年4月	1997年4月	自主开发、引进技术
洗衣机	1998年2月12日	—	兼并、收购			
电冰箱	1998年2月12日	2001年5月18日	兼并、收购	2001年6月19日	—	与荣事达合作
个人电脑	1998年2月12日	1998年9月18日	与致福集团合作	1996年10月	1996年10月	自己开发
显示器	1997年4月29日	—	与发基合作			
手机	1999年3月	1999年8月	OEM，后引进技术、自主开发	2000年5月	1991年9月5日	与美国高通合作，与日本日立技术合作
电池	1998年10月	1999年5月12日	与其他企业合作			
房地产	1997年12月24	1997年12月24日	自主开发			

注：—表示具体时间不详。

资料来源：笔者根据媒体公布资料整理，与企业的实际情况可能存在差距。

显著正相关关系（R = 0.8785，P < 0.05），近几年来，家电企业通过美国、日本设立研发中心，或者通过在国外设立生产基地，进一步提高了研发水平和管理能力，为进入新行业准备了物质基础和管理基础。从统计数据我们发现，"进入新行业"与"重要促销"的相关系数为 R = 0.8729，P < 0.053，接近一般意义的显著水平，所以，我们也有理由认为，企业在进入新行业时，倾向于采用促销行为进行市场推广。

四　合作联盟与哪些行为关系最大

由于我国彩电企业主要是在引进国外技术基础上发展起来的，研发能力特别是核心技术与国外企业相比仍有很大差距，所以，在企业的发展过程中，几乎所有的企业都非常重视与技术先进的企业进行联盟或者技术合作。例如，长虹就曾经引进东芝生产线，在日本进行员工培训，并且自1997 年起双方建立联系实验室，进行技术与制造合作。长虹先后与松下、东芝、三洋、飞利浦、NEC、C—CUBE 等国外著名大型跨国企业建立了战略合作关系或实验室，以保持与国际市场和国际先进技术发展同步。2002 年年初，该公司又与 LG 公司建立了战略性合作伙伴关系。除了技术上与国外企业合作外，长虹还与日本岩井、三井物产、通用电气、飞利浦等著名大公司签订出口协议，利用其成熟的全球网络和经营、品牌及影响，拓展国际市场，取得很好的效果。长虹还选择在美国、澳大利亚等地创建销售分公司，充分利用当地强大的代理优势与迅捷的物流、资金流进行品牌经营。在长虹的国际布局图上，沃尔玛、家乐福等国际商业连锁集团，已成为长虹的经销商（《中国证券报》2001 年 4 月 2 日）。这些联盟与合作对长虹的发展以及各种竞争行为的实施起到了极大的保障作用。

除"合作联盟"与"进入新行业"的关系密切以外，我们还发现：（1）"银企合作"与"合作联盟"之间存在显著正相关关系（R = 0.8792，P < 0.05），这说明，第一，企业在合作联盟时为了增加与其他企业合作的信度，加强了与银行的合作关系；第二，在与银行的关系方面，企业普遍采用了合作的态度与做法；第三，银行普遍对这些企业合作联盟行为的盈利潜力或者发展前景表示乐观，给予了很大的支持。（2）"收购兼并"与"合作联盟"之间存在显著正相关关系（R = 0.9129，P < 0.05），这可能是由于企业把有些"收购兼并"作为"合作联盟"的一个先期行为，为下一步进行"合作联盟"做准备。也可能是由于企业把有些"合作联

盟"作为"收购兼并"的一个先期行为，为下一步进行"收购兼并"做准备。另外也说明，收购兼并增强了企业的实力以及获得外部支持的迫切性，提高了本企业与其他企业结成合作联盟的可能性。(3)"对外投资"与"合作联盟"之间存在显著正相关关系（R＝0.9129，P＜0.05），我国主要彩电企业在对外投资的过程中，许多企业采取了合作联盟的方法，例如，1999 年长虹与俄罗斯合作生产高档家用电器打入独联体市场，2000 年 TCL 集团在印度成立合资企业，生产彩色电视机，并在当地销售。

"银企合作"除与"进入新行业"和"合作联盟"存在正相关关系以外，我们还发现：(1)"收购兼并"与"银企合作"之间存在显著正相关关系（R＝0.9010，P＜0.05），这说明企业在实施收购兼并的过程中，获得了银行的支持；(2)"对外投资"与"银企合作"之间存在显著正相关关系（R＝0.9010，P＜0.05），这与企业成长规律基本一致，即企业成长过程中需要银行的支持。

五　价格竞争与哪些行为的关系最大

"进入新市场"与"降低价格"之间存在显著正相关关系（R＝0.9633，P＜0.01），说明企业在开拓新市场的过程中，仍把价格作为主要的手段，而把促销或者其他方法作为辅助手段，从数据上看，"进入新市场"和"重要促销"的相关系数仅为 0.7866，"进入新市场"和"提高价格"的相关系数为－0.8040，呈较强的负相关关系，说明企业在进入新市场时尽可能避免提高价格。"降低价格"与"提高价格"之间存在显著的负相关关系（R＝－0.9129，P＜0.05），这与市场竞争中的常识是一致的。另外，从数据上也发现，企业的"对外投资"与"收购兼并"之间存在显著正相关关系（R＝1.0000，P＜0.01），但在实践中，企业的对外投资极少通过收购兼并实现，这个关系似乎有些"偶然"，我们没能找到合理的解释。

第四节　企业竞争行为的动态特征

学者们在考察中国家电企业间竞争时，除价格战以外，很少提及企业间其他互动行为，而是主要从单个企业的发展角度来探讨企业的战略。而实际上，企业的行为之间存在很大的依赖性。从预测竞争的观点来看，一味地强调企业间战略定位的同一性有其局限性，因为这样可能会忽略企业在市场中的战略特性以及企业间的战略互动问题。在关于先动优势和主动竞争的研究中，进攻的重要性已经得到广泛的认同。例如，先动可以在其他对手没有进行有效反应或者跟进以前，获得高于社会平均水平的收益率、有机会获得顾客的忠诚感等（蓝海林，2001，2014）。进攻的效果也取决于回应者的表现。如果一个企业想在竞争特别激烈的情况下发动进攻，就应该考虑到潜在的报复或者其他企业的回应对进攻的影响。在动态竞争环境下，企业间的相互依存特别紧密，进攻所引起的报复行为将很快发生，报复的可能性的大小会影响到企业的竞争决策。

一　行为顺次间隔

企业竞争激烈程度可以用企业间行为的时间间隔表现，时间越短，说明企业间竞争越激烈，企业间竞争的动态化程度越高。我们发现，1997年到2002年上半年间，企业间每两个行为之间的时间差最小为0天，最多为90天，平均为5.7天，方差为8.1天。从图5-4看，364个行为中有140多个行为，即1/3多的行动之间的间隔小于1天，有近一半的行为之间的间隔小于10天。这一方面表明这些企业不断实施新的竞争行为，企业间互动频繁；另一方面也说明媒体对彩电企业非常关

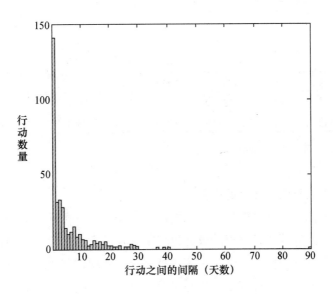

图5-4　各行动之间的顺序间隔

资料来源：笔者整理。

注，基本上记录了这些企业的每一个竞争行为。在某种意义上说，这些企业之间的竞争已经成为这一时期经济社会的重要组成部分。

二　不同企业行为的相关性

对我国主要彩电企业竞争行为进行相关分析发现，各企业竞争行为之间存在显著的正相关关系，如表5-6所示。这表明，这些企业之间的竞争行为互动明显，一家企业的竞争行为在很大程度上是在其他企业的行为效果或者可能效果基础上实施的。这表明了我国在战略制定和实施方面对竞争对手竞争行为的关注，虽然在我国已有学者倡导"商场如战场"，但企业间行为的相关性到底如何，却很少见到合适的数据支持。我们的工作恰好弥补了这一缺憾。在我国，特别是在我国彩电企业之间的竞争行为是显著相关的。这些企业已经自觉或不自觉地运用一些竞争分析模型来与竞争对手对抗，"知己知彼，百战不殆"，孙子兵法的这个著名论断成为我国企业战略竞争的至理名言，在市场竞争中，适时跟踪竞争对手的行为是商战成功的必要保障。

表5-6　　　　　　　　　　　企业间竞争行为的相关关系

	相关系数			
	1	2	3	4
1. 长虹				
2. TCL	0.9349 **			
3. 康佳	0.8431 **	0.8843 **		
4. 创维	0.7965 **	0.8661 **	0.9921 **	
5. 海信	0.7877 **	0.8494 **	0.9866 **	0.9903 **

注：**表示在1%的水平下显著。

三　进攻与回应行为的相关性

一般来说，企业根据技术和创新能力、顾客、竞争环境实际情况主动采取进攻或回应行动，以提高或者保持本企业的竞争优势。我们将主要彩电企业的竞争行为特性按照时间顺序排列后，发现在一些时间段企业的进攻与回应行为互动非常频繁。我们发现，每经过一段较密集的进攻与回应之后，企业间的行为会出现间歇，"这可以看作是一个战役的结束"，一位总经理这样评述道。1997年1月至2002年7月，这些企业的竞争行为大致经历了 12 个比较大的战役。每次战役又包括数次攻防回合。

　　将企业间的进攻与回应行为进行相关分析，如表 5 - 7 所示。同时将企业间的回应与进攻行为进行相关分析，如表 5 - 8 所示。我们发现有些企业的进攻与回应具有显著的相关性。例如，康佳的进攻行为与长虹的回应行为具有显著的相关关系（R = 0.9323），即康佳的进攻行为最容易引起长虹的回应；创维和海信的进攻行为与 TCL 的回应行为有显著的相关关系（R 分别为 0.9170 和 0.9151），即创维和海信的进攻行为最容易引起 TCL 的回应；康佳与创维的回应行为与 TCL 的进攻行为具有显著的相关关系（R 分别为 0.9720 和 0.9612），这说明 TCL 的进攻行为对康佳和创维最敏感；海信的回应行为与创维的进攻行为具有显著的相关关系（R = 0.9339），即海信对创维的进攻行为最敏感。

表 5 - 7　　　　　　　　　各企业进攻与回应行为的相关关系

		回应				
		长虹	TCL	康佳	创维	海信
进攻	长虹					
	TCL	0.1736				
	康佳	0.9323 **	0.3121			
	创维	0.4902	0.9170 *	- 0.1861		
	海信	0.5113	0.9151 *	- 0.1846	- 0.0222	

注：* 和 ** 分别表示在 5% 和 1% 的水平下显著。

表 5 - 8　　　　　　　　　各企业回应与进攻行为的相关关系

		进攻				
		长虹	TCL	康佳	创维	海信
回应	长虹					
	TCL	- 0.2967				
	康佳	0.2041	0.9720 **			
	创维	0.3398	0.9612 **	0.2227		
	海信	- 0.1096	0.1090	0.2724	0.9339 **	

注：** 表示在 1% 的水平下显著。

　　从以上分析可以看出，用进攻与回应来解释企业的竞争行为是合理

的。结合这些企业的市场占有率以及实力来分析，我们发现，市场占有率
第三位和第四位的企业对第二的企业的进攻有较强的回应倾向，而对第一
位的企业的进攻则没有回应倾向；市场占有率第一位的企业对第三位的企
业的进攻有较强的回应倾向，而对其他企业的进攻则没有回应倾向；市场
占有率第二的企业对第四位和第五位的企业的进攻有较强的回应倾向，而
对其他企业的进攻则没有回应倾向；有趣的是，所有企业的回应行为都与
长虹的进攻行为不存在显著的相关关系，也就是说，市场占有率第一的企
业的进攻行为会较少遭到回应。这与陈明哲、史密斯和格林姆（1992）
的研究结果不同，他们认为，具有较大影响的企业竞争行为会导致更多回
应或者更猛烈的回击，在我们的研究中，虽然长虹的有些竞争行为影响很
大，但总体上所遭遇的回应行为却不多，而且其他企业的竞争行为很少是
针对长虹实施的。

四　进攻回应行为与战略战术行为的关系

将这些企业的进攻回应与战略战术行为进行汇总，如表 5 - 9 所示。
我们发现，从 1997—2002 年，企业的进攻以及回应是，基本上实施了相
同数量的战略行为与战术行为。在这五年半中，总体来看，战略行为要远
少于战术行为，这与本章开始时的分析是一致的。我们对进攻回应与战略
战术进行卡方检验得 $\chi^2 = 0.4723 < \chi^2_{1-0.05}$（1）$= 3.841$。也就是说，进
攻或者回应行为与战略或者战术行为之间是相互独立的，不存在显著相
关关系。这说明，总体来说，我国主要彩电企业在与对手的竞争互动过程
中缺乏长远考虑和整体运筹，企业疲于应战，在进攻和回应行为的选择上
"有些杂乱"，这不仅会影响企业的可持续发展，对产业的演进也是不
利的。

表 5 - 9　　　　　　　　　　　竞争行为特性汇总

	战略	战术	合计
进攻	76	103	179
回应	72	113	185
合计	148	216	364

五　合作行为与进攻回应行为的关系

我国彩电企业相对国外家电企业发展快，但由于起步晚，这些企业在

核心技术、管理能力等方面与国外家电企业存在一定差距，引进技术以及与国外或港台企业的合作对彩电企业的发展有重要的作用，另外国内企业间的合作特别是银行或者政府的支持也非常重要。我们发现，"合作联盟"行为与康佳、创维、海信的进攻性竞争行为有显著的相关关系，与长虹的进攻性竞争行为存在一定的负相关关系，与 TCL 的进攻性竞争行为之间存在弱相关关系。但合作联盟与所有企业的回应行为都不存在显著的相关关系，只与长虹、海信的回应行为存在弱相关关系。"银企合作"与海信的进攻与回应都有显著的正相关关系，与创维的回应行为有显著的正相关关系，与其他企业的进攻与回应都有不同程度的相关关系。这说明，与其他企业的合作行为对企业的竞争行为有重要的影响。

联系这些企业的市场地位考虑发现，处于第一位和第二位的长虹和 TCL 的进攻性竞争行为受"合作联盟"的影响较低，而处于第三、第四、第五位的康佳、创维和海信的进攻性竞争行为受"合作联盟"的影响比较明显。这也正好说明了由于后几位的企业的实力较弱，在进攻时需要其他企业的协作，而实力较强的企业的进攻行为大多依靠自己的力量。同时也说明实力较弱的企业进行战略联盟其目标侧重于进攻，而实力较强的企业采用合作联盟的手段其目标具有更全面的战略意义，即实力较强的在进行合作联盟时更多考虑的是企业的长远发展问题，而不是借助外部的力量打击竞争对手，而实力较弱的企业在进行合作联盟时其直接目标就是针对自己的竞争对手的，是否具有更长远、更全面的战略打算尚很难确定。而在回应竞争对手的进攻行动方面，各企业基本上不采用合作联盟的手段。在知识经济时代，企业价值链的更多部分将通过战略外购获得，合作的意图和价值在企业经营活动中将得到新的诠释（谢洪明和蓝海林，2004），企业竞争行为与"合作"的上述关系提醒我们，如何管理企业的"合作与联盟"将成为企业在市场竞争中的主要内容。

本章小结

一　主要研究结论

本章以我国主要彩电企业为例，对企业竞争行为特性进行了实证研究，主要结论如下：（1）价格竞争最容易引起媒体的关注，但不是企业间竞争的主要方面。（2）市场占有率的差异与企业所实施竞争行为的数量之间没有关系。（3）企业的行为之间存在显著的正相关关系，包括银企合作与合作联盟、收购兼并与合作联盟、对外投资与合作联盟、进入新行业与合作联盟、进入新行业与银企合作、进入新行业与收购兼并、进入新行业与降低价格、收购兼并与银企合作、对外投资与进入新行业、对外投资与银企合作和对外投资与收购兼并。另外，我们也发现，降低价格与提高价格之间存在显著的负相关关系。（4）企业间存在进攻与回应关系，用进攻与回应来解释企业的竞争行为是合理的。（5）总体上看，进攻或者回应行为与战略或者战术行为之间不存在相关关系。（6）总体上，联盟与合作同企业的进攻与回应行为存在相关关系。本章的结论为进一步研究我国企业动态竞争提供了理论基础和实证支持，对企业战略实践有一定的指导作用。本章的结论对企业实践的启示是：（1）科学地对待同对手竞争互动中的技巧与策略；（2）重视非价格竞争策略；（3）重视联盟在竞争中的作用，争取建立比对手更多的对本企业有利的联盟关系，包括各产业链上的合作者。

二　不足与展望

尽管本章取得了一些有价值结论，但仍存在一些不足，主要体现在：（1）本章的数据主要来源于中国资讯行等媒体，由于数据较多，时间周期较长，我们尽最大可能使这信息得到当事企业负责人的确认，但仍可能有不准确的地方。（2）采用媒体公布的数据进行研究，可能会遗漏一些媒体没有公布的信息和数据，尤其是一些需要保密的信息，这可能会对我们的研究结论有影响。（3）我们只选取了较有影响的5家企业，而没能针对所有的彩电企业进行研究，这可能会在某种程度上影响结论的完整性。我们认为，后续研究应在以下几个方向努力：（1）竞争行为的影响力、资源消耗、可见性等特性及其在企业间互动中的作用；（2）企业如何才能减少进攻所遭遇回应行为；（3）企业竞争行为的影响因素或者决定因素及其关联关系。

第六章　战略生态演进理论基础

本章将在有关战略网络、动态竞争的相关研究的基础上，进一步提出企业的战略生态及其相关观点，我们首先通过对国内外关于战略生态理论相关文献分析，给出了企业战略生态的概念及其内涵，系统提出了战略生态的元素及其关系、同态（构）现象、互动、平衡与稳定在企业战略规划实施中本章还探讨了战略生态的有效嵌入性问题，进而指出了这些基本问题对于企业战略管理的重要意义，深化了企业战略生态理论基础框架。

第一节　企业战略生态化缘起

20 世纪 50 年代中期，美国彼得·F. 德鲁克发表《管理实践》，开始了战略管理的研究，此后关于企业战略论著层出不穷，企业战略理论阔步向前发展。回顾企业战略理论的发展，古典战略理论在研究企业战略时，从既有的产业市场出发，使企业适应环境，其实质就是在已结构化的产业内寻求企业生存和发展的空间。战略管理学者一般认为，企业的战略选择就决定了企业的绩效。著名战略专家迈克尔·波特提出了"竞争战略"理论，认为企业应从既有的产业市场出发，通过对产业态势的分析，确立自己的一般定位，避免栖身于无吸引力的产业，但波特的竞争战略理论中对有"有吸引力"的产业的选择仍是基于已存在的产业（谢洪明、蓝海林，2004；林健、李焕荣，2001）。美国学者哈默尔和普哈拉曾提出，创造未来产业、培育核心能力或改变现有产业结构以对自己有利为出发点的企业战略设计思想，但基本仍以企业为核心，从企业自身的能力或者企业所在的行业或者产业的特点、性质、发展状况以及所面临的政治、经济、技术等环境出发来制定企业的战略并用以指导企业的运作和经营，具体如图 6-1 所示（林健和李焕荣，2001）。

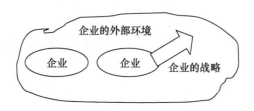

图 6 - 1　一般对战略管理的研究

　　面对越来越复杂的环境和越来越动态化的竞争，理论界开始关注战略生态理论研究。关于战略生态理论，最早可追溯到 20 世纪 80 年代后期出现的环境学派的理论。伦曼和诺曼（Rhenman and Normann）创立了环境学派，它最初产生于所谓的"偶然事件理论"，后来扩大到战略制定，认为在企业战略发展过程中，中心战略者的力量正逐渐削弱，外部环境迫使组织进入各个特定的定位。80 年代中后期至 90 年代初，关于企业网络的研究文献大量出现，迈尔斯和斯诺（Miles and Snow，1978）等都对该理论进行了阐述，网络被看成是介于市场与单个企业之间的一种组织形式，企业战略利益的获得是通过整个关系网的优化而非单个企业。摩尔和波特在研究中使用"战略群"这个概念，研究了企业依据战略目标构成的合作与竞争一体的联盟或虚拟联盟，其实质是企业目前的实体构成的群，他们没有关注企业的战略（即由未来的企业实体所构成的群，我们认为，企业战略是未来企业的运行状态）所构成的群。产业生态则侧重研究了产业的运行规律、发展特点，对产业和经济系统及其基本的自然系统间相互关系进行了跨学科的研究。但没有关注企业的发展战略，更没有强调企业的战略之间的相互作用以及整体演变规律对企业战略的影响。汉南和弗里曼（Hannan and Freeman）则最早提出了"组织生态"的概念。1993 年，詹姆斯·弗·摩尔发表了《捕食者与被捕食者：一种新的竞争生态学》，提出了企业生态系统发展演化理论，1996 年又出版了其专著《竞争的衰亡：商业生态系统时代的领导与战略》，定义了"商业生态系统"概念，并从现代生态学的角度透视整个商业活动，强调企业生态的共生和进化（拉兹洛等，2001）。在国内，谢洪明等一批学者也较早地进行了战略生态理论的研究，并取得了一定的成果。但是，综观国内外关于战略生态理论的研究，目前都还处于启蒙阶段，还有一些基本问题需要界定，比如战略生态的概念是什么？战略生态研究的基本问题有哪些？等等。本章在吸收国内外关于战略生态理论方面的研究的基础上，结合战略管理理论、系统论、生态学等理论，试图对以上问题给出解释。

第二节　企业战略生态研究现状

生态学架起了自然科学与社会科学沟通的桥梁，利用生态学的方法可以分析和指导企业的发展。早在 1993 年，詹姆斯·摩尔就发表了《捕食者与被捕食者：一种新的竞争生态学》，在此文中，摩尔提出了企业生态系统的发展演化理论，提出企业不应把自己看作是单个的企业或扩展的企业，而应把自己当作一个包括供应商、主要生产者、竞争者和其他利益相关者等在内的企业生态系统的成员。竞争优势的来源在于在成功的企业生态系统中取得领导地位。该理论超越了 90 年代以前的战略管理理论偏重竞争而忽视合作的缺陷。但是，摩尔的理论一方面强调企业要能够在企业生态系统中和谐发展，另一方面又强调要争取系统中的领导地位，似乎已构成一对难以调和的矛盾。

1996 年，摩尔出版了其专著《竞争的衰亡：商业生态系统时代的领导与战略》，书中定义了"商业生态系统"概念，认为商业生态系统就是以组织和个人的相互作用为基础的经济联合体，并从现代生态学的角度透视整个商业活动，用生态学解释商业运作、由系统论反思竞争含义，认为在商业活动中共同进化是一个比竞争或合作更为重要的概念，把商业生态系统的发展分为开拓、扩展、领导和自我更新四个阶段，拉兹洛等出版了其专著《管理的新思维》，阐述了在经济飞速发展的今天，竞争越来越激烈，企业面临来自自然生态环境、社会生态环境以及适应消费者变化等各种严峻挑战，为此，将广义进化论思想应用于企业管理，并提出"进化重构"思想和方法（谢洪明、蓝海林，2004）。1998 年，肯·巴斯金发表了《公司 DNA：来自生物的启示》，书中提出了"市场生态"的概念，将自然科学的一些最新见解以及关于动荡和复杂问题的最新研究成果融入现实战略管理中，通过研究混乱复杂的生物生态系统来理解与其相仿的企业生态系统的发展，帮助企业重新思考它们的未来（穆尔，1999）。此外，达夫特在《组织理论与设计精要》这本著作中更是重点利用种群生态学的概念论述了有关组织间冲突与协作、"组织生态系统"演化以及正在出现的学习型组织等许多新的观点和方法，从而拓宽了原有组织理论的固有疆界，并预示这是企业未来战略和结构设计的前沿课题。

国内也有一部分学者较早将生态学的思想和方法引入企业管理中，开始了企业生态学的探索和研究。1995 年，孙成章出版了其著作《企业生态学概论》，提出了企业生态学的基本概念及其研究的一些基本问题，在国内最早将生态思想应用在经济管理中（Snow, Miles and Coleman, 1992）。1996 年，王子平等出版了《企业生命论》，系统地提出了"企业生命"的内涵、组织等新思想（Nohria, 1992）。1997 年，王玉出版了《企业进化的战略研究》一书，系统地研究了企业的进化特性及其机制。1999 年，王兴元在完成国家自然科学基金项目时，提出"名牌生态"的概念，在国内首次将生态学应用到营销领域。2001 年 8 月，国内学者谢洪明在第六届全国青年管理科学与系统科学学术会议暨中国科协第四届青年学术年会卫星会议上将生态学思想和方法应用到企业战略管理中，在国内首次明确提出"战略生态"的概念，提出了战略生态的概念、结构、主要形态以及战略生态的平衡与稳定，同时探讨了战略生态的应用价值等基本问题，在将生态学思想和方法应用到企业战略管理中做了大量的建设性的、基础性的工作。此后，一些著名学者也被吸引到这个领域的研究当中。2002 年，梁嘉骅等发表了论文《企业生态与企业发展》，认为企业生态就是指企业的生存环境，企业生存于特定的企业生态环境下，并将企业生态环境分为经济生态、社会生态和自然生态三部分，得出企业管理者应认识到不同的企业发展及管理模式是植根在什么样的企业生态环境之下，什么样的生态环境适合于什么企业发展、管理模式以及企业生存及其原因。2003 年，张燚和张锐发表《战略生态学：战略理论发展的新方向》，对战略生态学的概念、研究内容以及研究的基本原则进行了基础性的探讨，指出战略生态学是以生态学理论为基础，应用生态学方法去研究以广义的竞争环境为核心的战略生态系统的结构、功能、动态，以及系统组成成分间和系统与周围生态环境系统间相互作用规律，并利用这些规律优化系统结构，调节系统关系，提高组织运作和资源利用效率以改善战略"生态空间"，实现群体间、群落间的协同进化与共生。

之后，聂锐和张燚发表了《战略管理新范式：战略生态管理》，指出面对战略环境的动荡和复杂性升级，借鉴生物生态进化思想，产生了基于网络经济的新范式——战略生态管理，对战略生态的内涵及主要过程进行了有益的研究。2003 年 11 月，李春青在《企业战略管理新范式探索》一文中提出了战略生态管理内涵，并概述了战略生态管理的主要过程和主要内容。2003 年，林晓发表了《基于生态位理论的企业竞争战略分析》，作者借用生态位理论对中国企业之间的过度竞争行为进行了分析，提出了企业生态位的概念，认为引起企业过度竞争的原因在于其生态位的重叠，并借助生态位的概念从理论上和实践上对企业的竞争战略进行探讨。

目前，国内外战略生态管理的研究主要集中在一些基本的问题上面，分别给出了各自的关于战略生态的概念和基本问题（见表 6 - 1），到现在还没有一个比较统一的定义和基本问题的界定，这不利于战略生态研究的进一步深入和战略生态实践的开展。因此，综合各种研究给出一个广为接受的概念和需要研究的基本问题乃当务之急。

表 6 - 1　　　　国内外关于战略生态研究的基本问题和研究重点

学者	年份	定义	基本问题	研究重点
詹姆斯·摩尔	1993	同自然生态系统一样，都是从要素随即集合逐步发展成更为结构化的共同体；它的发展都经历了四个不同的阶段：初创期、扩张期、领导期和自我更新期	商业生态系统的发展演化规律	运用生物生态来解释竞争生态
	1996	商业生态系统就是以组织和个人的相互作用为基础的经济联合体	商业生态系统的概念与进化规律	用生态学的思想和方法来解释企业的运作
肯·巴斯金	1998		研究混乱复杂的生物生态系统以便理解与其相仿的企业生态系统的发展、"市场生态"概念	混乱复杂的生物生态系统，以帮助企业思考未来

续表

学者	年份	定义	基本问题	研究重点
理查德·L. 达夫特			利用生态学理论论述战略和组织结构设计	利用种群生态学的概念论述有关组织间冲突与协作、"组织生态系统"演化等
孙成章	1995		企业生态学的概念与一些基本问题	将生态学应用到经济管理中
王子平	1996		"企业生命"的内涵	
王玉	1997		企业进化的特性与机制	企业进化的特性与机制
王兴元	1999		将生态学应用到市场营销领域	品牌生态
谢洪明、蓝海林、张德群	2001	竞争不激烈时，企业战略会很分散，各企业会发现并实施众多的战略行为；竞争激烈时，各企业战略会向某几种企业战略聚集	战略聚集的概念、产生及其作用和意义、主要特点和类型以及企业面对战略聚集的应对策略	战略生态的一种重要形态：战略聚集基本问题
谢洪明、蓝海林等	2002	战略生态是多个企业的战略及其环境构成的系统，它有生长和演化的过程	战略生态的概念、结构、主要形态以及战略生态的平衡与稳定，战略生态的应用价值	战略生态概念与基本问题
梁嘉骅	2002	企业的生存环境	企业生态的概念与企业生态的发展进化	企业自身所处的生态环境及采取适应该生态环境的经营管理对策
张燚、张锐	2003	以生态学理论为基础，应用生态学方法；研究以广义的竞争环境为核心的战略生态问题；利用这些规律优化系统结构，实现群体间、群落间的协同进化与共生	战略生态学的概念、研究对象、研究内容、研究特点、研究方法以及研究的基本原则	战略生态学的研究思路与体系

续表

学者	年份	定义	基本问题	研究重点
聂锐、张燚	2003	由企业赖以生存、发展的外部环境或战略环境所形成；是企业及其利益相关者构成的集群，一种复杂的生态系统	战略生态的内涵及战略生态管理主要过程	战略生态管理的过程及相应策略
李春青	2003	由企业赖以生存、发展的外部环境或战略环境构成，是企业及其利益相关者构成的集群	战略生态管理的内涵；企业战略生态管理的主要过程及相应的策略	战略生态管理的主要过程
林晓	2003	企业生态位是指一个企业与其他企业相关联的特定市场位置、地理位置和功能地位	借助生态位的概念从理论和实践上对企业的竞争战略进行探讨	生态位错位的竞争战略
谢洪明、刘跃所	2005	商业生态系统就是以组织和个人的相互作用为基础的经济联合体	进一步讨论战略网络、战略生态与战略行为相互关系，从新的视角更深入地认识了企业的战略行为	战略网络、战略生态与企业的战略行为
费明胜、陈杰	2007	战略生态系统是由企业赖以生存、发展的外部环境或战略环境所形成的，它是企业及其利益相关者构成的集群，是一种复杂的生态系统	战略生态系统中的品牌生态战略管理	品牌生态系统的构建、品牌生态关系的识别及管理
丁青、吴秋明	2010	战略生态系统同自然生态系统相似，是由同周围环境相互影响、相互制约而逐渐形成的	企业战略生态系统及其策略支撑体系	分析传统企业战略思维存在缺陷的基础上，阐述企业战略生态系统的内涵及特点

续表

学者	年份	定义	基本问题	研究重点
李华军、张光宇、刘贻新	2012	核心思想就是构建一个受保护的空间，通过相应的运作，促进技术的成熟，成功实现技术的商业化和产业化	提出应在创新系统中通过战略生态位空间的构建、优化和突变，使得技术生态位成功过渡到市场生态位，突破"技术制度锁定"效应，实现产业变革	基于战略生态位管理理论的战略性构建模型

第三节　企业战略抽象群与战略生态表现形式

一　企业战略抽象群

企业战略构成的群及其演化与企业战略之间应该存在一定互动或者相互影响关系。所以我们把各企业的具体战略抽象出来（见图 6-2 和图 6-3），从而把企业战略群而不是影响单个企业战略的因素作为研究对象，它不是仅仅研究某个企业战略的制定、实施和控制，而且研究企业战略群的制定、实施和控制的整体规律演化和行为。研究某个国家、某个地区甚至整个世界经济中某个产业、多个相关产业或者整个世界经济中各企业战略的相互关系、相互作用以及整体的演化性质等；研究其他企业战略对本企业战略的影响；研究各企业战略相互作用的整体对产业、对国家、对地区或者对世界经济的影响。同时，研究战略群的演变规律以及企业战略对战略群演变的影响。

如果把研究和认识企业战略群作为企业制定战略的第一步，对企业的战略管理将起到重要的作用，因此我们引入"战略生态"的概念，战略生态是战略抽象群的表现形式，本章后面将以战略生态讨论为主。战略生态是多个企业的战略及其环境构成的系统，它有生长和演化的过程。这个过程是自然的，存在客观规律，正如各国历史在演进过程中有惊人的相似之处一样，在相似的环境中的企业战略间的关系和演进规律也表现出许多

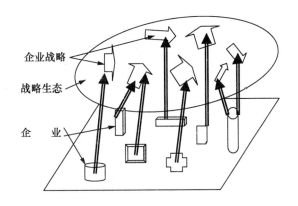

图 6-2　企业、企业战略和战略生态

资料来源：笔者整理。

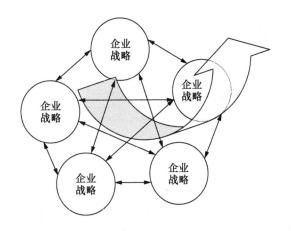

图 6-3　企业战略生态

资料来源：笔者整理。

相似之处。例如，一个产业在新兴工业国家一般要经过由一个或几个企业采用规模化、专业化的低成本战略扩张来推动。当然，对这些企业来说，战略是正确的，因为产业发展也会极大地推动企业的发展。如我国 20 世纪 90 年代中期的长虹、格兰仕发展战略。如果没有长虹、格兰仕，也会有另外的企业采用相似的战略来完成同样的使命：我们也可以发现，企业的建立、成长是由历史决定的还是由企业家决定的，我们认为，企业的建立和成长是由历史决定的，企业家的出现会推动企业的建立和成长。

战略生态概念是借鉴生物生态的概念而提出的，旨在用生态学的理论来认识企业战略行为，来认识动态竞争条件下企业战略的相互作用机制、原则和演化规律。战略生态的核心在于认识多个企业的战略构成的群体演变规律。在这里，我们把企业看作是有"诞生、成长、衰减和死亡"等阶段的生命体。有些企业之所以能够得到延续，历经数百年而长盛不衰，主要是因为这些企业在发展过程中不断地获得新的生命力，不断补充新鲜血液，在企业发展一个阶段后获得了新生。

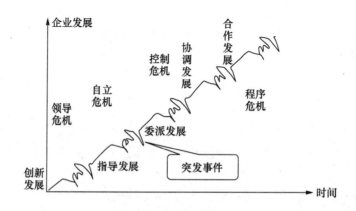

图6-4 企业发展演化的一般规律（1）

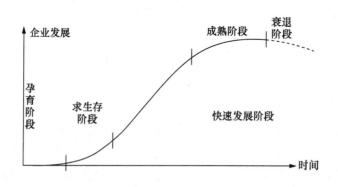

图6-5 企业发展演化的一般规律（2）

资料来源：图6-4至图6-5引自刘洪（国家自然科学基金项目"企业系统演化及管理混沌理论研究"研究报告），东南大学，2000年11月10日。

企业战略的核心专长观提出后并没有给企业带来具体战略。很多学者在这方面进行了研究，但分析核心专长仍然处于分析企业战略的基础位置。事实上，企业有了核心专长，就有了生命，有了发展的动力，企业可以以此不断地发展。有核心专长的企业可以看作一个栩栩如生的生物，他必将更快地适应他将要生存的环境并不断地改造其环境。这样的企业其生物特性就表现得更加明显，更多这样的企业生存在一个大环境中，就构成了一个生态系统。在某种意义上说，企业核心专长的生命就是企业的生命，企业在核心专长丧失后需要建立新的专长才能继续生存，否则该企业就会成为强弩之末。图 6-6 显示了企业的几种生命特性。

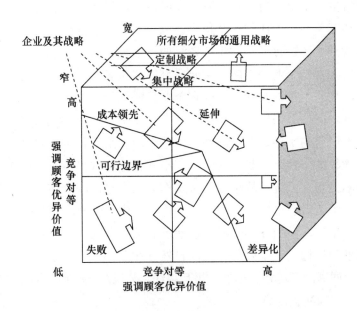

图 6-6　一般竞争战略及其战略生态

资料来源：笔者整理。

战略生态不仅仅是系统，而且是生态系统。所谓生态系统是由种群的特征、类型、分布及其演变与自然环境相互关系构成的系统，是以生物之间以及生物与非生物之间相互关系为研究对象的。战略生态的元素是企业战略。为什么要引进战略生态的概念？因为随着"产业环境的日益动态化"、科技的进步和市场竞争的全球化、国际化以及顾客需求的日益多样化，动态竞争越来越成为企业参与市场竞争的主要特点，战略的制定与实施的界限越来越模糊。不仅仅企业的环境影响着企业的战略，而且企业战略也极大影响着行业环境和竞争环境。这就需要企业对可达到的竞争市场有一个整体的认识以及对战略群体发展、演变的整体把握，才能更好地挖掘市场机会，挖掘企业战略的生存空间。用生态学的观点来描述、分析企业间的战略行为，在将来的战略生态中寻找企业的战略目标能更有效地达到这个目标。如前所述，企业的战略是企业未来的运行状态。因此，企业战略生态也是企业未来要面对的企业生态系统。

二　战略生态表现形式

战略生态系统是指在企业战略环境或外部环境下，企业战略群及其之间的相互关系所形成的一个集合，以求实现企业战略相互关系系统内各元素的共生和进化，具备生态系统的一般性，是一个复杂性自适应系统。它的元素是企业的战略，主要研究战略生态的结构、同态、稳定与平衡以及战略生态的互动关系和在企业战略规划实施中战略生态的有效嵌入等基本问题，采用生态流、生态位、共同进化和生态演替等原则。战略生态研究的主要是企业战略的生态系统，是一种类似自然生态的战略演变规律的研究。与其他社会系统不同，企业战略生态是一个虚拟系统，而不是物理系统。战略生态系统作为一个经济联合体，不但包括企业自身、消费者、市场中介和供应商等行业内部要素，还包括与企业生存和发展紧密联系的外部环境，包括政府部门和立法者、行业协会以及制定标准的机构、竞争者等。它同自然（生物）生态系统相似，其产生是由企业同周围环境相互影响、相互制约、为谋求共生而逐渐形成的，有自己的发展和演化规律。

战略生态可用集合的形式来表示。把企业战略群作为一个集合 $S = (\vec{S_1}, \vec{S_2}, \cdots, \vec{S_n})$，而把企业的战略作为集合的元素来进行研究，其中 $S_i = (x_1, x_2, \cdots, x_n)$，$x_1$ 表示$\vec{S_i}$的 i 维上的坐标。从而，$S = (\vec{S_1}, \vec{S_2}, \cdots, \vec{S_n})$。各种战略以及战略环境构成一个生态系统，我们称之为战略生态（见图 6 - 2）。以$\vec{ST}$表示战略生态，则$\vec{ST} = \vec{s_1} \oplus \vec{s_2} \oplus \cdots \oplus \vec{s_n} \oplus E$，其中 E 表示战略环境。

第四节 战略生态研究基本问题

一 战略生态元素及其关系

美籍奥地利生物学家塔兰菲（Talanffy）是一般系统论的创始人，认为系统是处于一定相互联系中的与环境发生关系的各组成成分的总体。随着系统理论的研究和发展，英国植物群落学家阿布坦斯利（Abtansley）在1935年首先提出生态系统这一概念，它是由种群的特征、类型、分布及其演变与自然环境相互关系构成的系统，是以生物之间以及生物与非生物之间相互关系为研究对象的（林健、李焕荣，2001）。

系统的元素就是在一个系统内相互联系、相互制约、共同构成一个整体的对象。目前，在系统科学研究方面有三大学派影响较大，分别是以非线性自组织理论为核心的"欧洲学派"、以圣塔菲研究所为代表的"美国学派"和以开放的复杂巨系统理论为核心的"中国学派"。不同的学派对于"元素是什么"这个基本问题持有不同的观点。以普利高津等为代表的"欧洲学派"认为，系统的元素是无机物，元素是"死的"，而以霍兰等为代表的"美国学派"则认为，系统的元素是"活的"，是有主动性的，以钱学森等为代表的"中国学派"认为，系统的元素是"人"，是有"人的因素"的系统。三大学派对系统元素的观点如表6－2所示。

表6－2　　　　　　　　　　三大学派对系统元素的观点

	元素	观点	贡献与不足	代表人物
欧洲学派	无机物	"死的"、被动的	1. 激发了人们运用科学的思想来解读社会 2. 对复杂、不确定的社会领域无能为力	普利高津
美国学派	变化的物质	"活的"、主动的	1. 引入随机因素和"涌现"概念 2. 缺少考虑人的因素与其他因素的统一	霍兰
中国学派	人	人的因素对系统的功能起决定作用	1. 强调人的行为导致复杂性 2. 缺少研究如何达到系统最优	钱学森

在企业战略生态系统中，可以综合各种学派的观点来研究该系统的元

素。我们面对的环境变化越来越快，竞争越来越动态化，在企业的战略生态系统中，应该包括各个战略单元，它们在战略主体、战略目标、战略互动和战略环境等方面存在竞争与合作。此外，还应该包括政治、市场等元素，因为政府政策以及宏观政治环境代表了系统的一个指向，市场的机制、市场中的顾客、产品等是系统有序运行的保障。企业的战略生态系统是一个开放的复杂巨系统，在这个系统中无论是企业内部的组织和管理，还是企业外部的社会文化，无不对该系统的良性发展产生重要影响。为此，在此系统中，还应该包括各利益相关群体，它们在此系统中占有重要地位，是系统的稳定和发展的决定因素之一；也包括社会文化因素，它是系统形成、发展的软因素，是系统能否稳定和优化的重要因素。概括起来，可以得出战略生态系统的元素主要有战略群、利益相关者、顾客、市场、产品或服务、经营过程、组织、社会价值和政府政策等。

系统是由相互关联、相互制约、相互作用的元素所组成的具有某种功能的有机整体。战略生态的结构是指战略生态系统所涉及的要素按照特定的规则所组成的相互关系，它可以运用生态系统中的食物链结构理论和企业战略网络理论来说明。生物间的捕食关系构成了生物的食物链结构，食物链与食物网维持着生物生态的循环运转。同样，在战略生态系统中也存在着相互依存关系，形成了"行业生态链"，但是，它还有不同于生物生态系统的重要一点，就是企业的战略生态系统不仅包含食物网，还有价值网，即不仅要有竞争对抗、互相厮杀，还有战略联盟、合作多赢。

战略网络理论是西方学者为研究不同社会群体间跨界关系时采用的一种结构主义的方法，1988年，贾里洛在《战略管理杂志》上发表"战略网络"，首次提出战略网络的概念，把企业网络的思想引入战略研究之中，强调企业的网络及其关系网络在企业战略中的作用。在企业的战略生态系统中，网络的形成来源于系统内各元素（即网络节点）间的长期发展中的合作与互动关系。当一些企业、顾客和商家开辟某一领域，初步形成一个战略生态后，会有越来越多的企业、顾客陆续加入，系统中元素的数量和种类将逐渐增多，关系也更加复杂，合作与竞争、冲突并存。因此，战略生态中网络节点越少，网络关系相应也较简单，元素间互动关系比较差，此时更趋向于对抗，战略生态越不稳定。反之，战略生态中网络节点越多，网络关系也越复杂，元素间的互动关系就越好，战略生态越趋向于共同进化。战略生态系统的元素及其关系问题是研究战略生态的最基本问题，只有这个问题界定清楚了，才有可能进行下一步的研究，否则便没有坚实的研究基础。

二　战略生态基本结构

战略生态结构是指战略生态系统所涉及的要素，按照特定的规则所组成的结构关系。主要包括战略群、利益相关者、顾客、市场、产品或服务、经营过程、组织、社会价值和政府政策等。企业在战略生态演化的每一阶段，根据各阶段的主要任务和挑战的特征进行管理，以最终达到在成功的企业生态系统中取得恰当地位的目的。这是一个多要素、多侧面、多层次的错综复杂体。在这个多维网络结构中，企业的战略是系统的核心和主体，它总是主动或者被动地适应着他所涉及的因素及环境，同时也在改变着这些要素。

一般来说，在战略生态系统中存在多种战略。例如互相补充的战略、相互对抗的战略、居主导地位的战略、居从属地位的战略、有力图打倒对方的战略，有扶持竞争对手的战略，也有与竞争对手保持平衡的战略等。在某一产业中，总有一些企业处于领导或者支配地位，在产业中呼风唤雨，而另一些企业则处于从属或者跟随地位，他们采用主导企业的标准。但每一类企业都可能有不薄的利润水平。例如 IBM 和其他计算机公司的战略，并不是因为其他计算机公司采用了与 IBM 公司兼容的技术而妨碍其他计算机公司的利润水平不低于 IBM 公司，例如康柏公司已经超过IBM，关键是战略定位的正确。研究表明，在很多行业中，处于行业第一位的企业的利润水平是低于非行业第一位的企业的。

三　战略生态同态（构）现象

战略生态系统中元素间关系构成战略生态的结构，元素间不同的关系联结方式则构成了不同的结构，这些结构之间可能存在同一性和差异性的关系，对二者的分析可统称为同一性分析。所以，同一性分析就是研究战略生态系统中"关系之间的关系"的。在不同的背景下，元素间的联结方式可能会有多种方式，结构也许很复杂，那么研究这些结构可能比较困难。但是，我们可以通过一些方法找到该复杂结构的简化形式，它具有与复杂结构等同的内在属性和一般属性。这就是战略生态系统的同态（构）现象。这里，以数学上的一个例子来说明这个现象。对于椭圆方程 $b_2 x_2 + a_2 y_2 + 2b_2 x_0 x + 2a_2 y_0 y + b_2 x_{02} + a_2 y_{02} - a_2 b_2 = 0$。此时，方程比较复杂，图形位置决定了它的一些性质也比较难以研究，但是，我们可以通过如下变形，将其化为简单的方程，并将其放到一个新的坐标系中加以研究（见图6-7和图6-8），就容易多了。此时，$\dfrac{(x+x_0)^2}{a^2}+\dfrac{(y+y_0)^2}{b^2}=1$。

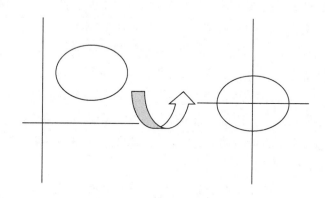

图6-7 原始图示   图6-8 简化图示

在战略生态的研究中，通过何种方式或遵循什么样的原则和思想把战略生态的复杂系统结构通过等价转化，变成一个便于认识和研究的简单结构是一个非常重要的问题。只有将这个问题解决了，才能把实际的复杂战略生态转化为我们所能够认识的、便于研究的简单战略生态，才便于解决认识战略生态中元素的互动、系统的稳定与平衡以及在企业战略规划实施中战略生态的有效嵌入等更进一步的问题。

四 战略生态基本形态

在静态竞争条件下，影响企业竞争的变量较少，各个变量的变化相对较慢，竞争优势的可保持性较高，竞争互动也不是制定战略要关注的重点。但是，在环境快速变化和更加不确定的今天，影响企业竞争的变量急剧增加，各个变量的变化也明显加快，任何企业的竞争优势都是暂时的、不可长期保持的，企业间所有的行动都是互动的、相对的，竞争者必须了解变化的趋势和竞争的反击会产生何种影响，而且竞争战略的有效性不仅取决于时间在先，更主要的是改变需求或竞争规则的能力。为此，在这种动态竞争条件下，竞争互动就是制定竞争战略必须关注的重点。

战略生态中成员元素互动是战略生态稳定存在和发展的内在要求，它包括战略生态中元素间的互动、元素与系统的互动以及不同战略生态之间的互动。战略生态中元素间的互动有竞争和协同两种形式,当系统中元素间以竞争为主时,可以带来高效率,但是竞争进一步加剧,呈现混沌状态时,无序的甚至是恶性竞争会带来资源的极大浪费,也会导致效率的下降;当系统中元素间以协同为主时,可以带来资源的优化配置,但是元素间的协同关系进一步发展,呈现一体化状态时,高度垄断甚至是带有明显官僚作风的协同会带来效率的低下,延缓甚至是阻碍战略生态的进化。所以,元素间互动的结果是战略主体不断地在竞争和协同间转化,以求达到资源的优化和效率的提升。

元素与系统之间互相影响。首先,元素存在于系统之中,就必然会受到系统的约束和影响,为此,一个健康的战略生态对其中的每一个战略主体都有益。其次,由于系统由元素及其关系构成,所以,战略生态中的元素尤其是其中影响最大的一个或几个元素也对战略生态产生影响,大企业肩负着领导和维护战略生态的重任,但也可能会利用自身的力量来改变战略生态的规则,并能获取暂时的利益,但是战略生态会因此受到破坏,又会反过来影响到自身的利益。研究不同的战略生态之间的互动也很重要。在战略生态形成之初,一个重要的任务是吸引重要的"追随者",以防止其帮助其他正在形成的战略生态。战略生态进一步发展,为了自身的空间会加速扩张,导致与其他战略生态竞争,它们之间或者势均力敌,或者达到一个半稳定的调和,到战略生态的自我复兴阶段,各战略生态为了替代对方或防止被对方替代,展开了激烈的竞争。由此看出,不同的战略生态之间的互动性也很强,在不同阶段双方都很关注对方的发展。战略生态系统中的互动是整个战略生态最重要的部分之一,是战略生态分析的关键之所在,也是企业战略制定和实施中时刻要考虑的问题。

(1)相残态。在这种形态中,两个企业采用几乎相同的战略,争夺着几乎相同的细分市场,最后必然"两虎相斗,必有一伤",也可能两败俱伤。很多企业都避免出现这种情况,所以在市场竞争中,很少有两个企业长期采用几乎相同的战略(见图6-9)。当无数小厂商服务于同一市场,每个厂商都希望自己的行动不被他人注意,而市场上存在几个势均力敌的竞争者时,对抗就会变得很激烈。例如世界工业激光器市场上曾经仅存两个竞争者:光谱物理公司和相干辐射公司,但由于激烈竞争而使他们都不能获利,否则应该是一个很有吸引力的市场。难以调和的竞争对手之间无止境的对抗经常导致他们利用自己的资源相互攻击、相互报复，而且削价往往是最常用的武器。

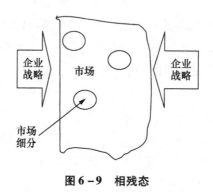

图6－9   相残态

资料来源：笔者整理。

（2）互不侵犯态。每个企业都面对各自细分市场，都有自己的顾客范畴，彼此互不侵犯。如在服装行业，有的企业定位在高档西装，有的企业定位在女士服装，彼此暂时不进入对方领域（见图6－10）。

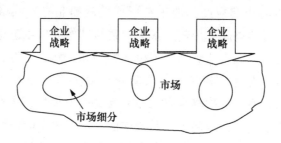

图6－10   互不侵犯态

资料来源：笔者整理。

（3）跟进态。在某个企业开拓了一个新市场以后，一定能引来一些跟进者，或大或小，与先进入者一起开拓市场，同时瓜分市场。往往开拓者拥有较大的市场份额，并在开拓的同时建立着进入障碍，一旦这种障碍被打破，战略生态就转化为"两虎相斗"的格局（见图6－11）。

（4）牵制态。这种战略生态形态主要出现在一个行业的内部，表现在行业内部某几个大企业都保持自己大概一致的市场占有率，谁也不力图吃掉对方，而是相互牵制，共同维持整个消费市场（见图6－12）。

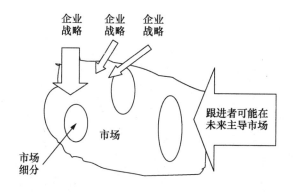

图 6-11　跟进态

资料来源：笔者整理。

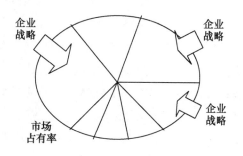

图 6-12　牵制态

资料来源：笔者整理。

五　战略生态系统的演进：稳定、平衡与周期

战略生态的生存和良好发展离不开系统稳定，参与战略生态的成员由于生存和发展的需要，会受到利润的驱动，只有系统中各元素都有利润，才能保证战略生态的生存。在战略生态中，各战略主体受利润的驱动而趋向于同一战略目标，战略互动增强，战略生态系统的不稳定性增大。另外，为了减少风险，各战略主体也会受利润的驱动而趋向不同战略目标，确定不同的战略生态位，战略生态系统又趋于稳定。因此，利润的驱动是导致战略生态系统稳定性的基础。

竞争互动是战略生态系统稳定与否的另一个来源。系统中元素间的无序竞争加大了系统的不稳定性，也破坏了战略生态的良性发展；共同进化的系统之间也存在竞争，如电力行业与天然气行业之间，这也使得战略生态处于某种不稳定状态。另外，系统中元素间在执行规定的任务时可能会形成一些非正式的网络关系，某些时候它会试图阻碍正式关系的运行，造成系统的不稳定性。战略生态的发展离不开系统的稳定，也离不开系统的振荡变化。当战略行为主体运行在稳定与震荡变化之间时，系统就会不断地产生变异，这样就会导致系统的创造性发展和持续进化。因此，将其作为战略生态的基本问题加以研究十分必要。

战略生态平衡是企业战略的变更与保持相互作用的综合体，是一个动态平衡。例如，两大可乐公司的市场占有率虽然大体保持不变，但并不是一个固定值。每时每刻都在产生着微小的波动。在处于平衡状态时，系统中的企业战略会相对保持不变，并保持一种相互协调的状态，在这种协调状态下，既有利于企业间共同发展，又有利于企业所在的产业和地区发展，同时产业和地区的发展又会带动企业的发展。在战略生态中处于主导地位的企业通常会希望保持战略生态不变，因为保持平衡对他们最有利。处于从属地位的企业一般希望到达主导地位。对主导地位的争夺是战略生态不平衡产生和新的战略平衡建立的重要动力。但是，随着新的产业政策的实施、新的技术进步、新的经济环境的演变，战略生态变更就变成必然，企业应抓住变更的机会，制定新的企业战略，从而在新的战略生态中找到对企业更有利的位置。

战略生态的平衡是以企业战略在产业、地区、国家乃至世界经济中的协调发展为基础的。什么是战略的协调？战略协调主要表现在三个方面：（1）在产业中的战略协调；（2）地域的战略协调；（3）产业与地域的综合。企业制定战略时，不仅要考虑外部机会与威胁、内部优劣势，还要考虑战略实施后竞争对手的反映、可能产生的战略状态以及可能的发展状态，同时还要考虑战略实施后对产业的影响，对所在地区发展的影响，对目标市场所在地区的市场结构的影响。这样确定战略实施的市场容量，本企业可能占有的市场量以及市场细分的分布。战略的协调就是企业的战略市场与产业市场容量或者区域市场容量在质和量上的比例协调。

战略生态是一个自组织系统，企业自发地调节战略并使之到达平衡状态。在市场经济前提下，战略生态的调节是靠企业自己来完成的，不可能由外界来调控。研究战略生态的平衡问题需要以战略生态的形态、演进及其周期等问题为基础。为此，运用经济学上的边际概念，定义战略生态中每增加一个战略主体所产生的战略生态的收益为战略生态的边际收益，则它符合边际收益递减原理。某个企业、商家等进入某个领域，形成一个简单的战略生态，这时由于进入者较少，还没能将该领域做大做强，战略生态的收益很小或者没有，先入者此时是比较孤独的，风险也是很大的，但是先入者获得了先动优势，该阶段任务应该是吸引重要的"追随者"。这一阶段可以称为战略生态的初创期。

随着"追随者"的陆续进入，战略生态的空间扩大了，这可能会威胁其他系统的发展，系统间竞争开始强化。但是，该战略生态的收益开始持续上升，生态中成员获利性都很高。这一阶段可以称为战略生态的发展或扩张期。生态中成员的战略取得成功时，其他企业、商家等就几乎同时产生跟进、模仿或者学习的意图或行为，将本企业的战略修改为与成功企业相似的战略，使本企业的战略思想与成功企业的战略思想更接近，以期望本企业取得同样或者更大的成功，这便产生了战略聚集。对该战略生态来说，不可避免会有更多的"追随者"加入，此时战略生态的边际收益递减，平均收益也开始下降甚至开始出现不盈利的现象。为了在该生态中生存和发展，成员均想确立自己的领导地位，相互间的竞争、冲突加剧，受到战略生态空间的压力，该生态同其他生态间的竞争和冲突也在加剧。此时，战略生态成员的退出和破产现象增多，成员间关系开始重构，成员间几乎势均力敌，但各自都获得了经济利润。这一阶段可以称为战略生态的平衡期。

无论是战略生态受到新兴的生态系统和创新带来的威胁，还是由于资源的有限，战略生态的进一步发展必然趋向第四个阶段。在这一阶段，战略生态的边际收益开始为负，成员的退出和破产最多，战略生态如何面对退化的威胁是最大的挑战。也正是在这一阶段，战略生态开始创新和自我复兴，并达到一个更高的层次。这一阶段可以称为战略生态的死亡期或自我更新期。一个战略生态的形成和演化大致都要经历这四个不同的阶段，从初创、扩张、平衡到自我更新，从不平衡到平衡再到不平衡的历程。战略生态的一个完整的演进历程，就是战略生态的一个周期。这里，我们还可以看出战略生态的演进是一个螺旋式上升的历程，它不断地在进化，而不是一个简单的循环。

所有企业都能成为龙头老大，但并不是龙头老大利润最高，更不是龙头老大成长性就最好。既然同样能获得利润，有没有必要去争一个行业老大？实施一个老大级的战略好不好？在中国家电行业，海尔要进世界 500 强，科龙的目标是世界级的制冷企业，TCL 和康佳都有自己的战略目标，大家共同谋划自己的未来，共同支撑着中国家电行业的企业战略生态。如果科龙也把战略定位在进入世界 500 强，可能大家都得不到自己希望的政策支持，都看不到自己希望的行业环境，最终可能谁也不能达到目标。当然，谁最终进入世界 500 强还要看企业的发展以及整个外部环境的发展。也可能没有把进入世界 500 强作为发展战略的企业最后更先进入世界 500 强。而且，企业战略的格局在不断演化，不断地随着经济环境、随着技术进步的发展不断演化着。今天中国家电企业战略格局处于一个相对稳定的状态，明天这种格局就可能被打破，并进而向新的战略格局转变。

平衡而稳定的战略生态能推动产业的发展（见图 6-13）。在产业内部，只有当企业采取正确的战略才能推动产业的发展，这种正确的战略不仅指企业实施了适合本企业发展的战略，而且指企业之间的战略能够相互协调和配合。因为有时候企业间的竞争可能推动产业的发展，也可能阻碍产业的发展。我们谈到某个地区或国家某一产业发展情况时，总要谈到该地区或国家的产业政策、经济环境、科技背景等方面，很少谈起其中的企业战略的作用。事实上，在市场化的经济环境里，产业的发展是由企业来推动的，可能更准确地说，主要是由某个或某几个核心企业推动的，其他企业则起辅助或者配合作用。根据市场集中度理论，当产业中的若干家企

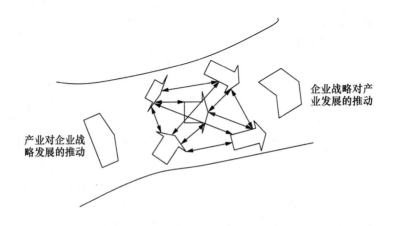

图 6-13　战略生态与产业的发展

业的市场占有率达到 10%—20% 以上时，才表明大企业对市场具有支配
能力。当然，产业的发展对企业也有重要的作用，二者是相互作用的
（见图 6－14）。也就是说，企业不应是消极适应环境，而可以主动地选择
与改造企业环境，即通过自己企业战略行为在现存条件下积极地创造未
来。可口可乐与百事可乐的竞争就是通过各自战略行动主动改造环境，创
造未来的经典之作。

	与产业发展有 和谐的关系	与产业发展有 不和谐的关系
居于领 导地位	高成长或高利 润（伊甸园）	难以成长 可能暂时高利润
非主要 地位	高成长或 存在利润	难以成长可能暂时 存在利润（末日）

图 6－14　企业与产业发展的几种关系

资料来源：笔者整理。

六　企业战略规划与实施中战略生态的有效嵌入

企业是根据对战略生态的认识来确认自己在战略生态中的地位，并谋
划企业欲达到的战略位置以及实现方法。企业能否对战略生态有一个正确
的认识是企业制定正确战略的关键，从而也是战略生态进行良性调整和发
展的关键。将战略生态的思想和方法有效嵌入企业的战略规划与实施中，
是我们研究的最终落脚点。其基本思路是：企业在制定和实施战略时，应
从企业战略生态的视角出发，在分析企业内部能力、识别和评价企业自身
核心能力的基础上，找出自身的优势和劣势；然后，评估外部环境和行业
发展方向，明确外部的机会和威胁，以及找出战略生态的元素，哪些对企
业来说是战略性的，哪些是非战略性的；制定企业战略，利用或创建新的
战略生态，打破"行业"的局限，力图在该战略生态中处于领导地位，
形成凌驾于公司、行业和国别界限之上的竞争优势。最后，对该战略生态
进行有效经营和监控。其基本模式如图 6－15 所示。

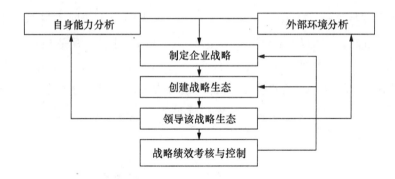

图 6 - 15　战略生态的有效嵌入模式

本 章 小 结

本章主要在研究国内外关于战略生态文献并指出其不足基础上提出了战略生态的基本概念，并就战略生态应该研究和关注的基本问题进行了探讨，主要得出以下结论：（1）战略生态就是在企业战略环境或是外部环境下，企业战略群及其之间的相互关系所形成的一个集合，以求实现系统内各元素的共生和进化；（2）战略生态主要应关注战略生态的元素及其关系、战略生态的同态、战略生态的互动、战略生态的稳定和平衡以及在企业战略规划实施中战略生态的有效嵌入等基本问题。在不同时期、不同地区战略生态的结构及平衡状态的表现形式及本质是不同的。但在相似的政治、经济、技术等环境下会表现出相似性。战略生态基本上有相残态、互不侵犯态、跟进态和牵制态，其他形态可以看作这几种形态的组合或者整合体。战略生态与产业的发展是相互作用的，企业的发展关键是其战略要在战略生态中确定恰当的定位。战略生态是研究战略互动的有效方法，对企业战略管理有重要的指导作用。

第七章 战略生态与企业战略网络经营

通过有关战略网络、动态竞争以及战略生态等理论的回顾，我们发现，战略网络、战略生态与战略行为分别是当前战略管理学者非常关注的问题。因此，在本章中，我们将在对战略网络与战略生态的理论综述的基础上，分析总结战略网络与战略生态的区别和联系，指出战略网络的经营可以制衡竞争对手、扩大市场自主权并获取企业的核心专长，最后提出如何在战略网络的经营中融入战略生态的管理理念。本章的相关研究对企业战略管理的研究和实践有一定的指导意义。

第一节 企业战略网络本质及行为

经济快速发展扩大了企业竞争过程中关注的范围，企业与供应商、销售商、消费者以及其他组织间的联系更加紧密，单靠一个企业去获取和保持竞争优势、独享市场利益的时代已经不存在了，企业需要加入一定的网络组织，利用、整合所在网络组织中的资源推动自身发展。20世纪70年代以来，网络越来越受到组织研究人员的重视，从跨国公司到小企业，从生物技术等新兴产业到汽车等传统产业，越来越多的组织被描述成网络。网络被看成是介于市场与单个企业之间的一种组织形式，企业战略利益的获得是通过整个关系网的优化而非单个企业。贾里洛（1988）首次提出战略网络概念，把企业网络的思想引入战略研究之中，强调企业的网络及其关系网络在企业战略中的作用。网络组织是随着企业内部联盟分权的建立，以及企业之间合资经营、战略联盟、供应链以及其他合作关系的建立而发展起来的一种组织形态。它不同于具有等级链结构和清晰边界的科层组织，也不同于由非人格化的平等主体间的非重复性交易所形成的市场结构，而是不同的营利主体间为获取或保持竞争优势而建立的具有长期目的的安排（谢洪明和蓝海林，2004；李金玉和阮平南，2010）。

战略网络理论研究不同社会群体间跨界关系时所采用的一种结构主义的分析方法。贾里洛（1988）指出：战略网络是在有独特性但又相互联系的组织之间的长期性的、有目的的组织安排，以使在网络内部的组织获得或保持竞争优势。认为战略网络是管理者或企业家用以表明其竞争立场的组织模型，网络内企业在某种程度上是独立的，网络关系对企业获得市场竞争地位非常重要。斯诺、迈尔斯和科尔曼（1992）指出，网络组织可分为内部网络、稳定网络、动态网络三个层次，其中内部网络是指单个企业中的资产或事业单元之间的松散联合，它们服从于市场力量；稳定网络包括那些与外部供应商建立长期关系的企业，这些外部供应商在长期合作中会将其专门知识带入伙伴企业，其参与者可能围绕一个大型的中心企业组织起来；动态网络指企业间组成的临时性联盟，联盟企业往往以其关键技术，围绕某个领袖企业或经纪企业组织起来，网络中的每个单元都是独立的，他们为了某个特定项目或机会而进行协作。1992年，诺里亚和埃克尔斯（Nohria and Eccles）组织编写《网络与组织：结构、形式与行为》，标志着网络研究开始进入兴盛时期。斯图尔特在《联盟网络：从中心来看》一文中指出，基于当前环境变化，企业需要创建联盟网络，它的特征是一家企业与多家企业建立双边联盟，建立战略合作关系，从而处于这些双边联盟的中心位置，进而形成一个网络。古拉蒂、诺赫拉和扎希尔（Gulati，Nohria and Zaheer，2000）提出所谓战略网络是由组织及其之间关联关系所构成的网络，其中网络节点包括跨产业、跨国家的供应商、消费者、竞争者或其他实体，实体间的关系包括战略联盟、合资、长期的买卖伙伴等，这些关系维持得较为长久，加入这个网络对企业的战略发展有重要的意义。

在国内，吴思华（2002）认为，"网络"是指两个或两个以上的组织的联结，并分别从降低交易成本、分散风险、获取范围经济利益、有效取得关键资源、提高竞争地位等动因将战略网络划分为人际核心型、产品核心型、顾客核心型和地域核心型等。网络组织是介于传统（科层）组织与市场运作之间的一种组织形态，但并非一种简单的中间状态，它强调优势要素协作、创新和多赢目标。林健和李焕荣（2001）认为，战略网络是由具有战略意义的组织或个人组成的社会关系网络，由消费者、市场中介、供应商、竞争对手、其他产业的企业、利益相关者、其他组织和企业本身等节点构成。

结合现有研究文献，可以看出所谓战略网络，就是企业为获取或保持竞争优势，而与相关经济组织或非经济组织所结成的长期的、互利合作的组织安排。简单地说，就是企业与具有战略意义的合作方（节点）的相互联结关系，它的形成来源于各节点在长期发展中的合作与互动关系。如图 7 - 1 所示。

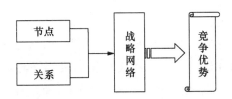

图 7 - 1　战略网络的形成和作用

企业的战略宗旨以及其所面对的内外部环境，决定了企业的战略行为。在外部环境变得越来越不稳定、越来越动态化的今天，企业为寻求或保持竞争优势，需要更多地在战略决策时考虑与合作伙伴的关系问题，比如与供应商、消费者、中介组织以及各种利益相关者等组织之间的关系，通过彼此间关系来获取重要资源，进而采取进攻或反击行为来达成企业的战略目标。如图 7 - 2 所示。

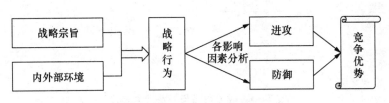

图 7 - 2　战略行为及其目的

资料来源：笔者整理。

企业嵌入在包括供应商、消费者、合作者等在内的战略网络之中，战略网络关系及结构影响着资金、资源、信息等流经企业的方式和质量，为企业带来资源、能力、竞争优势或者信息的不对称，进而影响着企业的战略行为和效果。战略网络为嵌入其中的企业带来机遇，比如，保护其免受竞争对手的直接攻击或形成资源、能力的优势互补以增强竞争力等；也约束着企业的行为，考宁公司发现，建立一个战略网络会对公司内部的文化与组织结构带来压力，迫使公司打破内部壁垒，削减层次，采取一种更加灵活、以团队为基础的网络组织模式，若企业战略行为的指向与战略网络的方向相背离，就会削弱战略网络的竞争力，而如果企业被锁定在一个没有效率的战略网络中，也会制约企业竞争优势的建立和发挥，最终给企业带来损失。所以，战略网络影响着企业的战略行为，分析企业的战略行为需要分析企业所在战略网络的类型以及企业在网络中的位置、角色等。

　　在不同内外部环境及不同的战略宗旨指导下，企业的战略行为不同，因此企业在为获取或保持竞争优势而构建战略网络时所选择的合作伙伴（节点）就不同，并且企业与这些合作伙伴的合作过程中，合作关系的性质或是强度也不同，进而导致所形成或维持的战略网络也不同。例如，激烈竞争降低了彩电企业间的合作水平，使企业在面临更紧迫、更不确定的经营环境的过程中，普遍加强了与存在互补关系的企业间的合作。另外，研究也表明，采取差异化战略的企业与采用成本领先战略的相比较，前者会与供应商等建立更紧密的组织间关系，从而增强网络的生命力。所以，企业的战略行为反过来影响战略网络。战略网络与企业的战略行为的相互影响关系，如图 7-3 所示。

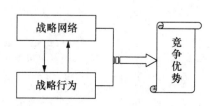

图 7-3　战略网络与战略行为整合

资料来源：笔者整理。

第二节　企业战略行为及其生态特征

　　吕镇（1994）提出，企业战略行为既包括企业战略层对企业面临的重大问题的方案选择，也包括解决问题的过程。并指出前一个内容称为战略姿态，可分为进攻型和防御型两类；后一个内容称为战略分析，即在企业的战略决策方案选择过程中决策者能否系统地、有步骤地考虑更多影响决策的因素。在动态竞争环境下，企业通过采取一系列进攻与反击行为来建立或保持竞争优势，企业在进行战略管理时需要参照其他企业的战略，或合作，或跟随，或与之对抗等。动态竞争主张从企业竞争行动的视角来探讨竞争战略，而不是企业整体战略。这种视角认为，战略是由一连串的行动构成的，正如明兹伯格所言，战略是由一连串已经实现的行动构成。这些行动包括并购、进入新市场、新行业、合作联盟、降低价格、提高价格、推出新产品等。

摩尔1996年首次提出了"商业生态系统"的概念及相关理论。该理论超越了90年代以前的战略管理理论偏重竞争而忽视合作的缺陷。而拉兹洛等认为，在经济飞速发展的今天，竞争越来越激烈，企业面临来自自然生态环境、社会生态环境以及适应消费者变化等各种严峻挑战，为此，他们将广义进化论的思想应用于企业管理，提出"进化重构"的思想和方法。此外，巴斯金和达夫特在《组织理论与设计精要》中分别介绍了市场生态、组织生态等战略生态的相关概念。而国内谢洪明等则首次明确提出"战略生态"的概念，提出战略生态是由战略群、利益相关者、顾客、市场、产品或服务、经营过程、组织、社会价值和政府政策等要素相互联系所构成的，它是多个企业的战略及其环境构成的系统，有其生长和演化的过程。战略生态的概念是借鉴生物生态的概念而提出的，旨在用生态学的理论来认识企业战略行为，来认识动态竞争条件下企业战略的相互作用机制、原则和演化规律，其核心在于认识多个企业战略构成的群体的演变规律（蓝海林、谢洪明，2003）。战略生态的基本形态包括相残态、互不侵犯态、跟进态和牵制态。随后，陈雨思（2003）讨论了战略生态的六个规律：同一性震荡规律、自组织规律、生灭规律、复杂对局与功能突现规律、生存空间规律以及序同态脉动规律。战略生态同一性产生变化的基本原因是利润驱动，是参与战略生态的成员生存和发展的需要。在战略生态的发生和发展阶段，各战略主体受利润的驱动而趋向同一战略目标、采取同一战略指向、选择同一战略类型、实施同一战略互动，而随着战略生态由全盛期转向冲突、下降期时，各战略主体同样由于受到利润的驱动而趋向不同的战略目标、采取不同的战略指向、选择不同的战略类型、实施不同的战略互动等。这样就形成战略生态同一性的一次振荡，使战略生态的平均利润率维持在一定的范围，从而使战略生态能够稳定存在。同时，他还应用这一原理解释了战略互动中的竞争与协作行为、战略指向上的进入与退出行为以及战略主体结构的模仿与创新等。按照谢洪明等的研究思路，张燚和张锐（2003）对战略生态学的概念、研究内容以及研究的基本原则进行了进一步的探讨。之后，聂锐和张燚（2003）指出，面对战略环境的动荡和复杂性升级，借鉴生物生态进化思想，产生了基于网络经济的新范式——战略生态管理，对战略生态的内涵及主要过程进行了研究。

第三节　战略生态与战略网络联系和区别

当前，网络被看成是介于市场与单个企业之间的一种组织形式，企业战略利益的获得是通过整个关系网的优化而非单个企业。贾里洛首次把企业网络的思想引入战略研究之中，提出战略网络的概念，强调企业的网络及其关系网络在企业战略中的作用。而随着企业面对的环境与竞争的日益动态化，理论界也开始关注战略生态理论的研究。詹姆斯·F.摩尔提出了"商业生态系统"的概念，从现代生态学的角度透视整个商业活动，强调企业生态的共生和进化。战略生态与战略网络相似的是都关注企业自身与外部的联系，都非常强调企业之外的组织与本企业的互动。但是，战略生态在企业的战略管理中更多的是一种管理理念，而战略网络则是一种组织形式。那么，如何将战略生态的管理理念融入企业的战略网络经营之中，以使企业获取或保持竞争优势，成为战略管理理论界和企业界逐渐关注的问题。为此，我们在理论研究的基础上，拟将战略生态理论融入战略网络的经营之中，以期能对战略管理理论和实践提供借鉴。

战略生态研究的主要是企业战略的生态系统，它的元素是企业的战略，其目的是实现企业战略相互关系系统内各元素的共生和进化，它具备生态系统的一般性，是一个复杂性自适应系统。而战略网络可以简单地说成是组织与组织之间的联结，这些组织之间可能是上下游的关系，可能是竞争对手的关系，也可能是支持或辅助关系，为了一定的利益而结合起来。因此，战略生态也是一种网络形式，由各种相关的元素及其之间的相互关系构成。可以看出,战略网络与战略生态具有很广泛的共通性,都强调通过协调本企业与其他企业之间的和谐关系来寻求和保持竞争优势,并且其内部的企业相对于外部的企业拥有其自身的竞争优势,等等。另外,战略生态与战略网络之间也存在一定的区别。

第一,战略网络是各种以获利为目的的组织间为寻求共赢而建立的一种相互关系,是一种组织形式,在企业实践中已具备较高的可操作性,而战略生态则更多的是各种组织间和谐共生的一种理念,是一种战略管理的指导思想,通过指导企业的战略行为来影响企业的绩效。

第二,战略生态主要包含战略群、利益相关者、顾客、市场、产品或服务、经营过程、组织、社会价值和政府政策等有形的和无形的要素,是一个多维的结构,而战略网络的元素则主要是与企业发展密切相关的经济组织或非经济组织等实体要素,可以看成一个三维结构,如图7-4和图7-5所示。

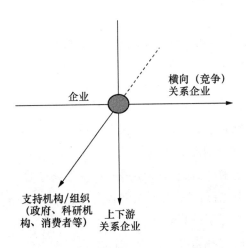

图7-4 三维视角下的战略网络

第三,战略生态是一个生命共同体,处于其中的任何一个成员都应该是健康的,以共同构成行业生态链,它更强调作为个体或部分的企业与整体的协调,比如,随着时间的推移,战略生态系统中的各家企业会不断进行投入,以更好地利用这种共生关系来获得自身的成功,再比如,一旦大企业采取将所有的竞争对手全部打死的策略,则企业的创新能力和发展动力会受到自身惰性的抑制,其生存价值首先受到威胁;而战略网络则是企业基于资源、能力等方面的优势互补而在全球范围内编织的一个合作网络，相对于战略生态的协调性战略网络更带有一种基于利益的刚性。

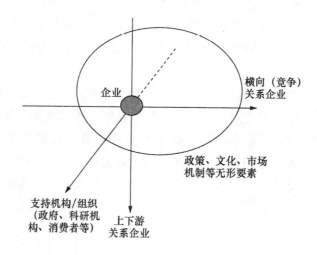

图7-5   多维视角下的战略生态

资料来源：笔者整理。

第四，战略生态可能包含不同的战略网络，比如苹果电脑公司的生态系统就包含了摩托罗拉、索尼等在内的一个广泛的供应商网络和大量位于不同细分市场上的消费者网络。

外部环境的更加动态化，需要用战略生态理念来分析战略网络中企业的战略行为，要求战略网络更注重各要素企业的和谐共生。从目前的研究来看，企业生态系统理论虽然强调了企业间的网络关系，尤其是强调了上下游企业间的和谐发展，共同进化，但其所阐述的更多是一种理念，在研究方法与视角上还没有以网络结构特性为基础，也没有关注网络的结构特性对企业行为的影响（谢洪明和蓝海林，2003；李华军、张光宇和刘贻新，2012）。因此，在战略管理研究中，必须将战略生态理论与战略网络理论整合，用战略生态的理念来分析战略网络中的企业行为；用战略网络理论与技术来分析、理解战略生态理论，进而理解、分析企业的战略行为，指导企业的持续发展。

第四节　基于生态视角的企业战略网络

战略网络的结构特性与网络密度影响着企业的行为，企业可以通过更深入地分析所在战略网络的结构和密度以及在战略网络中的位置，或者通过改变所在战略网络的结构来构建本企业的竞争优势。企业在战略网络中良好的位置不仅为企业带来了所需要的资源、信息和地位，而且为企业带来了竞争优势，对企业在市场竞争中的进攻回应具有极其重要的战略意义。为此，企业可以通过经营战略网络关系来寻求与竞争对手的制衡、获得市场竞争中更大自主权以及企业的核心专长。战略生态研究主要关注企业战略的生态系统，战略生态系统是指在企业战略环境或是外部环境下，企业战略群及其之间的相互关系所形成的一个集合，以求实现企业战略相互关系系统内各元素的共生和进化，它具备生态系统的一般性，是一个复杂性自适应系统。它的元素是企业的战略，主要研究战略生态的结构、同态、稳定与平衡以及战略生态的互动关系和在企业战略规划实施中战略生态的有效嵌入等基本问题，采用生态流、生态位、共同进化和生态演替等原则。

第一，通过经营战略网络关系来寻求与竞争对手的制衡。因为如果两个企业建立的网络关系及其结构相似，就意味着两个企业所获得的资源、信息以及在战略网络中的权力、地位就有很大的相似性，从而达到威慑竞争对手的目的，又在很大程度上避免对手的攻击，而且可使自己在遭遇竞争对手攻击时及时组织资源进行反击。

第二，通过经营战略网络关系获得市场竞争中更大的自主权。在现代市场中，企业的资源在很大程度上由战略外购获得。如何将企业外的资源转化为企业内的资源，如何将企业外其他组织的能力转化为企业内的能力，为本企业创造竞争优势，这是基于战略网络考察企业战略的关键问题。

第三，通过经营战略网络关系获得企业的核心专长。网络关系可以使企业获得资源，甚至可以使企业更容易获得环境中的某些关键的资源，例如信息、渠道、资本、实物、服务等，从而提高企业的竞争优势。企业经营战略网络关系，主要是寻求获得与网络内组织资源与能力的互补，甚至当这种互补变得不可丧失，从而形成某种形式的系统锁定时，便成为企业的核心专长。所以，对企业来说，经营战略网络关系是企业获得核心专长的重要手段。

战略网络的经营对企业竞争优势的构建非常重要，而经营战略网络的关键则是要处理好竞争与协作的关系，何时、何事需要竞争，何时、何事需要协作。由于战略网络是企业基于资源、能力等方面的优势互补而在全球范围编织的一个合作网络，相对来说，带有一种基于利益的刚性，在受到利益驱动的时候可能会过度地恶性竞争而最终损坏整个网络的利益。在此情况下，在战略网络的经营中融入社会文化、政府政策、市场机制、产品或服务的过程等因素，以整个网络系统的生态共生和进化为企业行为的出发点，将会大大促进战略网络的经营，提高企业的竞争力。为此，我们认为，将战略生态的管理理念融入企业的战略管理之中，通过对企业战略行为的指导和影响，来促进企业的战略网络的经营（见图7-6）。而战略生态理念对企业战略行为的影响主要表现在该企业与其他企业之间是对抗、追随还是共谋。

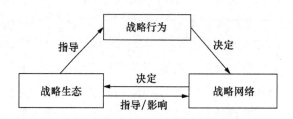

图7-6　战略生态、战略网络与企业的战略行为

战略生态理论认为，战略生态一般会经历由产生、发展到成熟再到衰退和消亡过程。当然，战略网络的发展也有相似的规律，位于战略网络中的企业也同样有这样的规律（见图7-7）。这一普遍规律有助于理解战略生态对战略行为的影响。

第一，在战略生态系统甚至是战略网络中，总会存在一个或少数几个相对强大的企业，他们位于战略网络的中心位置，领导着战略网络的发展。此时，战略网络中的其他企业没有实力与之竞争和对抗，无论从企业自身的利益还是整个网络的利益来看，其最佳的战略行为应该是追随中心企业，这有利于企业的成长，同时网络中各企业的分工和协作也有助于战略网络的竞争力的提高。而此时网络中的中心企业不会一直都处于快速成长期或全盛期，随着企业发展必然会经历衰退，所以，此时是战略网络中其他企业放弃追随和协作而展开竞争的时机，从而导致战略网络结构的变化，从而增强或降低战略网络的竞争力。

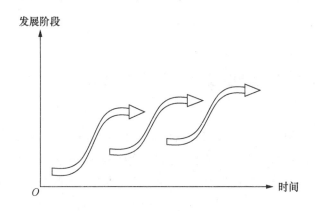

图7－7　企业发展演化的一般规律

资料来源：笔者整理。

第二，如果战略网络中有两个或两个以上的少数企业有明显的竞争优势，则这些企业要么会相互对抗，要么会共谋。对于前一种情况，合理的对抗有可能会促进战略网络的发展，但相互间的恶性竞争则会两败俱伤，并最终破坏已经构建的战略网络；而对于企业间的共谋行为，一方面可以减少战略网络的动荡，另一方面则可能导致战略网络结构的变形，共谋可能造成相互妥协和创新的惰性，降低网络的平均利润率。

第三，有时少数中心企业间的对抗或共谋表面看是一种破坏市场或网络的行为，但是由于他们的战略考虑可能是出于优化、整合该行业和网络，那么这种对抗或共谋的破坏行为则成为战略网络经营的一种方式。

因此，出于对战略生态和战略网络分别是一种战略管理理念和企业间组织形式的考虑，在经营战略网络以制衡竞争对手、扩大市场自主权并最终获取企业的核心专长时有必要以战略生态的理念为指导，通过其对企业战略行为的影响来达成。从目前的研究来看，企业生态系统理论虽然强调了企业间的网络关系，尤其是强调了上下游企业间的和谐发展，共同进化，但其所阐述的更多是一种理念，在研究方法上与视角上还没有以网络结构特性为基础，也没有关注网络的结构特性对企业行为的影响。因此，在战略管理研究中，必须将战略生态理论与战略网络理论进行整合，用战略生态的理念来分析战略网络中的企业行为；用战略网络理论与技术来分析、理解战略生态理论，进而理解、分析企业的战略行为，指导企业的持续发展。

第五节 战略生态影响企业战略行为决策

　　战略生态的生存和发展离不开该系统的稳定与平衡，而战略生态系统的稳定与平衡又取决于系统成员的战略行为——互相竞争、趋于合作或者竞合。一方面，战略行为影响着战略生态的结构。当两个企业采用几乎相同的战略，争夺着几乎相同的细分市场时，便形成战略生态的相残态结构；当每个企业都面对各自的细分市场，都有自己的顾客范畴，彼此互不侵犯时，便形成战略生态的互不侵犯态结构；当某个企业开拓了一个新的市场以后，吸引一些跟进者一起开拓市场，同时瓜分市场时，形成战略生态的跟进态结构；当在一个行业内部，某几个大企业都保持自己大概一致的市场占有率，谁也不力图吃掉对方，而是相互牵制，共同维持整个消费市场时，便形成战略生态的牵制态结构。而战略生态的结构影响战略生态的稳定性。即战略生态中的成员为建立竞争优势和获取利润，相互之间竞争互动更加频繁，导致战略生态的不稳定性增加，而当竞争达到一定程度时，各成员为维护自身利益，减少风险，相互之间又趋于合作，战略生态的稳定性增加。另一方面，战略行为影响着战略生态的进化。从战略生态的整个生命周期来看，由于各成员间竞争与合作的持续作用，战略生态由无序走向有序，直至达到平衡，又再由有序走向无序，进而达到更高一级的平衡，即经历初创、扩张、平衡和自我更新这样一个周期，不断进化。因此，企业的战略行为，尤其是战略生态中骨干企业的战略行为在战略生态的生存和发展中扮演着至关重要的角色。骨干企业可以通过简化成员间相互联系的复杂工作而提高战略生态的生产率，也可以通过不断吸收技术上的创新等方法来加强战略生态的生命力，等等。

　　作为一个生态系统，战略生态一旦形成，便对其中的成员具有约束作用。企业的战略行为必须与战略生态的进化相一致，有时需要企业的行为作出较大的改变以符合战略生态的要求，企业对战略生态的贡献促进了战略生态的进化，最终将增加企业的竞争优势；而如果企业战略行为破坏了战略生态，成为一个入侵者，虽然可能会给企业带来短期的利益，但长远来看，战略生态的破坏或灭亡将会给企业带来灾难。另外，分析企业的战略行为，需要结合企业所在的战略生态的结构特性，以及企业在战略生态中的位置和角色等，即需要用战略生态的理念来分析企业的战略行为。比如，企业处于一个有生命力的战略生态中并在其中处于关键节点的位置，它就具有很强的竞争力，更倾向采取推出新产品、进入新行业、降低价格、收购兼并等战略行为。因此，战略行为影响着战略生态的结构特性与进化，战略生态约束着企业的战略行为，二者相互影响、相互作用。

本章小结

通过本章分析，可以看出：
首先，战略行为影响着战略网络的结构和演变，也影响着战略生态的结构特性和战略生态的发展进化，并最终影响战略生态的健康发展。同时，战略网络与战略生态都对战略行为有约束作用，处于战略网络或战略生态中的企业既有机遇又有限制，分析企业的战略行为需要分析其所在的战略网络或战略生态的结构特性及其在战略网络或战略生态中的位置和角色等，企业的战略行为应融入战略生态的理念来展开。因此，战略网络与战略行为、战略生态与战略行为在战略管理中属于整体与个体的关系，并且相互影响。

其次，战略生态也是一种网络形式，不但包括供应商、生产商、消费者以及各种利益相关团体等实体要素，还包括互动机制、文化与价值观等无形要素，要素间寻求相互联结以达到共同进化，着眼于各要素协调与和谐，在现阶段更多的是一种战略管理理念；战略网络主要是对企业发展具有战略意义的实体要素的相互联结，追求资源的互补以获取竞争优势，网络的和谐性相对不受重视。随着外部环境的变化，战略网络理论中的节点选取与联结方式将显得不足，需要将企业生态的理论整合其中，引入战略生态的理念。

　　因此，企业为获取或保持竞争优势，需要在内外部环境分析和企业战略宗旨的指导下，选取合适的战略行为，在越来越动态的环境下，重视与其他组织的相互合作，有效整合外部资源，逐渐建立有效的战略网络，并最终形成战略生态。同时，已形成的战略网络和战略生态将影响企业战略行为的绩效，阻碍其价值的创造或提供分享价值创造的平台，这些又反过来影响战略网络和战略生态的结构与演变。可以预见，未来的竞争将不再是简单的个体公司之间的技术竞赛，而是发生在企业各自所培养并赖以生存的战略生态系统之间的竞争。战略网络、战略生态和战略行为相互影响，不断进化发展，明确这一关系，对企业战略管理具有重要的指导意义。其关系如图 7－8 所示。

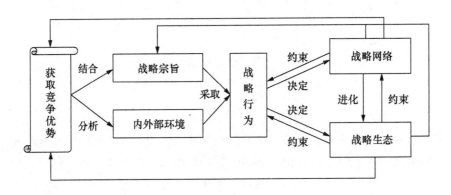

图 7－8　战略网络、战略生态与战略行为

资料来源：笔者整理。

　　本章在对战略网络与战略生态理论研究的基础上，分析总结了战略网络与战略生态的区别和联系，指出战略网络经营的重要性及在经营中应该融入战略生态的管理理念，对企业战略管理的研究和实践都有一定的指导意义。结论如下：（1）战略行为影响战略网络的结构特性和演变，战略网络对战略行为有约束作用；（2）战略行为影响着战略生态的结构特性和发展进化规律，战略生态对战略行为有约束作用；（3）战略生态也是一种网络形式，不同于战略网络是一种只包含实体要素的合作关系，战略生态既包含实体要素，也包含无形要素，它更多的是一种战略管理理念；（4）战略网络、战略生态与战略行为整合于企业战略竞争优势的获取和保持，对企业战略管理具有重要的指导意义。

第八章　制度创业情境下战略生态与新创企业成长

　　战略生态相关理论的发展，为新创企业及创业企业的成长理论分析提供了新的研究视角。因此，本章将在相关研究基础上，进一步分析制度创业情境下战略生态可能对新创企业成长的影响机制问题。本章的研究发现，当前的制度发展情境下，新创企业的成长受到战略生态与制度创业的双重影响作用。从战略生态与制度创业之间的关系来看，新创企业成长过程中，战略生态的演进受到制度创业的推动作用，而制度创业进程则受到战略生态的制约。战略生态对于新创企业成长的影响主要是通过组织惯性、战略聚焦和战略群构建与实施来实现的，而制度创业对于新创企业成长的影响则主要通过制度创业家和组织场域两方面来实现。

第一节　引言

　　创业活动作为科学技术转化为现实生产力的桥梁，能够更新现有组织并增强市场竞争力，日益成为经济发展的重要推动力量（Minniti and Lévesque，2010；吴义刚，2010）。近 20 多年来，创业活动引起了国内外学者的普遍关注，学者们运用相关学科理论对创业相关问题进行了积极的探索和研究（Kelley et al.，2009；Gartner et al.，2010）。生态理论、社会网络理论、制度理论、认知理论等来自组织、战略与行为科学等领域的成熟理论被相继引入创业领域研究，这些理论虽然有助于我们认识创业活动的某些方面和规律，但并不能系统解释创业现象与创业行为，其根本原因在于创业者不同于管理者、创业机会不同于商业机会、创业活动也绝不等同于经营活动。与此同时，学者们围绕创业研究的相关问题、研究对象以及研究方法等方面进行了积极探索，尽管还没有达成普遍共识，但已经取得了显著的进展（Low，2001）。作为一个快速发展中的新兴经济体，我国经济发展政策与体制的变革为创业者提供了难得的创业契机与空间。伴随着我国经济体制及发展政策的逐渐稳定与成型，人口红利及成本优势的逐渐消失以及外部市场竞争的日趋激烈，传统的机会识别、创业导向及创业模式已经很难适应这种快速变化的市场环境，从而大大降低了新创企业获得成功的概率，因此，在新情境下探索我国新创企业发展规律就显得尤为迫切。

在当前持续的外部竞争压力下，企业需要通过搜寻、运用和整合各种资源，为客户提供卓越价值进而确立竞争优势，新创企业尤其需要通过这种产业链的资源整合而嵌入价值创造之中。然而，信息膨胀、技术进步以及产品更新速度加快则意味着新创企业成长面临着较以往更高的风险。由于产业链的高度整合与专业化，一旦某一家企业出现危机，就会迅速向其他企业或组织扩散，进而造成商业生态系统局部（区域）瘫痪或崩溃。面对这种"牵一发而动全身"的产业链中企业的"感染式"传播，需要采取具有统率性的创新方法来应对。此外，转型期的中国企业实现持续成长的关键在于依据企业所在商业生态系统及其组织条件，不断进行适时和适度的战略变革和转型，选择与战略生态环境相适应的战略来谋求发展。然而，目前对我国新创企业的研究，多数是以国外的创业管理理论和实践为标准来衡量国内企业的创业行为，忽视了商业生态体系之间的差异性。我国市场的开放与经济体制的改革是同步进行的，这种特殊的转型经济生态体系具有和西方国家成熟市场经济生态系统完全不同的制度背景特征（李新春和何轩等，2008）。由于当前中国产业集聚效应和商业网络的发展，处于同一商业生态系统中的企业在组织架构、资源配置以及竞争或合作模式上形成了一种较为动态稳定的空间结构，产业中新创企业的成长必然要求原有产业空间结构进行调整或重构。在新创企业的生成过程中，创业机会的有效发掘是基础，这种创业机会的发掘既可以是新产品市场的发现等机会，也可能是产业重构、转型升级以及政策制定空窗期或执行上的局限性所带来的机遇。而对于新创企业成长来说，如何获得所在商业生态系统中的特定地位是新创企业必须面对的问题，即普遍意义上的新创企业组织合法化过程。为了获得新创企业成长的合法性与顺利展开，新创企业需要从商业生态系统重构过程中获得制度层面的支持，这就意味着新创企业的成长对这种地理空间内的资源及其他生产要素提出了重新配置和组合的要求，此时，传统文化和制度性的政策、法规是否能够满足新创企业的要求，即制度创业对于中国新创企业的成长就显得尤为重要。

第二节　战略生态与制度创业

一　制度创业对战略生态的影响

商业生态系统的不断演进和制度体系阶段性之间矛盾表明，当原有的制度不再适应新的商业生态系统时，就意味着这种旧制度体系已经缺乏足够的权威和力量去规范和引导商业生态系统中新出现的企业活动范式，此时的制度架构就会受到商业生态系统内外部各种类型组织的质疑和挑战，进而减弱原有制度的监管效力，从而给新制度体系构建提供空间。通过允许由新创企业掌控对制度变革引导的需求，并且旧有制度的解构以及由此产生的组织制度秩序混乱能够得到很好控制的话，那么就会在商业生态系统中发展出更多适应企业发展新模式、更有效率解决新问题的新制度。这种新制度能够为新创企业战略群构建和实施管理创新提供制度层面的保障，从而推动整个产业战略生态的持续演进，维持产业发展动力。此外，战略生态的演进过程既受到产业动态发展的制约作用，也受到企业战略定位和战略决策模式变革的影响，这种影响通过企业战略群动态变化体现出来。事实上，企业战略群的动态变化也能够给制度创业创造机会，例如，企业战略群的动态变化可能导致企业战略在"群目标"和"企业目标"之间界限的模糊，这为制度创业实践者推动制度创业活动提供了施展空间。

由于产业链中企业角色多元化与组织功能交错效应，使得当前企业发展很大程度依赖企业自身与外部环境的契合程度，这不仅与企业自身的组织架构、战略决策有关，同时也关系到产业中其他组织的决策行为，例如竞争对手、供应商以及消费者所采取的行动，突出表现为产品价值链在深入分解与细化的同时也进一步强调同一产业链上各不同组织之间的整合与协调，以实现产业链的系统化价值效应。在这种产业链系统化进程中，新创企业面临着两个关键的问题：第一，新创企业自身的组织惯性在很大程度上依赖其所在战略生态体系的组织架构和战略决策模式，虽然新创企业成长初期较高的组织惯性有助于新创企业在同类企业中脱颖而出，但较高的组织惯性同样意味着新创企业的动态适应能力相对较低（侯杰、陆强等，2012），这不利于新创企业在战略生态演进中实施灵活多变的战略决策。而制度创业作为一种不断尝试创新经营模式的企业活动范式，在推动新创企业创业活动开展过程中降低了新创企业对于战略生态系统中既有决策模式、经营策略等组织惯性的依赖作用，即降低了新创企业长期发展中组织惯性的制约作用。第二，新创企业的成长需要有明确的战略定位，然而，战略生态中企业战略制定的相对独立性意味着战略生态中的企业之间关于战略生态的总体战略目标总是伴随着企业战略调整而出现各种谈判、制衡等博弈过程，外部环境的变化也要求战略生态的整体目标需要不断修正和改进，这显然是不利于新创企业既定战略目标实现的。从长期成长过程来看，新创企业必须遵守战略聚焦的原则，战略聚焦作为一种企业战略制定和实施的约束模式，能够维持战略生态系统的稳定性，同时也为新创企业顺利成长提供了保障。事实上，企业高水平的战略聚焦行为都需要制度层面的管理规则或模式予以保证，企业在围绕未来战略目标制订实施计划时，都必须遵循相应的制度规则。因此，完善的制度体系是新创企业实施战略聚焦的基本条件之一。

正所谓"时势造英雄"，制度创业过程通常能够塑造一位或几位非常有威望的制度创业家，这些具有较高威望的制度创业家往往具备足够的能力和魄力来有效指导、约束战略群中新创企业的行为活动范式。通过这种高效、协作的群体行动产生足够的战略群活化因子来整合、支配战略群中其他组织的资源、技术及市场需求，最终激发出战略群的整体竞争优势。总体上，制度创业能够促进战略生态中的企业在战略决策上寻求更多的合作机会，在新制度体系的规制下构建战略群，提升企业战略目标的高度统一性。从制度创业家创业活动的组织场域嵌入视角来看，组织场域在制度创业家创业过程中发挥着极其重要的作用。制度创业家谈判、成员说服和联盟等博弈活动都需要借助于特定的组织场域情境才能发挥最佳效果，因此，准确认识组织场域特征并充分发挥组织场域功能在推动制度变革中的作用，对于新创企业借助于外部力量来约束战略群的规范运作具有积极意义。基于上述分析，本章提出以下观点：

观点一：制度创业对企业战略生态演进具有积极的影响作用。

第一，制度创业对于降低战略生态的组织惯性具有积极的影响。战略生态系统中新创企业的制度创业过程是一个积极的拓展新创企业经营模式、改变新创企业成长方式的过程。这种新创企业制度创业过程必然会对战略生态系统的组织架构和决策模式产生深刻的影响，进而要求新创企业通过柔化组织形式，提升适应外部环境能力来提升新创企业竞争力。因此，新创企业制度创业将有效降低战略生态系统的组织惯性。

第二，制度创业对于提升新创企业战略聚焦实施水平具有积极的影响。战略生态的变革是受到多种战略决策因素影响的，从博弈的观点来看，战略生态的演进并不会完全匹配新创企业成长的目标。而制度创业活动则具有鲜明的目标导向功能，新创企业创业活动能够对战略生态的整体战略目标施加影响，从而尽可能地通过各种途径来满足新创企业成长的战略聚焦要求，因此，制度创业对于提升新创企业战略聚焦水平具有积极的影响作用。

第三，制度创业对于提升新创企业战略群构建与实施效率具有积极的影响。新创企业战略群的构建与实施是一种需要联合产业生态系统下多种组织决策的战略行为，由于企业间战略定位的差异，使得战略群构建与实施效率并不稳定。此时，新创企业制度创业活动则能够通过说服、联合以及妥协等策略从制度上构建战略群运作的规则与制度保障体系。

二　战略生态的反馈作用

作为一种共同问题解决而出现的企业战略整合模式，战略生态也可以看作是制度创业过程中形成的一种附带的衍生组织模式，这种新出现的组织模式虽然具有松散性、暂时性特点，但在当前产业变革迅速所导致的技术升级、产品更新和外部环境动荡所引发的竞争变化和市场冲击背景下，战略生态在提升企业战略决策水平、增强企业竞争力和促进企业成长方面显然更有优势，这种优势对于提升制度创业家推动制度创业活动的信心和动力显然会起到十分积极的作用。如此看来，战略生态的演进趋势以及战略群的构建和运作结果将对制度创业活动产生显著的反馈作用。从战略生态体系的产生背景来看，战略生态的演进是为了适应特定的企业战略决策模式，战略生态中战略群面临的最大挑战是如何将众多战略目标各异的企业战略尽可能整合起来，以期在战略群整体运作过程中发挥出最大功效。这种战略群整合功能的发挥不仅仅取决于制度变革的作用，还涉及其他很多因素，包括战略群的组建模式、企业类型、外部环境以及企业所期待的战略群特殊功能发挥等。正如前文所述，在战略生态中的绝大多数企业之间合作、联盟或者其他形式的关系中，以关系冲突、投机行为、不对称关系等消极合作行为和以互动、协调、相互帮助等积极合作行为通常是共同存在的，这就意味着围绕战略生态的制度变革面临内外部环境中各种强大的阻力和挑战，将对制度创业家产生极大的身心考验。基于上述考虑，本章提出以下观点：

观点二：战略生态的持续演进将对制度创业活动产生反馈作用。

第三节　战略生态与新创企业成长

当前产业链的日益细化和产业上下游企业整合力度的不断增强，迫使新创企业的成长需要企业自发地嵌入产业链当中。从战略生态视角看，就是新创企业与相关组织构建一种具备新功能的战略群或者战略群组织，借助于产业中特定的资源和技术优势以更好地推动新创企业成长发展。而战略生态的演进总是能够给新创企业根据自身成长特征调整战略决策提供回旋余地。对于产业内部具备一定实力的在位企业来说，新创企业的进入并不一定产生消极的影响（钱辉，2005），在特定的产业转型、升级背景下，在位企业也会为了自身战略决策的变革而需要这种新进入企业来完成产业链上某些低附加值的加工过程，这也意味着新创企业可以在一定程度上获得在位企业的认可，即获得产业内的合法性地位。在这种产业契合、经营模式以及企业态势不断转变的战略生态系统情境下，新创企业只有不断探索符合自身成长需要的战略基点才能获得较为顺利的发展。新创企业尤其是新生成的新创企业在形成初期，由于自身实力与经验的欠缺，即新进入缺陷问题（杜运周，2009），在战略决策制定方面往往需要依赖于过去经验或者周围成功企业的发展经验，这就说明，企业组织惯性在企业战略定位中的重要作用，从长期来看，组织惯性对于企业的发展具有双重作用，但对于处于初创期的新创企业来说，战略生态系统中较低的组织惯性显然更加有利于新创企业的成长（侯杰和陆强等，2012）。战略生态的演进也意味着产业内部核心企业之间的激烈竞争，这种企业间的激烈竞争将对企业的战略定位造成深刻的影响。对于那些并不满足于"仅仅进入"产业链的新创企业来说，如何尽可能地排除战略生态持续动态演进导致的整体战略变迁对于新创企业长期战略目标所造成的消极影响就非常关键，这就要求新创企业必须能够在满足战略生态演进要求的条件下尽可能维持新创企业原来的战略决策机制，只要新创企业能够专注于产业中核心企业的决策行为和产业变革趋势,借助于产业中核心企业之间激烈竞争所出现的发展契机和外部环境中各种力量来实现自身的快速发展。

从战略生态及其战略群的运作来看,为了共同问题的解决,战略生态中的企业必须不断调整自身战略目标与运作模式,从而不断适应商业生态系统变革所引起的企业经营模式变化。因此,在旧产业模式不断弱化并且新产业模式尚未完全形成的情况下,作为松散性、灵活性都很强的战略组织模式,战略生态对于新创企业构建战略群进而加强合作伙伴间的协同以共同应对产业内外部环境中的各种挑战具有重要意义。企业通过战略群应对外部挑战的过程中,由于企业间或企业与其他组织之间利益的错位,使得彼此间往往存在战略决策分歧。这就要求新创企业在构建战略群时遵循战略优化管理、持续协商和组织渗透等原则来约束战略群成员的过分自利行为。作为战略群的主要成员,企业参与战略群的目标自然也是为了自身利益最大化,但在战略群中企业战略组合的共同目标是要满足所有成员独立实施所无法完成的目标,这就意味着战略群整体目标与新创企业个体目标必然存在分歧,即所有战略群内部企业的利益最大化显然是不现实的(程聪,2013)。为了维持战略群的高效运作,只有在战略群运作过程中不断优化运作模式、协调各方利益,才能在通盘考虑的基础上力求实现整体利益的最大化。因此,优化管理是战略生态最为理性且合适的管理模式,战略群中优化管理最大的特点是在均衡各方利益的前提下充分整合、利用资源,也可以称为妥协管理。在这种管理模式下,新创企业往往通过平衡各方关系而获得其在特定战略生态体系中的合理地位,即所谓的组织合法性。持续协商则是战略生态正常运转的关键方式,从制度监管和约束角度来看,在为共同利益寻求解决方法的道路上,战略生态系统中的利益关联组织总是需要通过协商来解决争端、达成行动协议或为自身利益讨价还价。显然,在多方协商或制衡的机制下,新创企业也能够从这种共同利益诉求当中获得企业的合法地位。组织渗透性则主要是针对战略生态的问题解决来说的,组织渗透理念要求战略生态中的任何形式的组织在利益交会条件下必须重新调整自己的运作方式,从而为寻求更多的共同利益寻找出路,这无疑为战略生态中新创企业成长空间的拓展创造了条件,对于新创企业的成长显然是有利的。基于上述考虑,本章提出以下观点:

观点三:战略生态对于新创企业成长具有显著影响。

第一,战略生态系统组织惯性越低,对新创企业成长的影响越显著。

战略生态系统较低的组织惯性意味着在多变的外部环境条件下，新创企业的组织惯性也相应较低，即组织灵活性越高，对商业生态系统的适应能力越强，这有利于新创企业根据战略生态演进进行相应的战略调整。因此，战略生态系统较低的组织惯性对新创企业成长具有积极的影响作用。

第二，战略生态中新创企业战略聚焦水平越高，对新创企业成长的影响越显著。较高的新创企业战略聚焦水平具有两方面的意涵，一方面，意味着新创企业的战略目标与战略生态战略目标具有较好的匹配性；另一方面，意味着新创企业能够将重要资源和精力放在企业既定的成长目标方面，使得新创企业的战略决策活动紧紧围绕明确的目标展开，因此，有利于新创企业的成长。

第三，战略生态中新创企业较高的战略群构建与实施效率能够促进新创企业成长。高效率的新创企业战略群构建与实施意味着新创企业战略决策活动是非常有成效的，新创企业充分利用了战略生态中的各种资源和条件来推动新创企业的成长。

第四节   制度创业与新创企业成长

战略生态的演进不仅能够给新创企业成长提供机遇和空间，同时也为新创企业战略决策提供了参考和帮助。然而，新创企业成功上位的小概率事件也表明，真正能够在产业竞争中脱颖而出的新创企业毕竟是少数。新创企业由于资源有限性和社会信誉较低，在产业进入过程中往往面临着新进入缺陷（Kor and Misangyi，2008），这种新进入缺陷集中表现为无法获得新创企业所在领域的身份认可问题，即新创企业在特定组织场域中合法性地位的获得。因此，新创企业能够在持续变革的战略生态体系下获得高速发展，不仅仅取决于这些新创企业构建了特殊功能的企业战略群，还受到与战略群相适应的完善创造性决策机制体系的支撑，这些决策制度体系是需要企业通过自身的主动合法化行动来获得的，例如，相对独立的资源禀赋、积极加入企业联盟、进行企业形象维护等。对于新创企业合法化研究，学者们已经进行了大量探讨，包括企业社会政治合法性、认知合法性，并针对这种企业合法性提出了认知、管制和规范等不同效力层次的约束机制（杜运周等，2008）。事实上，新创企业的合法化过程需要新创企业在制度变革层面上不断尝试新的、有利于新创企业成长的制度体系建设，当然，这种新制度体系建设过程异常困难，需要新创企业具备特殊的资源禀赋和条件。在成熟的商业生态体系下，产业中超市场契约的存在不仅导致了企业生态位的形成与分化，同时也催生了一大批具备不同功能、属性及经营模式的企业类型。而对于新创企业来说，超市场契约的存在意味着其要创造一种新的制度控制机制来引导相关的战略群必然会激起产业中其他行为主体的各种回应策略，而且可以预见的是，大部分回应策略都是敌对或者是消极的。那么，新创企业该如何来应对这种在位企业的反制行为呢？相关的案例研究已经表明，新创企业战略群决策机制是需要制度创业家在分析与掌握制度场域特征的基础上，在制度创业活动过程中充分运用其在业界的社会地位和高超的社交技巧去建立和完善的。作为领导新创企业成长的关键人物，制度创业家的社会资本、社交技巧等是决定新创企业成功与否的重要因素（肖建忠，2009）。

新创企业在成长过程中扮演的是追赶者角色，国内关于企业后发优势的研究已经表明，后发企业能否实现顺利成长甚至赶超的关键在于是否能够专注于产业中核心企业的决策行为和产业变革趋势，借助于产业中核心企业之间激烈竞争所出现的发展契机和外部环境中各种力量来实现自身的快速发展（江诗松等，2012）。新创企业的成长迫切需要与产业中其他企业、相关机构以及组织形成特定的战略联盟从而更好地嵌入产业价值链的特定环节中，结合企业实际组建一种能够给新创企业创造最大化发展契机的战略群以更好地促进新创企业的发展。从制度视角看，新创企业在进入特定产业领域时总是会面临着合法性问题（沈奇泰松，2010），缺乏对特定产业领域的深刻认识与关系积累，这显然不利于新创企业嵌入到既有的价值链当中，而关于新创企业战略群的构建与实施更是难上加难。因此，成功的新创企业都十分重视产业特征、产业发展趋势的分析，即制度创业强调的组织场域特征分析。作为反映产业制度变迁的核心内容，组织场域的存在为组织规范自身行为与活动设立了准则与信念，也保证了企业在特定产业领域中的身份、地位以及社会关系维系（张铭、胡祖光，2010）。固定的组织场域制度结构意味着场域内企业定位、角色以及利益分配是一种理所当然的行为。随着场域内部成员地位和数量变动，必然在原有的组织场域内部形成多种制度结构，当这种多样化的制度结构在组织成员定位、角色以及利益分配方面产生显著的差异时，组织场域内的利益争夺与权力斗争将逐渐尖锐化，从而为组织场域变迁创造了条件。这种组织场域变迁一方面降低了企业身份的认可门槛，弱化了原有的制度规制作用，便于新创企业顺利融入特定产业领域中。另一方面，则能够为新创企业形成战略联盟、构建适合自身发展的战略群提供契机。综合上述分析，本章提出以下观点：

观点四：制度创业对于新创企业成长具有显著的影响。

第一，制度创业家对于新创企业成长具有显著的促进作用。作为制度创业的主要实施者，制度创业家在推动新创企业创业活动过程中发挥了重要的作用。制度创业家通过自身能力发挥和相关资源整合活动提升了新创企业创业活动效率，进而促进了新创企业的成长。

第二，组织场域矛盾对于新创企业成长具有显著的影响。新创企业成长过程中组织场域矛盾的存在为新创企业充分利用其所在场域的资源，借助于场域矛盾所引发的制度变革性力量推动新创企业成长奠定了良好的基础。

第五节　战略生态、制度创业与新创企业成长关系理论构建

作为一种解决商业生态系统中企业共同面临问题的企业战略整合模式，战略生态演进过程实质是企业在成长过程中的一种未来战略定位，为了实现这种企业未来战略定位，企业需要依据自身经营实际，专注于特定发展目标，激发企业潜力，通过构建具备特殊功能的战略群来实现企业未来战略目标，这与以往的企业战略决策模式具有本质上的区别。在以往的企业战略管理研究中，学者们一直强调企业核心能力构建、竞争优势确立的重要性（Fuentelsaz and Gómez，2006），却忽视了高强度的商业生态竞争背景下关联企业需要通过构建具备特殊功能的战略群来完成单独一家企业所无法完成的目标的事实。虽然以往学者也重视战略联盟、合作关系或者产业集群（Zhang and Li，2010；Srivastava and Gnyawali，2011）对于企业发展的重要性，但他们仍然只是强调联盟或集群中的企业如何从联盟中获得优势地位或从产业集群中脱颖而出，并未能从联盟或产业整体发展或目标实现的视角去探讨联盟或产业中企业成长的问题。从本章关于战略生

态和制度创业双重影响下的新创企业成长来看，战略生态情境下的制度创业过程与一般的制度创业过程不同：制度创业往往是经济利益驱动的，带有强烈的创业者个人主义色彩；但战略生态则是一种问题解决导向的以企业战略协作为基础的企业群体性行为，这就意味着战略生态情境下的制度创业具有更广泛的群众基础，是一种由创业者倡导或引发的群体性制度变革行为。

从新创企业成长看，新创企业无论在资源禀赋、技术条件还是竞争优势方面都需要依赖其所在特定商业生态系统的支持（Moore，1993；Bonello，2008），商业生态系统的不断变革为新创企业成长提供了机会和空间，但新创企业要实现顺利成长必须借助于战略生态所赋予的各种资源，充分考虑整个战略生态体系演进能够给新创企业成长提供的帮助。战略生态对于新创企业成长的影响机制是伴随着产业发展变革同时进行的，而这种产业变革为新创企业成长带来了难得的发展契机和发展空间。战略生态作为一种以共同问题解决导向为目标的所有关联企业战略的组合、运作及其环境构成的系统，其对于新创企业成长的影响主要体现在企业组织惯性、战略聚焦以及企业战略群的构建和运作方面。企业组织惯性主要是企业以往经营过程中的技术、经验、客户以及市场品牌的积累等方面。对于新创企业来说，较高的组织惯性意味着新创企业具备了较为稳定的技术积累和经营习惯。而战略聚焦则是新创企业顺利成长的基础，在持续演化的战略生态情境下，新创企业需要坚持既定战略目标就必须时刻将战略聚焦作为企业战略决策的原则，保证新创企业所有的战略决策过程都是围绕既定的战略目标展开的。而战略群的构建和实施则是新创企业借助于内外部环境资源实现成长的手段。需要引起重视的是战略群中的企业通过资源互补、技术合作等方式构建特殊竞争力，但由于企业异质性导致战略群中的企业在经营策略与市场目标方面必然存在着一套自身独特的观点，这就意味着战略群中的企业在战略群运作过程中仍然可能存在意见分歧甚至竞争，从而导致战略群运作效率下降，不利于战略群整体功能的实现。那么该如何来提升这种新创企业战略群运作效率问题呢？制度创业是维持战略群高效率运作的必要保障。

由于战略群构建的暂时性和战略群成员的异质性，使战略群无论在组织架构还是运作机制方面都面临着现有产业（企业）制度所无法解决的方向性困惑、角色模糊以及运作秩序混乱等问题，从而造成战略群实施过程中的制度性震荡。原有制度体系的不完备必然要求制度的不断变革与进步，并产生新的制度体系来满足战略群运作和管理的要求。作为一种以生态系统中企业共同问题解决为导向的新企业战略决策管理模式，需要统筹生态系统中所有企业及关联组织机构的战略决策，这就需要从制度层面给予高效、有力的支持。制度创业作为一种不断创新的制度变革行为（Xu and Shenkar，2002），能够为这种创新战略决策模式提供制度范畴的支持。因此，战略生态对于新创企业成长的影响机制受到制度创业的显著影响。新创企业高效率的战略群构建和运作需要从制度变革层面进行引导和创新才有可能实现预期的企业目标。基于上述分析，提出如图 8 - 1 所示的战略生态、制度创业与新创企业成长关系理论框架。

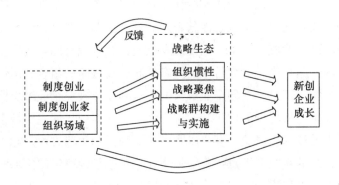

图 8 - 1   战略生态、制度创业与新创企业成长关系理论框架
资料来源：笔者整理。

本章小结

经济全球化背景下，企业间这种跨越传统"产业"范畴，趋向于"生态系统"之间的竞争模式是未来企业竞争的主要形式。在商业生态系统持续演进背景下，企业间的连接关系更加紧密，这有助于企业通过相对完善的商业网络来应对外部环境的产业震荡和竞争冲击。但不容忽视的是，商业生态系统中企业间以高度分工、协作为基础的协同关系也存在明显的不利之处，商业生态中任何企业或机构面临问题可能迅速向整个生态系统扩散，从而发展成整个商业生态系统的问题。因此，构建一种全新的企业组织形式，寻找一种创造性的，以解决商业生态系统中企业共同面临问题的管理范式。战略生态是以战略生态中企业战略群组合为基础，通过构建一种解决商业生态系统中企业共同面临的问题的战略整合模式。战略生态通过整合战略生态的各方资源，激发企业潜力，通过"求同存异、优化管理"的方式实现企业共同问题的解决。商业生态系统企业之间虽然存在密切的业务往来，但作为一个独立经营的生态系统个体，其所有的商业活动必然从企业自身利益出发。而作为一种以生态系统中企业共同问题解决为导向的新的企业战略决策管理模式，需要统筹生态系统中所有企业及关联组织机构的战略决策，这就需要从制度层面给予高效、有力的支持。制度创业作为一种不断创新的制度变革行为（Xu and Shenkar，2002），则能够为这种创新战略决策模式提供制度范畴上的支持。然而，战略生态实施情境下的制度创业过程与一般的制度创业过程不同，一般来说，制度创业往往是经济利益驱动的，带有强烈的创业者个人主义色彩，但战略生态则是一种问题解决导向的群体性行为，这就意味着战略生态管理实施进程中的制度创业具有更广泛的群众基础，是一种创业者群体倡导或引发的制度变革行为。这也是本书对于制度创业领域研究的一个理论贡献。

新创企业无论在资源禀赋、技术条件还是竞争优势方面都需要依赖其所在特定商业生态系统的支持（Moore，1993；Bonello，2008），因此，新创企业成长的研究需要借助于战略生态与制度创业相关理论，从而能够较为全面地探讨影响新创企业成长的重要因素及其影响机制。商业生态系统下的新创企业成长需要充分考虑整个商业生态系统的全方位发展，这种全方位发展意味着新创企业的成长必然是一个关系到商业生态系统运作的问题，并且具有强烈的问题导向性，而战略生态则是有针对性的企业共同问题解决导向性的企业战略整合模式。从战略生态的视角来看，新创企业的成长主要受到战略生态组织惯性、战略聚焦以及战略群构建与实施等因素的影响。而从制度创业角度来看，制度创业家能力和组织场域特征则为新创企业成长奠定了基础。正是在此背景下，本章基于商业生态系统的视角，从战略生态与制度创业两个方面来探讨新创企业成长的问题，能够为学术界和实践界更为准确地认识和把握新创企业的发展路径提供理论支撑和实践参考，同时，也将对创业管理理论、组织生态理论以及制度理论的相关研究起到深化和拓展作用。

第九章 战略网络与企业竞争 优势关系理论

本章主要关注企业战略网络情境下企业核心专长构建问题。基于前几章的研究成果，进一步对战略网络关系的经营与企业间动态竞争、企业在市场竞争中的自主权以及企业核心竞争力构建之间的关系进行了理论探索。我们认为，企业战略网络的经营可以有效制衡竞争对手、获得市场竞争中更大的自主权以及获得企业的核心专长，并最终构建企业的竞争优势。基于此，我们构建了战略网络情境下的企业核心专长构建理论，对企业战略管理理论和实践都有一定的指导意义。

第一节 竞争动态情境下企业核心专长

建立和发挥竞争优势是企业战略管理的最终目的之一，以往学术界对于企业如何获取竞争优势的研究主要是从企业所处的产业环境或者企业的内部资源和能力来进行，将企业看作是一个单个的实体。然而，随着外部环境的动态化以及企业间竞争的加剧，企业单独依靠自身资源已经难以在竞争中取胜。为此，学术界开始关注战略网络，研究战略网络与企业的竞争优势的关系。我们知道，战略网络可以看成是与企业相关的各个节点的相互联结，那么按照"结构—行为—绩效"的分析范式，战略网络会不会以及如何影响企业间竞争行为？位于战略网络中的企业是不是具有相似的竞争行为？不同竞争行为又如何影响企业竞争优势的建立和发挥？这些问题都是战略网络理论应用于企业实践亟须解决的关键点，且如何通过战略网络的经营来获取企业的竞争优势也是学术界极少触及的问题。为此，我们拟在相关研究文献的基础上，将企业间动态竞争行为、企业的核心专长与战略网络整合起来，通过理论推导和案例分析，来研究企业如何通过经营战略网络来构建竞争优势。

　　动态竞争研究兴起于20世纪80年代初，其源头可追溯到20世纪50年代中期爱德华兹（1955）对企业间对抗的研究，至今仍是国外企业战略管理学界最重要、讨论最热烈的研究方向之一。20世纪90年代末，我国学者开始引入动态竞争的相关理论、方法和成果。在西方文献中，相关研究对企业间竞争动力的考察最后都落实到企业的行为方面，研究中使用的基本变量主要是企业的具体行为。其研究理念的基础是，企业的战略是动态的：企业所发动的竞争行为会引起其他参与竞争的企业的一系列回应行为。动态竞争主张从企业竞争行动的视角来探讨竞争战略，而不是企业的整体战略。这种视角与以前对企业战略的研究思路有很大的区别，即过去对企业战略的研究强调战略的概念类型或者一般战略，例如，波特的低成本、差异化等战略分类以及迈尔斯和斯诺的前瞻者、防御者、分析者和反应者分类（Miles and Snow，1978），或者从资源等角度对战略进行量化。目前，动态竞争的研究可大体分成三类，即多点竞争、竞争互动和超级竞争。

　　核心竞争力研究可追溯到1989年，该理论最初是由美国著名管理学家哈梅尔和普拉哈拉德于20世纪90年代初提出的，他们在《企业核心能力》一文中指出："核心能力是组织内的集体知识和集体学习，尤其是协调不同生产技术和整合多种多样技术流的能力"，"如果公司有意在未来的市场上获取巨大的利润份额，就必须建立起对未来顾客所重视价值起巨大作用的专长"。核心专长强调的是在价值链一定位置上的技术专长和独特的方法。企业核心能力不是一个新概念，它是以前其他学者所说的"独特的竞争能力"或组织的"核心专长"，核心能力包括四个方面的内容：雇员的知识和技能、技术、管理方法、价值观和标准。

第二节　战略网络制约企业竞争战略决策

　　研究表明，企业并不能仅被看成是一个自治实体，它实际是嵌入社会或经济网络中的。这些网络包括个人关系网络、社会网络以及交易网络等，这些网络都会对企业的行为造成影响。简单地讲，企业通过经营战略网络关系来寻求与竞争对手的制衡，来扩大在市场竞争中的自主权。

一　通过经营战略网络关系寻求与竞争对手的制衡

研究竞争对手间竞争主要关注两个方面：企业进攻与回应的可能性。而处于战略网络中的企业间的动态竞争有别于单独两个企业间的动态竞争，企业间的竞争和对抗需要融入战略网络。比如，如果两个企业所建立的网络关系及其结构相似，就意味着这两个企业所获得的资源、信息以及在战略网络中的权力、地位具有很大的相似性，这可恐吓或者威慑竞争对手，在很大程度上避免对手的攻击，而且可使自己在遭遇竞争对手攻击时及时组织资源进行反击。企业在战略网络中的中心性差异对企业行为产生影响，网络均衡性对企业进攻与回应可能性产生影响以及网络密度对企业间互动行为也有影响。

第一，在战略网络中处于较好的中心位置的企业方便与其他企业建立重要的连接，可以更快速地获得大量资产、信息以及由中心地位所带来的地位或者权力。这样，中心企业就会有更多途径掌握更多资源或者把握更多机会，从而成为资源不对称的受益者。资源的不对称会影响网络中的企业行为：首先，处于中心位置的企业可以及时地整合更多资产、更大的信息集以及与之关联的地位和权力，这将增加企业采取进攻性竞争行为的可能性；其次，非中心企业回应中心企业时，会因为资产、信息或者地位的低微而遇到障碍，从而降低反击的可能性。这反过来又会提高中心企业发动进攻的可能性。

第二，战略网络的结构均衡是指企业之间在网络之中有相似的关系形态，但本身未必要存在直接的连接。结构均衡的战略网络中的企业在企业行为上会表现出相似性，包括采取相似的态度、使用相似的资源和实施相似的行动，它们之间也会积极相互模仿从而导致其行为的相似性。这些导致它们在资源以及能力形态上具有对称性。国外的相关研究表明，这会使它们倾向于不直接对抗。因为动态竞争的研究表明，资源不对称是进攻行为的重要诱因，并且资源相似的企业会认识到他们的相互依赖性并避免直接的相互冲突。

第三，网络密度是战略网络中企业之间相互连接的程度，企业之间连接得越多，网络密度越大，而不同网络密度中的企业进攻与回应行为将会有所不同。由于信息的高速流动、共有的行为规范以及遭到制裁的威胁，处于高密度网络中的企业相对于处于低密度网络中的企业而言，发动进攻的可能性会降低，同时由于这些原因使得企业一旦遭到进攻，发生回应的可能性增大。

二　通过经营战略网络关系获得市场竞争中更大的自主权

在快速变化的市场中，任何一个企业都难以在短时间内拥有所需的全部人力资源和物质资源，资源短缺已成为企业发展中最为突出的问题。在现代市场中，企业的资源在很大程度上由战略外购获得，而战略外购存在着许多管理上和策略上的风险，比如，它可能导致核心能力的判定失误、价值链环节的失控、内部创新能力的下降以及关键技能的丧失。因此，企业为尽可能控制外部环境和寻求资源，会致力于企业内部化边界的扩大，这一努力过程不仅伴随巨大的投入成本，为企业的战略转移筑起难以逾越的退出壁垒，而且容易出现组织膨胀带来内耗过大的"大企业病"现象。

而处于战略网络关系中的企业，同网络内其他企业之间存在着战略联盟、合资、长期的买卖伙伴等关系，因此，相对于单个企业来讲，更倾向于通过建立的网络关系来利用组织之外的资源，将外部资源和能力整合到企业内部。另外，企业也更倾向于最大限度地利用目前的网络，甚至同现有的经销商、供应商或联盟伙伴等网络成员一起受制于目前的网络而拒绝与网络外的企业交流，使网络外的企业或者新进入者难以获得网络提供的信息和资源，从而获得市场竞争中更大的自主权。

第三节　基于战略网络的企业竞争优势构建

战略网络关系影响处于其中的企业的战略行为，而不同战略行为又会影响企业的绩效，即企业的竞争优势的建立和发挥。战略网络通过影响企业间的竞争互动行为、企业在市场竞争中扩大自主权的行为等来构建企业的竞争优势，并通过经营战略网络关系来获得企业的核心专长，具体如图9-1所示。

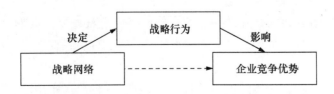

图 9-1　战略网络、战略行为与企业竞争优势

第一，战略网络的中心性差异使得处于中心的企业更倾向于进攻而非中心企业更倾向于防御，故企业可以通过构建更有利于自己的战略网络或者改变现有的战略网络结构，使自己更靠近战略网络的中心位置来寻求与竞争对手的制衡，从而建立竞争优势；结构均衡的战略网络中的企业在企业行为上表现出相似性，因此，一旦遭遇资源相似的企业的攻击，企业会更容易调动资源来进行反击，再加上企业间的相互监督以及相似的资源和行为等，都会提高回应的可能，因而可以达到与竞争对手的制衡，以构建竞争优势；同样，战略网络密度影响企业间竞争互动的行为，进而影响了处于其中的企业的竞争优势的建立与发挥。

第二，战略网络关系的经营扩大了企业在市场竞争中的自主权，有助于从企业外部获取资源、将企业外的资源转化为企业内的资源，并将企业外其他组织的能力转化为企业内的能力，从而为本企业创造竞争优势。例如有关研究表明，位于日本的美国研发机构经常效率不高，其原因在于这些研发机构没能融入日本当地的联结供应商、顾客、R&D 机构的网络。克服这个问题的办法是与当地企业联盟，所以，具有丰富资源和能力的伙伴关系网络可能为企业带来其他企业难以模仿的资源和能力，经营这种战略网络关系将使企业获得市场竞争中更大的自主权，并获取相对于网络外企业更大的竞争优势。

第三，战略网络是企业获取对其来说至关重要的知识、信息和其他资源的不可替代的途径或通道，可帮助企业降低竞争的不确定性和管理资源的相互依存性。因此，企业的网络关系是企业的战略性资源，并可以使企业更容易获得环境中的某些关键的资源，例如，信息、渠道、资本、实物、服务等，从而提高企业的竞争优势。例如，长虹公司等公司早就开始建立了公司外部有效的协作关系，如长期的采购供应关系，这为长虹成本的降低、质量的提高、技术创新以及新产品的推出起到了重要作用。正如有些学者指出的，长虹公司的战略优势在很大程度上取决于它的供应商网络的力量，可见其主要力量就是来自企业与供应商之间的密切关系。因此，如果企业通过与其他某些企业合作，有利于获得更优良的产品质量、更低的产品价格，或者获得社会的承认等，则这些关系便有助于构建企业的核心专长，应力求保持，否则就应考虑中断与这些企业的关系。

企业经营战略网络关系，主要是寻求获得与网络内组织的资源与能力的互补，甚至当这种互补变得不可丧失，从而形成某种形式的系统锁定时，便成为了企业的核心专长。例如，沃尔玛的采购系统为供应商提供有关客户需求和购买偏好的、无价的实时信息，同时向零售商提供比竞争对手更大的成本优势，通过创造其他成员可以利用的平台构筑有利的网络关系，最终获取战略竞争优势。而微软为其他软件公司提供软件工具和技术，使它们能够很容易地为应用广泛的 Windows 操作系统编制程序，这些程序又反过来为微软不断提供新的 Windows 应用软件，最终被锁定在微软的视窗系统上，为微软带来战略竞争优势。所以，对企业来说，经营战略网络关系是企业获得核心专长的重要手段。

本章小结

本章在文献研究基础上将企业间的动态竞争、企业的核心专长与战略网络整合起来，对战略网络与企业的竞争优势的关系进行了研究，研究结果认为：（1）战略网络影响了企业的竞争行为，企业可以通过经营战略网络关系来寻求与竞争对手的制衡，来获得市场竞争中更大的自主权；（2）战略网络通过影响企业的竞争行为可以获得企业的核心专长，构建企业的竞争优势。本章的研究结果对企业战略管理理论和实践都有一定的指导意义。

第二篇

企业战略网络与企业竞争力关系相关研究

　　本篇探讨企业战略网络与企业竞争力之间的关系研究，包括第十章到第十八章。

　　企业网络不断发展为企业创新活动开辟了新的途径，并为网络内部企业进行持续的互动提供了良好的外部环境。通过社会网络，企业与一系列外部机构（客户、供应商、政府部门和研究机构等）建立了广泛联系以获取对自身有益的信息与知识，提高了企业信息交换和转移的质量，同时也降低了企业信息传递的成本和风险，进而促进了企业创新绩效的提升。为了更加细致、深入地探讨企业网络对技术创新绩效的影响机制，一些学者基于企业网络结构的视角进行了探讨，不同强度的网络关系在企业信息传递与合作交流中所起的作用差异较大，对组织学习和创新绩效的影响效果也不同。企业战略网络如何影响企业竞争行为，如何推动企业创新乃至竞争力提升一直是学者们关注的焦点问题。我们以2008—2009年申报广东省高新技术企业和民营科技型企业的企业为调查对象，采用实证研究的方法，对企业战略网络属性特征可能影响企业创新的机制进行了大样本、全方位的研究。

　　研究发现，企业网络互惠程度、企业网络密度、企业网络嵌入程度、企业网络强度等战略网络特征都对企业创新行为产生显著的影响，并且企业学习能力、企业社会资本在企业战略网络特征与企业创新行为之间起到显著的中介作用。另外，企业本身的特征属性也对企业战略网络与企业创新行为产生显著的调节作用，从企业研发投入看，不同企业规模对于战略网络、学习能力和创新绩效之间的关系影响机制是存在差异的。一般而言，对于小规模企业，企业战略网络对企业创新绩效并不会产生直接的影响效应，而中等规模以上的企业则存在显著的影响效应。对于规模较小的企业而言，战略网络之所以并非影响企业创新绩效的首要因素，更多地受到自身规模和资金以及所从事低技术含量的行业限制。小规模企业形成的网络由于网络成员相似性高，使网络中异性信息存量较少，流通速度缓慢，应变能力相对较弱，即使有很大的战略网络关系，也不会促进企业学习能力的提升，从而无法提高企业创新绩效。而从研发投入来看，受到自身资金、设备等条件的限制，自身缺乏足够的实力联合其他企业形成联盟网络，在其他网络中也只处于边缘地带，与网络中的成员互动机会非常少，能够获得的战略网络资源也相对较少，不利于企业获得创新活动的资源要素，降低了创新绩效。

第十章　集群网络关系与企业竞争力关系

本章以珠三角地区产业集群内的企业为研究对象，采用随机抽样的调查方法获取可靠的研究数据，探讨了产业集群内企业网络关系的类型、联结方式及网络地位对企业竞争力的影响。研究结果表明，产业集群并不直接影响企业竞争力，而是在一定程度上通过作用于企业的网络关系最终影响企业竞争力。本章的研究对于厘清集群企业网络关系与企业竞争力之间的关系具有启示作用。

第一节　引　言

近年来，产业集群现象越来越受到各国学者们关注，并对此开展了深入的研究。但是国内外绝大多数的学者仅分别研究了集群对企业竞争力的影响以及网络关系对企业竞争力的影响问题，只有少数学者把网络关系融入产业集群中进行研究。那么产业集群内的所有企业都拥有相同的竞争力？是否也有强弱之分？该如何认识产业集群、网络关系与企业竞争力之间的关系？这不仅是一个理论问题，也是企业经营实践过程中迫切需要解决的问题，所以，研究产业集群中的组织网络关系对于企业竞争力的影响就非常重要。本章以珠三角地区集群内的企业为研究对象，采用随机抽样调查方法获取研究所需数据，探讨集群内企业网络关系的类型、联结方式及网络地位对企业竞争力的影响。

第二节　理论基础与研究假设

一　产业集群与网络关系

集群中的企业依靠地理位置相邻而获得许多好处，如产业信息、地理资源、技术、资金、人才获得等，从而形成自身的相对竞争优势。产业网络是由一群从事制造、配销，以及使用产品和服务的企业所组成的产业系统。网络关系包含与上游企业、下游企业、同行企业、其他企业、学术研究机构、非研究性质机构、金融机构之间的技术研发、生产工艺、管理、战略规划等资源或信息等方面的互动关系。

已有研究表明，上下游企业间若地理位置相近，就具有位置专属性，因为这样可减少运输与仓储成本，降低了实际交易成本（程聪、谢洪明，2012）。在一个地区，互信与组织渗透力会通过企业间的频繁互动与相互依赖得以巩固、协调，并提高企业的生产力、激发企业的创新，进而创造新的绩效。例如，麦克维利和扎希尔（McEvily and Zaheer，1999）认为，在一个网络中，地理相近有助于网络成员间的互动，他们还主张在产业集群上的企业要善于建立良好的网络关系，并且维护与地区公共团体良好的关系，以获取新信息、新想法和新机会。吴思华（2002）也认为，某些企业因在同一个地方设厂开店，彼此间基于某些共同利益，自然形成网络关系。由此可知，产业集群能大大促进网络成员之间的互惠程度，产业集群对网络成员的互动存在促进作用，即产业集群对企业网络关系的构成、维持都有影响。基于上述分析，提出如下假设拟加以验证。

H10-1：产业集群对企业网络关系有正向影响。

二　产业集群与企业竞争力

企业竞争力指企业设计、生产和销售产品或者输出劳务的能力，即其产品与劳务的价格和非价格的质量与性能比其他竞争对手更具吸引力，是企业赖以生存的根本，反映企业的生命力。许多学者提出产业集群有助于企业竞争力提高，例如，诺维亚（Nohvia，1992）认为，产业集群内的企业会通过专业性、社会性及交易性关系，彼此分享意见、工程方法、解决问题的方法及各种相关新技术、新信息，从而获得竞争优势。张世勋（2002），李煜华、武晓锋和胡瑶瑛（2013）认为，产业集群使企业有更多机会接近质量优异、成本低、专业化的组件，如零配件、企业服务与人力资源。向集群内部成员采购，远比到远地采购的交易成本低。而且邻近的供应和技术的联结，以及人际关系的往来巩固了产业集群内部可靠、便利、快速的信息流通，包括研发技术、生产制造、市场消息等，这使得群聚内的成员更容易获得新信息、新想法与新机会。我国许多学者的研究的实证结果也表明产业集群对企业竞争力的提升有影响（谢洪明、刘少川，2007）。基于上述分析，提出如下假设拟加以验证。

H10 - 2：产业集群对企业竞争力有正向影响。

三　网络关系与企业竞争力

每个企业都有自己的网络，网络建设直接影响企业的竞争力。网络关系的建立可使企业降低交易成本，并获得资源的相互依赖或互补，包括零配件、人力、资金、经营知识及生产计划等资源，其次也会对技术特殊性、新产品发展等知识的获取有正面的影响，同时也有助于企业竞争力的提高和竞争优势的构建。谢洪明和刘跃所（2005），谢洪明、陈盈和程聪（2011）等的研究也表明，企业战略网络的关系结构对提高企业竞争力有重要影响。基于上述分析，提出如下假设似加以验证。

H10 - 3：网络关系对企业竞争力有正向影响。

第三节　研究设计

本章主要探讨企业网络结构特性、产业集群以及企业竞争力之间的相互关系，理论模型如图 10 - 1 所示。框架中所用的变量包括：（1）密度：指网络成员实际互动关系数和所有可能互动数的比例。也可称为凝聚性。（2）强度：指网络关系的强度或网络成员在单位时间内的接触次数。也可称为量、深度或接触频率。（3）互惠：网络成员彼此间的互赖程度的对等性。（4）产业集群：指网络成员是位于群聚地区内还是群聚地区外，本章的群聚地区是指珠三角地区的某个群聚，例如顺德、东莞或者广州等，在地区以外的地方属于产业集群外。（5）创新、研发能力：指企业的设计、技术研发和创新能力。（6）柔性生产能力：指企业对市场需求作出快速反应，开发新产品、改变产量、改变产品组合的能力。（7）产品质量：指企业产品的稳定性、功能、质量等。（8）顾客服务能力：指企业提供的售前、售中、售后服务，后勤支援，完整配销通路，顾客导向产品能力。（9）财务能力：指企业资金的充裕性以及资金筹集能力。

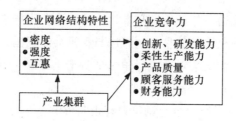

图 10 - 1 理论模型

表 10 - 1 问卷回收统计

类别	份数	比例（%）
发出问卷	400	100
回收问卷	130	32.5
无效问卷	21	5.3
有效问卷	109	27.3

资料来源：作者对问卷的整理。

为确保测量工具的效度，尽量采用国内外现有文献已使用过的量表，再根据研究的目的加以修改作为搜集实证资料的工具。在问卷正式定稿与调查之前，本章先进行问卷的预调查，以评估问卷设计及用词上的适当性，再根据预试者提供的意见修订问卷，最后定稿。所以本研究的问卷应具有较好的效度。

本章将所要研究的集群区域锁定在轻工业发达的珠三角地区，主要考虑珠三角产业集群现象比较明显。调查对象以广州、东莞和顺德为核心地区，向珠三角其他地区辐射。被调查的对象以软件、生物科技、电脑及配件、通信、家电制造业等行业企业的中高层人士为主。调查以人员访谈的调查方式进行，同时配合使用邮寄、电话访谈的调查方式，共发出问卷300份，另外在华南理工大学、中山大学、暨南大学的 EMBA、总裁高级培训班的学员随机发放了 100 份问卷。调查时间为 2004 年 2—5 月，问卷回收情况如表 10 - 1 所示。问卷采用李克特的 7 点量表记录。问卷所有内容的信度检验结果，其 Cronbach's α 系数都在 0.5 以上，表明本研究的问卷设计在内容一致上的可信度良好（见表10－2）。这也说明本章所依赖的数据具有较高的可靠性。

表 10 – 2　　　　　　　　本章变量的信度

变量	信度
网络关系	0.83
网络密度	0.70
网络强度	0.69
网络互惠	0.56
企业竞争力	0.87
产业集群	0.60

资料来源：笔者对问卷的整理。

第四节　研究结果

本章在网络关系、产业集群及企业竞争力的衡量模式上，以第一级各因素的衡量题项得分之和作为该因素的值，再由第一级因素作为第二级变量的多重衡量指标，如网络关系为潜在变量时，其观测变量为强度、密度、互惠性三个因素等，这样可以有效缩减衡量指标的数目，运用结构方程模式（SEM）分析这些变量间整体的相互影响关系。

一　整体理论模型的建立

本章理论模式如图10－2所示，潜在变量以椭圆形来表示，观测变量则以矩形来表示。其中，X_1、X_2、X_3分别指网络密度、强度和互惠性三个

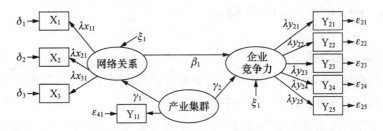

图 10 – 2　理论模型与参数结构

网络结构特性指标。Y_{21}、Y_{22}、Y_{23}、Y_{24}和Y_{25}分别指创新、研发能力、柔性生产能力、产品质量、顾客服务能力和财务能力五个企业竞争力指标。

二　整体理论模型的检验

巴戈齐和易（Bagozzi and Yi, 1988）认为，必须从基本的适配标准、整体模型适配度以及模式内在结构适配度三方面来检验整体理论模型。

（一）基本适配标准

该标准是用来检测模式的误差、辨认问题或输入是否有误等，这可从指标的衡量误差不能有负值及因素负荷量不能太低（低于 0.5）或太高（高于 0.95），以及是否都达到显著水平来衡量。如表 10 - 3 所示，本章中，我们在各个潜在因素的衡量指标的因素负荷量均达显著水平，可知我们提出的理论模式总体上符合基本适配标准。

表 10 - 3　　　　　　　　整体理论模式衡量分析

变量	MLE 的估计参数		组成信度	萃取变量
	因素负荷量（λ）	衡量误差（δ 或 ε）		
网络关系				
网络密度	0.92 ***	0.85	0.80	0.73
网络强度	0.93 ***	0.86		
网络互惠	0.51 ***	0.26		
企业竞争力				
研发能力	0.79 ***	0.63	0.87	0.68
生产弹性	0.83 ***	0.69		
产品品质	0.81 ***	0.66		
客户关系	0.88 ***	0.77		
财务能力	0.53 ***	0.28		

注：＊＊＊表示在 0.1% 和水平下显著。

（二）整体模型适配度

该指标是用来检验整个模式与观察数据的适配程度，这方面的适合度衡量标准有多种指标，海尔（Hair, 1998）等将其分为三种类型：绝对适合度衡量、增量适合度衡量以及简要适合度衡量：（1）绝对适合度衡量：$\chi^2 = 145.45$，d. f. = 88，GFI = 0.87，RMR = 0.17，RMSEA = 0.078，可见

卡方统计值、RMSEA 均达可接受的范围，只有 RMR 略大，GFI 未达 0.9
的标准；（2）增量适合度衡量：AGFI = 0.81，NFI = 0.79，CFI = 0.90，
可见 CFI 达到可接受范围，NFI 和 AGFI 而则略低于 0.9 的标准；（3）简
要适合度衡量：PNFI = 0.67，PCFI = 0.76，这些指标不太理想。整体而
言，综合各项指标的判断，本章理论模式的整体模型适配度尚可接受。

（三）模式内在结构适配度

该标准用以评估模式内估计参数显著程度、各指标及潜在变量信度
等，这可从个别项目的信度是否在 0.5 以上、潜在变量的组合信度是否在
0.7 以上以及潜在变量的萃取变异量是否在 0.5 以上来评估。如表 10 - 3
所示，网络关系和企业竞争力的组合信度分别为 0.80、0.87，而萃取变
异量分别为 0.73、0.68，均已超过最低的可接受水平，所以，我们所提
出的整体理论模型有较好的内在结构适配度。

三　假设的验证

本书对假设关系的验证上采用巢模式法来分析，在虚假模式（M0）
与理论模式（Mt）之间设定三个巢模式，M1 模式用来验证产业集群对网
络密度的影响关系，M2 模式用来验证产业集群对企业竞争力的影响关
系，M3 模式用来验证网络密度对企业竞争力的影响关系。理论模式是依
据本研究架构的理论观点所设定的模式，而虚假模式系指潜在变量间的路
径系数均限定为 0 的模式，该模式适合度最差，可作为计算相对适合度指
标（CFI）的基础。分析结果如表 10 - 4 所示。

表 10 - 4　　　　　　　　　巢模式法比较分析（n = 109）

模式	χ^2	d. f.	$\Delta\chi^2$	GFI	CFI	RMSEA
Mt：理论模式	145.45	88		0.87	0.90	0.074
M1：$\gamma_1 = 0$	162.58	89	17.13***	0.85	0.88	0.087
M2：$\gamma_2 = 0$	145.76	89	0.31	0.87	0.91	0.077
M3：$\beta_1 = 0$	162.95	89	17.50***	0.86	0.88	0.088
M0：虚假模式	705.39	105	559.94***	0.46	0	0.23

注：***表示在 0.1% 的水平下显著。

（一）产业集群对网络密度的影响

本章假设产业集群对网络关系有正面的影响（H10 - 1），我们发现，

M1 模式的适合度有显著的差异（$\Delta\chi^2 = 17.13$，$\Delta d.f. = 1$，$P < 0.001$），
这表示产业集群对网络关系有显著的影响。而从表 10-5 的理论模式的路
径系数中，也可以发现产业集群对网络关系的路径系数达显著水平，即有
直接影响效果（$\gamma_1 = 0.50$），表示产业集群聚集程度越高，会直接使得网
络关系（密度、强度、互惠）的程度越高。即产业集群对企业竞争力有
直接显著的正面影响关系，故我们的假设 10-1 获得支持。

表 10-5　　　　　　　　　理论模式的因径系数与假设验证

因径	变量间的关系	路径系数	对应假设	检验结果
γ_1	产业集群→网络关系	0.50	H10-1	支持
γ_2	产业集群→企业竞争力	-0.08	H10-2	不支持
β_1	网络关系→企业竞争力	0.53	H10-3	支持

（二）产业集群对企业竞争力的影响

本章假设产业集群对企业竞争力有正面的影响（H10-2），我们发
现，M2 模式的适合度没有显著的差异（$\Delta\chi^2 = 0.31$，$\Delta d.f. = 1$），这表示
产业集群对企业竞争力没有显著的影响。而从表 10-5 的理论模式的路径
系数中，也可以发现产业集群对企业竞争力有正向的路径系数，即有正面
的直接影响效果（$\gamma_2 = -0.08$），表示产业集群的程度越高，并不会产生
企业竞争力的程度越高。即产业集群对企业竞争力没有显著的直接正面影
响关系，我们的假设 10-2 未获得支持。

（三）网络关系对企业竞争力的影响

本章假设网络关系对企业竞争力有正面的影响（H10-2b），我们发
现，M3 模式的适合度有显著的差异（$\Delta\chi^2 = 17.50$，$\Delta d.f. = 1$，$P <
0.001$），这表示网络关系对企业竞争力确有显著的影响。而从表 10-5 的
理论模式的路径系数中，也可以发现网络关系对企业竞争力有正面的路径
系数，即有正面的直接影响效果（$\beta_1 = 0.53$，$P < 0.001$），表示网络关系
的程度越高，产生企业竞争力的程度也越高。即网络关系对企业竞争力确
实有显著的直接正面影响关系，我们的假设 10-3 可获得支持。

四　变量间影响效果分析

各变量间影响效果分析包括直接影响效果、间接影响效果及总影响效

果三个方面，总影响效果等于直接影响效果加上间接影响效果，其中直接影响效果已在上述假设验证中说明。

在间接影响效果与总影响效果方面，如图 10 – 3 与表 10 – 6 所示，产业集群通过 $\gamma_1\beta_1$ 路径对企业竞争力有显著的正面间接影响效果，其值为 0.25。可见，在我们的模型中，网络关系对企业竞争力的影响要远大于产业集群的影响。

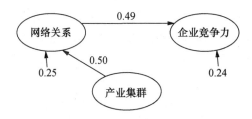

图 10 – 3 修正后整体理论模式及变量间关系

表 10 – 6   各变量对组织绩效的影响分析

效果 变量	直接影响	间接影响	总影响
		网络关系	
产业集群	—	0.25	0.25
网络关系	0.49	—	0.49

本章小结

本章的研究结论如下：总体上说，产业集群并不直接对企业的竞争力产生影响，而是一定程度上通过作用于企业的网络关系（如密度、强度、互惠度等），进而影响企业的竞争力。企业的产业集群能帮助群聚区内的企业更好地进行网络建设，从而通过更完善的网络关系来提升企业的竞争力。可见，企业并不是只要简单地进入一个产业集群就能提升自己的竞争力，而必须重视企业与其他组织的关系网络建设，加强与其他企业、中介机构、金融机构以及研发机构等的交流与合作才能最终提升竞争力。否则产业集群就只是一个形式，并没有实际的作用。

虽然得出了许多对产业集群发展及集群内企业都有重要指导意义的结论，但仍存在一些不足。（1）本章未能考虑不同产业集群类型之间，网络关系对企业竞争力的影响，或许这是将来努力的一个方向。（2）我们并未将来往的网络关系区分为正式（有契约存在）与非正式（人脉）的性质，而是一并列入讨论，所以，建议后续研究者将上述两种不同性质的网络关系进行区分来展开进一步的研究。（3）本章中的网络关系仅涉及强度、密度和互惠三个网络结构指标，企业竞争力指标也仅讨论创新、研发能力、柔性生产能力等五个方面，还不全面，后续应采用更广泛的指标展开研究。

第十一章 产业集群中企业行为及其竞争力

上一章主要考虑集群网络关系对于企业竞争力的影响问题。本章中进一步提出一个影响产业集群中企业竞争力的系统框架，并对珠三角产业集群进行实证研究。结果表明，技术和资本资源、高质量人力资源等更有利于促进产业集群的形成，产业集群也有助于企业经营所需资源的取得、企业间的互动、知识的流通，在产业集群中，企业间的互动和知识的流通对提升企业的竞争力有显著影响。

第一节 引言

改革开放以来，我国多个省市建立了经济开发区、高新技术产业园区、软件园等特殊经济区域，力求形成有竞争力的产业群，以促进本地区产业和经济发展。研究表明，许多有利于产业发展的条件都会促使产业集群现象的形成，例如，奥尔森（Olson，1998）认为，技术资源、大学与研发中心、运输与通信基础设施与高质量生活四项资源是促使集群现象产生的核心因素，波特（1990）则认为，高质量人力资源、技术基础建设、知识资源与资本资源四项是产业集群形成的基本因素，等等，学者们对此进行了大量的研究。然而，我国企业的集群是如何形成的？产业集群中有哪些企业行为或机制会影响企业竞争力的形成？却是目前国内外的相关研究较少涉及的问题，特别是针对国内实际情况的实证结果。本章以产业集群相关理论为基础，提出一个影响产业集群中企业竞争力的系统框架，并以珠三角企业为研究对象，参考国外公认研究设计技术，研究影响我国产业集群形成的关键因素、产业集群内的企业行为、运行机制及其对企业竞争力的影响。

第二节　理论背景与研究假设

一　产业集群内企业行为

随着社会经济的不断发展，集群现象已从自然科学进入社会科学领域。管理学者称为产业的地理集群或战略集群，而某些经济学家则称为集群经济。产业集群的概念涉及企业或产业的行为（状态）、成因及可能产生的利益、效果，其概念进一步在产业规划上的应用，则是强调如何提供相关条件以促成产业集群的有效发生与长期发展（谢洪明、王现彪和吴溯，2008）。地理位置相近常给集群中的企业带来许多好处，如产业信息交流、共享地理资源等，而这些因素往往也增强了企业的竞争力。产业集群形成后，相关企业彼此间自然而然建立起一种共生共存的关系。

（一）产业形成决定因素

那么产业集群是如何形成的？哪些因素起了关键作用？波特（1990）提出了一个分析区域及国家竞争力的模型，认为高科技集群的形成应包括四个方面：（1）高质量的人力资源。指具有较高技术水平和丰富知识的人力资源。产业集群的形成必然需求较高质量的人力资源，这样才有足够的能力建立具有竞争优势的产业。（2）技术知识。指集群地的科学、技术和市场知识，通常这类知识存在于大学、研究机构、商业及科学期刊、市场研究报告等。另外，也包含物理性的资源，如实验室、专业设备、研发设备等。（3）基础建设。指该地区的环境资源，如最基本的水电供应、运输与通信系统的建立，还有一些企业所需的地区性社会服务机构，如金融机构、法律与物流机构等。另外，高质量的生活环境也包含于此，良好的生活环境可吸引更多的高质量人才进入该地区（程聪和谢洪明，2012）。（4）资本资源。指可信赖且有效率的财务支持系统。企业在建立之初及正常经营过程中往往都需要大量的资金作为支持，而且，资金的提供者也有监督的职责，并为企业提供所需的管理知识，从而提高企业的管理水平，提高经营效益（谢洪明、金占明和陈盛松，2005）。基于上述分析，提出下列假设拟加以验证：

H11 - 1a：基础设施对产业集群的形成有正向影响。

H11 - 1b：资本资源对产业集群的形成有正向影响。

H11－1c：技术知识对产业集群的形成有正向影响。

H11－1d：高质量人力资源对产业集群的形成有正向影响。

（二）产业集群内的企业行为：制度化现象

集群内企业为了快速融入集群内部，获取集群的资源，也为了使组织得到外部环境的认同，企业的行为会努力符合外在环境的期望，进而获取更多的资源与信息。产业集群内的制度化压力会为集群的发展带来不同的影响。波德和约翰（Pouder and John，1996）等认为，在产业集群形成之初，集群内的制度化力量是一项必要的机制，将有助于公司与产业的发展，会促使企业快速融入产业集群之中，获取更多的资源，但随着产业集群的成长，集群内的制度化力量反而会成为组织发展的阻力，产生组织惰性，使集群内的组织只安于现状，忽略外在环境的改变，不积极地向外吸收新知识，进而使组织逐渐走向消亡，也间接地使产业集群逐渐消失。

吴思华（2002）也以生态与组织模拟的方式提出策略生态理论，指出组织为了生存会采取演化同形的策略。比较同形演化的观念与产业集群的理论，我们可以发现，同形的现象也就是集群理论中的制度化现象，两者所代表的意思其实是相同的，差别在于一个为描述生物中的生态环境现象，另一个为描述产业中组织的策略。同时也可以发现，制度化的现象往往是一个群体形成的必要因素。张阳隆（2002）将同形演化的概念融合进产业集群学者对制度化理论的探讨，归纳出演化同形和强制同形两类制度化现象（见表11－1）。

表 11－1   制度化现象

本研究变量	现象	相关文献
制度化	演化同形	波德和约翰（1996）、吴思华（2002）
	强制同形	吴思华（2002）

资料来源：笔者整理。

强制同形是强迫性力量，当企业越需要与产业内其他企业互动时，强制同形越明显，而地理聚集与水平竞争即是企业间互动的象征。集群企业为获取低成本以及优良的资源，会积极强化集群的合理性。达到这一目的的最好方法便是参与集群内活动，如大学合作、研讨会、人力训练等。当企业间的关系变得更密切后，集群企业间将会产生生态学上的共生现象，彼此在行为、认知与制度上都将趋于相似，发生所谓的同形现象（Dimaggio and Powell，1983；吴思华，2002）。同时当产业集群产生后，由于地理上的接近与企业间合作关系的增加，将使企业更容易观察竞争对手（Porter，1998），而使得彼此间对于竞争的认知趋于一致（Pouder and John，1996）。可见，产业集群的聚集程度越高，集群中的制度化现象越明显。基于上述分析，提出如下假设拟加以验证：

H11-2：产业集聚对产业集群的制度化有正向影响。

（三）产业集群内的企业行为：企业间的互动机制

产业集群内的企业需求大量且良好的互动关系，才可以使集群的运作更为顺畅。波特（1990）也认为，产业集群内的企业之间存在互动机制，集群内的客户、供应商和相关联产业之间虽存在合作的关系，但因每个企业有自己不同的利益，他们有时还是会互相冲突。而产业集群内互动机制则会促使信息的流动更顺畅，缓和组织间的（经济）利益冲突，也为水平或垂直联结的公司创造合作与信任的空间。产业集群的形成可被视为一种社会网络组织，而网络组织间存在着互动、互赖、互争、互补的关系，这些关系的运作也需要互动机制的配合。综合学者相关研究，企业间的互动机制可分为信赖、沟通与解决冲突三个方面（见表11-2）。

表11-2   企业间的互动机制

本研究变量	机制	相关文献
企业间互动	信赖	Gulati（1995）
	沟通行为	Mohr（1994）
	解决冲突	Mohr（1994）

资料来源：笔者整理。

产业集群内的企业因为地理位置接近，与非集群的企业相比较起来必然会有更多的沟通与互动机制，如更多的面对面直接沟通与流动的人力资源等（Pouder，1996）。而互动机制在企业间合作绩效影响上，过去已有些学者对此做过相关的研究，认为良好的互动机制的确有助于组织绩效的提升（Mohr，1994）。同样的集群内企业的良好互动机制也将影响企业的绩效，同时由于沟通的便利，对制度化的现象也有一定的影响。基于上述分析，提出如下假设拟加以验证：

H11 - 3a：产业群聚效应对企业间的互动机制有正向影响。

当企业间的信赖与沟通越好、冲突解决得越好，彼此间也越相信流通的知识，想法也会越一致，自然会产生同形的演化。产业集群内的企业具有一个共生共存的关系，而制度化规范的形成也是因为企业间彼此交流而产生。从网络的观点来看，若将产业集群视为一个网络关系，则企业彼此间必存在互动的关系，而网络关系的互动也将形成制度化压力的来源，使组织顺从制度化的规范以获取较大的利益（蔡宁、潘松挺，2008）。

基于上述分析，提出如下假设拟加以验证：

H11 - 3b：企业间的互动机制对制度化现象有正向影响。

（四）产业集群内的企业行为：知识流通机制

产业集群内企业由于地理上的接近与互动，将使得彼此间的交易更容易，获取更多的知识资源。波德和约翰（1996）指出，集群内的企业可通过流动的人力资源、与其他企业的交流、合作的联盟、直接的观察与媒体五个中介来获取更多的知识和信息。波特（Porter，1998）在阐述产业集群竞争优势的来源时，也指出产业集群的成员更易获取市场、技术与竞争信息，同时，个人的人际关系与社群也使产业集群内的知识流通更为容易。李煜华、武晓锋和胡瑶瑛（2013）也认为，集群内部有更多的非正式信息交换，也因为共享的人力市场使得知识与技术移转更为容易。从经济学者的观点来看，地理上的集群往往会产生知识溢出的效果，使得产业内的知识流动更为容易，而且较难交流的内隐知识也得以在产业内转移，进而提高创新的能力。

综上所述，我们认为，产业集群的确有益于知识的流通，产业集群对企业知识流通机制有正向影响，也就是说，产业聚集程度越高的集群，其中的知识流通机制就越通畅。本章中，我们依据知识管理理论的这四个流动过程来说明知识流通机制，研究产业集群内企业的知识流通是如何进行的，以及其效果是否有助于产业集群内企业竞争力的提升。基于上述分析，提出如下假设拟加以验证：

H11 - 4a：产业群聚效应对企业间的知识流通有正向影响。

知识流通的确是制度化现象产生的基础，企业间必须通过知识的流动才能了解彼此的想法与产业内的知识，也才会进一步产生同形演化的现象，使彼此趋于一致。制度化现象包含企业间认知的收敛，外在环境的强迫压力，模仿的行为与规范的同形等（Pouder and John，1996；吴思华，2002）。这些机制都需要企业能接收到集群内的知识才可能发生，波德和约翰指出，集群内的竞争者可由流动的人力资源、企业外的对话、合作的联盟、直接的观察与媒体五个媒介来获取更多的信息。当企业预测市场状况时，其对市场的认知了解便是由集群内流通的知识所获得。同样，企业所受到的规范压力也是由集群内流通的知识而来。产业集群使得知识的流通机制更完善，同样，也使集群内的制度化现象更容易形成，也更加的明显。基于上述分析，提出如下假设拟加以验证：

H11 - 4b：知识流通机制对制度化现象有正向影响。

二　产业集群内企业竞争力

企业间不论从事何种活动都必须与其他企业有良好的互动，才可达到活动目的。在产业集群的网络关系中，互动的机制往往是企业得以提升竞争力的关键因素。以伙伴合作的观点来看，经常性的沟通与良好的互动的确有助于合作的成功（Mohr and Spekman，1994）。就产业集群的观点而言，丰富且深入的知识与对本地竞争者策略的了解使管理者能更有效地集中于创新行为，获得比集群外企业更大的竞争优势（Pouder and John，1996）。产业集群内的企业因竞争者与供给者间的正式与非正式信息交换较好，使得集群内的企业较集群外企业能获得更多创新机会并从事创新的行为。就知识管理的角度来说，知识是创造与保持竞争优势的重要工具。特别是引进学习，对提高组织竞争力的常规能力、资金获得能力以及赢利能力都有显著影响。竞争能力较强的企业，其完整、正确地取得外界新知识或观念的能力及新知识在员工间的交流、传递能力也相对较强。企业在产业集群中要有效提高自身的竞争力，不仅要加强与其他企业的沟通和信赖，而且还应该加强学习，引进外来知识，不断提升自己。

一般而言，制度化现象有助于组织竞争力的建立或者提高，特别是在集群建立之初。产业集群内建立一个类似的竞争环境，使产业内的竞争者个数在集群内快速成长。激烈的竞争环境使生存下来的企业相对较集群外企业更具竞争力（Porter，1990）。波德和约翰（1996）认为，产业集群内的企业因地理上的接近而使监视竞争对手、供货商与顾客的成本降低，且会采取集群内成功的范例来提升组织成功的机会，而这些集群所给企业带来的好处都会使企业的绩效更好。在学者吴思华的生态说观点下，组织间的同形演化，会产生企业间合作共生策略，彼此间具有共生、共食、寄生与拟态的关系，以群体的力量来对抗环境，此共生的策略关系也势必将影响组织的作用与绩效。基于上述分析，提出如下假设拟加以验证：

H11－5a：企业间的互动机制对企业竞争力有正向影响；

H11－5b：制度化现象对企业竞争力有正向影响；

H11－5c：知识流通机制对企业竞争力有正向影响。

综合上述分析，本章研究框架归纳如 11－1 所示。

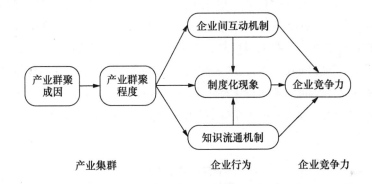

图 11－1　研究框架

第三节　研究设计

本章探讨影响我国产业集群形成的关键因素、产业集群内的企业间的互动机制、制度化现象、知识流通机制以及企业竞争力之间的关系。调查对象以广州、东莞和顺德为核心地区，向珠三角的其他地区辐射，主要考虑到珠三角产业集群现象比较明显。被调查的对象以软件、生物科技、电脑及配件、通信、贸易等行业企业的中高层人士为主。调查以人员访谈的调查方式进行，同时采用邮寄、电话访谈的调查方式，共发出问卷 300 份，包括在中山大学、暨南大学、华南理工大学 EMBA、高级经理培训班随机发放的 100 份问卷。问卷采用李克特七点量表记录。问卷回收情况如表 11－3 所示。

表 11 - 3 　　　　　　　　　　　　　问卷回收统计

类别	份数	比例（%）
发出问卷	300	100
回收问卷	128	42.7
无效问卷	21	7
有效问卷	107	35.7

资料来源：笔者整理。

　　为确保测量工具的效度，尽量采用国内外现有文献已使用过的量表，再根据本章的目的加以修改作为收集实证资料的工具。在变量的操作性定义及衡量方法上，主要采用境外已发表的学术论文，依据本章的目的，修正设计问卷。在问卷正式定稿与调查之前，我们先进行问卷的预调查，以评估问卷设计及问题项用词上的适当性，再根据预试者提供的意见修订问卷，最后定稿。对数据进行信度检验，如表 11 - 4 所示。可见，本书所使用的数据具有相当的可信度。

表 11 - 4 　　　　　　　　　　本研究的信度检验

变量	因素	Cronbach's α	变量	因素	Cronbach's α
产业集群成因	资讯和基础配套	0.88	企业间互动机制	解决冲突	0.82
	技术和资本资源	0.85		信赖与沟通	0.81
	高质量人力资源	0.89	制度化现象	认知与模仿	0.83
产业集群集聚程度	水平竞争	0.87		员工背景	0.83
	资源共享	0.83		强制同形	0.70
	水平合作	0.79	知识流通机制	引进学习	0.84
	垂直合作	0.76		知识来源	0.72
	聚集程度	0.61	企业竞争力	常规能力	0.93
				资金能力	0.89
				盈利能力	0.78

第四节　研究结果

　　接下来，利用所获得的数据对所提出的理论框架进行路径分析，各变量的值来源于各因素的均值，如企业间的互动机制的值等于解决冲突和信赖与沟通的均值，结果如图 11 - 2 所示。

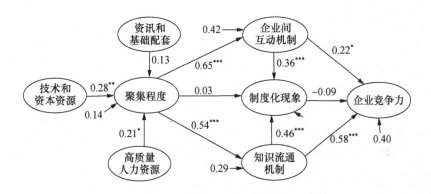

图 11 - 2　各变量的路径分析

注：＊、＊＊和＊＊＊分别表示在 5%、1% 和 0.1% 的水平下显著。

我们看到，技术和资本资源与产业集群聚集程度有显著的正影响关系（R = 0.28，P < 0.001），高质量人力资源与产业集群聚集程度有显著的正影响关系（R = 0.21，P < 0.05），资讯和基础配套与产业集群聚集程度没有显著的正影响关系（R = 0.13，P = 0.14），假设 11 - 1b、11 - 1c、11 - 1d 可获得支持；产业集群聚集程度对企业间制度化现象没有显著的正影响关系（R = 0.03，P = 0.73），假设 11 - 2 没有获得支持；产业集群聚集程度对企业间互动机制有显著的正影响关系（R = 0.65，P < 0.001），假设 11 - 3a 获得支持；企业间互动机制对企业间制度化现象有显著的正影响关系（R = 0.36，P < 0.001），假设 11 - 3b 获得支持；产业集群聚集程度对企业间知识流通机制有显著的正影响关系（R = 0.54，P < 0.001），假设 11 - 4a 获得支持；企业间知识流通机制对企业间制度化现象有显著的正影响关系（R = 0.46，P < 0.001），假设 11 - 4b 获得支持；企业间互动机制对企业竞争力有显著的正影响关系（R = 0.22，P < 0.05），假设 11 - 5a 获得支持；企业间制度化现象对企业竞争力没有显著的影响关系（R = - 0.09，P < 0.39），假设 11 - 5b 未获得支持；企业间知识流通机制对企业竞争力有显著的正影响关系（R = 0.58，P < 0.001），假设 11 - 5c 获得支持。验证结果如表 11 - 5 所示。

表 11-5　　　　　　　　　　　　本章假设验证结果

假设	验证结果
H11-1a：基础设施对产业集群的形成有正向影响	不支持
H11-1b：资本资源对产业集群的形成有正向影响	支持
H11-1c：技术知识对产业集群的形成有正向影响	支持
H11-1d：高质量人力资源对产业集群的形成有正向影响	支持
H11-2：产业集聚对产业集群的制度化有正向影响	不支持
H11-3a：产业集聚效应对企业间的互动机制有正向影响	支持
H11-3b：企业间的互动机制对制度化现象有正向影响	支持
H11-4a：产业集聚效应对企业间的知识流通有正向影响	支持
H11-4b：知识流通机制对制度化现象有正向影响	支持
H11-5a：企业间的互动机制对企业竞争力有正向影响	支持
H11-5b：制度化现象对企业竞争力有正向影响	不支持
H11-5c：知识流通机制对企业竞争力有正向影响	支持

本章小结

　　从理论分析和实证研究结果中发现，技术和资本资源以及高质量人力资源越丰富的地区，产业集群聚集程度越高；产业集群的聚集程度越高，企业间互动越频繁，知识流通就越充沛；同时，企业间互动越频繁，知识流通越充沛，企业间的制度化现象就越强；同时，企业间的互动、知识流通机制也有利于组织竞争力的提升。

　　本章研究结果对产业集群理论以及实践都有重要的意义。首先我们明确了产业集群的关键因素。过去的文献中对产业集群形成的原因有多种不同的看法，我们认为，形成我国产业集群的关键因素主要是技术和资本资源以及高质量人力资源，这说明政府如果希望促成产业集群的形成，就应在这两个方面投入更多的精力，而不是仅仅在资讯和基础设施方面进行投资和宣传。

　　产业集群聚集程度对企业行为的影响在过去的文献中是较少涉及的问题，我们发现产业集群的确促进了企业间互动机制与知识流通，知识流通与互动机制会促进制度化现象的形成，在产业集群中，企业间互动机制与知识流通机制也提高了企业的竞争力，这些结论可作为进一步开展产业集群内企业行为研究的基础。同时，本章建议企业应培养自身与其他企业互动能力，与产业内的其他组织建立良好的互动关系。另外，企业应培养本身知识流通的能力，以有效传递与吸收产业内流动的知识。政府如果希望提高产业集群中企业竞争力，就应该在如何强化产业集群中的企业间互动机制以及知识流通机制方面加强政策引导。

　　虽然得出了许多对企业管理理论和实践都非常重要的结论，但仍存在一些不足。主要是本章的样本主要来自我国华南地区的企业，本章中结论尚未在长三角等我国其他经济发达地区得到验证，也没有对这些地区乃至世界其他地区的结论做比较研究，这或许是将来的研究方向。

第十二章 企业网络互惠程度与
技术创新绩效的关系

本章将在前面研究基础上，进一步分析战略网络特征要素对于企业技术创新的影响。在对以往相关文献回顾与理论分析的基础上，本章提出了网络互惠程度、外部社会资本和企业技术创新绩效之间的理论模型，并以我国华南地区高新技术企业为调研对象进行实证研究。研究发现，企业网络互惠程度（以下简称网络互惠程度，Network Reciproctiy，NTR）对企业技术创新绩效存在显著的正向影响，网络互惠程度还可以通过外部社会资本对企业技术创新绩效产生显著的正向影响，外部社会资本在网络互惠程度和技术创新绩效之间起到部分中介作用。本章还通过控制变量的方法，以企业规模和研发投入差异作为控制变量对上述理论模型进行了进一步验证。

第一节 引 言

企业网络的不断发展为企业技术创新活动开辟了新途径，并为网络内部企业进行持续的互动提供了良好的外部环境。通过企业网络，企业与一系列外部机构（客户、供应商、政府部门和研究机构等）建立了广泛联系以获取对自身有益的信息与知识，提高了企业信息交换和转移的质量，同时也降低了企业信息传递的成本和风险（McEvily and Zaheer，1999；Daskalakis and Kauffeld‐Monz，2007），进而促进了企业技术创新绩效的提升。为了更加细致、深入地探讨企业网络对技术创新绩效的影响机制，一些学者基于企业网络结构的视角（如企业网络密度、网络强度、网络互惠程度、企业网络中心性以及企业网络非重复程度）进行了探讨（谢洪明、王现彪和吴溯，2008）。潘松挺（2010）认为，不同强度的网络关系在企业信息传递与合作交流中所起作用差异较大，对组织学习和技术创新的影响效果也不同。毛加强（2010）通过实证研究表明，集群网络密度与技术创新之间存在正相关关系，集群网络强度与技术创新之间却存在负相关关系。已有文献研究表明，在企业网络对技术创新的研究中，学者们还是主要从网络结构的视角出发，而关于网络互惠程度对企业技术创新绩效的影响却相对较少，此外，在企业网络对技术创新的影响作用中，外部社会资本也是非常重要的变量，本章以外部社会资本为调节变量，分析网络互惠程度对于企业技术创新的作用机制，希望能为明确上述三个变量之间关系做出学术贡献，并以华南地区的 458 家企业为研究对象，采用分组抽样调查方法获取研究所需的数据，基于外部社会资本的视角，构建结构方程来探讨企业网络互惠程度对企业技术创新绩效的影响；同时，通过控制企业规模大小和企业研发投入两个变量，进一步深入地探讨了它们之间的关系。我们对相关研究的发展具有较重要的理论贡献，对于企业实践也将产生指导作用。

第二节　理论基础与研究假设

一　网络互惠程度对企业技术创新绩效的影响

人类学家在"夸富宴"研究中最早提出互惠概念，"夸富宴"的举办者将其拥有的大量财产和物品馈赠给宴会参与者来获得其在社会群体中的声望，而宴会参与者则获得物质上的好处，这是一种较为简单的互惠行为。美国著名经济学家马修（Matthew，1998）成功地将互惠性偏好引入行为经济学研究中，他把"互惠性"定义为"当别人对你友善时你也对别人友善，当别人对你不友好时你也对别人不友好"。因此，互惠关键在于对对方意图或信念的判断，即对善意行为进行回报，而对恶意行为进行惩罚。谢洪明、张霞荣、程聪和陈盈（2012）则将网络互惠分为群体一般化交换和网络一般化交换两种类型。在群体一般化交换中，网络成员共享资源并从中获利；在网络一般化交换中，初始的信息提供者最终都会从网络中的其他成员处获得回报。在现代经济社会中，网络成员间的关系是一种合作、联合及协调的互惠关系，而不是一种权力与控制的关系，这在众多经济博弈分析中得到了证实，如最后通牒博弈、礼物交换博弈、信任博弈、独裁博弈以及公共品博弈等。网络成员在追求自身利益的同时，会不同程度地兼顾他人的利益，从而在较长时期内实现自身利益、他人利益以及组织利益的共同改进（刘良灿、张同健，2010）。本章研究的网络互惠程度特指存在于由销售商、供应商、研发机构和咨询机构等共同构成的网络中的企业之间的相互协作、彼此促进程度。

面对日益激烈的竞争及持续变化的环境，企业技术创新活动对其生存与发展起着越来越重要的作用。技术创新绩效（Technical Innovation Performance，TIP）是指从新产品或新工艺设想的产生，经过研究、开发、工程化及商业化开发到市场应用的完整过程中的一系列活动的总和。我们基于戴维（David，2005）的研究，将技术创新分为产品创新（Product Innovation，PDI）和工艺创新（Process Innovation，PCI）。越来越多的学者认为，技术创新不再是一种仅存在于大企业和科研机构中的线性行为范式，而是一种网络化发展过程，其广泛存在于不同形式与不同规模的组织之中，与企业所在网络的特点、网络技术扩散和知识溢出方式等有很大关系。只有通过持续的技术创新活动，企业才能够更深入地洞察和获取那些具有潜在价值和企业特性的资源，从而在企业内部生成一些难以被竞争对手所模仿的异质能力。网络中不同参与者通过他们之间直接或间接的关系活动，可以强化企业创新能力，嵌入在网络中的关系能够提升企业创新能力（Fritsch and Kauffeld – Monz，2010）。

综上所述，企业网络互惠行为能够有效提高企业间隐性知识的转移效率，从而提高企业技术创新能力。网络中有较强互惠关系的企业之间来往通常较为密切，他们之间知识流动更为频繁，知识共享概率较大，从而促进了企业的技术创新绩效。刘良灿（2010）也认为，在网络互惠性环境中，企业互惠行为通过对各种能力要素的改进而改进组织学习的功能。在互惠的基础上，网络中的成员均愿为共同的利益与目标而努力，更能促进合作创新的产生。因此，如果网络成员间彼此地位平等，他们就更愿意相互交流和共享信息，进而有助于创新绩效的提升。基于上述分析，提出如下假设拟加以验证：

H12 – 1：企业网络互惠程度对企业技术创新绩效有直接的正向影响。

二 外部社会资本对网络互惠程度和企业技术创新绩效的中介作用

自 1980 年法国社会学家皮埃尔·布迪厄正式从社会学意义上提出

"社会资本"这个概念以来，越来越多的学者对此展开了研究。布迪厄将
社会资本界定为社会中实际或潜在的资源的集合，这些资源与相互默认或
承认的关系所组成的持久网络有关，而且这些关系具备制度化的属性
（谢洪明、任艳艳、陈盈、程聪和程宣梅，2014）。由于企业拥有内部和
外部两类网络，企业的社会资本又可细分为内部社会资本和外部社会资
本。我们主要是从企业外部社会资本的视角展开讨论。外部社会资本
（External Social Capital，ESC）是指基于共同的利益目标，各相关行为主
体通过各种正式或非正式的交互作用，逐步形成各种网络关系以及与网络
相联系的规范（肖东平、顾新，2009），其存在于网络中的各个节点之
间，是一种无形的具有共享性和非排他性的资本，并且只有网络中的成员
能从中获得益处。因此，企业网络是企业获取信息和资源的重要途径，同
时也是影响企业资源获取与技术创新绩效的重要因素（Tsai and Ghoshal，
1998；谢洪明、赵薇、陈盈和程聪，2012）。资源基础观和知识基础观都
认为，一家企业需要不断地获取外部知识才能支撑企业的持续创新，进而
在竞争日益激烈的市场中维持长久、稳定发展（Grant，1996；Nonaka et
al.，2000），企业外部社会资本对于企业在激烈的竞争中保持自身优势具
有重要的作用。

学者们普遍认为，企业外部社会资本能够构建和保持企业竞争优
势，并且有助于企业技术创新活动开展（程聪、谢洪明、陈盈和程宣
梅，2013）。企业与外部环境产生持续的互动，从中获取自身发展所需
的新知识与新信息，因此，外部社会资源禀赋越多的企业更容易获得所
需的关键知识和信息，同时也降低了知识转移与传递的成本，促进了企
业技术创新绩效的提升。如果没有充分吸收外部环境中的技术资源，仅
仅依靠集群内的技术外溢，集群企业就容易出现"技术锁定效应"，从
而导致整个集群陷入单纯依靠模仿和低程度合作的"地方心智模型"
陷阱中。企业外部社会资本通过减少企业与外部环境之间的交易成本来
提升企业技术创新绩效，其中包括信息搜寻成本、讨价还价成本、决策
成本以及实施成本等。Nahapiet 和 Ghoshal（1998）在研究社会资本、
智力资本与企业价值创造之间的关系时把社会资本分为结构维度、关系
维度和认知维度。在此基础上，韦影（2005）研究表明，在考虑吸收
能力作用下，企业社会资本的这三个维度水平对于企业技术创新绩效的
提升均具有积极显著的作用。基于以上分析，提出如下假设拟加以

验证：

　　H12 - 2：企业网络互惠程度对企业外部社会资本有直接的正向影响；

　　H12 - 3：企业外部社会资本对企业技术创新绩效有直接的正向影响。

　　综合以上论述，本章的研究框架如图 12 - 1 所示。

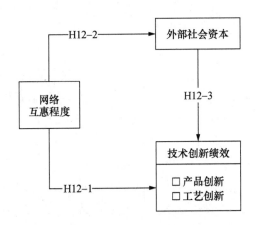

图 12 - 1   研究假设及框架

第三节   研究设计

　　本章数据来自 2008—2009 年申报广东省高新技术企业和民营科技型企业的企业。在广东省科技厅高新技术发展与产业化处、政策法规处的协助下，获得了 2714 份申报广东省高新技术企业和 764 份申报广东省民营科技型企业的企业名称、注册性质、企业地址、邮政编码等信息，我们认为，这些企业的创新能力在广东省具有一定的代表性。在此基础上，采用问卷调查的研究方法，将上述样本分两批进行抽样调查，每批分别抽取1000 家企业。然后以广东省科技厅高新技术发展与产业化处、政策法规处的名义发放问卷，使用广东省科技厅的公文信封，用邮寄方式寄送问卷（问卷印刷也采用广东省科技厅的公文信纸），并在信封内附送了贴好足额邮票以及回寄地址的信封。问卷调查工作从 2009 年 11 月开始，于 2009年 12 月底结束，我们在广东省科技厅高新技术及产业化处和政策法规处取回了回收的调查问卷，大部分问卷由我们提供的信封寄回，部分问卷则由企业通过快递方式寄回。本次调查共发出问卷 2000 份，收回 482 份，回收率为 24.1%；其中填答不全的无效问卷有 24 份，有效问卷有 458 份，有效回收率为 22.9%。本章采用李克特七点评分尺度打分法，分别对企业网络互惠程度、外部社会资本和技术创新绩效三个变量进行了测度，并且在样本信度和效度方面得到了较好的结果。在信度方面，我们以 Cronbach's α 与因素分析累计解释量来检验各变量的信度，经检验，各个指标都在可接受范围，各变量的量表体现出较高的内部一致性，具有较高的信度。

表 12-1　　　　　　　　　　　　规模和研发投入分布

基本特性	类别	企业数	百分比（%）	累计百分比（%）
比较规模	大规模	121	26.4	26.4
	中等规模	293	64.0	90.4
	小规模	43	9.4	99.8
	未填答	1	0.2	100
研发投入	0—6.9%	256	55.9	55.9
	6.9% 以上	184	40.2	96.1
	未填答	18	3.9	100

在效度检验方面，因为本章依赖的问卷参考了过去学者相关研究的研究问卷（Damanpour，1991；Gnyawai and Madhavan，2001；张世勋，2002；谢洪明、刘常勇等，2006），而且根据试测的结果进行了部分修改，并咨询了相关领域学者与专家的建议，在此基础上进行了改进，所以本问卷理论上应该具有一定内容效度。但考虑文化等因素的影响以及本土的适用性，本章仍以验证性因素来验证本章各量表的建构效度。本章验证性因素分析的各项指标如表 12-2 所示，可见，各指标均达到可接受的水平。同时，本章各变量中各因素的区分效度也达到了显著水平。

表 12 - 2　　　　　　　　　本章各变量验证性因素分析结果

问题项	Cronbach's α	Split - Half Alpha	因素分析累计解释量	χ^2	GFI	TLI	NFI	RMR
网络互惠程度	0.70	0.64	0.40	32.800	0.977	0.894	0.916	0.099
外部社会资本	0.77	0.73	0.49	32.708	0.977	0.943	0.953	0.023
技术创新绩效				161.603	0.932	0.920	0.925	0.029
产品创新	0.87	0.85	0.57					
工艺创新	0.81	0.70	0.73					

第四节　研究结果

一　研究结果

本章借鉴辛格（Singh，1994）等的研究方法，通过构建一个竞争模型（即对两个实质性模型进行参数估计及显著性差异评价），来检验外部社会资本这一中间变量的中介作用。我们首先构建直接影响模型（Model 1）来检测网络互惠程度和技术创新绩效这两个变量之间的直接影响关系；然后构建了中间变量模型（Model 2）来检测外部社会资本这一中间变量在网络互惠程度和技术创新绩效之间的调节作用（见图 12 - 2）。结果表明：（1）网络互惠程度对技术创新绩效有直接显著的正向影响（$\beta_1 = 0.47$，$P < 0.001$），假设 H12 - 1 获得支持；（2）网络互惠程度对外部社会资本存在直接显著的正向影响（$\beta_2 = 0.17$，$p < 0.05$），假设 H12 - 2 获得支持。此外，我们发现，在外部社会资本的调节作用下，它们之间的影响关系明显降低了（$\beta_1 = 0.43$，$P < 0.01$）；（3）企业外部社会资本对技术创新绩效也存在直接显著的正向影响（$\beta_3 = 0.23$，$P < 0.001$），假设 H12 - 3 获得支持。

二　控制变量的影响

本章将企业规模和研发投入作为控制变量来探讨网络互惠程度、外部社会资本和技术创新绩效三者之间的作用关系。根据企业规模的差异，对理论模型进行验证，结果如表 12 - 3 所示。

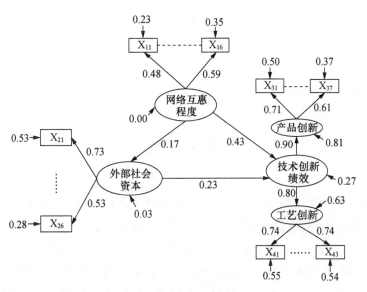

图 12 - 2　中间变量模型

表 12 - 3　　　　　　　　　　　模型检验结果及相关数据

假设路径	直接影响模型[a] Model 1	中间变量模型[b] Model 2	控制变量（规模）模型[b] Model 3			控制变量（研发投入）模型[b] Model 4	
			大规模	中规模	小规模	研发投入多	研发投入少
NTR→TIP（H12-1）	0.47 ***	0.43 **	0.53 *	0.37 ***	0.06	0.56 ***	0.31 **
NTR→ESC（H12-2）	—	0.17 *	0.28 *	0.12 *	0.19	0.13 *	0.20 **
ESC→TIP（H12-3）	—	0.23 ***	0.13 *	0.26 **	0.55	0.26 **	0.27 **
模型检验和一阶因素							
TIP→PDI[d]	0.913[c]	0.893[c]	0.923[c]	0.864[c]	0.936[c]	0.954[c]	0.863[c]
TIP→PCI	0.791[c]	0.803[c]	0.716[c]	0.824[c]	0.788[c]	0.873[c]	0.755[c]
拟合度指标							
χ^2	285.285	444.749	991.078			662.512	
d. f.	102	205	615			410	
GFI	0.926	0.919	0.848			0.880	
CFI	0.929	0.928	0.889			0.922	
RMSEA[e]	0.063	0.051	0.037			0.037	

注：路径系数为标准化值；＊＊＊表示 P＜0.001，＊＊表示 P＜0.01，＊表示 P＜0.05；带＊表示关系显著，假设获得支持。a 表示仅包括网络互惠程度对技术创新绩效的直接影响；b 表示包括网络互惠程度对技术创新绩效的直接影响，也包括外部社会资本在网络互惠程度与技术创新绩效之间的调节作用；c 表示回归权重定为 1.000；d 表示外部社会资本和技术创新绩效是二阶因素，为简便见，表格只标明一阶因素负荷量；eRMEA 表示近似误差均方根。

从表 12 – 3 中可以看出，在间接模型中加入控制变量后，只有规模较小的企业未能获得实证检验的支持，这表明，对于处于网络中的大多数企业来说，网络互惠程度有利于企业技术创新绩效的提升，而外部社会资本在上述两者之间也存在调节作用。

本章小结

本章主要探讨网络互惠程度对企业技术创新绩效的影响，以及外部社会资本在它们之间起到的调节作用。研究结果如下：

第一，网络互惠程度对技术创新绩效的影响。我们发现除了小规模企业中网络互惠程度对技术创新绩效不存在直接显著的影响外，在其他模型中网络互惠程度对技术创新绩效基本都存在直接的正向影响。这表明，对于大多数企业来说，网络互惠程度、外部社会资本与技术创新绩效之间确实存在影响作用，企业间的互惠行为是以互利共赢为目标的，能够有效地促进技术创新绩效的提升。而对于小规模的企业，网络互惠程度的提升，并不会促进其技术创新绩效的提升。究其原因，本章认为，小规模企业由于受到自身规模和资金等条件的限制，往往处于产业链的下游，企业网络知识与经验的获取途径较窄，且整合能力也较弱，因此，即使小规模企业之间存在很强的互惠行为，对于技术创新绩效提升的促进作用也是非常有限的。

第二，外部社会资本对网络互惠程度和技术创新绩效的调节作用。网络互惠程度对外部社会资本有直接显著的影响，同时，外部社会资本对技术创新绩效的提升有直接显著的正向影响。即网络互惠程度还可以通过外部社会资本对技术创新绩效产生影响。因此，外部社会资本在网络互惠程度和技术创新绩效之间起到了不完全中介作用。此外，在控制变量研究时，这一结论除在小规模企业中没有获得实证支持以外，在其他模型中均获得了实证支持。这也进一步说明，小规模企业在企业网络中大都处于从属地位，在网络资源获取、信息接收以及知识应用等方面效果并不理想，从而导致其难以充分利用外部社会资本来提升技术创新绩效。

在提升技术创新绩效过程中，网络互惠程度和外部社会资本均起到了十分重要的作用。因此，在日益激烈的市场竞争中，处于网络中的企业只有在互惠共赢的基础上，加强彼此间的协调和合作，合理、高效地利用其所拥有的外部社会资本，才能促进技术创新绩效的提升，进而获取持续的竞争优势。此外，对于网络中规模较小的企业来说，要提高其在企业网络中的地位，重视网络中资源获取、信息收集效率的提升，进而利用外部社会资本促进技术创新绩效的提高。

　　虽然本章获得了若干有意义的结论，但仍存在一些不足。具体体现在以下两个方面：一方面，我们并未考虑不同产业的影响，后续研究可以针对产业特性加以研究，针对不同的产业进行对比，找出产业特性对这一产业链的影响。另一方面，本章的样本主要来自我国华南地区的企业，我们的结论尚未在长三角等我国其他经济发达地区得到验证，也没有对这些地区乃至世界其他地区的结论做比较研究，这或许是未来的一个研究方向。

第十三章　企业网络密度与技术创新的关系

本章基于企业网络理论观点研究企业网络密度（以下简称网络密度，Network Density，NTD）、企业学习能力和技术创新之间的关系，并以458份广东省高新技术企业或民营科技型企业为样本的问卷调查数据对整体模型进行了实证研究。结果表明，网络密度对企业学习能力和技术创新绩效均有显著的正向影响，网络密度还可以通过企业学习能力对技术创新绩效产生间接影响。本章还以企业规模和研发投入为控制变量对上述变量之间关系进行了研究。研究发现，在小规模企业中，企业网络密度、学习能力和技术创新之间不存在显著影响关系。研究结果为我国企业，特别是中小企业提升技术创新绩效提供了理论指导。

第一节　引言

在全球化竞争日趋激烈的背景下，技术创新作为提高企业竞争力的有效手段之一，引起了学术界的普遍重视（谢洪明、王现彪、吴溯，2008）。兰德利等在谈到创新原动力时，指出企业网络是推动企业技术创新的重要力量，为技术创新研究开辟了新途径（Landry，Amara and Lamari，2002）。在早期的网络研究中，企业网络行为通常以技术创新为中心，通过企业网络，进行创新活动的企业之间能够进行持续、高效的合作。当前，从企业网络视角来认识企业创新活动已经成为创新管理研究的主流方向之一。Gnyawai 等认为，网络密度即战略网络中企业之间相互连接的程度，是影响企业行为及效果的重要因素（Gnyawai，Madhavan，2001）。在高密度网络中，企业可以通过与其他主体相连接，迅速获取市场信息，进而整合外界知识，促进自身技术与产品创新活动，提高竞争力。萨克森宁（1999）通过对硅谷的研究指出，密集网络为硅谷集群的创新和良性演化提供了不断衍生的土壤和持续发展的动力。但也有研究表明，低密度网络更有利于企业进行突破创新，在高密度网络中，企业间容易形成固定的交易对象和合作伙伴，集中交易会减少企业获得有用信息和新机会的途径。

　　近年来，知识已经成为企业创新进程中最具战略意义的资源，在企业环境动态性不断增强的条件下，知识的获取对企业创新的推动作用越发明显（郑海涛、谢洪明、杨英楠和王成，2011）。而学习能力则能够促进企业知识的积累和应用，从而实现技术创新能力的提升。此外，高密度网络会促进企业间相互联系的频率和强度，加速网络内部信息和资源的转移与流动，促进网络中知识的调动、整合与管理，并有效地转化成企业知识体系的重要组成部分，从而有利于组织学习能力提升。同时，企业合作过程中，往往会形成互惠关系，从而促进企业间知识共享惯例的形成。因此，在企业技术创新实践中，网络密度与企业学习能力之间具有内在联系性（李文博，2009）。此外，还有学者提出高密度网络可能抑制企业对资源的获取能力，从而削弱企业学习能力，主要表现为集群的"过度嵌入"。随着企业网络密度的加大，企业之间更容易形成较为固定的交易对象和合作伙伴关系，减少了企业获得有用信息和面向新机会的路径，从而可能带来一定程度上的网络封闭性，使得网络中的企业丧失学习动力。

　　虽然当前国内也有研究关注企业网络结构对技术创新绩效的影响（李志刚、汤书昆、梁晓艳和赵林捷，2007），但在他们的研究中较为重视网络整体结构的影响作用，尚未从网络结构的内在机理进行分析，那么作为网络结构特征之一的网络密度对企业技术创新绩效究竟有何影响？作用机制又是什么？在企业网络密度影响企业创新活动过程中，是否受到其他变量的调节作用？这不仅是企业经营实践过程中迫切需要解决的重要问题，也是组织创新和企业网络等相关理论研究拓展和深化的需要，但国内尚无学者开展类似研究，国外的研究也有待深入，所以，研究在组织学习能力的调节作用下，网络密度对技术创新绩效的影响在理论和实践上都具有重要的价值。

第二节　理论基础与研究假设

一　网络密度与学习能力

在知识经济时代企业能否获取持续竞争优势，关键在于是否具备比竞争对手更强的学习能力，学习能力正日益成为当今企业最重要的核心竞争能力之一。企业学习能力是指企业组织吸取新知识和新思维的能力，企业学习能力的强弱关系到企业能否长期地发展。然而，在市场竞争激烈、产品迅速升级换代的背景下，企业往往难以完全依靠自身力量提升企业学习能力。究其原因，企业组织学习能力的提升还依赖企业对于外部资源的获取，而资源获取渠道又往往来自各种社会关系网络。

作为网络结构特征之一，网络密度（NTD）是衡量网络内部成员发生相互联系的密集程度，是影响企业行为及效果的重要特征，更是一种重要的战略资源。企业之间连接越多，网络密度就越大。高密度网络能使企业在网络中获取有价值的信息和资源，并为企业提供了一种互动、开放式的学习机制，有利于彼此间知识、技术的获取和积累。Zaheer 和 Bell（2005）等学者认为，高密度网络能有效防范机会主义行为，促进知识的沟通和共享。随着网络密度的加大，战略网络中的信息及其他资源将加速集中和传播，提高了信息及其他资源的利用效率。"过度嵌入"，即高密度网络会因为产生网络的封闭性而在某种程度上削弱企业的学习能力，但我们要注意到，随着网络成员互动关系的密集，网络内部更容易形成协调一致的行为规范，因而能够促进网络中分工协作的开展，加速网络资源的快速传播和相互共享。网络内也更容易形成集体的力量促进网络成员在资源获取上采取一致行动，有利于网络获得更为广泛的资源，促进企业学习能力的提升。基于上述分析，提出如下假设拟加以验证：

H13－1：企业网络密度对企业学习能力有正向影响。

二　网络密度与企业技术创新绩效

本章界定的技术创新绩效是指一个从新产品或新工艺设想的产生，经过研究、开发、工程化及商业化生产，到市场应用等一系列活动的总和，本章中我们将技术创新分为产品创新和工艺创新两种类型。当前，很多学者将合作纳入企业创新的研究框架之中，将企业创新过程看作企业内部资源与外部网络创新资源之间的互动过程，因此，企业创新是在外部创新系统或创新网络中的学习和交换知识的过程（程聪、谢洪明、陈盈和程宣梅，2013）。外部网络为企业提供了良好的学习平台，通过此平台企业能够快速地提升创新绩效。李志刚等基于合肥高新区的研究表明，企业嵌入网络的密度、联系强度、互惠性、稳定性、居间性和资源丰富程度等因素都对企业技术创新绩效存在着正向影响。网络密度作为影响企业行为及效果的重要因素之一，对技术创新绩效的影响是显而易见的。此外，具有较高网络密度的中心企业，在技术团体内获得和分享知识战略意图的配合下，能够获得较好的创新绩效。基于上述分析，提出如下假设拟加以验证：

H13-2：网络密度对技术创新绩效有正向影响。

三　企业学习能力与技术创新绩效

组织学习是一个组织成员之间的交互学习过程，通过组织成员之间交流，可以促进企业中的隐性知识变得清晰和明朗。近年来，许多学者强调指出：知识已经成为企业技术创新进程中最具战略重要性的资源，知识创造及运用能力是技术创新绩效最重要的源泉。创新依赖知识，创新的实质就是不断创造和学习新知识的过程，换言之，知识获取以及以此为基础的企业学习能力的提高对企业创新和发展的推动作用越来越显著。因此，企业的技术创新活动越来越依赖组织学习的效应。一个强调组织学习的企业会对以往有关客户、供应商和竞争者观念进行调整，从而采取适应环境变化和需求的行动。在不确定的条件下，重视组织学习的企业能够准确地把握外部环境及技术领域中的新知识，跟踪和引进市场上最为先进的知识、产品及技术信息（程聪、谢洪明、杨英楠和陈盈，2013），使企业把握市场机会的能力迅速提升，从而比竞争者具备更强的创新能力。Baker 和 Sinkula（1999）也指出，企业组织学习与新产品成功之间存在显著的正相关关系。基于上述分析，提出如下假设拟加以验证：

H13-3：企业学习能力对技术创新绩效有正向影响。

综合以上论述，本章的整体理论模型如图13-1所示。

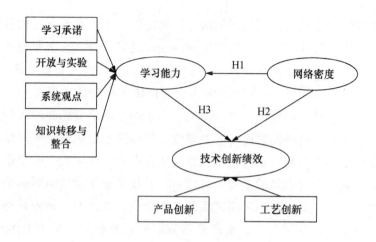

图 13 - 1　整体理论模型

资料来源：笔者整理。

第三节　研究设计

本章所用样本主要来源于 2008—2009 年参与申报广东省高新技术企业和民营科技型企业，本次调查的有效问卷有 458 份。其中，网络密度的测量主要来自 Gnyawai 和 Madhavan（2001）等人的量表，学习能力的测量量表主要来自 Gómez、Lorente 和 Cabrera（2005）及 Baker 和 Sinkula（1999）等人的测量量表，技术创新绩效的测量主要来自 Cordero（1990）、Damanpour（1991）及谢洪明、刘常勇和陈春辉（2006）等的量表。

一　信度分析

本章采用 Cronbach's α 系数和因素分析累计解释量检验各变量信度，一般认为，量表各项指标需达到至少 0.70 这一可接受的阿尔法系数。通过运用 SPSS 16.0 软件，结果如表 13 - 1 所示。

从表 13 - 1 的数据可以得出各变量信度检验的结果：网络密度变量的 Cronbach's α 值为 0.70，达到 0.70 的良好水平；因素分析累计解释量值为 0.40，略小于 0.50，但仍处于可接受的范围。以上说明网络密度变量体现出较高的内部一致性，具有较高的信度。同理，可得学习能力变量、技术创新绩效变量都体现出较高的内部一致性，都具有较高的信度，因素分析累计解释量达到大于 0.50 的理想水平。

表 13 - 1 各变量的信度分析

变量	Coefficient Alpha (Cronbach's α)	因素分析累计解释量
网络密度	0.70	0.40
学习承诺	0.87	0.65
系统观点	0.85	0.77
开放与实验	0.83	0.66
知识转移与整合	0.73	0.56
工艺创新	0.87	0.57
产品创新	0.81	0.73

二 效度分析

在效度检验上,本章采用量表参考了很多学者相关研究量表,并经过相关学者专家的认定进行了适当修改,说明我们的研究量表可以符合内容效度的要求。但考虑文化等因素的影响,本章采用验证性因素分析来检验各变量的效度,结果如表 13 - 2 所示。

表 13 - 2 各变量验证性因素分析的结果

	网络密度	学习能力	技术创新
GFI	0.982	0.905	0.932
CFI	0.955	0.922	0.940
RMR	0.064	0.050	0.029
RMSEA	0.064	0.078	0.091
χ^2	$\chi^2(9) = 25.699$	$\chi^2(100) = 376.636$	$\chi^2(34) = 161.603$
P	0.002	0.000	0.000

Bagozzi 和 Yi (1988) 认为,适配度指标的理想数值范围是 CFI 大于 0.9, RMR 低于 0.05, Browne 和 Cudeck (1993) 认为, RMSEA 的值, 0 代表完全拟合, 小于 0.05 代表接近拟合, 0.05—0.08 代表相当拟合,

0.08—0.10 代表一般拟合。由表 13 - 2 可知，本模型的网络密度、学习能力以及技术创新的各问题项的效度较好。

第四节　研究结果

本章通过构建直接影响模型和中间变量模型，其中，将学习能力（LAB）分为学习承诺（MCO）、系统观点（Systems Perspective，SYP）、开放与实验（OPT）和知识转移与整合（KIT）四个因素，将技术创新绩效分为产品创新（PDI）和工艺创新（PCI），并在中间变量模型中纳入规模和研发投入两个控制变量，结果如图 13 - 2 所示。

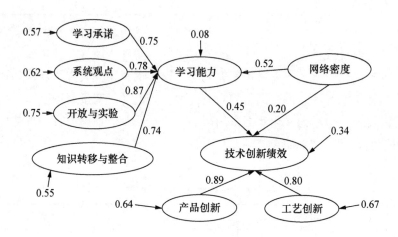

图 13 - 2　整体模型验证结果

Model1 用来检验网络密度和技术创新绩效之间关系。各拟合指标如表 13 - 3 所示，综合各项指标的判断，Model1 的拟合度很好。可对假设进一步验证，发现网络密度和技术创新绩效之间的相互影响系数为 0.61（P = 0.000），达到显著水平，表示在直接影响模型中，网络密度对技术创新绩效有显著的正向影响关系，假设 H13 - 2 获得支持。

Model2 用来检验学习能力在网络密度和技术创新绩效两个变量之间的中介影响作用。各拟合指标如表 13 - 3 所示，综合各项指标的判断发现，Model2 的拟合度很好。可对假设进一步验证，发现网络密度和技术创新绩效之间的相互影响系数为 0.52（P = 0.000），达到显著水平，表示在中间变量模型中，网络密度对技术创新绩效有显著的正向

表 13 - 3　　　　　　　　　　不同模型的路径系数和关系验证

假设路径	直接影响模型 Model 1	中间变量模型 Model 2	控制变量（企业规模）[b] Model 3			控制变量（研发投入）[b] Model 4	
			大规模	中规模	小规模	研发投入多	研发投入少
NTD→LAB(H13 - 1)	—	0.45***	0.49**	0.38***	0.75	0.41***	0.50***
NTD→TIP(H13 - 2)	0.61***	0.52***	0.40*	0.49***	0.66	0.61***	0.45***
LAB→TIP(H13 - 3)	—	0.20**	0.19	0.27***	-0.27	0.07	0.27**
模型检验和一阶因素							
[d]LAB→MCO	—	0.754	0.723	0.747[c]	0.788[c]	0.668[c]	0.793[c]
LAB→SYP	—	0.785***	0.666***	0.834***	0.797*	0.833***	0.766***
LAB→OPT	—	0.870***	0.887***	0.861***	0.902***	0.780***	0.923***
LAB→KIT	—	0.744***	0.573***	0.836***	0.765*	0.788***	0.726***
[d]TIP→PDI	0.910	0.889[c]	0.948[c]	0.843[c]	0.937[c]	0.954[c]	0.857[c]
TIP→PCI	0.792	0.805[c]	0.703[c]	0.838[c]	0.784[c]	0.872[c]	0.759[c]
拟合度指标							
χ^2	287.062	1010.020	2373.941			1573.582	
d. f.	102	456	1368			912	
GFI	0.925	0.877	0.780			0.820	
CFI	0.930	0.913	0.849			0.893	
RMSEA	0.063	0.052	0.040			0.041	

　　注：a 表示只包括网络强度对管理创新绩效的直接影响；b 表示包括网络强度对企业技术创新绩效的直接影响，也包括社会资本在网络强度和企业技术创新绩效两个变量间的中介影响作用；c 表示回归权重定为 1.000；d 表示企业技术创新绩效是二阶因素。为简便起见，表格只标明一阶因素负荷量。*、**、*** 分别表示在 5%、1%、0.1% 的水平下显著。

影响关系，假设 H13 - 2 获得支持。此外，网络密度和企业学习能力之间的相互影响系数为 0.45（P = 0.000），达到显著水平，同理，假设 H13 - 1 获得支持。同时，学习能力和技术创新绩效之间的相互影响系数为 0.20（P = 0.002），达到显著水平，假设 H13 - 3 获得支持。

Model3 用来检验 Model2 在规模这个控制变量影响下各变量之间关系。各拟合指标如表 13 - 3 所示，综合各项指标的判断，发现 Model3 的拟合度较好。可对假设进一步验证，发现对大规模企业而言，网络密度和技术创新绩效之间的相互影响系数为 0.40 （P = 0.015），网络密度和学习能力之间的相互影响系数为 0.49 （P = 0.002），均达到显著水平，假设 H13 - 2 和 H13 - 1 均获得支持，学习能力和技术创新绩效之间的相互影响系数为 0.19 （P = 0.19），没有达到显著水平，假设 H13 - 3 未获得支持；对中规模企业而言，网络密度和技术创新绩效之间的相互影响系数为 0.49 （P = 0.000），网络密度和学习能力之间的相互影响系数为 0.38 （P = 0.000），学习能力和技术创新绩效之间的相互影响系数为 0.27 （P = 0.000），都达到显著水平，假设 H13 - 1 和假设 H13 - 2 以及假设 H13 - 3 均获得支持。而对小规模企业而言，网络密度和技术创新绩效之间的相互影响系数为 0.66 （P = 0.278），网络密度和学习能力之间的相互影响系数为 0.75 （P = 0.60），学习能力和技术创新绩效的相互影响系数为 - 0.27 （P = 0.589），都没有达到显著水平，即在小规模企业中，假设 H13 - 1、假设 H13 - 2、假设 H13 - 3 都未获得支持。

Model4 用来检验 Model2 在研发投入这个控制变量影响下各变量之间的关系。各拟合指标如表 13 - 3 所示，整体而言，综合各项指标的判断，发现 Model4 的拟合度较好。可对假设进一步验证，发现对研发投入在 0—6.9% 的企业而言，我们发现，网络密度和技术创新绩效之间的相互影响系数为 0.45 （P = 0.000），网络密度和学习能力之间的相互影响系数为 0.50 （P = 0.000），学习能力和技术创新绩效的相互影响系数为 0.27 （P = 0.005），都达到显著水平，即在研发投入为 0—6.9% 的企业中，假设 H13 - 1、假设 H13 - 2、假设 H13 - 3 都获得支持；对于研发投入在 6.9% 以上的企业而言，我们发现，网络密度和技术创新绩效之间的相互影响系数为 0.61 （P = 0.000），网络密度与学习能力之间的相互影响系数为 0.41 （P = 0.000），都达到显著水平，假设 H13 - 1、假设 H13 - 2 都获得支持，学习能力和技术创新绩效的相互影响系数为 0.07 （P = 0.464），没有达到显著水平，假设 H13 - 3 未获得支持。

本章小结

面对日益激烈的竞争环境，技术创新能力对其生存与成长起着非常重要的作用，近年来，越来越多的战略管理学者开始深入研究如何提升技术创新绩效。本章主要探讨网络密度对技术创新绩效的影响，以及学习能力在两者之间所起到的中介调节作用。具体研究结论如下：

（1）网络密度对企业学习能力有显著的正向影响。这说明，通过改善企业网络密度，可以促进企业学习能力的提升。在企业间或企业与外部环境之间建立密集的合作关系，形成高密度网络联结，有助于关键的、有价值的资源信息和知识在企业间快速地流通交换。随着企业间交流、合作关系的进一步增强，发展出相互信任关系、共享准则，以及共同的行为模式，加快网络内信息和资源的流动，企业之间还可以面对面的学习和交流，形成开放互助的学习体系，从而有利于组织学习能力的提升。

（2）网络密度对技术创新绩效有显著正向影响。网络密度还可以通过学习能力实现对技术创新绩效的间接影响，学习能力为不完全中间变量。这表明，网络密度提高所导致的企业高度联结有利于企业之间敏感信息和资源的流通，提高了创新知识传播扩散的速度，增加网络内的创新资源存量，并且可以促进企业与外部相关组织建立各种形式的合作关系，有利于加强彼此之间的协调与沟通，获取创新资源。此外，具有高密度联结关系的企业之间所形成的开放互助学习交流平台，在提高企业学习能力的同时，也提升了技术创新绩效。

（3）通过控制变量的实证研究结果，我们发现，不同研发投入对于网络密度、学习能力和技术创新绩效之间的假设关系影响不显著。对于小规模企业而言，网络密度对技术创新绩效并不存在直接的影响关系，而中等规模以上的企业则存在显著影响。对于规模较小的企业而言，网络密度并非影响其技术创新绩效的首要因素，更多的是受到自身规模和资金以及所从事低技术含量的行业限制。小规模企业形成的网络由于网络成员的相似性，使网络中信息存量较少，流通速度缓慢，应变调整速度相应减弱，从而即使有很大的网络密度，也不会促进企业学习能力的提升，从而无法提高企业技术创新绩效。

（4）网络密度可以通过提高学习能力实现对技术创新绩效的间接影响，直接作用表现在对网络资源的获取上，为避免网络"过度嵌入"的影响，企业应均衡网络密度，保持网络一定的紧密性，优化网络结构，保持网络的开放性，使企业有更多途径和新机会获取网络外部多样性的资源和信息，更好地实现学习能力和技术创新绩效的提升。

第十四章　企业网络嵌入对技术
创新绩效的影响

　　本章我们将重点探讨战略网络中网络嵌入对学习能力和技术创新绩效之间的影响关系，并以此构建网络嵌入、学习能力和技术创新绩效之间关系的理论模型，通过运用结构方程模型对广东省高新技术与民营科技型企业为样本的问卷调查数据进行实证分析。研究结果表明：（1）网络结构嵌入对技术创新绩效没有显著影响，也无法通过学习能力的中介对其产生间接的影响作用；（2）网络嵌入对技术创新绩效不仅有直接显著的正向影响，而且还能通过学习能力的部分中介作用对技术创新绩效起到显著的正向影响。研究结论进一步深化了技术创新理论，对企业技术创新的提升有一定指导意义。

第一节　引　言

　　任何经济组织或个体都与外界存在一定的"社会关系"，即嵌入于一个由多种社会关系交织而成的社会网络之中（Granovetter，1985），随着企业技术创新模式逐渐向网络化范式转变，网络嵌入成为影响企业技术创新效率的重要基础条件之一。乌齐（1997）等基于网络关系嵌入视角，明确了网络关系嵌入是现代组织之间联系的重要特征之一。组织间通过信息共享、利益均沾以及共同解决问题等机制促进双方合作水平与关系品质的提升，如同心协力、风险共担等，进而推动企业技术创新绩效的提高（Presutti，2011）。另外，纳德（Nader，2002）等学者基于网络结构嵌入视角指出，网络结构嵌入也将对技术创新绩效产生显著影响。例如，处于结构洞位置的企业更容易获取稀缺性的资源，如及时信息和先进技术等。尽管网络关系嵌入和结构嵌入为企业获取关键性知识、技术等资源创造了条件，但这种关键性知识、技术资源通常不能被企业直接加以利用，而是需要通过吸收、整合以及消化后才能为构建竞争优势提供帮助，这就要求企业具备较强的学习能力（Wuyts，Colombo，Dutta，Noteboom，2005）。因此，在探索网络嵌入与技术创新绩效关系时，必须充分考虑学习能力在其中的影响作用。这也是本章研究的核心内容，即从学习能力视角来分析网络嵌入是如何影响技术创新绩效的。

　　综观国内外关于网络嵌入对于企业技术创新的研究，我们发现，以下研究主题仍有待完善和补充：首先，大多数文献在分析网络嵌入机制对技术创新绩效的影响作用时，往往重视企业所在网络本身特征及其嵌入方式等因素，而相对忽视了作为网络嵌入主体的企业特征和企业活动范式可能给技术创新活动造成的影响。其次，以往研究大多从网络结构嵌入或者网络关系嵌入单一视角来考虑对技术创新绩效的影响，未能充分考虑到网络关系嵌入与结构嵌入之间可能存在的互动关系，从而难以对网络嵌入整体进行系统、深入的研究。因此，本章以企业规模与研发投入作为控制变量，关注企业特征和企业活动范式可能对技术创新绩效造成的影响，并分别探讨网络结构嵌入和网络关系嵌入在学习能力视角下对于企业技术创新绩效的不同影响机制。通过理论梳理构建了"网络结构嵌入—学习能力—技术创新绩效"和"网络关系嵌入—学习能力—技术创新绩效"的概念模型，并以广东省的企业为研究对象进行了实证检验。本书对于拓展网络嵌入和企业技术创新相关研究具有积极的理论贡献，同时也为企业进一步提高技术创新能力提供了理论指导和对策建议。

第二节　理论基础与研究假设

一　网络嵌入与技术创新绩效

　　网络结构嵌入是一种网络成员间的非正式关系，关注企业在整个网络结构中所处的位置，并且其为企业间的信息传播提供了一种更为有效的渠道（Soh，2009）。而网络关系嵌入则是指交易双方对合作方的需求和目标的重视程度，以及交易双方之间的相互信任、信赖和信息共享程度。针对这两种嵌入方式，有学者提出，企业网络嵌入方式的不同会导致企业创新绩效的差异，即企业网络结构嵌入和关系嵌入会对技术创新绩效带来不同的影响（谢洪明、张颖、程聪和陈盈，2014）。Soh（2009）和 Gulati（1998）的研究就表明，网络结构嵌入和关系嵌入差异会影响企业对技术创新伙伴的选择，从而影响技术创新网络的形成，不同的创新网络又会影响企业控制的网络资源数量与质量，这就引起了企业绩效的差异。我们认为，虽然网络结构嵌入和关系嵌入会引起企业绩效差异，但都能够对技术创新绩效产生显著的正向影响这一观点却是一致的。网络结构嵌入程度越高意味着企业在网络中占据的优势地位越显著，从而越容易获得稀缺性网络资源，相对于竞争对手而言，企业就具备了独特的竞争优势，而竞争优势的获得对创新绩效有极大的促进作用。同时，埃格斯（Eggers，2012）提出，企业外部关系嵌入中如果存在丰富的非冗余桥连接，则企业通常能够取得信息优势提升企业绩效。也就是说，网络关系嵌入程度越高，企业创新活动效率就越高。因此，企业可以通过不同的网络嵌入途径来获取和利用外部知识，从而不断提高自身的创新绩效（谢洪明、冯建新、程聪，2011）。综上所述，提出如下假设拟加以验证：

H14 - 1a：网络结构嵌入对技术创新绩效有正向影响。

H14 - 1b：网络关系嵌入对技术创新绩效有正向影响。

二　网络嵌入与学习能力

企业的组织学习活动不仅发生在组织内部，也发生于不同企业之间（李维安、邱昭良，2007）。程聪（2012）认为，网络内部成员可彼此分享信息和资源，如机会、知识和经验等，进而更接近市场以获取利益，而组织可以通过嵌入网络中的企业成员之间的高效知识传递而获益。但只有在适当网络结构中，各类知识链之间的关系通过相互协调实现各类知识间的互补和强化后，才能实现组织学习目标（Kntabe，Martin and Domoto，2003）。莫兰（Moran，2005）在对网络嵌入与知识传递及绩效之间进行实证后指出，企业在网络中的位置是影响企业资源获取能力的主要因素。格兰特（Grant，1996）、程聪和谢洪明（2012）等则从网络关系强度视角指出，企业间紧密的网络连接关系为组织新知识的获取提供了高效的渠道，企业通过增加网络节点、增强联结关系等方式将促进网络状态发生改变。这种跨组织关系网络推动了企业内外部知识等各方面要素的有机整合，促进了企业动态能力和学习能力的增强。另外，企业从外部网络获取知识的同时会注重互信互惠的对等性，兼顾网络成员的需求，为合作伙伴提供与之适配的相关知识。网络嵌入以开放交流和互动的形式，丰富了企业知识获取渠道，有效地减少了信息的重复性，增强了企业识别和获取知识的能力。这种合作、互动、获取、整合、利用双方所需的知识资源，促进了知识和技术的传播和扩散，尤其是只能在长期互动整合过程中通过潜移默化才能获得的隐性知识。在这里，知识以一种新能力的形式提高了企业的学习能力。综上所述，提出如下假设拟加以验证：

H14 - 2a：网络结构嵌入对学习能力有正向影响；

H14 - 2b：网络关系嵌入对学习能力有正向影响。

三 学习能力与技术创新绩效

学习能力是企业消化、吸收外部知识、技术的能力，是一种模仿性学习。随着创新技术网络和社会网络的持续发展，企业技术创新的成功日益需要多个组织间的相互知识学习和合作，组织学习对技术创新绩效的促进作用非常明显。加西亚（Garcia，2003）认为，企业可以通过组织学习获得新知识，并通过对知识的持续整合和创新，能有效促进新产品的开发和创新绩效的提高。同时，当企业具有学习能力时，外部资源会促进该企业研发能力的增强，而学习能力较差企业却往往没有这种效应（谢洪明、李新春、王成和罗惠玲，2007）。事实上，企业从外部网络获取的知识、资源必须经过消化吸收后才能转化为企业竞争优势，即企业竞争优势的真正来源是企业的吸收能力，而吸收能力正是学习能力的一个重要参考指标。众多研究表明，吸收能力是决定企业知识利用效率、创新绩效的重要因素。一方面，具有良好吸收能力的企业能够充分快速地消化现有知识，并进一步促进对新知识的渴求和获取。企业在这个"吸收消化—新知识获取—吸收消化"的过程中不断提高了自身的吸收能力；另一方面，强大的吸收能力为企业积累数量庞大的知识体系提供了基础，企业在不断快速整合吸收内部知识的过程中，不仅促进了企业间知识和技术的转移，并且学以致用，开发出更多的产品和工艺技术，相比竞争对手而言赢得了先机（Chen，2005）。因此，学习能力的发展须经过知识的获取和内部知识的吸收消化两个阶段，只有当知识积累和应用这两个子过程协同发展时方能转化为竞争优势，并最终实现技术创新能力的提升。综上所述，提出如下假设拟加以验证：

H14 - 3：学习能力对技术创新绩效有正向影响。

第三节　研究设计

一　研究框架

本章将网络嵌入划分为网络结构型嵌入和网络关系型嵌入两种，其中，网络结构型嵌入包括网络密度、网络非重复程度和网络中心性，网络关系型嵌入包括网络强度和网络互惠程度。学习能力分为学习承诺、开放与实验、系统观点和知识转移与整合四个因素；而技术创新绩效分为产品创新绩效和工艺创新绩效两个方面。我们的理论框架如图 14 – 1 所示。

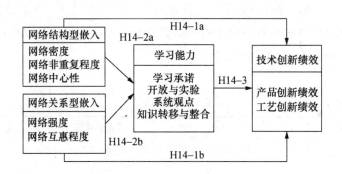

图 14 – 1　研究框架

二　变量测量

本章以广东省高新技术企业和民营科技型企业作为分析对象，通过问卷调查的方法收集样本数据。为确保量表的信度和效度，变量的测量充分参考了国内外高水平学术文献已使用过的量表，再根据本章的研究目的进行适当修改作为收集实证资料的工具。之后，咨询相关领域的专家，并对企业界人士进行问卷的预调查，以评估问卷设计及用词方面的恰当性。最后，再根据预试者的意见对问卷予以修订形成定稿。其中，网络嵌入的测量主要参考了 Gulati（1998）等测量方法；学习能力主要参考了 Baker 和 Sinkula（1999）以及 Gómez 等（2005）的研究成果；技术创新绩效则主要参考了 Chen 等（2005），Cordero（1990），Damanpour（1991），谢洪明、刘常勇和陈春辉（2006）等的研究成果。在对变量的测度上，均采用了李克特七点量表评分法进行评价（1 = 非常不同意，2 = 不同意，3 =

比较不同意，4 = 一般，5 = 比较同意，6 = 同意，7 = 非常同意）。

第四节　研究结果

一　变量信度及效度分析

在对样本数据进行信度检验时，主要采用 Cronbach's α 系数法、因子分析法和结构方程建模等方法，同时借助 SPSS 16.0 以及 AMOS 16.0 统计工具对问卷数据进行分析，从表 14 − 1 中可以看出，各变量的因素分析解释量大于或等于 0.40（在社会科学研究中，推荐的最小值为 0.40）、Cronbach's α 值都在 0.70 以上（符合 α > 0.70 的标准）。以上分析表明，本书的问卷设计在内容一致上的可信度良好，可以认为，模型具有较好的可靠性，适合进一步的结构方程模型分析。

表 14 − 1   效度和信度检验结果

变量	包含因素	因素解释量	信度（α）
网络结构嵌入	网络密度	0.40	0.70
	网络非重复程度	0.42	0.72
	在网络中心性	0.52	0.81
网络关系嵌入	网络关系强度	0.40	0.70
	网络互惠程度	0.40	0.84
技术创新绩效	产品创新绩效	0.57	0.87
	工艺创新绩效	0.73	0.81
学习能力	学习承诺	0.65	0.87
	开放与实验	0.77	0.85
	系统观点	0.66	0.83
	知识转移与整合	0.56	0.73

可将技术创新绩效（TECINNOPERF）分为产品创新绩效和工艺创新绩效两方面，并分别用 7 个和 3 个问题项来测量，Cronbach's α 值分别为 0.87 和 0.81，因素分析累计解释量均在 0.40 及以上。网络结构型嵌入（NSTRUEMB）分为网络密度（NDEN）、网络非重复程度（NOREC）和网

络中心性（NCENO）三个因素，Cronbach's α 值分别为 0.70、0.72 和 0.81，网络关系型嵌入（NRELAEMB）分为网络关系强度（NSTR）和网络互惠程度（NREC）两个因素，Cronbach's α 值分别为 0.70 和 0.84，因素分析累计解释量均在 0.40 及以上。学习能力（LEARNAB）分为学习承诺、开放与实验、系统观点和知识转移与整合 4 个因素，分别用 3—5 个问题项来测量，Cronbach's α 值分别为 0.87、0.85、0.83 和 0.73，因素分析累计解释量均在 0.40 及以上。由上述分析可知，网络嵌入、学习能力和技术创新绩效的信度和效度检验结果都较好，可以做进一步研究。

二　模型检验

本节构建了网络嵌入和技术创新绩效的直接模型和中介变量模型，运用结构方程模式（SEM）分析了变量之间的影响关系。在此基础上，引入了企业规模和研发投入两个控制变量，研究它们对变量路径结构的影响，具体研究结果如表 14 - 2 所示。

表 14 - 2　　　　　　　　模型的路径系数和关系验证

参数	直接影响模型[a] Model 1	中介变量模型[b] Model 2	控制变量（规模）[b] Model 3			控制变量（研发投入）[b] Model 4	
			大规模	中规模	小规模	0—6.9%	6.9% 以上
网络结构型嵌入对技术创新绩效影响分析							
假设路径							
NSTRUEMB→TECINNOPERF（H14 - 1a）	0.08	0.36	0.52*	0.07	0.43	0.07	0.36
NSTRUEMB→LEARNA（H14 - 2a）		0.34	0.52*	0.06	0.54	0.11	0.27
LEARNAB→TECINNOPERF（H14 - 3）		0.31*	0.13	0.46***	-0.003	0.48***	0.22
不同网络路径分析							
NDEN→TECINNOPERF	0.61***	0.52***	0.40**	0.49***	0.66	0.45***	0.61***
NOREC→TECINNOPERF	-0.19**	-0.11	-0.36*	-0.01	-0.32	-0.11*	-0.08

续表

参数	直接影响模型[a] Model 1	中介变量模型[b] Model 2	控制变量（规模）[b] Model 3			控制变量（研发投入）[b] Model 4	
			大规模	中规模	小规模	0—6.9%	6.9%以上
NCEN→TECINNOPERF	0.18*	0.13*	-0.05	0.16*	0.33	0.11	0.18*
模型拟合指标							
χ^2/d.f.	5.618	2.709	1.838			1.936	
GFI	0.898	0.868	0.783			0.818	
CFI	0.880	0.897	0.853			0.884	
RMR	0.062	0.048	0.076			0.059	
RMSEA	0.101	0.061	0.043			0.046	
网络关系型嵌入对技术创新绩效影响分析							
假设路径							
NRELAEMB→TECINNOPERF（H14-1b）	0.56***	0.48***	0.49**	0.44***	0.59	0.42***	0.56***
NRELAEMB→LEARNAB（H14-2b）		0.43***	0.57***	0.35***	0.51	0.45***	0.39***
LEARNAB→TECINNOPERF（H14-3）		0.23***	0.16	0.30***	-0.08	0.30***	0.11
不同网络的路径分析							
NSTR→TECINNOPERF	0.63***	0.55***	0.40**	0.52***	0.73	0.50***	0.62***
NREC→TECINNOPERF	0.47***	0.37***	0.49*	0.29***	0.15	0.20*	0.55***
模型拟合指标							
χ^2/d.f.	3.567	2.371	1.725			1.777	
GFI	0.935	0.885	0.798			0.836	
CFI	0.946	0.924	0.882			0.911	
RMR	0.027	0.041	0.071			0.051	
RMSEA	0.075	0.055	0.040			0.042	

注：路径系数为标准化值，*** 表示 $P<0.001$，** 表示 $P<0.01$，* 表示 $P<0.05$。a 表示只包括网络嵌入对技术创新绩效的直接影响；b 表示包括网络嵌入对技术创新绩效的直接影响，也包括学习能力在网络嵌入和技术创新绩效两个变量之间的中介作用。

Model 1 用来检验网络嵌入对技术创新绩效的直接影响关系。本节发现，网络结构型嵌入和技术创新绩效的路径系数为 0.08，P 值大于 0.05，未达到显著性水平。各项指标如下：$\chi^2/d.f. = 5.618$，GFI = 0.898，CFI = 0.880，RMR = 0.062，RMSEA = 0.101，指标系数不够理想，模型拟合度一般，因此，网络结构型嵌入对技术创新绩效的影响作用不显著，假设 H14-1a 未得到支持。网络关系型嵌入和技术创新绩效的路径系数为 0.56，P 值小于 0.001，达到显著性水平。各项指标如下：$\chi^2/d.f. = 3.567$，GFI = 0.935，CFI = 0.946，RMR = 0.027，RMSEA = 0.075，模型拟合度较好，即网络关系型嵌入对技术创新绩效存在显著的正向影响，假设 H14-1b 得到支持。

Model 2 用来检验学习能力在网络嵌入与技术创新绩效之间的中介作用。本节发现，网络结构型嵌入和技术创新绩效的路径系数为 0.36，P 值大于 0.05，未达到显著性水平；网络结构型嵌入和学习能力的路径系数为 0.34，P 值大于 0.05，未达到显著性水平；学习能力和技术创新绩效的路径系数为 0.31，P 值小于 0.05，达到显著性水平。各项指标如下：$\chi^2/d.f. = 2.709$，GFI = 0.898，CFI = 0.897，RMR = 0.047，RMSEA = 0.058，模型拟合度较好，假设 H14-1a 和 H14-2a 未得到支持，而 H14-3 得到支持。网络关系型嵌入和技术创新绩效的路径系数为 0.48，P 值小于 0.001，达到显著性水平；网络关系型嵌入和学习能力的路径系数为 0.43，P 值小于 0.001，达到显著性水平；学习能力和技术创新绩效的路径系数为 0.23，P 值小于 0.001，达到显著性水平。各项指标如下：$\chi^2/d.f. = 2.371$，GFI = 0.885，CFI = 0.924，RMR = 0.041，RMSEA = 0.055，模型拟合度较好，假设 H14-1b、H14-2b 和 H14-3 均得到支持。

此外，在 Model 1 和 Model 2 中还探讨了不同网络嵌入方式对技术创新绩效的影响关系。研究发现，直接模型中网络结构型嵌入的三个因素对技术创新绩效的路径 P 值均小于 0.05，其中网络密度和网络中心性对技术创新绩效有正向影响，而网络非重复程度则是负向影响。在中介模型中，网络强度和网络中心性仍然对技术创新绩效存在显著的正向影响，而网络非重复程度对技术创新绩效的影响作用不再显著。另外，无论在直接模型还是中介模型中，网络关系型嵌入的两个因素均对技术创新绩效存在显著的正向影响。

Model 3 用来检验企业规模对中介变量模型影响。研究表明，大规模企业中网络结构型嵌入对技术创新绩效和学习能力的影响是显著的；而在中等规模企业中，学习能力对技术创新绩效的影响效果显著提高。从企业网络的具体嵌入方式来看，大规模企业与中等规模企业中的网络密度、网络关系强度与网络互惠度均对技术创新绩效有正向影响作用。然而，只有在大规模企业中，网络非重复程度对技术创新绩效产生显著的负向影响作用。

Model 4 用来检验研发投入对于中介变量模型的影响。在网络结构型嵌入对技术创新影响模型中，学习能力对于技术创新绩效的影响作用随着研发投入的差异而发生变化，即企业研发投入小于 6.9% 时，学习能力对技术创新绩效的影响作用是显著的；而当企业研发投入大于 6.9% 时，学习能力对技术创新绩效的影响作用则变得不再显著。

本章小结

本章验证了网络嵌入对技术创新绩效的影响作用，在学习能力视角下网络嵌入对技术创新绩效作用机制研究提供了有力的实证证据。结果表明，网络结构型嵌入和网络关系型嵌入对技术创新绩效的影响作用是不同的，并且这种影响在学习能力视角下也表现出不同的机制。

一　理论贡献

第一，现有研究仅从网络结构嵌入或网络关系单个视角对技术创新绩效展开研究，缺乏系统、深入的探索。我们的贡献在于详细分析了网络结构型嵌入和网络关系型嵌入各维度对企业技术创新的不同影响作用，以及在学习能力视角下的影响机制差异。从实证结果中发现，网络结构型嵌入对技术创新绩效没有直接的显著影响，也无法通过学习能力的中介产生间接的影响作用。然而，网络关系型嵌入对技术创新绩效不仅有直接显著的正向影响作用，而且还能通过学习能力的部分中介作用对技术创新绩效起到显著的正向影响。鉴于此，我们进一步探索其作用机制后发现，在直接影响模型下，网络结构型嵌入中的网络密度和网络中心性对技术创新绩效都存在显著的正向影响关系，而网络非重复程度对技术创新绩效则是负向影响。与此同时，网络关系型嵌入中的网络强度和网络互惠度对技术创新绩效均是显著的正向影响。

第二，现有文献忽视了企业特征和活动范式对技术创新绩效影响，本章的贡献在于详细考察了企业规模和研发投入对于网络嵌入、学习能力和技术创新绩效之间关系的影响，对于不同情境下的战略选择研究有一定推进作用。研究表明，对于大中规模企业来说，网络密度对于技术创新绩效的影响十分显著；对于小规模企业来说，网络密度对于技术创新绩效的影响作用并不显著。

二　实践启示

首先，从网络结构型嵌入来看，企业应密切与网络成员之间的联系，加深彼此间的信任水平，促进彼此间合作效率的提升，使技术和信息交流更为顺畅。同时，企业需提升自身在网络中的地位和影响力，力图借助"结构洞"的优势获取丰富的网络资源，在信息交流和合作建立方面起到关键作用，从而达到进一步促进企业技术创新绩效的目的。此外推测，实证结果中网络非重复性的负向影响作用是因为当其他企业之间开拓了新的网络信息和资源流通渠道后，将弱化处于网络中心位置企业的"中枢"功能，从而导致获取知识、信息资源的效率下降。因此，与本企业交往的其他企业之间交流越密切，在一定程度上越会削弱本企业技术创新绩效。

其次，从网络关系型嵌入来看，企业需保持与网络成员高强度联系以提升知识交流与合作的频率，促进彼此之间更高层次的信任关系的建立，使得一些隐性知识得以在彼此间传递，为企业高效获取资源创造良好的条件。除此之外，企业应着眼于长远发展战略，选择优势互补的合作伙伴形成网络关系，并注重与合作伙伴互赖和互惠对等性，以期实现共赢。最后，企业还可以通过提高企业的学习能力间接影响技术创新绩效。

最后，小规模企业由于实力弱，受到自身资金、设备等条件的限制，自身缺乏足够的实力联合其他企业形成联盟网络，在其他网络中也只处于边缘地带，与网络中的成员互动机会非常少。因此，小规模企业一般都难以获得网络中的关键资源，加上缺乏学习能力，资源的流通与共享效率相对较低，进而影响了企业技术创新绩效。再者，小企业为求得短期效益，大多采取模仿复制大企业的产品和工艺技术，并不注重工艺、产品的创新。而本章研究技术创新绩效的关注点就在于产品创新和工艺创新，更加引发小规模企业与大中规模企业技术创新绩效的差距。该结论启示我们，小规模企业应力争形成以自身为核心的成熟网络关系，或通过自主开发新的工艺和产品来提升网络中的地位，积极主动地与网络成员进行互动与交流，密切彼此间关系，加强资源的获取能力和学习能力，以期取得创新绩效的不断提升。

第十五章　企业网络强度与管理创新的关系

前几章主要关注战略网络对企业技术创新的影响，接下来我们将重点探讨战略网络特征对企业管理创新的影响。本章首先将网络强度和社会资本结合起来分析其对企业管理创新的影响，并考虑企业规模和研发投入对这些变量间的关系的作用。我们首先纳入企业规模和研发投入作为控制变量，研究了企业社会资本、网络强度和管理创新的关系，构建了理论模型，并以申报广东省高新技术企业和民营科技型企业的企业为调查对象进行了实证检验。结果发现：（1）企业社会资本在网络强度和管理创新间起到完全中介作用。（2）在小规模企业中，企业网络强度与社会资本对管理创新不再产生显著的影响作用。研究结论弥补了相关研究的不足，对我国企业管理创新的提升具有指导意义。

第一节　引　言

大量企业网络管理实践表明，企业网络有利于其内部成员之间知识、信息等资源的共享与交流，实现企业创新成功。作为衡量企业关系紧密性的重要指标之一，网络强度深刻影响企业间的知识、信息等传递效率，尽管很多企业已经意识到网络强度在管理创新中的重要作用，然而，由于缺乏完善的理论指导，企业往往无法全面、客观评估各类资源获取通道的可用性、各种网络关系质量以及关系双方的优势和需求，从而增加了企业创新风险。而企业社会网络化理论表明，网络强度与社会资本之间存在内在的交互性与关联性。因此，在探究网络强度对管理创新影响机制时，必须充分考虑社会资本在其中的影响作用。安东尼奥和卡帕多（Antonio and Capaldo，2007）考察了网络强度对管理创新的影响，指出，网络中的强联结有助于企业间进行广泛的交流与深度的互动，从而实现对企业组织管理模式与创新活动的间接影响。莫尔和伯金肖（Mol and Birkinshaw，2009）则关注企业社会资本对管理创新的影响，指出，成功的管理创新活动离不开企业内外部信息、技术以及其他新知识的有效获取与利用。高展军等（2006）从网络强度出发，认为企业在网络中的强联结有利于渐进创新。张方华（2006）基于实证研究发现，企业可以通过与外部组织的合作与互动来有效整合企业的内外部资源，进而提高企业创新能力。

　　综观国内外学者关于企业网络强度、社会资本和管理创新的研究，我们发现，仍有以下研究方向有待补充和完善：首先，既往的研究仅从网络强度或社会资本单个角度考虑对管理创新的影响，缺乏三者之间的整体性研究。其次，网络强度是否能在社会资本的影响下，更好地促进管理创新？网络强度和社会资本对管理创新的作用，是否受到企业规模及研发投入的影响？对于这些问题学术界尚未进行系统、深入的研究。我们拟以申报广东省高新技术企业和民营科技型企业的企业为调研对象，研究网络强度和社会资本对管理创新的影响机制，以弥补相关研究的不足，丰富企业管理创新相关理论，为管理创新实践提供指导与建议。

第二节　理论基础与研究假设

一　管理创新

　　根据德曼波（Demanpour，1991）双核心模式观点，组织创新可分为管理创新和技术创新。虽然管理创新和技术创新对企业组织绩效均有正向影响，但技术创新往往需要通过管理创新对组织绩效产生作用（谢洪明、刘常勇和陈春辉，2006）。关于管理创新的内涵，学者们从不同角度进行了探讨。麦凯布（McCabe，2002）将管理创新分为，全新型创新，在任何领域都未曾出现过的"全新的思想或方法"；引进型创新，将已有的管理实践引进新的组织或领域。伯金肖等（2008）基于创新内容视角将管理创新分为抽象层面的管理创新（管理理念或思想）和运作层面的管理创新（管理实践、管理过程等）。依据管理对象的差异，林义屏（2001）将管理创新分为用人与管理创新和组织与规划创新。

　　现代管理理念突出以人为本，认为合理用人是企业生存与发展的关键，而作为员工集合体的组织，是实现企业目标的基础。因此，我们认同林义屏的观点，将管理创新分为用人与管理创新和组织与规划创新。其中，用人与管理创新是企业为了提高组织效率，在薪酬、培训以及考评等人事制度上的有效改革；组织与规划创新则是企业在计划和编制未来发展制度及方案上的创新活动。

二 网络强度与管理创新

自格拉诺维特（Granovetter，1973）率先将网络关系划分为强联结与弱联结以来，网络强度作为衡量网络关系水平重要指标之一引起众多学者关注。当前，关于网络强度较为普遍的定义是网络成员在单位时间内的接触次数，也称为网络深度或接触频率（谢洪明、刘少川，2007）。关于网络强度和管理创新的关系，格拉诺维特认为，弱联结更有利于促进企业管理创新。在后续的研究中，大量的文献研究表明，高强度的集群网络联结缩短了创新资源传递的平均路径，对于企业从外部获取创新资源，提升创新绩效具有重要促进作用（李文博，2009）。李志刚等（2007）也通过实证研究，证实了联系强度与创新绩效之间存在显著的正相关关系，企业通过高强度的网络能够提升其与供应商之间的知识交流、共享水平。基于以上分析，提出如下假设拟加以验证：

H15-1：网络强度对管理创新有正向影响。

三 社会资本与管理创新

由于本章是在企业网络中探讨企业社会资本对管理创新的影响，因此，关于社会资本界定采用 Glover 和 Hemingway（2005）的观点，即社会资本是个体通过关系网络来运用资源的能力，包括个体之间的"相互尊重、合作与信任"以及"忠诚、名誉与个人获得敏感信息"的能力。

企业拥有良好的社会资本不仅意味着企业可以获取更多的外部资源，而且有助于提高企业对资源的管理能力。而流入企业的知识是创新能力提升和竞争优势获取的重要源泉（Dhanaraj, Lyles, Steensma and Tihanyi, 2004）。由此可知，社会资本理论能够较好地解释企业的知识获取问题，帮助企业管理者寻求外部新知识与企业原有知识的有效整合途径，进而激发管理创新。此外，企业通过社会资本获取管理创新实践的相关知识，并结合自身所具备的实践经验对创新风险做出评估是管理创新成功的重要条件之一。基于以上分析，本章提出以下假设：

H15-2：企业社会资本对管理创新有正向影响。

四　网络强度与社会资本

企业网络的不断演进能够导致内部成员社会资本的持续增加，同时，社会资本对企业间的网络关系可以起强化作用，即企业网络与社会资本具有内在的交互性。若网络关系紧密，其内部成员之间的接触频率就高，信任水平也高。Rutten 和 Boekema（2007）通过对区域创新网络的分析，认为网络关系中的无形资源是社会资本的重要构成因素。因此，增加网络强度有助于企业获取各种各样的资源和能力，如多样化的知识、共享的资源与合作等（Ana and Carmen，2011），这不仅降低了管理者寻求知识和信息的监控和谈判成本，还增强了知识的相关性和可靠性（Wing，Chow and Lai，2008）。此外，Westerlund 和 Svahn（2008）以中小软件企业为研究对象，发现具有高频率交流的合作伙伴之间更容易形成共同的经营模式与价值体系，而这种共同的经营模式与价值体系正是社会资本重要的构成因素。基于以上分析，提出以下假设拟加以验证：

H15 – 3：网络强度对社会资本有正向影响。

基于上述理论分析与研究假设，确定本章的概念模型如图 15 – 1 所示。

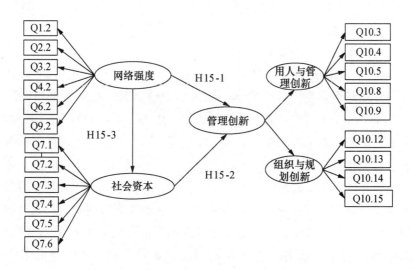

图 15 – 1　理论假设模型

第三节　研究设计

一　研究样本和变量测量

为了验证上述假设，本章采用问卷调查方式进行数据收集，调查对象为 2008—2009 年申报广东省高新技术企业和民营科技型企业的企业。

关于网络强度、社会资本以及管理创新的操作化定义和测量，本章重点参考了国内外高水平杂志上的相关论文中已使用过的量表，再依据本章的研究目的进行了必要的修正，作为搜集实证资料的工具。为了保障本研究问卷调查设计、调查过程及研究结论的科学性，在问卷正式定稿之前，先进行了问卷的预调查，以评估问卷设计的合理性与适用性。在确认问卷的信度与效度后，根据预试者提供的意见，并结合相关专家研讨修订成最后定稿的问卷如下：网络强度的测量问题参考了 Gnyawai 和 Madhavan（2001），张世勋（2002），谢洪明、金占明和陈盛松（2005）等的研究成果，共 6 个题项；社会资本参考了 Yli – renko、Autio 和 Sapienza（2001）的量表，共 6 个题项；管理创新的量表参考了林义屏（2001）的研究，包括用人与管理创新和组织与规划创新两个维度，共 9 个题项。

二　样本的信度与效度分析

本章以 Cronbach's α 系数来检验各变量的信度，通过运用 SPSS 16.0 软件，发现网络强度、社会资本、用人与管理创新、组织与规划创新的 Cronbach's α 值分别为 0.70、0.77、0.86、0.79，都在可接受范围之内，说明本章研究量表具有较高的信度。在效度上，本章所使用的量表参考了过去学者的相关研究，且根据试测的结果进行了修订，并经相关专家认定，认为各量表具有较好的内容效度。同时，各量表都是相关研究所发展出来的，已获得大部分学者的认同和采用，能够符合准则效度和构建效度的要求。但考虑各地文化差异等因素的影响，本章运用 AMOS 16.0 软件，以验证性因素来检验各量表的结构效度，结果发现，各变量的 GFI 值（均大于 0.9）、CFI 值（均大于 0.9）、RMR 值（除网络强度 = 0.068，其余均小于 0.05）、RMSEA 值（均小于 0.08）、P 值（均小于 0.01）均处于可接受的范围。

第四节　研究结果

通过构建直接影响模型和中间变量模型，采用结构方程模型检验各变量间的相互影响关系，检验结果如表 15 – 1 所示。

表 15 – 1　　　　　　　　　　模型的路径系数和关系验证

假设路径	直接影响模型[a] Model 1	中间变量模型[b] Model 2	控制变量（规模）[b] Model 3			控制变量（研发投入）[b] Model 4	
			大规模	中规模	小规模	研发投入 0—6.9%	研发投入 6.9%以上
NTS→EMI	0.191 **	0.069	0.026	0.092	− 0.230	0.070	0.032
SC→EMI	—	0.564 ***	0.531 ***	0.559 ***	0.616	0.519 ***	0.623 ***
NTS→SC		0.232 ***	0.344 *	0.179 *	0.217	0.275 **	0.204 *
模型检验和一阶因素							
MIP→PMI[d]	0.707[c]	0.720[c]	0.769[c]	0.731[c]	0.462[c]	0.713[c]	0.718[c]
MIP→OPI[d]	0.955[c]	0.933[c]	0.968[c]	0.971[c]	0.523[c]	0.991[c]	0.872[c]
拟合度指标							
χ^2	173.110	355.322	806.073			581.096	
d.f.	88	185	555			370	
GFI	0.952	0.933	0.866			0.892	
CFI	0.959	0.942	0.918			0.926	
RMSEA	0.046	0.045	0.032			0.036	

注：路径系数为标准化值；*** 表示 $P < 0.001$，** 表示 $P < 0.01$，* 表示 $P < 0.05$；带 * 表示关系显著，假设获得支持。a 表示只包括网络强度对管理创新的直接影响；b 表示包括网络强度对管理创新的直接影响，也包括社会资本在网络强度和管理创新两个变量间的中介影响作用；c 表示回归权重定为 1.000；d 表示管理创新是二阶因素。为了简便起见，表格只标明一阶因素负荷量。

Model 1 用来检验网络强度和管理创新之间的关系。各拟合指标如下：绝对拟合指数：$\chi^2 = 173.110$，d.f. $= 88$，GFI $= 0.952$，大于 0.9；RMR $= 0.046$，小于 0.05；RMSEA $= 0.046$，小于 0.05，良好拟合。相对拟合指

数：AGFI = 0.935，TLI = 0.951，NFI = 0.921，CFI = 0.959，IFI = 0.960，RFI = 0.906，均大于 0.9。简约拟合指数：标准卡方值（$\chi^2/d.f.$）= 1.967，位于 1.0—3.0 之间；PNFI = 0.772，PCFI = 0.804，均大于 0.5。综合各项指标的判断，Model1 的拟合度很好。对假设做进一步验证，发现网络强度和管理创新之间的相关系数为 0.191（P = 0.005 < 0.01），说明网络强度对管理创新有显著正向影响，假设 H15 – 1 获得支持。

Model 2 用来检验社会资本在网络强度和管理创新之间的中介作用。各拟合指标如下：绝对拟合指数：χ^2 = 355.322，d.f. = 185，GFI = 0.933，大于 0.9；RMR = 0.042，小于 0.05；RMSEA = 0.045，小于 0.05，良好拟合。相对拟合指数：AGFI = 0.916，TLI = 0.934，CFI = 0.942，IFI = 0.943，均大于 0.9，NFI = 0.887，RFI = 0.872，略小于 0.9，仍可接受。简约拟合指数：$\chi^2/d.f.$ = 1.921，位于 1.0—3.0 之间；PNFI = 0.782，PCFI = 0.830，均大于 0.5。综合各项指标的判断，Model 2 拟合度良好。对假设做进一步验证，发现网络强度和管理创新之间的相互影响系数为 0.069（P = 0.254 > 0.05），说明网络强度对管理创新不存在显著的正向影响，假设 H15 – 1 未获得支持；社会资本和管理创新之间的相关系数为 0.564（P = 0.000 < 0.001），说明社会资本对管理创新存在显著的影响作用，假设 H15 – 2 获得支持；网络强度与社会资本之间的相关系数为 0.232（P = 0.000 < 0.001），说明网络强度对社会资本存在显著的影响作用，假设 H15 – 3 获得支持。

Model 3 用来检验加入企业规模这一控制变量后 Model 2 中各变量之间关系。各拟合指标如下：绝对拟合指数：χ^2 = 806.073，d.f. = 555，GFI = 0.866，略小于 0.9，仍可接受；RMR = 0.075，略大于 0.05，仍可接受；RMSEA = 0.032，小于 0.05，良好拟合。相对拟合指数：TLI = 0.907，CFI = 0.918，IFI = 0.920，均大于 0.9，AGFI = 0.833，NFI = 0.782，RFI = 0.752，略小于 0.9，仍可接受。简约拟合指数：$\chi^2/d.f.$ = 1.452，位于 1.0—3.0 之间；PNFI = 0.688，PCFI = 0.809，均大于 0.5。综合各项指标判断，Model 3 具有较好的拟合度。对假设做进一步验证，发现在大规模和中等规模企业中，网络强度和管理创新之间的相关系数分别为 0.026（P = 0.825 > 0.05）和 0.092（P = 0.198 > 0.05），假设 H15 – 1 未获得支持；社会资本和管理创新之间的相关系数分别为 0.531（P = 0.000 < 0.001）和 0.559（P = 0.000 < 0.001），假设 H15 – 2 获得支持；网络强度

和社会资本之间的相关系数分别为 0.344（P = 0.012 < 0.05）和 0.179（P =
0.026 < 0.05），假设 H15 - 3 获得支持。而在小规模企业中，网络强度和
管理创新之间的相关系数为 - 0.230（P = 0.476 > 0.05），社会资本和管
理创新之间的相互影响系数为 0.616（P = 0.069 > 0.05），网络强度和社
会资本之间的相互影响系数为 0.217（P = 0.325 > 0.05），假设 H15 - 1、
假设 H15 - 2 和假设 H15 - 3 都未获得支持。

Model 4 用来检验加入研发投入这一控制变量后 Model 2 中各变量之
间的关系。各拟合指标如下：绝对拟合指数：χ^2 = 581.096，d. f. = 370，
GFI = 0.892，略小于 0.9，仍可接受；RMR = 0.054，略大于 0.05，仍可
接受；RMSEA = 0.036，小于 0.05，良好拟合。相对拟合指数：TLI =
0.916，CFI = 0.926，IFI = 0.927，均大于 0.9，AGFI = 0.865，NFI =
0.822，RFI = 0.798，略小于 0.9，仍可接受。简约拟合指数：χ^2/d. f. =
1.571，位于 1.0—3.0 之间；PNFI = 0.725，PCFI = 0.816，均大于 0.5。
综合各项指标判断，Model 4 的拟合度较好。对假设做进一步验证，发现
对研发投入在 0—6.9% 的企业而言，网络强度和管理创新之间的相关系
数为 0.070（P = 0.396 > 0.05），假设 H15 - 1 未获得支持；社会资本和管
理创新之间的相互影响系数为 0.519（P = 0.000 < 0.001），假设 H15 - 2
获得支持；网络强度和社会资本之间的相互影响系数为 0.275（P = 0.004
< 0.01），假设 H15 - 3 获得支持。对于研发投入在 6.9% 以上的企业而
言，网络强度和管理创新之间的相关系数为 0.032（P = 0.734 > 0.05），
假设 H15 - 1 未获得支持。社会资本和管理创新之间的相关系数为 0.623
（P = 0.000 < 0.001），假设 H15 - 2 获得支持。网络强度和社会资本之间
的相关系数为 0.204（P = 0.046 < 0.05），假设 H15 - 3 获得支持。

本章小结

本章通过理论研究构建概念模型，探讨在社会资本影响下，网络强度
与管理创新之间的关系，并结合结构方程模型进行了实证检验，形成了以
下主要结论：

（1）在中间变量模型中，网络强度对社会资本有显著的影响作用，
社会资本对管理创新也存在正向影响，而网络强度对管理创新没有直接的

正向影响。这表明，网络强度需要通过中介变量社会资本才能有效促进管理创新。这一结论初步揭示了网络强度对于企业管理创新的作用机制，就学术界和企业界关于如何加强管理创新的问题提供了在中国情境下的指导：企业仅仅与其他组织之间进行频繁的信息交流与业务往来，对管理创新活动并不能产生显著的推动作用，企业只有通过构建良好的沟通与协作机制，提高企业间的信任水平，以不断扩大企业自身的社会资本存量，进而提升企业获取外部知识、信息等资源的效率，才能有效推进管理创新活动。

（2）在大规模与中等规模企业中，社会资本在网络强度和管理创新之间起到了中介作用。而在小规模企业中，网络强度对社会资本不产生显著影响作用，社会资本对管理创新也没有正向影响。这意味着网络强度无法通过中介变量社会资本促进管理创新。究其原因，规模较小的企业往往在企业网络中处于非中心位置，与其他网络成员的接触机会相对较少，且在知识、技术等交流与共享过程中常常处于被支配地位，致使获得网络中高价值资源的概率较小，管理创新也就难以得到有效改善。该结论启示我们：对于小规模企业来说，应努力构建企业核心专长，提升自身在企业网络中的地位，并主动争取和保持与其他网络成员间的密切联系、交流，切实提高自身获取资源的效率，从而不断完善管理创新。

本章基于社会资本视角，探讨了网络强度与管理创新之间的作用关系，不仅丰富了管理创新相关理论，同时也弥补了以往侧重于研究技术创新的不足。而以我国高新技术企业为研究样本的实证研究则为我国企业如何充分利用企业网络关系、外部社会资本展开管理创新活动提供了参考意见。

第十六章 企业网络互惠程度与
管理创新的关系

本章重点考察企业网络成员互惠程度对其管理创新的影响，同时分析学习能力的中介作用以及网络成员集聚程度、研发投入和企业规模的控制作用。我们以458份申报广东省高新技术企业或民营科技型企业的样本数据，运用结构方程模型方法对网络互惠程度、学习能力和管理创新三者之间关系的理论模型进行了实证研究。实证分析表明：学习能力以完全中介作用影响网络互惠程度与管理创新的关系；并在低集聚度企业网络中起到更强的中介作用；同时，网络互惠程度、学习能力和管理创新三者之间的关系也受制于企业规模大小和研发投入高低的影响。研究结论进一步拓展和深化了产业集群和网络理论中关于外部组织是否及如何影响管理创新的机制的理解和认识。

第一节　引　言

处于同一互惠网络中的成员在追求自身利益最大化的同时，也会无意识地兼顾其他成员的利益，从长远来看，网络内部各成员之间是个体利益与组织利益相互协调、共同改进的。当前的网络互惠研究中强调一方提供良好的服务品质，相对的另一方也会如此，则彼此间的信任就会不断增强，进而促进知识在网络成员之间的转移和共享，使企业深入地洞察和获取那些具有潜在价值和企业特性的领导激励制度和计划控制方法等资源，促进企业形成难以被竞争对手模仿的管理创新。此外，知识基础观认为，企业对网络中知识整合的效率、范围和灵活性是实现有效创新的关键（Grant，1996）。知识整合则主要依赖网络成员学习能力，它能够积极协调网络结构和创新的关系（Caner，2007），能在更大程度上提高企业利用外部资源的广度和深度，进而更好地解释组织的管理创新。而网络互惠程度、学习能力和管理创新三者之间的相互关系仍是国内外学者实证研究的空白领域。

网络是跨越地域界线所形成的一个关系集合（谢洪明、张霞蓉、程聪和陈盈，2012）。默塞思和弗斯伯根的研究表明，网络知识和信息的生成与传播呈现出强烈的随地域扩散而衰退的特征（Maurseth and Verspagen，2002），具有明显的空间不均等性，特别是具有区域嵌入性的隐性知识在跨地区网络企业间的扩散和转移需要特定文化背景、情境嵌入以及专门的传递介质和交流模式（程聪、谢洪明，2012），地理的集聚则能够提供这种较高要求的传输渠道，并可以通过提高组织间的交流频率和交流效率，促进其信任水平的提高，增强其互惠意愿，特别是增进隐性知识的传播（蔡宁，2008），最终提升企业的管理创新。然而，现有的研究尚未对企业集聚如何影响网络互惠程度、学习能力和管理创新之间的关系进行深入的分析。另外，已有学者研究了企业规模和研发投入对网络结构的非互惠层面和管理创新之间关系的影响作用（王晓娟，2008；谢洪明、陈盈等，2011），基于上述考虑，以学习能力对网络互惠程度和管理创新之间关系的中介作用为基本框架，以集聚程度、企业规模和研发投入为主要控制变量，对上述三者之间关系进行研究，以丰富集聚和网络相关理论，为企业合理决策和管理创新提供有价值的指导与建议。

第二节   理论基础与研究假设

一   网络互惠程度与管理创新

本章是在企业网络中探讨管理创新的影响因素，网络的界定将主要采用张世勋（2002）的观点，即网络是基于专业分工、资源联系或交换所形成的，并由节点和连线构成的正式与非正式的所有互动往来关系，包括经济网络（产业网络）和社会网络（个人网络）。作为衡量企业在网络中所处地位的重要指标之一，网络互惠强调成员关系的认同、对等与协调，以及对合作任务的相似配合意愿等，而并非对权利的控制和运用。如图16-1所示，A、B、C、D分别代表4个网络成员，当A对B有资源贡献，并对B有资源依赖性时，若A能得到B相应的资源回报，则A与B

具有互惠关系；当 C 对 A 有资源贡献，同时对 A 有资源需求时，却未能得到 A 的资源回报，则 A 与 C 不存在互惠关系，但 C 属于 A 的网络成员；D 位于成员网络之外，与 A、B、C 均不存在互惠关系。

管理创新是对薪酬、绩效考核等人事制度的有效改革和计划与编制适

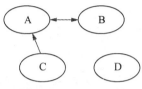

图 16 - 1　网络互惠示意

合企业未来发展的新制度及新方案（谢洪明、陈盈和程聪，2012），同时参考林义屏（2001）对管理创新的界定，将管理创新分为领导激励制度创新（LSII）和计划控制方法创新（PCMI）。企业创新的成功不仅依赖企业内部资源，而且还依赖网络环境以及与其他组织联系的种类和数量（Soda，2011；谢洪明、张霞蓉、程聪、陈盈和陈贤耿，2012），具有互惠关系的企业网络容易理解彼此存在的问题和满足彼此的需求，促进企业间合作效率的提高，并增进成员间的信任水平，减少相互间的非道德行为，使企业充分接触外部网络企业的外溢知识而得到有效的整合创新。文森特和阿诺金（Wincent and Anokhin，2010）也指出，网络密度、网络强度、网络中心性以及结构洞只有在符合网络互惠的基础上，网络成员才可能更容易地接近有价值的知识和资源，才能使企业较为容易地借鉴或模仿其他成员所实施的高效计划控制方法和激励制度，进而提升企业的管理创新。基于以上分析，本章提出如下假设拟加以验证：

H16 - 1：网络互惠程度对管理创新有正向影响。

二　网络互惠程度与管理创新：网络集聚的影响

由于网络成员在地理位置、空间分布上的差异，企业在网络中的集聚程度有所不同，其中高集聚度企业网络最终能够形成集群网络。集群网络实际上是由企业、与本企业有业务往来的产业链企业、科研机构、非科研机构、金融机构以及同类企业所形成的灵活机动的区域产业集群（程聪、谢洪明，2012），其有利于集群内的企业共同分享基础设施、公共服务或其他组织机构的产品，以及充分利用集聚区域内流动的高素质人力资源。因此，高集聚度既可以大幅降低物流成本，促进企业大量外包或者与其他企业形成战略联盟而实现规模经济；又能够吸引其他企业集聚到同一地理区域，进一步加深彼此间的信任和知识交流而形成范围经济。而这种互补性的知识交流能够产生交叉收益递增效应，即一种经济活动效率的提高会提升另一种经济活动的边际产出，使彼此间的交易更加容易，从而获取更

多的知识资源，进一步增进彼此间的互惠合作和增多非正式信息的交换，为企业获取更多的创新机会（谢洪明、金占明，2005）。

集聚在某一区域的企业网络具有地域临近性和产业关联性特征。地理临近企业可以方便地通过多次活动促进双方员工之间的交流沟通，强化企业间的认知临近和组织临近性，产生企业间彼此的信任关系（Gertler，2003），加强其互惠意愿，使之更有效地转移缄默知识，从而提升企业的管理创新；同时，它也可以促进专业化劳动力和高级管理者在临近企业间的高度可替换性和流动性，而人员流动又是重要的知识溢出渠道，能够促进知识扩散，有利于企业的管理创新活动。另外，产业临近企业可以显著提升成员间的匹配质量和匹配机会，促进各种知识、信息在网络互惠链条上的传播，并在沟通中不断产生新概念和新方法，最终激发企业管理创新。但过高的集聚程度也容易引起网络内部企业的同质性，减弱企业的创新能力和不能快速应对外部变化，最终阻碍管理创新的提升，一些竞争性企业甚至会为了获取较高的回报而采取某种背叛行为和不道德行为，这对企业之间的长期合作和创新都将产生不利影响（Jun and Sethi，2009）。基于以上分析，本章提出如下假设拟加以验证：

H16 - 2：集聚程度影响网络互惠程度对管理创新的作用。

三　网络互惠程度与管理创新：学习能力的中介作用

心理学研究的相关结果表明，个人学习能力是运用已有的知识、智力、经验和技能最大限度地领会和掌握学习资料的能力，而组织学习能力是个人学习能力的有机整合。我们在此基础上，依据谢洪明等对企业学习能力是一种组织活动能力的概括，将其分为学习承诺（MCO）、系统观点（SYP）、开放与实验（OPT）、知识整合与转移（KIT）4个因素，它对其保持企业的竞争优势发挥着重要作用。

李守伟和钱省三等（2007）指出，管理创新大多是由非编码的知识整合而来的。由于网络互惠渠道包括组织与个人之间的强、弱联系以及正式与非正式联系，其中弱联系网络及个人之间的非正式联系倾向于吸收有利于组合成新想法的模糊性溢出知识（主要是隐性知识），因此其可以为企业寻求高效的计划控制方法和激励制度提供良好的载体和广阔的平台，也就是说，网络互惠能为管理创新提供优质的知识流和资源池。但若要成功实现管理创新，企业必须对模糊性和复杂性知识开展密切的学习，并进行选择性的吸收和利用。Ussahawanitchakit（2008）认为，学习能力是企业的核心竞争力，其不仅能够提供系统的观点，而且能有效吸收、转化和整合隐性知识，进而激发管理创新。

可见，学习能力是企业高效利用其他网络互惠伙伴的溢出知识，并结合自身知识储备开展融合式管理创新的关键。而互惠网络成员间的相互尊重、意愿合作和协调发展在一定程度上能够保证彼此间实行管理承诺、分享系统观点、提倡开放式学习和共享网络内的信息与知识等溢出性资源。喻科通过研究发现，在基于网络联系特征建立的新型学习机制下，显性知识可以在网络内部得到更加灵活地传播与学习，隐性知识也能在空间和时间上得到更为有效地转换与整合。基于以上分析，提出如下假设拟加以验证：

H16 - 31：网络互惠程度对学习能力具有正向影响。

H16 - 32：学习能力对管理创新有正向影影响。

H16 - 33：学习能力在网络互惠程度与管理创新之间起中介作用。

综合以上论述，本章的研究框架如图 16 - 2 所示。

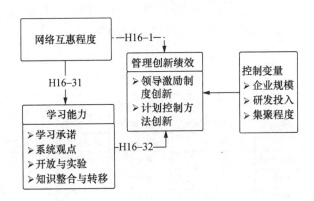

图 16 - 2　研究框架

第三节　研究设计

一　样本选择及变量测量

本节以 458 家广东省高新技术企业和民营科技型企业的数据资料为基

础。在重点回顾和整理了国内外高水平杂志关于网络互惠程度、学习能力和管理创新的测量量表，并结合本章研究目的和可操作性对其进行了必要的修订，我们最终确定测量量表如下：网络互惠程度主要参考 Caliendo 等（2011）对互惠性衡量维度的分析，包括本企业与上下游企业、同类企业、科研、非科研和金融机构的来往程度 6 个影响因素，共 12 个题项；学习能力包括学习承诺（MCO）、系统观点（SYP）、开放与实验（OPT）、知识整合与转移（KIT）4 个测量维度（陈国权和郑红平，2005，Jerez 和 Céspedes，2005），共 16 个题项；管理创新主要参考林义屏的量表，包括领导激励制度创新和计划控制方法创新两个测量维度，共 8 个题项。

二　量表的信度与效度分析

信度即可靠性，主要在于考察测验结果的一贯性和一致性。我们采用 Cronbach's α 系数和因素分析累计解释量来检验各量表的信度。张世勋（2002）指出，Cronbach's α 的标准值一般是不低于 0.35，而因素分析累计解释量的标准值则应不低于 0.40。通过运用 SPSS16.0 软件，如表 16-1 所示，发现各变量的指标均达到可接受的水平。

表 16-1　　　　　　　　**本章各变量验证性因素分析的结果**

变量	包含因素	Coefficient Alpha（Cronbach's α）	因素分析累计解释量	χ^2	GFI	CFI	NFI
DegRec		0.69	0.40	32.800	0.977	0.936	0.916
学习能力	MCO	0.87	0.65	376.636	0.905	0.922	0.897
	SYP	0.85	0.77				
	OPT	0.83	0.66				
	KIT	0.73	0.56				
管理创新	LSII	0.87	0.66	161.603	0.932	0.940	0.925
	PCMI	0.79	0.61				

本章使用的研究问卷参考了过去学者的相关研究成果，并经预调查和相关专家研讨进行了部分修订，理论上使本问卷具备了较好的内容效度。但考虑到各地经济发展水平、资源基础等多方面的差异，为保证整体模式的适配度，本节运用 AMOS 16.0 软件，以验证性因素对各量表的建构效度进行了检验。

第四节 研究结果

为了更好地验证本章提出的研究假设，表 16 - 2 对网络互惠程度、学习能力的四个一阶因素以及管理创新的两个一阶因素进行了相关性分析。结果发现，各变量之间基本上存在显著性的相关关系。

表 16 - 2 均值、标准差与因子相关系数

	Mean	S. D.	DegRec	MCO	SYP	OPT	KIT	LSII	PCMI
DegRec	4.3726	0.95262	1.000						
MCO	5.5240	0.78263	0.173**	1.000					
SYP	5.5895	0.79039	0.333**	0.473**	1.000				
OPT	5.7041	0.71905	0.179**	0.596**	0.571**	1.000			
KIT	5.4995	0.81434	0.217**	0.439**	0.509**	0.453**	1.000		
LSII	15.13	2.217	0.243**	0.215**	0.326**	0.195**	0.204**	1.000	
PCMI	12.82	1.487	0.091	0.222**	0.255**	0.239**	0.210**	0.563**	1.000

注：** 表示在 1% 的水平下显著。

基于此，本章构建了直接影响模型（Model 1）和中间变量模型（Model 2），一方面检验网络互惠程度和管理创新之间的直接影响关系，另一方面检验学习能力在网络互惠程度和企业管理创新之间关系的中介作用。同时，还纳入集聚程度（Model 5）、企业规模（Model 3）和研发投入（Model 4）作为控制变量，探讨其是否以及如何影响网络互惠程度、学习能力和企业管理创新的相互关系，结果如表 16 - 3 所示。

由表 16 - 3 可知：（1）在 Model 1 中，网络互惠程度对企业管理创新存在显著正向影响（$\beta_{11} = 0.23^{**}$），假设 H16 - 1 获得支持。（2）在 Model 2 中，网络互惠程度对学习能力有显著的正向影响（$\beta_{31} = 0.38^{***}$），假设 H16 - 31 获得支持；同理，假设 H16 - 32 获得支持；而网络互惠程度与管理创新之间并不存在直接的显著性关系（$\beta_{33} = 0.09$），假设 H16 - 1 未获得支持，这说明学习能力在网络互惠程度与管理创新之间起到完全中介作用，假设 H16 - 33 获得支持。（3）在 Model 3 中，小规

表 16 - 3　各个模型的检验结果及相关数据

假设路径	直接影响模型[a] Model 1	中间变量模型[b] Model 2	控制变量（规模）[b] Model 3			控制变量（研发投入）[b] Model 4		集聚程度[b] Model 5	
			大规模	中规模	小规模	研发投入高	研发投入低	高集聚度	低集聚度
DRC→MIP (H16-1)	0.23**	0.09	0.18	0.05	0.08	0.19*	0.12	0.13	0.00
DRC→LAB (H16-2)	—	0.38***	0.51**	0.31***	0.24	0.32**	0.39***	0.37***	0.35*
LAB→MIP (H16-3)	—	0.38***	0.37*	0.38***	0.43	0.29*	0.48***	0.31**	0.62**
LAB→MCO[d]		0.744c	0.757c	0.736c	0.762c	0.729c	0.787c	0.737c	0.733c
LAB→SYP		0.801***	0.653***	0.851***	0.852	0.778***	0.776***	0.782***	0.839***
LAB→OPT		0.8587***	0.877***	0.845***	0.866*	0.830***	0.920***	0.848***	0.915***
LAB→KIT		0.750***	0.555***	0.842***	0.807*	0.813***	0.725***	0.754***	0.709***
MIP→LSII	0.720c	0.723c	0.855c	0.718c	0.521c	0.720c	0.837c	0.734c	0.725c
MIP→PCMI	0.930c	0.924c	0.854c	0.990c	0.459c	0.861c	0.853c	0.877c	0.996c
拟合度指标									
χ^2	178.642	844.526		2095.234		1399.863		1534.341	
d.f.	88	426		1278		852		852	
GFI	0.952	0.892		0.800		0.858		0.831	
CFI	0.956	0.927		0.868		0.920		0.886	
RMSEA	0.049	0.046		0.038		0.035		0.042	

注：路径系数为标准化值；*** 表示 $P<0.001$，** 表示 $P<0.01$，* 表示 $P<0.05$；带 * 表示关系显著，假设获得支持。a 表示网络互惠程度对管理创新的直接影响。b 表示包括网络互惠程度对网络互惠程度和管理创新之间的调节作用。c 表示回归权重定为 1.000[d]；学习能力和管理创新是二阶因素。为简便起见，表格只标明一阶因素负荷量。

模企业的网络互惠程度、学习能力和管理创新之间不再有显著性的影响关系（β_{31}^{a} = 0.24，β_{32}^{a} = 0.43，β_{33}^{a} = 0.08），而大规模和中规模企业的学习能力仍然起到完全中介作用，并且大规模企业中的网络互惠程度对学习能力的影响比 Model 2 表现得更为强烈（β_{21}^{d} = 0.51** > β_{21} = 0.38***）。（4）在 Model 4 中，高研发投入企业的学习能力在网络互惠程度和管理创新之间起不完全中介作用（β_{31}^{b} = 0.32**，β_{32}^{b} = 0.29*，β_{33}^{b} = 0.19*），即假设 H16-1、H16-31、H16-32、获得了支持，并且低研发投入企业的学习能力对管理创新的影响比 Model 2 表现得更为强烈（β_{32}^{c} = 0.48*** > β_{32} = 0.38***）。（5）在 Model 5 中，企业集聚程度的高低影响了网络互惠程度对管理创新的作用强度，即假设 H16-2 获得支持。同时，可看出处于低集聚度企业的学习能力在网络互惠程度和管理创新之间起到比 Model 2 更强的完全中介作用，而高集聚度企业则减弱了学习能力在网络互惠程度和管理创新之间的中介作用。

本章小结

知识外溢效应使企业对外部网络关系依赖性越来越强，因此，网络关系和产业集群成为企业的重要竞争优势来源（Burt，2005）。本章主要基于学习能力和集聚的视角，着重探讨了网络互惠程度是否及如何影响管理创新，并运用结构方程模型获得了实证检验结果，主要获得了如下结论：

第一，集聚程度对于网络互惠的影响。虽然集聚区域内的网络企业可以充分享用政府的优惠政策、便利的投融资环境及先进的基础设施，并利用地缘、亲缘和各种工作关系开展交流活动。但高集聚度网络中的企业由于会导致与其他网络成员间的同质性而造成企业间对资源的激烈争夺，从而导致企业间的激烈竞争，甚至出现企业的背叛行为，所以，只有适中的集聚网络才有利于彼此间的长期互惠合作（谢洪明和刘少川，2007）。总之，高集聚度网络企业会减弱学习能力在网络互惠程度和管理创新之间的中介作用，低集聚度网络企业则正好相反。因此，企业要善于发现适合自身发展的地理资源，建立适中的网络互惠度，以便在激烈的竞争环境中不断增进自身的管理创新。

第二，网络互惠程度对于管理创新的影响。在直接影响模型中，我们发现，网络互惠程度直接影响管理创新，而在中间变量模型中，网络互惠程度需要通过学习能力对管理创新产生间接影响。这一结论初步揭示了网络互惠程度对管理创新的作用机制：虽然网络成员间可以因互惠关系获得大量高附加值、异质性的信息和知识，但只有具备较强学习能力的企业才能对其进行充分的吸收、转化、整合和创新。因此，企业要善于选拔和引进集聚区域内的高质量人才，建立易于人才发展的企业文化和激励机制，营造学习能力得以高效发挥的良好环境。

第三，网络互惠程度对于学习能力的影响。Model 2 检验结果显示，网络互惠程度对学习能力具有显著的正向影响作用。究其原因，我们认为，这可能是由于我国同一地区的集群网络中存在较多的家族式企业以及网络成员间的非正式联系，企业间易通过亲情、朋友等途径形成互惠关系；或者对于普通的网络企业，长期的业务联系可以增进其与互惠伙伴的信任合作。这两种网络互惠关系均为彼此间的信息知识和资源交换提供了便捷的平台，在一定程度上促进某一方产业链的发展，进而带动整条产业链的进步。基于产业链带来的多样化信息，企业必须不断地加强自身学习能力，才能实现对资源的更有效的吸收和利用。因此，企业可以通过加强与其他网络成员间的互惠程度来提高其学习能力。然而，在 Model 3 中，假设 H16 – 31 不成立，证实了小规模企业由于主要从事产业链低端的生产或服务活动，其不可能投入大量的资金开展管理培训或组织学习等活动，因而很难较好地识别和利用互惠所带来的大量有价值的信息。

第四，学习能力对于管理创新的影响。Model 2 的实证结果验证了学习能力对管理创新的正向影响作用。该结论表明，企业仅仅开展组织学习已不能满足经济全球化和一体化发展的需要，而必须加强对员工技能、知识、素质等的培训和管理，以快速提高企业的学习能力，增进管理创新。但由于资金和能力的限制，小规模企业的学习能力对管理创新不再产生积极的影响。此时，小规模企业应主要靠除学习能力之外的其他因素来提高管理创新，或者通过扩大自身规模使学习能力对管理创新产生积极的影响。此外，小规模企业也可以通过建立自身的结构洞地位，充分发挥其因位于网络连接中心而可以得到大量互惠信息的优势，进而提升自身的管理创新。

本章的研究结果不仅丰富了集群网络相关理论，同时也为企业如何更好地实施管理创新提供了相关政策与建议。然而本章研究仍存在不足之处：一方面，我们的研究对象主要针对申报广东省高新技术和民营科技型企业的企业，实证结果是否适用于其他省市或其他产业还有待进一步研究。另一方面，网络互惠程度虽然是当前网络研究中重要的内容之一，但其只是网络结构中的一个维度，在如今网络环境日益复杂的背景下，有必要将网络互惠程度与网络结构中的其他维度（网络密度、网络强度等）结合起来综合考虑，以更加全面地分析企业网络中的管理创新机制，这也是未来研究的主要方向之一。

第十七章　美的空调供应商战略
网络及其效率案例

　　本章将进一步探讨战略网络连接关系的功能属性，借助于节点活性的概念来描绘供应商的属性与状态，并结合企业网络中网络关系与网络结构的理论划分原则，通过将投资组合理论与企业网络视角相结合，我们尝试从供应商网络关系、网络结构与节点活性三个角度对供应商网络效率进行分析。基于美的空调的案例研究发现，从网络关系视角看，焦点企业与供应商之间的信息共享程度、企业高层和中基层员工的交流频率将对供应商网络效率产生重要影响；从网络结构视角来看，焦点企业和供应商之间的业务份额对于供应商网络效率的影响作用较为明显；而从节点活性视角来看，焦点企业在供应商客户群体中的排名以及彼此之间的技术合作强度是影响供应商网络效率的重要因素。本章的研究成果对于供应商网络管理实践以及焦点企业供应商选择具有重要的借鉴意义与指导作用。

第一节　引言

　　供应商网络是在企业间日趋激烈的竞争迫使企业对生产工艺与业务活动进行整合重组，同时保证企业掌握核心技术与资源基础上，将非核心业务转包给专业供应商去生产或经营的基础上产生的。在各种形态的供应商网络关系中，以一家焦点企业为中心，多个供应商向其提供生产所需的各种原料、零部件形式的供应商网络最为普遍，这已经在大量的产业集群与企业网络研究中得到了证实（池仁勇，2005；池仁勇，2007）。我们以这种存在一家焦点企业，多个供应商同时向其供货的供应商网络形态为研究对象。

　　对于一个成熟的供应商网络来说，供应商网络效率不仅关系焦点企业能否获取竞争优势，还直接影响到众多供应商的生存与发展，这在集群企业中体现得最为明显，例如，近年来我国长三角、珠三角地区出现的中小企业集群衰退、企业倒闭现象最直观原因之一就是供应商网络破裂、消失所引发的产业链断裂问题。关于供应商网络效率主要存在两种研究思路：一种思路是从项目投资组合管理视角来理解与分析供应商网络。持这种观点的学者们关注于供应商网络中焦点企业对于供应商网络发展的影响，并普遍采用项目投资决策理论来分析焦点企业如何选择供应商的问题（Gelderman and Weele，2002）。另一种思路则是基于企业网络视角来探讨供应商网络效率问题，从供应商网络关系形成、结构功能及连接状态等维度来刻画焦点企业与供应商之间的选择与匹配问题（Ma，Yao and Xi，2009）。在本章中，我们将通过分析以上两种供应商网络效率研究的优劣势，并结合我国供应商网络发展实际，提出从供应商网络关系、网络结构与节点活性三个角度来分析供应商网络效率的问题。我们首先对关于供应商网络的项目投资组合理论与企业网络理论进行了文献回顾与梳理，在此基础上，抽离出全面反映供应商网络效率的供应商网络关系、网络结构与节点活性三个维度。

一　投资组合理论

1983 年，卡拉杰克首先将投资组合的概念引入供应商网络中焦点企业的采购研究当中，并提出著名的卡拉杰克矩阵，在卡拉杰克矩阵中，产品相关度与供应链风险是评价供应商关系的重要变量。后来的学者在卡拉杰克矩阵模型的基础上，对产品相关度与供应链风险进行了补充与扩展，从资源、客户、合作关系等视角提出不同类型的组合分析模型，这些模型无论在评价因素、权重还是分析步骤上都存在较大差异，因此，选择合适的模型来评估供应商网络的焦点就集中在变量的选择方面。具体来说，就是选择最能够反映供应商网络关系的评价指标，并且能够对其进行准确的测量。然而，在供应商网络的项目投资组合理论中蕴含着这样一个重要假设：供应商是作为被动参与者的角色进入网络的。事实上，供应商网络中高效的供应链关系是焦点企业与供应商之间共同努力的结果。因而高效率的供应链关系确立不仅仅是焦点企业评估、选择关键供应商的问题，同时也是供应商主动参与、配合焦点企业展开经营活动的问题。

供应商在资源整合、行为方式上的差异使得焦点企业与不同供应商之间合作效率必然是多样化的。而网络专业化分工与信息化过程推进促使供应商在供应商网络中扮演越来越重要的角色，供应商的主动行为更是成为焦点企业能够获得成功的重要因素之一（Wagner and Johnson, 2004）。正如杜博伊斯和彼得森（Dubois and Pedersen, 2002）所说，投资组合模型并未充分考虑供应商的能动性，也忽略了供应商网络的动态发展过程，从而难以反映供应商与焦点企业之间商业行为过程中的潜在互动机制。这正是我们提出运用节点活性来表征供应商网络"主动性"行为的意义所在。

二 企业网络视角

加德和哈坎森（Gadde and Håkansson, 2001）指出，供应商与焦点企业之间合作关系特征不仅取决于供应商与焦点企业之间在行为方式、资源获取等层面上的互补性，还依赖不同供应商之间的业务关系，例如竞争、联盟等。正是由于供应商之间可能的横向供应链关系，导致了供应商网络中交互效应的存在。这种交互效应在供应商网络中的影响是显而易见的，例如某一供应商配套产品质量的提升很可能促使焦点企业要求其他供应商也必须提升相关配套产品的质量，供应商通过焦点企业实现技术分享、知识传递等。

对于焦点企业来说，对供应商之间联系所产生的交互效应进行有效管理（限制）非常必要。一方面，供应商之间的频繁联系以及合作联盟的形成必然影响焦点企业在网络中的主导地位，不利于其管理供应商；另一方面，结构洞理论已经表明，处于网络中心位置的企业更容易获得知识、信息交流方面的优势地位，从而扮演资源掘客的角色。在供应链管理实践中，要完全阻止供应商之间的联系与合作是不可能的，因此，焦点企业通常采用一种折中机制来管理这种供应商交互效应，即在焦点企业的主导下实现部分资源在不同供应商之间的转移。总之，焦点企业与供应商之间的供应链关系是供应商网络中最为重要的关系。

在企业网络理论中，网络关系关注企业间联结的品质与效率，如关系持久度、关系强度等；而网络结构则强调网络中在位企业间普遍存在联系的特性，如联系的空间范围、频率及中心性等（潘松挺，2010）。虽然，网络关系与网络结构能够较好地描述供应商网络中焦点企业与供应商之间的关系形态，但却并不适用于供应商属性与状态的分析。而加德和哈坎森（2001），程聪、谢洪明和李金刚（2012）等的研究已经表明，供应商的属性、状态对于供应商网络效率的影响是普遍存在的。但都将研究重点聚焦在供应商属性、状态对于焦点企业绩效的影响方面，很少有学者从社会网络视角下探讨供应商属性及状态对于供应商网络效率的直接影响关系。为了全面反映供应商在影响供应商网络效率方面的具体作用机制，我们借喻了节点活性的概念来反映供应商自身属性与状态。在下文的分析中，我们将分别从供应商网络关系、网络结构与节点活性与供应商网络效率之间的关系进行探讨。

三　供应商网络关系、网络结构与节点活性的提出

乌齐（1997）指出，网络关系是建立在彼此信任基础上的相互紧密联结的嵌入性互动关系，通过这种嵌入性互动关系，企业间能够实现优质信息资源的共享与转移，即网络关系状态是决定网络整体运作效率（网络效率）的重要因素之一。从整体上看，在供应商网络中，焦点企业与供应商之间往往需要彼此合作来完成某一产品，因此，利益获取、价值取向的一致与否将对焦点企业与供应商之间合作关系产生重要影响，进而间接影响供应商网络效率。相对于一般企业网络而言，供应商网络关系中彼此共生、相互依存以及柔性关系表现得尤为突出。彼此共生意味着焦点企业与供应商双方在互动过程中分享利益。焦点企业将非核心业务分包给供应商去生产和经营，意味着焦点企业与供应商之间形成了实质性的分工合作关系，这种分工合作促进了彼此间的相互依存（Mark and Granovetter，1973），而供应商网络中包含着众多供应商也意味着分析供应商网络效率需要充分考虑焦点企业与所有供应商之间的业务关系状态。

在企业网络结构中，网络强度、网络中心性和网络异质性是最为重要的三个方面（Catarina et al.，2010；McEvily and Zaheer，1999）。网络强度是指网络成员联系的频率、紧密程度等；网络中心性是指网络成员在网络中的权利地位及资源优势等；网络异质性是指网络中是否有结构洞或弱联系的存在（符正平、曾素英，2008）。在供应商网络中，焦点企业必然处于网络中心位置。同时，焦点企业与供应商之间的联结关系构成了供应商网络中的主要关系，而供应商之间的联结关系则相对处于次要地位。因此，从供应商网络效率考察，在供应商网络中，网络中心性显得不是那么重要，即供应商网络结构特征主要包括网络强度与网络异质性两方面。

节点及其相互间的联系是网络组织中的两个主要组成要素。李维安和邱昭良（2007）指出，网络组织中的节点通常具有能动性与主动性的特点，即节点活性，并且网络组织中的节点活性主要体现在节点自主决策与自由活动上。在供应商网络中，一方面，由于焦点企业处于中心位置，其

对整个供应商网络的生产经营决策具有绝对主导权，而所有供应商均围绕焦点企业展开生产经营活动；另一方面，在当前的供应商网络中，焦点企业与供应商之间的关系已经从传统的原料、动力等资源交易关系逐渐上升到产品研发、价值创造等更高层次的合作范畴（Casciaro and Piskorski，2005）。综合以上两方面的考虑，我们推断，供应商节点活性对于供应商网络效率的影响是非常关键的。

第二节　研究设计

依据研究对象数量不同，案例研究一般可以分为单案例研究与多案例研究；而根据研究层次差异，案例研究又可以划分为单层次分析与多层次分析（陈晓萍、徐淑英和樊景立，2008）。由于我们以美的集团空调事业部（以下简称美的空调）的供应商网络为研究对象，而供应商网络中的焦点企业与供应商企业属于同一层次，因此，本章采用单案例单层次案例研究法。单案例单层次研究法能够对研究对象进行长期、有效的观察与判断，维持案例研究的深度。在案例研究中，研究案例选择非常关键，也是最为困难的步骤之一（Yin，2004；毛蕴诗，2010）。一般来说，研究案例的选择需要从数据的可获取性、案例的典型性和研究开展的便利性等角度进行分析（Yin，2003）。我们在充分考虑上述三个因素的前提下，并结合研究团队在前期调研资料积累以及数据收集的基础上，最终选择美的空调供应商网络作为本章的研究对象。

一　案例企业背景

美的集团创业于1968年，1980年正式进入家电产业，1981年注册美的品牌。经过30多年的不断调整、发展与壮大，如今已成为以家电业为主，涵盖房产、物流、金融等领域的大型综合性现代化企业集团，旗下拥有三家上市公司、四大产业集团，是中国最具规模的白色家电生产基地和出口基地之一。美的空调事业部是伴随着美的集团的成长一步一步壮大起来的，自1985年进入空调行业以来，美的空调事业部经历了最初的50万台/套一直到如今将近2000万台/套的产销规模，在生产规模上，美的已经遥遥领先于其他大多数空调企业，成为国内外空调市场上最具竞争力的企业之一。

　　一台空调产品需要由几十甚至上百种不同物料组成，在当前专业化分工如此明显的背景下，倘若所有这些物料都由空调企业自行生产完成，几乎是无法想象的。基于充分发挥核心能力的原则，现代空调企业一般都定位在成品的组装功能上，而选择将几乎所有的零部件等物料从外部采购的方式进行生产经营。美的空调事业部在长期的经营过程中，充分挖掘供应链资源，已经建立了稳定有效的供应渠道，形成了一批成熟、有竞争力的供应商队伍，构建规模庞大的供应商网络。目前，美的空调的合格供应商队伍已经有近 1000 家，其中存在供需关系的将近 800 家。这些供应商主要集中在珠三角和长三角地区，其中尤以珠三角为主。并且美的空调与一些主要的供应商之间已经建立了长期的合作关系，具有良好的合作基础。2010 年，美的空调总体供应商资料情况大体如表 17 – 1 所示。

表 17 – 1　　　　　　　　　美的空调供应商资源情况

供应商区域分布情况	珠三角地区	安徽芜湖周边地区	湖北武汉周边地区	
	74.24%	4.16%	1.39%	
	长三角地区	国内其他地区		
	14.68%	5.53%		
供应商性质	国有企业或集体企业	民营企业	"三资"企业	
	4.61%	85.15%	10.24%	
合作时间	1 年以下	1—3 年	3—5 年	5 年以上
	4.83%	37.8%	26.2%	31.17%
年交易金额	100 万元以下	100 万—500 万元	500 万元以上	
	34.68%	30.61%	34.71%	

资料来源：根据美的空调内部资料整理。

　　概括地看，美的空调供应商具有以下特点：
　　第一，供应商以美的空调为核心，分布在美的空调周边。为满足美的空调顺德、武汉和芜湖三个空调生产基地的需求，各物料供应商主要分布在顺德、武汉和芜湖周边。美的空调产品包括内销和出口两个部分，其中出口占 50% 左右，主要以贴牌生产为主。美的空调的这种经营特点，对于组织生产的及时性要求非常高，这就要求供应商供货半径最小化。
　　第二，美的空调与供应商合作时间比较长。美的空调近些年一直处于不断增长状态，产销量从 2000 年的 200 万台飙升到 2010 年的近 2000 万台。高幅度的增长要求更多稳定的物料资源作为保障。因此，这些年来，美的空调供应商在保留原有供应商资源的基础上，一直在不断拓展、挖掘新的供应商资源。另外，我们通过总结近几年美的空调的生产经营情况，发现影响美的空调产品市场准时交货和出现质量问题的原因主要在于供应商的快速反应能力较为欠缺，且供应物料质量稳定性也较差。在美的空调给供应商网络中，供应商之间的物料供应能力差异较大。

第三，美的空调供应商业务重新布局。由于空调行业已经步入成熟期，行业利润日益单薄，供应商在合作中获利概率逐渐减少。因此，美的空调部分供应商开始寻找新的利润点，以此摆脱对空调企业的依赖，越来越多的供应商开始向汽车、电子等新兴行业或高利润行业配套供应，进一步压缩了空调企业的资源供应。此外，伴随着空调行业的逐步走向成熟，空调企业已经从 300 多家锐减到如今的 30 多家。现在美的、格力、海尔等空调厂家共用某些供应商资源的情况非常普遍，而更多的供应商选择同时为美的、格力、海尔等空调厂家配套供应物料，这也成为空调企业供应商资源的一个重要特征。近年来，格力、美的、海尔等主要空调厂家争夺物料资源的情况时常出现。

二　构念测度

美的空调供应商网络效率测度。焦点企业所以选择将业务外包给供应商，由供应商配套供应自己所需要的某项业务，原因就在于该业务不是自己的核心业务，企业没有必要在该项业务上花费更多的时间和精力。因此，供应商网络效率的高低首先取决于生产非核心业务的供应商企业。我们在参考了迪克森（Dickson，1965）关于供应商供应效率的评估方法基础上，结合对美的空调供应商网络的调研采访，决定从以下几个要素来评价供应商网络效率：（1）供货成本。就是焦点企业完成供应所需要付出的代价，在本章中，我们以供应商供应物料的价格作为供应成本的评估对象。（2）供货准时性。就是供应商能否按照焦点企业的要求按时、按质、按量地将供应物料送到指定地点，确保焦点企业生产组织的按计划开展。（3）供货质量。供应商作为产品价值链上基础一环，其供货质量直接影响到最终产品的质量，因此，供货质量也是评估供应效率的一个重要指标。（4）服务意识。美的空调生产组织最大的特点之一就是订单式生产，这种生产组织模式下的订单特点就是单多、量少、周期短、变化大。这就要求供应商具备良好的服务意识，能适应美的空调的这种特点。出现问题后，能快速反应，积极整改，持续改善，最大限度地满足美的空调的生产需求。

美的空调供应商网络关系测度。彼此共生、相互依存以及柔性关系是供应商网络关系最为重要的特征。结合焦点企业与供应商之间的关系特征及其体现出来的作用效果，并在对美的空调及其供应商进行充分了解、沟通的基础上，我们拟从以下三个要素来评估美的空调与其供应商之间的关系：（1）合作时间长短。在焦点企业与供应商之间的合作关系中，信任程度与一致性水平是影响其效率最为关键的因素，而焦点企业与供应商之间高水平的信任与一致性关系深受彼此合作时间长短的影响。（2）信息共享程度。在供应商关系网络中，由于焦点企业与供应商之间只有充分合作才能完成某一产品的研发、生产与销售任务。因此，通过分析焦点企业与供应商之间实现计划、生产、经营以及财务等信息的共享与交流程度，就可以判断出企业与供应商之间的关系紧密度。（3）企业人员交流。供应商网络中为了加深彼此间了解，企业与供应商都会主动创造或争取与对方交流的机会，关系越深，这种交流的频度和广度越大。我们注意到，那些建立了长期战略伙伴关系的企业之间的这种高层、中层、基层人员之间的交流与拜访的情况非常普遍，也正是通过这种全方位地接触，双方之间的关系得到进一步的巩固和改善。

美的空调供应商网络结构测度。由于焦点企业与供应商之间的关系是本章的研究重点，因此，在本章的供应商网络结构中，我们将结构特性限定为焦点企业与供应商之间的结构特性，而焦点企业的单一性与供应商的多样化决定了我们的供应商网络结构特性表现为焦点企业与特定供应商之间结构特性上的差异。我们主要通过以下三个要素进行分析：（1）业务份额。焦点企业与供应商业务往来中，供应商如果拥有焦点企业所需物料的较高份额，那么对于焦点企业来说，这家供应商就会非常重要。因此，供应商拥有焦点企业业务份额的大小，在很大程度上决定了自身在供应商网络中的地位。（2）业务重要程度。如果供应商的某项业务（知识、技术及资源等）对于焦点企业非常重要，那么，这家供应商在供应商网络中也将处于主动地位，即拥有网络结构优势。（3）资源使用必要性。在企业经营中，往往会出现由于客户需求而被迫选择提供个性化服务的情况。例如，客户指定使用某些供应商的原材料或零部件。此时，焦点企业就会形成对该供应商的刚性选择,供应商由此获得了对焦点企业的结构优势。

美的空调供应商节点活性测度。前文已经明确,供应商节点活性特指供应商企业的自身属性与状态。在充分考虑本研究对象实际情况的基础上,我们将主要从供应商规模、业务布局与技术合作三个要素展开讨论:(1) 供应商规模。一般来说,供应商规模是评估一家供应商企业生产能力最为直观的指标。供应商规模越大,其产能也相对越大,适应焦点企业需求变化的能力就越强。对于供应商规模,我们可以通过供应商企业拥有的员工数量、产值以及设备数量等数据来进行评估。(2) 业务布局。当前的供应商为了分散风险,往往会与行业内的多个焦点企业产生业务关系。从而造成其对单个焦点企业的物料供应能力下降。因此,对网络中供应商的客户群进行分析,关注其在供应商中的地位非常重要。(3) 技术合作。随着产品个性化及工艺模式多样化,供应商与焦点企业之间在产品技术交流与合作水平往往也反映了供应商对于该焦点企业业务的重视程度。

三　数据收集与编码

（一）数据收集

案例研究中为了对研究对象进行较为全面、可靠的描述,通过多种渠道获取数据就显得尤为关键。我们在数据收集过程中主要采用了档案记录分析、文献资料查询以及人员访谈等方法。(1) 档案记录分析。对美的集团内部公司年报、宣传资料、经营手册、规章制度以及合作协议进行查阅、整理,如美的集团的《供方引入管理》《物料招标管理》与《合格供方管理》等。(2) 文献资料查询。通过检索学术研究相关数据库、美的集团网站、行业发展统计报告以及政府、行业信息网等收集相关信息,如中国知网、中国商务网等。(3) 人员访谈。分别与美的空调及其部分供应商进行了深度访谈。其中,美的空调的访谈对象以供应链管理人员为主;供应商企业的访谈对象则包括企业高层、中层与基层管理人员在内的所有员工,访谈的供应商企业包括美芝、龙丰、乐金、神力以及港利等作为美的空调供应商企业。在获得了所有数据之后,我们对指向性一致的数据进行了对比分析,通过数据的"三角验证"进一步提升研究的信度与效度。

（二）数据编码

在获得相关数据之后,就是对数据进行编码处理。在充分参考了彭新敏等与李飞等（2010）的研究方法之后，本章以内容分析法为指导思想，借助于 Nvivo 8.0 软件强大的质性分析功能对数据进行编码。具体的编码步骤如下：首先，根据评价对象的不同将数据划分为网络效率评价数据、网络关系评价数据、网络结构评价数据和节点活性评价数据四类；其次，对每一评价对象划分评级等级，并将所获得的数据依据其内容编码不同的等级；最后，对所获得的数据进行归类、整理。

第三节　美的空调供应商网络效率分析

通过对美的空调及其供应商的实地调查与深入访谈，并结合数据编码处理结果，构建了美的空调供应商网络效率评价指标体系以及评价细则分别如表 17 - 2 和表 17 - 3 所示。

表 17 - 2　　　　　　　　美的空调供应商网络效率评价体系

内容	一级指标	权重（%）	二级指标	权重（%）
供应商网络效率评价	供应成本	25	价格评分	25
	供应质量	30	进货检验	20
			环保检测	5
			质量问题（其他重大质量异常或常见问题）	5
	供应准时性	30	准时配套率	30
	服务意识	15	售后服务	5
			支援意愿	5
			财务支持	5

资料来源：在参考美的空调内部资料基础上，结合迪克森（1965）等文献整理形成。

在获得美的空调供应商效率评价指标体系及评分细则之后，以一年为分析周期，对美的空调供应商网络效率进行了系统评价。具体做法为在每个月供应商供应效率评价的基础上，采用累加平均的方式，梳理出了美的空调的年度供应商网络效率评价结果。由于篇幅有限，本章只选取了美的空调最有代表性供应商的网络效率评价结果，如表 17 - 4 所示。

表 17 - 3　　　　　　　　　　　美的空调供应商网络效率评价细则

内容	指标	分值	责任部门	评价细则	打分
供货成本	价格评分	25	核价	物料供货厂家中价格综合指数最高	1
				物料供货厂家中价格综合指数处于中高	2
				物料供货厂家中价格综合指数处于中低	3
				物料供货厂家中价格综合指数处于最低	4
供货质量	进货检验	20	质量	A 类不合格扣 3 分，B 类不合格扣 2 分，C 类不合格扣 1 分，D 类不合格扣 0.5 分	—
	环保检测	5	质量	发生 ROHS 测试不合格	-5
	质量问题	5	质量	生产过程中出现重大质量问题造成返修 100 台以下	-2
				生产过程中出现重大质量问题造成返修 100—500 台	-3
				生产过程中出现重大质量问题造成返修 500—1000 台	-4
				生产过程中出现重大质量问题造成返修 1000 台上	-5
供货准时性	准时配套率	30	生产	影响第二天作业配套率 3 个作业以下，一个作业扣 2 分，当天累计扣分；取月度加权扣分均值/天	—
				影响第二天作业配套率 3 个作业以上，一个作业扣 3 分，当天累计扣分；取月度加权扣分均值/天	—
服务意识	财务支持	5	财务	供方单据错误情况，红冲清理、对账异常发现一个	-1
				供方单据错误情况，红冲清理、对账异常发现二个	-2
				供方单据错误情况，红冲清理、对账异常发现三个	-3
				供方单据错误情况，红冲清理、对账异常发现四个	-4
	售后服务	5	生产	售后服务是否及时、周到，扣 1 分/次	—
				不良品的处理是否迅速而彻底，扣 1 分/次	—
				作业尾数清理补货是否及时，扣 2 分/次	—
	支援意愿	5	配套	对紧急订单没有支援意愿，有口头、书面或实际行为拒绝进行相关配合	1
				对紧急订单支援意愿不强，但有适度的支援表现	2
				对紧急订单在强调的情况下，能基本满足的支援	3
				对要求支援积极配合，良好地完成支援任务	4
				寻求支援机会，争取支援任务，有强烈的支援意愿并出色完成	5

资料来源：根据美的空调内部资料整理。

表 17 - 4　　　　　　　美的空调供应商网络效率评价（部分）

供应商名称	业务类别	成本	质量			交货	服务			网络效率得分
		价格评价	进货检验	环保检测	质量问题	准时配套率	售后服务	支援意愿	财务支援	
		25	5	5	20	30	5	5	5	
美芝	压缩机	20	5	5	20	28	5	5	5	93.00
日立	压缩机	15	5	5	20	28	4	4	3	84.00
松下	压缩机	5	5	5	20	28	4	4	3	74.00
乐金	压缩机	15	5	5	20	18	4	3	5	75.00
三星	压缩机	20	5	2	20	28	4	4	5	88.00
龙昌	铜管	15	5	5	19.5	27	5	5	5	86.50
龙丰	铜管	20	5	5	20	30	5	5	5	95.00
大江	铜管	20	5	5	15	25	5	3	5	83.00
精艺	铜管	20	5	5	15	25	4	4	5	83.00
海亮	铜管	20	5	5	15	23	4	4	5	81.00
耐乐	铜管	20	5	5	15	27	4	5	5	86.00
东岳	冷媒	20	5	5	20	30	5	5	5	95.00
广纳	冷媒	20	5	5	15	20	2	0	5	72.00
常铝	铝箔	20	5	5	25	27	5	5	5	97.00
渤海	铝箔	20	5	5	15	27	4	2	5	83.00
关铝	铝箔	20	5	5	15	25	4	2	5	81.00
顺威	铝箔	20	5	5	5	25	4	4	5	73.00
联创	铝箔	20	5	5	15	25	4	4	4	82.00
神力	铝箔	20	5	5	15	25	4	4	4	82.00
三花	阀体	20	5	5	15	30	5	5	4	89.00
天大	阀体	18.8	5	5	20	28	4	4	5	89.80
华鹭	阀体	20	5	5	10	28	4	3	4	79.00
盾安	阀体	20	5	5	10	29	5	5	3	82.00
星科	阀体	18.7	5	5	10	28	3	3	3	75.70
正发	阀体	20	5	5	15	29	4	3	5	86.00
同兴业	配管	20	5	5	20	28	4	4	4	90.00
联森	配管	20	5	5	15	27	4	5	4	85.00
玉龙	配管	20	5	5	15	24	5	4	5	83.00
精艺	配管	20	5	5	20	28	4	4	5	91.00
恒通	配管	12.8	5	5	20	28	5	4	4	83.80

续表

供应商名称	业务类别	成本	质量			交货	服务			网络效率得分
		价格评价	进货检验	环保检测	质量问题	准时配套率	售后服务	支援意愿	财务支援	
		25	5	5	20	30	5	5	5	
港利	配管	20	5	5	10	27	3	3	5	78.00
源泉	配管	20	5	5	20	28	4	4	5	91.00
东升	配管	20	5	5	15	29	5	4	5	88.00
新亚	电机	18.2	5	5	15	26	3	4	5	81.20
卧龙	电机	7.7	5	5	20	30	5	4	5	81.70
威灵	电机	20	5	5	20	26	4	5	5	90.00
正业	纸箱	19.2	5	5	20	27	4	5	5	90.20
信盛	纸箱	19.6	5	5	15	21	3	3	4	75.60
骏隆	纸箱	14.9	5	5	15	24	4	3	3	73.90

资料来源：笔者整理。

由表17-4可知，美的空调供应商网络中美的集团与供应商之间的网络合作效率差异非常明显。其中，压缩机业务中的美芝，铜管业务中的龙丰，铝箔业务中的常铝，阀体业务中的三花与天大，配管业务中的精艺与源泉，电机业务中的威灵以及纸箱业务中的正业等网络效率最高。结合前面所获得的数据，对其中的美芝、龙丰、常铝、精艺、威灵和正业从网络关系、网络结构与节点活性三个视角进行了分析，结果如表17-5所示。

表17-5　　　　　　　　　高网络效率的美的空调供应商信息

供应商名称 网络特征		美芝	龙丰	常铝	精艺	正业	威灵
		压缩机	铜管	铝箔	配管	纸箱	电机
供应商网络关系	合作时间	15年	8年	13年	11年	19年	9年
	信息共享程度	计划/生产/经营等信息全面共享	生产/计划信息共享	生产/计划信息共享	计划/生产/经营等信息全面共享	计划/生产/经营等信息全面共享	生产/计划信息共享
	高层交流	5次以上	3次以上	3次以上	5次以上	5次以上	4次以上
	中基层交流	频繁	频繁	频繁	频繁	频繁	频繁

续表

供应商名称　　网络特征		美芝	龙丰	常铝	精艺	正业	威灵
		压缩机	铜管	铝箔	配管	纸箱	电机
供应商网络结构	美的空调占其业务份额	50%	50%	25%	40%	40%	25%
	其业务占美的份额	50%	30%	30%	50%	60%	40%
	该业务对于美的空调的必要性	一般	一般	一般	较为必要	必要	较为必要
供应商节点活性	员工数量	5000人	600人	800人	700人	6000人	1200人
	年产值	60亿元	45亿元	25亿元	3.9亿元	20亿元	4亿元
	行业排名	第一位	第一位	第三位	第一位	第一位	行业龙头
	客户分布	除格力外几乎所有主流空调企业	几乎所有主流空调企业	几乎所有主流空调企业	美的空调、格力	除格力外几乎所有主流空调企业	美的空调、格力及部分外资空调企业
	合作业务特点	技术含量高，投入大	技术含量高	技术含量高	工艺要求高、质量控制难度比较大	技术含量高	投入较大
	美的空调在其客户群体排名	第一位	第二位	第二位	第一位	第一位	第二位
	技术合作	生产/技术/品质/财务全面交流合作，联合开发新品	技术/品质合作，联合推进技术降成本	技术/品质合作，联合推进技术降成本	联合推进技术降成本	生产/技术/品质/财务全面交流合作，联合开发新品	—

　　资料来源：结合美的空调供应商相关资料，笔者整理。

　　由表 17-5 可知，从供应商网络关系看，美的空调与供应商之间具有长期合作的经历，信息共享程度高，彼此间形成了从基层员工到高层管理者的正式与非正式交流与沟通机制，双方能够实现坦诚相待。从供应商网络结构来看，美的空调与供应商之间的业务都在彼此的业务中占据了重要的份额，但不同供应商与美的空调之间的业务在美的空调经营中的重要程度差异性较大。从供应商节点活性看，具有高网络效率的供应商企业往往规模大，实力强，在业务领域内处于领先位置，其与美的之间的业务具有高技术含量、高附加值的特点，并且美的是其客户群体中占有重要地位。

为了进一步探讨美的空调供应商网络效率，我们也对表 17 - 4 中网络效应较低的供应商进行了分析，具体包括压缩机业务中的松下、阀体业务中的华鹭、配管业务中的港利以及纸箱业务中的骏隆等供应商，详见表 17 - 6。

表 17 - 6　　　　　　　　低网络效率的美的空调供应商信息

供应商名称 网络特征		松下 压缩机	海亮 铜管	华鹭 阀体	港利 配管	骏隆 纸箱
供应商网络关系	合作时长	15 年	7 年	8 年	12 年	7 年
	信息共享程度	部分信息	较少	很少	部分信息	部分信息
	高层交流	少	少	基本没有	1 次左右	1 次左右
	中基层交流	少	基本没有	少	一般	比较多
供应商网络结构	美的空调占 其业务份额	15%	7%	1%	20%	20%
	其占美的业务份额	10%	10%	5%	15%	15%
	美的空调使用其 物料必要性	一般	必要	必要	一般	一般
	备注	客户指定用	部分规格	客户指定用	部分规格	彩箱资源 不足时
供应商结点活性	员工数量	5000	5100	2500 人	1200 人	700 人
	年产值	38 亿	1470 万 吨/年	15000 套/年	1.5 亿	3.5 亿
	行业排名	第三位	龙头企业	第一位	第三位	第三位
	客户分布	松下/格力等	众多空调企业	出口/日系企业	格力/美的等	饮料行业/空调
	合作业务特点	技术含量高	技术含量高	技术含量高	质量难以控制	—
	美的空调在其客户 群体中排名	第五位	第四位	第六位	第三位	第三位
	技术合作	无	较少	无	无	比较多

资料来源：结合美的空调供应商相关资料，笔者整理。

　　由表 17－6 可知，在美的空调低效率供应商网络中，从供应商网络关系看，虽然美的空调与供应商之间的合作关系也较长，但彼此之间信息共享程度却比较低；美的空调与供应商之间在人员交流上也非常少。从供应商网络结构来看，美的空调与供应商之间的业务占彼此业务的比重并不高，但出人意料的是，美的空调对于某些供应商的业务依赖性却比较强。从供应商节点活性看，供应商企业规模也较大，实力也比较强，并且在其所处的行业中也处于领先位置，但美的空调在其客户群体中并不处于明显的优势地位，甚至在某些供应商的客户群中排名比较靠后。此外，虽然这些供应商与美的空调之间业务的技术含量也比较高，但彼此之间并不存在技术交流与合作关系。

　　通过对美的空调不同效率（高效率与低效率）供应商网络的比较分析，可以发现：

　　第一，从供应商网络关系来看，美的空调与供应商之间的信息共享程度、企业高层及中基层员工的交流频率是决定供应商网络效率的重要因素，而彼此间的合作时间长短则对供应商网络效率不产生影响作用。一般而言，具有长期合作关系的企业之间在实现高水平的信息共享，稳定、持续的人员交流与沟通等方面的概率更大，但我们的研究成果却显示，这在我国供应商网络中并不成立，最有可能的解释是在长期的合作过程中，焦点企业会在众多的合作供应商中选择那些与自身经营理念、价值观取向相匹配的供应商，并与之进行深入、广泛的合作；而对于其他具有合作关系的供应商，也不会贸然切断与其之间的业务往来，这既是处于业务均衡发展的需要（有时候也可能是客户指定供应商），也是焦点企业规避经营风险的战略选择，但这种关系也仅仅是停留在最基本的业务层面，不会进一步上升到战略阶段。

　　第二，从供应商网络结构来看，供应商业务占美的空调业务的份额以及美的空调业务占供应商业务的份额对于供应商网络效率的影响作用较为明显。而美的空调使用供应商物料的必要性对于供应商网络效率的影响作用不明显。在供应商网络结构中，业务份额对于焦点企业选择供应商的重要性在起初的供应商评估中就受到高度重视，随着供应商网络的兴起，虽然交易价格、供货及时性以及经营理念等因素逐渐被纳入供应商评估与供应商网络效率评价中来，并得到众多学者的关注，但我们的研究指出，焦点企业与供应商之间的业务份额在供应商评价中的地位却并未因此发生很大程度的改变。此外，焦点企业对于供应商业务的依赖程度并不影响供应商网络效率，我们认为，一方面，可能是焦点企业对于某些依赖性较强的供应商业务所占的比重较小或者不是关键业务。另一方面，随着当前消费者需求层次及偏好的多样化，企业为了迎合某些特殊消费群体的需要，也会造成焦点企业必须选择与某些供应商进行合作。

第三，从供应商节点活性来看，美的空调在其客户群体中的排名、美的空调与供应商之间的技术合作强度是影响供应商网络效率的重要变量。而供应商规模大小、行业地位以及业务分布则对供应商网络效率影响不大。可能的解释主要包括以下两个方面：一方面，在供应商网络中，焦点企业在供应商客户群体中地位越高，不仅说明了彼此之间的业务对于供应商的重要性，也凸显了供应商对于焦点企业产品、焦点企业经营理念以及焦点企业价值观的高度认可，进而促进双方在研发、制造等方面的技术合作关系。另一方面，供应商在行业中的地位、供应商规模以及业务分布虽然代表了供应商的行业声誉、产品制造能力以及供货能力等方面，但这些因素并不一定被焦点企业所充分利用。这既与规模大的供应商通常也具有业务布局的广泛的特点有关，同时，这些供应商在产品制造以及供货上的强势往往使得焦点企业难以发挥在产品生产、制造中的核心作用，从而使得以焦点企业为中心的供应商网络难以形成协调、流畅的运行模式，进而导致了供应商网络的低效率。

本章小结

研究发现，对于探索供应商网络效率，丰富供应商网络管理理论具有重要的参考意义。

首先，从文献回顾来看，受到项目投资组合理论与企业网络理论的影响，既往关于供应商网络的研究热衷于从焦点企业投入—产出分析、焦点企业与供应商之间合作模式等角度展开，对焦点企业经营绩效提升、供应商网络关系与网络结构的作用机制进行深入的挖掘，并获得了卓有成效的结果，这种"纵深式"的研究方法固然值得借鉴。但在供应商网络研究中，我们还需要从"广度"方面进行探索，而供应商网络中焦点企业的唯一性与供应商的多样化决定了供应商属性与状态必然是影响供应商网络效率的重要因素之一。借助网络理论中的节点活性来描绘供应商状态，并尝试从供应商网络关系、网络结构和节点活性三个视角对供应商效率进行分析。

其次，在研究方法上，我们并不是直接分析供应商网络关系、网络结构以及节点活性对供应商网络效率的影响关系，而是以美的空调供应商网络中的供应商为研究重心，通过对美的空调供应商网络中众多供应商在网络关系、网络结构与节点活性等方面表现出来的特征进行分析、梳理，并将梳理结果"映射"到焦点企业与供应商之间的合作效率上，从而实现以供应商为"桥梁"探究供应商网络关系、网络结构以及节点活性与供应商网络效率之间关系的目的。

当然，本章也存在一些不足。

第一，虽然本章首次提出了节点活性是影响供应商网络效率中的重要因素之一，并基于网络关系、网络结构与节点活性三个角度展开了分析，但并没有明确网络关系、网络结构与节点活性在影响供应商网络效率中的主次地位，同时，也缺乏对网络关系、网络结构与节点活性对供应商网络效率产生作用时可能存在的交互效应。

第二，本章基于美的空调供应商网络展开分析，所获得的研究成果的普适性需要谨慎对待。一方面，在本章的供应商效率评价指标体系中，我们主要是以美的空调内部的相关评价标准为基础进行设计的，目前来看，像美的空调这样在行业中处于领先地位的，具有广泛供应商网络的大型企业集团在我国毕竟还是少数。另一方面，在分析美的空调供应商网络效率时，只是提取了供应效率最高与最低的供应商进行了分析，而对于处在中间的供应商并未展开讨论，这与前面所说的网络关系、网络结构和节点活性缺乏交互分析是不谋而合的。

总之，未来的研究既需要重视对处于供应商效率中等水平的供应商进行分析，探讨供应商网络中网络关系、网络结构与节点活性之间的内在交互作用，从而更为深入、完善地构建供应商网络效率影响机制；同时，尝试通过多个不同规模、属性的供应商所构成的网络效率进行分析，并将研究成果进行对比，从而总结出适用性更为普遍的结论。

第十八章　东菱凯琴企业战略升级案例

　　前几章主要关注战略网络特征对企业创新的影响问题，本章将采用案例分析进一步对企业战略升级问题进行分析。一般来说，在成长道路上如何充分发挥企业自身优势，采取适合自身的战略措施，探索企业转型升级路径是当前我国众多制造业企业面临的首要问题。本章以东菱凯琴为例进行了案例分析，梳理出了东菱凯琴从 OEM 阶段充分利用政策优势到 ODM 阶段重视工业设计创新再到 OBM 阶段塑造企业品牌的转型升级路径，并总结出了东菱凯琴"聚焦战略 + 创新设计 + 国际化"为核心的企业升级战略架构，希冀能够给我国相类似企业提供一些值得借鉴的启示。

第一节　引　言

　　OEM 生产是我国本土制造业企业从事国外品牌生产的主要方式，并且在很长一段时期一直是我国企业进入国际市场，参与国际竞争的主要途径。改革开放 30 多年来，通过 OEM 方式进行生产经营活动，我国（尤其是东南沿海地区）制造业企业不仅获得了充足的外商资本投入与稳定的利润报酬，而且通过学习外商先进的产品制造技术以及成熟的管理经验和方法，诞生了一大批较为成功的制造业明星企业。近年来，随着全球经济环境日益恶化，原料与劳动力成本低等比较优势逐渐消失，OEM 生产经营模式的内生性缺陷也在我国众多制造业企业中显现出来，具体表现为处于产业价值链底端，获取的微薄利润已经无法适应企业经营成本提升，进而满足企业进一步发展的需求。此外，我国原料、人力资本等成本的逐渐提高也引发了外商投资行为的战略转移，在越南、菲律宾等劳动力价格更为低廉的国家及地区寻求新的 OEM 合作伙伴，进一步提高了我国企业的经营风险（汪建成等，2008）。欧美、日韩以及我国港台地区最初从事

OEM 生产的企业的成功转型升级已经表明：在外部竞争日益激烈、企业资源与人力成本逐渐提高的背景下，OEM 企业若要获得持续的发展，必须根据企业实际情况向产业价值链上游或者下游拓展，摆脱对外商的过度依赖，提升企业研发能力，创立自主品牌。因此，对于我国众多从事 OEM 生产的企业来说，进行转型升级是非常必要而且迫切的任务（毛蕴诗等，2010）。

基于国外 OEM 企业转型升级的成功经验，在我国经济发展模式调整与产业结构转型升级的大背景下，我国众多从事 OEM 生产的企业也在尝试进行战略调整，以摆脱 OEM 生产模式附加值低、利润薄以及无法控制产品设计研发与销售渠道拓展的先天性缺陷，以达到参与国际市场更高水平竞争的目的。然而，我国大多数从事 OEM 生产的企业在转型升级实践过程中都难言成功。具体表现在以下几个方面：

首先，由于国内企业之间的竞争愈演愈烈，再加上近年来资源日益紧缺和劳动力成本的迅速提高，使得一些经济、技术实力不强的以民营企业为主的中小企业难以在技术获取和产品研发过程中投入充足的人力、物力资本，其在经过战略调整后，并未彻底改变传统的 OEM 生产模式。

其次，由于我国特殊的地区经济发展级差存在，东部沿海地区的某些企业为了降低生产成本以维持企业竞争力，纷纷将企业迁往中西部地区，而中西部地区政府为了发展当地经济，对于这种企业迁移行为往往是采取欢迎甚至鼓励政策的，这就更加弱化了企业转型升级的动力。

最后，还有一些企业采取扩大生产经营范围，进行跨行业发展，以回避对外企的过度依赖，降低经营风险（吕宏芬和余向平，2006）。另一些则进行战略重心调整，将企业主要资本投入利润更可观、市场前景更广阔的行业之中，例如，投资我国发展迅猛，利润相对可观的房地产业等。因此，并不是真正意义上的企业转型升级战略。

总之，我国众多从事 OEM 生产的企业很少基于其所处产业链的视角进行深刻分析和思考，鲜有尝试向产业链上游和下游进行有效拓展，通过获得技术能力和市场能力改善其竞争力，并从事高附加值的生产经营活动，因此，基于我国 OEM 企业实际，探索适合我国 OEM 企业转型升级的战略路径就显得尤为重要。

第二节　相关理论回顾

关于 OEM 企业如何选择合适的升级战略，并进行有效转型升级问题，国内外学者基于不同视角进行了大量的研究，他们的研究主要包括两个层次：第一，是关于 OEM 企业升级影响因素的研究。基于企业外部环境的视角，企业所处产业环境和技术条件是影响其升级路径选择的重要因素，斯特金和莱斯特（Sturgeon and Lester，2002）进一步指出，处于同一产业领域中的企业，由于自身资源禀赋及技术、知识积累的不同，在面对外部环境压力时，所选择的转型战略模式也存在巨大差异。此外，在企业转型升级中，政府政策也是重要的推动因素，例如，政府通过基础设施建设、税收优惠制度及其他政策扶持来引导企业加强自身技术创新（Philip et al.，2006）。而从企业升级的内在动因来看，技术创新能力无疑是最为关键的因素（Lall，1992；夏先良，2003）。拉尔（Lall，1992）认为，在企业升级过程的不同阶段都需要相应的技术能力与其相匹配。厄恩斯特和金（Ernst and Kim，2001）指出，企业通过获取产业链相关企业知识，形成自身技术能力，进而推动企业升级。对于后进国家企业而言，提升技术能力通常被看作企业吸收国外先进技术与学习成熟管理经验的关键所在。第二，关于 OEM 企业升级路径的研究。阿姆斯登（Amsden，1989）很早就指出，对于后进企业来说，其升级的最佳路径是由 OEM 到 ODM 以及到 OBM。虽然阿姆斯登的观点被后来大量的 OEM 企业实践所证实，但这只是一种基于宏观视角的观点，考虑企业所在地区及行业的不同，企业间升级路径存在很大差异，侧重点也不尽相同。霍布达伊（Hobday，1995）指出，东亚地区的企业在升级过程中，更为重视产品开发与设计经验的积累，因此，企业由 OEM 到 ODM 阶段往往决定着企业升级的成功与否。夏先良（2003）指出，OEM/ODM 生产方式并举的多元化升级模式是当前我国企业较为合适的升级路径，并且增强企业核心能力是该升级路径的关键环节。王海燕和周元（2007）认为，我国企业若要成功地从"传统贴牌"生产升级到自主创新战略，应该充分重视"新型贴牌"战略的过渡作用。汪建成等（2008）结合格兰仕案例提出了从自主创新和国际化两个角度对我国企业由 OEM 升级到 OBM 的战略发展路径，其中，自主创新路径可以概括为技术引进到消化吸收再到自主开发三个阶段，国际化路径则包括 OEM 过渡到 OEM/ODM 并存再过渡到 OEM/ODM/OBM 并存三个阶段。毛蕴诗等（2010）指出，企业升级效率受到企业升级路径的影响，而企业升级路径又决定于企业的内外部因素，因此，对于国内与国际环境的准确把握以及对于企业资源与能力水平的深入认识是企业实现持续发展的关键所在。综上所述，国内外学者主要从企业内外部环境、技术能力以及产品营销等方面展开了详细、深入的探讨，对 OEM 企业的升级战略、升级路径及升级效率问题均作了较为全面的研究，形成了较为系统的 OEM 企业升级战略理论。但针对我国 OEM 企业面临的技术水平较低，传统生产方式未能彻底转变以及地区经济发展级差等因素导致的企业内迁、发散式产业转移等现象，却未能给出较为完善的、有针对性的解决方案与对策。

纵观国外 OEM 企业发展历程发现，自主创新水平是反映企业最终转型升级成功与否的核心内容，并且不同地区的企业在自主创新过程中所采取的创新方式也存在较大差异，例如，在企业升级过程中，欧美等国的企业普遍采用突破型创新，日本企业则以改良型创新为主，而东南亚（以韩国、中国台湾地区为主）企业普遍重视设计型创新。这与企业所在国家的国情及经营环境密切相关，根据我国 OEM 企业发展的实际情况，我们认为，采取设计型创新是我国 OEM 企业转型升级相对较为可行的创新模式。尽管当前我国的 OEM 企业在升级道路上存在着诸多困难，走了不少弯路，但也有一些企业一直专注于某一产品领域，重视客户价值，通过工业设计创新提升了产品附加值，充分发挥自身在制造与设计方面的优势，进而成功创建了自己的品牌。广东东菱凯琴集团（以下简称东菱凯琴）就是典型的案例之一，本章通过对东菱凯琴的案例研究，梳理了其企业升级战略路径，探讨了其实现企业成功升级的关键因素，并进行了深入的解构和剖析，丰富了我国 OEM 企业发展的相关理论，并希冀给类似企业的升级战略决策提供借鉴。

第三节 东菱凯琴 OEM 到 OBM 的升级战略路径分析

1988 年，广东顺德勒流镇农民郭建刚在自家阁楼创建了东菱凯琴的前身——新球电器厂，到2010年，东菱凯琴完成了三次重大转变，即从简单的装配到精益制造的转变，从借助我国低成本优势发展OEM到建立工业设计优势发展ODM的转变，从依靠ODM出口开拓国际市场到创立自主品牌，进而构建竞争优势的OBM阶段的转变。截至2011年，东菱凯琴已经发展成为员工总数2.5万余名，年营业收入逾50亿元，成为享誉全球市场的我国著名的世界级家用电器集团公司。东菱凯琴的企业升级战略如图18-1所示。

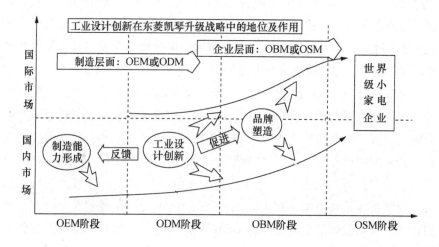

图18-1　东菱凯琴以工业设计创新为核心的升级战略

资料来源：笔者整理。

一　OEM阶段：从制造能力形成到政策优势利用

1988年，东菱凯琴创始人郭建刚从浙江采购零部件在自家阁楼里装配电吹风，开始了创业之旅。凭借着相对突出的产品质量和踏实、勤勉的创业精神，东菱凯琴在创业之初就获得了较为顺利的成长，产量由每天几百个发展到1991年的每天几万个，产品市场很快就从广东扩大到全国各个地区。在完成初步的原始资本积累之后，郭建刚就将目光转移到了企业的进一步发展上，他将赚到的钱都投入到了开发模具和添置、更新设备上，在其他企业都还在关注产品的组装加工的时候，东菱凯琴就已经开始重视企业制造优势的建立，通过高质量的产品参与市场竞争了。总而言之，东菱凯琴在OEM阶段就开始重视对企业进行深度配套，逐步实现企业向产业价值链上游延伸，提升企业产品研发设计能力。正是这种超前的发展战略，并进行大胆投入所形成的产品设计能力，为东菱凯琴腾飞奠定了基础。

到 20 世纪 90 年代中期，由于国内小家电产业进入门槛低，技术含量不高，从事生产装配电吹风的企业数量不断增加，仅在广东顺德附近就有超过 100 家以上的电吹风生产企业。整个行业处于不可逆转的供大于求状态，位于"价值曲线"底部的企业之间竞争日趋激烈，价格大战频繁发生。在此背景下，东菱凯琴意识到依靠传统的整合产品产业链模式所形成的竞争优势已经很难维持，只有采取新的战略行动才能摆脱当前小家电产业所面临的"群龙无首、相互厮杀"的混乱局面。此时，东菱凯琴及时抓住了以国家优势承接国际产业转移所带来的机会，进军国际市场，实施聚焦于小家电的初步国际化战略。东菱凯琴的国际化主要通过以下三种渠道实现：一是通过欧美的认证机构，获得了进入国际市场的资格；二是通过国内外展览会接触国外客户，拓展企业的销售渠道；三是通过出口代理与自营进出口来承接 OEM 业务。通过实施国际化战略。这种国际化战略给东菱凯琴带来的好处是显而易见的：第一，保证了企业现金流的充足与稳定；第二，给企业带来了全球化视野和新的市场机会；第三，以空间换取时间积累国际化经验，夯实了企业国际化经营基础。

通过从国内向国外的市场战略转移，东菱凯琴实现了将国外客户对质量和货期的严格要求转化成自身提高产品制造能力的目标，并通过纵向一体化投资，进一步强化了企业对产品成本、质量控制和交货能力等环节的控制，尤其是成本管理与质量控制这一对看似相互矛盾的品质在东菱凯琴国际化战略下逐渐实现了统一，为东菱凯琴赢得了丰厚的利润和良好的声誉。在国际化进程中，东菱凯琴不但避开了国内市场日趋激烈的价格战，同时提高了企业产品制造能力，实现了 1994—2000 年企业业务的持续、稳速增长，到 2000 年销售额达到了 3.6 亿元。

二　ODM 阶段：构建企业核心能力——工业设计创新

2000 年之前，利用国家政策优势在国际市场上成长起来的东菱凯琴表面上与珠三角其他相对发展也较好的 OEM 企业并无多大差异，似乎还是以低成本作为主要手段参与竞争，利润增长率并不大。但是 2000 年之后，东菱凯琴产品的销量却以每年超过 50% 的高速度增长，2005 年实现了销售额达到 32 亿元，2011 年更是实现了销售额突破 50 亿元的骄人业绩。将其他竞争对手远远甩在身后，独享"价值曲线"向上舒展带来的好处。这其中，东菱凯琴超强的工业设计创新能力起到了关键的作用。

东菱凯琴工业设计部门从 2001 年成立时只有一个设计师和两个手板制作工程师发展到 2005 年共有专业设计师和相关工程师 40 多人，投资购买了设计软件和硬件（包括 FDM300 快速成型机、CNC 加工中心、精雕机、真空覆模机、激光抄数机、数控车床、铣床等设备），形成了价值3000 万元左右的工业设计资产。在具备了优良的硬件设施之后，如何才能使其发挥出应有的作用呢？通过对东菱凯琴的长期跟踪观察与调研，我们发现对产品设计部门的准确定位、营造"野性"工作空间和构建弹性激励机制是促使东菱凯琴将工业设计创新潜力发挥到极致的三个主要动因。

首先，东菱凯琴对工业设计的理解和重视在民营企业中较为罕见。例如，在东菱凯琴办公楼和厂房过道上基本看不到其他企业常见的标语或口号，取而代之的是产品工业设计概念图与流程图。而在东菱凯琴称为"板房"的公司展厅，东菱凯琴用井然有序的企业产品样本作为"企业形象"，昭示东菱凯琴独特的工业设计理念，同时也反映了工业设计部门在东菱凯琴的核心地位。

其次，在员工管理方面，东菱凯琴不但在工作生活上对设计师关怀备至，而且通过建立宽松、自由的工作氛围来保持设计师的这种"野性"。东菱凯琴对于设计师实行个性化管理，在不违背公司基本原则与制度的前提下，东菱凯琴的设计师们在工作上完全自由，例如，不用上下班打卡，不用穿企业工装，容许设计师在办公室摆设一些个性化的装饰品，设计师们在音乐和咖啡的香味里工作等。

此外，设计师的办公区是一个大的开放型空间，没有明确的员工卡位，却设有专门的讨论室，这一切都力图营造一个更有创意的环境。最后，东菱凯琴专门为工业设计部门建立了完善的激励制度，设计师除拥有比同级别其他部门员工更高的薪水之外，还可根据工作强度与产出效益享受专利奖、开发奖和创新奖等报酬形式。正是在这样的"野性环境中"，经过几年时间的发展，东菱凯琴的工业设计创新水平获得了显著的提高，并逐步超越了产品的外观、功能、界面等设计范畴，从制造层面逐步上升到企业战略层面，工业设计创新成为东菱凯琴的核心竞争力，具体表现为以"良好的设计沟通、鲜明的设计哲学、严格的设计流程、明显的客户价值"为特色的东菱工业设计创新模式。

（1）良好的设计沟通。从信息交流角度看，工业设计也是一种沟通的方式，这种沟通，一方面是与客户进行沟通；另一方面则是与企业内部进行沟通。东菱凯琴在与客户进行沟通方面实施"走出去与请进来"并行的战略。"走出去"战略就是定期安排设计师出国参加展览，使设计师能够深入行业发展的前沿。同时，设计师还要深入市场营销实践，带着他们的设计与营销人员一起去拜访客户，咨询客户对产品的需求与意见。"请进来"战略就是请国际著名品牌的客户设计师驻厂共同设计，这种零距离的沟通，不但提高了设计效率，同时也使东菱凯琴的本土设计师有了向国际著名设计师近距离学习的机会。在企业内部沟通方面，东菱凯琴专门成立了跨部门项目组，定时召开"联席会议"进行协调，提高企业产品设计与制造的内部一体化程度以保证产品设计与制造的高度协同一致。

（2）鲜明的设计哲学。东菱凯琴在设计中一直秉承"设计的连续性与创新性相统一"原则，这种设计哲学在东菱 ODM 国际化过程中发挥了重要的作用。设计连续性是指在产品设计上体现出东菱凯琴对目标市场与顾客的承诺始终如一，即企业是为家庭的厨房增添色彩、提供高品质的厨房小家电。创新性则是指通过不断设计出具有独特价值的产品以更好、更快地满足目标顾客的需求变化。

（3）严格的设计流程。按常理，如果采用流程来标准化企业设计创新活动，还会有好的创意出来吗？事实上，产品生产的流程化不是排斥创新，反而是能够减小创新风险的一种方法。企业一旦建立了标准化的设计流程，那么正确而又充分的设计输入就能保证创新设计的成功，所以说设计流程是现代企业产品设计的基础。东菱凯琴的设计流程以市场导向为设计理念，体现了创新与规范的统一、效果与成本的平衡，保证了东菱的工业设计创新能力能够实现连续性与创新性的高度统一。

（4）明显的客户价值。在欧美国家，工业设计属于创意性质，不仅成本非常高而且风险也大。正是考虑到这一点，东菱凯琴不但为客户生产，而且同时为客户进行设计。这样做的好处在于：一方面减少客户在这方面的成本，使客户总成本大大降低；另一方面由于东菱凯琴的创新设计为终端消费者提供更高的感知价值，从而为客户提高产品售价产生更大的收益成为可能。这种建立在"物超所值"层面上的工业设计为客户创造了非常明显的产品价值。

三   OBM 阶段：以顾客价值实现为导向的品牌塑造

随着东菱凯琴的不断成长和实力的持续增强，建立自己的品牌成为东菱最大的愿望。在 ODM 国际化阶段，东菱凯琴就提出了"巩固海外领先优势，创建国内强势品牌"的战略。而在东菱凯琴从 ODM 过渡到 OBM 阶段的进程中，品牌建设对于东菱凯琴来说是一项巨大的挑战。随着国内市场竞争的日趋激烈化，众多国际品牌也纷纷将市场重心转移到中国，此时东菱凯琴构建了从产品设计入手、通过推出功能完善和质量可靠的新产品以及高品质的售后服务的营销战略。然而，企业品牌建设不仅仅局限于营销范畴，通过价值创造以形成"物超所值"的品牌才是企业品牌建设的核心任务。在 OBM 阶段，东菱凯琴正是凭借在 ODM 阶段所建立起来的强大工业设计创新能力，用利独特的设计风格和卓越的工艺品质为东菱凯琴赢得高附加值和品牌忠诚度。优异的设计、卓越的工艺和稳定的质量是东菱凯琴品牌发展的终极保证。东菱凯琴独特的工业设计创新能力，不但使东菱凯琴远离了模仿，在市场上树立起品牌创新者的形象，而且使东菱凯琴的市场地位发生了彻底变化。

（1）优化客户结构。原来东菱凯琴大部分的客户都是价格敏感性很强的低端客户，在建立了自身独特的工业设计创新体系之后，东菱凯琴的客户结构发生了巨大变化，许多国际一流品牌都纷纷与东菱凯琴开展业务关系。这种改变使东菱凯琴的客户群逐渐向高层次的消费者与著名经销商转变，不仅增加了东菱凯琴的销售额，同时也提升了东菱凯琴价值创造能力。例如东菱凯琴与 PHILIPS、KENWOOD 等国际一流品牌客户群建立了广泛的联系，实现了客户群质量的跨越式发展。

（2）实现从"成本驱动"到"价值驱动"的转变。在 ODM 阶段，东菱凯琴已经选择了与大多数企业不同的发展道路，专注于产品工业设计创新，而到了 OBM 阶段，东菱凯琴独特的工业设计创新能力推动企业成功实现了从"成本驱动"向"价值驱动"的转变。东菱凯琴的设计不仅是产品外形方面的创新，更重要的是产品功能创新和产品理念创新。例如面包机和电饭锅二合一产品 XBM1328，多士炉和煮蛋器二合一功能产品 XB8001，烧开水、烤面包片和煮咖啡三种功能的早餐组合 MF3450 等。这些创新设计不仅增加了客户的价值感受，也提升了企业品牌形象。

（3）促进以"创造"订单为核心的经营模式的形成。企业靠订单来生存，其经营活动是围绕订单获取展开的。东菱凯琴的工业设计创新以订单服务为导向，设计成功与否是以产品能否实现订单和订单的单价高低为标准的。在 OEM 阶段，企业订单主要依靠价格优势获取，ODM 阶段则是以产品价值创造为手段，而到了 OBM 阶段则是依靠制定产品标准为手段。东菱凯琴从 OEM 到 OBM 的过程就是一个从价格竞争到产品标准制定的跃迁过程。凭借独特的工业设计创新能力，东菱凯琴实现了从被动接单到创造订单的转变，形成了以创造订单为核心的经营模式。

东菱凯琴自主品牌创建的巨大成功以东菱凯琴强大的工业设计创新能力为基础，并将自身独特的工业设计能力充分运用在产品市场的准确把握上，从而实现了东菱凯琴自主品牌战略构建过程中的"市场机会"、"企业基础"和"品牌优势"。

（1）东菱凯琴自主品牌建立的市场机会。从产品盈利方面来看，小家电的利润率比典型的大家电要高整整一倍。而在市场容量方面，当时不但国际市场广阔，普及率较低的国内市场更是以每年 30% 以上的速度递增。另外，小家电种类丰富，家居小家电、厨房小家电、个人护理小家电等几个大类均不断有新的产品成员加入。因此，凭借高增长率的庞大市场作为支撑，东菱凯琴选择创建强势品牌具有良好的前景。

（2）东菱凯琴自主品牌建立的企业基础。经过多年努力，东菱凯琴已经形成以新宝电器、东菱凯琴电器、东菱威力和威林工程塑料为核心的大型企业集团，在全国建立了超过 30 家分公司、600 多家客户、1000 余个终端卖场。制定了 315 工程战略，形成了以代理为主，终端、连锁协同并进的市场营销模式，为巩固东菱凯琴品牌迈出了坚实的一步，奠定了东菱凯琴在国内外市场扎实的基础。

（3）东菱凯琴自主品牌建立的品牌优势。东菱凯琴经过十多年的发展，积累起创建强势品牌所需的物质基础与管理能力，加上东菱凯琴良好的成长性，可以通过上市融资以及将内部资源进行高效配置，大力投入品牌建设，利用自身在国际化发展中所积累的经验和优势转移到国内市场上，通过推出性能好、质量高和个性突出的产品，引领国内小家电的行业发展和消费变化，最终塑造了一个享誉国内外的世界级小家电品牌。

综观东菱凯琴升级战略的发展路径，我们发现，工业设计创新其实一直贯穿了东菱凯琴的整个发展过程，在 OEM/ODM 阶段，工业设计创新主要扮演"传译者"和"差异构造者"角色。而当东菱进入 OBM 阶段，东菱凯琴独特的工业设计创新能力则扮演了"产品策划"和"系统创造"的角色，成为东菱凯琴品牌塑造的核心内容。这种东菱凯琴不同升级阶段工业设计创新角色的转变意味着东菱凯琴已经完成了将工业设计创新从产品制造层面的造型、功能等设计创新上升到企业经营层面的品牌、战略创新，进一步推动了东菱凯琴工业设计创新向策略管理（OSM）阶段前进，具体如图18-2所示。

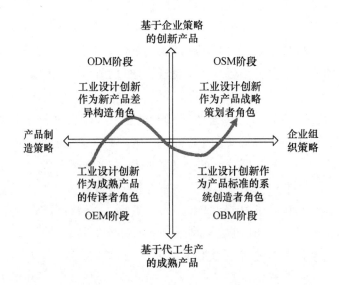

图18-2　工业设计创新在东菱凯琴升级战略中的角色转换

资料来源：笔者整理。

第四节　东菱凯琴升级战略经验分析

东菱凯琴转型升级是一个以企业产品工业设计创新为核心的不断摸索与积累的过程。东菱凯琴的成功可以从以下几个方面来分析。

首先是企业聚焦战略。东菱凯琴1988年创立以来，一直专注于小家电产品的生产、研发与经营。虽然现在东菱凯琴所生产的产品已经扩展到电热水壶、咖啡壶、打蛋机、面包机、多士炉、微波炉、电烤箱、油炸锅、电烫斗等多个品种，但上述各类小家电的设计、研发具有极大的关联性与相似性，同时目标客户也是高度重合的。所以，东菱凯琴无论在生产环节还是销售环节都很容易形成规模经济和范围经济，经验曲线效应明显。可以说，东菱凯琴奉行的一直是高度专注的"聚焦战略"。不同的是，2000 年前倾向于"聚焦"与"成本领先"的结合，而 2000 年以后则逐渐变成了"聚焦 + 差异化"，而东菱凯琴这种企业差异化是建立在其具备了独特的工业设计创新能力基础之上的。

其次是重视创新设计。东菱凯琴所以能够在工业设计领域形成如此突出的自主创新能力，首先是东菱凯琴重视客户价值的创造，在低成本环节上做实、保持优势的同时关注能够提高产品差异化的相关因素，如设计、研发、销售以及客户的关系等。另外，对该行业的关键竞争因素——工业设计进行大力投资，进而建立起东菱凯琴独特的工业设计创新优势，这一优势的建立使东菱凯琴实现了从"成本驱动"到"价值驱动"的转变。在东菱凯琴成长过程中，企业高层高度重视并积极参与到创新设计活动中来，制定企业工业设计的宏伟目标，并为此投入了大量资金。同时，东菱凯琴也为设计人员营造了自由、宽松的创新文化氛围，而在形成独特的工业设计创新能力过程中，东菱凯琴把整个创新设计过程建立在充分了解客户，采取明确的市场导向和构建贴近市场的创新设计机制之上。

最后是国际化战略。东菱凯琴能够在小家电市场持续、快速成长的原因之一在于早期借助国家政策优势果断选择了国际化战略，在西式厨房小家电这个细分市场进行深入发掘，将细分市场上的产品逐个做强。另外，东菱凯琴的国际化战略与其他 OEM 企业不同，东菱凯琴在发挥国家优势的同时，将战略决策的重点放在产品设计开发与创新经验积累上。在其他企业关注组装加工的时候，东菱凯琴就开始重视建立自己的工业设计能力，实现从 OEM 向 ODM 的转变，摆脱了低价格竞争；在其他企业开始重视 ODM 的时候，东菱凯琴已经开始重视建立自己的营销网络和自主品牌，成功实现了从 ODM 向 OBM 的转变，并开始在无形资产领域建立自己的优势。因此，专注、创新和超前是东菱凯琴国际化战略成功的三大因素。

本章小结

近二三十年来，我国家电行业的企业，尤其是一些大型企业总是倾向于盲目扩大规模，喜欢做大做强，"大小通吃"，希望通过"以情动人"

而不是"以质取胜"发展战略而遭受重创。而东菱凯琴以工业设计创新为核心的企业模式则为我国当前众多家电行业如何构建自身发展模式，进而提升国际竞争力提供有价值的启示：

（1）即使是同一个行业，不同产品的价值链构成与特点也存在着重要的差异。东菱凯琴通过专注于家电行业中的小家电部分，重视小家电产品之间的差异，通过专注于满足独特市场需求而创造竞争优势。对于小家电这样的产业而言，研发投入的价值主要体现在工业设计和制造工艺方面，而不是高深的产品配套软件或者芯片上，这正是东菱凯琴以工业设计创新为突破口的原因。

（2）对于从事相同行业或者产品企业，由于国家（地区）文化传统或者商业模式的差异，企业需要通过选择不同的发展模式来构建自身的竞争优势。虽然品牌优势往往意味着高附加值，但是，对于东菱凯琴这样依靠 OEM 起家的企业来说，从一开始就建立品牌优势未必是最合理的升级路径，通过产品设计创新能力的积累首先向 ODM 突破也许是更科学的、更现实的策略。在这一点上，东菱凯琴的发展路径与中国台湾最优秀的IT 企业——宏碁非常类似，宏碁从 OEM 起步然后运用设计力创建了"明基"这个被世界认同的品牌，并成功兼并了西门子的手机部门。

（3）即使同一个企业，也可以根据行业、市场和自身条件通过动态调整价值创造活动的领域。例如，在 ODM 起初阶段，东菱凯琴主要是通过纵向一体化投资和提升制造水平，在保证产品质量和交货能力方面提高自己的价值创造力，等到企业工业设计创新能力发展到一定水平之后，东菱凯琴又把资源配置的重点放在了品牌塑造上，通过独特的关于设计创新进一步提高产品附加值。

第 三 篇

组织学习视角下企业竞争
战略相关理论

本篇主要讨论组织学习视角下的企业竞争战略，包括第十九章到第二十八章。

随着新经济革命的不断发展，企业所处环境的动态性、复杂性和不确定性进一步加剧，客观上要求组织必须不断地进行动态的调整和创新，以对各种变化做出恰当而快速的反应。许多企业深刻认识到需要不断加强组织学习、不断创新来应对环境的变化，因而组织的学习能力越来越成为最重要的核心能力之一，是企业生存与发展的必要条件。组织学习对于加快组织知识创新，更好地适应瞬息万变的环境，提高组织绩效起着重要的作用，组织学习认为是企业取得竞争优势的关键因素。因此，从环境变动、知识整合等角度来探讨企业组织学习对于组织创新绩效的影响具有重要的理论研究意义。

本篇首先对组织学习的前因后果进行了探讨，促进组织学习的因素包含组织内部要素与外部环境变化，其中，内部要素又划分为个体、团队和组织三个层面，个体对组织目标的认知、对不确定性的容忍程度、自我效能及个体经验，团队多样化、信任及权力分布，组织与环境的适应程度、组织文化、组织学习机制的有效性及组织常规和程序。外部环境变化包括社会经济价值的变迁、社会运动、社会和经济制度转型、市场信号，以及技术远景想象和技术发展。而组织学习则能够对企业组织绩效、组织创新以及企业核心能力产生显著的影响。

本篇以广东省的企业作为调查对象，对企业组织学习与组织创新之间的关系进行实证检验，研究表明，组织学习对组织绩效产生显著的直接影响，同时也通过核心能力的构建间接影响组织绩效。而外部环境、吸收能力以及组织文化则需要通过组织学习才能影响企业的组织绩效。另外，我们还进一步探讨了社会资本对于组织绩效的影响机制问题，社会资本在企业组织学习中具有重要的影响作用，其中，关系维度的内部社会资本并不会直接影响企业组织绩效，而是通过结构维度的内部社会资本来影响企业组织绩效。而从技术创新的角度来看，内部社会资本与外部社会资本之间存在显著的相关关系，外部社会资本对技术创新有显著的直接正向影响，内部社会资本对管理创新有显著的直接正向影响，管理创新对组织绩效有显著的直接正向影响，技术创新对管理创新有显著的直接正向影响。

第十九章　战略网络中组织学习的前因后果

在企业战略网络中，企业的行为很大程度上依赖对外部环境的适应过程，因此，企业组织学习是探讨战略网络对于企业竞争优势不可忽视的要素。以下章节将重点探讨组织学习对于企业战略网络中企业行为的影响。本章首先对前人的相关研究进行全面回顾，通过理论研究建立了一个企业组织学习前因后果的理论框架。

第一节　引　言

在知识经济时代，企业知识管理能力以及知识资本的产生、积累和发展等问题日益受到学术界和实务界的重视，知识已经逐步取代其他资本，被普遍认为是企业经营中最重要的资本，是企业中最重要的资源。与此同时，企业所处环境的动态性、复杂性和不确定性进一步加剧，客观上要求组织必须不断地进行动态的调整和创新，以对各种变化做出恰当而快速的反应。研究表明，组织学习对于加快组织知识创新，更好适应瞬息万变的环境，提高组织绩效起着重要的作用。于是组织学习成为一个事关企业可持续生存和发展能力、创新和竞争能力的一个热门话题。近年来，学者们对组织学习进行了大量研究，但是，什么因素促进或者导致企业的组织学习意识或行为？组织学习又能为组织带来什么？我们在前人研究的基础上，通过理论研究建立了一个企业组织学习前因后果的理论分析框架。本章结果对于学术界和实务界深入认识组织学习及继续开展相关研究具有重要的指导意义。

第二节　组织学习内涵

对"组织学习"的关注最早可追溯到马奇和西蒙（March and Simon，1958）的研究。阿吉里斯和斯空（Argyris and Schon，1978）首次系统地提出组织学习是"发现错误，并通过重新建构组织的'使用理论'（人们行为背后的假设，却常常不被意识到）而加以改正的过程"，开创了管理学研究的新领域。此后，不同学者从心理学、管理学、政治学等不同视角出发对组织学习进行了研究，提出了一系列关于组织学习概念、模式和本质等的各种不同的看法，也不断地对组织学习的概念进行修正（见表19－1）。

表19－1　　　　　　　　　　各学者对组织学习的定义

学者	年份	对组织学习的定义
马奇和西蒙	1958	组织基于有限理性，察觉到外部环境的不确性和风险后，会使得决策规划发生改变，而这种改变又会直接促使信息处理方式的改变，整个循环过程就是组织学习
西蒙	1969	组织学习包含了视野的发展、结构化与其他行动的结果
马奇和奥尔森	1975	组织成员对环境不确定的认知形成个人信念，此信念影响个人选择形态的汇集、整合及决策的行动；在组织展开行动之后，将造成环境的响应，进一步会影响个人原先对于事物因果关系的判断或理解，形成一个学习循环
阿吉里斯和斯空	1978	组织学习意指错误的侦测与矫正程序
什里瓦斯塔瓦	1981	组织学习是指组织的知识基础被发展和型塑的过程
摩根和拉米雷斯	1983	当面临相同问题的组织成员，以共同学习的方式一起解决问题时，就是组织学习
什里瓦斯塔瓦	1983	综合多位学者的观点，将组织学习定义为一种调适、一种信息处理形态，是组织实用理论的发展，也是组织内经验的制度化
菲奥尔和莱尔斯	1985	组织学习就是通过较好的知识与了解来改善行动的过程，该过程中的学习活动可分为低级学习与高级学习，各有不同的方式与效果

续表

学者	年份	对组织学习的定义
列维特和马奇	1988	组织学习是将历史的推论诠释到组织的常规活动中,并用以引导行为
斯达塔	1989	组织获得新的知识与看法,并借以修正其行为与行动称为组织学习
迈耶斯	1990	组织学习是企业对于内部或外部环境刺激,进行观察、评估及行动的能力
圣吉	1990	只有通过个人学习组织才能学习,虽然个人学习并不能保证整个组织也在学习,但是没有个人学习,组织学习将无从开始
胡伯	1991	组织通过信息的处理改变潜在行为的范围即称为组织学习
麦吉尔、斯洛克姆和雷	1992	组织学习的过程是通过改变信息被处理的方式,以求能反映新的信息,并比较不同的学习方式所造成的影响
金	2012	组织学习就是增进组织采取有效行动的能力,可以通过个人学习成效的积累来实现,通过心智模式建立了一个联结个人学习与组织学习的框架
哈格尔和诺兰	1993	组织学习的过程包括数据模式、预测模式或程序模式等各种信息模式改变的程序
加尔文	1993	组织学习是组织创造、获得与传递知识,并进而修正其行为以反映新的知识与动力过程
温格	1994	强调组织学习是正式与非正式组织运作规则应用过程,重视群体成员间合作与互动关系的良性作用与回馈
里克特和维特尔	1995	组织经由对外在知识之认知,经过相互积极传递吸收为内部知识,再经过萃取而加以应用
内维斯、迪巴拉和古尔德	1995	组织学习为一整合知识取得、信息扩散、信息解释以及组织记忆的过程
斯拉特和纳夫	1995	组织学习是一种能促进组织改善其行为绩效与增进组织发展新知识或视野的活动
卢卡斯和贝尔	2000	强调组织学习是创新、研发活动的程序
尼科里尼	2000	强调组织学习是在特定的社会文化和环境中通过人际关系互动学习的结果
陈国权、马萌	2000	组织学习是指企业在特定的行为和文化下,建立和完善组织的知识和运作方式,通过不断应用相关方法和工具来增强企业适应性与竞争力的方式

续表

学者	年份	对组织学习的定义
林文宝	2001	组织学习是一种持续性的过程而非结果，可以用来发展新观点、创造共同合作的新方法与流程和组织架构，也同时可以协助组织成员创造新知识、分享经验与持续改善工作绩效，而且学习的焦点在于组织而非个人，个人的学习必须与他人分享，再经评价与整合之后才能成为组织学习
霍奇、安东尼和盖尔斯	2003	组织试图创造一种能力，使之能够持续监测环境并适应环境变动
维拉和克罗森	2004	强调组织学习是实现战略更新的一种重要手段
谢洪明、韩子天	2005	组织学习是公司在分享愿景、学习承诺以及开放心智过程中信息流的过程
安托纳科庞洛	2006	组织学习是受组织结构、信息、通信和控制流程等环境因素影响的一个社会过程
焦豪、魏江和崔瑜	2008	组织学习过程是个人拥有知识、能力和技能，通过与集体互动和交流沉积在组织记忆中，并依赖组织自身信息机制得以储存、传播、开发，完成组织对知识的创造、扩散、应用与再创造的循环过程
伊斯特贝·史密斯和莱尔斯	2011	强调组织学习是在提高效率或者社会进步中集体学习的结果
阿戈特	2012	组织学习是一种创造、保留与转移知识的过程
魏江、应瑛和刘洋	2014	组织学习是指对以往经验中的知识与行为的一种系统改变

资料来源：根据林义屏《市场导向、组织学习、组织创新与组织绩效间关系之研究——以科学园区信息电子产业为例》，博士学位论文，中山大学，2001 年；林文宝：《技术知识整合、知识能量与组织学习对核心竞争力及创新绩效关联性之研究》，博士学位论文，成功大学，2001年；李启诚：《国际合资事业控制机制之研究——以组织学习观点》，博士学位论文，成功大学，2003 年。

　　近年来，越来越多的企业认识到需要不断学习、不断创新才能应对日益复杂的竞争环境。组织的学习能力越来越成为组织最重要的核心能力之一，是企业生存与发展的必要条件。然而近年来有关组织学习的研究一直呈多元化的状态，许多学者们提出的观点至今存在争议，而且不同学者往往根据自己的研究视角和研究需要来诠释组织学习现象。从当前组织学习理论所处的阶段看，还只能称之为"组织学习理论丛林"阶段（Easterby - Smith and Lyles，2006；谢洪明、吴隆增、王成和葛志良，2006；Lichtenthaler，2009）。概括起来，主要有以下不同观点：一个学派从系统动力学的观点出发，强调学习产生于个体心智或组织的系统结构中，学习者在系统内结构元素中具有自行处理信息或调整组织行为的主动认知。如安托纳科庞洛（Antonacopoulou，2006）认为，组织学习是系统内结构元素中自行处理信息或调整组织行为的过程。另一学派从社会学的观点出发，强调学习者是在特定的社会文化和现实环境中通过人际互动学习认知的社会人，学习和知识是通过人与人之间的对话和互动产生的。如文献认为组织学习是在特定的社会文化和环境中通过人际关系互动学习的结果。还有一个学派则从"知识的观点"出发，更加重视组织学习的过程，研究组织学习的发生机理和知识或信息的处理过程，分析在组织学习过程中知识的获取、交换和传播等活动，组织学习可分为四个部分：知识取得、信息扩散、信息解释及组织记忆（Argote，2012）。

有些学者持"工具论观点"认识组织学习，如马奇和西蒙（1958）等学者。他们认为，组织基于有限理性，察觉到外部环境的不确性和风险后，会使得决策规划发生改变，而这种改变又会直接促使信息处理方式的改变，整个循环过程就是组织学习。以"结构学派观点"来认识组织学习的学者则认为组织学习与结构的改变有关，当组织面对内外环境的变化而进行结构重组时，就产生了学习行为。而基于"认知模式"的观点则认为，组织学习是当组织意象或认知形成发生错觉、异常及矛盾时，对其所做的一种修正及更改。

摩根和拉米雷斯（Morgan and Ramirez，1983）等学者认为，只有当组织具备必要的多样性、具有自我反省及修正及最基本的组织设计时，组织才会出现这种学习系统。因此，组织学习并不等于个人学习的总和。什里瓦斯塔瓦（Shrivastava，1983，2002）综合了多位学者的观点，将组织学习定义为一种调适、一种信息处理形态，是组织使用理论的发展，也是组织内经验的制度化。这种定义可分成四个观点：（1）适应性学习观点——组织通过重新调整目标、规则以适应外在环境的变化；（2）假设共享的观点——组织的实用理论来自共享的假设，学习就是要改变这些假定；（3）知识基础的发展观点——学习是一种用来发展行动与成果间关系的知识程序；（4）制度化经验效果的观点将学习曲线的效果延伸到管理决策。

菲奥尔和莱尔斯（Fiol and Lyles，1985）认为，组织学习就是运用知识改善行动的过程，这种过程又可分为初级学习与高级学习，有不同方式与效果。列维特和马奇（Levitt and March，1988）认为，组织学习是将历史的推论诠释到组织的常规活动中，并用以引导行为的过程。斯达塔（Stata，1989），康、莫里斯和斯内尔（Kang, Morris and Snell, 2007）认为，组织学习是组织获得新的知识与看法，并以此修正其行为与行动的过程。迈耶斯（Meyers，1990）认为，组织学习是企业对于内部或外部环境刺激，进行观察、评估及行动的能力。圣吉（1990, 2003）认为，只有通过个人学习组织才能学习，虽然个人学习并不能保证整个组织也在学习，但是没有了个人学习，组织学习将无从开始。胡伯（Huber，1991）认为，组织通过信息的处理改变潜在行为的范围即称为组织学习。麦克吉尔、斯洛姆和雷（McGill, Slocum and Lei, 1992）则认为，组织学习过程是通过改变信息被处理的方式，以求能反映新的信息，并比较不同学习方式所造成的影响。金（2010）认为，组织学习就是增进组织采取有效行动的能力，可以通过个人学习成效的累积来实现，他通过心智模式建立了一个联结个人学习与组织学习的框架。道奇森和戴维（Dodgeson and David，2013）认为，组织学习为关于公司活动的知识与常规，建立、提供并组织在其文化之内，并通过改善其人力技能来调整与提升组织的效率。哈格尔和诺兰（Haeckel and Nolan，1993）认为，组织学习的过程包括数据模式、预测模式或程序模式等各种信息模式改变的程序。

此外，还有部分学者从"知识观点"说明组织学习进行的过程，如胡伯（1991）认为，组织学习可分为知识获取、信息扩散、信息解释及组织记忆四个部分。加尔文（Garvin，1993）认为，组织学习是组织创造、获得与传递知识的过程。内维斯、迪贝拉和古尔德（Nevis, DiBella and Gould，1995）则将组织学习的过程分成知识取得、知识分享以及知识的使用三个阶段。塞尔兹尼克（Selznick，1996）等学者从"政治系统观点"来认识组织学习，认为组织学习是组织为争取利益所作出的各种努力，以及为此实施各种战略的过程。组织学习已经过许多学者的讨论与研究，但尚未提出一个对有效衡量组织学习能力的量表，因此根据组织学习的特性，针对组织学习的能力，从团队导向、系统导向、学习导向以及记忆导向四个因素，提出了衡量组织学习能力的量表，并以国际企业为对象进行了实证研究。辛库拉、贝克和诺德维尔（Sinkula, Baker and Noordewier, 1997），威廉、贝克、詹姆斯和辛库拉（William、Baker、James and Sinkula, 2014）则从探讨市场信息流程的视角提出用学习承诺、分享愿景及开放心智三个变量来衡量组织学习的观点。林文宝认为，组织学习是一种持续性的过程而非结果，可以用来发展新观点、创造共同合作的新方法、流程和组织架构，同时也可以协助组织成员创造新知识、分享经验与持续改善工作绩效，而且学习的焦点在于组织而非个人，个人的学习必须与他人分享，再经评价与整合之后才能成为组织学习。

　　由上述各学者对组织学习的诠释可见，组织学习不仅是一种改进的程序，可以提高例行性工作效率及改进技术，也是一种改进的结果，是组织知识的积累，可让组织适应外部环境的改变。考虑组织学习具有多学科的复杂性，以及研究者对组织学习分析时的切入点和侧重点的不同，学术界对于促进组织学习的因素的认识存在很大的分歧。在早期关于促进组织学习的因素的研究中，代表性的观点主要有五要素论、七要素论、十要素论以及十二要素论。此后，维拉和克罗森（Vera and Crossan，2004）等在综合了先前各个学者研究的基础上，将促进组织学习因素概括为以下三个方面：（1）组织学习外部动因：社会经济价值的变迁、社会运动、社会和经济制度转型、市场信号，以及技术远景想象和技术发展；（2）促进组织学习内部的因素和条件：组织的社会构成、组织从过去成功和失败中学习、时间因素、情感因素；（3）组织学习推动者：个体、领导者、董事会、工会和顾问。这些研究在很大程度上弥补了组织学习诱因方面研究的不足，深化了人们对组织学习诱因的认识，但由于组织学习是由个体学习、团队学习和组织学习三个层面构成的，这些研究忽视了个体、团队和组织三个层次的特性因素，以及各层次之间复杂的互动关系对组织学习的影响，存在一定局限性。研究表明，组织三个层次的特性因素及其互动对促进组织学习的发生有重要影响。近年来，有些学者则开始从组织内部因素出发，探讨了个体、团队和组织等特性因素及其互动对组织学习的影响，在一定程度上弥补了上述研究的不足，但这些学者在组织学习外部因素方面的研究却十分少，研究还不够深入和系统。因此，为了更好地理解组织学习发生的因素，有必要对以上学者的研究进行必要的归纳和整合，以构建一个更加系统的组织学习发生因素的理论分析框架。

　　归纳学者们对于组织学习的后果的研究，主要包含以下内容：（1）组织学习对企业经营绩效的影响。研究表明，组织学习会对组织经营绩效产生显著的正面的影响：如缩短购买周期时间、缩短研发周期、促进新产品成功、促进销售增长、提高市场占有率、提高获利能力等；（2）组织学习对组织创新的影响。研究表明，组织学习对组织的产品创新、技术创新及管理创新有着显著的影响，并且不同的组织学习形态会导致不同的创新形态；（3）组织学习对组织核心能力的影响。研究表明，组织学习对组织核心能力有正面的强化作用，有利于提升组织的信息解释能力、知识创造能力、战略能力及对外部环境的适应能力等。

第三节   组织学习过程及分类

一   组织学习过程

组织由个体组成，组织学习必须通过个体学习来实现，个体的学习对组织的学习有非常重要的作用。往往个别管理者的认知结构就奠定了组织学习的基础。但组织学习不同于个体学习的加总，很难以个体学习的行为直接预测整个组织的学习，仅仅依靠个体的学习是不够的，必须提升到整个组织层级。当个体（或团体）学习的产出能够在组织的层级实现时，个体的学习才能变成组织的学习。针对组织的学习是如何进行的，学者们也提出各种组织学习的过程，如表 19 – 2 所示。

表 19 – 2   各学者对组织学习过程的观点

学者	年份	组织学习的过程
阿吉里斯和斯空	1978	发现→发展→执行→概化
威克	1979	制订→选择→保留
达夫特和威克	1984	扫描→解释→学习
胡伯	1991	知识获取→信息传播→信息解译→组织记忆
哈格尔和诺兰	1993	感觉→解释→决策→行动
野中郁次郎	1994	个人知识的扩大→分享知识和概念化→具体化→知识合理化→知识的组织私有化
内维斯、迪巴拉和古尔德	1995	知识取得→知识分享→知识的使用
赫莱洛伊德和西莫宁	1994	获取→处理→储存→增补
辛库拉	1994	信息取得→信息扩散→分享解释
斯拉特和纳夫	1995	信息取得→信息扩散→分享解释→组织记忆
陈国权和马萌	2000	发现→发明→执行→推广→反馈→发现（循环的过程）

续表

学者	年份	组织学习的过程
肖久灵和颜光华	2006	知识萃取→知识储存→知识重整→知识表达
戴万稳、赵曙明和蒋建武	2006	组织学习过程一般包括有直觉感知、解释说明、归纳整合以及制度化四个子过程
孙晓强	2007	知识转化包括了社会化、外化、结合、内化四个过程
魏江、应瑛和刘洋	2014	可分为播种型与独奏型，播种型顺序指的是先间接（借鉴）学习后直接（经验学习）；独奏型顺序指的是直接（经验）学习之后再直接（经验）学习

资料来源：笔者整理。

阿吉里斯和斯空（1978）认为，学习过程包含四个阶段：（1）发现：发现预期的结果与实际情形存在差异；（2）发展：分析绩效差距并发展各种可能的解决方案；（3）执行：执行所发展出来的解决方案；（4）概念化：评估过去的经验，并将之融入组织政策、惯例及规范中。达夫特和威克（Daft and Weick，1984）则将组织视为一个可解释的系统，并提出一个代表组织全面性学习程序的模型，从"扫描—资料收集"开始，经过"解释—赋予数据意义"，到"学习—采取行动"，再反馈到前两个步骤并进而展开下一循环的程序。

胡伯（1991）将组织学习内容有系统地建构为四大程序：（1）知识获取，是指通过天赋、经验、委托学习、移植、搜寻等方法来获取知识的过程；（2）信息传播，是指分享不同来源的信息并因此获得新的资讯及了解的过程；（3）信息解释，是指赋予信息定义和解释事件，发展共享的了解及概念框架的过程；（4）组织记忆，指储藏知识以供未来使用的过程。哈格尔和诺兰（1993）提出，组织学习循环是由四个基本功能所构成：感觉、解释、决策及行动。野中郁次郎（1994）指出，组织内部知识创造过程应包括五个阶段：（1）个人知识的扩大：扩大组织知识的第一步就是要扩大个人的知识，其中包含可言传及不可言传的知识；（2）分享知识和概念化：在团队中成员通过彼此连续对话和互信的建立，可以将不可言传的知识概念化；（3）具体化：新创造的组织知识必须进一步以产品或系统等形式将它具体化；（4）知识合理化：对所创造出的知识进行评价，以决定新知识对组织及社会的贡献价值；（5）知识的组织内化：将知识整合到组织内的知识网络中。内维斯、迪巴拉和古尔德修正了胡伯模式，将组织学习过程整合成三个阶段：（1）知识取得：组织发展或创造技术、洞察力、关系等；（2）知识分享：扩散学习成果；（3）知识的使用：属于学习过程中的整合阶段，使学习成果可以被广泛地取得且能一般化，从而适用于新的情境。赫莱洛伊德和西莫宁（Helleloid and Simonin，1994）认为，一个完整有效的组织学习应该包括四个过程：获取、处理、储存及增补。获取信息与知识是基本的步骤，其方法有内部发展、外部协助内部发展、在市场上购买、公司彼此间的合作互补以及通过购并取得五种。只有上述四个过程配合好，才会有效提升公司的核心专长并创造出自己的学习风格。辛库德等（1994）提出，组织学习是由三个阶段构成：信息取得、信息扩散及分享解释。斯拉特和纳夫（1995）经过文献的归纳整合，提出一个组织学习的过程与类型的关系模型，如图 19 - 1 所示。

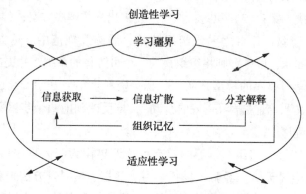

图 19 - 1   组织学习的过程与类型

资料来源：Slater and Narver，Market Orientation and the Learning Organization. *Journal of Marketing*，Vol. 59 ，1995，July，pp. 63 - 74。

从以上文献讨论可以发现，组织学习理论发展的内容非常丰富，从组织学习的定义、类型、内容以及程序等到影响因素的探讨，包罗万象。然而整个组织学习理论的系统性似乎不是很清晰，其中一个很重要的原因是学者间对"组织学习"仍没有形成共识所致。林义屏认为，组织学习应以组织或团体作为分析单位。在前人的研究中，他认为，学者对组织学习概念或理论的研究热情远高于实证研究，而且在这些实证研究中学者们对组织学习的操作性定义并不一致，如鲍威尔、科普特和史密斯 - 多尔（Powell，Koput and Smith - Doer，1996）用 R&D 组织的联系数量来代表组织学习，胡尔特和法雷尔根据组织学习的特性，分别从团队导向、系统导向、学习导向及记忆导向四个因素来衡量组织学习；辛库拉、贝克和诺德维尔（1997），贝克和辛库拉（1999）以及林义屏（2001）则以探讨市场信息流程活动为基础，提出以学习的承诺、分享愿景及开放心智三个变量来衡量组织学习。由此可发现组织学习的操作性定义与衡量似乎是由研究者以实际研究情境来加以诠释的，而在这些衡量方式中，尤以辛库拉、贝克和诺德维尔（1997），贝克和辛库拉（1999）以及林义屏（2001）等这两组学者所发展的量表，对组织学习内容的衡量最为完整与全面。本书将在这些学者的量表基础上进行适当的修订，形成我们需要的组织学习的量表。

二　组织学习分类

不同学者根据不同研究方向与重点，如"是否涉及改变现有价值观与规范""技术生命周期的阶段""学习的连续程度""领导者的态度""员工参与""学习是否具有未来性"等，将组织学习区分为各种不同类型。阿吉里斯（1977）以是否涉及改变现有价值观与规范，将组织学习类型划分为单循环学习与双循环学习。阿吉里斯和斯空（1978）又提出"再学习"的概念，即学习如何从事组织学习。基于此，阿吉里斯和斯空（1978）把组织学习分为三种类型。

（1）单循环学习：组织内部的适应过程，即适应性学习；"单循环学习"本身是一个流程的设计，用来发现错误与矫正错误，以符合组织在规范上及各项标准的要求，并提升组织内部的适应能力。就其内容而言，单循环学习指组织为了维持其生存而致力于当前问题的解决，所以这种学习又称为"适应性学习"，也就是针对组织处理的一般模式，提出更好的改进方法。适应性的学习者与组织，往往会表现"刺激—反应"的行为特征，以个别的、机械的行动来回应环境的变化。正因为这种学习模式在结构上比较简单，所以单循环学习的模式适用于较稳定，而且外在环境变化不会太剧烈。林文宝（2001）认为，"单循环学习"是一个以改变寻求适应的过程，改变的内容必须符合组织规范与标准的要求，而改变的目的是适应环境，所以单循环学习属于一种适应性的学习。所以单循环学习的效果是建立在组织规范与标准能够符合外在环境变化与要求的基础上的。

（2）双循环学习：组织对外部环境（深度学习的循环）的认知与感觉适应，即创新性学习；"双循环学习"是针对现有组织规模、标准、价值进行变革以达到适应环境变化的目的。在当今竞争日益激烈的环境下，设计一个有学习能力、富创新构想的创新性组织结构，是十分必要的。"创新性学习"可以成功地转换组织运作模式，增强组织学习与创新的能力，强化组织竞争优势并显著改善组织的绩效。然而创新性的"双循环学习"在实际运作上的困难度要比"单循环学习"高得多，这是因为"双循环学习"要求改变现有规范与价值，其可能遭遇的冲突自然就比较高，但在下列几种情况之下却又非使用"双循环学习"模式不可：竞争环境极度混乱、情势不明朗也不明显；在决策时，组织内各个团体有不同的立场与观点；组织战略需要开发新的资源与能力；组织必须通过学习提升核心竞争力，进而获取竞争优势的基础。

（3）再学习：针对前两阶段学习过程加以批判及分析，然后加以改善的学习。当组织进行学习时，组织成员将探究过去组织学习的过程，找出妨碍组织学习或有助于组织学习的因素，并提出有效的新战略来帮助组织学习，最后经过评估、一般化将此结果再植入个人意象与图形中，以便在以后的组织学习中运用。马奇和奥尔森（1975）认为，组织学习的类型可分为完整的组织学习循环与不完整的组织学习循环，当组织处于不完整的组织学习循环时，组织将不断地探索直到达成一个清楚而完整的学习循环为止，而不完整的组织学习循环又称为"过渡学习"。赫德伯格（Hedberg，1981）将组织学习分成三种形态：（1）适应型学习：不改变认知观念，以现行的行为模式掌握外部的改变；（2）转换型学习：将现行的行为模式重新组织、改变；（3）改变型学习：不仅改变行为模式，也改变认知的程序。

莱尔斯（1988）将组织学习类型分成"初级学习"与"高级学习"两种，初级学习类似单循环学习，而高级学习则类似双循环学习。另外，也有学者将组织学习类型分成"线性学习"与"非线性学习"两种，线性学习类似单循环学习，而非线性学习则类似双循环学习。并依组织处在不同的技术生命周期阶段划分成四种不同的学习类型。（1）创造型学习：重点在于对问题定义、活动与答案的建构，属于创新期的学习类型；（2）适应型学习：重点在于建立各种程序、角色和法则，以塑造组织运作系统，属于成长期的学习类型；（3）维持型学习：重点在于通过修正过去的经验及既存的系统来提高组织效率，属于成熟期的学习类型；（4）变迁型学习：重点在于如何解释、认知外界环境的信息，属于衰退期的学习类型。按学习层次将"组织学习"分为四个层次：①个体学习，即激励个体学习新技能、新规则和形成新的价值观；②团队学习，即利用自组织小组或联合攻关小组等形式来激励学习；③组织学习，即通过建构组织结构和文化来促进组织学习；④组织间的学习，即不同组织间相互借鉴、相互学习以提高组织效率。博诺拉和雷怀（Bonora and Revang，1991）从以下三个方面对组织学习进行分类：按知识储藏方式可分为"个人""团队""科层"及"公文档案"四个层面；按知识扩散可分为工作团队、师徒相传、教育训练及程序规章四个方面；并进一步将公司的内部依赖结构分为"依赖过程""依赖个体""依赖结构"及"依赖信息系统"四种。

马奇依据组织学习战略将"组织学习"分为两类：（1）探索式学习，即组织成员不断搜寻并实验新的组织活动形式及程序来提高组织效率；（2）开发式学习，即组织成员学习如何提炼和改善现有的组织活动形式及程序，以提高组织效率。麦克吉尔等（1992）则强调，学习类型是帮助组织内部员工创造新的智慧，促进内部了解及持续改善自我与产出的学习方式，并比较了适应型学习和创新型学习在管理上的差异性。由表19 - 3 可以发现，就组织结构特征与学习特性的关系而言，适应性学习是低学习态度的类型，强调科层化组织结构的特性，而且习惯于维持稳定的现况，偏重被动式的控制系统；创新型学习则是高学习态度的类型，强调机动、弹性、团队互补式的组织结构特性，而且习惯于追求改变，常以创造、自我管理的学习为中心，偏重以共同价值观来达到自我控制的效果。

表 19 - 3　　适应型学习与创新型学习类型在不同管理特性上的比较

探讨的特性		适应型学习	创新型学习
战略特征	核心竞争力	强调同构型	有意义的差异
	优势的来源	稳定	变迁
	输出	市场分享	市场创造
	组织的视角	部门化	系统的
	发展动态	变革	转换
结构特征	结构	科层组织	网络
	控制系统	正式规则	价值、自我控制
	权力基础	科层职位	知识
	整合机制	层级节制	团队
	网络	分散的	密切的
	沟通管道	层级的	水平的

续表

探讨的特性		适应型学习	创新型学习
人力资源战略	绩效评估系统	奖酬稳定	弹性
	奖酬基础	短期利润	长期利润
	地位象征	层级与名称	整体的决定
	动员模式	部门与功能	创造性差异
	监督	无报酬	跨部门或功能
	文化	市场	部门
管理者行为	观点	控制的	开放的
	问题解决取向	狭窄的	系统思考
	响应模式	顺应的	创造的
	人员控制	责备与接受	自我绩效管理
	行事作风	以自我为中心	同理心

资料来源：McGill, Michael E., John W. Slocum, Jr. and David Lei, "Management Practices in Learning Organizations". *Organizational Dynamics*, Vol. 21, 1992, Summer, p. 14。

　　富尔默（Fulmer, 1994）也提出了组织学习的三种形态：（1）维持型学习：针对企业已能处理的事情，尝试提出更佳处理方法。这种学习方式隐含着环境将维持现状，仅是鼓励以正确的方法做事，并未鼓励做正确的事，这种学习相当于单循环学习。（2）震撼型学习：一旦危机发生，企业会进入震撼型学习。采取震撼型学习，能够使企业做出迅速的反应，但也可能会恶化本来想要解决的问题。（3）预期型学习：这种学习兼顾现在行动的长期影响及应付未来环境的最佳方法，有效的预期性学习重视参与性与未来导向。内维斯等（1995）则认为，组织学习的目标可以建立一个学习型的组织，而且一个完整的组织学习系统包含两大因素：一个是学习导向：描述如何学习的学习类型；另一个则是如何增进学习的促进因子。就学习类型而言，可区分成渐进式或变革式学习，这两种学习不仅在学习的手段不同，而且效果也不一致。渐进式是属于适应式的学习，属于单循环学习，而变革式的学习则是属于双循环学习。学者们对组织学习的分类汇总如表 19-4 所示。

表 19 - 4 　　　　　　　　　　各学者对组织学习的分类

学者	年份	组织学习类型
马奇和奥尔森	1975	认为组织学习可分为完整的组织学习循环及不完整的组织学循环
阿吉里斯	1977	单循环学习与双循环学习
赫德伯格	1981	以"连续性"学习改变的程度来划分组织学习类型。调整学习、转换学习及改变学习等
阿吉里斯	1978	单循环学习、双循环学习与再学习
莱尔斯	1988	1. 将组织学习分为"高级学习"和"初级学习"两种类型。 2. 提出三种主要的学习方式：经由经验学习、经由模仿学习和经由创造学习
迈耶斯	1990	1. 随着学习可能造成的改变程度及组织监视到的外界变化的程度不同，将组织学习区分成线性学习及非线性学习等。 2. 组织在不同的技术生命周期阶段共有四种不同的组织学习类型，即创造型学习、调适型学习、维持型学习及变迁型学习
圣吉	1990	适应性学习与创造性学习
博诺拉和雷旺	1991	将知识储藏方式分为个人、团队、科层及公文档案等；将知识扩散分为工作团队、师徒相传、教育训练及程序规章等。并进一步将公司的内部依赖结构分为依赖过程、依赖个体、依赖结构及依赖信息系统四种
麦克吉尔等	1992	将组织学习分为适应型学习和创新型学习
莱尔斯	1992	通过经验学习、通过模仿学习与通过创造学习
富尔默	1994	维持性学习、震撼性学习与预期型学习
赫莱洛伊德和西莫宁	1994	组织学习包括建构、处理、储存与获取等，建构又包括自行发展、外部辅导、市场采购及合并或购并等
内维斯等	1995	认为所有的组织皆可视为一个学习系统，系统内包括学习风格及学习促进因子。学习类型可分成渐进式或变革式的学习两种
斯莱特	1995	组织学习可以区分成两种形态：适应型学习及生产型学习
陈国权和马萌	2000	组织学习可以分为单环学习和双环学习
索伦森和伦森	2001	将组织学习分为剥削性学习和探索性学习两种

续表

学者	年代	组织学习的类型
英克朋和唐（Inkpen and Tsang）	2005	强调组织学习是个人学习层次的提升，由于对组织学习有认知和行为倾向之不同，而有创造性、调适性类型之区别
蒋春燕和赵曙明	2006	组织学习分为探索式学习和利用式学习
王文祥	2008	组织学习定义归纳起来可以概括为刺激—反应观、信息处理观、共同精神观和实践观四类
魏江、应瑛和刘洋	2014	可分为播种型与独奏型
Yuan、Haowen、Chen、Li 和 Mike Peng	2014	组织学习可以分为温和派与机会派

资料来源：林义屏：《市场导向、组织学习、组织创新与组织绩效间关系之研究——以科学园区信息电子产业为例》，博士学位论文，中山大学，2001 年以及林文宝：《技术知识整合、知识能量与组织学习对核心竞争力及创新绩效关联性之研究》，博士学位论文，成功大学，2001年，本书在其基础上进行扩展和修订。

第四节　组织学习前因后果的理论框架

综合上述，国内外学者专家研究可以得到以下认识：（1）促进组织学习的因素包含着两个方面，不仅包括组织内部因素，外界环境的变化也能通过组织机制引发组织学习的产生。（2）组织学习包含着三个层次（包括个人、团队、组织），并且各层次的学习存在着复杂的互动关系，这些互动包括由较高层次到较低层次的学习，以及由较低层次到较高层次的学习。研究表明，组织三个层次的特性因素及其互动对促进组织学习的发生有重要的影响。（3）组织学习会对组织的经营绩效、组织创新，以及组织的核心能力产生重要的影响。因此，我们将试图从以上三点出发，对以上学者的研究进行归纳和整合，将组织学习的前因后果归纳为：（1）外部诱因：社会经济价值的变迁、社会运动、社会和经济制度转型、市场信号，以及技术远景想象和技术发展；（2）内部诱因：①个体层面因素：个体对组织目标的认知、对不确定性的容忍程度、自我效能及个体的经验；②团体层面因素：团队的多样化、信任及权力分布；③组织层面因素：组织与环境的适应程度、组织文化、组织学习机制的有效性及组织常规和程序；④各个学习层次间的互动关系；（3）组织学习对组织绩效、组织创新，以及组织的核心能力影响。以下分别从这些方面加以展开，以系统地分析和阐述组织学习的前因后果。我们认为组织学习的理论分析框架应该如图 19-2 所示。

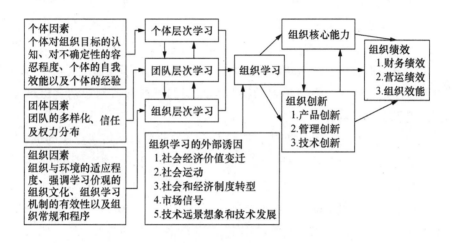

图 19-2　组织学习的前因后果：一个理论框架

一　组织学习的外部诱因

企业所处环境的动态性、复杂性和不确定性的进一步加剧一定程度促进了组织学习的发生。组织学习发生的外部动因主要包含五个方面：社会经济价值的变迁、社会运动、社会和经济制度转型、市场信以及技术远景想象和技术发展。

（1）社会经济价值变迁。组织作为社会的组成单位，不可避免地受到社会经济价值变迁的影响。近年来，在社会经济领域，人们对常规与权威的注意和尊重每况愈下，个人主义与自我发展的价值趋向日益增长。社会经济价值观的变化，可能会导致一个组织的行动与实际环境要求或即将出现的环境相脱节。因此，价值观的变化对组织提出了新的压力和要求，组织需要提高自身对付这些变化的能力，就必须更加对外开放，将学习融入组织中。

（2）社会运动。社会运动或利益集团引发的组织学习是一种不自觉的学习。当具有公众基础或由利益集团发动的社会运动造成"组织危机"

时，组织就被迫发展出处理这些问题的能力。组织对自身危机的应对主要有消极抵制、象征性政策和积极接触三种方式。组织做出何种选择，以及是否获得控制危机、社会运动或利益集团所关切的问题的能力均取决于组织学习。

（3）社会和经济制度转型。当社会和经济制度发生急剧变化时，组织往往会经历一段"组织失效"的阶段。急剧变化常常触发组织学习，组织往往需要吸收新过程、新结构与新行为，并进行有效的内化，以尽快适应新的环境条件。"模仿"行为是应对"组织失效"最经常的反应，但模仿学习并不能保证组织转型的成功，因为不同的组织在适应力与学习潜力上往往是不同的。组织学习的行为与组织的习惯和惯例相结合得越紧密，组织学习就越容易成功。

（4）市场信号。技术变化、消费者偏好的改变以及市场竞争的加剧，使组织暴露在大量市场信号面前，所有这些信号都是组织学习的潜在诱因。然而，组织的社会系统本身存在的固有的偏见和惰性，以及信息的过载，都可能会阻碍组织向市场的学习。对组织而言，关键是确立有效的市场信号，并通过高效率的业务运作体系来强化对这种信号的反应，确立新的战略意图。

（5）技术远景想象和技术发展。远景想象既是学习的结果也是学习的动因。远景想象是引发组织进行自我学习与变革的强大动力，有助于组织超越单循环和双循环学习的学习方式，促使组织产生"再学习"的能力。尽管再学习并不能保证一个组织的成功，但它很可能改善组织适应根本技术变化的环境。技术远景展望的不同深度将会产生三种结果：学习过程停滞、创新过程停滞与持续创新。持续创新需要随时审视组织方向，并及时调整技术远景设想，以适应环境的变化。

二　组织学习的内部诱因

（一）个体因素对组织学习个体层面的影响

（1）个体对组织目标的认知。长期以来，员工培训被认为对员工能力的发展和知识水平的提高有重要的影响。根据文献研究，员工培训、智力水平和经验上的差异，并不能解释一部分员工在培训后的绩效水平仍然很高，而另一部分员工尽管先前的绩效也很高，却在培训后出现绩效下降的现象。对此，可能的原因是前者更好地认识到了组织目标和工作环境的改变，并通过个人学习很好地调整了他们的行为，适应了新的组织目标和工作环境。因此，一个员工对组织目标认识能力越强，那么通过个人学习，往往就越能促进个体绩效水平的提升。

（2）对不确定性的容忍程度。组织中有些个体具有强烈的学习的驱动力，并倾向于对非常规的工作任务做出积极反应，而另一些个体则对不断变化的、模糊的工作环境缺乏安全感或感到不愉快。个体特性中的"对不确定性的容忍程度"有助于解释个体对非常规的工作任务的不同反应，对不确定性的容忍程度低的个体对于不确定性的工作环境会感到缺乏安全感或感到不愉快，而对不确定性的容忍程度高的个体则倾向于将这种环境视为一个挑战而不是威胁，从而促进个体的学习。

（3）个体的自我效能。自我效能是指个体应对或处理内外环境事件的效验或有效性。研究表明，个体在非常规环境中的工作绩效与个体的自我效能之间存在着紧密的关系，它决定了个体在面临非常规环境中新的任务时，是把它当作挑战加以迎接还是当作困难加以回避的生活态度。自我效能感强的人会倾向于把成功归因于自己的能力和努力，而把失败归因于技能的缺乏和努力的不足，当个体将要面临失败时，自我效能感强的人往往更愿意去学习，花费更多的精力去解决问题或寻找一些新的解决办法。相反地，自我效能感低的人倾向于将失败归因于自身能力的不足，当个体面临挑战性的工作时候，他们往往不愿意付出更多的努力或很容易就放弃。

（4）个体的经验。文献提出了一个假设，即认为随着组织年龄的增长，组织的信息供给将会增加，并且组织对大部分的信息是被动吸收的。这一假设以文献的研究为基础，他们认为，缺乏经验的组织将会不断尝试新的事物，并积极地寻求信息使得组织与环境相适应，因为他们缺乏组织的历史经验可以依赖。但随着组织不断地获取经验和成长，环境的威胁开始下降，信息搜索便会开始降低。个人的成长过程也类似于组织的成长过程。员工的经验越充足，将会运用更多的程序性知识而非陈述性知识，而后者更多的是在进行低层次的学习。

（二）团队因素对组织学习团队层面的影响

首先，团队的多样化。团队的多样化分为两个层面：一是团队内成员能力、认知和知识的多样化，二是团队内成员态度的多样化。不同层次的多样化程度对团队学习和绩效的影响是不同的：（1）团队内成员能力、认知和知识的差异化程度越高，那么产生新的观点的潜力就越大，团队也就因此有更多的学习机会并有助于产生更多的新知识。并且，互补的知识和心智模型，有助于促进团队内部的沟通，降低协调产生的问题。团队成员具有相同的参照框架，将可能会提高对环境的分析和评价能力，但却会降低团队创造性解决问题的能力。文献发现，由各种不同的能力组合而成的团队有助于加快组织内部学习和知识创造的过程；（2）对于团队成员态度，文献认为态度一致将有利于促进团队的学习、改善团队内部的沟通并提高团队的绩效。社会比较理论表明，团队成员态度的相似性将会降低不确定性，强化员工之间的相互信任和爱好，消除防御性的常规，这些都有助于强化团队的学习。

其次，团队的信任。信任是指对个体在一个事件结果中所起作用或者另外一个人行为产生乐观的期望。当面对非常规工作时，团队成员之间的相互信任是促进学习和产生良好绩效的重要条件。当团队成员彼此相互信赖时，他们往往会体现出开放的心态，并努力贡献出自己的知识和专长，促进团队的学习。特别地，在面对非常规的工作环境时，团队往往需要一些专业化的员工（其所拥有的权力主要来源于其所拥有的专长）。如果团队成员之间缺乏信任，专业化的员工往往体现出一种防御性的心态，不愿意贡献出自己的专长，阻碍团队的学习，因为这样做将会降低他们的权力和地位。

最后，团队的权力分布。员工在从事非常规工作时，常常独立于管理层，对于如何分析问题和运用工作方法他们往往是自己做出决定的。这些从事非常规工作的员工是企业成功的关键因素，对组织战略的选择以及如何加以运作都会产生重要的影响。因此，处于组织运作层面的员工必须拥有适当的权力，保证权力分布合理，以促进员工工作的有效完成。权力的不平等的分布，会对非常规工作的完成和团队的学习构成障碍。根据期望状态理论，如果团队中拥有强势地位的成员对问题的解决控制得越多，那么其他团队成员的贡献就越会越少，从而进一步强化权力分布的不平等的趋势。因为拥有强势权力的成员对团队的产出往往有更大贡献，而这些贡献反过来又进一步强化了他们的权力。这些都可能在将来阻碍团队的学习，组织必须采取一定的措施加以必要的干预。

（三）组织因素对组织学习组织层面的影响

（1）组织与环境的适应程度。有效的组织与环境之间存在着良好的匹配性。如果组织与环境相适应，就有助于组织获得良好的绩效表现，并可能使得个人、团队和组织的心智模型得以改变。在组织获得良好的绩效表现情况下，组织更可能产生单循环学习，用来发现与矫正错误，以符合组织在规范上及各项标准的要求，并提升组织内部适应能力。而当组织没有达到预期理想的绩效要求时，组织更可能产生双循环学习。组织在界定与解决问题时会进行检视，并予以持续的实验与回馈，同时对现有的组织规模、标准、价值进行变革以达成适应环境变化的目的。

（2）强调学习价值观的组织文化。组织中学习的内容和方式受其文化及其次级文化的影响，组织学习要求组织具有开放的文化，愿意尝试与接受新事物、新观点和新做法，并能将错误当成学习的机会，从而使得组织成员能彼此接纳、相互信任和相互学习。一种能将学习、调试及变革等能力深植于组织文化的组织，其组织文化所涵盖的价值、政策、工作情境及组织结构都能支持成员学习，并且学习成果能持续展现在个人、团队甚至组织的效能上。组织只有塑造出一个鼓励成员学习且发展其全部潜能的气氛及培养出回馈与坦诚地学习文化，才能使组织成员不断将组织资源用于发展工作技能和知识上，并与全体组织成员共享。

（3）组织学习机制的有效性。建立一个高效的收集、分析、存储和检索信息的学习结构和程序安排，是保障组织学习有效性的重要依据。随着组织战略和环境变化，客观上要求组织对其结构设计、决策机制、沟通机制和绩效反馈与支持系统等方面进行动态的调整，以提高组织学习的有效性：其一，柔性化的组织结构能鼓励员工成长、实验、创造性解决问题及让所有人都有自我发展的机会，以适应组织战略和环境的变化；其二，分权式的决策机制既能使得员工有潜能发展的机会，同时也能促进组织学习得到发展；其三，良好的组织沟通机制，则有利于串联组织成员的活动，使大家可以在相互了解与共同的期望下，共同完成工作，经由成员之间互动与分享信息，以促进相互间的合作；其四，精确的绩效反馈与支持系统则通过对员工创见予以奖励并形成一套训练发展与绩效目标回馈制度，强化学习产生的效果，驱动组织学习的推行。

（4）组织常规和程序。组织常规和程序是一种相对复杂的行为模式，但其独特的价值不仅在于提高组织的运作效率，还表现在即使缺乏规则、指令，甚至在没有关键的文字沟通的情况下，它们还能够支持个体间复杂的互动模式。因此，组织常规和程序管理作为创造效率的一种工具和一个保留从感知清晰过程中挑选主动行动的学习过程是必要的，它们能够成为组织与市场环境变化之间的缓冲，或者至少可以推迟做出反应的行动。但必须看到，组织常规和程序作为一种管理体系，其本质上是一种控制行为的结构。这种控制是建立在纯粹理性的计划之上的，而计划的可能效率极差。尤其是在外界环境发生重大变化的情况下，这一体系可能变成过去经验和当前行动标准的强大参照框架，使组织在面临选择的时候无法摆脱对常规和程序的依赖，从而严重地限制组织的学习过程和未来行为的改变。因此，组织必须维持组织常规和程序的相对稳定性以提高组织的运作效率，并根据环境的变化适时地对组织常规和程序进行动态的调整，以适应环境的变化。

（四）组织学习各层次间的互动关系

组织学习既不等同个人学习，也不是个体学习的简单加总。事实上，企业组织活动所需的知识基础远超过个人所拥有的知识，在复杂的组织中，个人通常缺乏所需信息，因而无法单独有效执行双循环学习，而有赖于具有相互依赖关系的团队才能有效诊断出系统性的误差因素。同时由于企业营运活动极为复杂，所需的学习形态是属于镶入性与系统性的，而非过去所认为的个人化学习。因此，企业组织为了达成目标，其学习活动必然会同时发生在个人、群体以及组织三个层次上。组织学习中各层次的学习会产生互动。这些互动包括由较高层次到较低层次的学习，以及由较低层次到较高层次的学习。一般认为，学习最初发生在个人层次，并通过个人与个人之间的社会互动，会在群体及组织等非个人层次上发展、储存及积累知识。这种非个人层次的知识可以是外显性或内隐性的，并存于组织系统之中，如例规、能力、组织结构、文化、策略等。

三　组织学习后果

（一）组织学习对组织绩效影响

大多数学者的研究表明，组织学习对组织绩效有着显著的正面影响：（1）在财务方面，组织学习可以促进销售增长、提高获利能力等；（2）在营运绩效方面，组织学习可以缩短采购周期时间、促进新产品成功、提高市场占有率等；（3）在组织效能方面，组织学习可以提高员工的满意度、员工对组织的承诺等。但也有少数的学者认为，组织学习并非都能达到提高组织绩效的目的。个体学习不会总是引导到更好的理解力或改善行为。以学习为基础的知识取得，其与绩效之间关系可能是复杂的，从短期来看，组织学习对组织绩效的影响也许是不明显的，这是由于组织学习与绩效两者之间的联系存在时间滞后情形，使得实际观察时会产生一定的困难。但就长期而言，一个有效能的学习会对组织的绩效产生正面的影响，使组织比其竞争对手经营得更好，而缺乏效能的学习或许并不能提升组织的绩效，甚至可能降低组织的绩效水平。

（二）组织学习对组织创新的影响

大多数学者认为，组织学习对组织创新有显著的正面的影响。事实上，知识是组织创新的基础，组织创新离不开众多知识及信息的支持，组织中若存在着学习的文化或支持组织成员学习的倾向将有助于帮助组织成员解释和使用内外部的信息，提升组织成员的创造性。谢洪明、吴隆增、王成和葛志良（2006）认为，组织学习是组织维持创新的主要因素，组织的学习能力不仅会影响到创新的初始阶段，也会影响到创新的执行阶段，尤其是在知识密集产业中尤其如此；文献也认为组织有较高的学习倾向将导致较高的组织创新程度；此外，不同的组织学习形态会导致不同的创新形态，如单循环学习只会导致增量的创新，而不连续的创新则需要双循环学习才能够实现。由此可见组织学习对组织创新有促进作用。

（三）组织学习对组织核心能力的影响

在知识经济时代，企业能否在激烈的竞争环境中生存与发展，企业的核心能力的强弱至关重要，但核心能力具有组织专属的特性，只有在组织内特定的时空环境下，才能为企业创造出竞争优势。相关研究表明，组织学习对提升组织核心竞争力有着重要的影响。组织学习有助于提升组织对外界环境变化的适应能力，确保战略的适用性与即时性，对提升组织核心竞争力有正面的强化作用。组织学习具有路径依赖独特性，经组织学习所产生的知识，有很大一部分是隐性的知识，具有特定的组织专属性、难以交易性及难以模仿的特性，这些知识就成为组织持久竞争优势和核心竞争力的来源，尤其当组织高度投入组织学习时，常能形成难以观察和模仿的新知识与新的核心能力。此外，组织学习在企业能力发展过程中扮演了重要角色，通过日常运营学习循环、企业能力学习循环和战略性学习循环三个循环过程，促使企业将资源转化为能力，进而发展成为核心能力。

（四）组织学习、组织核心能力和组织创新对组织绩效的影响

组织学习既可以直接影响组织绩效，也可以通过组织创新、组织核心能力的提升间接地影响组织的绩效。创新不仅能使组织具有较佳的适应力和活力，而且有利于企业经营绩效的提升。不管是在何种产业，组织的创

新均会导致更佳的组织绩效。此外，核心竞争力的建构和维持，对于组织绩效和组织创新能力的提升都有显著的正面影响，不论是绩效提高、管理创新还是技术创新都有依赖于核心能力的发挥，而组织创新能力提升的结果反过来又强化了组织的核心能力。

本章小结

　　本章在归纳、分析和整合国内外学者关于组织学习研究成果的基础上，提出了一个新的组织学习前因后果的理论分析框架。这些框架和思路对于企业界和学术界深入认识组织学习及继续开展组织学习的相关研究具有重要指导意义和参考价值。组织外界环境的变化、组织内部三个层面的因素，以及各学习层次间的互动关系共同促进了组织学习的产生，一个有效能的组织学习不仅会给组织带来良好的绩效，而且将有助于提升组织的创新和组织的核心能力。

第二十章 企业组织学习与企业绩效的关系

本章进一步对组织学习与企业绩效之间的关系进行实证分析，以我国华南地区企业等为调查对象，对组织学习是否以及如何通过组织创新影响组织的绩效进行实证研究。结果表明，组织学习对管理创新和技术创新都有显著的直接影响，而且通过这两个因素对组织绩效都有显著的正向影响，管理创新在组织学习—组织创新—组织绩效链中起到了至关重要的作用，是通过组织学习提升组织绩效的重要桥梁。

第一节 引言

近年来，组织学习被认为是企业取得竞争优势的关键因素。许多企业都在努力构建学习型组织。那么，组织学习是否影响以及如何影响组织的绩效？虽然很多学者相信组织创新在组织学习与组织绩效之间起中介作用，但却极少有研究给出实证的结果。改革开放以来，我国许多企业开始引入组织学习管理观念，作为新型工业化国家，我国许多产业都是刚刚起步，面临经济国际化、市场全球化、技术进步加快的大背景，我国企业的组织学习、组织创新的现状如何？其组织学习以及组织创新是否以及如何影响企业经营绩效？国外相关结果是否适合中国？国内外学术界尚未发表以中国大陆数据为基础的实证结果。这不仅是学术问题，也是企业实践过程中亟须解决的问题，是企业经营战略的理论和技术基础，其结论具有重要的理论和现实意义。本章拟以华南地区企业为调查对象，对组织学习是否以及如何通过组织创新影响组织的绩效进行实证研究。

第二节　理论基础与研究假设

　　许多研究表明，组织学习对组织创新有影响。例如斯达塔（1989）发现，组织学习可导致创新，尤其是在知识密集的产业中，个人与组织的学习进而引导创新，才能成为组织中唯一可持久竞争优势的来源。默柏和沙拉曼（Mabey and Salaman，1995）以及阿戈特（Argote，2012）也认为，组织学习是组织维持创新的主要因素，并组织的学习能力不仅会影响到创新的初始阶段，也会影响到创新的执行阶段。福斯特（Foster，1986）从学习经验曲线的概念推论出产品创新的"S"形学习曲线（见图20-1），图中所示的"S"形曲线即是产品创新学习曲线，沿着该曲线移动，表示基于某一特定技术的产品创新，其效益的增加会逐渐递减，而要获得更好的产品绩效，则必须移至另一条技术曲线，也就是说产生不连续的创新时才能有更好的组织绩效。而麦吉（McKee，1992）以福斯特模式为基础，指出不同的组织学习形态会导致不同的创新形态（见图20-1），如单循环学习只会导致增量的创新，而不连续的创新则需要双循环学习才能够实现，可见，组织学习对组织创新有促进作用。基于上述分析，提出如下假设拟加以验证：

　　H20-1a：组织学习对技术创新有正向影响；

　　H20-1b：组织学习对管理创新有正向影响。

　　面临激烈的竞争与不确定竞争环境，组织为了求生存与成长，组织创新变得越来越重要。在组织创新领域的研究中，许多研究验证了创新对绩效的影响，创新对绩效的正面影响则已被许多学者的实证研究所支持，认为不管是在何种产业，创新均会导致更好的组织绩效。根据德曼宠（Demanpour，1991）对组织创新理论的归纳发现，大多数学者认同并采用了将创新分为"管理创新"与"技术创新"的双核心模式观点。而且这两类创新对组织绩效的影响关系也被许多学者验证过。这两类创新也会互相影响，并会对绩效产生综合影响。德曼宠、萨巴特和埃文（Demanpour，Szabat and Evan，1989）观察银行产业发现，若银行要提供一项新的服务（技术创新），通常也需要一组新的管理机制（管理创新）去评估和控制其绩效，然而并不是每一种技术创新均会导致管理创新。企业如果同时并且平等地采用管理创新和技术创新，将有助于维持公司内技术系统与社会结构间的平衡。基于上述分析，提出如下假设拟加以验证：

H20－2a：技术创新对组织绩效有正向影响；

H20－2b：管理创新对组织绩效有正向影响；

H20－3：技术创新对管理创新有正向影响。

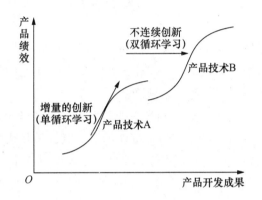

图 20－1　产品创新学习曲线

资料来源：McKee, D., "An Organizational Learning Approach to Product Innovation". *Journal of Product Innovation Management*, 1992, 9 (3), pp. 232－245。

第三节　研究设计

一　研究框架

本章理论框架如图 20－2 所示。在这个框架中，组织创新是组织学习与组织绩效间关系的主要中介变量，组织学习通过组织创新间接影响到组织绩效。在该框架中延续创新研究的双核心模式，依据组织采用创新的焦点和影响将创新分成管理创新与技术创新，技术创新会促进管理创新，并进而对组织绩效产生综合影响。

二　变量定义与衡量

本章为确保测量工具的效度及信度，尽量采用国内外现有文献已使用过的量表，再根据本书的目的加以适当修改作为搜集实证资料的工具。在组织学习、组织创新及组织绩效等概念的操作性定义及衡量方法上，主要

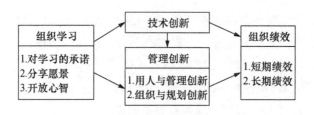

图 20 - 2   本章的研究框架

采用来自国外已发表的学术论文，在问卷正式定稿与调查之前，先对部分企业界人士进行问卷的预调查，以评估问卷设计及用词上的恰当性，再根据预试者提供的意见对问卷进行了修订。

组织学习的量表来自贝克和辛库拉（1999）根据辛库拉、贝克和诺德维尔（1997）所提出的组织学习量表的修正版，该量表原来由 19 个问题项组成，本章在试问过程中发现其中的 4 个问题项在整个量表中的一致性较差，所以仅使用了其中的 14 个问题项，包含学习承诺、分享愿景和开放心智三个因素。组织创新所采用的量表来自林义屏（2001）的研究，该量表的特色在于根据组织的五种管理功能，即规划、组织、用人、领导、控制与服务等来界定组织创新，该量表包含用人与管理创新、组织与规划创新及技术创新三个因素，共 22 个问题项。组织绩效可以从不同的角度来认识，并且会受到分析的级别以及战略差异性的影响。本书衡量组织绩效的量表参考了林义屏（2001）的研究，根据斯蒂尔斯（Steers，1975）的建议采用多重而非单一因素（变量）的自评方式来衡量组织绩效，并将 12 个衡量绩效的问题项依据其性质分成短期绩效与长期绩效两个因素。

三　研究样本

本章样本来自中国珠三角地区，主要原因是改革开放以来，我国珠三角地区产业发展非常迅速，也是市场化、全球化进程非常快的地区，面对高度竞争、变化剧烈及不确定性高的经营环境，这一地区的企业必须在组织学习、管理及技术创新等方面较其他地区的企业有更好的表现，才能不断成长和壮大。本书根据珠三角地区的企业黄页随机抽取欲调查的样本企业，然后通过电话与该企业的高层联络，确认可以接受调查后，即派人上门进行调查。同时，也选择企业界高层人士最集中的华南理工大学、中山大学、暨南大学等高校的 EMBA 学员、高级经理培训班、总裁高级 EMBA

班等的学员，请他们在上课之余填写本问卷。这些学员都来自珠三角地区，有一定文化背景，能够较好地理解本问卷的内容。这样本书共发出问卷 400 份，收回 147 份，其中填答不全的无效问卷 5 份，有效问卷 142 份，由于本书需要考察企业的长期绩效，故扣除成立年限小于 3 年的企业（8 份问卷），本书实际使用问卷 134 份。调查时间为 2004 年 10 月至 12 月。样本中制造业和服务业占 96% 以上，而且制造业和服务业分布较均匀。受访公司的成立时间的分布大致呈正态分布，而且 2000 人以上的企业占了较大的比重（30% 左右）。在公司中具有中高级职位的受访者在 56% 以上，而且 92% 具有本科以上学历，70.1% 的受访者年龄在 30 岁以上，89.6% 的受访者在目前的公司服务 2 年以上，这在很大程度上保证了问卷的真实性和可靠性。

四　样本信度与效度

本章将以 Cronbach's α 系数来检验变量的信度，如表 20 – 1 所示。各因素及各变量的 Cronbach's α 值都在可接受的范围。这表示本量表具有较好的信度。在效度检验方面，由于本章所使用问卷项目全部来自过去的文献，很多学者都曾使用这些量表测量相关变量，本章在最终确认问卷之前，通过咨询相关领域的专家、预试并修正问卷的部分提法、内容，因此问卷具有相当效度，也应该符合构建效度的要求。但考虑跨文化因素的影响，本书仍以验证性因素来验证本研究各量表的建构效度。本书验证性因素分析的各项指标如表 20 – 2 所示，可见，总体上看，各指标均达到可接受的水平。

表 20 – 1　　　　　　　　　　Cronbach's α 系数

因素或变量	Cronbach's α 值	因素或变量	Cronbach's α 值
组织学习	0.93	组织与规划创新	0.81
学习承诺	0.88	组织创新	0.93
分享愿景	0.89	技术创新	0.87
开放心智	0.79	组织绩效	0.91
管理创新	0.95	短期绩效	0.87
用人与管理创新	0.92	长期绩效	0.86

表 20 - 2　　　　　　　　　　本章各变量验证性因素分析的结果

	组织学习	组织创新	组织绩效
GFI	0.86	0.79	0.91
CFI	0.92	0.89	0.96
RMR	0.047	0.052	0.046
RMSEA	0.096	0.083	0.076
χ^2	$\chi^2 (74) = 165.23$	$\chi^2 (206) = 395.79$	$\chi^2 (48) = 84.45$

第四节　研究结果

　　本章采用样本各变量的信度、收敛效度及区别效度均达到可接受的水平，所以，以单一衡量指标取代多重衡量指标应是可行的，因此我们在组织学习以及组织绩效的衡量模式上，以第一级各因素的衡量题项得分的均值作为该因素的值，再由第一级因素作为第二级变量的多重衡量指标，如组织学习为潜在变量时，其观测变量为学习承诺、分享愿景以及开放心智三个因素，这样，可以有效地缩减衡量指标的数目。首先我们运用复回归分析分别就组织学习对组织创新、组织绩效以及组织创新对组织绩效的各因素之间的影响关系进行分析，接下来，运用结构方程模式分析这些变量间整体的相互影响关系。

一　变量中主要因素之间的影响关系

（一）组织学习对组织创新的影响

　　以组织学习的三个因素为自变量，组织创新三个因素为因变量，分别进行复回归分析，得到表 20 - 3。可以看到，组织学习的分享愿景、开放心智两个因素对组织创新的用人与管理创新和技术创新两个因素都有显著的正向影响，即分享愿景的程度越高、开放心智的程度越高，组织的用人与管理程度以及技术创新程度越高。组织学习学习承诺和开放心智两个因素对组织管理创新的组织与规划创新有显著的正向影响。

（二）组织创新对组织绩效的影响

　　以组织创新三个因素为自变量，分别以组织绩效的两个因素为因变量进行复回归分析，得到结果如表 20 - 4 所示。可见，用人与管理创新以及

表 20 - 3　　　　　　　　　组织学习对组织创新的影响

自变量	因变量		
	用人与管理创新	组织与规划创新	技术创新
学习承诺	0.11	0.22 *	0.02
分享愿景	0.42 ***	0.18	0.40 ***
开放心智	0.35 ***	0.43 ***	0.36 ***
F 值	79.31 ***	54.61 ***	47.41 ***
R^2	0.65	0.56	0.52

注：＊＊＊、＊＊和＊表示在 0.1%、1%和 5%的水平下显著。

技术创新对组织的短期绩效和长期绩效都有显著影响，即组织的用人与管理创新以及技术创新的程度越强，其短期绩效以及长期绩效越好。组织创新各因素对组织绩效的短期绩效的影响普遍小于对长期绩效的影响，这说明一个组织的创新，不管是管理创新还是技术创新，往往短期见不到效果，但对组织的长期影响却很深远。同时，组织与规划创新对组织绩效没有显著的影响，甚至有一定程度的负面影响。

表 20 - 4　　　　　　　　　组织创新对组织绩效的影响

自变量	因变量	
	短期绩效	长期绩效
用人与管理创新	0.46 ***	0.53 ***
组织与规划创新	- 0.17	- 0.09
技术创新	0.30 **	0.31 ***
F 值	24.53 ***	50.18 ***
R^2	0.36	0.54

注：＊＊＊表示在 0.1%的水平下显著。

二　组织学习、组织创新与组织绩效之间的相互影响关系

前面我们分析了各因素之间的关系，这些关系忽略了其他变量的影响，以及整体变量之间的相互作用关系。接下来，运用结构方程模型来分析组织学习、组织创新与组织绩效之间的相互影响关系，进一步验证前述假设。

（一）整体分析模型

理论模型如图 20 - 3 所示，潜在变量以椭圆形来表示，观测变量则以矩形来表示。

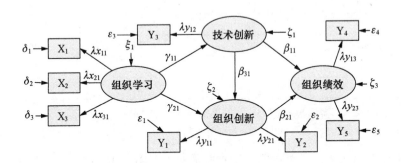

图 20 - 3　本章的理论模型与参数结构

（二）整体理论模型检验

如何检验结构方程模型？巴戈齐和易（Bagozzi and Yi，1988）认为，必须从基本的适配标准、整体模型适配度以及模式内在结构适配度三方面来衡量整体理论模型是否合适。基本的适配标准：该标准是用来检测模式的误差、辨认问题或输入是否有误等，这可以从衡量指标的衡量误差不能有负值及因素负荷量不能太低（低于 0.5）或太高（高于 0.95），并且是否都达到显著水平加以衡量。如表 20 - 5 所示，本章在各个潜在因素的衡量指标的因素负荷量均达显著水平，而且因素负荷量均符合标准。可知我们提出的理论模型符合基本适配标准。整体模型适配度：该指标是用来检验整个模式与观察数据的适配程度，这方面的适合度衡量标准有多种指标，海尔等（1998）将其分为绝对适合度衡量、增量适合度衡量和简要适合度衡量三种：（1）绝对适合度衡量：$\chi^2 = 29.71$，d. f. = 16，GFI = 0.95，RMR = 0.02，RMSEA = 0.08，可见卡方统计值、GFI、RMR 和 RMSEA 均达可接受的范围；（2）增量适合度衡量：AGFI = 0.88，NFI = 0.96，CFI = 0.98，可见 NFI 及 CFI 均达可接受范围，而 AGFI 则略低于 0.9 的标准；（3）简要适合度衡量：PNFI = 0.55，PCFI = 0.56，这些指标不太理想。整体而言，综合各项指标的判断，本章理论模型的整体模型适配度尚可接受。模式内在结构适配度：该标准用以评估模式内估计参数的显著程度、各指标及潜在变量的信度等，这可从个别项目的信度是否在

0.5 以上、潜在变量的组合信度是否在 0.7 以上以及潜在变量的萃取变异量是否在 0.5 以上来评估。如表 20 - 5 所示，组织学习、组织创新及组织绩效的组合信度分别为 0.88、0.84 和 0.81，萃取变异量分别为 0.81、0.87 和 0.84，均已超过最低的可接受水平，所提出的整体理论模型有较好的内在结构适配度。由此可见，提出的模型是合适的，可以用以检验相应的假设。

表 20 - 5　　　　　　　　　　　　整体理论模式衡量分析

变量	MLE 的估计参数		组成信度	萃取变量
	因素负荷量(λ)	衡量误差(δ 或 ε)		
组织学习				
学习承诺	0.79 ***	0.62	0.88	0.81
分享愿景	0.89 ***	0.80		
开放心智	0.84 ***	0.71		
组织创新				
用人与管理创新	0.93 ***	0.86	0.84	0.87
组织与规划创新	0.79 ***	0.63		
组织绩效				
短期绩效	0.75 ***	0.56	0.81	0.84
长期绩效	0.92 ***	0.84		

注：***表示在 0.1% 的水平下显著。

由表 20 - 5 中的衡量模式分析可知，目前我国企业对提升组织学习的认知中，分享愿景（$\lambda x_{21} = 0.89$）是最重要的因素，其次为开放心智（$\lambda x_{31} = 0.84$），学习承诺（$\lambda x_{11} = 0.79$）最不重要。这表示若要提升组织的组织学习程度，则须重视提升分享愿景这个关键因素，统一思想，统一行动。在企业对提升组织创新的认知中，用人与管理创新（$\lambda y_{11} = 0.93$）比组织与规划创新（$\lambda y_{21} = 0.79$）更重要。这表示，若要提升组织的管理创新程度，提高用人与管理创新是最主要的因素。而在企业对提升组织绩效的认知中，长期绩效（$\lambda y_{13} = 0.92$）比短期绩效（$\lambda y_{23} = 0.75$）更重要，意味着提升长期绩效是最主要的因素。

（三）假设验证

本书对假设关系的验证采用巢模式法来分析，在虚假模式（M0）与理论模型（Mt）之间设定 5 个巢模式，M1 模式用来验证组织学习对技术创新的影响关系，M2 模式用来验证组织学习对管理创新的影响关系，M3 模式用来验证技术创新对组织绩效的影响关系，M4 模式用来验证管理创新对组织绩效的影响关系，M5 模式用来验证技术创新对管理创新的影响关系。理论模型是依据本书架构的理论观点所设定的模式，而虚假模式是指潜在变量间的因径系数均限定为 0 的模式，该模式适合度最差，可作为计算相对适合度指标（CFI）的基础。分析结果如表 20 - 6 所示。

表 20 - 6　　　　　　　　巢模式法比较分析（$n = 134$）

模式	χ^2	d. f.	$\Delta\chi^2$	GFI	CFI	RMSEA	RMR
Mt：理论模式	29.71	16		0.95	0.98	0.80	0.02
M1：$\gamma_{11} = 0$	123.83	17	94.12 ***	0.85	0.86	0.22	0.14
M2：$\gamma_{21} = 0$	91.83	17	62.12 ***	0.88	0.90	0.18	0.06
M3：$\beta_{11} = 0$	33.00	17	3.29	0.94	0.98	0.08	0.02
M4：$\beta_{21} = 0$	50.26	17	20.55 ***	0.92	0.96	0.12	0.04
M5：$\beta_{31} = 0$	39.09	17	9.38 **	0.93	0.97	0.10	0.02
M0：虚假模式	810.76	28	781.05 ***	0.27	0.00	0.46	0.29

注：***、** 和 * 分别表示在 0.1%、1% 和 5% 的水平下显著。

组织学习对技术创新的影响。本章假设组织学习对技术创新有正面影响（H20 - 1a），我们发现，M_1 模式的适合度有显著的差异（$\Delta\chi^2 = 94.12$，$\Delta d. f. = 1$，$P < 0.001$），这显示组织学习对技术创新确有显著的影响。而从表20 - 7 的理论模型的因径系数中，也可以发现组织学习对技术创新有正面的因径系数，即有正面的直接影响效果（$\gamma_{11} = 0.76$，$P < 0.001$），表示组织学习的程度越高，产生技术创新的程度也越高。即组织学习对技术创新确有显著的直接正面影响关系，本章的假设 2a 可获得支持。

组织学习对管理创新的影响。本章假设组织学习对管理创新有正面的影响（H20 - 1b），我们发现，M2 模式的适合度有显著的差异（$\Delta\chi^2 = 62.12$，$\Delta d. f. = 1$，$P < 0.001$），这表示组织学习对管理创新确有显著的影响。而从表 20 - 7 的理论模型的因径系数中，也可以发现组织学习对管理创新有正面的因径系数，即有正面的直接影响效果（$\gamma_{21} = 0.72$，$P < 0.001$），表示组织学习的程度越高，产生管理创新的程度也越高。即组织学习对管理创新确有显著的直接正面影响关系，本章的假设 20 - 1b 可获得支持。

表 20 - 7   理论模式的因素系数与假设验证

因径	变量间的关系	因素系数	P 值	对应假设	检验结果
γ_{11}	组织学习→技术创新	0.76 ***	0.000	H1a	支持
γ_{21}	组织学习→管理创新	0.72 ***	0.000	H1b	支持
β_{11}	技术创新→组织绩效	0.23	0.066	H2a	不支持
β_{21}	管理创新→组织绩效	0.60 ***	0.000	H2b	支持
β_{31}	技术创新→管理创新	0.27 ***	0.001	H3	支持

注：*** 表示在 0.1% 的水平下显著。

技术创新对组织绩效的影响。假设技术创新对组织绩效有正面影响（H20 - 2a），研究发现，M5 模式的适合度没有显著的差异（$\Delta\chi^2 = 3.29$，$\Delta d.f. = 1$），这表示技术创新对组织绩效没有显著的直接影响。而从表 20 - 7 的理论模型的因径系数中，也可以发现技术创新对组织绩效的因径系数未达显著水平，即无直接影响效果（$\beta_{11} = 0.23$），表示技术创新的程度越高，不会直接使组织绩效的程度越高。即技术创新对组织绩效并没有显著的直接正面影响关系，故本章的假设 20 - 2a 未获得支持。

管理创新向对组织绩效影响。本章假设管理创新对组织绩效有正面的影响（H2b），研究发现，M4 模式的适合度有显著的差异（$\Delta\chi^2 = 20.55$，$\Delta d.f. = 1$，$P < 0.001$），这显示管理创新对组织绩效确有显著的影响。而从表 20 - 7 的理论结构模式的因径系数中，也可以发现管理创新对组织绩效有正面的因径系数，即有正面的直接影响效果（$\beta_{21} = 0.60$，$P < 0.001$），表示管理创新的程度越高，直接导致组织绩效的程度也越高。即管理创新对组织绩效确有显著的直接正面影响关系，本章的假设 20 - 2b 可获得支持。

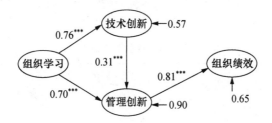

图 20 - 4　修正后整体理论模式及变量间关系

技术创新对管理创新的影响。我们假设技术创新对管理创新有正面的影响（H3），研究发现，M5 模式的适合度有显著的差异（$\Delta\chi^2 = 9.38$，Δd. f. $= 1$，$P < 0.001$），这显示技术创新对管理创新确有显著的影响。而从表 20 – 7 的理论模型的因径系数中，也可以发现技术创新对管理创新有正面的因径系数，即有正面的直接影响效果（$\beta_{31} = 0.27$，$P < 0.001$），表示技术创新的程度越高，直接导致管理创新的程度也越高。即技术创新对管理创新确有显著的直接正面影响关系，我们的假设 20 – 3 可获得支持。

三　变量间的影响效果分析

各变量间的影响效果分析包括直接影响效果、间接影响效果及总影响效果，而总影响效果等于直接影响效果加上间接影响效果，其中直接影响效果已在上述假设验证中说明。在间接影响效果与总影响效果方面，如图 20 – 4 和表 20 – 8 所示，组织学习通过 $\gamma_{21}\beta_{21}$、$\gamma_{11}\beta_{31}\beta_{21}$ 两条路径分别对组织绩效有显著的正面间接影响效果，其值分别为 0.57、0.19，总影响效果为 0.76；此外，组织学习通过 γ_{21} 及 $\gamma_{11}\beta_{31}$ 路径对管理创新有显著的正面的直接和间接影响效果，值分别为 0.70 和 0.24，总影响为 0.94，可见我国组织学习对创新管理的影响大于对技术创新的影响。技术创新对组织绩效没有直接影响效果，但技术创新通过管理创新（$\beta_{31}\beta_{21}$ 路径）对组织绩效有显著的间接影响效果，值为 0.25。这也是我国特有的现象，其他研究的结果是技术创新与管理创新一样，对组织绩效都有显著的影响。组织学习对技术创新的直接影响大于对管理创新的影响，但通过这两类创新行为对组织绩效的影响，却是管理创新相对较大。在企业的管理实践中，企业基本能够认识到需要通过技术创新改进产品，改进工艺，提高产品质量或降低成本。他们认为，这样就可以提高公司产品的竞争力，提升竞争优势。但从上面结果看到，这样的理解是不全面的，企业通过技术创新为企业构建竞争优势，启示需要通过管理创新来实现，没有管理创新，技术创新的潜能就难以发挥出来。

表 20 – 8　　　　　　　　　各变量对组织绩效的影响分析

效果\变量	直接影响	间接影响		总影响
		管理创新	技术创新	
组织学习	—	0.57	0.19	0.76
管理创新	0.81	—	—	0.81
技术创新	—	0.25	—	0.25

本章小结

　　本章以组织创新为中介变量，联结组织学习对组织绩效的影响关系，目的在于探讨组织学习、组织创新与组织绩效间的影响关系。我们通过文献探讨及个案访谈来构建理论模型，选择我国华南地区的企业作为实证研究对象，研究表明组织学习确实可以通过组织创新影响组织绩效：（1）组织学习会影响组织创新并进而影响组织绩效；（2）组织创新可分为管理创新和技术创新，技术创新对管理创新有显著的正面影响；（3）管理创新对组织绩效有直接正面的影响，技术创新并不直接影响组织的绩效；（4）组织学习通过管理创新对组织绩效的影响大于通过技术创新对组织绩效的影响。

　　从对各因素分析的结果来看，不同组织学习因素对组织创新的影响程度存在差异，组织学习的"学习承诺"因素对组织学习的"组织与规划创新"有显著的正向影响，而对"分享愿景"和"开放心智"的影响则不显著；"分享愿景"对组织创新的"用人与管理创新"以及"技术创新"两个因素都有显著的正面影响，对"组织与规划创新"的影响则不显著；而组织学习的"开放心智"对组织创新的各因素都有显著的正面影响。组织创新的"用人与管理创新"以及"技术创新"对组织的短期绩效和长期绩效都有显著影响，"组织与规划创新"对组织绩效的各因素没有显著的正向影响，甚至有一定程度的负面影响。我们也发现，组织创新各因素对组织绩效的短期绩效的影响普遍小于对长期绩效的影响，这说明一个组织的创新，不管是管理创新还是技术创新，往往短期见不到效果，但对组织的长期影响却很深远。

　　本章研究结果对组织学习以及组织创新的相关理论和实践都有重要的意义。本章的结果证实了组织创新是组织学习与绩效间关系的中介变量，一个组织要想通过组织学习的组织文化来提升组织的绩效，提高组织的创新能力是可行的方式之一。这与史塔达（1989）、马柏和沙拉曼（1995）、林义屏（2001）等学者的研究结果基本是一致的，这个研究结果证实了组织创新是组织学习与绩效间关系的中间变量，这是贝克和辛库拉在验证学习导向与组织绩效间的关系时未考虑进去的。这也进一步告诉我们，组织必须重视组织学习的文化，通过外在市场信息的刺激与组织自身的学习与反省能力来促使组织产生创新，是一种由内而外的创新驱动力。一个组织要提升组织的创新能力，加强组织学习是必要的方式之一。

正是创新使企业的竞争优势得以延续，甚至因而成为企业取得超额利润的来源。林义屏（2001）以中国台湾高科技企业作为实证对象。而本书则以我国华南地区企业为实证对象。这些研究均证实组织学习—组织创新—组织绩效之间存在一种关系链，可见这种关系并不是仅只局限于高科技产业，或者某一特殊行业，也不是局限于某一特定地区，这也是本书的科学意义所在。不过，林义屏（2001）认为，中国台湾高科技企业的技术创新和管理创新对组织绩效均有显著的正面直接影响，而我们研究中技术创新却对组织绩效没有显著的直接影响，必须通过管理创新才能产生显著的正面影响。这可能是由于我国大陆企业的管理还很不成熟的缘故，或者说管理机制在很大程度上制约了技术创新作用的发挥，这可能也是近年来我国企业越来越重视管理创新的原因。这也告诉我们，我国企业在强调技术创新的同时，也需要加快管理创新的步伐，才能发挥技术创新应有的作用，管理创新在"市场导向—组织创新—组织绩效链"中起到了至关重要的作用，是提升组织绩效的"瓶颈"。

第二十一章　环境变动下组织学习对组织绩效的影响

本章继续讨论外部环境变动下企业组织学习对于组织绩效的影响，我们首先构建了环境变动、组织学习与组织绩效之间的影响关系理论模型。同样采用珠三角地区的企业样本作为数据来源进行实证研究。研究结果表明，企业外部环境变动会促进企业组织学习活动效率的提升，而组织学习效率提升又会促进企业组织绩效的提高。本章研究结果对于企业理解外部环境变动下企业学习行为有重要的理论指导和实践意义。

第一节　引言

近年来，组织学习被认为是企业取得竞争优势的关键因素。作为转型经济国家，我国许多产业都是刚刚起步。那么，面临经济国际化、市场全球化、技术进步加快的大背景，组织学习是否以及如何影响组织的绩效？外部环境的作用如何？国内外学术界尚未发表以中国大陆数据为基础的实证结果，这不仅是学术问题，也是企业实践过程中亟须解决的问题，其结论具有重要理论和现实意义。我们拟以华南地区企业等为调查对象，对组织学习是否以及如何影响组织的绩效进行实证研究。这将弥补相关研究的不足，进一步完善相关理论。

第二节　理论基础与研究假设

随着经济国际化与市场全球化不断推进、新技术和新产品的开发速度的提高，电子信息、通信、交通行业的高速发展，使企业竞争环境日益复杂，许多企业深刻认识到需要不断加强组织学习、不断创新来应对环境的变化，因而组织的学习能力越来越成为最重要的核心能力之一，是企业生存与发展的必要条件。许多公司将"知识管理"视为与财务、生产等同等重要的工作，致力于组织间知识的有效获取、创造及转移，渴望成为学习型组织。组织学习概念由阿吉里斯和斯空（1978）正式提出，认为组织学习是指"发现错误，并通过重新建构组织的'使用理论'（人们行为背后的假设，却常常不被意识到）而加以改正的过程"，阿吉里斯也因此被誉为"组织学习"之父。此后，组织学习的概念、理论逐渐受到学术界和企业界的重视，阿吉里斯及其他学者也不断对组织学习的概念进行修正。

学习型组织是与组织学习非常相近的概念，但也是有区别的。如圣吉（1990）认为，学习型组织是让人们持续拓展他们的能力以创造所想要的结果，以使人们可以不断地共同学习如何学习，学习型组织是描绘整个组织全面性的运作与形态，关注的焦点是组织系统，所以，圣吉认为，一个学习型组织除团队学习外还要有系统性的思考。而组织学习则倾向于描述学习本身的过程与类型，关注的焦点在于组织学习，将组织学习视为一种机制，组织可将学习的组织文化转化为创新的动力（林义屏，2001），因而会提高组织的绩效。作为企业行为的一种，组织学习也要受到外部环境的影响。现代科技的发展、社会价值观念的变化、市场需求的变动都对企业的生存和发展带来了巨大的压力。一方面，企业需要不断进行技术创新，包括产品创新和工艺创新，才能满足顾客的需求，参与市场竞争。另一方面，企业也需要不断进行管理创新，如 ERP 等的引进和创新等。创新的需求进一步刺激了组织的学习活动。

企业收集、处理、吸收信息工作构成组织学习的内涵，最近的一系列研究也指出，组织学习能通过创造性的学习获得产品、程序和系统上的创新，进而直接影响组织的绩效。斯拉特和纳夫（1995）、吉梅内斯和桑兹（Jiménez–Jiménez and Sanz–Valle，2011）也认为，市场导向与组织学习两者的关系是相辅相成的，市场导向必须结合组织学习才能有效地提升组织绩效，甚至可将组织学习视为市场导向影响组织绩效的中间变量，而贝克和辛库拉（1999）通过对 411 家美国公司营销部门与非营销部门的高级主管进行调查发现，组织的学习导向（即更高层次的组织学习）与市场导向对组织绩效均有显著的正向影响效果，且学习导向与市场导向对组织绩效有协同的影响，也即一个组织没有很强的学习导向，其市场导向的行为很少能比竞争者更快速地改善绩效。另外，中国台湾的学者林义屏（2001）也以组织学习为中间变量，以中国台湾的高新技术企业为调查对象，对市场导向—组织学习—组织绩效的关系链做了实证研究，证实了组织学习在市场导向与组织绩效间具有完全中介的效果。基于上述分析，提出如下假设拟加以验证：

H21-1：环境变动对组织绩效有正向影响；

H21-2：环境变动对组织学习有正向影响；

H21-3：组织学习对组织绩效有正向影响。

第三节 研究设计

一 研究框架

为了验证前述假设确定本研究的理论框架（见图21-1），在这个框架中，也假设环境变动、组织学习和组织绩效之间是相互影响的，这对于确定环境变动、组织学习和组织绩效之间的关系是非常重要的。

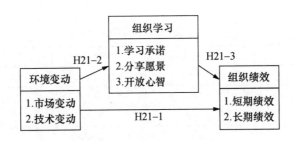

图21-1 本章理论研究框架

二 样本的信度与效度

本书将以 Cronbach's α 系数来检验变量的信度，如表21-1所示。各因素及各变量的 Cronbach's α 值都在可接受范围。这表示本量表具有较好的信度。在效度检验方面，由于本书所使用问卷项目全部来自过去的文献，其中环境变动量表主要来自韩、金和什里瓦斯塔瓦（1998）的研究，主要考察环境变动的市场变动、技术变动两个因素，组织学习量表来自戈

梅斯、洛伦特和卡布雷拉（Gómez, Lorente and Cabrera, 2005）、贝克和
辛库拉（Baker and Sinkula, 1999），组织绩效量表主要参考林义平
（2001）和谢洪明、刘常勇、陈春辉（2006）的研究，很多学者都曾使用
这些量表测量相关变量，本书在最终确认问卷之前，通过咨询相关领域的
专家、预试并修正问卷的部分提法、内容，因此问卷具有相当的内容效
度，也应该能够符合构建效度的要求。但考虑跨文化因素的影响，本研究
仍以验证性因素来验证本研究各量表的建构效度。本研究验证性因素分析
的各项指标如表21 - 2所示，可见，各指标均达到可接受的水平。同时，
本研究各变量中各因素的区分效度也达到了显著水平。

表21 -1　　　　　　　　　　Cronbach's α 系数

因素或变量	Cronbach's α 值	因素或变量	Cronbach's α 值
环境变动	0.93	分享愿景	0.89
市场变动	0.83	开放心智	0.79
技术变动	0.76	组织绩效	0.91
组织学习	0.93	短期绩效	0.87
学习承诺	0.88	长期绩效	0.86

表21 - 2　　　　　　　本章各变量的验证性因素分析

	环境变动	组织学习	组织绩效
GFI	0.98	0.86	0.91
CFI	0.99	0.92	0.96
RMR	0.048	0.047	0.046
RMSEA	0.065	0.096	0.076
χ^2	$\chi^2(4) = 6.27$	$\chi^2(74) = 165.23$	$\chi^2(48) = 84.45$

第四节　研究结果

　　本章中样本中各变量的信度、收敛效度及区别效度均达到可接受的水
平，以单一衡量指标取代多重衡量指标应是可行的，因此，我们在环境变
动、组织学习以及组织绩效的衡量模式上，以第一级各因素的衡量题项得

分的均值作为该因素的值，再由第一级因素作为第二级变量的多重衡量指标。如组织学习为潜在变量时，其观测变量为学习承诺、分享愿景和开放心智三个因素，这样可以有效地缩减衡量指标的数目。

接下来运用结构方程模型来分析环境变动、组织学习与组织绩效之间的相互影响关系，进一步验证前述假设。我们采用的是协方差结构模型，协方差模型是路径分析和因素分析的有机结合，利用一定的统计手段，对复杂的理论模式进行处理，并根据模式与数据关系的一致性程度，对理论模式做出适当评价，从而达到证实或证伪研究者事先假设的理论模式的目的。本章的理论模型如图 21 - 2 所示，潜在变量以椭圆形来表示，观测变量则以矩形来表示。

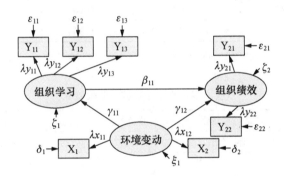

图 21 - 2　本章理论模型与参数结构

检验结构方程模型不同学者使用不同方法，但主要指标基本一样。巴戈齐和易（1988）认为，必须从基本的适配标准。整体模型适配度以及模式内在结构适配度三方面来检验整体理论模型。

一　基本的适配标准

该标准是用来检测模式的误差、辨认问题或输入是否有误等，这可从衡量指标的衡量误差不能有负值及因素负荷量不能太低（低于 0.5）或太高（高于 0.95），并且是否都达到显著水平来加以衡量。如表 21 - 3 所示，我们在各个潜在因素的衡量指标的因素负荷量均达显著水平，除技术变动高于 0.95 以外，其他指标均符合标准。可知我们提出的理论模型总体上符合基本适配标准。

表 21 - 3 整体理论模式的衡量分析

变量	ME 的估计参数		组成信度	萃取变量
	因素负荷量(λ)	衡量误差(δ 或 ε)		
环境变动				
市场变动	0.71 ***	0.50	0.76	0.80
技术变动	1.39 ***	1.73		
组织学习				
学习承诺	0.85 ***	0.73	0.88	0.80
分享愿景	0.99 ***	0.98		
开放心智	0.89 ***	0.79		
组织绩效				
短期绩效	0.78 ***	0.60	0.81	0.84
长期绩效	0.96 ***	0.93		

注：***、**、*分别表示在 0.1%、1%、5% 的水平下显著。

表 21 - 4 理论模式的路径系数与假设验证

路径	变量间的关系	路径系数	P 值	对应假设	检验结果
γ_{11}	环境变动→组织学习	0.29 **	0.002	H1	支持
γ_{12}	环境变动→组织绩效	0.02	0.801	H2a	不支持
β_{11}	组织学习→组织绩效	0.72 ***	0.000	H2b	支持

注：**、***分别表示在 1% 和 0.1% 的水平下显著。

二 整体模型适配度

该指标是用来检验整个模式与观察数据的适配程度，这方面的适合度衡量标准有多种指标，海尔等（1998）将其分为三种类型：绝对适合度衡量、增量适合度衡量以及简要适合度衡量：①绝对适合度衡量：$\chi^2 = 700.13$，d. f. = 400，GFI = 0.76，RMR = 0.067，RMSEA = 0.07，可见卡方统计值、RMR、RMSEA 均达可接受的范围，只有 GFI 略低；②增量适合度衡量：AGFI = 0.72，NFI = 0.74，CFI = 0.88，这些指标略低；③简要适合度衡量：PNFI = 0.68，PCFI = 0.80，这些指标不太理想。

三 模式内在结构适配度

该标准用以评估模式内估计参数显著程度、各指标及潜在变量的信度等，这可从个别项目的信度是否在 0.5 以上、潜在变量的组成信度是否在

0.7 以上以及潜在变量的萃取变异量是否在 0.5 以上来评估。如表 21－3 所示，环境变动、组织学习以及组织绩效的组合信度分别为 0.76、0.88、0.81，而萃取变异量分别为 0.80、0.80、0.84，均已超过最低的可接受水平，我们所提出的整体理论模型有较好的内在结构适配度。由此可见，本章所提出的模型是合适的，可以用以检验相应的假设。

　　理论模式的路径系数与假设验证如表 21－4 所示。可以看到，我们的假设 H21－1 和假设 H21－3 都获得了支持，假设 H21－2 没有获得支持。即外部环境的变动对组织学习有显著的直接正相关关系（P < 0.01），组织学习对组织绩效有显著的直接正相关关系（P < 0.001），环境变动对组织绩效没有显著的直接正相关关系（P > 0.05）（见图 21－3）。我们看到，环境变动可以通过组织学习对组织绩效产生间接的正向影响。

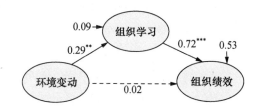

图 21－3　整体理论模式及变量间关系

注：＊＊＊、＊＊、＊表示在 0.1%、1%、5% 的水平下显著。

本章小结

　　本章通过文献探讨及个案访谈来构建理论模型，选择我国珠三角地区的企业作为实证研究对象，研究环境变动、组织学习与组织绩效之间的关系，结果表明：（1）环境变动对组织学习有显著的直接正向影响；（2）组织学习对组织绩效显著的直接正向影响。本章的研究结果对组织学习相关理论的深化和组织学习实践有重要的意义。

　　本章相关结果进一步证实了组织学习在组织绩效提升过程中的作用，这也进一步告诉我们，组织必须重视组织学习的文化，通过外在市场信息的刺激与组织自身的学习与反省能力来促使组织产生创新，是一种由内而外的创新驱动力。我们知道，自20世纪90年代以来，我国企业和国外的企业一样，都面临着技术进步加快、市场全球化等为特征的快速变化的经营环境。在这种环境下企业必须加强学习、不断创新才能够生存和发展。虽然很多企业管理者不喜欢动荡的外部环境，但是他们尚未认识到，外部环境的变化会刺激组织的学习活动。在变化的环境中，企业需要对学习活动因势利导，充分利用外部环境的激励作用、在企业内部积极创造学习环境，使企业能更好地利用组织学习达到提高绩效的目的。

第二十二章　组织学习与知识整合对企业核心能力的影响

本章进一步构建组织学习与知识整合等核心构念，探讨企业组织学习、知识整合、核心能力与组织绩效之间的影响关系。同样选取我国华南地区的 144 家企业作为实证研究对象进行分析。本章研究发现：（1）组织学习对企业核心能力没有显著的直接正向影响；（2）组织学习对组织知识整合有显著的直接正向影响；（3）知识整合对组织核心能力有显著的直接正向影响；（4）企业核心能力对组织绩效有显著的直接正向影响。本章的研究结果对正确理解企业组织学习与知识整合在管理实践中的作用有重要的价值。

第一节　引言

在市场竞争缴烈、变动快速的环境下，组织学习已成为组织产生、积累和发展知识，并最终获取竞争优势的重要条件。尤其是在全球化不断加剧的今天，环境、技术与竞争市场的快速变化以及产品生命周期不断缩短使得组织所面临的环境日渐复杂且趋向多元化，组织必须持续地学习并吸收最新的技术、市场、环境与顾客相关的知识，来适应环境所带来的快速变迁，并借以维持组织的竞争优势。德鲁克（2006）认为，企业从知识的投资中所获得巨大的回报将逐渐成为企业的竞争优势。但是，知识在不同组织中的投资报酬却存在很大的差异。第二次世界大战以后西方许多发达国家在科技方面进行了大量投资，产生了许多科技方面的重要知识，但是这些知识没有与市场知识相结合，结果所产生的效益便大打折扣。相反，日本虽未在基础知识上做很多投资，但是由于其在知识整合上下功夫，得到的报酬却十分高。所以要使既有的知识产生绩效，必须有系统、有组织地对现有的存量知识加以整合利用才可以。作为新型工业化国家，我国许多产业都是刚刚起步，面临经济国际化、市场全球化、技术进步加快的大背景，我国企业的组织学习、知识整合、组织核心能力的现状如何？组织学习和知识整合是否会促进组织核心能力的提升？组织学习所产生的知识的存量积累是否有助于组织知识的整合？组织核心能力的提升是否会带来组织绩效的改善？虽然很多学者相信，组织学习将有助于促进知识整合能力和组织核心能力的提高，并最终带来组织绩效的提升，但却极少有研究给出实证的结果。同时，国内外学术界尚未发表以中国大陆数据为基础的实证结果。我们以华南地区企业为调查对象，对组织学习、知识整合、核心能力与组织绩效间的关系进行实证研究。这将弥补相关研究的不足，进一步完善相关理论，并为我国企业实践提供指导。

第二节　理论基础与研究假设

以资源为基础的战略观点的一个突出特点是强调内在资源与能力的发挥，认为内在资源与能力发挥与企业能力、竞争优势密切相关。核心能力的形成有赖于各种资源和能力的发挥，尤其是知识资源创造与运用能力的发挥，而知识资源创造与运用能力的发挥则与组织学习和知识整合活动密切相关。组织学习主要是依靠知识在存量上的增加来丰富组织记忆实现知识的价值，并借以提升企业核心能力；而知识整合则是在知识存量增长有限的条件下通过知识结构的改善来提升知识的价值，并借以提升企业核心能力。普拉哈拉德和哈默尔（1990）认为，企业的竞争能力是一个组织中的积累性学习，是对技术和知识的协调，它与组织作业和价值观念的传递有关。他们希望通过知识的整合来使企业具备独特的、难以模仿的竞争能力。核心知识对企业的竞争优势起着决定性的作用，竞争优势的真正来源是企业对知识的整合能力，这种能力使得经理人员能够基于对未来的正确判断来整合企业内外部的知识。知识整合不仅可以很好地利用专业分工的模式而缩短产品上市的时间，还可以利用共同学习的方式来增强研发能力，并通过持续地整合和创新，发展企业的竞争力（谢洪明、葛志良和王成，2008）。基于以上学者研究，组织在发展核心能力时，不但要通过组织学习来获取知识，而且还要重视企业知识的结构性问题，通过对组织既有的知识结构和过程进行系统的组合或重构来提高知识效能，最大化地实现知识中所蕴含的价值，提升企业的核心能力。而知识资源所形成的核心能力，就具体落实在组织绩效上。因此将组织学习、知识整合、核心能力和组织绩效等变量整合在一个框架之中，深入分析这些变量之间的关系，这不仅有利于明确上述两两变量之间的关系，而且有利于明确这些变量的相互影响关系，如图 22－1 所示。

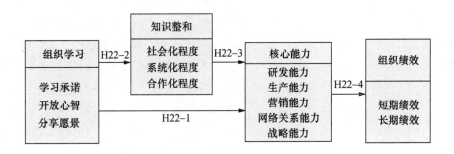

图 22－1　本章研究框架

一　组织学习与核心能力

学者从心理学、管理学、政治学等不同的视角出发对组织学习进行了大量的研究。例如，胡尔特和法雷尔（Hult and Ferrell，1997）根据组织学习特性，针对组织学习的能力，提出以团队导向、系统导向、学习导向以及记忆导向四个因素来衡量组织学习。辛库拉、贝克和诺德维尔（1997）以及林义屏（2001）则从探讨市场信息流程的视角提出用学习承诺（指组织将学习视为公司最主要的基本价值）、分享愿景（指组织中的主管会将公司未来发展的愿景与员工互相分享）及开放心智（指组织不能受限于仅以自己熟悉的方式去思考，能超越成规创意思考）三个变量来衡量组织学习的观点，我们认为，他们所使用的量表对组织学习内容的衡量最为完整与全面。

学者对组织学习与组织核心能力关系进行过许多探讨。组织学习有助于提升组织对外界环境变化的适应能力，确保战略的适用性与即时性，对提升组织核心能力有正面的强化作用。科格特和赞德（Kogut and Zander，1992）、利滕索勒（Lichtenthaler，2009）也认为，组织学习具有路径依赖的独特性，经组织学习所产生的知识，有很大一部分是隐性的知识，具有特定的组织专属性、难以交易性及难以模仿的特性，这些知识就成为组织持久竞争优势和核心能力的来源，尤其当组织高度投入组织学习时，常能形成难以观察和模仿的新知识与新核心能力。基于上述研究，提出如下假设拟加以验证：

H22－1：组织学习对企业核心能力有正向影响。

二　组织学习与知识整合

随着知识管理研究的逐步深入，知识整合在知识管理中的作用逐渐受到人们的重视。伊安塞提和韦斯特（Iansiti and West，1997）指出，在竞争越来越激烈的产业中，企业开发产品所需的技术往往来不及自行建立，通过技术整合是这类产业发展的必然趋势，并且技术整合越好的企业，研发的效率就越高，所创造的产品也就越好。格兰特（Grant，1996）在知识基础理论中又进一步说明，知识的不易传递性、专属性以及投机心理，使得知识整合无法在市场机制中进行，而必须在企业内或是在企业合作中进行。波特（1980）也认为，在多变的竞争环境中，企业利润主要来源于资源与能力的优势，与市场定位及区分市场的优势无关，而资源与能力的优势则必须来自企业内部知识的整合。

知识整合能力是企业综合运用其现有的知识与所获取知识的能力，这种能力不仅是工具的运用，例如资料库的使用，更重要的是人员之间的沟通协调，以及这些人员之间所具备的共同知识。鲍尔等（Boer et al.，1999）认为，知识整合能力包含三个方面：（1）系统化能力：指生产作业遵循标准化的程度，以及按照工作程序和作业规则使用信息设备的操作能力；（2）社会化能力：指企业文化、价值和信念的推动将隐性知识整合成新知识的能力；（3）合作化能力：指组织内成员与内外部单位或团体通过互动、沟通了解、彼此支持将显性复杂或隐性知识整合成新知识的能力。知识整合只有涵盖硬件相关的系统化程度、软件相关的社会化程度，以及借由团队成员的合作化程度，达到三方面的提升才能增进整合的效果。

科格特和赞德（1992）认为，知识整合能力来自组织内部学习与外部学习，这与格兰特（1996）提出的内部整合与外部整合具有相似的意义。所谓内部学习，是指重整、建构组织内现有知识，而外部学习则是指组织从与其他组织合作形成的社会网路（该社会网路建立在共享的信任、规范上）中有效地接收可靠的知识和信息。当学习的对象来自外部，组织往往先由关键成员进行学习，消化成组织较容易吸收的形式，然后将学习到的知识整合到原有的知识网络中，提供组织内其他成员存取与使用。从组织学习的角度来看，组织中成员沟通与互动方式，显著地影响知识整合的成效，包括知识整合的效率（速率与成本）、范围（知识的种类多寡）与弹性（再整合其他知识的可能）等（谢洪明、王成、李新春和区毅勇，2007）。基于上述研究，提出如下假设拟加以验证：

H22 - 2：组织学习对知识整合有正向影响。

三　知识整合、核心能力与组织绩效

知识是组织核心能力的基础，不论显性或隐性知识，都必须依靠知识整合力量，尤其是部门间合作与部门内知识的系统整合，才能转化为企业的竞争力。企业收集新知识去执行经营任务的过程与知识内外部的整合活动密切相关，外部整合是为了反映外部环境的不确定而建构所需的能力的活动，内部整合活动则是包含特定技巧的知识基础和管理系统的整合，如程序、常规、方法的整合。此外，鲍尔等（1999）从资源基础的观点出发，认为知识整合运作的效率、范围和弹性的大小对于企业建立持续竞争力有相当重要的影响。知识资源整合的程度不仅与资源的特性有关，而且能够有效提升核心能力，而竞争能力的提升，往往也决定于资源整合过程中软硬件的配合。基于上述研究，提出如下假设拟加以验证：

H22 - 3：知识整合对企业核心能力有正向影响。

在当今社会，企业能否在激烈竞争环境中生存与发展，企业核心能力强弱至关重要，企业必须建立起自身的核心能力，才能创造出企业独特、难以被模仿的竞争优势，提升企业的绩效表现（谢洪明、王成和葛志良，2006）。一般而言，核心能力的建构与维持，对于组织绩效的提升有正向的影响作用，不论是组织短期还是长期的绩效都有赖于核心能力的发挥。普拉哈拉德和哈默尔（1990）指出，核心能力是企业获取竞争优势以提升组织绩效的基础，短期而言，组织的核心能力主要来自企业目前产品的价格与销售策略等，然而，长期则是来自推出比竞争者更快速、成本更低的产品的能力。企业未来的竞争将是核心能力之争，企业必须注重核心能力的发展、取得与部署，并长期积累核心能力及集中资源在战略重点上。基于以上分析，提出如下假设拟加以验证：

H22 - 4：企业核心能力对组织绩效有正向影响。

第三节　研究设计

一　研究样本及变量测量

本章所用的数据来自珠三角地区的企业，本次问卷总共收集到有效样本 114 个。本书为确保测量工具的效度及信度，尽量采用国内外现有文献已使用过的量表，再根据本研究的目的加以适当修改作为搜集实证资料的工具。在组织学习、知识整合、核心能力及组织绩效等概念的操作性定义及衡量方法上，主要采用境外已发表学术论文或者学位论文，在问卷正式定稿与调查之前，先对部分企业界人士进行问卷的预调查，以评估问卷设计及用词上的准确性，再根据预试者提供的意见对问卷进行修订。

衡量组织学习导向程度的量表主要参考了贝克、辛库拉和诺德维尔（1997），谢洪明、刘常勇和陈春辉（2006）的研究，量表包含 11 个问题项，包含学习承诺、分享愿景、开放心智 3 个因素。本章衡量知识整合的量表主要根据科格特和赞德（1992）、鲍尔等（1999）的研究来加以设计，量表原来由 18 个问题项组成，本研究在试问过程中发现其中的 2 个问题项在整个量表中的一致性较差，所以仅使用了其中的 16 个问题项，包含社会化程度和系统化程度、合作化程度三个因素。本章衡量核心能力的量表主要修改自李洋升（2000）和孙嘉琪（2004）的研究，量表包含 17 个问题项，包含研发能力、生产能力、营销能力、网络关系能力和战略能力五个因素。

表 22 –1　　　　　　　　　Crohbach's α 系数

因素或变量	Cronbach's α 值	因素或变量	Cronbach's α 值
组织学习	0.88	研发能力	0.84
学习承诺	0.81	生产能力	0.85
分享愿景	0.85	营销能力	0.72
开放心智	0.63	网络关系能力	0.76
知识整合	0.85	战略能力	0.84
社会化程度	0.76	组织绩效	0.90
系统化程度	0.74	短期绩效	0.88
合作化程度	0.73	长期绩效	0.86
核心能力	0.91		

衡量组织绩效量表参考林义屏（2001），谢洪明、刘常勇、陈春辉（2001）的研究，采用多重而非单一因素（变量）的自评方式来衡量组织绩效。量表原来由 12 个问题项组成，本章在试问过程中发现其中的 2 个问题项在整个量表中的一致性较差，所以，仅使用了其中的 10 个问题项，并依据其性质分成短期绩效与长期绩效两个因素。

二　样本的信度与效度

本书将以 Cronbach's α 系数来检验变量的信度，如表 22 - 1 所示。各因素及各变量的 Cronbach's α 值都在可接受的范围，这表示本量表具有较好的信度。在效度检验方面，由于本书所使用问卷项目全部来自过去的文献，很多学者都曾使用这些量表测量相关变量，本研究在最终确认问卷之前通过咨询相关领域的专家、预试并修正问卷的部分提法、内容，因此问卷具有相当的内容效度，也应该能够符合构建效度的要求。但考虑跨文化因素的影响，本章仍以验证性因素来验证本研究各量表的建构效度。本章验证性因素分析的各项指标如表 22 - 2 所示，可见，总体上看，各指标基本上能达到要求。

表 22 - 2　　　　　　　　　　本章各变量验证性因素分析结果

	组织学习	知识整合	核心能力	组织绩效
CFI	0.976	0.958	0.920	0.967
GFI	0.932	0.931	0.856	0.930
RMR	0.034	0.033	0.047	0.030
RMSEA	0.050	0.058	0.076	0.071
χ^2	$\chi^2(41) = 55.879$	$\chi^2(41) = 60.715$	$\chi^2(115) = 207.513$	$\chi^2(43) = 58.577$

第四节　研究结果

本章样本中各变量的信度、收敛效度及区别效度均达到可接受水平，所以，以单一衡量指标取代多重衡量指标应是可行的，因此我们在组织学习、知识整合、核心能力和组织绩效的衡量模式上，以第一级各因素的衡量题项得分的均值作为该因素的值，再由第一级因素作为第二级变量的多重衡量指标。接下来，运用结构方程模式（SEM）分析这些变量间整体的相互影响关系，统计工具采用 AMOS 4.01。

一　整体分析模型检验

本章理论模型如图 20－2 所示，潜在变量以椭圆形来表示，观测变量则以矩形来表示。不同学者使用的检验指标不完全一致。Bagozzi 和 Yi（1988）认为必须从基本的拟合标准、整体模型拟合度以及模式内在结构拟合度三方面来衡量整体理论模型是否合适。

（一）基本拟合标准

该标准是用来检测模式的误差、辨认问题或输入是否有误等，这可从衡量指标的衡量误差不能有负值及因素负荷量不能太低（低于 0.5）或太高（高于 0.95），并且是否都达到显著水平来加以衡量。如表 22－2 所示，我们在各个潜在因素的衡量指标的因素负荷量均符合标准，而且均达显著水平。可知我们提出的理论模型基本符合基本拟合标准。

（二）整体模型拟合度

该指标是用来检验整个模式与观察数据的拟合程度，这方面的适合度衡量标准有多种指标，海尔（Hair et al.，1998）将其分为绝对拟合指数、增量拟合指数以及简约拟合指数三种类型：①绝对适合度衡量：$\chi^2 = 115.879$，d.f. $=61$，GFI $=0.891$，RMR $=0.022$，RMSEA $=0.079$，可见，卡方统计值、GFI、RMR 均达可接受的范围，GFI 则略低于 0.9；②增量拟合指数：AGFI $=0.838$，NFI $=0.880$，CFI $=0.938$，可见，CFI 达到可接受范围，而 NFI 及 AGFI 则略低于 0.90 的标准；③简约拟合指数：PNFI $=0.688$，PGFI $=0.597$，这些指标不太理想 ［侯杰泰、温忠麟和成子娟（2004）认为，简约拟合指数一般要低于对应的拟合指数］。整体而言，综合各项指标的判断，本章中理论模型的整体模型拟合度较好。

（三）模式内在结构拟合度

该标准用以评估模式内估计参数的显著程度、各指标及潜在变量信度等这可从个别项目的信度是否在 0.5 以上、潜在变量的组合信度是否在 0.7 以上以及潜在变量的萃取变异量是否在 0.5 以上来评估。如表 22－4 所示，组织学习、知识整合、核心能力及组织绩效的组合信度分别为 0.78、0.74、0.84 和 0.77，而萃取变异量分别为 0.70、0.66、0.61 和 0.82，均已超过最低的可接受水平，故我们所提出的整体理论模型有较好的内在结构拟合度。由此可见，本章所提出的模型是合适的，可以用以检验相应的假设。

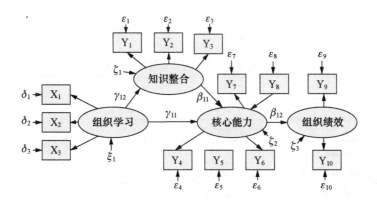

图 22 - 2　本章理论模型

二　假设验证

由表 22 - 4 理论模式的路径系数及显著性可以看到：（1）组织学习对核心能力并不存在显著的直接正向影响效果（$\gamma_{11} = -0.10$，P = 0.804），本章的假设 H1 未获得支持；（2）组织学习对知识整合有显著的正面影响（$\gamma_{12} = 0.91$，P = 0.000），本章的假设 H2 获得支持；（3）知识整合对核心能力有显著的正面影响（$\beta_{11} = 0.95$，P = 0.022），本章的假设 H3 获得支持；（4）核心能力对组织绩效有显著的正面影响（$\beta_{12} = 0.86$，P = 0.000），本章的假设 H22 - 4 获得支持。删除不显著的关系，经过计算后得修正后整体理论模式及变量间的关系图（见图 22 - 3）。

表 22 - 3　　　　　　　　整体理论模式的衡量分析

变量	ME 的估计参数		组成信度	萃取变量
	因素负荷量(λ)	衡量误差(δ 或 ε)		
组织学习				
学习承诺	0.72 ***	0.53		
分享愿景	0.79 ***	0.62	0.78	0.70
开放心智	0.69 ***	0.48		
知识整合				
社会化程度	0.77 ***	0.60		
系统化程度	0.62 ***	0.39	0.74	0.66
合作化程度	0.70 ***	0.49		

续表

变量	ME 的估计参数		组成信度	萃取变量
	因素负荷量(λ)	衡量误差(δ 或 ε)		
核心能力				
研发能力	0.73 ***	0.53		
生产能力	0.67 ***	0.44		
营销能力	0.65 ***	0.43	0.84	0.61
网络关系能力	0.63 ***	0.40		
战略能力	0.85 ***	0.72		
组织绩效				
短期绩效	0.69 ***	0.48	0.77	0.82
长期绩效	0.91 ***	0.83		

注：**、***分别表示在 0.1% 和 1% 的水平下显著。

表 22 - 4   理论模式的路径系数与假设验证

路径	变量间的关系	路径系数	P 值	对应假设	检验结果
γ_{11}	组织学习→核心能力	− 0.10	0.804	H22 - 1	不支持
γ_{12}	组织学习→知识整合	0.91 ***	0.000	H22 - 2	支持
β_{11}	知识整合→核心能力	0.95 **	0.022	H22 - 3	支持
β_{12}	核心能力→组织绩效	0.86 ***	0.000	H22 - 4	支持

注：**、***分别表示在 1% 和 0.1% 的水平下显著。

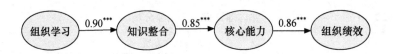

图 22 - 3   验证后的整体理论模式及变量间关系

注：***表示在 0.1% 的水平下显著。

本章小结

本章以知识整合为中介变量，联结组织学习、核心能力对组织绩效的影响关系，目的在于探讨组织学习、知识整合、核心能力与组织绩效之间的影响关系。我们通过文献探讨及个案访谈来构建理论模型，选择我国华南地区的企业作为实证研究对象，研究结果表明，上述变量之间的关系路径应该为：组织学习→知识整合→核心能力→组织绩效。

本章的研究结果对组织学习、知识整合以及核心能力的相关理论和实践都有重要的意义。我们证实了组织学习并不会直接提升企业的核心能力，而必须经过影响知识整合这个中介变量来促进核心能力的提升，而核心能力的提升则会带来组织绩效的改善。这与科格特和赞德（1992）、吉梅内斯桑兹（2011）强调的知识整合能力的提升必须依靠组织内部与外部的学习，知识整合的开发对于核心能力的培养有重要的影响的观点具有十分相似的地方。这也进一步告诉我们，组织在发展核心能力时，不但要通过组织学习来获取知识，而且还要重视企业知识的结构性问题，通过对组织既有的知识结构和过程进行系统的组合或重构来提高知识效能，最大化地实现知识中所蕴含的价值，提升企业的核心能力，而正是组织的核心能力使组织的竞争优势得以延续，成为组织改善其绩效并取得超额利润的来源。

本章在大量专家学者研究基础上，对我国华南地区企业组织学习、知识整合、核心能力与组织绩效的情况和关系做了初步的研究，但也存在一些需要进一步深入研究和探讨完善之处，主要有：（1）我们在研究组织学习、知识整合、核心能力与组织绩效关系链过程中，对产业的划分不够细致，没有考虑不同产业的影响，建议后续研究可以把研究范围相对缩小，针对不同产业的行业的一些特殊特性加以研究，找出产业特性对这一关系链的影响，那样得出的最终结果将更具针对性，更适用于所研究的行业；（2）本章研究样本主要针对华南地区企业展开，并没有对长三角、环渤海地区或者其他地区企业组织学习、知识整合、核心能力与组织绩效的情况进行问卷调查，更没有针对这些地区进行比较研究。建议后续研究进行更广泛的调查，并进行比较研究，或许还会有新的发现。

第二十三章 组织学习和组织文化对企业核心能力的影响

本章进一步探讨组织文化、组织学习、核心能力和组织绩效之间的相互影响关系，同样以华南地区的139家企业为对象进行实证研究。实证研究结论主要包括以下几个方面：（1）组织文化通过影响组织学习并进而影响核心能力；（2）组织学习影响核心能力并进而影响组织绩效；（3）核心能力对组织绩效有直接的正向影响；（4）组织文化对组织绩效没有显著的直接影响，但通过组织学习和核心能力的构建间接影响组织绩效；（5）组织学习对组织绩效没有显著的直接影响，但通过核心能力的构建间接影响组织绩效。本章的研究结果对于深刻理解核心能力的形成及正确认识组织文化和学习在组织管理中的作用有重要的借鉴价值。

第一节 引 言

近年来，管理环境和客户需求变得更加动态和复杂，不能适应这种变化的组织很难生存。许多组织通过构建核心能力来应对这种变化，而组织学习无疑是组织构建核心能力的重要资源。组织学习除了需要健全的机制以外，更需要强有力的动力和工具。组织文化会影响员工对知识及学习的价值和态度，因此是促进组织学习和发展的重要动力。然而，组织学习是否有助于核心能力的构建和绩效的改善？组织文化在这一过程中扮演什么角色？如何进一步具体化组织学习和核心能力的内涵以增强对企业实践的指导作用？国内外学者尚未发表相关的研究成果。为弥补相关研究的不足，本章将组织文化、组织学习、核心能力和组织绩效整合在一个理论模型之中，以华南地区企业为对象运用结构方程模型，对这些变量之间的相互影响关系进行实证研究，探讨各变量之间具体的作用机制和影响路径。

研究结果对于深刻理解核心能力的形成，正确认识和运用组织文化来促进组织学习进而构建核心能力及改善组织绩效有重要的借鉴价值。

第二节　理论基础与研究假设

一　组织文化和组织学习对组织绩效的影响

组织文化是根植于组织内部特定的价值观和基本信念，这种价值观和信念为组织提供行为准则，并指导组织的一切活动和行为。组织文化通过影响雇员的行为和心智模式进而影响组织运作，强势文化的作用尤为明显。如何激励并吸引员工学习，通常和组织所建立的文化有很大的关系。所谓组织学习是当组织成员在遭遇共同问题时，以"共同学习"的方式去解决问题的一种行为模式。组织学习能力的强弱在于该组织学习的意愿，即所谓的学习导向。学习导向可以概念化为组织的一种价值观：（1）对企业现有基本理论、思维模式和主要逻辑提出怀疑；（2）鼓励知识的创造和运用（Baker and Sinkula，1999）。塑造学习导向的文化是发展学习型组织的一项必要工具，通过正面且支持性的学习文化，可以强化个人和组织的发展。一般组织要发展成学习型组织，管理者应该首先发展个人及工作团队的学习能力，此外，更须营造组织学习的氛围，只有在组织中建立了学习的氛围，才能随时关注顾客及供应商的需求变化，并做出适当的回应。在构建学习型组织时应鼓励沟通与合作，培养回馈与坦诚、鼓励创新、能原谅员工尝试性错误的组织文化。学习型组织的一项很重要的特征就是拥有鼓励组织改变和适应的组织文化，尤其是当环境的变动越来越剧烈的时候，更需要有强势的适应性企业文化来鼓励组织成员相互合作和冒险创新以适应变化。也有学者认为，组织文化同时扮演促使组织学习与妨碍组织学习的双重角色（谢洪明、王琪和葛志良，2007）。综上所述，提出如下假设拟加以验证：

H23-1：组织文化对组织学习有正向影响。

组织文化会长期性地影响企业经营绩效，甚至会决定企业的经营成败。组织文化对绩效的影响力可以分为三个维度：第一是文化的方向性，是指文化影响和指导组织运作方向的程度；第二是文化的渗透性，是指文化在组织中广泛传播的程度；第三是文化的强度，是指文化对组织成员的影响程度和组织成员对文化的认同程度。文化有较大的影响力是指其具有广泛的渗透性与较深远的影响强度，即所谓的强势文化。强势文化可以减少决策制定的成本，并使工作专门化，因而会影响组织绩效。近年来，学者做了大量工作分析组织文化和企业绩效二者之间的关系，发现组织文化传播广泛且深入，并在决策中得到应用的组织，比起那些没有普及组织文化的组织，在投资和销售方面的回报都要好得多（谢洪明、王琪和葛志良，2007；Tellis、Prabhu 和 Chandy，2009）；同时认为，高层主管必须建立一个有利于知识创新的企业文化和价值观，促进组织内部的知识流通和知识合作，提升组织个体与整体的学习能力，以增加组织整体知识的存量和价值。另外，艾金和霍普莱恩（Akin and Hopelain，1986）认为，文化和绩效之间的联系随着时间的推移一直在加强。综上所述，提出如下假设拟加以验证：

H23-2：组织文化对组织绩效有正向影响。

只有建立在不断学习的基础上，企业才能获得竞争优势，亦即组织学习导向可以为企业带来竞争优势，所以组织学习导向有利于企业产生良好的经营绩效。在财务方面，组织学习可以促进销售增长率和利润率等财务指标的提高；在经营绩效方面，组织学习可以缩短采购和生产周期、提高新产品开发的成功率和市场占有率等；在组织效能方面，组织学习可以提高员工的满意度、增强员工对组织的承诺和忠诚等。英克朋和谭（2005）、吉梅内尔和桑兹（2011）认为，通过学习能够创造与获取新知识，而新知识是组织维持和更新竞争优势的基础，所以组织学习导向是提升企业竞争能力和改善组织绩效的重要影因素之一。莱维特和马奇（1988）、胡伯（1991）均提及加强组织学习能力，企业将能创造良好的经营绩效。菲奥尔和莱尔斯（1985）主张学习导向促进行为的转变最终能够改善组织绩效。贝克和辛库拉（1999）的研究结果显示学习导向直接影响组织绩效。综上所述，提出如下假设拟加以验证：

H23-3：组织学习对组织绩效有正向影响。

二　组织学习和核心能力关系

组织集体学习（Prahalad and Hame，1990）和密集学习有利于公司建立知识性资产，即核心能力。通过组织学习发展核心能力的理论，突出了组织学习在企业能力发展过程中的重要性。组织学习有助于企业针对变动的环境状况进行资源配置的调整和修正，提升组织对外界环境变化的适应能力，确保战略的适用性和即时性，因而组织学习对提升核心能力有正面的强化作用（Day，1991）。组织学习并非只是个人学习的加总，同时也包括系统化的知识，通过学习的功能，整合企业的资源与能力，适应外界竞争环境的变化，提升能力的层次成为核心能力，并以组织学习保存特定的行为、心智模式及常规，建立认知系统和记忆，发展出组织自己的观点，持续的修正、改善和强化核心能力。从资源基础理论观点出发，组织学习在企业能力发展的过程中扮演了重要的角色，通过日常运营学习循环、企业能力学习循环、战略性学习循环三个循环过程，促使企业将资源转化为能力，进而发展成为核心能力，尤为重要的是学习代表了路径依赖和独特性，因此使得核心能力难以被模仿。另外，学者戴伊（Day，1994）、迪克森（Dickson，1996）的研究都显示，组织的学习导向是组织持续竞争优势的重要来源之一。综上所述，提出如下假设拟加以验证：

H23-4：组织学习对核心能力有正向影响。

三 核心能力和组织绩效的关系

核心能力理论把企业看作是各种能力的集合体，认为能力是对企业进行分析的基本单元，具有独特性、价值性、延展性、不可模仿性和不可替代性的核心能力是"组织的积累性学识，特别是关于如何协调不同生产技能和有机结合多种技术流的学识"，并是长期竞争优势的主要来源（刘洪伟等，2005；Jiménez-Jiménez 和 Sanz-Valle，2011）。核心竞争力具有系统性，它表现为多个层面：研发能力、生产能力、营销能力、网络关系能力和战略能力（李洋升，2000；孙嘉琪，2004）。研发层面的核心能力有利于企业从顾客价值出发，关注客户的需求且科学地预测需求变化，选择产品价值链上的关键环节进行突破，不断地提供顾客所需要的产品和服务，从而不断地抓住和创造新的市场机会。生产层面的核心能力有利于企业提高生产效率、降低生产成本和增强柔性生产能力。营销层面的核心能力有利于企业制定正确的营销战略，及时、准确地把握顾客对产品使用价值、质量、价格、服务等方面的具体要求，提高市场反应速度。网络关系层面的核心能力有利于以较低成本获得各种稀缺资源，对资源进行更有效率的配置，迅速为客户创造利益或独特价值。战略层面的核心能力可以促使公司高层管理人员从企业整体的角度考虑问题，为企业的长远发展着想。总之，企业通过构建在研发能力、生产能力、营销能力、网络关系能力和战略能力上独具特色的核心能力，可以避免低层次的价格竞争，在行业内构建较高的进入壁垒，增强企业在顾客价值创造方面的不可替代性，从而在较长时间内获得持续稳定的利润，巩固企业竞争优势。综上所述，提出如下假设拟加以验证：

H23 – 5：核心能力对组织绩效有正向影响。

第三节　研究设计

一　样本信效度分析

本章通过下面方式来确保样本的信度和效度。第一，由于我们所使用问卷项目全部来自过去的文献，特别是已经发表的文献，很多学者都曾使用这些量表测量相关变量，并认为这些量表有可靠的信度和效度。第二，上述研究在开发问卷的过程中参考了之前的研究，本章在设计问卷时也尽可能找到了这些问卷的起源以及后续研究对这些问卷的发展，本章中涉及的组织文化、组织学习、核心能力、组织绩效的量表都是根据该变量最早提出的量表以及该量表提出之后学者的修订版完成初稿。第三，通过咨询相关领域的专家，对企业界人士进行问卷的预调查，在评估了问卷设计及用词方面的恰当性之后，再根据预试者提供的意见对问卷进行了修订。

二　变量定义及衡量

本章衡量组织学习的量表主要参考了贝克和辛库拉（1999），谢洪明、刘常勇和陈春辉（2006）的研究。该量表包含 11 个问题项，分为学习承诺（指组织将学习视为公司最主要的基本价值）、分享愿景（指组织中的主管会将公司未来发展的愿景）与员工互相分享和开放心智（指组织不能受限于仅以自己熟悉的方式去思考，能超越成规创意思考）3 个因素。学习承诺用 4 个问题项来测量，Cronbach's α 值为 0.79，因素分析的解释量为 61%；分享愿景用 4 个问题项来测量，Cronbach's α 值为 0.85，因素分析的解释量为 69%；开放心智用 3 个问题项来测量，Cronbach's α 值为 0.74，因素分析的解释量为 66%。组织学习二阶验证分析结果是：GFI = 0.931，CFI = 0.972，TLI = 0.963，RMR = 0.032，RMSEA = 0.052，χ^2（41）= 56.256，P = 0.057。可见，组织学习的信度和效度检验结果都比较好。

本章衡量组织文化量表主要参考郑永忠（1996）研究。该量表包含了 12 个问题项，分为团队监督、创新机制及路径依赖三个因素。团队监督用 6 个问题项来测量，Cronbach's α 值为 0.75，因素分析的解释量为 51%；创新机制用 3 个问题项来测量，Cronbach's α 值为 0.75，因素分析的解释量为 58%；路径依赖用 3 个问题项来测量，Cronbach's α 值为 0.70，因素分析的解释量为 63%。组织文化二阶验证分析结果是：GFI = 0.901，CFI = 0.908，TLI = 0.882，RMR = 0.046，RMSEA = 0.079，$\chi^2(51) = 95.059$，P = 0.000。可见，组织文化的信度和效度检验结果都比较好。

　　本章衡量核心竞争力的量表主要修改自李洋升和孙嘉琪（2000）的研究，将公司的核心能力分为研发能力、生产能力、营销能力、网络关系能力和战略能力 5 个部分，共包含 22 个问题，其中研发能力用 5 个问题项来测量，Cronbach's α 值为 0.83，因素分析的解释量为 60%；生产能力用 3 个问题项来测量，Cronbach's α 值为 0.83，因素分析的解释量为 75%；营销能力用 4 个问题项来测量，Cronbach's α 值为 0.87，因素分析的解释量为 73%；网络关系能力用 5 个问题项来测量，Cronbach's α 值为 0.82，因素分析的解释量为 59%；战略能力用 5 个问题项来测量，Cronbach's α 值为 0.84，因素分析的解释量为 61%。核心能力变量的二阶验证分析结果为：GFI = 0.806，CFI = 0.910，TLI = 0.898，RMR = 0.044，RMSEA = 0.071，$\chi^2(204) = 320.886$，P = 0.000。可见，核心能力变量的信度和效度检验结果都比较好。

　　组织绩效可以从不同角度来认识，并且会受到分析的级别以及战略差异性的影响。我们衡量组织绩效的量表参考了林义屏（2001），谢洪明、刘常勇和陈春辉（2005）的研究。这些研究都采用多重而非单一因素（变量）的自评方式来衡量组织绩效，依据其性质将组织绩效分成短期绩效与长期绩效两个因素。短期绩效用 5 个问题项来测量，Cronbach's α 值为 0.88，因素分析的解释量为 67%；长期绩效用 5 个问题项来测量，Cronbach's α 值为 0.85，因素分析的解释量为 63%。组织绩效的二阶验证分析结果为：GFI = 0.931，CFI = 0.973，TLI = 0.965，RMR = 0.030，RMSEA = 0.063，$\chi^2(34) = 52.776$，P = 0.021。可见，组织绩效变量的信度和效度检验结果都比较好。

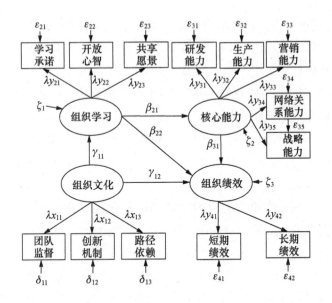

图 23 - 1　本章理论模型

第四节　研 究 结 果

　　本章样本中各变量的信度、收敛效度及区别效度均达到可接受的水平，以单一衡量指标取代多重衡量指标应是可行的，因此，本章在组织文化、组织学习、核心能力以及组织绩效的衡量模式上，以第一级各因素的衡量题项得分的均值作为该因素的值，再由第一级因素作为第二级变量的多重衡量指标。各因素的均值、标准差和各因素之间的相关关系见表23 - 1。接下来，运用结构方程模式分析这些变量间整体的相互影响关系，统计软件使用 AMOS 4.01。本章中，我们的整体分析模型见图23 - 1，潜在变量以椭圆形来表示，观测变量则以矩形来表示。

一　整体理论模型的检验

　　理论模型的检验结果如表23 - 2 和表23 - 3 所示。各个潜在因素衡量指标的因素负荷量除长期绩效为 0.91 外，其他均位于 0.4 至 0.90 之间的标准状态，而且均达显著水平。可知我们提出的理论模型符合基本拟合标准。组织文化、组织学习、核心能力及组织绩效的组合信度分别为 0.80、

表 23-1

均值、标准差和各因素之间的相关关系

	1	2	3	4	5	6	7	8	9	10	11	12	13
1. 学习承诺	1.000												
2. 分享愿景	0.532***	1.000											
3. 开放心智	0.568***	0.605***	1.000										
4. 团队监督	0.482***	0.593***	0.568***	1.000									
5. 创新机制	0.521***	0.606***	0.590***	0.634***	1.000								
6. 路径依赖	-0.219*	-0.236**	-0.170*	-0.328***	-0.235**	1.000							
7. 研发能力	0.389***	0.503***	0.478***	0.434***	0.535***	-0.142	1.000						
8. 生产能力	0.360***	0.439***	0.347***	0.489***	0.440***	-0.316***	0.526***	1.000					
9. 营销能力	0.365**	0.481***	0.469***	0.528***	0.534***	-0.295***	0.526***	0.537***	1.000				
10. 网络关系力	0.411***	0.326***	0.375***	0.447***	0.435***	-0.296***	0.486***	0.503***	0.574***	1.000			
11. 战略能力	0.483***	0.624***	0.584***	0.646***	0.623***	-0.278**	0.624***	0.538***	0.653***	0.599***	1.000		
12. 短期绩效	0.281***	0.438***	0.263**	0.423***	0.417***	-0.331***	0.411***	0.545***	0.496***	0.508***	0.563***	1.000	
13. 长期绩效	0.403***	0.474***	0.397***	0.503***	0.527***	-0.24**	0.628***	0.563***	0.595***	0.527***	0.701***	0.683***	1.000
均值	3.576	3.243	3.417	3.646	3.327	2.794	3.302	3.592	3.478	3.767	3.450	3.315	3.315
标准差	0.624	0.724	0.653	0.469	0.612	0.707	0.670	0.674	0.726	0.559	0.623	0.669	0.630

注：* 表示 $P < 0.05$；** 表示 $P < 0.01$；*** 表示 $P < 0.001$。

0.65、0.86 和 0.81，都大于或接近于 0.7；因素分析的累计解释量分别为 0.71、0.72、0.61 和 0.84，都大于 0.5，这表示我们所提出的整体理论模型也有较好的信度和内部一致性。

整体模型拟合度指标用来检验整体模式与观察数据的拟合程度，这方面的适合度衡量标准有多种指标，一般可将其分为三种类型：绝对拟合指数、相对拟合指数以及简要拟合指数：①绝对适合度衡量：$\chi^2 = 77.243$，d. f. = 60，P = 0.066，P 值显著。GFI = 0.919，AGFI = 0.877，AGFI 略低于 0.90 的标准，RMR = 0.020，RMSEA = 0.046，RMR < 0.05，RMSEA 也位于小于 0.05 的"良好的拟合"范围。②相对拟合指数：TLI = 0.976，NFI = 0.924，CFI = 0.982，IFI = 0.982，RFI = 0.902，这些指标都大于 0.90 的标准。AIC 值等于 139.243，理论模式 AIC 值小于饱和模式 AIC 值的 182.000 和独立模式的 AIC 的 1048.267，标准卡方值（$\chi^2/$ d. f.）= 1.287，位于 1.0—2.0 之间。综合各项指标判断，本章理论模型的整体模型拟合度较好，可以用以检验我们提出的理论假设。

表 23 - 2　　　　　　　　各变量的信度和累计解释量

变量	组成信度	因素分析累计解释量	包含因素
组织学习	0.80	0.71	学习承诺、分享愿景和开放心智
组织文化	0.65	0.72	团队监督、创新机制和路径依赖
核心能力	0.86	0.61	研发能力、生产能力、营销能力、网络关系能力和战略能力
组织绩效	0.81	0.84	短期绩效和长期绩效

表 23 - 3　　　　　　　　模型中构成变量因素的负荷量

变量及测度指标	因素负荷量（λ）	显著性（P 值）
1. 学习承诺→组织学习	0.66	
2. 分享愿景→组织学习	0.77 ***	0.000
3. 开放心智→组织学习	0.76 ***	0.000
4. 团队监督→组织文化	0.79 ***	0.000

变量及测度指标	因素负荷量（λ）	显著性（P 值）
5. 创新机制→组织文化	0.80	
6. 路径依赖→组织文化	−0.34***	0.000
7. 研发能力→核心能力	0.73	
8. 生产能力→核心能力	0.68***	0.000
9. 营销能力→核心能力	0.75***	0.000
10. 网络关系能力→核心能力	0.68***	0.000
11. 战略能力→核心能力	0.87***	0.000
12. 短期绩效→组织绩效	0.75	
13. 长期绩效→组织绩效	0.91***	0.000

注：***表示在 0.1%的水平下显著。

二　假设验证

本章在假设关系验证上采用了巢模式法，在虚假模式（M0）与理论模型（Mt）之间设定了 5 个巢模式。模式 M1 在理论模型基础上假设组织文化到组织学习的路径为 0，模式 M2 在理论模型基础上假设组织文化到组织绩效的路径为 0，模式 M3 在理论模型基础上假设组织学习到核心能力的路径为 0，模式 M4 在理论模型基础上假设组织学习到组织绩效的路径为 0，模式 M5 在理论模型基础上假设核心能力到组织绩效的路径为 0。巢模式验证结果与理论模式路径系数如表 23-4 所示。而模式 M1、M3、M5 的卡方值与理论模式的卡方值之差均大于 3.84，而这些模式所对应的路径系数（见表 23-5）都达到了显著水平，可知我们的假设 H23-1、H23-3 和 H23-5 都获得了支持，M23-2 和 M23-4 模式的卡方值与理论模式的卡方值之差分别为 1.048、1.493，所对应的路径系数也没有达到显著水平，可知假设 H23-2 和 H23-4 没有获得支持。另外，我们根据产业特征将样本分为高科技产业和制造服务等其他产业两部分（其中高科技产业 82 家，非高科技企业 57 家），对我们的理论模型进行验证，结果如表 23-6 所示，可见假设对不同产业的企业也成立。

表 23-4

验证模型的统计指标

模型	χ^2	P	d.f.	$\Delta\chi^2$	GFI	CFI	TLI	IFI	NFI	RMR	RMSEA
理论模型	77.243	0.066	60		0.919	0.982	0.976	0.982	0.924	0.020	0.046
M1: $\gamma_{11}=0$	213.116	0.000	61	135.873***	0.849	0.839	0.794	0.842	0.792	0.096	0.134
M2: $\gamma_{12}=0$	78.291	0.067	61	1.048	0.918	0.982	0.977	0.982	0.923	0.020	0.045
M3: $\beta_{21}=0$	191.972	0.000	61	114.729***	0.857	0.861	0.823	0.864	0.812	0.120	0.125
M4: $\beta_{22}=0$	78.736	0.063	61	1.493	0.918	0.981	0.976	0.982	0.923	0.020	0.046
M6: $\beta_{31}=0$	115.796	0.000	61	38.553***	0.878	0.942	0.926	0.943	0.887	0.025	0.081
虚假模型	1022.267	0.000	78	945.024***	0.262	0.000	0.000	0.000	0.000	0.182	0.296

注：$\Delta\chi^2$ 是该模型与理论模型卡方值的差。*** 表示 $P<0.001$（$\chi^2(1)=10.83$）。

表 23 - 5 　　　　　　　　　　理论模式的路径系数与假设验证

路径	变量间的关系	路径系数	P 值	对应假设	检验结果
γ_{11}	组织文化→组织学习	0.98 ***	0.000	H23 - 1	支持
γ_{12}	组织文化→组织绩效	0.99	0.576	H23 - 2	不支持
β_{21}	组织学习→核心能力	0.87 ***	0.000	H23 - 3	支持
β_{22}	组织学习→组织绩效	- 1.42	0.431	H23 - 4	不支持
β_{31}	核心能力→组织绩效	1.28 ***	0.000	H23 - 5	支持

注：路径系数为标准化值，*** 表示 P < 0.001。

表 23 - 6　　理论模型的检验结果与假设验证（对不同产业的比较）

路径	变量间的关系	高科技产业（n = 82）			制造和服务产业（n = 57）		
		路径系数	P 值	检验结果	路径系数	P 值	检验结果
γ_{11}	组织文化→组织学习	0.99 ***	0.000	支持	1.00 ***	0.000	支持
γ_{12}	组织文化→组织绩效	2.30	0.778	不支持	- 0.05	0.997	不支持
β_{21}	组织学习→核心能力	0.88 ***	0.000	支持	0.86 ***	0.000	支持
β_{22}	组织学习→组织绩效	- 2.70	0.740	不支持	- 0.52	0.973	不支持
β_{31}	核心能力→组织绩效	1.28 ***	0.002	支持	1.38 ***	0.000	支持
		$\chi^2 = 69.936$, d.f. = 60, P = 0.178, GFI = 0.881, RMR = 0.02, RMSEA = 0.045, NFI = 0.882, CFI = 0.981, IFI = 0.981, TLI = 0.975			$\chi^2 = 98.390$, d.f. = 60, P = 0.001, GFI = 0.801, RMR = 0.032, RMSEA = 0.107, NFI = 0.815, CFI = 0.915, IFI = 0.918, TLI = 0.890		

注：路径系数为标准化值，*** 表示 P < 0.001。

本章小结

　　本章基于资源基础的战略观点，研究组织文化、组织学习、核心能力以及组织绩效之间的相互影响关系，并以华南地区 139 家企业为调查对象进行实证研究，希望能够明确组织文化和组织学习这两个变量在核心能力的构建和组织绩效的提升过程中的作用。我们发现：（1）组织文化通过影响组织学习并进而影响核心能力；（2）组织学习影响核心能力并进而影响组织绩效；（3）核心能力对组织绩效有正向影响；（4）组织文化对组织绩效没有显著的直接影响，但通过组织学习和核心能力的构建间接影响组织的绩效；（5）组织学习对组织绩效没有显著的直接影响，但通过核心能力的构建间接影响组织的绩效。本章研究结果对组织文化、组织学习以及核心能力的相关理论和实践都有重要的价值和意义。

第一，本章证实组织文化并不会直接改善组织绩效，而必须通过学习导向来构建核心能力进而改善组织绩效。这与艾金和霍普莱恩（1986）、吉梅内斯和桑兹（2011）等学者关于组织文化对组织绩效有直接的正向影响的研究结果不同。他们的研究中没有将组织学习和核心能力作为中介变量来考察，我们认为，本章的结论与 Akin 和 Hopelain（1986）等学者的结果并不冲突，因为他们没有认识到组织文化和组织绩效之间，还有组织学习和核心能力变量在起中介作用。对企业管理实践而言，必须充分重视组织文化→组织学习→核心能力→组织绩效这条新的影响路径，塑造尊重知识和学习导向的组织文化，通过加强组织学习和构建核心能力来改善组织绩效。

第二，本章证实组织学习并不会直接改善组织绩效，而必须通过核心能力改善组织绩效。这与以往相关学者关于组织学习对组织绩效有显著的正向影响的研究结果存在差异。但我们认为这并不是相互矛盾的结论，因为他们并没有认识到组织学习和组织绩效之间，还有一个核心能力变量在起中介作用。企业发展过程中，为了确保持续经营和维持一定程度竞争优势，必须重视核心能力的构建。组织学习能将企业资源转变成能力，并且这种能力竞争者往往难以模仿，因而组织学习无疑是构建核心能力的最有效的工具之一。本章结果也有利于从核心能力的角度具体化组织学习的内涵和明确组织学习的方向，企业在实践中可以从研发、生产、营销、网络关系和战略五个角度出发，通过一系列有效积累与整合来增强学习能力及构建核心能力。

第三，组织文化的基础和先导作用。企业在致力于强化经营管理能力以增加竞争优势、改善组织绩效的过程中，如何塑造一个优良的企业文化将是企业必须去面对和思考的重要课题。在组织中文化起着基础和先导的作用，文化会影响员工对知识及知识管理的价值与态度。为了让组织学习更有效率，组织成员必须拥有正确的知识价值观。实践中组织应该设法排除学习的障碍，落实各种学习的机制，设立奖赏制度鼓励知识的学习、分享、运用，以便塑造追求知识和组织学习的文化，增强组织学习的文化动力和提升组织学习的能力及功效。同时，组织应培育成员学习承诺和共同愿景，发展组织开放的心态来改善行为模式，激发员工责任心和创造性及团队精神，建立、培育和强化一种积极进取、富于创新精神、对企业忠诚和相互依赖的企业文化来提高企业的整体效率和支持企业的持续发展。

　　第四，本章细化了产业因素对组织文化、组织学习、核心能力和组织绩效关系的影响。从表 23–6 可以看出，产业因素对我们的基本结论没有本质性影响。但从组织文化对组织绩效的路径系数我们看到，在高科技企业中系数为正系数而在非高科技产业是负系数。这说明文化在组织中可能扮演正面或负面的双重角色，特别是组织文化中的路径依赖即文化形成后不愿随环境变动可能会阻碍组织的发展。当然，本研究只考虑了文化中的团队监督、创新机制和路径依赖因素，至于其他各种不同类型的文化对组织学习、核心能力和组织绩效的具体影响或许是未来的一个研究方向。此外，本章的样本主要取自华南地区，因而获得的调研数据可能存在一定的局限性，今后应尝试在更大范围内进行调研以对本模型作进一步验证。

第二十四章　吸收能力对组织学习和
组织创新的影响

本章从吸收能力的角度去探讨组织学习对组织创新的影响，我们构建了吸收能力、组织学习与组织创新之间影响关系的理论模型，并选取我国华南地区的 117 家高科技企业作为实证研究对象。研究结果表明：（1）吸收能力对组织学习有显著的直接正向影响；（2）吸收能力对技术创新和管理创新没有显著的直接正向影响；（3）组织学习对技术创新和管理创新有显著的直接正向影响，并且技术创新对管理创新有显著的直接正面影响。

第一节　引言

改革开放以来，我国企业逐步融入市场经济，并开始加入全球竞争，但相对于许多发达国家而言，我国企业在工艺技术和管理方法等方面都比较落后。作为新型工业化国家，我国许多高科技产业还处于起步阶段，面临着经济国际化、市场全球化、技术进步加快等大的背景，迫切需要强化对技术创新的投入，并在内部管理方面进行创新，理顺管理体制（谢洪明、陈盈和程聪，2012）。在这个过程中，许多企业为了提升竞争力，在基于时效、风险与组织资源有限的考虑下，加强了对外部知识的引进和吸收，以期通过获取更多所需的新知识（包括隐性知识和显性知识）来提升企业的学习和创新能力，应对不断变化的外界环境。那么，我国高科技企业吸收外界知识现状如何，组织的知识吸收能力是否有助于提升组织学习和创新能力？我们拟以华南地区高科技企业为调查对象，对吸收能力是否以及如何影响组织学习和创新进行实证研究，希望可以进一步完善相关理论。

第二节　理论基础与研究假设

一　吸收能力与组织学习的关系

吸收能力概念最早由科恩和列文索尔于 1990 年提出，其定义吸收能力为组织有能力去辨识、获取、消化及吸收外部新的有价值的知识并将此知识运用在商业目的上。吸收能力是组织以前知识库的函数，具有积累性和路径依赖的特点，其主要可分为个人层次与组织层次：个人层次的吸收能力为个人接触的相关知识及不同的背景领域；组织层次的吸收能力与个人层次的吸收能力并不相同，组织中成员多方面经验的积累，构成了组织层次的吸收能力。但是，个人层次与组织层次的吸收能力皆存在着路径依赖的现象：个人或组织先前的知识会影响未来获取与积累后续知识的发展能力。在吸收能力的衡量方面，不同的学者提出许多不同的内涵和定义。如科恩和列文索尔（1990）曾用组织对外部知识的辨识能力和取得能力两方面的能力来衡量组织的吸收能力。方世杰等（2000）用辨识有价值新知识的能力、将新知识商品化的程度与组织成员能充分应用新知识的程度三个方面来衡量组织的吸收能力。而扎拉和乔治（Zahra and George，2002）则用知识取得能力、同化能力、转换能力与利用能力四个方面能力来衡量组织的吸收能力。我们认为，辨识能力和取得能力是吸收能力最为关键的两个要素，因此，采用科恩和列文索尔（1990）的观点，用辨识能力和取得能力来衡量组织的吸收能力。

组织吸收能力越高，对于外界经营环境的掌握程度就越高，就越有机会将竞争对手的外溢知识引进到企业内部中。Tsai（2001），Spithoven、Clarysse 和 Knockaert（2011）认为，组织必须要有吸收投入的能力，若无此能力，则知识无法在单位间移转或学习。组织在基于时效、风险与组织资源有限的考虑下，强化对外部知识的吸收，以取得、学习所需要的知识，会是一种良好的选择。但是并非每个企业都能成功地获取所需的知识，其原因之一是在知识移转与学习的过程当中，知识接收端若缺乏足够的能力，则无法完全吸收并融合所接收的知识并转化为组织的能力，甚至可能会对组织产生负面的影响。由此可知，组织的吸收能力对组织学习的重要性。吸收能力不论是对组织内部学习或是组织间学习都是重要的影响因素，而且是组织学习的根基，随着吸收能力的提升，组织就越能消化利用外部新颖的信息，进而有益于组织学习的迅速成长。基于此，提出如下假设拟加以验证：

H24 - 1：吸收能力对组织学习有正向影响。

二 吸收能力与组织创新关系

组织开展各项经营的创新活动，其目的在于维持其在产业中的地位及生存。波特（1996）认为，由于经营环境多变且难以掌握，只凭借传统的精简人事、降低成本、改造流程等活动，并不足以维持组织的长期生存，唯有不断地创新，才能建构组织长期的竞争优势，顺利适应环境的变迁。在以往研究中，组织创新的研究非常广泛，但由于研究者的兴趣及观点的不同，而使组织创新的定义出现许多不同的界定。蔡启通（1997）在回顾以往文献的基础上，对组织创新研究的各种观点进行了整理，并将其归类区分为产品观点、过程观点、产品及过程观点和多元观点四类：（1）持产品观点者，重视创新所产生的结果，采用具体的产品来作为衡量创新的依据；（2）持过程观点者，认为组织创新是一种过程，而以过程的观点来评断创新；（3）持产品及过程观点者，认为组织创新是新产品或新程序创造与问题解决的复杂过程，应以结果及过程加以融合的双元观点来定义创新；（4）持多元观点者，认为持产品或过程观点者都着重于技术创新层次，而忽视了管理政策或措施的管理创新层次，因而主张将管理创新与技术创新同时纳入组织创新的定义中。我们认为，多元观点下的组织创新的定义较为完整，比较能够反映组织创新的多重属性，因此采用多元的观点，并将组织创新分为技术创新和管理创新两种类型。

知识是组织创新的基础。企业获取外部知识能力建立在企业自身吸收能力基础上，组织吸收能力越高，能够掌握信息与环境的能力就越好，同时也就越有能力辨别有用的知识并加以吸收以创造出对组织有价值的绩效，创新往往来自公司研发部门对本公司以外其他单位知识的吸收。所以，外部知识的获取与应用往往成为组织提高创新能力的关键因素。马奇和西蒙（1958）也指出，大多数的创新活动都来自借用而非发明，其中借用是指参考其他组织的知识或经验而创造出新的想法，而发明指的是从无到有创造出新的想法，组织是否有能力采用新的知识将是影响组织创新能力的重要因素。此外，Tsai（2001）也发现，组织内各部门的吸收能力会显著地提高各部门创新的实现率与收益率。基于此，提出如下假设拟加以验证：

　　H24 - 2：吸收能力对技术创新有正向的影响。

　　H24 - 3：吸收能力对管理创新有正向的影响。

三　组织学习与组织创新的关系

　　学者对组织学习的关注最早可追溯到马奇和西蒙（1958）的研究，其概念由阿吉里斯和斯空（1978）正式提出，认为组织学习是发现和改正错误的过程。此后，不同学者从心理学、管理学、政治学等不同视角出发对组织学习进行了大量的研究，提出了一系列关于组织学习概念、模式和本质的理论，使得组织学习理论得到了很大的丰富和发展。但由于不同的学者在研究时的视角不同，研究者往往依据实际研究情境对组织学习加以诠释，使得组织学习的概念和操作性定义一直以来存在着很大差异。在这些操作性定义与衡量方式中，以下列两组学者所发展的量表，对组织学习的内容衡量最具有全面性和完整性。其中一组是胡尔特和法雷尔（1997）依据组织学习的特性，针对组织学习的能力，从团队导向、系统导向、学习导向及记忆导向四个方面来衡量组织学习。而另一组则是辛库拉、贝克和诺德维尔（1997），贝克和辛库拉（1999），解学梅和左蕾蕾（2013）从探讨市场信息流动过程出发，所发展出的组织学习承诺、分享愿景及开放心智三个方面来衡量组织学习。由于本章主要探讨吸收能力（存在着信息和知识的流动过程）对组织学习和创新的影响，所以我们将主要采用辛库拉、贝克和诺德维尔（1997）、贝克和辛库拉（1999）所使用的量表来对组织学习的内容加以衡量。

　　组织创新可以认为是组织学习后表现的成果，而组织学习则是组织维持创新的最重要的因素。组织学习可提升组织创新活动的效率与效能及整体的创新能力，并且能协助组织有效适应外界环境的变化，组织的创新能力必须经由组织学习而逐渐形成。林义屏（2001）、谢洪明和韩子天（2005）曾分别针对中国台湾电子科技产业和华南地区企业对组织学习与组织创新关系进行实证研究，研究结果都表明，组织学习对组织创新有显著的正向关系，同时他们还指出不同的组织学习形态会导致不同的创新形态，如单循环学习只会导致增量的创新，而不连续的创新则需要双循环学习才能够实现。可见，组织学习对组织创新有促进作用。此外，以往的研究表明组织创新中技术创新会对管理创新产生正向的影响，德曼庞、萨巴特和埃文（1989）曾察银行产业发现，若银行要提供一项新的服务（技术创新），通常也需要一组新的管理机制（管理创新）去评估和控制其绩效，然而并不是每一种技术创新均会导致管理创新。基于此，提出如下假设拟加以验证：

H24 – 4：组织学习对技术创新有正向影响。

H24 – 5：组织学习对管理创新有正向影响。

H24 – 6：技术创新对管理创新有正向影响。

第三节　研究设计

一　研究样本

本章以华南地区高科技企业作为研究的对象，根据珠三角地区的企业黄页随机抽取欲调查的高科技样本企业，然后通过电话与该企业的高层管理者取得联络，确认可以接受调查，即派人上门进行调查或将问卷邮寄过去。这样共发出 500 份问卷，全部问卷共回收 135 份，其中完整填答者 117 份，有效回收率为 23.4%。调查时间为 2006 年 4 月至 8 月，从产业分布来看，本研究的样本主要分布在计算机硬件产业（35 家）、软件产业（30 家）、精密机械产业（16 家）、生物技术产业（15 家）、光电产业（12 家）、通信产业（9 家）等行业，这些行业的知识密集性程度较高而产品的生命周期较短，具有高科技产业的一般特征。同时，受访企业成立时间的分布大致呈正态分布，而且资本额在 1000 万元以上的企业占较大比重（87.2% 左右），与同行相比，这些企业大都处于行业的中等规模或大规模（88.9% 左右）。

二　变量定义及衡量

本章衡量吸收能力的量表主要参考了科恩和列文索尔（1990）的研究来设计问卷，量表由 9 个问题项组成，包含辨识能力和取得能力两个因素。吸收能力的 α 信度为 0.84，辨识能力和取得能力的 α 信度分别为 0.80 和 0.74。吸收能力二阶验证性因素分析的结果为 $\chi^2(19) = 31.313$，$CFI = 0.959$，GFI 为 0.937，RMR 为 0.039，RMSEA 为 0.075。这表明本量表具有良好的信度和效度。

我们衡量组织学习的量表来自贝克和辛库拉（1999），辛库拉、贝克和诺德维尔（1997）的研究，量表由 12 个问题项组成，包含学习承诺、分享愿景和开放心智 3 个因素。组织学习的 α 信度为 0.92，学习承诺、开放心智和分享愿景的 α 信度分别为 0.83、0.92 和 0.86。组织学习二阶验证性因素分析的结果为 $\chi^2(51) = 72.639$，CFI = 0.975，GFI 为 0.904，RMR 为 0.033，RMSEA 为 0.060。这表明量表具有良好的信度和效度。组织创新采用的量表主要参考林义屏（2001）和谢洪明，韩子天（2005）的研究，并在衡量技术创新时加入了工艺创新的因素。本研究的量表由 17 个问题项组成，并依据其性质分成管理创新及技术创新两类因素。技术创新包含产品创新和工艺创新，管理创新包含领导激励创新和计划控制创新。技术创新的 α 信度为 0.89，产品创新和工艺创新的 α 信度分别为 0.89 和 0.86。技术创新二阶验证性因素分析的结果为 $\chi^2(8) = 11.499$，CFI = 0.992，GFI 为 0.966，RMR 为 0.028，RMSEA 为 0.061。管理创新的 α 信度为 0.94，领导激励创新和计划控制创新的 α 信度分别为 0.93 和 0.90。管理创新二阶验证性因素分析的结果为 $\chi^2(43) = 52.750$，CFI = 0.989，GFI 为 0.926，RMR 为 0.023，RMSEA 为 0.044。这表明技术创新和管理创新量表具有良好的信度和效度。

第四节　研究结果

一　整体理论模型检验

对于结构方程模型的检验，巴戈齐和易（1988）认为，必须从基本的适配标准、整体模型适配度以及模型内在结构适配度三个方面来加以衡量。本章理论模型的检验结果如表 24 - 1 所示。

（一）基本的适配标准

各个潜在因素衡量指标的因素负荷量均位于 0.40—0.90 之间的标准状态，而且均达显著水平，可见，我们提出的理论模型符合基本拟合标准。

（二）整体模型适配度

（1）绝对适合度衡量：$\chi^2 = 33.269$，d.f. = 21，GFI = 0.941 大于 0.90，RMR = 0.018，小于 0.05，RMSEA = 0.071，小于 0.08，可见，各个指标均达了可接受的范围。

（2）渐近适合度衡量：AGFI = 0.874，RFI = 0.906，NFI = 0.945，

CFI = 0.979，可见，NFI、RFI 及 CFI 均大于 0.90，而 AGFI 则略低于 0.90 的标准。

（3）简要适合度衡量：PNFI = 0.551，PGFI = 0.571，满足大于 0.05 的可接受范围，AIC 值等于 81.269，理论模式 AIC 值小于饱和模式 AIC 值的 90.000 和独立模式的 AIC 值的 625.680，标准卡方值（$\chi^2/d.f.$）= 1.584，位于 1.0—2.0 之间。由此可见，本章的理论模型具有良好的整体模型适配度。

（三）模型内在结构适配度

可从潜在变量的组合信度是否在 0.7 以上以及潜在变量的因素解释量是否在 0.5 以上来评估。如表 24 - 1 所示，吸收能力、组织学习、技术创新和管理创新的组合信度分别为 0.77、0.80、0.75 和 0.87，而因素解释量分别为 0.81、0.72、0.82 和 0.88，均已超过最低的可接受水平，故本章所提出的整体理论模型具有良好的内在结构适配度。由此可见，本章所提出的模型是合适的，可以用以检验相应的假设。

表 24 - 1   整体理论模型的检验分析

变量	ME 的估计参数			组成信度	因素解释量
	因素负荷量	显著性	衡量误差		
吸收能力					
辨识能力	0.80 ***	0.000	0.64	0.77	0.81
获取能力	0.78 **	0.000	0.60		
组织学习					
学习承诺	0.71 ***	0.000	0.50	0.80	0.72
开放心智	0.84 ***	0.000	0.71		
分享愿景	0.73 ***	0.000	0.53		
技术创新					
产品创新	0.78 ***	0.000	0.60	0.75	0.82
工艺创新	0.78 ***	0.000	0.61		
管理创新					
用人与管理创新	0.87 ***	0.000	0.76	0.87	0.88
组织与规划创新	0.88 ***	0.000	0.78		

注：** 和 *** 分别表示在 1% 和 0.1% 的水平下显著。

二　假设验证

假设验证的结果如表 24 - 2 所示。由理论模式的路径系数及显著性我们可以看到，吸收能力对组织学习有显著的正向影响（P < 0.001）；吸收能力对技术创新没有显著的直接正向影响（P > 0.05）；吸收能力对管理创新没有显著的直接正向影响（P > 0.05）；组织学习对技术创新有显著的正向影响（P < 0.001）；组织学习对管理创新有显著的正向影响（P < 0.05）；技术创新对管理创新有显著的正向影响（P < 0.05）。验证后的整体理论模型及变量间的关系如图 24 - 1 所示。

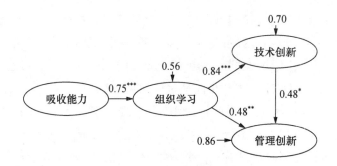

图 24 - 1　验证后的整体理论模型

表 24 - 2　　　　　　　　　理论模式的路径系数与假设验证

变量间的关系	路径系数	P 值	对应假设	检验结果
吸收能力→组织学习	0.77 ***	0.000	H24 - 1	支持
吸收能力→技术创新	- 0.09	0.659	H24 - 2	不支持
吸收能力→管理创新	- 0.14	0.347	H24 - 3	不支持
组织学习→技术创新	0.91 ***	0.000	H24 - 4	支持
组织学习→管理创新	0.66 *	0.018	H24 - 5	支持
技术创新→管理创新	0.43 *	0.042	H24 - 6	支持

注：* 、 *** 分别表示在 1% 和 0.1% 的水平下显著。

本章小结

通过文献探讨及个案访谈来构建理论模型，选择我国珠三角地区 117

家高科技企业作为实证研究对象，研究吸收能力、组织学习与组织创新之间的关系，结果表明：（1）吸收能力对组织学习具有直接的正向影响，但对组织创新没有显著的直接的正向影响；（2）组织学习对组织创新有显著的直接正向影响，技术创新对管理创新有直接的正向影响。本章研究结果对吸收能力、组织学习以及组织创新的相关理论和实践都有重要的意义。

第一，本章证实了吸收能力并不会直接提高组织创新，而必须通过组织学习的中介作用来提高组织的创新能力。这与科恩、列文索尔（1990）、马奇和西蒙（1958）、解学梅和左蕾蕾（2013）等学者关于吸收能力对组织创新有直接的正向影响的研究结果有所差异。在他们的研究中没有将组织学习作为中介变量来考察，我们认为，本章的结论与科恩、列文索尔（1990）和马奇、西蒙（1958）等学者的研究结果并不矛盾，因为他们并没有认识到吸收能力和组织创新之间，还有组织学习这个变量在起中介作用。同时，本章研究也是对谢洪明、韩子天（2005）研究的深化和拓展，进一步明确了吸收能力作为组织学习和组织创新的前因变量的重要作用以及他们之间复杂的相互关系。对企业管理实践而言，组织应当充分重视组织内部的学习活动，努力培育组织成员学习承诺和共同愿景，并通过发展组织开放的心态来改善组织成员的认知和行为模式，以提升组织的创新能力，而正是创新使组织的竞争优势得以延续，甚至成为组织获取超额利润的来源。

第二，吸收能力的基础和先导作用。组织创新作为一种投入知识与获得产出的过程，过程中所需要的知识固然可以在企业内部发展与积累，透过外部取得也是组织获得知识的重要途径。组织的吸收能力越高，能够掌握信息与环境的能力就越好，同时也越有能力辨别有用的知识加以吸收以创造出对组织有价值的绩效。对企业管理实践而言，组织应努力建立起完善的信息和知识搜寻处理系统，密切关注外界环境的变化，及时获取和吸收外界环境中存在的新的有价值知识，以提升组织知识资源的丰富性，为后阶段组织学习和组织创新能力的提升打下坚实的知识基础。

第二十五章 组织学习与创新对企业核心能力影响机制

本章基于战略资源基础观，整合组织学习理论、创新理论与核心能力理论，首先构建一个新的理论模型，再以华南地区的 202 家企业为样本运用结构方程模型进行检验和修正。其学术贡献在于明确了学习并不是企业绩效提升的直接影响因素，学习也不能直接带来企业的核心能力，学习导向必须通过创新才能提高核心能力，并进而提升绩效；创新并非直接提升组织绩效，而是有一个培育核心能力的中间过程；在中国管理环境下，不同产业的企业其创新对核心能力有不同的影响，即创新并不必然转化为核心能力。实践意义在于为企业正确理解和运用学习、创新来构建核心能力及提升组织绩效提供重要借鉴。

第一节　引　言

无论理论界还是实践界，在思考企业战略问题时都越来越重视企业的资源与能力，把资源与能力作为企业获取竞争优势以及提升组织绩效的最重要的因素，甚至将竞争优势的来源指向企业的技能、诀窍、经验等知识要素。这进一步强化了学者们探索学习是否以及如何影响组织绩效的研究兴趣，许多学者倡导企业应成为学习型组织，不断吸收新的知识，以提升企业的绩效水平。同时，创新也是提升企业绩效的另一源泉，企业不仅需要技术创新，也需要管理创新。在实践中，任何企业都存在学习、创新以及核心能力的构建活动，然而，这些活动不是孤立的，而是相互影响相互作用的过程，存在互为因果的情况。这样，一个新的学术问题就摆在我们面前：把学习、创新、核心能力这些对组织绩效都有重要影响的变量放在一起，它们会如何影响组织绩效呢？例如，谢洪明和韩子天（2005）研究表明，同时考虑学习与创新对组织绩效的影响的情况下，创新就成为学习与绩效之间的完全中介变量，学习必须通过创新才能有助于组织绩效的提升。学习、创新、核心能力在提升组织绩效的过程中是不是有秩序？哪些变量在先，哪些居中？还是所有变量对组织绩效作用都是相同的？学习如何提升企业的核心能力？创新又是如何提升组织绩效的？前人的研究尚未对上述问题进行深入的探讨。而这些问题的解决不仅有助于理解上述变量之间的相互影响路径和作用机制，也有助于企业的学习和创新管理，有助于企业"正确地"构建核心能力。本章拟弥补这一学术缺憾，基于战略的资源基础观，构建一个新的关于学习、创新、核心能力与组织绩效相互影响的理论模型，以华南地区的 202 家企业为样本运用结构方程进行实证研究，并分析模型的理论意义和实践价值。下面我们从上述变量之间的两两关系入手，系统分析它们之间的逻辑关系，并建立本章的研究假设。

第二节　企业创新理论回顾

自从熊彼特提出"创新"与"发明"是两种不同的概念，并强调创新在经济体系中扮演重要角色后，学术界开始重视有关"创新"的研究，并逐渐引起越来越多学者的重视。

一　创新的定义

学者从不同角度对创新进行了认识。沃尔夫（Wolfe，1994）认为，在组织创新的研究中，几乎所有的研究结果都不一致。虽然创新被许多学者大致认同的定义是，组织采用一种新的理念或行为，因此创新可能是一个新的产品、新的服务、新的技术或是一种新的管理方法。但由于研究者的兴趣及观点的不同，对"组织创新"的界定，便有所差异。基本上创新的定义可区分为以下四种观点（见表 25-1）：（1）产品观点。持这种观点的学者重视创新所产生的结果，其衡量创新是以具体产品为依据。如布劳和麦金利（Blau and Mckinley，1979）、克尔姆等（Kelm et al.，1995）学者。（2）过程观点。持这种观点的学者认为，创新是一种过程，着重从一系列的历程或阶段来评估创新，如阿马比克（Amabile，2005）、斯科特和布鲁斯（Scott and Bruce，1994）等学者。（3）产品及过程观点。持这种观点的学者认为，应以产品及过程的双元观点来定义创新，应将结果及过程加以融合，如图什曼和纳德勒（Tushman and Nadler，1986）、鲁姆金和德斯

（Lumpkin and Dess，1996）等学者。（4）多元观点。持这种观点的学者认为，不管是产品还是过程观点，只着重在"技术创新"层次，而忽略了"管理创新"的层次，因而主张将"技术创新"（包含产品、过程及设备等）与"管理创新"（包括系统、政策、方案以及服务等）同时纳入创新的定义之中。如德曼庞（1991）、拉塞尔（Russell，1995）等学者。

表 25 – 1　　　　　　　　　不同观点下组织创新定义

观点	提出者	定义
产品观点的学者重视具体产品，是以结果来论断，可以说是持单一的观点	布劳和麦金利（1979）	组织生产或设计的新产品可以获奖或成功上市
	伯格斯（1989）	组织产生或设计新的产品
	克尔姆等（1995）	以华尔街期刊索引的档案数据为依据，计算组织宣布上市的新产品成功数量
	科克哈和戴维（1996）	以美国 PTS NPA 的档案数据为依据，计算组织宣布上市的新产品、新科技等发展数量
过程观点的学者看重以一系列历程或阶段来评断，也可以说是持单一的观点	金伯利（1981）	组织在创新过程中采用的新活动
	阿马比尔（2005）	是一种过程，这个过程包含五个阶段，依序是设定议程、设定程序、产生创意、创意测试与实施、结果评估
	斯科特和布鲁斯（1994）	从问题发现、寻求资金支持、完成问题解决等多阶段过程来界定
	张（1999）	组织创新是一个复杂的组织学习和知识创造过程
持产品及过程观点的学者是融合结果及历程来定义，也可以说是持双元的观点	图什曼和纳德勒（1986）	对事业单位而言，任何新的产品或程序的创造
	多格提和鲍曼（1995）	一项复杂的问题解决过程，涉及活动包括产品设计，产品创新、功能部门协调，公司资源、结构、战略的配合
	鲁姆金和德斯（1996）	反映公司对于新意念、新奇性、实验性及创造过程的经营及支持，而其结果将产生新的产品、新的服务及新的科技
	德曼庞（1991）	组织内部自然产生或组织向外购得的某项活动的采用，而该项活动对于采用的组织而言是新的。该项活动可以是设备、系统、政策、方案、过程、产品、服务等

续表

观点	提出者	定义
持有多元观点的学者除了考量技术创新定义，也将管理创新纳入定义中，较为近代多数学者采用	拉塞尔（1995）	以过去三年内公司产品、市场、过程、系统等方面激进的及非线性的改变数量来界定
	罗宾斯（1996）	指一个新的意念，该意念可应用在启动或增进某项产品、过程或服务。组织创新包括产品创新、新的生产过程技术、新的结构及管理系统、新的计划及管理方案等
	韩、金和什里瓦斯塔尔（1998）	创新是新的活动，包括新的计划、产品或服务、新的生产技术、新的管理系统

资料来源：蔡启通：《组织因素、组织成员整体创造性与组织创新之关系》，博士学位论文，台湾大学，1997 年。本书在此基础上进行了修订。

二 创新的属性

由于研究中使用创新的扩散、执行与程序的决定因素不同，各学者对创新的特性定义与用词各不相同。在创新属性定义上，学者们常使用不同名词来定义，因此有某些定义与名词会类似与重叠，沃尔夫将这些创新属性的定义整理如下：（1）适应性。即有弹性或者无弹性，是指根据使用者的需求与目的加以改良、推敲和修正的能力。类似的名词有：可逆性、终止性、明确性、可试用性。（2）结构上的影响。创新的产生对已经存在于公司结构内的知识的影响程度（Henderson and Clark，1990）。（3）中心性。即中心的或者枝节的。创新涉及组织日常主要的工作与对关键的组织绩效影响的程度。（4）兼容性。创新与潜在采用者现存的价值、过去的经验与需求的一致程度。类似的名词有：象征的兼容性或者职能的兼容性。（5）复杂性。创新被了解与使用的程度。（6）成本。为了创新从最初的财务投资至后续支出的成本。（7）可分割性。创新可分别独立被采用的程度。类似名词有：包裹性、技术复杂性。（8）持久性。创新可应用和持续的期间。（9）规模性。创新被采用时，对已经存在的组织结构、人员和财务资源等改变的程度。类似名词有：分裂性、组织的复杂性。（10）可观察性。创新结果可显而易见的程度。类似的名词有：可论证性、能见性、可沟通性。（11）组织的焦点。即技术的或者管理的，创新在组织中最受重视的部分。（12）说服性。组织中期望被创新影响的行为，所发生的部分占全部行为的比例。类似的名词有：在人员关系间的影响及范围、广度、深度。（13）实体性。即形式、物质的或者社会的，创新在社会、计划性或程序上有无实体的分类；可分为硬件相对于软件。（14）激进性。创新表现在技术上的改变且因此对组织的次系统与人员影响的程度；其程度由高到低。类似的名词有：变化、再教育、创新性、增量的、综合的、不连续的。（15）相对优势。创新被感觉好于原来理念的程度。（16）风险。采用创新组织被暴露的风险程度。（17）地位。创新的采用是由于追求声望而不是组织的利润或效率的程度；其程度由高到低。（18）不确定性。关于连结创新的投入、过程和产出的知识。

三　创新的类型

由相关文献分析可以看出，学者们常由其所持观点以及研究重点不同对创新类型进行不同分类。奈特（Knight, 1967）认为，可将创新分为下列四种类型：（1）产品或服务创新：指新产品或新服务的生产和销售。（2）生产工艺创新：指工作内容、决策与信息系统的创新或在生产作业或技术上采用新方法。（3）组织结构创新：指组织中工作分派、权责关系沟通系统和奖惩制度的变更。（4）人员创新：指组织成员的变动、调整、流动或组织成员的行为或信念的变更。达尔夫（Daft, 1978）认为，创新种类有两种：（1）管理结构创新。包含战略及组织结构组成要素的创新。（2）技术创新。包含产品、技术本身、工作流程与产品创意等方面的创新。霍尔特（Holt, 1983）将创新分成下列四种形态：（1）技术创新。使用已有的新技术或创造新技术，其结果可以是产品创新或工艺创新。（2）管理创新。使用新的管理方法或系统。（3）社会或组织创新。采用新的组织结构，建立一新的人际关系形态。（4）规律型创新。创新活动以现有的制造/技术为基础，针对现有的市场/顾客需求进行创新。图什曼和纳德勒将创新区分成三种类型：（1）微变型创新。将标准的生产线加以延伸或是附加一些特性。（2）综合型创新。以创造性的方式结合现有的理念或技术，以创造出独具特色的产品。（3）跨越式创新。运用创意或发展新技术，以开发出新产品。戈贝利和布朗（1987）以生产者观点（生产技术变化的大小）及消费者观点（增加消费者利益的多寡）为因素，将创新区分成四种类型，即渐进型创新、技术型创新、应用型创新和激进型创新，如图 25–1 所示。

生产技术变化

	低	高
消费者利益　低	渐进型创新	技术型创新
消费者利益　高	应用型创新	激进型创新

图 25 - 1　产品创新矩阵

资料来源：Gobeli, D. H. and D. J. Brown, Analyzing Product Innovations. *Research Management*, 1987, Vol. 30, Iss. 4, pp. 25 - 31.

贝茨（Betz, 1987）进一步将技术创新分为：（1）产品创新：将新型的产品引进市场。（2）工艺创新：将新的工艺引入到公司或市场。（3）服务创新：将新的服务引入市场。查克（Chacke, 1988）将创新区分成三种类型：（1）产品创新：指新的产品。（2）程序创新：指新的生产方法。（3）组织创新：指新的组织结构形态或新的管理技巧。亨德森和克拉克（Henderson and Clark, 1990）认为，创新活动所运用的新知识可能强化现有知识，也可能摧毁现有知识，他采用元件知识与建构知识两个变量（见表 25 - 2），依据创新对于现有知识破坏和强化的程度将创新活动分为渐进型创新、建构型创新、模组型创新和激进型创新四类，如图 25 - 2 所示。

表 25 - 2　　　　　　　　　元件知识和建构知识特性

知识类型	内容
元件知识	技术性知识、可编码的显性知识
	有关某一产品中某一零件的知识
	关于产品各项核心设计观念以及这些观念如何在各元件上实施的知识
建构知识	系统性、整合性隐性知识
	串联某一产品中各零件的知识
	通常存在于组织的例行工作或程序之中，即使对其作任何改革也是难以观察或表达的知识
	如何将各零件完整地、系统地进行整合的知识

建构知识（隐性知识）

		强化现有知识	摧毁现有知识
元件知识 （显性知识）	强化现有知识	渐进型创新	建构型创新
	摧毁现有知识	模组型创新	激进型创新

图 25 - 2　技术创新类型

资料来源：Henderson，R. M.，Clark，K. B.，Architectural Innovation：The Reconfiguration of Exiting Product Technologies and the Failure of Established Firms. *Administrative Science Quarterly*，1990，35（1），pp. 9 - 30。

（1）渐进型创新。针对现有产品的元件作细微的改变，强化并补充现有产品设计的功能，至于产品框架及元件的连接则不作改变。

（2）建构型创新。重新设计产品的结构以及元件的连接方式，而对产品的元件以及核心设计基本上不作改变。

（3）模组型创新。这种创新是针对现有产品的几种元件或核心设计作摧毁式的创新变革。对产品结构和产品之间的连接不作改变，新的元件可以同时相容于新的产品结构中。例如数字电话的发明改变了拨号盘的核心设计，但整个电话结构并未改变。

（4）激进型创新。创造出新的核心设计概念，同时所需的元件、结构及其中的连接都进行变革，此类创新力求产生新的产品。亨德森和克拉克（1990）的分类将创新的类型与知识的内涵进行了整合，所以适于探讨知识管理方法与创新活动类型的互动关系。

弗兰克尔（Frankel，1990）从创新对消费形态影响程度划分，将创新分为三类：（1）连续性创新。这种形态创新对消费形态的影响很少，只是产品类型方面的变更。如速溶奶粉、氟化牙膏等产品。（2）动态连续性创新。这种形态的创新对消费形态的影响比连续性创新大，在产品的设计与制造上运用较大幅度的技术创新，或使产品具备新的功能，如移动电话、电动牙刷等产品。（3）非连续性创新。这种形态的创新常是人们所未见过的，而且建立了新的消费形态，如计算机。德鲁克（2006）认为，创新不仅是一种过程，也是一种所有创新因素的组合，激励创新的因素主要包含了环境需求不一致、生产过程的需求、产业与市场的改变、人口统计组成分子的改变以及消费者对产品或服务认知的改变。可见，创新的来源不外乎来自外在环境、产业结构、内部生产程序的改变、消费者对产品认知的改变以及新概念的产生。舒曼等（Schumann et al.，1993）以创新的本质与创新的层级为两个主要因素，提出一个实用创新矩阵。从创新的本质来看可区分成产品、过程和程序三种创新，而从创新的层级方面又可分成渐进性、独特性和突破性三种创新，由这两种因素交叉构成九种不同的创新形态。李仁芳（1997）则将创新分成两类，一种是需要持续在同一组织内长期积累能力的创新，重视员工的教育训练，并维持员工的低流动率，称为"厚基创新"；另一种则强调弹性与组合，知识蓄积在各个角色中，通过不同的角色结合，取得创新成果，称为"网络创新"。创新分成渐进式、框架式和不连续式三种类型。莱恩和阿克古恩（Lynn and Akgun，1998）提出，在面对新兴或现有的不同市场及不同技术因素时，可将创新分为应用型创新、技术型创新、渐进型创新和激进型创新四类，如图 25 - 3 所示。

图 25 - 3   创新类型

资料来源：Lynn, Gary S. and Ali E. Akgun, Innovation Strategies Under Uncertainty: A Contingency Approach for New Product Development. *Engineering Management Journal*, 1998, Vol. 10, Iss. 3, pp. 11 - 17。

德曼庞（1991）把组织创新分成几种类型：（1）双核心模式。这种模式将创新分成管理创新与技术创新两类。（2）双边俱利模式。这种模式则将创新的采用区分成起始及执行两个阶段。（3）双核心及双边俱利模式。这种模式则建立在"创新起始及执行阶段"与"技术创新及管理创新"的组合之上。（4）激进式模式。认为组织如能使"主控组织领域的结盟者的正向态度改变"及"集合专精主义者"共同发挥作用，那么将会促进激进式的创新。以往学者对创新的分类的研究如表 25 - 3 所示。

表 25 - 3 部分学者对创新的分类

学者	年代	创新的分类
奈特	1967	1. 产品或服务创新；2. 生产工艺创新；3. 组织结构创新；4. 人员创新
达夫特	1978	1. 管理结构创新；2. 技术创新
马库伊斯	1982	1. 突破性创新；2. 系统性创新；3. 渐进性创新
霍尔特	1983	1. 技术创新；2. 管理创新；3. 社会或组织创新；4. 规律型创新
图什曼和纳德勒	1986	1. 微变型创新；2. 综合型创新；3. 跨越式创新
戈贝尔和布朗	1987	1. 渐进型创新；2. 技术型创新；3. 应用型创新；4. 激进型创新
贝茨	1987	1. 产品创新；2. 程序创新；3. 服务创新
查克	1988	1. 产品创新；2. 程序创新；3. 组织创新
亨德森和克拉克	1990	1. 渐进型创新；2. 建构型创新；3. 模组型创新；4. 激进型创新
弗兰克尔	1990	1. 连续性创新；2. 动态连续性创新；3. 非连续性创新
舒曼	1993	由创新的本质（产品、过程及程序等创新）及创新的层级（渐进性、独特性以及突破性等创新）交叉构成九种不同的创新形态
迈尔斯	1995	1. 产品创新；2. 过程创新；3. 传递创新
李仁芳	1997	1. 厚基创新；2. 网络创新
吴思华	1998	1. 工艺创新；2. 产品创新；3. 组织创新；4. 战略创新
莱恩	1998	1. 进化的市场创新；2. 非连续创新；3. 渐进的创新；4. 进化的技术创新
Djellal 和 Gallouj	2001	1. 产品创新；2. 过程创新；3. 内部组织创新；4. 外部关系创新
霍韦尔斯和特瑟	2004	1. 产品创新；2. 生产过程创新；3. 传递过程创新

注：表中分类，有的分类在本书做了介绍，有的分类在本书中未做介绍。

资料来源：林义屏：《市场导向、组织学习、组织创新与组织绩效间关系之研究——以科学园区信息电子产业为例》，博士学位论文，中山大学，2001 年。本书在此基础上进行了修订。

四   创新主要研究方向

沃尔夫（1994）归纳过去的研究后认为："组织创新主要有三种不同的研究方向，每一种方向各有其关注的研究问题、模式及其数据搜集方法"，包括"创新扩散""组织创新能力"以及"历程理论"，如表25－4所示。这三种研究方向对组织创新都有一定的贡献，但仍存在一定的不足："创新扩散"研究方向虽可知道扩散的作用，然而此研究方向常因其无法明确解释何时及为何会有创新的扩散形态，因此限制了我们对于"创新扩散"的进一步理解。"组织创新能力"研究方向虽可找出重要的影响因素，但也常因其没能明确预测变量的交互作用而常受批评。至于"历程理论"研究方向虽能指出创新的几个不同过程，但也正因为创新过程是极其复杂的，并不易找出真正的序列阶段模式，因此其贡献也很有限。（1）创新扩散研究。主要问题是探讨在组织中创新扩散形态及速度。以创新本身作为分析单位。研究焦点是以概率的逻辑成长模型来探讨所提出的创新扩散假设模型与实际的扩散情况匹配的程度。资料收集的方法包括横断面问卷调查、专家判断以及二手资料等。（2）组织创新能力研究。这个研究主流将组织创新型作为主要因变量，以组织作为分析单位，用变异/回归模式加以衡量，研究焦点是影响组织创新性决定因素。主要资料收集方法是横断面问卷调查。所发现的影响因素主要有个人、组织和环境三大类影响变量。实际上，组织创新本身是一种动态的过程，若仅从组织创新结果来进行研究就可能过于狭隘。（3）程序理论模型研究。主要研究问题是组织在执行创新时的整个过程为何？分析的单位是创新历程。这个研究主流的研究学者提出在组织中创新被采用的过程经历哪些阶段，检验创新如何及为何会浮现、发展、成长和结束等历程。资料收集以横断面回溯调查及深度实地访谈方法为主。

沃尔夫（1994）将相关学者所提出的创新阶段如表25－4所示。而德曼庞则依据罗杰斯（1983）提出的模式加以整合，将创新过程归纳为初始与执行两个主要阶段。初始阶段包含有问题的知觉、信息的收集、态度的形成与评估，即取得资源导致组织采用创新的所有活动所组成；执行阶段则包含有创新与组织的修正、初步运用和持续的使用而变成组织的一种例行特性的事件与行为。

表 25 – 4　　　　　　　　　"组织创新" 主要研究方向

研究方向	代表性学者	主要观点
组织创新扩散研究	托尔伯特和朱克（Tolbert and Zucker，1983）、费希尔和卡罗尔（Fisher and Carroll，1986）	研究问题焦点：创新扩散形态及速率为何 分析单位：以创新本身作为分析的单位 研究模式：概率的后勤成长模式 主要资料收集方法：横断问卷调查、专家判断及二手资料
组织创新能力研究	达夫特（1978）、Bigoness 和 Perreault（1981）、金伯利和埃瓦尼斯科（1981）、埃特利（1983）	研究问题焦点：发现影响组织创新性决定因素为何 分析单位：组织本身作为分析的单位 研究模式：变异/回归模式 主要资料收集方法：横断面问卷调查
程序理论研究	扎尔曼、邓肯和霍尔贝克（1973），达夫特（1978），Ettlie（1980），Tornatzky 等（1983），罗杰斯（1983），迈耶斯和戈斯（1988）	研究问题焦点：组织在执行创新时的整个过程为何 分析单位：以创新的历程作为分析的单位 研究模式：阶段/程序模式 主要资料收集方法：横断面回溯调查及深度访谈研究

资料来源：整理自 Wolfe, R. A., Organizational Innovation: Review, Critique and Suggested Research Directions. *Journal of Management Studies*, 1994, Vol. 31, No. 3, pp. 405 – 430。

表 25 – 5　　　　　　　　各学者对创新阶段的定义

学者或阶段	1	2	3	4	5	6	7	8	9	10
扎尔曼、霍尔贝克（1973）		了解/知道	态度形成			决定	初步执行		继续执行	
达夫特（1978）	理念接受				提出计划	采用/拒绝	执行			
埃特科（1980）		知道	评估	尝试		采用/拒绝	执行			
Tornatzky 等（1983）		知道	配合/挑选			采用/拒绝	执行		常规化/承诺	
罗杰斯（1983）		了解			说服	决定	执行	确认		
迈耶斯和戈斯（1988）		了解	评估			采用	执行		扩展	
综合上述观点	理念接受	知道	配合	评估	说服	决定采用	执行	确认	常规化	鼓吹

资料来源：笔者整理。

第三节　研究假设

一　学习导向对组织创新、核心能力及组织绩效的影响

学习导向可以概念化为影响组织对自身所应用的理论、思维模式和主要逻辑满意程度的一整套价值观。创新是指在组织中引入新的观念、产品、工艺、体制及方法等；技术创新是指以一项新技术的发明和应用来促进产品、工艺及服务的改进；管理创新是指组织结构与管理方法或系统的创新。学习导向对创新有重要的影响，学习导向可以促进知识的积累和知识的应用，而知识积累和知识应用这两个子过程的协同发展可以实现技术能力和创新能力的提升，并最终转化为竞争优势（谢洪明、罗惠玲、王成和李新春，2007）。学习承诺能够提高组织成员学习主动性和敏感性，调动员工的积极性和创造性，促使员工不断地改变自身的知识结构和提高自身素质并增强创新的意愿和能力，从而减少创新的阻碍并产生更多的构思和创意。分享愿景和开放心智能够加强员工对学习和创新的认同感，改进企业内部的人际关系和增强凝聚力，促进部门之间沟通、协调与合作，从而消除由于部门利益和员工个人信念、动机和意愿存在的差异而造成的创新阻碍因素，并进一步培育创新意识，提高创新能力，丰富创新手段，加快创新进程。同时，分享愿景和开放心智能够营造良好创新环境和氛围，消除由于创新不确定性而给员工带来的心理压力，并加强员工个人之间的交流，而有效的个人交流能够提高解决问题和快速学习新知识的能力，促进专业化技术知识的共享，加强隐性知识的学习和转移，进而大大提高企业创新效率。此外，阿吉里斯和斯空（1978）、默柏和萨拉曼（1995）认为，学习是组织维持创新的主要因素，学习可以增加组织创新的能力。Calantone 等（2002）认为，组织学习对组织创新有正向影响。麦吉（1992），谢洪明、刘常勇和陈春辉等（2006）的实证研究表明组织学习对组织技术创新及管理创新都有显著影响。基于上述分析，提出如下假设拟加以验证：

H25 - 1a：组织学习对技术创新有正向影响。

H25 - 1b：组织学习对管理创新有正向影响。

核心能力是"组织的积累性学识，特别是关于如何协调不同生产技

能和有机结合多种技术流的学识"，具有独特性、稀缺性、价值性、难以
模仿性和不可替代性（Prahalad and Hamel，1990）。核心能力的本质是知
识，而学习导向能够促进知识的获取、积累、共享和应用，进而促进核心
能力的构建。学习承诺能增强组织成员学习的意愿和能力，调动学习的主
动性和积极性，加强对组织常规的理解，在组织常规和惯例的范围内及现
有能力平台上最好地实现组织目标和绩效，从而有利于核心能力的构建。
共同愿景使组织在现有的常规内，激活及加工组织内的信息并与外部知识
有效合成从而建立工作中所需要的新惯例，并进一步构建组织的核心能
力。开放的心态可以使企业在动态变化的环境中，整合企业内外部的资源
和信息，进行战略性学习，战略性学习是根据企业使命、企业现有资源与
竞争环境制定出企业的发展方向，对环境变化做出快速响应的学习，从而
确保战略与环境的动态匹配性和适用性，因此对提升组织核心能力有正面
的强化作用（Day，1991；于伟、谢洪明和王厉琪，2010）。通过日常运
营学习循环、企业能力学习循环和战略性学习循环这三个连续循环过程，
学习能力能够将企业资源转化为能力，并且由于这种能力具有路径依赖和
独特性，竞争对手往往难以模仿，因而最终会转化为企业的核心能力。基
于上述分析，提出如下假设拟加以验证：

H25－1c：组织学习对核心能力有正向影响。

通过学习能够使组织获取和创造新的知识，而知识作为组织最重要的
战略性资源，是组织获取和维持竞争优势的基础，所以组织学习导向是提
升竞争能力和改善组织绩效的重要影响因素之一。组织学习能够提高组织
的决策能力、创新和发展的能力以及不折不扣的实施能力，而上述能力与
组织绩效密切相关（陈国权、郑红平，2005）。组织学习能够增强成员学
习承诺，营造良好的学习氛围和愿景，并最终促进组织成员行为的转变和
改善组织绩效。学习导向能够加强组织学习能力，并最终创造出良好经营
绩效（Huber，1991），在财务方面，学习导向通过增强学习能力可以促
进销售增长率和利润率等财务指标的提高（Slater and Narver，1995）；在
经营绩效方面，学习导向通过增强学习能力可以提高新产品开发的成功率
（Slater and Narver，1995）和市场占有率等；在组织效能方面，学习导向
可以提高员工的满意度、增强员工对组织的承诺和忠诚等。此外，菲伊奥
尔和莱尔斯（1985）、贝克和辛库拉（1999）的实证研究结果均显示，学
习导向对组织绩效有直接影响。基于上述分析，提出如下假设拟加以

验证：

H25 - 1d：组织学习对组织绩效有正向影响。

二　组织创新、核心能力与组织绩效的关系

根据资源基础理论的观点，企业是一个资源的集合，竞争优势主要来源于资源的差异而不是产业环境的差异，创造和维持这种差异是企业成功的关键。而核心能力是一种能够为组织带来持久竞争优势并具有稀缺性、不可模仿性和难以替代性的资源，创新是组织获取和转化资源及塑造资源差异的一种有效途径。创新一方面可以对现有资源进行开发利用、挖掘资源的潜在价值和提高利用效率；另一方面可以对新获取的资源和现有资源进行整合，从而不断地利用和转化组织的资源并进一步来构建竞争优势。创新也是企业提升能力的重要手段（Clark，1998）。技术创新通过加强企业研发、生产、市场等部门协作，能够提高现有资源和新引进资源的利用率，从而直接提高了各部门的业务能力以及协调能力，使得企业研发能力、生产能力和营销能力得到增强。管理创新则为技术创新提供了一个良好的平台。管理创新能够改变组织以及组织成员的行为与认识，制定出合理的组织目标，并使组织及其成员的行为与认识和组织目标相一致，从而有效提高技术创新的效率和提升组织的网络关系能力和战略能力。因此，在技术创新与管理创新共同作用下，企业在研发能力、生产能力、营销能力、网络关系能力和战略能力等方面会超越其他竞争者，并最终构建出自身的核心能力。基于上述分析，提出如下假设拟加以验证：

H25 - 2a：组织技术创新对核心能力有正向影响。

H25 - 2b：组织管理创新对核心能力有正向影响。

创新不仅使组织具有较强适应力和活力，而且有利于组织经营绩效的提升。产品创新能够提供更好地满足顾客需求的产品，从而增强组织的市场开拓能力和竞争能力，并为企业带来丰厚的利润。工艺创新能够降低生产成本和增强弹性生产能力，从而改进组织绩效和提升竞争力。领导激励创新和计划控制创新能够整合组织的资源，为技术创新提供平台和保障，从而增强组织的创新能力和改善组织绩效。领导激励创新和计划控制创新也能够增强企业的战略能力和网络关系能力，从而能够使组织保持与环境的动态匹配和获取更多的资源。此外，德曼庞（1989）的研究指出，采用管理与技术创新的组织，其经营绩效确实比未采取创新者的更高；德曼庞等（1989）基于银行业的数据发现当银行要提供一项新的服务（技术创新），通常也需要一组新的管理机制（管理创新）去评估和控制其绩效。谢洪明和韩子天（2005），谢洪明、刘常勇和陈春辉（2006）等的实证研究也证明技术创新对管理创新有显著正向影响。基于上述分析，提出如下假设拟加以验证：

H25 - 3a：组织技术创新对组织绩效有正向影响。

H25 - 3b：组织管理创新对组织绩效有正向影响。

H25 - 3c：技术创新对管理创新有显著的直接正向影响。

在快速变动和激烈竞争的管理环境中，核心能力强弱决定着企业的生存与发展。核心能力的构建，有利于企业在研发、生产、营销、网络关系和战略能力等方面创造出独特、难以被模仿的竞争优势，进而提升企业的绩效。研发方面的核心能力有利于企业不断地改进和开发出新的产品与服务，从而更好地满足顾客需求；生产方面的核心能力有利于企业降低生产成本和提高弹性的供应能力从而提升企业竞争力；营销方面的核心能力有利于企业更好地适应和满足顾客需求，从而不断地增加企业维持和开拓市场的能力；网络关系方面的核心能力有利于企业更好地获取和配置资源，迅速地获取相关信息和增强利用外部资源的能力；战略方面的核心能力使企业从长远的角度考虑自身的发展，及时地避开潜在的威胁和抓住重大的发展机会。总之，企业在研发、生产、营销、网络关系和战略能力等方面构建出独具特色的核心能力，可以跳出低层次的价格竞争，给竞争对手构建较高的壁垒，增强自身为顾客服务方面的不可替代性，从而获得和维持长期、持续、稳定的利润和竞争优势。正如普拉哈拉德和哈默尔（1990）指出，核心能力是企业获取竞争优势以提升组织绩效的基础，短期而言，组织的核心能力主要来自企业目前产品的价格与销售策略等，然而长期则是来自推出比竞争者更快速、成本更低的产品的能力。基于以上分析，提出如下假设拟加以验证：

H25 - 4：组织核心能力对组织绩效有正向影响。

第四节　研究设计

一　研究样本选取

本书采用问卷调查的方法收集样本。样本选取标准包括：（1）企业规

模在 20 人以上；（2）成立 1 年以上；（3）以制造业为主；（4）集中经济水
平发达的广东、福建等华南地区。样本选择方式为：（1）根据广州、深圳、
佛山、中山、珠海、惠州地区的企业黄页随机抽取样本企业，通过这种方
式共发放 400 份问卷；（2）在华南理工大学工商管理学院 EMBA、总裁
MBA（培训班）、MBA 的通讯录里抽取职务为董事长、总经理的校友为调
查样本，发放 400 份；（3）在华南理工大学其他学院的校友录里选取职务
为董事长、总经理的校友为调查样本，发放 350 份问卷。调查方式为：
（1）通过电话与样本企业董事长或者总经理联络，确认可以接受调查后，
即派人上门进行面对面的调查和访谈；（2）将问卷放入华南理工大学研究
生校友会的网页（http：//www. cnscut. cn/clubnews/index. php? id = 1 &page =
2&a_ id = 236&a_ title）中，调查人员通过电话或者 E – mail 与样本企业
的高层管理者取得联系，请他们上网填答问卷。这样本研究总共发出问卷
1150 份，收回 260 份，其中填答不全的无效问卷 42 份，有效问卷 218 份，
有效回收率 18.96%。由于本研究需要考察企业的长期绩效，所以扣除成
立年限小于 3 年的企业（16 份问卷），本研究实际使用问卷 202 份。样本
的基本特征如表 25 – 6 所示。

二 样本的信度与效度

通过下面方式确保样本的信度和效度。第一，由于所使用问卷项目全
部来自已经发表的文献，很多学者都曾使用这些量表测量相关变量，因此
认为这些量表有可靠的信度和效度。第二，在设计问卷时也尽可能找到了
这些问卷的起源以及后续研究对这些问卷的发展，文中涉及的学习导向、
组织创新、核心能力和组织绩效的量表都是根据该变量最早提出的量表以
及之后学者的修订版完成初稿。第三，通过咨询相关领域的专家，对企业
界人士进行问卷的预调查，在评估了问卷设计及用词方面的恰当性之后，
再根据预试者提供的意见对问卷进行了修订。

三 变量定义及衡量

衡量组织学习的量表主要参考了贝克和辛库拉（1999）、谢洪明和韩
子天（2005）等的研究，分为学习承诺（指组织将学习视为公司最主要
的价值）、分享愿景（指组织中的主管会将公司未来发展的愿景与员工互
相分享）及开放心智（指组织不限于仅以自己熟悉的方式，而是超越成
规进行创造性思考）3 个因素。学习承诺用 4 个问题项来测量，
Cronbach's α 值为 0.83，因素分析的解释量为 67%；分享愿景用 4 个问题

表 25 - 6　　　　　　　　　　　　样本基本特征

特性	分类		样本	百分比 (%)	特性	分类	样本	百分比 (%)
产业	高新技术产业	半导体产业	7	3.5	员工人数	100 人以下	51	25.2
		计算机产业	21	10.4		101—200 人	20	9.9
		光电产业	16	7.9		201—300 人	15	7.4
		精密机械	14	6.9		301—500 人	20	9.9
		生物技术	8	4.0		501—1000 人	25	12.4
		软件产业	8	4.0		1001—2000 人	14	6.9
		通信产业	7	3.5		2000 人以上	57	28.2
		汽车产业	7	3.5	与同行相比属于	大规模	68	33.7
		能源产业	4	2.2		中等规模	85	42.1
		其他高科技	17	8.4		小规模	49	24.3
	一般制造业		45	22.3	近三年来新产品研发费用占公司营业额比率	1.0% 以下	69	34.2
	服务业		48	23.8		1.0%—1.9%	22	10.9
成立年限	4—6 年		36	17.8		2.0%—2.9%	30	14.9
	7—9 年		26	12.9		3.0%—4.9%	31	15.3
	10—12 年		31	15.3		5.0%—6.9%	9	4.5
	13—15 年		20	9.9		7.0%—8.9%	10	5.0
	16—20 年		27	13.4		9.0%—11.9%	14	6.9
	21—25 年		21	10.4		12% 以上	17	8.4
	25 年以上		41	20.3				

项来测量，Cronbach's α 值为 0.88，因素分析的解释量为 74%；开放心智用 3 个问题项来测量，Cronbach's α 值为 0.76，因素分析的解释量为 68%。学习导向二阶验证分析结果是：GFI = 0.924，CFI = 0.957，TLI = 0.942，RMR = 0.028，RMSEA = 0.079，χ^2（41）= 91.811，P = 0.000。学习导向的信度和效度检验结果都比较好。

衡量组织创新采用的量表主要修改自 Li - Min Chuang（2005）等研究，其中，技术创新包含产品创新（创造出新的工业产品）和工艺创新（创造出新的生产方式）两个因素，管理创新包括领导激励创新（薪酬和福利制度、绩效考核、员工甄选制度）和计划控制创新（调整工作流程、职权重新分工、调整工作岗位）两个因素。产品创新用 5 个问题项来测

量，Cronbach's α 值为 0.87，因素分析的解释量为 65%；工艺创新用 3
个问题项来测量，Cronbach's α 值为 0.82，因素分析的解释量为 74%；
领导激励创新用 5 个问题项来测量，Cronbach's α 值为 0.89，因素分析的
解释量为 69%；计划控制创新用 5 个问题项来测量，Cronbach's α 值为
0.89，因素分析的解释量为 70%。技术创新变量二阶验证分析结果为：
GFI = 0.951，CFI = 0.970，TLI = 0.955，RMR = 0.029，RMSEA = 0.078，
$\chi^2(19)$ = 42.518，P = 0.002。可见，技术创新变量的信度和效度检验结
果都比较好。管理创新的二阶验证分析结果为：GFI = 0.948，CFI =
0.984，TLI = 0.978，RMR = 0.022，RMSEA = 0.054，$\chi^2(34)$ = 53.795，
P = 0.017。可见，管理创新变量的信度和效度检验结果都比较好。

　　衡量核心能力量表主要修改自谢洪明和王成（2006）等的研究，分
为研发能力（研发技术能力、产品功能或式样持续改进能力、新产品推
出及商品化的速度能力、产品差异化能力）、生产能力（产品品质和敏捷
供应能力）、营销能力（销售渠道运作效率和能力及促销能力）、网络关
系能力（财务资源能力、上游和下游网络关系能力、公共关系能力）和
战略能力（共享的文化或愿景、战略规划能力、内部协调合作能力）五
个因素。其中研发能力用 5 个问题项来测量，Cronbach's α 值为 0.86，因
素分析的解释量为 64%；生产能力用 3 个问题项来测量，Cronbach's α 值
为 0.78，因素分析的解释量为 69%；营销能力用 4 个问题项来测量，Cron-
bach's α 值为 0.82，因素分析的解释量为 65%；网络关系能力用 5 个问题
项来测量，Cronbach's α 值为 0.82，因素分析的解释量为 58%；战略能力
用 5 个问题项来测量，Cronbach's α 值为 0.86，因素分析的解释量为 64%。
核心能力变量的二阶验证分析结果为：GFI = 0.837，CFI = 0.903，TLI =
0.891，RMR = 0.037，RMSEA = 0.073，$\chi^2(204)$ = 424.227，P = 0.000。可
见，核心能力变量的信度和效度检验结果都比较好。

　　组织绩效可以从不同角度认识，并且会受到分析的级别以及战略差异
性的影响。学术界和企业界普遍把财务绩效（EPS、净收入等）、作业绩
效（市场占有率、行销效能等）、组织效能（各利害关系人的满足程度）
作为衡量组织绩效的三大指标。同时，一些专注于员工层面的观点指出，
员工的工作结果、员工的工作行为以及员工特质是组织绩效的重要衡量因
素。本章衡量组织绩效的量表参考了谢洪明和刘常勇（2006）等的研究，
分为短期绩效与长期绩效两个因素。短期绩效用 4 个问题项来测量，

Cronbach's α 值为 0.83，因素分析的解释量为 67%；长期绩效用 5 个问题项来测量，Cronbach's α 值为 0.88，因素分析的解释量为 67%。组织绩效的二阶验证分析结果为：GFI = 0.936，CFI = 0.961，TLI = 0.948，RMR = 0.032，RMSEA = 0.079，χ^2（27）= 61.163，P = 0.000。可见，组织绩效变量的信度和效度检验结果基本都比较好。

　　上述各变量基本通过信度和效度检验，所以我们认为在模型中以单一衡量指标取代多重衡量指标应是可行的，因此我们在组织学习、组织创新、核心能力和组织绩效的衡量模式上，以第一级各因素的问题项得分的均值作为该因素的值，再由第一级因素作为第二级变量的多重衡量指标。如学习导向为潜在变量时，其观测变量为学习承诺、分享愿景、开放心智三个因素，这样可以有效地缩减衡量指标的数目。

第五节　研究结果

一　仅考虑两个变量之间关系的统计结果

　　仅考虑组织学习和技术创新之间关系建立了两个变量之间的理论模型，潜在变量以椭圆形来表示，观测变量则以矩形来表示。如图 25 - 4 所示。该模型通过了检验（指标略），模型的拟合指标如下：χ^2 = 4.702，d.f. = 4，P = 0.319，GFI = 0.991，RMR = 0.011，RMSEA = 0.030，AGFI = 0.966，NFI = 0.990，CFI = 0.998，IFI = 0.998，TLI = 0.996。学习导向对技术创新的影响系数为 0.64（P = 0.000），可见，组织学习对技术创新有显著的正向影响，假设 H1a 获得支持。同理，建立了其他变量之间的理论模型，并计算了它们之间的影响系数，如表 25 - 7 所示。从这些结果来看，本章所建立的假设都获得了支持。

二　考虑多个变量之间相互影响作用的统计结果

　　考虑多个变量相互作用时，上述关系是否仍然存在？我们将所有的变量放入一个结构方程模型见图 25 - 5。理论模型的检验结果如表 25 - 8 所示。各个潜在因素的衡量指标的因素负荷量都位于 0.4—0.95 的标准状态，而且均达显著水平。可知我们提出的理论模型符合基本拟合标准。组织学习、技术创新、管理创新、核心能力及组织绩效的组合信度分别为

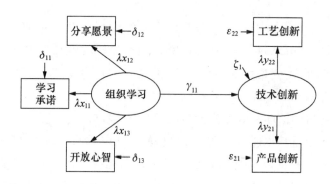

图 25 - 4 学习导向与技术创新关系模型

表 25 - 7   仅考虑两个变量之间的影响关系

变量间的关系	路径系数	P 值	对应假设	检验结果
组织学习→技术创新	0.64 ***	0.000	H1a	支持
组织学习→管理创新	0.85 ***	0.000	H1b	支持
组织学习→核心能力	0.81 ***	0.000	H1c	支持
组织学习→组织绩效	0.64 ***	0.000	H1d	支持
技术创新→核心能力	0.85 ***	0.000	H2a	支持
管理创新→核心能力	0.92 ***	0.000	H2b	支持
技术创新→组织绩效	0.83 ***	0.000	H3a	支持
管理创新→组织绩效	0.83 ***	0.000	H3b	支持
技术创新→管理创新	0.82 ***	0.000	H3c	支持
核心能力→组织绩效	0.91 ***	0.000	H4	支持

注：路径系数为标准化值， *** 表示 $P < 0.001$ ， ** 表示 $P < 0.01$ ， * 表示 $P < 0.05$ 。

0.85、0.79、0.83、0.87、0.83，都大于0.7；因素分析的累计解释量分别为0.77、0.83、0.85、0.66、0.85，都大于0.5，这表示我们所提出的整体理论模型也有较好的信度和内部一致性。

整体模型拟合度指标是用来检验整体模式与观察数据的拟合程度，一般将适合度衡量标准分为三种类型：绝对拟合指数；相对拟合指数；简约拟合指数。模型拟合指数如表25-9所示，综合各项指标的判断，我们理论模型的整体模型拟合度较好，可以用以检验本章提出的理论假设。

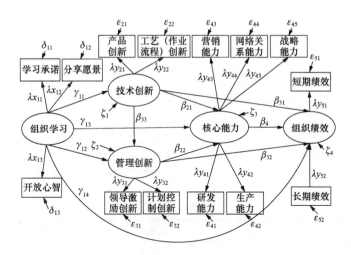

图 25 – 5　本章理论模型

表 25 – 8　　　　　　　　　整体理论模式检验结果

变量	ME 的估计参数		组成信度	因素分析累计解释量
	因素负荷量(λ)	衡量误差(δ 或 ε)		
组织学习				
学习承诺	0.76 ***	0.58	0.85	0.77
分享愿景	0.83 ***	0.69		
开放心智	0.84	0.71		
技术创新				
产品创新	0.76	0.58	0.79	0.83
工艺（作业流程）创新	0.86 ***	0.74		
管理创新				
领导激励创新	0.87	0.76	0.83	0.85
计划控制创新	0.81 ***	0.66		
核心能力				
研发能力	0.72	0.51		
生产能力	0.71 ***	0.50		
营销能力	0.71 ***	0.50	0.87	0.66
网络关系能力	0.70 ***	0.49		
战略能力	0.91 ***	0.83		

续表

变量	ME 的估计参数		组成信度	因素分析累计解释量
	因素负荷量(λ)	衡量误差(δ 或 ε)		
组织绩效				
短期绩效	0.75	0.56	0.83	0.85
长期绩效	0.95 ***	0.89		

注：$\chi^2 = 132.639$, d. f. $= 67$, $P = 0.000$, GFI $= 0.913$, RMR $= 0.016$, RMSEA $= 0.070$, AGFI $= 0.864$, NFI $= 0.934$, CFI $= 0.966$, IFI $= 0.966$, TLI $= 0.954$。***表示在 0.1% 的水平下显著。

表 25 - 9　　　　　　　　　　模型拟合指数

	拟合指标	模型估计	解释
绝对拟合指数	χ^2（概度比率卡方考验值）	132.639 (d. f. $= 67$)	
	GFI（良性拟合指标）	0.913	很好，大于 0.90
	AGFI（调整的良性拟合指标）	0.864	可以接受，大于 0.80 接近于 0.90
	RMR（残差均方根）	0.016	非常好，小于 0.05
	RMSEA（近似误差均方根）	0.070	很好，小于 0.08
相对拟合指数	CFI（比较拟合指标）	0.966	非常好，大于 0.90 接近于 1
	IFI（增值拟合指标）	0.966	非常好，大于 0.90 接近于 1
	NFI（规范拟合指标）	0.934	很好，大于 0.90
	RFI（相对拟合指标）	0.911	很好，大于 0.90
	TLI（Tucker - Lewis 指标）	0.954	非常好，大于 0.90 接近于 1
简约拟合指数	AIC(阿凯克信息标准)（理论模型）	208.639	理论模式 AIC 值小于饱和模式 AIC 值和独立模式的 AIC 值
	AIC(阿凯克信息标准)（饱和模式）	210.000	
	AIC(阿凯克信息标准)（独立模式）	2044.305	
	PNFI（简约规范拟合指标）	0.688	很好，大于 0.5
	PCFI（简约比较拟合指标）	0.711	很好，大于 0.5
	χ^2/d. f.（卡方值与自由度的比值）	1.980	$1 < \chi^2$/d. f. < 3

　　理论模式路径系数和假设检验结果如表 25 - 10 所示：假设 H25 - 1a、假设 H25 - 1b、假设 H25 - 2a、假设 H25 - 2b、假设 H25 - 3c、假设 H25 - 4 的 P 值都小于 0.05，可见，这些假设都获得了支持，而假设 H25 - 1c、假设 H25 - 1d、假设 H25 - 3a 和假设 H25 - 3b 的 P 值都大于 0.05，均未获得支持。

表 25 – 10　　　　　　　　　**理论模式路径系数与假设验证**

路径	变量间的关系	路径系数	P 值	对应假设	检验结果
γ_{11}	组织学习→技术创新	0.64 ***	0.000	H25 – 1a	支持
γ_{12}	组织学习→管理创新	0.53 ***	0.000	H25 – 1b	支持
γ_{13}	组织学习→核心能力	0.20	0.129	H25 – 1c	不支持
γ_{14}	组织学习→组织绩效	– 0.22	0.101	H25 – 1d	不支持
B_{21}	技术创新→核心能力	0.30 *	0.030	H25 – 2a	支持
B_{22}	管理创新→核心能力	0.49 *	0.029	H25 – 2b	支持
B_{31}	技术创新→组织绩效	0.21	0.143	H25 – 3a	不支持
B_{32}	管理创新→组织绩效	0.22	0.354	H25 – 3b	不支持
B_{33}	技术创新→管理创新	0.50 ***	0.000	H25 – 3c	支持
β_4	核心能力→组织绩效	0.70 ***	0.000	H25 – 4	支持

注：路径系数为标准化值，*** 表示 P < 0.001，** 表示 P < 0.01，* 表示 P < 0.05。

三　高科技企业与非高科技企业的差异

我们根据产业特征将样本细分为高科技产业（109 家）和非高科技产业（93 家，包含一般制造业和服务业）两部分，对我们的理论模型进行验证，结果如表 25 – 11 所示。可见，我们的假设对不同产业的企业有重要差别，整体模型对高科技产业的企业仍然完全成立，但对非高科技的企业而言，理论模型的结果存在差异。

表 25 – 11　　　**理论模型检验结果与假设验证（对不同产业的比较）**

路径	变量间的关系	高科技产业（n = 109）			制造和服务产业（n = 93）		
		路径系数	P 值	检验结果	路径系数	P 值	检验结果
γ_{11}	组织学习→技术创新	0.70 ***	0.000	支持	0.61 ***	0.000	支持
γ_{12}	组织学习→管理创新	0.47 ***	0.000	支持	0.62 ***	0.000	支持
γ_{13}	组织学习→核心能力	0.16	0.266	不支持	0.14	0.607	不支持
γ_{14}	组织学习→组织绩效	– 0.22	0.092	不支持	– 0.37	0.341	不支持
B_{21}	技术创新→核心能力	0.35 *	0.029	支持	0.27	0.206	不支持
B_{22}	管理创新→核心能力	0.46 *	0.045	支持	0.63	0.132	不支持
B_{31}	技术创新→组织绩效	0.21	0.160	不支持	– 0.01	0.978	不支持
B_{32}	管理创新→组织绩效	0.12	0.583	不支持	0.00	0.998	不支持
B_{33}	技术创新→管理创新	0.50 ***	0.000	支持	0.43 ***	0.000	支持

续表

路径	变量间的关系	高科技产业（n＝109）			制造和服务产业（n＝93）		
		路径系数	P 值	检验结果	路径系数	P 值	检验结果
β_4	核心能力→组织绩效	0.84 ***	0.000	支持	1.19	0.476	不支持

注：χ^2＝224.76，d.f.＝134，P＝0.000，GFI＝0.859，RMR＝0.029，RMSEA＝0.058，AG-FI＝0.778，NFI＝0.895，CFI＝0.954，IFI＝0.955，TLI＝0.937。路径系数为标准化值，*** 表示 P＜0.001，** 表示 P＜0.01，* 表示 P＜0.05。

本章小结

本章获得了许多非常有价值的发现。有些变量之间原本存在显著的直接影响关系，但综合考虑其他变量的作用时，这两个变量之间的影响关系却不存在了，它们需要通过中介变量来传导这种影响关系。组织学习、技术创新、管理创新、核心能力以及组织绩效之间的关系不是任意排列的，它们之间存在特定的路径。技术创新、管理创新、核心能力是学习导向与组织绩效之间的中介变量（见图 25 - 6）。这些发现具有重要的理论意义和实践价值：

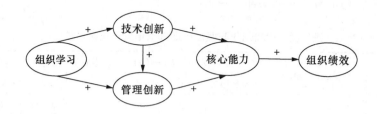

图 25 - 6　修正后的理论模型

第一，本章证实组织学习并不会直接提升企业的核心能力，但组织学习可以通过技术创新和管理创新这两个中介变量来提升核心能力。其实际路径包括：（1）组织学习→技术创新→核心能力；（2）组织学习→管理创新→核心能力；（3）组织学习→技术创新→管理创新→核心能力。这与 Day（1991）等国外学者关于组织学习对核心能力有直接正向影响的研究结果存在着差异，但我们认为这并不是与其矛盾的结论，而是对该研究的拓展。一方面，因为他们并没有认识到组织学习与核心能力之间，还有一个组织创新变量在起中介作用；另一方面，我们认为存在这种差异的原因在于中外管理情境因素不同。国外企业在学习过程中具有明确的目的和方向，并具有较强的创新能力，因此组织学习可以直接影响核心能力，而相对薄弱的创新能力已经成为中国企业构建核心能力和竞争优势的"瓶颈"和制约，因此，中国企业在通过学习来构建核心能力的过程中必须有一个提升创新能力的中间过程。对企业管理实践而言，组织在进行学习时必须不断汲取外部营养并为己所用，必须注重通过产品、工艺（作业流程）、领导激励、计划控制等方面的协同创新活动形成自身核心能力，并进而构建自己的竞争优势。这一结论与我国企业的实践经验也是一致的。我国许多企业在引进国外的先进技术，包括产品技术、工艺以及管理技术等方面花费了大量的精力和财力，但是收效甚微。这与企业的组织创新能力有关。我国大多数企业在引进国外技术过程中对消化、吸收和再创新重视不够，所以一直难以形成自己的核心能力，走入"引进—落后—再引进—再落后"的怪圈。如何通过组织学习促进组织内部的技术创新和管理创新，既是组织在管理实践过程中非常关注的问题，也是组织培育核心能力、构建竞争优势的关键环节。

同时发现，组织学习是组织创新（包括技术创新和管理创新）的前置变量。这也进一步告诉我们，组织必须重视组织学习，通过组织内跨部门之间以及跨组织边界的组织学习来促使组织进行创新。为了增进持续创新能力，企业应当努力构建学习型组织，重视学习能力的培养，应该把组织学习的管理上升到战略层次，建立组织学习的制度安排，使之进入组织的常规管理程序。

第二，本章结果揭示组织创新并不会直接提升组织绩效，而是需要一个核心能力形成的中间过程，这是本章的第二个重要发现。其实际路径包括：（1）技术创新→核心能力→组织绩效；（2）管理创新→核心能力→组织绩效；（3）技术创新→管理创新→核心能力→组织绩效。虽然在前人的研究中已经证实组织创新有助于绩效的提升，但没有发现创新与绩效之间存在中介变量。这给为什么现实中许多公司具有很强创新能力，但企业绩效却始终上不去问题提供了很好解释及参考。核心能力是企业永续生存和发展之道，是企业逐步形成的在市场竞争过程中获胜的根本能力，也是其他企业难以模仿的深层能力。一个企业要想提升其组织绩效，不能单纯地直接依靠组织创新，而应通过组织创新激发培育出自身的核心能力。不仅仅是企业的研发能力，还包括生产能力、营销能力、网络关系能力，尤其是战略能力。其最终表现是通过企业所生产的产品和服务，实现较高的顾客价值，赢得顾客的青睐，进而提升企业的绩效。

同时看到技术创新对核心能力的路径系数为 0.30，而管理创新对核心能力的路径系数为 0.49，这说明中国企业的管理创新不仅是核心能力的重要前置变量，而且管理创新对核心能力的影响程度大于技术创新对核心能力的影响程度，这与国外企业存在一定的差异。我们认为存在这种差异的原因在于中外管理情境因素的不同。国外企业已经形成了成熟的技术创新管理体制和模式，具体的创新管理制度和营运方式也比较成熟和完善，因此，对技术创新起辅助和支撑作用的管理创新在国外企业往往没能成为构建核心能力的前置变量。而中国企业在创新管理上存在着一定的缺陷和弊端，特别是管理制度和管理模式与国外现代企业存在着很大差距，因此，管理创新也是核心能力的重要前置变量和中介变量。对实践而言，通过创新和变革来探索适合中国管理情境的高效而系统的创新管理制度和模式，从而提高中国企业的整体创新管理能力和整体创新管理水平变得尤为重要。

第三，本章也发现，组织创新以及核心能力是组织学习与绩效之间关系的中介变量。其实际路径包括：（1）组织学习→技术创新→核心能力→组织绩效；（2）组织学习→管理创新→核心能力→组织绩效；（3）组织学习→技术创新→管理创新→核心能力→组织绩效。虽然在前人的研究中已经证实组织创新是组织学习与组织绩效之间的中介变量，企业不仅需要技术创新，也需要管理创新，促使组织学习真正转化为企业的价值，这才是组织学习的真正目的。而正是基于组织学习的组织创新行为促使企业的竞争优势得以延续，甚至因而成为企业取得超额利润的来源。但本章中我们给出了更深入的研究结果，即组织创新和核心能力都是组织学习与组织绩效之间的中介变量，并且组织创新是核心能力的前置变量。也就是说，一个组织要想通过学习导向，通过建立学习型组织来提升组织的绩效，提高组织的创新能力以及核心能力是必需的。

第四，本章细化了产业因素对组织学习、组织创新、核心能力和组织绩效关系的影响。从表 25 - 6 的结果中可看到，理论模型在不同产业中的检验结果存在差异。在高科技产业中，组织学习通过组织创新可以增强其核心能力，进而提升组织绩效，而在非高科技产业中则无法实现这个路径。这个发现的重要意义是：（1）在高科技产业中，"学习→创新→核心能力→组织绩效"的路径是成立的。原因在于高科技产业的竞争特点决定了企业往往把创新特别是技术创新作为竞争战略的基础，并且也注重将创新转化为核心能力，从而使竞争对手难以模仿并维持自身的持久竞争优势。（2）在非高科技产业中，组织学习促进创新，但创新并不必然转化为核心能力，这也解释了为什么实践中一些传统产业的企业能够持续创新但绩效却较差，重要原因之一是没有意识到要将创新能力转化为自身的核心能力，使竞争对手难以模仿和增加自身的不可替代性，并为竞争对手设置较高的模仿壁垒，从而使自身从创新中获取长期、持续、稳定的收益。（3）这个发现的实践意义在于企业特别是传统产业中的企业仅仅做到创新还是不够的，还应该将创新能力转化为核心能力。

第五，创新从不同角度会有不同分类和测量，本章仅将组织创新分为技术创新和管理创新，并分析其对核心能力的影响，其他各种不同分类和测量，如渐进性创新和突破性创新、模仿创新和自主创新等对核心能力的影响也许是未来的一个研究方向。另外，本章的样本主要取自华南地区，因而获得的调研数据可能存在一定的局限性，今后应尝试在更大范围内进行调研以进一步检验本章的模型。

第二十六章 企业文化和组织学习对
创新绩效的影响

本章继续研究企业文化、组织学习与创新绩效之间的影响关系。同样以我国华南地区 11 个行业，共 149 家企业为样本进行实证研究，相关结果发现：（1）组织文化对组织学习有正向影响；（2）组织学习对技术创新和管理创新有正向影响；（3）技术创新和管理创新对组织绩效有正向影响；（4）组织学习对组织绩效没有显著的直接影响，但通过技术创新和管理创新间接影响组织的绩效。

第一节 引 言

20 世纪 80 年代，随着日本企业竞争力的快速增强，许多学者开始对日本企业的管理进行研究，结果他们发现日本企业的文化特征是促使企业发展的重要因素。由此，管理学家开始了对组织文化的研究。组织文化是指一个组织在长期的生存发展中形成的，为组织多数成员共同遵循的基本信念、价值标准和行为规范。组织文化的本质对于组织学习具有相当的重要性，没有适宜的文化，就没有学习容身之处。浓厚的文化氛围与不懈的学习对一个企业的创新与发展有至关重要的作用，一个群体所拥有的创新活动所必需的认知能力、个性特征和内在动机，还有较高的自我效能和群体凝聚力，合理的群体沟通模式、群体管理目标管理程序及群体决策方式等，都需要通过组织的不断学习来获得，组织只有通过不断的学习才能实现组织的变革、创新和发展。任何企业都不能遗忘组织创新，应在发展、稳定、衰败的循环过程中不断研究时势变化，不断检查组织体系是否适应形势，是否存在漏洞、缺陷，不断创新出能以较高效率适应时势发展的企业组织结构体系，既要达到企业的短期绩效，又能同时保证企业拥有良好的长期绩效，促使企业长盛不衰。因此，组织文化、组织学习和创新绩效之间有着密切联系，本章将这些变量整合在同一个模型中，通过实证调查方式对其进行研究。

第二节　理论基础与研究假设

一　组织文化和组织学习的关系

组织文化是根植于组织之内的特定的价值观和基本信念，这种价值观和信念为组织提供行为准则，并指导组织的一切活动和行为。组织文化通过影响雇员的行为和心智模式进而影响组织运作，强势文化的作用尤为明显。如何激励并吸引员工学习，通常和组织所建立的文化有很大的关系。所谓学习导向是当组织成员在遭遇共同问题时，以"共同学习"的方式去解决问题的一种行为模式。组织学习可以概念化为组织的一种价值观：（1）对企业现有基本理论、思维模式和主要逻辑提出怀疑；（2）鼓励知识的创造和运用。塑造学习导向的文化是发展学习型组织的一项必要工具，通过正面且支持性的学习文化，可以强化个人和组织的发展。一般组织要发展成学习型组织，管理者应该首先发展个人及工作团队的学习能力，此外，更需营造学习导向的氛围，只有在组织中建立了学习的氛围，才能随时关注顾客及供应商的需求变化，并做出适当的回应。在构建学习型组织时，应鼓励沟通与合作，培养回馈与坦诚、鼓励创新、能原谅员工尝试性错误的组织文化。学习型组织的一个很重要特征就是拥有鼓励组织改变和适应的组织文化，尤其是当环境的变动越来越剧烈的时候，更需要有强势的适应性企业文化来鼓励组织成员相互合作和冒险创新以适应变化。也有学者认为，组织文化同时扮演促使组织学习与妨碍学习导向的双重角色。综上所述，我们推论如下：

H26-1：组织文化对组织学习有显著的直接正向影响。

二　组织学习与组织创新的关系

许多研究表明，组织学习对组织创新有影响。例如，阿吉里斯和斯空（1978）认为，在相同的组织条件下，学习导向在未来可使组织增加创新的能力。圣吉（1990）认为，在学习型组织中，学习可以提升创新的能力。斯达塔（1989）发现，组织学习可导致创新，尤其是在知识密集的产业中；只有个人与组织通过学习进而引导创新，才能成为组织中唯一可持续竞争优势的来源。默柏和萨拉曼（1995）也认为，组织学习是组织维持创新的主要因素。Calantone、Cavusgil 和 Zhao（2002）也认为，组织有较高的学习倾向将导致较高的组织创新程度。还有研究表明，组织学习对组织的产品创新（McKee，1992）、技术创新及管理创新有显著影响。德曼庞、萨巴特和埃文（1989）基于银行业的数据发现当银行要提供一项新的服务（技术创新），通常也需要一组新的管理机制（管理创新）去评估和控制其绩效。综上所述，我们推论如下：

H26 – 2a：组织学习对技术创新有显著的直接正面影响。

H26 – 2b：组织学习对管理创新有显著的直接正面影响。

三　组织学习对组织绩效的影响

大多数学者的研究表明，组织学习对组织绩效有显著的正面的影响：（1）在财务方面，组织学习可以促进销售增长及提高获利能力等；（2）在营运绩效方面，组织学习可以缩短采购周期时间、促进新产品成功、提高市场占有率等；（3）在组织效能方面，组织学习可以提高员工的满意度、员工对组织的承诺等。但也有少数的学者认为组织学习并非都能达到提高组织绩效的目的。例如，莱维特和马奇（1988）、利克滕索勒（2009）认为，个体学习不总是会引导到更好的理解力或改善行为。甚至组织也有可能对于错误的事情，进行不正确或正确的学习。以学习为基础的知识取得，其与绩效之间关系可能是复杂的，从短期来看，学习导向对组织绩效的影响也许是不明显的，这是由于组织学习与绩效两者之间的联系存在时间滞后，使实际观察时会产生一定困难。但就长期而言，一个有效能的学习会对组织的绩效产生正面的影响，使组织比其竞争对手经营得更好，而缺乏效能的学习或许并不能提升组织的绩效，甚至可能降低组织的绩效水平。综上所述，我们推论如下：

H26 – 2c：组织学习对组织绩效有显著的正向影响。

四　组织创新与组织绩效的关系

创新不仅能使组织具有较佳的适应力和活力，而且有利于企业经营绩效的提升。许多学者对创新与绩效关系的实证研究也证明了这一点，

认为不管是在何种产业，创新均会导致更好的组织绩效。根据德曼庞
（1991）对组织创新理论的归纳发现，大多数学者在研究中认同并采用
了将创新分为"管理创新"与"技术创新"的双核心模式观点，而
且这两类创新对组织绩效的影响关系也被许多学者验证过。例如，德
曼庞、萨巴特和埃文（1989）基于银行业的数据发现当银行要提供一
项新的服务（技术创新），通常也需要一组新的管理机制（管理创
新）去评估和控制其绩效。谢洪明和韩子天（2005）等以华南地区
企业为研究对象发现，管理创新对组织绩效有正向影响。综上所述，
提出如下假设拟加以验证：

H26 - 3：技术创新对组织绩效有显著的正向影响。

H26 - 4：管理创新对组织绩效有显著的正向影响。

基于此，我们将组织文化、组织学习、组织创新和组织绩效等变量整
合在一个框架之中，深入分析这些变量之间的关系，这不仅有利于明确上
述变量两两之间的关系，而且有利于明确这些变量的相互影响关系。如图
26 - 1 所示。

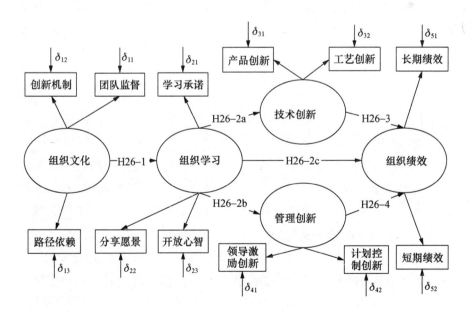

图 26 - 1　理论假设模型

第三节　研究设计

一　研究样本

本章采用问卷调查方法收集样本。共向广州、深圳、佛山、中山、珠海、惠州地区的企业发出问卷1000份，收回171份，回收率17.1%。其中填答不全的无效问卷13份，有效问卷158份，由于我们需要考察企业的长期绩效，故扣除成立年限小于3年的企业（9份问卷），我们实际使用问卷149份。

二　样本的信度与效度

本章通过下面方式确保样本的信度和效度。第一，由于所使用问卷项目全部来自过去的文献，特别是已经发表的文献，很多学者都曾使用这些量表测量相关变量，并认为这些量表有可靠的信度和效度。第二，上述研究在设计问卷过程中参考了之前的研究，在设计问卷时也尽可能找到了这些问卷的起源以及后续研究对这些问卷的发展，涉及组织文化、组织学习、组织创新、组织绩效的量表都是根据变量最早提出的量表，以及量表提出之后的学者的修订版完成设计初稿。第三，我们咨询相关领域的专家，并对企业界人士进行问卷的预调查，在评估了问卷设计及用词上的准确性之后，根据预试者提供的意见对问卷进行了修订。

三　变量的衡量

本章涉及的组织文化、组织学习、组织创新以及组织绩效的衡量方法、问卷来源、包含因素、信度检验以及二阶验证性因素分析的指标等如表26-1所示。由此可见，各变量基本上可以通过检验，所以，我们认为，在模型中以单一衡量指标取代多重衡量指标应是可行的，因此，我们在组织文化、组织学习、组织创新以及组织绩效的衡量模式上，以第一级各因素的问题项得分均值作为该因素的值，再由第一级因素作为第二级变量的多重衡量指标。如组织学习为潜在变量时，其观测变量为学习承诺、分享愿景和开放心智三个因素，这样可以有效地缩减衡量指标的数目。

表 26 - 1　　　　　　　　样本的衡量和二阶验证性因素分析

变量	来源	包含因素	问题项数	Cronb-ach's α	因素分析的解释量	二阶验证分析指标
组织文化	郑永忠（1996）等	团队监督	5	0.79	55%	GFI = 0.907, CFI = 0.917, TLI = 0.893, RMR = 0.043, RMSEA = 0.078, χ^2 = 97.439, P = 0.000
		创新机制	4	0.78	60%	
		路径依赖	3	0.70	63%	
组织学习	辛库拉、贝克和诺德维尔（1997）等	学习承诺	4	0.83	65%	GFI = 0.909, CFI = 0.950, TLI = 0.933, RMR = 0.035, RMSEA = 0.079, χ^2 = 79.162, P = 0.000
		分享愿景	4	0.83	73%	
		开放心智	3	0.78	69%	
技术创新	蔡启通（1997）、谢洪明和韩子天（2005）等	产品创新	4	0.85	69%	GFI = 0.950, CFI = 0.970, TLI = 0.951, RMR = 0.036, RMSEA = 0.088, χ^2 = 27.904, P = 0.009
		工艺创新	0	0.83	75%	
管理创新	蔡启通（1997）、谢洪明和韩子天（2005）等	领导激励创新	5	0.88	69%	GFI = 0.929, CFI = 0.975, TLI = 0.967, RMR = 0.028, RMSEA = 0.067, χ^2 = 56.498, P = 0.009
		计划控制创新	5	0.69	70%	
组织绩效	谢洪明、刘常勇、陈春辉（2006）等	短期绩效	5	0.89	70%	GFI = 0.937, CFI = 0.977, TLI = 0.969, RMR = 0.029, RMSEA = 0.063, χ^2 = 54.105, P = 0.016
		长期绩效	5	0.87	67%	

资料来源：笔者整理。

第四节　结果分析

整体分析模型见图 26 - 1，潜在变量以椭圆形来表示，观测变量则以矩形来表示。

理论模型的检验结果如表 26 - 2 和表 26 - 3 所示。各个潜在因素的衡量指标的因素负荷量均位于 0.4—0.9 之间的标准状态，而且均达显著水平。可知我们提出的理论模型基本符合基本拟合标准。组织文化、组织学习、技术创新、管理创新以及组织绩效的组合信度分别为 0.74、0.85、0.75、0.81 和 0.82；因素分析的累计解释量分别为 0.80、0.77、0.80、0.84 和 0.85，基本符合标准，这表示本章提出的整体理论模型也有较好的信度和内部一致性。

表 26 - 2   各变量信度和累计解释量

变量	组合信度	因素分析累计解释量
组织文化	0.74	0.80
组织学习	0.85	0.77
技术创新	0.75	0.80
管理创新	0.81	0.84
组织绩效	0.82	0.85

表 26 - 3   模型中构成变量因素的负荷量

变量及测度指标	因素负荷量（λ）	显著性（P 值）
1. 团队监督←组织文化	0.78 ***	0.000
2. 创新机制←组织文化	0.80	
3. 路径依赖←组织文化	- 0.27 ***	0.001
4. 学习承诺←组织学习	0.72 ***	0.000
5. 分享愿景←组织学习	0.82 ***	0.000
6. 开放心智←组织学习	0.72	
7. 产品创新←技术创新	0.76	
8. 工艺创新←技术创新	0.79 ***	0.000
9. 领导激励创新←管理创新	0.87	
10. 计划控制创新←管理创新	0.79 ***	0.000
11. 短期绩效←组织绩效	0.70	
12. 长期绩效←组织绩效	0.99 ***	0.000

注：$\chi^2 = 87.717$，d.f. = 48，P = 0.000，GFI = 0.913，RMR = 0.025，RMSEA = 0.075，AGFI = 0.858，NFI = 0.923，CFI = 0.963，IFI = 0.964，TLI = 0.949。 * * * 表示在 0.1% 的水平下显著。

整体模型拟合度指标是用来检验整体模式与观察数据的拟合程度，这方面的适合度衡量有多种指标，可分为三种类型：（1）绝对拟合指数：

$\chi^2 = 87.717$，d. f. $= 48$，$P = 0.000$，P 值显著，很多学者认为，卡方显著性对样本数量、自由度很敏感，因此建议综合其他指标来分析模型的显著性。GFI $= 0.913$，AGFI $= 0.858$，AGFI 略低于 0.90 的标准，RMR $= 0.025$，RMSEA $= 0.075$，RMR < 0.05，RMSEA 也位于 0.05—0.08 的"不错拟合"范围，ECVI $= 0.998$，理论模式 ECVI 值都小于饱和模式 ECVI 值的 1.054 和独立模式的 EVI 值的 7.888。（2）相对拟合指数：TLI $= 0.949$，NFI $= 0.923$，CFI $= 0.963$，IFI $= 0.964$，RFI $= 0.895$，这些指标都大于或接近于 0.90 的标准。（3）简要拟合指数：AIC 值等于 147.717，理论模式 AIC 值都小于饱和模式 AIC 值的 156.000 和独立模式的 AIC 的 1167.398。综合各项指标的判断，本章理论模型的整体模型拟合度较好，可以用以检验我们提出的理论假设。我们对假设关系的验证采用了巢模式法，在虚假模式（M0）与理论模型（Mt）之间设定了 6 个巢模式。巢模式的检验结果与路径系数检验的结果一致，如表 26 - 4 所示。我们的假设 H26 - 1、H26 - 2a、H26 - 2b、H26 - 3、H26 - 4 都获得了支持，假设 H26 - 2c 没有获得支持。

表 26 - 4　　　　　　　　　理论模式路径系数与假设验证

路径	变量间的关系	路径系数	P 值	对应假设	检验结果
γ_1	组织文化→组织学习	1.04 ***	0.000	H26 - 1	支持
β_{21}	组织学习→技术创新	0.75 ***	0.000	H26 - 2a	支持
β_{22}	组织学习→管理创新	0.91 ***	0.000	H26 - 2b	支持
β_{23}	组织学习→组织绩效	- 0.29	0.257	H26 - 2c	不支持
γ_3	技术创新→组织绩效	0.64 ***	0.000	H26 - 3	支持
δ_4	管理创新→组织绩效	0.60 *	0.015	H26 - 4	支持

注：路径系数为标准化值，*** 表示 $P < 0.001$，** 表示 $P < 0.01$，* 表示 $P < 0.05$。

本章小结

本章基于资源基础的战略观点，研究组织文化、组织学习、组织创新以及组织绩效之间的相互影响关系，并以华南地区 149 家企业为调查对象进行实证研究，希望能够明确组织文化和组织学习这两个变量在组织创新发展和组织绩效提升过程中的作用。我们发现：（1）组织文化对组织学习有正向影响；（2）组织学习对技术创新和管理创新有正向影响；（3）技术创新和管理创新对组织绩效有正向影响；（4）组织学习对组织绩效没有显著的直接影响，但通过技术创新和管理创新间接影响组织的绩效。总体上，这些变量之间的影响不是任意的，而是按照特定的路径来相互影响的，可分类两条：（1）组织文化→组织学习→技术创新→组织绩效；（2）组织文化→组织学习→管理创新→组织绩效。我们的研究结果对组织文化、组织学习、组织创新以及组织绩效的相关理论和实践都有重要的参考价值。

首先，组织文化的基础和先导作用。企业在致力于强化经营管理能力、改善组织绩效过程中，如何塑造一个优良的企业文化将是企业必须去面对和思考的重要课题。在组织中文化起着基础和先导的作用，文化会影响员工对知识及知识管理的价值与态度。为了让组织学习更有效率，组织成员必须拥有正确的知识价值观。实践中组织应该设法排除学习的障碍，落实各种学习的机制，设立奖赏制度鼓励知识的学习、分享、运用，以便塑造追求知识和组织学习的文化，增强组织学习的文化动力和提升学习导向的能力及功效。同时，组织应培育成员学习承诺和共同愿景，发展组织开放的心态来改善行为模式，激发员工责任心和创造性及团队精神，建立、培育和强化一种积极进取、富于创新精神、对企业忠诚和相互依赖的企业文化来提高企业的整体效率和支持企业的持续发展。

其次，组织学习不会直接提升企业的组织绩效，而必须通过促进技术创新和管理创新这两个中介变量来对组织绩效产生正向影响。对企业管理实践而言，组织在进行学习时必须充分重视组织创新，既包括技术创新，也包括管理创新，通过不断汲取外部营养，并为自己所用，才可能形成自己的竞争优势。我国许多企业在引进国外的先进技术，包括产品技术、工艺以及管理技术等方面花费了大量的精力和财力，但是收效甚微。这与企业的组织创新能力有关，如何通过组织学习促进组织内部的技术创新和管理创新，是组织在管理实践过程中非常关注的问题，也是组织构建竞争优势，提高组织绩效的关键环节。

第二十七章　社会资本对组织创新的影响

本章将特别关注社会资本在组织学习与组织创新之间的影响机制问题。同样，以我国华南地区的企业作为调查对象，对社会资本是否以及如何通过组织创新影响组织创新进行实证研究。研究结果表明，组织的内部社会资本对组织学习有显著的直接影响，外部社会对技术创新也有显著的直接影响。组织学习对组织技术创新和管理创新都有显著的直接影响，而且技术创新对管理创新也有直接的正向影响，管理创新在社会资本—组织创新—组织绩效链中起到至关重要的作用。

第一节　引言

当前，我国许多产业都在刚刚起步阶段，并面临经济国际化、市场全球化、技术进步加快等大背景下的趋势和挑战。我国许多企业为提升竞争力，不仅强化了技术创新的投入以及能力，在内部管理方面也不断创新，理顺管理体制，强化组织绩效。在这个过程中，许多企业也希望通过加强与企业外部机构，包括高校、行业协会、研究所、原材料供应商、下游经销商以及客户等，作为对象，通过加强企业与他们之间的沟通和交流行为，更多的获取企业所需的资金、技术、人才、信息、新知识（包括隐性知识和现行知识）等，以便更好地满足并完善顾客的需求，更积极地参与市场竞争。从另一个角度来说，这种企业外部广泛的社会联系交往沟通，可使之获得价值连城的信息，捕捉令企业起死回生的机遇，摄取稀缺资源，争取风险小获利大的生产项目，从而在越来越激烈的过程中避短扬长，立于不败之地（张其仔，2000）。

在企业内部，越来越多企业把内部交流平台的建立作为一种手段和工具，用以增强企业内部知识的流通，增强各部门的信任度和合作度，加强知识型员工间的信任和共享度，从而全面提升企业的学习能力和创新能力。社会资本具有长期积累性。社会资本需要长期和连续的投入，通过交互作用和学习过程来积累，才能使偶然、简单的社会关系成为一种持续的、稳定的网络关系。那么，应该如何理解这种外部和内部社会资本的积累对企业创新的促进作用？社会资本又对组织创新的各个环节有怎样的相关影响？我们拟以华南地区企业等为调查对象，对社会资本是否以及如何影响组织的创新进行实证研究，希望可以弥补相关研究的不足，进一步完善相关理论。

第二节　理论基础与研究假设

一　社会资本

企业往往需要进行大量内、外部资源交换才能完成整个经营活动，战略网络对企业竞争优势的构建越来越重要（谢洪明、蓝海林，2004），这种在所处的网络结构中交换资源的行为就是社会资本的基本概念。社会资本最早由社会学家提出，主要用来研究人与人之间网络关系中所拥有的共同资源，后来组织管理的学者将其导入组织行为的研究，认为企业与人际关系一样，其在网络中的位置及关系都可能影响获取资源的能力，因此，如果企业处在一个较好的网络关系中，所拥有的社会资本会更加丰富。这不仅可以提高企业对于环境的响应及管理能力，而且可以成为企业取得超额的利润而使企业有更好的经营绩效。总体而言，企业社会资本可以分为内部社会资本和外部社会资本。内部社会资本也称为关系结合式的社会资本，是人们在企业内为共同目的一起工作、从企业内部获得利益的能力。内部社会资本可提升组织间资源的交换、信息知识获取的质量（方世杰，2002），同时也可加强各组织间的凝聚力，进而提升企业应对外部环境变动的能力。外部社会资本也称为桥梁式的社会资本，是一种从企业外部获得利益的能力。企业外部网络关系间的资源有助于企业获得周围环境中的市场情报、增加企业在通路中的影响力、控制力及权力（Adler and Kwon，2002）。

二　组织创新

从熊彼特（1932）提出"创新"与"发明"是两种不同的概念，并强调创新在经济体系中扮演着重要角色后，"创新"的概念开始获得学术界的重视与探讨。但由于研究者的兴趣及观点的不同，几乎所有的研究对创新的理解都不一致（Wolfe，1994），学者们对"组织创新"的界定至今仍有很大差异，基本的观点是，创新可能是一个新的产品、新的服务、新的技术或是一种新的管理方法。总体来说，对组织创新的认识基本上可分为下列四种观点：（1）产品观点：持这种观点的学者重视创新产生的结果，其衡量创新是以具体的产品为依据；（2）过程观点：持这种观点的学者认为，创新是一种过程，着重从一系列的历程或阶段来评断创新（Amabile，2005）；（3）产品及过程观点：持这种观点的学者认为，应以产品及过程的双元观点来定义创新，应将结果及过程加以融合（Lumpkin and Dess，1996）；（4）多元观点：持这种观点的学者认为，以前的学者中，不管是产品或过程观点，都过分看重"技术创新"层次，忽略了"管理创新"的层次，因而主张将"技术创新"（包含产品、过程及设备等）与"管理创新"（包括系统、政策、方案，以及服务等）同时纳入创新的定义之中（Damanpour，1991）。

我们认为，多元观点组织创新的定义较为完整，近代学者的研究也多数采用这种观点来界定组织创新，而从创新的属性来看，创新是一个具有多重属性的概念，这说明研究中采用组织创新的多元观点是比较合适的选择。而在创新类型上，双核心模式在文献中得到较多学者的认可，因此我们拟以双核心模式作为创新形态的分类方式。

三　内部社会资本与外部社会资本的关系

企业往往需要进行大量内、外部资源的交换才能完成整个经营活动，战略网络对企业竞争优势的构建越来越重要（谢洪明、蓝海林，2004），这种在所处的网络结构中交换资源的行为就是社会资本的基本概念。企业的社会资本可以分为内部社会资本和外部社会资本。内部社会资本也称为关系结合式社会资本，是人们在企业内为共同目的一起工作、从企业内部获得利益的能力。内部社会资本可提升组织间资源的交换、信息知识获取的质量，同时也可加强各组织间的凝聚力，进而提升企业应对外部环境变动的能力。外部社会资本也称为桥梁式社会资本，是一种从企业外部获得利益的能力。企业外部网络关系间的资源有助于企业获得周围环境中的市场情报、增加企业在渠道中的影响力、控制力及权力（Adler and Kwon 2002）。

管理大师德鲁克（2006）指出："企业所拥有的、独特的资源就是知识。能产生企业独特性和作为企业独特资源的是它运用各种知识的能力。"而这种能力要通过企业成员基于信任基础上的完全的沟通和交流，以及企业各部门的协调来实现，也就是要通过内部社会资本使这种知识的共享和转移成为可能，进而才能更好地利用外部社会资本为企业建立独特的竞争优势。本章根据来源对社会资本进行划分。内部社会资本是一种企业内获得利益的能力；外部社会资本是一种从企业外获得利益的能力。但无论内部社会资本还是外部社会资本，其最根本的构成基础是一种人的行为。我们认为，这两类社会资本应该存在相互关联关系：

H27 - 1a：内部社会资本与外部社会资本之间存在关联关系。

四　内部社会资本对组织学习及管理创新的影响

社会资本最主要功能在于通过网络的紧密连接，可得到广泛、及时、相关的信息资源且可改善信息的质量（Coleman，1988），因此内部社会资本会促进市场信息的传播和应用。内部社会资本和知识的创造密切相关，对知识流通的质量有正面的作用，因此内部社会资本可使企业加快市场响应速度并增强市场响应能力。信任是指嵌入关系的治理机制（Uzzi，1996），与一致性、能力、诚实、公平、负责、助人以及仁慈等变量结合在一起（Morgan and Hunt，1994），可激发共同合作愿望。同时，企业在内部网络中的成员间建立具有凝聚力的共同体（包括共同目标、认知与共同的行为规范等），不仅能减少成员间的沟通障碍，也有利于他们交流、分享经验与知识（Dyer and Nobeoka，2000），进而促进组织的学习和知识整合。由此提出如下假设拟加以验证：

H27 - 1b：内部社会资本对组织学习有正向影响。

企业每一次管理创新不可能给企业所有人都带来利益，而只能是一部分人先得到利益，但是，从长远观点看，每个人都将得到利益。由于每个人都想先得到利益，这样必然对管理创新产生不利影响。而内部社会资本包括信任、共同愿景等内容，它的存在和积累使得员工之间能够相互信任，能够为了一个共同的愿景不计较短期的得失而积极地工作。这对企业的管理创新是非常重要。由此提出以下假设拟加以验证：

H27 - 1c：内部社会资本对管理创新有正向影响。

五　外部社会资本对管理创新与技术创新的影响

外部社会资本是指一个企业与相关企业间的横向联系，与供应链各环节的纵向联系以及与客户之间的联系构成的关系网络。而这些外部社会资本的连接关系、市场地位、信任等因素将影响知识的取得及利用，进而有利于产品的创新，扩大技术的差异（Yli‐Renko，Autio and Sapienza，2001）。同时，由于我国企业的市场化起步较晚，在管理过程中很多的经验来源于组织外部，特别是一些科研院所，咨询机构，国外企业的经验。所以，提出如下假设拟加以验证：

H27‐2a：外部社会资本对管理创新有正向影响。

H27‐2b：外部社会资本对技术创新有正向影响。

六　组织学习与管理创新及技术创新的关系

许多研究表明，组织学习对组织创新有影响。例如，阿吉里斯和斯空（1978）认为，在相同组织条件下，组织学习在未来可使组织增加创新的能力。斯达塔（1989）发现，组织学习可导致创新，尤其是在知识密集的产业中；只有个人与组织通过学习进而引导创新，才能成为组织中唯一可持续竞争优势的来源。默柏和萨拉曼（1995）也认为，组织学习是组织维持创新的主要因素，格莱恩（Glynn，1996）也讨论到组织的学习能力不仅影响到创新的初始阶段，也影响到创新的执行阶段。

研究表明，组织学习对组织的产品创新（McKee，1992）、技术创新及管理创新有着显著的影响（林义屏，2001）。德曼庞、萨巴特和埃文（1989）基于银行业的数据发现当银行要提供一项新的服务（技术创新），通常也需要一组新的管理机制（管理创新）去评估和控制其绩效，然而并不是每一种技术创新均会导致管理创新。谢洪明、韩子天（2005）在研究中发现技术创新对管理创新有正向影响。基于上述学者对组织学习与组织创新关系的讨论，提出如下假设：

H27‐3a：组织学习对技术创新有正向的影响。

H27‐3b：组织学习对管理创新有正向的影响。

H27‐4：技术创新对管理创新有正向的影响。

第三节　研究设计

一　研究框架

本章以前人的研究成果，前期的个案访谈以及小组讨论为基础，确定本研究的理论框架如图27‐1所示。在这个框架中，我们将社会资本分为内部社会资本和外部社会资本，并延续创新研究的双核心模式，依据组织采用创新的焦点和影响将创新分成管理创新与技术创新。内部社会资本和外部社会资本，一方面直接对组织绩效产生影响；另一方面，通过管理创新和技术创新对组织绩效产生影响。而技术创新也会对管理创新产生影响。

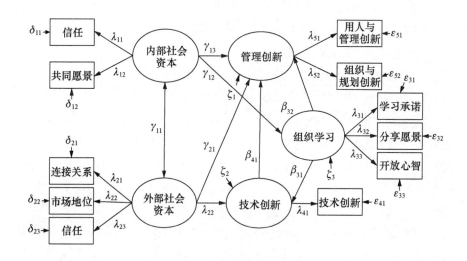

图 27 - 1　本章研究框架

二　变量定义与衡量

本章为确保测量工具的效度及信度，尽量采用国内外现有文献已使用过的量表，再根据本研究的目的加以修改作为搜集实证资料的工具。在社会资本、组织创新及组织绩效等概念的操作性定义及衡量方法上，主要采用自国外已发表的学术论文，在问卷正式定稿与调查之前，先对部分企业界人士进行问卷的预调查，以评估问卷设计及用词上的恰当性，再根据预试者提供的意见对问卷进行了修订。

本章衡量内部社会资本的量表来自 Nahapiet 和 Ghoshal（1998）、Tasi 和 Ghoshal（1998）等文献，将内部社会资本定义为嵌入在内部关系网络之间的实际及潜在资源总和。包括信任、共同愿景两个因素，5 个问题项。衡量外部社会资本的量表来自文献 Nahapiet 和 Ghoshal（1998），Tasi 和 Ghoshal（1998），Yli - renko、Autio 和 Sapienza（2001）等的研究，将外部社会资本定义为："嵌入、在外部关系网络之间的实际及潜在资源总合"。包括连接关系、市场地位和信任 3 个因素及 9 个问题项。组织学习的量表来自贝克和辛库拉（1999）根据辛库拉、贝克和诺德维尔（1997）所提出的组织学习量表的修正版，该量表原来由 19 个问题项组成，本研究在试问过程中发现其中的 7 个问题项在整个量表中的一致性较差，所以仅使用其中的 11 个问题项，包含学习承诺、分享愿景、开放心智 3 个因素。组织创新所采用的量表来自林义屏（2001）的研究，该量表由蔡启通（1997）提出，其特色在于根据组织的五种管理功能，即规划、组织、用人、领导、控制与服务等来界定组织创新，该量表包含用人与管理创新、组织与规划创新及技术创新 3 个因素，共 22 个问题项。

三　研究样本

本章样本来自中国珠三角地区，主要原因是改革开放以来，我国珠三角地区产业发展非常迅速，也是市场化、全球化进程非常快的地区，面对高度竞争、变化剧烈和不确定性高的经营环境，这一地区的企业必须在管理及技术的创新等方面较其他地区的企业有更好的表现，以求生存和成长。本研究根据珠三角地区的企业黄页随机抽取欲调查的样本企业，然后通过电话与该企业的高层联络，确认可以接受调查后，即派人上门进行调查，或者将问卷邮寄过去，并附上回寄信封。

四　样本信度与效度

将以 Cronbach's α 系数来检验变量的信度，如表 27 - 1 所示。各因素及各变量的 Cronbach's α 值都在可接受的范围。这表示本量表具有较好的信度。

表 27 - 1 　　　　　　　　　　　　Cronbach's α 系数

因素或变量	Cronbach's α 值	因素或变量	Cronbach's α 值
外部社会资本	0.48	学习承诺	0.87
连接关系	0.62	分享愿景	0.86
市场地位	0.77	开放心智	0.75
信任	0.73	组织创新	0.87
内部社会资本	0.71	用人与管理创新	0.80
信任	0.69	组织与规划创新	0.78
共同愿景	0.86	管理创新	0.85
组织学习	0.87	技术创新	0.78

在效度检验方面，虽然本研究所使用问卷项目全部来自过去的文献，很多学者都曾使用这些量表测量相关变量，本章在最终确认问卷之前，通过咨询相关领域的专家、预试并修正问卷的部分提法、内容，因此问卷具有相当的内容效度，也应该能够符合构建效度的要求，但考虑跨文化因素的影响，本章仍以验证性因素来验证本章各量表的建构效度。本研究验证性因素分析的各项指标如表 27 - 2 所示，可见各指标均达到可接受的水平。另外，本研究各变量中各因素的区分效度也达到了显著水平。

表 27 - 2　　　　　　　　本研究各变量验证性因素分析结果

	外部社会资本	内部社会资本	组织学习	组织创新
GFI	0.95	0.98	0.94	0.92
CFI	0.96	0.99	0.99	0.96
RMR	0.044	0.027	0.028	0.037
RMSEA	0.053	0.040	0.036	0.059
χ^2	$\chi^2(24) = 33.366$	$\chi^2(8) = 9.760$	$\chi^2(41) = 48.300$	$\chi^2(51) = 75.880$

第四节　研究结果

一　外部社会资本对组织创新的影响

以外部社会资本的 3 个因素为自变量，组织创新的 3 个因素（用人与管理创新、组织与规划创新、技术创新）为因变量，分别进行回归分析，得到表 27 - 3。我们看到：外部社会资本的连接关系、市场地位以及信任三个因素对组织创新的技术创新因素都有显著正向的影响，即外部社会资本的增强，会提高组织创新程度。只有外部社会资本的信任一个因素对组织创新的用人与管理创新以及组织与规划创新有显著的正向影响。

表 27 - 3　　　　　　　　　　外部社会资本对组织创新的影响

自变量	因变量		
	用人与管理创新	组织与规划创新	技术创新
连接关系	0.08	0.10	0.21 *
市场地位	0.15	0.14	0.16 **
信任	0.36 ***	0.27 **	0.35 ***
F 值	11.58 ***	7.27 ***	16.96 ***
R^2	0.21	0.14	0.28

注：*** 表示 P < 0.001，** 表示 P < 0.01，* 表示 P < 0.05。

二　内部社会资本对组织创新的影响

以内部社会资本的 2 个因素为自变量，组织创新的 3 个因素（用人与管理创新、组织与规划创新、技术创新）为因变量，分别进行复回归分析，得到表 27 - 4。我们看到，内部社会资本的信任和共同愿景对组织创新的用人与管理创新、组织与规划创新和技术创新 3 个因素都有显著正向影响。

表 27 - 4　　　　　　　　　　外部社会资本对组织创新的影响

自变量	因变量		
	用人与管理创新	组织与规划创新	技术创新
信任	0.34 ***	0.24 *	0.30 ***
共同愿景	0.35 ***	0.26 **	0.29 ***
F 值	39.23 ***	16.20 ***	25.01 ***
R^2	0.38	0.20	0.28

注：*** 表示 P < 0.001，** 表示 P < 0.01，* 表示 P < 0.05。

三　整体影响模型

各个潜在因素的衡量指标的因素负荷量除了外部社会资本的连接关系为 0.38 外，其他因素负荷量均位于 0.4—0.9 之间的标准状态，而且均达显著水平。整体模型拟合度指标是用来检验整体模式与观察数据的拟合程度，这方面的适合度衡量标准有多种指标，黄芳铭（2004）将其分为绝对拟合指数、相对拟合指数以及简要拟合指数三种类型。（1）绝对适合度衡量：$\chi^2 = 57.614$，d. f. = 37，P = 0.017，很多学者认为卡方显著性对样本数量、自由度很敏感，因此建议综合其他指标分析模型的显著性。

GFI = 0.929，AGFI = 0.873，GFI 在于 0.90，AGFI 略低于 0.90 的标准，RMR = 0.027，RMSEA = 0.064，RMR < 0.05，RMSEA 也位于 0.05—0.08 的"不错拟合"范围，ECVI = 0.838，理论模式 ECVI 值都小于饱和模式 ECVI 值的 0.957 和独立模式的 EVI 值的 6.316。（2）相对拟合指数。TLI = 0.961，NFI = 0.932，CFI = 0.974，IFI = 0.975，RFI = 0.899，这些指标都大于或略低于 0.90 的标准。AIC 值等于 115.614，理论模式 AIC 值都小于饱和模式 AIC 值的 132.000 和独立模式 AIC 的 871.540，标准卡方值（$\chi^2/d.f.$）= 1.557，位于 1.0—2.0 之间。综合各项指标的判断，本章理论模型的整体模型拟合度较好，可以用以检验本章提出的理论假设。

表 27 - 5　　　　　　　　　　外部社会资本对组织创新的影响

变量	ME 的估计参数		因素分析累计解释量
	因素负荷量（λ）	衡量误差（δ 或 ε）	
外部社会资本			
连接关系	0.38	0.15	0.50
市场地位	0.48 ***	0.23	
信任	0.72 ***	0.52	
内部社会资本			
信任	0.72 ***	0.52	0.78
共同愿景	0.78	0.61	
组织学习			
学习承诺	0.83 ***	0.68	0.80
分享愿景	0.89 ***	0.80	
开放心智	0.80	0.64	
管理创新			
用人与管理创新	0.89	0.79	0.87
组织与规划创新	0.83 ***	0.69	

注：*** 表示在 0.10% 的水平下显著。

四　内部社会资本对组织创新的影响

本章对假设关系的验证采用巢模式法，在虚假模式（M0）与理论模型（Mt）之间设定了 8 个巢模式，即与理论模型（见图 27 - 1）相对应，每个模式仅假设一条路径系数为 0（共 8 条路径），对模型进行重新拟合。

巢模式验证结果与理论模式的路径系数如表 27 - 4 所示。我们看到，模式 M1、模式 M2、模式 M6 和模式 M7 的 χ^2 值与理论模式的 χ^2 值之差均大于 3.84，而这些模式所对应的路径系数（见表 27 - 5）都达到了显著的水平，可知我们的假设 H1a、假设 H1b、假设 H3a、假设 H3b 都获得了支持；模式 M5 与 M8 的 χ^2 值略低于理论模式的 χ^2 值，但二者的路径系数均显著，故本书认为此验证支持我们的假设 H2b 与假设 H4a。而模式 M3 和模式 M4 的 χ^2 值与理论模式的 χ^2 值之差分别为 0.156 和 0.002，所对应的路径系数也没有达到显著水平，可知假设 H1c 和假设 H2a 没有获得支持。

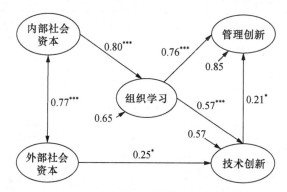

图 27 - 2　本章修正后的模型及参数结构

注：＊＊＊表示在 0.10% 水平下显著。

在理论模型基础上去掉了内部社会资本到管理创新、外部社会资本到管理创新的路径后得到修正模型及其参数结构如图 27 - 2 所示。χ^2 = 58.173；d. f. = 39；P = 0.025；GFI = 0.928；RMR = 0.026；RMSEA = 0.060；AGFI = 0.879；NFI = 0.932；CFI = 0.976；IFI = 0.976；TLI = 0.966；RFI = 0.903。χ^2/d. f. = 1.492。修正模型的主要拟合指标如下：综合各项指标判断，相对于理论模型，前述可获得验证的假设在该模型中的路径系数较为理想并且都是显著的（见图 27 - 2），表明该模型比较好地拟合了数据，更真实地反映了调查数据中变量之间的关系。

表 27 - 6　　　　　　　　　　　验证模型的统计指标

模型	χ^2	P	d. f.	$\Delta\chi^2$	GFI	CFI	TLI	IFI	NFI	RMR	RMSEA
理论模型	57.614	0.017	37		0.929	0.974	0.961	0.975	0.932	0.027	0.064
M_1 : $\gamma_{11}=0$	99.285	0.000	38	41.674＊＊＊	0.896	0.923	0.888	0.924	0.883	0.094	0.108
M_2 : $\gamma_{12}=0$	136.978	0.000	38	79.364＊＊＊	0.866	0.875	0.820	0.878	0.839	0.126	0.137

续表

模型	χ^2	P	d. f.	$\Delta\chi^2$	GFI	CFI	TLI	IFI	NFI	RMR	RMSEA
M_3：$\gamma_{13}=0$	58.145	0.019	38	0.531	0.928	0.975	0.963	0.975	0.932	0.025	0.062
M_4：$\gamma_{21}=0$	57.849	0.021	38	0.235	0.929	0.975	0.964	0.976	0.932	0.025	0.062
M_5：$\gamma_{22}=0$	60.916	0.011	38	3.302 +	0.925	0.971	0.958	0.972	0.928	0.020	0.066
M_6：$\beta_{31}=0$	75.399	0.002	38	17.785 ***	0.911	0.953	0.932	0.954	0.911	0.025	0.084
M_7：$\beta_{32}=0$	75.773	0.001	38	18.159 ***	0.910	0.952	0.931	0.953	0.911	0.027	0.085
M_8：$\beta_{41}=0$	61.087	0.010	38	3.473 +	0.924	0.971	0.958	0.972	0.928	0.031	0.066
虚假模型	849.540	0.000	55	791.926 ***	0.307	0.000	0.000	0.000	0.000	0.224	0.324

注：$\Delta\chi^2$ 是该模型与理论模型卡方值的差。表中，+ 表示 $P<0.10$ [χ^2 (1) =2.71]，* 表示 $P<0.05$ [χ^2 (1) =3.84]，** 表示 $P<0.01$ [χ^2 (1) =6.63]，*** 表示 $P<0.001$ [χ^2 (1) =10.83]。

表 27 - 7　　　　　　　　　　理论模式路径系数与假设验证

路径	变量间的关系	路径系数	P 值	对应假设	检验结果
γ_{11}	内部社会资本↔外部社会资本	0.76 ***	0.001	H1a	支持
γ_{12}	内部社会资本→组织学习	0.81 ***	0.000	H1b	支持
γ_{13}	内部社会资本→管理创新	-0.16	0.418	H1c	不支持
γ_{21}	外部社会资本→管理创新	0.09	0.560	H2a	不支持
γ_{22}	外部社会资本→技术创新	0.26 *	0.044	H2b	支持
β_{31}	组织学习→技术创新	0.57 ***	0.000	H3a	支持
β_{32}	组织学习→管理创新	0.86 ***	0.000	H3b	支持
β_{41}	技术创新→管理创新	0.19 *	0.039	H4a	支持

注：路径系数为标准化值；*** 表示 $P<0.001$；** 表示 $P<0.01$；* 表示 $P<0.05$；+ 表示 $P<0.10$。

本章小结

在国家号召大力提高原始性创新能力的大背景下，诸多企业纷纷提高了对创新的投入，以增强企业的创新能力，为企业带来更高的附加价值，这时企业如何利用自身积累的外部社会资本资源与企业内部社会资本的平台来加强组织学习进而促进组织创新能力的提高就成为企业必须严肃对待的重要问题，这也正是本章的价值所在。

本章以珠三角地区的企业为研究对象，将外部社会资本、内部社会资本、组织学习以及组织创新纳入一个统一框架，理论探讨与实证研究相结合，探讨它们之间的关系，研究结果发现：（1）组织的内部社会资本与外部社会资本之间存在显著的相关关系；（2）组织的内部社会资本对组织学习有显著的直接影响；（3）外部社会资本对技术创新有显著的直接正向影响；（4）组织学习对组织的管理创新有显著的直接影响；（5）组织学习对技术创新也有显著的直接影响；（6）技术创新对管理创新有显著的直接正向影响。同时也发现，内部社会资本虽然对管理创新没有显著的直接影响，但通过组织学习以及组织学习和技术创新对管理创新仍有显著的间接影响。外部社会资本虽然对管理创新没有显著的直接影响，但通过技术创新对管理创新仍有显著的间接影响。

本章的结果证实了社会资本在推动组织学习与组织创新过程中的重要作用，一个组织要想加强组织学习，强化内部交流与沟通，强化内部员工的共同愿景（即强化内部社会资本）是可行的方式之一。同时，一个组织的外部社会资本在组织的技术创新过程中起到了重要的作用。事实上，我国许多企业的技术创新是由客户推动的，供应商的作用也是非常显著的。企业在未来需要进一步加强与外部组织的沟通和交流，充分认识到外部组织对组织技术创新的促进作用。我们也看到，组织学习在社会资本和组织创新的关系中处于关键的地位。这也进一步告诉我们，组织必须重视组织学习的文化，通过外在市场信息的刺激与组织自身的学习与反省能力来促使组织产生创新，是一种由内而外的创新驱动力。一个组织要提升组织的创新能力，加强组织学习是必要的方式之一。

虽然本章通过对所建立模型的验证，从理论和实践两个方面对都得出了比较重要的结论，但仍存在不足。主要是在将组织创新导入社会资本与组织绩效的关系链过程中，没有考虑不同产业、不同发展阶段、不同企业性质及其特性，并找出它们对于关系链的影响。以后有机会可以进行进一步研究。

第二十八章　社会资本结构对组织
绩效的影响

　　本章进一步通过实证研究方法，使用珠三角地区的 187 家企业的数据，来检验内部社会资本对组织绩效是否有直接影响这一重要命题。研究结果显示：结构维度的社会资本对企业组织绩效有直接影响；关系维度的社会资本并不会直接影响企业组织绩效，而是要通过结构维度内部社会资本来影响组织绩效。对于企业实践而言，增强信任和互动频率是改善组织绩效的有效途径。

第一节　引　言

　　社会资本理论在近 30 年来发展很快，目前研究对于外部社会资本影响创新有较多共识，但对于内部社会资本对组织绩效的影响研究比较少见，且有很大分歧。一些研究认为，高的内部社会资本会导致企业僵化，排他性高，壁垒森严，对新事物或创新的东西有抗拒。同时，如果组织内部不协调，尤其是组织内的知识工作者不协调，创新的知识也将不能有效地进入组织内部。也有研究发现，高的内部社会资本将有助知识在组织内的传播，尤其是隐性以及黏滞知识。组织内部网络关系对组织对知识的吸收和传递有显著影响（Nahapiet，Ghoshal，1998）。这种分歧在管理实践中同样存在，组织成员之间的团结、互动以及和谐对于影响组织绩效是多样化的。当组织内的团结、信任和互动都很低时，各种扯皮、相互推诿、相互拆台、各自为政、人浮于事等现象就很有可能出现，这样的组织被视为低效率也更不能指望他的创新性。当组织内的团结、信任和互动都很高时，又可能会出现组织的排他性、对引入新事物、新技术、新思想的消极抗拒、对变革的怠慢等。可见，学者们对企业内部社会资本影响组织绩效的研究结论比较不一致，甚至可以说存在悖论。本研究将从社会资本理论出发，以实证数据为基础，运用结构方程式方法来探讨内部社会资本如何对组织绩效产生作用。

第二节　理论基础与研究假设

社会资本是指集群中企业或机构之间社会网络关系总和，企业可以通过运用这种网络关系达到获益目的。Nahapiet 和 Ghoshal（1998）将社会资本定义为，实际的资源和潜在的资源的总和，这些资源是镶嵌于关系网络的个人或社会群体中并可以被动用的。边燕杰（2000）将社会资本看成人与人之间在信任和合作基础上形成的社会网络，并将社会网络视为一种最重要的人与人之间的关系，是资源配置的一种重要方式。Alder 和 Kwon（2002）将社会资本视为一种资源，可以给网络中的成员根据其在社会关系结构中的位置获取。依据社会资本的来源来区分，将存在于组织内各部门间或群体间的社会资本称为内部社会资本；将存在于组织与外部机构之间的社会资本称为外部社会资本。根据张其仔（2000）以及郑胜利和陈国智（2002）的研究，企业内部社会资本定义为：（1）存储于工人之间的社会资本；（2）存储于工人与管理者之间的社会资本；（3）存储于管理者之间的社会资本；（4）存储于各部门间的社会资本。

本章所关注的内部社会资本是研究存在于企业内部的个人之间、部门之间、个人与部门之间的社会资本，是以资源学派的观点和中观结构的视角来看，企业中存在的合作关系网络，这种关系网络可以促进相互间信任和加强互动，并在企业价值的驱动下，可以产生集体行动来分享、交换资源，进而解决问题的能力（程聪、谢洪明、陈盈和程宣梅，2013）。这种能力可使部门间的协调更加顺畅，且对减少内部资源搜寻成本有极佳帮助。在肯定社会资本会对组织有积极作用的同时，也会也有学者注意社会资本可能带来的负面作用。卜长莉（2006）指出，在当前的社会资本研究中，研究者关注的焦点大多集中在社会资本对个体行动或集体行动的正面影响。而社会资本的负面影响却往往被主流研究所忽略。如果忽略了社会资本在产生积极效果的同时也可能带来的消极后果，就不可能真正地洞悉社会资本的作用机制。因此，必须正视社会资本可能出现的负面影响。

从企业社会资本的观点，社会资本可能对企业引起增值的效果，也可能产生社会负债。为进一步了解会为组织带来正面作用和消极作用的社会资本观点，如表28-1所示。

表28-1　　　　　　　　内部社会资本和组织绩效研究主要观点

研究文献	主要观点	正面或负面作用
Nahapie 和 Ghoshal (1998)、Alder 和 Kwon (2002)	通过组织间关系的运用，可促进组织间的资源交换、信息与知识的获取，同时也可加强组织凝聚力，进而增进嵌入于组织间隐性知识的移转与交换效率	正面
张其仔（2000）	存在于工人与管理者之间的社会资本对企业的组织绩效有显著影响	正面
郑美群等（2005）	社会资本不仅有利于降低高技术企业的交易成本，而且还有利于提高企业的创新能力	正面
波特（1998）	社会资本非均衡分布会产生负面效应。社会资本会使得团体内的整合过强，团体间整合太弱，从而影响团体成员的创新与发展	负面
Adler 和 Kwon (2002)	两个行动者间的联系太强，会削弱双方与其他行动者联系；团结会有负作用，会排斥新的成员与新的想法	负面
杨鹏鹏等（2005）	企业家社会资本是通过获取企业所需的关键资源，再将资源通过内部学习和整合机制转化为动态能力，进而保持企业竞争优势、提升组织绩效	正面
Sabatini（2006）	内部社会资本对雇员绩效有负面影响	负面
茆汉成等（2011）	内部社会资本是创新型人力资源管理和组织绩效间的部分中介变量	正面

资料来源：笔者整理。

上述有关内部社会资本影响组织创新或组织绩效存在互为背离的观点。从上述文献中发现，在持负面观点的研究中，社会资本大多为关系强度型。为进一步通过实证的角度来验证其是否存在直接相关关系。由此提出如下假设拟加以验证：

H28-1：组织内部社会资本越多，组织绩效越高。

H28 - 2：组织内部社会互动越多，组织绩效越高。

H28 - 3：组织内部个体间信任度越高，组织绩效越高。

第三节 研究设计

一 问卷调查

本章根据量表选择，进一步设计研究问卷，用以探讨内部社会资本与组织绩效之间的相关关系。本章的调查问卷问题项都采用李克特五点量表法。本章的抽样方法同时采用便利抽样和简单随机抽样。本研究将研究对象设定为在珠三角地区的，员工人数在 20 人以上的，成立至少三年以上的企业。抽样对象是企业中的主管级管理人员。采用向企业发放问卷调查的方法收集样本。调查时间为 2005 年 5 月至 2006 年 5 月。抽样样本为 1100 个，共收回 236 份问卷，回收率 21.45%。其中填答不完整的无效问卷 33 份，有效问卷 203 份。由于本章需要考察组织长期绩效，根据研究的母体要求，扣除成立年限小于 3 年的企业（16 份问卷），我们实际使用问卷 187 份。

二 变量的测量

为了进一步通过实证数据来检验内部社会资本与组织绩效这些概念之间的因果关系假设。我们使用一些可测量的指标变量来测量这些概念的潜变量。为保证测量的效度，这些测量指标都采用在过往研究中经常使用的量表。下面将分别对被解释变量、解释变量详细介绍本研究使用的各量表的来源及问题项。

参考 Tsai 和 Ghoshal（1998），谢洪明与王成等（2007）的一项研究，本书使用结构维度和关系维度两个维度来测量内部社会资本。结构维度主要参考了利滕伯格（1996）的研究。结构维度的社会资本主要指社会互动或社会纽带，是指一种可以流动信息或资源的社会性渠道；也可以看成一种社会嵌入的结构因素；也指处在不同位置的社会机构，而通过社会网络互动，可以获得不同的信息或资源。结构维度主要关心网络联系存在与否、联系强弱及网络结构。关系维度主要参考了巴尼和汉森（1994）等的研究。关系维度的社会资本，也称为社会嵌入的关系因素，主要指关系的强度或特征，通过创造关系或者由关系手段获得的资产，包括信任与可信度、规范与惩罚、义务与期望以及可辨识的身份。关系中的信任度越高，合作意愿越高，通过关系而获得信息或资源的可靠度越高。组织绩效的测量有多种方法，有的学者采用客观的观察营运数据方式来衡量，有的学者则采用主观的以主管自评问卷的方式来测量。Govindarajan（1984）认为，客观测量方式有不同的研究者可确认此绩效测量的好处，但由于客观的绩效数据很难在跨组织的研究中做适当的配对，且匿名填答也造成了客观数据使用上的困难。Brownell 和 Dunk（1991）认为，没有证据证明组织内部的管理会计报表、现金流量、运营利润以及 ROI 等资料会比自评的绩效更客观。因此，本研究采用主管主观自评的方式来测量组织绩效。量表主要根据 Steer（1975）的理论，并参考了谢洪明与王成等（2007）的研究。本章使用的测量量表如表 28 – 2 所示。

表 28 – 2　　　　　　　　**内部社会资本和组织绩效量表来源**

潜变量	问题项数量	量表	英文文献来源	中文文献来源
内部社会资本	7	李克特五点量表	Nahapiet 和 Ghoshal（1998）、Tsai 和 Ghoshal（1998）	谢洪明、王成等（2007）
组织绩效	12	李克特五点量表	Steer（1975）、Gupta 和 Govindarajan（1984）	谢洪明、王晓玲等（2007）

第四节　结果分析

本章采用 SPSS AMOS V 7.0 软件进行结构方程模型分析以及验证性因素分析。结构方程模型分析是一种用来处理因果模式的统计方法，结合了因素分析以及路径分析的方法。这些是实证研究较为普遍的研究分析方法，适用于本研究所欲验证的整体模型之因果关系。

对于模型检验以及适配度，可以从三个方面测量，包括模型基本的适配标准、整体模型适配度以及模式内在结构适配度。基本的适配标准是用来检测模式的误差、辨认问题或输入是否有误等，这可从衡量指标的衡量误差不能有负值以及因素负荷量不能太低（低于 0.5）或太高（高于 0.95），并且是否都达到显著水平来加以衡量。整体模型适配度是用来检验整个模式与观察数据的适配程度，这方面的适合度衡量标准有多种指标：绝对适合度衡量以增量适合度衡量以及简要适合度衡量：（1）绝对适合度衡量：$\chi^2 = 97.5$，d.f. $= 62$，GFI $= 0.925$，RMR $= 0.031$，RMSEA $= 0.055$，可见卡方统计值、RMR、RMSEA、CFI 都在很好的范围；（2）增量适合度衡量：AGFI $= 0.890$，NFI $= 0.920$，CFI $= 0.969$，都在很好的范围；（3）简要适合度衡量：PNFI $= 0.731$，PCFI $= 0.770$，这两个指标都很好。整体而言，综合各项指标判断，本章理论模型的整体模型适配度是好的。具体路径系数见图 28 - 1 及表 28 - 3。

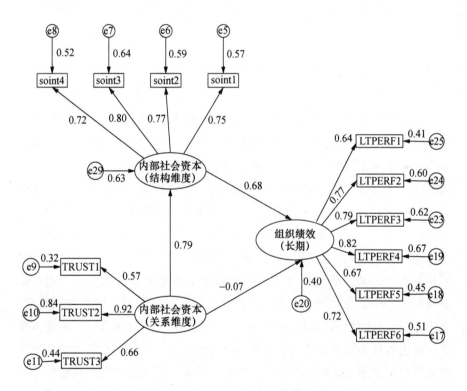

图 28 - 1　整体理论模型及变量间关系

能过表 28 - 3 分析发现，拟合模型证明了假设 H28 - 1 成立，即内部社会资本对组织绩效有影响。这种影响是通过结构维度的社会资本来产生的，假设 H28 - 2 也成立，而关系维度的社会资本对组织绩效没有直接影响，假设 H28 - 3 不成立，需要通过结构维度来间接影响组织绩效。

表 28 – 3　　　　　　　　　　理论模型的路径系数与假设检验

路径（变量间关系）	假设	路径系数（标准化）	P 值	路径显著性
内部社会资本（关系维度）→ 内部社会资本（结构维度）	H28 – 1	0.79	<0.001	显著
内部社会资本（结构维度）→ 组织绩效	H28 – 2	0.68	<0.001	显著
内部社会资本（关系维度）→ 组织绩效	H28 – 3	– 0.07	0.627	不显著

注：路径系数为标准化值，＊＊＊表示 P<0.001，＊＊表示 P<0.01，＊表示 P<0.05。

本章小结

　　社会资本理论经过 30 年发展已逐渐形成多个学派，比如，社会资源学派、社区主义学派、网络结构学派等。由于在组织行为的研究中，研究对象往往是属于微观或中观的，因此资源观点和结构观念的理论点更能发挥作用。本章试图从结构学派的观点来探讨围绕内部社会资本对组织绩效影响所形成的争论。这一争论对于社会资本理论是重要的，因为争论本身也反映了人们对社会资本理论的功能性的一些怀疑，怀疑社会资本理论是否能够解释组织绩效，怀疑社会资本对绩效的解释力。张其仔（2000）和边燕杰（2000）研究针对这些怀疑提出了中国情景下的实证观点。本研究是在这些研究基础上，进一步将社会资本分成结构维度和关系维度，来研究对组织绩效的影响。在对华南 187 家企业进行的调查中，发现结构维度的内部社会资本对绩效直接影响。并且发现，内部社会资本的两个维度变量与组织绩效之间的关系存在特定的路径。研究发现关系维度内部社会资本并不会直接影响组织绩效，而是要通过结构维度的内部社会资本来影响组织绩效。这个结果与兰德利等（2002）所做的一项研究，发现社会资本的关系维度即信任，对于创新的直接影响并不显著，有相似的结论。换句话说，组织内部的社会网络结构会直接影响组织绩效，而网络的强度并不直接影响组织绩效，需通过结构来影响组织绩效（茆汉成、宋典，2011）。

　　本章研究结果对企业管理实践有一定的实际意义，根据本研究的结果，组织必须充分认识到内部社会资本会对组织绩效产生影响，尤其需要注意结构维度的内部社会资本即内部社会网络结构。当企业增加了部门之间或员工之间的互动频率，这样除了可以增进企业内部的资源共享和资源交换，还可以加强组合创新的机会，从而改善组织绩效。对于关系维度社会资本，企业需要注意不能单独通过提高部门、员工之间的信任感，来提升组织绩效，而是需要借助提高部门、员工之间的互动频率来提高组织绩效。

第四篇

知识管理视角下企业竞争
战略相关理论

本篇探讨知识管理视角下企业竞争战略问题，包括第二十九章到第三十八章。

战略网络中，知识管理战略也是企业十分重要的战略决策之一。一般来说，企业知识管理战略可分为系统化战略与个性化战略。其中，企业知识管理战略主要以系统化、文字化的资料、档案为主导，企业只要将所创造或获得的知识加以系统化的编码、储存、利用，即可维持本企业的运营和生产活动，并获得低成本的竞争优势。若企业内存在着大量难以言喻或只能通过个人心智模式认知的知识，就该采取个性化战略。新知识大都以隐性的方式存在，且往往不易进行系统化编码，产品创新多在这种知识管理战略中诞生，所以，企业会着重以具有独创性的产品或服务来吸引顾客，以获得较好的绩效。而从企业知识管理战略实施的态度来看，知识管理战略又可以划分为积极战略与保守战略。

本篇主要关注战略网络背景下企业知识管理与企业技术创新之间的作用机制分析。在理论回顾的基础上，我们构建了一个知识管理战略与企业技术创新之间的综合性理论模型，该模型中，组织文化、内部社会资本与组织学习是三个核心的自变量，而知识能量与知识整合则是两个非常重要的中介变量，两个自变量通过三个中介变量影响到企业技术创新绩效。对于企业知识整合来说，内部社会资本、组织学习和知识能量都是非常重要的前置变量，都对知识整合有显著的直接正向影响。也就是说，组织的内部社会资本越丰富，组织学习能力越强，知识能量积蓄越多，知识整合能力越强。企业增强知识整合能力可以采取如下策略：（1）尊重知识产权，重视知识整理；（2）把握知识获取、积累、分享应用和扩散的机会；（3）在企业内部培养良好的社会资本，即相互信任、合作及建立共同愿景；（4）强化沟通能力和培养协调能力；（5）培养社会化、系统化和合作的能力；（6）把知识整合上升到战略层次，建立知识整合的制度安排，使之进入组织的常规管理程序。

　　本篇分析了企业知识吸收能力影响因素，企业知识转移在企业战略网络与创新之间的关系，企业的知识流入或流出将在企业战略网络与企业创新绩效之间起到显著的中介作用，知识整合与组织创新对组织绩效的影响，致力于提升组织创新绩效的企业应该将知识管理的战略重心从知识获取成本控制、知识获取渠道拓展等转移到有针对性地获取、吸收有利于企业产品创新与市场潜力挖掘等方面的外部知识层面上来。

第二十九章　知识管理战略方法与绩效研究

　　战略网络中除组织学习以外，知识管理战略也是企业十分重要的战略决策之一。因此，本章首先采用理论分析与实证研究相结合的方法探讨知识管理战略与知识管理方法的一致性及其对知识管理绩效的影响。为此，我们建立了高涵盖性的知识管理战略及其方法分类模型，提出知识管理战略与方法两者之间的对应关系及其对知识管理绩效影响的假设，并以问卷调查的方式在一般制造业、高科技制造业与服务业中进行实证研究。研究发现，知识管理战略与方法之间存在对应关系，特定的知识管理战略需要特定的知识管理方法，这样才有助于提高知识管理绩效。最后，我们提出了战略网络中相应的企业知识管理建议。

第一节　引言

　　21世纪是知识经济时代。当前，关于知识经济的研究和实践逐渐从宏观层次转向了微观领域，学术界开始研究知识经济的微观基础——企业知识管理等问题。知识管理战略及其绩效的研究在知识管理的研究中占有重要地位。它对于了解知识管理的全貌，澄清知识管理活动发展的方向，避免知识资源低效率甚至无效率运用有极其重要的作用。但学术界对知识管理战略、方法及其绩效多以理论探讨为主，少有实证研究。而且在实践中，企业的知识管理战略在实施过程中需要具体措施的支持。那么，企业有哪些知识管理战略可以选择？对应每种战略应该以哪种知识管理的方法来将战略付诸实践？战略与方法如何配合才能提高知识管理的绩效？无疑，这是企业在知识管理活动中迫切需要解决的问题。

　　本章采用理论分析与实证研究相结合方法探究知识管理战略与知识管理方法是否具有一致性。为此，本章拟建立更具普适性的知识管理战略及其方法分类模型，提出知识管理战略与方法两者间的对应关系及其对企业绩效影响的假设，并以问卷调查的方式在广东珠三角地区一般制造业、高科技制造业与服务业中进行实证研究，进而提出企业知识管理的建议。

第二节　理论基础

从实践中的知识管理导入模式看，知识管理系统的出发点大同小异。一般都要从对现状认知与对未来期望的差距着手，在确认战略方向后，根据每个企业内部企业结构、企业文化、核心能力等因素，规划适合本企业情况的知识管理方法。图 29 - 1 是安德森（1996）提出的知识管理系统导入方法。

图 29 - 1　知识管理系统导入模式

由图 29 - 1 可知，知识管理系统导入过程中，战略的制定优先于知识管理系统的设计，这也符合学术界对战略管理的基本认识，即"战略主导企业管理的主要方向，并决定企业资源配置和使用"。

一　知识管理战略

在对知识管理战略进行分类时，采用的变量与方式虽然不同，但都必须考虑到几项基本的知识战略属性，诸如企业必须拥有的知识内涵（着重于隐性或显性知识）、企业应如何获得知识资产（由企业内部研发或从外部取得）、知识环境的稳定性（是否需要不断更新并创造新的知识）、企业希望创造的竞争优势（低成本、差异化或其他）等。我们以扎克（Zack，1999）以及汉森（1999）所提出的两种知识管理战略分类准则作为标准，提出涵盖上述基本战略属性的知识管理战略分类方法，见图 29 - 2。

知识管理战略内涵

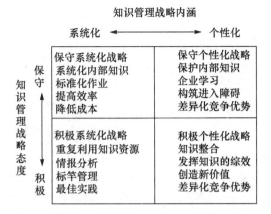

图 29 - 2　知识管理战略的分类模型

知识管理内涵方面。汉森和奥廷格（Oetinger，1999）、达罗克（Darroch，2005）认为，知识管理战略可分为系统化战略与个性化战略。对于前者，企业知识管理活动主要以系统化、文字化的资料、档案为主导，企业只要将所创造或获得的知识加以系统化的编码、储存、利用，即可维持本企业的运营和生产活动，并获得低成本的竞争优势。一般而言这种战略多出现于产品生命周期中的"成熟期"，企业需要依赖大规模生产来创造最大的效益；反之，若企业内存在着大量难以言喻或只能通过个人心智模式认知的知识，就该采取个性化战略。我们知道，新知识大都以隐性的方式存在，且往往不容易系统化编码，产品创新多在这种知识管理战略中诞生，所以，企业会着重以具有独创性的产品或服务来吸引顾客，以获得较好的绩效。

知识管理态度方面。知识管理战略可分为积极战略与保守战略。采取保守战略的企业，其核心知识大都来自企业内部。企业对内部知识严加保护，希望利用其强大的内部核心知识产生排他效果以构建产业的进入障碍，与其他企业的互动较少。企业知识管理的重点在于深化、强化自己的内部知识；反之，采用积极战略的企业，产业内同业互动密切且知识交流十分频繁，企业擅长整合内外知识，并将其发展为一套最适合该企业的知识，知识的生命周期较短，企业必须通过不断创新来维持优势。这样，可以将知识管理战略分为四类：（1）保守系统化战略。这种战略最大目的在于"低成本"（包含生产成本以及营运成本），知识的标准化、系统化为知识管理活动的重点，由于系统化的显性知识有助于大量传播，企业可将知识的再利用性与高复制性作为提高利润水平的基础。（2）保守个性化战略。此为保护性最强的战略，试图以独特的内部知识作为产品或服务差异化的基础，进而构筑产业的进入障碍。由于内部知识具有隐性的属性，不易被模仿或复制，所以其核心知识具有高度的战略价值。（3）积极系统化战略。其最常见的活动是对外部环境或竞争对手的情报搜集、分析和吸收，整合后加以系统化地储存在数据库中，以利于提高员工的工作能力与企业绩效，标杆学习是重要的知识管理活动。（4）积极个性化战略。此战略适合气氛活泼的企业，鼓励员工在企业内与外界交流，以获得知识创新的基础。产业内各企业交流频繁，知识环境变化快速，企业不断吸收新知识来建立竞争优势。

二　知识管理方法

前人针对知识管理从不同的视角或侧面提出了很多种定义，也提出了一些知识管理的方法。本章将安德森（1996）提出的知识管理模型中的元素加以分类，来阐述各种不同的知识管理方法之间的差异，其重要的组成元素如下：

$$KM = (P + K)^s$$

以企业知识环境和企业获得知识的来源为变量将知识管理分为数据库、网络、讨论空间与实时传达四大类，如图 29-3 所示。在各项分类中，区分表 29-1 整理的各项知识管理组成元素，以解释各项分类中知识管理组成元素的差异。

组织知识环境

正式 ←——————→ 非正式

数据库	P/+/K/S	讨论空间
有效率、服从的员工	P	有创意、善合作的员工
Database, Intranet, Data Minimg Systme	+	Lotus Notes, Netmeeting, GrapeVINE
内部数据、文件、档案等	K	企业成员的隐性知识
正式会议或公布栏等	S	非正式人际交流
网络		实时传达
分析力强的员工	P	整合力强的员工
WWW, Autonomy Knowledge Server	+	Emerge, Microdoft Exchange, Digital Dashboard
产业信息、同业情报	K	嵌入于其他企业或顾客的隐性知识
产业分析、外部研讨会	S	企业间的契约合作

内部 ↑ 外部 ↓

图 29-3　知识管理方法分类

表 29 - 1　　　　　　　　　　知识管理组成元素

组成元素	定义	意义
P	人（People）	企业成员特质
+	信息科技（Technology）	常见辅助科技工具
K	知识（Knowledge）	知识特质/属性
S	分享（Share）	知识传递的方式

　　企业的知识环境可分为正式与非正式两类。较为正式化企业，使用正式文件或消息传播知识，如正式会议及数据库。若公司规章、规则、工作说明与工作程序与责任等书面限制文件越多，则正式化程度越高，正式知识环境有利于系统化知识的各项活动，显性知识在这种环境中能够有效率的传递，拥有正式化知识环境的大多是成立时间长且结构完备的企业。反之，非正式化企业多是注重创新、创意的年轻企业或小企业，这种环境有助于传递隐性知识。

　　知识来源可分为内部与外部两类。知识来源倾向于内部的企业重视创新与创意，由于知识来自企业研发的投入，所以企业对具有战略价值的内部知识严加保护，防止外界窃取其竞争优势。另外，若企业重视的不是知识的原创性与差异性，而且强调获取新知识的速度，那么外部取经为最佳途径。这样，我们可将知识管理的方法分为四类：（1）数据库。重点在于"知识数据库"的建立，筛选、分析企业的内部数据、文件、档案，融合成可用的知识，并储存于企业内部的数据库中。通过将内部知识系统化，使得企业中每一位成员都能容易地从数据库中获取所需的知识。员工通过正式渠道，诸如正式的会议、正式的教育训练、公布栏等，分享或传递系统化知识。（2）讨论空间。"营造一个开放、自由的讨论空间"是这种知识管理方法的核心。与"数据库"方法最大的不同点在于其特别适用于非正式化企业知识环境，难以编码和用语言表述的隐性知识特别容易在这里发展。因为隐性知识具有难以表述的属性，正式化的知识传递渠道对其不适用，企业必须营造一个非正式的讨论空间，促进员工分享工作经验。（3）网络。网络功能在于快速地收集各种已文件化、档案化的数据、资料，或已经过分类整理的知识，网络方法重视外部知识的管理。（4）实时传达。实时传达代表知识流通的便利与快速。任何企业外部的对象都可以学习、借鉴，知识来源十分广泛。实时传达在知识需求上较"网络"

更为复杂，难度也更高，对系统化的外部知识已经无法感到满足，嵌入在其他企业中的隐性知识以及顾客心中的感受才是"及时传达"最渴望得到的，然而，既然是嵌入在其他企业中的隐性知识，就无法以一般的途径获得，企业必须通过合作契约使对方愿意释放其隐性知识（谢洪明、吴隆增，2006）。一般常见的做法有共同研发、技术移转、战略联盟、购并等。取得相关的知识之后，全盘接收可能不是明智的做法，因为这样往往会导致两种不同知识的相互冲突或排斥，新知识必须要经过调整才能融入企业中，所以整合能力强的员工是这种方法的最佳知识工作者。企业通过积极整合内外知识提升竞争力，巩固自己在市场中的地位。

三　知识管理绩效

由于知识管理是近几年才出现的管理问题，因此关于知识管理绩效指标的讨论相当有限，表29－2列出近期文献中主要的知识管理绩效指标：知识的存量与流量。另外，也必须考虑知识在定量和定性方面的变化。

表 29－2　　　　　　　　　表征知识管理绩效的部分指标

提出人	知识管理绩效指标
达文波特和普鲁萨克（Davenport and Prusak）	相关资源成长、知识内容以及利用率成长、知识管理项目普及度、全体员工对"知识管理"概念的接受度、财物回收的可能性
谭大纯	研发绩效、产业间研发合作绩效、论文专利与得奖数、人才能力
刘常勇	知识存量的质与量水平、知识获取能力水平、知识流通机制的效率、知识创新能力水平、企业沟通与团队运作效率、员工在知识学习与分享价值观
陈昭宏	竞争优势与利基之空间、管理团队能力、市场力、产品技术、财务贡献
吴万益	成本降低度、品质提升度、弹性增加度、准确性提高度、员工对创新之满意度
方世杰等	专业知识获得、创新能力提升、专利件数增加
Make™奖	整体知识计划质量、高层对知识管理支持度、对技术革新贡献度、促进知识资产最大化措施、知识共享活动效果、持续学习的文化渗透度、创造顾客价值及忠诚度、对股东权益报酬贡献度

注：Make™奖为 Most Admired Knowledge Enterprises（最佳知识企业奖）。

本章根据表征知识管理绩效的方法进一步分为下列八大类，如表29－3所示：（1）企业对知识了解的程度/深度：企业成员所拥有知识的

深度、专业程度和崭新程度。目前，知识管理绩效的文献中，知识深度被
讨论最多（刘常勇，1999）。（2）企业对知识了解的普遍/普及性：知识
是由少数企业成员独占，还是广泛由许多成员共享。许多文献都强调，在
知识快速扩散环境下，企业有必要在短时间内将知识从精英身上扩散出去
（Nonaka and Takeuchi，1995；刘常勇，1999）。（3）企业所拥有知识之多
元性/广度：指知识种类上之多元性（Nonaka and Takeuchi，1995）。
（4）企业整合多种知识的能力/整合力：近年来企业界盛行整合跨领域知
识，强调引入、整合多种知识来源，力求在产品或流程上创新，以延伸或
再生其竞争优势。（5）企业对知识深度的挖掘/成长度：此为前述"知识
深度"在某特定期间内之成长量。（6）企业在知识普及方面的扩散度：
指在某一时期知识扩散的程度。精英知识必须被普及化且迅速扩散，以适
应变化快速的知识环境（Nonaka and Takeuchi，1995）。（7）企业将某用
途的知识转化成其他用途的能力/转化力：企业在不产生质变的情况下，
改变将现有知识的用途，使其成为具有新附加价值的知识形态。例如，英
国某暖气机企业将其技术转化成咖啡烘干机（Nonaka and Takeuchi，
1995）。（8）企业创造全新知识之能力/创造力：指企业创造全新知识内
涵的能力或绩效（Nonaka and Takeuchi，1995；刘常勇，1999）。创造力
在上述各种绩效中，难度最大，但其市场附加价值却未必最高。一般而
言，具有知识创造能力的企业应有一定的资源或条件。

表 29 - 3　　　　　　　　　　知识管理绩效

	定量知识变化	定性知识变化
知识存量大	（1）深度；（2）普及度	（3）广度（多元性）；（4）整合力
知识流量增加	（5）成长度；（6）扩散度	（7）转化力；（8）创造力

资料来源：李宗泽（2001）。

第三节　研究设计

从知识系统的导入模式（见图 29 - 1）可以看出，在战略阶段，安德
森（1996）详述了企业应该着手的四个步骤：确认企业的现状和愿景、

差异分析、探讨难题的解决方案、规划实践措施。通过这四个步骤，企业可以更明确自身在知识管理上的定位，知识管理战略一旦确立，接下来便是设计合适的知识管理方法，以进行后续的知识管理活动，换言之，知识管理方法即是知识管理战略行动方式，具体表述战略想要达到的方向，并落实在企业可实行的活动上。

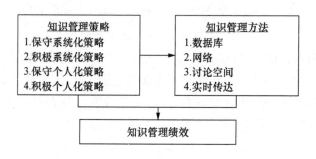

图 29 - 4   研究架构

那么，知识管理战略与知识管理方法之间是否存在一定的对应关系呢？也就是说，特定的知识管理战略是否意味着采取特定的知识管理方法才能取得良好的绩效呢？

为了回答上述问题，我们设计了相应调查表，请企业管理人员回答。一般来说，企业无论导入知识管理项目与否，或多或少都以某种形式进行着企业的知识管理，差别只在于，是否有系统地以项目方式推动。所以本研究问卷的发放对象并不限定于某种产业，而以（中国台湾）中华征信所 2000 年版中国台湾大型企业排名中选取制造业与服务业中位居前列的企业共 600 家，以函寄方式进行问卷调查，调查对象以企业高层领导为主。问卷回收情况如表 29 - 4 所示。问卷所有内容的信度检验结果，其 α 系数都在 0.7 以上，表明本研究的问卷设计在内容一致上的可信度良好，详见表 29 - 5。这也说明我们所依赖的数据具有较好的可靠性。

表 29 - 4   样本回收情况

问卷总数	600
回收数	130
回收率	21.67%
有效回收数	113
有效回收率	18.84%

表 29 – 5　　　　　　　　　　　本研究各变量信度

衡量内容	题号	Cronbach'α 值
组织内知识环境	一 1 – 3	0.7955
组织获取知识来源	一 4 – 6	0.8576
知识管理策略态度	二 1 – 4	0.8073
知识管理策略内涵	二 5 – 8	0.7660
知识管理绩效	三 1 – 8	0.9232

第四节　知识管理战略与知识管理绩效

一　知识管理战略与方法之间存在的对应关系

调查结果显示，企业界知识管理战略与方法具有一定的倾向性。如表 29 – 6 所示，采用保守系统化战略的企业有 89.36% 选择数据库的知识管理方法；采用保守个性化战略的企业有 84.62% 选择讨论空间的知识管理方法；采用积极系统化战略的企业有 68.43% 选择网络的知识管理方法；采用积极个性化战略的企业有 80.95% 选择实时传达的知识管理方法。也就是说，知识管理战略与方法间应存在着一种对应关系，不同的知识管理战略需搭配不同的知识管理方法，其对应关系如图 29 – 4 所示。若将产业类别一并纳入讨论，可以发现一些有趣的现象。

（一）高科技制造业

在高科技制造业中有 43.8% 企业选择保守个性化—讨论空间的知识管理组合模式，且值得一提的是，在 16 份有效问卷中，并没有出现配对失败的个案；这样的分布比例十分符合该产业的特性，个性化的可以促进知识的创新，对于知识环境变动快速的高科技，创新是生存的一项重要技能。此外，保守的态度显示了高科技产业中知识的互动行为比较保守，以自行研发为主，对研究成果自然会严格保护。高科技制造业在知识管理战略与方法对应关系的选择上，正确率极高，这验证了高知识密集的产业对于知识这项资产的确较为重视，所以在战略与方法的选择上，较为慎重。

表 29 – 6   知识管理战略与类型对应关系统计汇总

战略样本数	类型	样本数	百分比（%）
保守系统 化战略 47	数据库	42	89.36
	讨论空间	3	6.38
	网络	2	4.26
	实时传达	0	0
保守个人化 战略 26	数据库	1	3.85
	讨论空间	22	84.62
	网络	1	3.85
	实时传达	2	7.68
积极系统化 战略 19	数据库	1	5.26
	讨论空间	1	5.26
	网络	13	68.43
	实时传达	4	21.05
积极个人化 战略 21	数据库	4	19.05
	讨论空间	0	0
	网络	0	0
	实时传达	17	80.95

（二）一般制造业

中国台湾传统制造业中大多数企业规模庞大，以产能的扩充、成本的降低为经营管理的主要目标，在这种情况下，保守系统化战略—数据库自然为其最佳的选择。可见，中国台湾一般制造业对知识管理问题仍在探索之中，或者是对此问题的态度比较保守。

（三）服务业

本章在服务业的各组分配比例中，并没有找到服务业特别偏好的知识管理战略与方法配对方式，由于本章属于一般性研究，并未将服务业细分，各行业性质差异大，在知识管理需求上也有差异，所以样本分散于各组中。

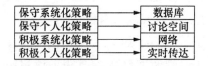

图 29 – 5   知识管理策略与知识管理方法的对应

在各产业中知识管理战略与方法对应的关系汇总表（见表29-7）中我们发现，四组知识管理战略与方法的配对中，保守系统化战略—数据库所回收到的样本最多，占全数有效样本的37.2%，其余三组及配对错误样本占比均未超过20%，这显示了中国台湾地区大企业所推行的知识管理作风大都趋于保守，推行知识管理的目的着重于知识的编码与储存，这仅仅是知识管理的初级阶段。在中国台湾地区，多数企业还停留在低价战略阶段，为配合企业经营战略，所以采取"降低成本、提高效率"的知识管理战略，效率与成本虽为企业经营中的重要因素，然而差异化才能真正体现企业的价值，所以，未来中国台湾企业在知识管理上仍有很大的推广和进步空间。

表29-7　中国台湾各产业中知识管理战略与方法对应的关系汇总

	高科技制造业		一般制造业		服务业		总计	
	样本	占比(%)	样本	占比(%)	样本	占比(%)	样本	占比(%)
保守系统化战略—数据库	4	25.0	25	64.1	13	22.4	42	37.2
保守个性化战略—讨论空间	7	43.8	1	2.5	14	24.2	22	19.5
积极系统化战略—网络	2	12.5	3	7.7	8	13.8	13	11.5
积极个性化战略—实时传达	3	18.7	4	10.3	10	17.2	17	15.0
其他	0	0	6	15.4	13	22.4	19	16.8
总计	16	100	39	100	58	100	113	100

此外，在四组分类中，保守系统化战略—数据库与积极个性化战略—实时传达分属两个极端，位于中间的另外两组保守个性化战略—讨论空间与积极系统化战略—网络，在知识属性与来源的程度界定上较容易产生模糊，所以，由表29-7可发现，中国台湾的企业中间两组样本中，分别有样本落于四个不同的知识管理方法中，其中，积极系统化战略—网络为配对现象相对不明显的一组。整体来说，错误配对的情况虽偶有出现，但只占各组比例的一小部分，表中仍能够清楚地看到中国台湾的企业中，大部分企业的知识管理战略与方法能够搭配正确。

二　知识管理战略、方法对知识管理绩效的影响

知识管理战略与方法之间存在一定的对应关系，在正确的对应组合下，应能导致较高的知识管理绩效，这也代表知识管理战略与知识管理方法相互配合的重要性，企业必须先拟定适用于该企业的知识战略，而后根

据该战略搭配相对应的知识管理方法，如此才能提高绩效。但企业在实际中的效果是否果真如此呢？下面我们依据统计数据进一步分析知识管理战略、方法与绩效的关系。

由于本章中各指标都有特殊意义，所以，在计算各样本的平均绩效表现值时，采用八项平均值，并未作加权计算。我们将样本分为五组，并对"知识管理绩效平均值"做单因素分析，采用 0.05 的显著水平，见表 29-8。知识管理战略与方法对应关系对知识管理绩效的单因素检验，F 值为 16.803，P 值远小于显著水平 0.05，表示五组的"知识管理绩效平均值"不相等且有显著差异。为验证五组中是否有绩效表现较佳或较差现象，本章进一步采取事后多重比较，两两检验其绩效平均值差异的显著程度，其结果如表 29-9 所示。

表 29-8　知识管理战略与方法对应关系对知识管理绩效的单因素检验

组别	对应关系	个数	平均数	标准差	F 检验	显著性
1	保守系统化战略—数据库	42	5.0804	0.6795	16.803	0.000
2	保守个性化战略—讨论空间	22	5.2784	0.6932		
3	积极系统化战略—网络	13	5.1154	0.6239		
4	积极个性化战略—实时传达	17	5.2941	0.6327		
5	其他	19	3.7632	0.8035		
总和		113	4.9336	0.8656		

表 29-9　　战略与方法对应关系对知识管理绩效的多重比较

组别	1	2	3	4
2	-0.1981 (0.880)			
3	-3.5027E-02 (1.000)	0.1630 (0.978)		
4	-0.2138 (0.885)	-1.5709E-02 (1.000)	-0.1787 (0.974)	
5	1.3172 (0.000) ***	1.5153 (0.000) ***	1.3522 (0.000) ***	1.5310 (0.000) ***

注：＊表示 P<0.1，＊＊表示 P<0.05，＊＊＊表示 P<0.001。

我们发现，第 5 组相对于其他四组有显著的差异性，而其他四组的差异却不显著。这就是说，第 5 组的知识管理绩效显著低于其他四组。所以，知识管理战略与知识管理方法搭配正确的企业，其知识管理绩效较高。

　　但这是否意味着保守系统化战略采取数据库方法才能取得绩效呢? 在表 29 - 9 中 1—4 组的绩效平均值未显示任何显著差异。为此,我们假设此观点成立,并将保守系统化战略的样本分为"成对"(亦同时采取数据库方法知识管理)与"其他"两组,分别代表知识管理战略与方法对应的"成功"与"失败"关系,并对两组的知识管理平均绩效值进行 t 检验,见表 29 - 10。可以看出,"成对"与"其他"两组的绩效平均值在四个组别中都呈现显著性的差异。可以认为,保守系统化战略采取"数据库"方法才能取得较好的绩效。按照同样的方法可以得出,保守个性化战略采取讨论空间方法才能取得较好的绩效;积极系统化战略采取网络方法才能取得较好的绩效;积极系统化战略采取实时传达方法才能取得较好的绩效。

表 29 - 10　　　　　战略与方法对应关系对知识管理绩效的 t 检验

组别	绩效平均值		F 检验	T 值	显著性
	成对	其他			
1	5.08	3.43	0.035	5.098	0.000 ***
2	5.28	4.50	1.33	1.899	0.070 *
3	5.16	3.52	0.644	4.917	0.000 ***
4	5.30	3.81	7.382	4.687	0.000 ***

注: *表示 P < 0.1, **表示 P < 0.05, ***表示 P < 0.001。

　　(1) 保守系统化战略宜采用的知识管理方法为数据库。为了降低成本,将内部资源效用极大化是必要手段,所以知识资产属性必须具有易标准化、易存取、易传递特性,企业一旦将知识系统化地保留下来,便可以广泛地、重复地运用这些知识来创造或改善产品及服务。另外,由于知识的来源在企业内部,知识发展的重点在于强化、深化内部知识,并经编码后系统化地保留下来,目的是让所有员工都能方便取用所需的知识,在追求"高效率""低成本"的前提下,企业发展知识数据库以储存内部知识,并利用各种正式会议将知识传播给员工,员工也可通过内部网络系统,交换文件及档案或撷取数据库中保存的各项系统化知识。"信息科技虽然不是知识管理的关键,但可以使知识管理变得更有效率,信息科技能影响所搜集的信息量和所需花费的时间"（Andersen，1996）。有了数据库、内部网络等信息科技的协助，企业可以缩短知识活动的流程，使知识资产杠杆充分发挥。同时严谨的正式化知识环境，也可以减少时间等资源的浪费，由正式的渠道快速地让每位员工进入状态。在工作上，无须加入太多个人判断；在知识的获取上，也无须借助无效率的非正式聚会，所有的活动都已经过标准化程序，企业运作十分规律、顺畅，自然能达到"高效率""低成本"的战略目标。

（2）保守个性化战略宜采用的知识管理方法为"讨论空间"。这是保护性最强的知识管理战略。企业以提供顾客化服务来创造价值，"创新""顾客化"是该战略对知识的需求。所以知识管理的重点不在"量大"，而在于"质精"，因此企业应营造适合隐性知识发展的知识环境，以协助知识的内化与共同化，Nonaka 和 Takeuchi（1995），Krogh、Nonaka（1994）认为，获得隐性知识的关键在于分享经验，从而进入分享和创造隐性知识的过程。这种难以言喻的隐性知识唯有在自由开放的气氛、环境中才能被创造出来，非正式的聚会以及一些自由的讨论空间皆有益于隐性知识的发展与交流，员工在非正式的环境中，通过人际间的互动、经验分享来激发创新的灵感与动力，很多宝贵的知识即是在茶余饭后产生。保守个性化战略下的知识资产具有高度的战略价值，知识在内部酝酿产生，受到严密的保护，因为企业希望借由差异化的创新知识来提高附加价值，在市场上取得有利的战略定位，又因为隐性知识具有"难以言喻""难以模仿"的属性，更加强了这种知识的战略重要性。

（3）积极系统化战略宜采用的知识管理方法为"网络"。由于资源有限，企业倾向于利用外部知识搜集的方式，来加速知识的吸收与学习，企业非常重视外部知识如产业信息、竞争对手情报、顾客意见等，通过整合与标准化程序将之转化为最适合自己的知识，并系统化地储存在企业内部的数据库中，以提高自己的知识水平与竞争力。"高效率"仍是其知识管理的重点，企业成员可以通过文件、会议、布告栏来传播知识，在正式化环境中达到高效率的知识运用。采取此知识管理战略与方法的企业，一般都有专司外部知识的部门，在将知识经过分析整理后，发展成企业内部强大的知识数据库，如重视行销的消费性产品企业，对每个顾客群、每个渠道、每个产品品类或品项，甚至相关的市场信息、政府法规等，都有专人负责情报的搜集及分析，再储存于企业内部的数据库或网络图书馆中，协助每位产品经理的决策分析，以期将市场风险降到最低。

（4）积极个性化战略宜采用的知识管理方法为实时传达。这种知识管理战略发展目的是创造"新典范"与差异化竞争优势，知识来源不限企业内外，重点是知识的附加价值与实用性，不仅在企业内部交流频繁，对镶嵌于其他企业或是顾客群中的知识也非常感兴趣。在与其他企业交流隐性知识时，为回避商业机密，多以契约合作的方式进行，使知识传递具有合法性。这样也才能真正接收完整而珍贵的隐性知识，而不是道听途说或断章取义。此外，为了解顾客意见，企业也可举办座谈会等活动，一方面拉近与顾客的距离，另一方面掌握市场情报。企业扮演的角色不单是知识的使用者，也以积极的态度追求新价值的创造，希望通过积极发展隐性知识，来取得关键的外部知识，借以发展自己的差异化竞争优势。

本章小结

一　研究结论

从上面的研究结果可知，知识管理应有正确的战略作为指导，也要有正确的方法来付诸实施。知识管理方法必须与知识管理战略相互配合，"战略"指导"方法"，而方法又决定了其他下游知识管理活动的设计，环环相扣，企业在知识管理规划上必须考虑各阶段信息的反馈，确认从战略到整体作业流程方向的一致性。我们发现，一定的知识管理战略应该对应特定知识管理方法。正确的搭配会提高企业的绩效。即：（1）保守系统化战略采取数据库方法才能取得较好的绩效；（2）保守个性化战略采取讨论空间方法才能取得较好的绩效；（3）积极系统化战略采取网络方法才能取得较好的绩效；（4）积极系统化战略采取实时传达方法才能取得较好的绩效。无论知识管理的导入与否，不可否认知识早就是存在于企业中的重要资产，而各部门或多或少都已经从事某种程度上的知识管理，只是各自为政导致了企业资源上的低效率或者浪费，所以企业迫切需要找到一个明确的知识管理战略和方法。然而，我们的研究发现，并没有特定的知识管理方式适用于某个产业，所以，企业必须要针对自己的实际情况，采取合适的措施。

二　对后续研究的建议

虽然本章得出了许多对知识管理非常重要的结论，但仍存在一些不足。（1）本章中我们仅探讨了知识管理战略与知识管理方法之间的关系，然而这只是知识管理整个活动中开始的两个步骤，接下来的其他活动也会相互影响，后续研究可以探讨其他活动的相互关系。（2）我们并未发现产业对知识管理需求的直接相关关系，但不同的产业对知识管理的需求应该有所差异，后续研究可以针对产业中的一些特殊特性加以研究，找出产业特性对知识管理的需求关系。（3）样本主要取自中国台湾，本章的结论尚未在具有类似文化背景的"大中华圈"的中国大陆、新加坡、韩国等地区得到验证，也没有对这些地区乃至世界其他地区的结论做比较研究，这或许是将来的一个研究方向。

第三十章　企业技术创新类型与知识管理方法的关系

在对知识管理战略及方法进行一般性分析之后，本章主要探讨技术创新类型与知识管理方法之间的对应关系，并以新产品开发绩效作为标准来衡量其绩效。为此，建立一般意义上的分类模型（将技术创新分为渐进型、建构型、模组型和激进型四类；知识管理的方法分为数据库、讨论空间、网络和实时传达四类），并基于中国台湾制造业企业的问卷调查，对上述问题进行实证和理论研究发现，技术创新应该采取合适的知识管理方法才能取得好的新产品开发绩效。

第一节　引　言

进入 21 世纪以来，越来越多的企业认识到知识已逐渐成为一种战略性的资产，是企业创造竞争优势的主要来源，随着产品、服务的内涵以及生产的程序越来越复杂与专业化，企业竞争的基础也由资产资源转向知识资源，企业需要把高效的知识创新作为经营管理的主要手段。由于企业必须以技术创新开发具有特色的产品和服务以创造利润，而成功的技术创新又需要良好的知识基础，所以，知识管理与技术创新就成为新产品开发工作中的重要内容。那么知识管理与技术创新之间的关系如何？一定的技术创新类型是否应该对应一定的知识管理方法才能提高技术创新的绩效？无疑，这是企业在技术创新活动与知识管理过程中迫切需要解决的问题。

本章采用理论分析与实证研究相结合的方法探究技术创新与知识管理两者间的互动关系，并了解这种互动关系对新产品开发绩效的影响。为此，建立了技术创新和知识管理方法的分类模型，提出技术创新类型和知识管理方法之间对应关系及其对技术创新绩效影响的假设，并以问卷调查的方式在中国台湾高科技制造业、一般制造业中进行实证研究，进而提出企业技术创新和企业知识管理的建议。

第二节　理论基础

创新是企业运用新知识来开发新产品与新服务来创造企业价值，进而提高企业创造价值和参与市场竞争能力的经营活动。企业的内部知识管理与创新活动之间存在着密切的关系。同时这两者也受到企业经营环境的影响，如图 30-1 所示。

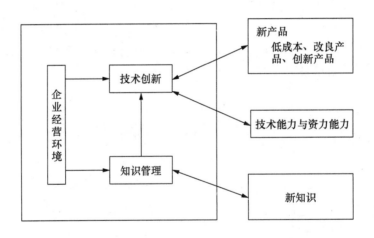

图 30-1　企业经营环境、知识管理和技术创新之间关系类型

广义创新包含技术创新与非技术创新两类，技术创新是指对产品或生产的创新或改良，而非技术创新则指管理理念或观念上的突破以及组织制度的变革等。本章所说的技术创新包括生产制造和管理两方面内容。一般认为，技术创新根据对企业经营中的冲击程度大小可分为渐进型创新与激进型创新两种类型，前者以既有知识为基础进行创新，对于企业既有的核心能力具有逐步强化的效果；后者则在与现有知识几乎完全不同的新知识基础上进行创新，对于企业既有产品可能产生替代性破坏效果。学术界根据不同标准对技术创新类型进行了不同的划分。例如，被分成重大产品创新和改良式生产创新或者延续性创新与突破性创新等。亨德森和克拉克（1990）认为，创新活动所运用的新知识可能强化现有知识也可能摧毁现有知识，他们采用元件知识与建构知识两个变量（见表 30 - 1），依据创新对于现有知识破坏和强化的程度将创新活动分为渐进型创新、建构型创新、模组型创新和激进型创新四类，如图 30 - 2 所示。

表 30 - 1　　　　　　　　　　　元件知识和建构知识特性

知识类型	内容
元件知识	技术性的知识，可编码的显性知识
	有关某一产品中某一零件的知识
	关于产品各项核心设计观念以及这些观念如何在各元件上实施的知识
建构知识	系统性、整合性的隐性知识
	串联某一产品中各零件的知识
	通常存在于组织的例行工作或程序之中，即使对其作任何改革也是难以观察或表达的知识
	如何将各元件完整地、系统地进行整合的知识

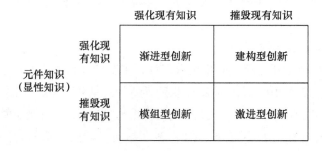

图 30 - 2　技术创新类型

（1）渐进型创新。针对现有产品的元件作细微的改变，强化并补充现有产品设计的功能，至于产品架构及元件的连接则不作改变。

（2）建构型创新。重新设计产品的结构以及元件的连接方式，而对产品的元件以及核心设计基本上不作改变。

（3）模组型创新。这种创新是针对现有产品的几种元件或核心设计作摧毁式的创新变革。对产品结构和产品之间的连接不作改变，新的元件可以同时相容于新的产品结构中。如数字电话的发明，改变了拨号盘的核心设计，但整个电话结构并未改变。

（4）激进型创新。创造出新的核心设计概念，同时所需的元件、结构及其中的连接都进行变革，此类创新力求产生新的产品。亨德森和克拉克（1990）的分类将创新的类型与知识的内涵进行了整合，所以适合探讨知识管理方法与创新活动类型的互动关系。

一　知识管理方法

前人针对知识管理从不同的视角或侧面提出了很多种定义，也提出了一些知识管理的方法。我们以企业知识环境、企业获得知识的来源为变量将知识管理分为数据库、网络、讨论空间和实时传达四大类，有关讨论参见第二十九章有关内容。

二　产业与组织规模

产业代表一群独特的生产或营利性组织，不同产业面临不同的竞争环境和生存条件，因此其间的企业采取的战略也有所不同。为了考察不同产业对技术创新以及知识管理的影响，我们将制造业分为高科技制造业和一般制造业。组织规模对技术创新和知识管理的方法也有重要影响，参考达文波特和普鲁萨克（2001）的研究，本章将企业规模分为 300 人以下和 300 人以上两类。

三　新产品开发绩效

评估新产品开发绩效的指标有多种，主要涉及财务以及市场机会等方面。本章主要采用以下指标来考察新产品开发绩效：（1）各项新产品项目进度的完成情况；（2）新产品成功上市比例；（3）高层主管对新产品项目整体绩效的主观满意度；（4）新产品项目超出预算的比例；（5）新产品项目技术绩效满意程度；（6）新产品开发失败与中途停止的比例；（7）在同样时间内较其他同业竞争者推出的新产品数目。

第三节　研究设计

本章研究框架如图 30-3 所示。对企业而言，无论是否实施知识管理的项目，都或多或少地以某种形式进行着企业的知识管理，也适时进行某种程度的技术创新。那么技术创新类型和知识管理方法之间是否存在内在关系？是否特定的技术创新类型需要特定的知识管理方法才能取得好的产品创新绩效呢？

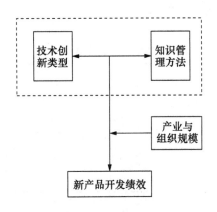

图 30 - 3　本章研究框架

为了回答上述问题，我们设计了相应的调查表，请企业管理人员回答，每一问题的答案从非常不同意到非常同意共 7 个区分。考虑到有实际产品的企业对技术创新的理解会更深刻，所以，我们的问卷发放对象为台湾中华征信所 2000 年版台湾大型企业排名前 500 名的制造企业 337 家，以邮寄方式进行。同时，我们针对中国台湾中山大学、台湾大学等著名大学的 EMBA 学员发放了 175 份问卷，共计 512 份。问卷回收情况如表 30 - 2 所示。其中，高科技制造业有效样本 38 份，占 33.93%；一般制造业有效样本 74 份，占 66.07%；300 人以下企业 30 份，占 26.79%；300 人以上企业 74 份，占 66.07%；有 8 份问卷中的企业人员数据遗漏，占 7.14%。

表 30 - 2　　　　　　　　　　样本回收情况

问卷总数（份）	512
回收数（份）	126
回收率（%）	24.61
有效回收数（份）	112
有效回收率（份）	21.88

　　问卷所有内容的信度检验结果，其 α 系数都在0.8以上，表明本研究的问卷设计在内容一致上的可信度良好，详见表30-3。这也说明我们所依赖的数据具有较好的可靠性。

表30-3　　　　　　　　　　本研究各变量信度

衡量内容	题号	信度（α 值）
知识环境	ABC	0.8879
知识来源	DEF	0.8687
元件知识	GH	0.9310
结构知识	IJ	0.9454
新产品开发绩效	KLMNOPQ	0.8907

第四节　技术创新类型与知识管理

一　技术创新类型与知识管理对应关系

　　调查结果显示，采用渐进型技术创新的企业最多，其次是激进型技术创新，建构型技术创新与模组型技术创新被采用的较少。而且，采用渐进型技术创新的企业有56.82%选择数据库的知识管理方法；采用建构型技术创新的企业有46.67%选择讨论空间的知识管理方法；采用模组型技术创新的企业有46.15%选择网络的知识管理方法；采用激进型技术创新的企业有45%选择实时传达的知识管理方法（见表30-4）。我们将企业技术创新的类型和知识管理的方法进行相关分析得相关系数为0.35（$P < 0.01$），可见，企业技术创新类型和知识管理方法之间存在显著的相关关系。

二　技术创新类型、知识管理对产品创新绩效的影响

　　技术创新类型与知识管理方法之间存在一定的对应关系，在正确对应组合下，才能产生较高的知识管理绩效，这也代表技术创新类型与知识管理方法相互配合的重要性。企业确定技术创新的类型后，应该搭配相对应的知识管理方法，才能相得益彰，提高绩效。但企业在实际中的效果是否果真如此呢？下面我们依据统计数据进一步分析技术创新类型、知识管理方法与绩效的关系。由于本章中我们的各指标都有特殊意义，所以在计算

各样本的平均绩效时，采用各项的平均值，不作加权计算。我们将样本分为五组，并对新产品开发绩效做单因素分析，采用 0.05 的显著水平，参见表 30 - 5。F 值为 16.176，P 值远小于显著水平 0.05，表示五组的新产品开发绩效不同且有显著差异。

表 30 - 4　　　　技术创新类型与知识管理方法对应关系统计汇总

技术创新类型	知识管理方法	样本数	百分比（%）
渐进型创新 44	数据库	25	56.82
	讨论空间	5	11.36
	网络	6	13.64
	实时传达	8	18.18
建构型创新 15	数据库	2	13.33
	讨论空间	7	46.67
	网络	3	20.00
	实时传达	3	20.00
模组型创新 13	数据库	1	7.69
	讨论空间	4	30.77
	网络	6	46.15
	实时传达	2	15.38
激进型创新 40	数据库	8	20.00
	讨论空间	7	17.50
	网络	7	17.50
	实时传达	18	45.00

表 30 - 5　技术创新类型与知识管理方法对新产品开发绩效的单因素检验

组别	对应关系	个数	平均数	标准差	F 检验	显著性
1	渐进型创新数据库	25	4.2130	0.5296	16.176	0.000 ***
2	建构型创新讨论空间	7	5.7959	0.5007		
3	模组型创新网络	6	5.0476	0.5230		
4	激进型创新实时传达	17	5.4370	0.7618		
5	其他	57	3.7632	0.8207		
	总和	112	4.7207	0.9050		

注：* 表示 P < 0.1，** 表示 P < 0.05，*** 表示 P < 0.001。

　　研究发现，第 5 组相对于第 1、第 2、第 4 组有显著的差异性，即第 5 组的绩效低于第 1、第 2、第 4 组的绩效。其他 4 组之间不显著。我们也看到，第 5 组与第 3 组相比却不显著，这可能是因为第 3 组的个数太少，模组型创新企业多采用了知识管理的网络法，较少采用其他知识管理方法。总体上看，我们可以认为，技术创新类型与知识管理方法搭配正确的企业，其新产品开发绩效较高。但这是否意味着渐进型创新采取数据库方法才能取得较好的绩效呢？为此，假设此观点成立，并将渐进型创新的样本分为"成对"（亦同时采取数据库方法进行知识管理）与"其他"两组，分别代表技术创新类型与方法对应的"成功"与"失败"，并对两组的新产品开发绩效进行 t 检验，见表 30 - 6。

表 30 - 6　　技术创新类型与知识管理方法对新产品开发绩效的 t 检验

组别	绩效平均值		F 检验	t 检验	显著性
	成对	其他			
1	5.0114	4.4060	13.376	- 2.592	0.015 **
2	5.7959	4.0714	0.000	- 6.308	0.000 ***
3	5.0476	3.9184	2.275	2.689	0.021 **
4	5.4370	4.1925	0.588	- 4.925	0.000 ***

注：＊表示 $P < 0.1$，＊＊表示 $P < 0.05$，＊＊＊表示 $P < 0.001$。

　　可以看出，"成对"与"其他"两组的绩效平均值在四个组别中，都呈现显著性的差异。所以，渐进型创新采取数据库方法才能取得较好的绩效。按照同样的方法，我们得出，建构型创新采取讨论空间方法才能取得较好的绩效；模组型创新采取网络方法才能取得好的绩效；激进型创新采取实时传达方法才能取得较好的绩效。也就是说，渐进型创新对应数据库。渐进型创新是建立在企业已有知识基础上进行创新，以强化企业已有的核心竞争力。由于企业所需的元件知识及建构知识主要来自组织过去的基础知识，较少从企业外部取得，所以，渐进型创新的重点是将既有知识归纳整理并储存于内部数据库中，以使组织成员获得组织内部所拥有的元件知识和建构知识。由于渐进型创新活动以改善既有产品为主，提高知识的利用率是知识管理的重点，所以通过内部正式会议、研讨会或内部资料网络等途径将组织成员的知识内化或文件化，通过数据库技术系统地整理、存储于企业内部数据库是最快速、最有效的方式。

建构型创新对应讨论空间。建构型创新用与以往不同的建构性知识进行产品创新，这对组织原有的建构知识造成一定的破坏，所以，知识管理的重点是帮助组织成员求得建构隐性知识，所需的方法应为以非正式渠道自组织内部获得所需知识的讨论空间。建构知识通常存在于组织的例行工作或程序之中，不易系统化、编码化，所以，必须通过讨论来实现经验分享、边做边学等内化或同化知识转化方法，才能协助组织成员掌握和创新建构知识。具体做法包括非正式会议、建立内部人际网络、师徒制、提供完善的非正式讨论空间等。

模组型创新对应网络。模组型创新增强了组织的建构性知识。虽然有关元件间的连接没有改变，却可能破坏原先的元件知识，甚至替代原有的元件知识。这表示组织内部缺乏足够的元件知识，需要从外部获得。元件知识易于系统化、内部化，所以组织多以聘请顾问、委托外部研发或是通过网际网络技术直接从组织外部获得所需的知识。由于企业外部的信息往往丰富而庞杂，所以此时知识管理的目的是将组织外部获得的知识系统整理，并应用通信网络和大规模的数据库进行知识转换，使组织成员可以通过网络及时获得所需的知识（刘常勇、谢洪明，2003；蓝海林，2015）。

激进型创新对应实时传达。激进型创新建立在与现有知识几乎完全不同的新知识基础上，破坏性地替代企业现有核心能力。此时，原有的元件知识和建构知识都遭破坏。而且激进型创新的目标是新的产品，时效性对其非常重要，所以，组织倾向于从组织外部取得所需的知识。建构型知识无法文件化，所以组织需要建立一种因地制宜的方式进行知识的传递。此时，知识管理的重点是让组织成员以最快速的方式获得所需的知识。无论企业通过与外界共同开发还是通过并购获取所需的元件和建构知识，都需要采取实时传达的知识管理方法。具体可通过组成社团或者另外成立独立的组织等方式进行。

三　产业与组织规模的影响

我们用技术创新类型与知识管理方法搭配正确的新产品开发绩效均值，对高科技制造业和一般制造业进行 t 检验，得到表 30-7。我们发现，在技术创新类型与知识管理方法搭配正确的企业中，高科技制造企业的新产品开发绩效较一般制造企业显著。这说明，高科技企业为知识密集或需要高级技术的产业，技术创新对知识管理的要求更高，知识管理对技术创新的影响也相对较大。高科技企业的技术密集优势加上正确知识管理方法的配合，有助于企业的新产品开发绩效，而一般的传统制造企业若希望追赶高科技企业，就必须加强知识管理的投资。

表 30 - 7　　高科技制造企业与一般制造企业新产品开发绩效 t 检验

技术创新类型与知识管理方法搭配正确的企业新产品开发绩效均值		F 检验	t 检验	显著性
高科技制造企业	一般制造企业			
5. 5905	5. 1179	0. 274	2. 489	0. 016 **

注：**表示 5% 的水平下显著。

我们用技术创新类型与知识管理方法搭配正确的企业新产品开发绩效均值，对 300 人以下的企业和 301 人以上的企业进行 t 检验，得到表 30 - 8。我们发现，对 300 人以下的企业比 301 人以上的企业新产品开发的绩效显著。这说明组织规模越小，知识传递越快，对新产品的开发越有利。而且同样是技术创新类型与知识管理方法搭配正确的企业，员工数越少，新产品开发的绩效越好。中国台湾和大陆都有很多中小企业，这些企业若能深刻理解自己技术创新类型，并采取正确知识管理方法，其新产品开发效率必定比大企业高，即使大企业有相对雄厚的资本实力。同时，大企业的企业员工人数越多，即使技术创新类型与知识管理方法搭配正确，其新产品开发绩效仍会比员工数少的企业逊色，所以，规模庞大的企业只有合理划分各部门的组织人数，使其高效运作，才有助于提高新产品的开发绩效。

表 30 - 8　　　　　　企业规模对新产品开发绩效影响的 t 检验

技术创新类型与知识管理方法搭配正确的企业就产品开发绩效均值		F 检验	t 检验	显著性
300 人以下	301 人以上			
5. 6723	49955	1. 759	3. 878	0. 000 **

注：**表示在 1% 的水平下显著。

本章小结

从上面的研究结果发现，特定的技术创新类型必须与特定的知识管理方法相互配合，才会提高新产品开发的绩效。主要结论包括（1）渐进型创新采取数据库方法才能取得较好的绩效；（2）建构型创新采取讨论空间方法才能取得较好的绩效；（3）模组型创新采取网络方法才能取得较好的绩效；（4）激进型创新采取实时传达方法才能取得较好的绩效。我们也发现，同样是技术创新类型与知识管理方法搭配正确的企业，高科技制造企业的新产品开发绩效较一般制造企业显著，员工人数较少的企业比员工数多的企业显著。我们的研究结果有一定的理论价值，对企业技术创新和知识管理实践也有一定的指导作用。

虽然本章得出了许多对企业技术创新和知识管理都有重要意义的结论，但仍存在一些不足（1）技术创新和知识管理的分类都是多元的，不同分类之间的关系还需要进一步探讨；（2）本章所涉及的知识管理类型侧重于知识的分享，实际上，企业的"失败经验"在知识管理和技术创新过程中也很重要。所以探讨如何"分享失败经验知识"对企业的运作必定有很大贡献；（3）本章的样本主要取自中国台湾，结论尚未在具有类似文化背景的"大中华圈"的中国大陆、新加坡、韩国等国家或地区得到验证，也没有对这些地区乃至世界其他地区的结论做比较研究，这或许是将来的一个研究方向。

第三十一章　知识管理战略与企业技术创新理论模型

一直以来，以知识为核心的资源基础战略观认为，企业竞争优势来源于能力，特别是核心能力的积累。研究表明，技术创新能力是企业构建核心能力的重要影响因素，而企业技术创新能力的形成是一项综合、复杂的知识系统工程，受企业内部和外部多种知识及其他相关要素的影响，这些知识影响因素不是单一的，也不是孤立的。因此，为了进一步探讨知识管理战略与企业技术创新之间的逻辑关系，正确认识影响技术创新的知识及其因素，本章基于知识资源基础战略的观点，讨论技术创新能力的影响因素及其相互关系，并提出了知识管理战略影响企业技术创新的理论假设模型。

第一节　引言

在环境快速变化的知识经济时代，企业生存和发展的游戏规则已经逐渐改变，知识管理能力以及知识资产的产生、积累和发展等问题日益受到学术界和实务界重视，知识资产是企业经营中最重要的资本，是企业中最重要的资源（Drucker，2006）。知识管理已逐渐成为企业战略管理的中心问题，创造知识将是未来企业成功的关键因素。而知识力量的形成则往往需要通过组织学习与组织创新的途径。在国际分工与企业国际化日益盛行的今天，中国的传统产业由于附加值低而正面临前所未有的挑战。中国企业在走向全球化与国际化的过程中，要提升产业的核心竞争力，强化产业的竞争优势，不能长期过分依赖劳动力、土地等传统生产要素的优势，而必须提高产品的附加值，这已是企业界和学术界的共识。为此，中国的产业一方面应提升传统产业附加值，另一方面则应扶植高科技产业的经营实力，而要提升这两方面能力，就必须加强企业的知识开发、知识整合与管理，并形成产业的核心能力，进而提升国家的整体经济开发能力。因此以知识整合和再创新等问题为核心的企业管理问题就成为一个关系企业生存和可持续发展的重要问题。

以资源为基础的战略观认为，企业竞争优势来源于能力，特别是核心能力的积累，研究表明，技术创新能力是企业构建核心能力的重要影响因素，而企业技术创新能力的形成是一项综合、复杂的知识管理系统工程，受企业内部和外部多种知识性因素的影响，这些影响因素不是单一的，也不是孤立的。正确认识影响技术创新的因素是企业技术创新管理领域的研究者面临的重要课题。在前人关于技术创新影响因素的研究中，组织学习、知识能量、知识整合等知识性要素最受学者的关注。例如 Calantone 等（2002），谢洪明、赵丽和程聪（2011）等都认为，企业的组织学习越强，其技术创新能力越强；蒂斯等（Teece et al.，1997）以及列文索尔（1990）都认为，知识能量的积蓄对企业技术创新有重要的影响。在激烈竞争的产业中，只有通过技术整合才能提高组织学习新知识的速度从而满足技术创新的需求，并且技术整合越好的企业，研发效率和产品创新也越好。

显然，企业技术创新活动会受到所有上述变量的影响，虽然学者的研究表明上述变量分别对技术创新都有重要影响，但这些技术创新的影响因素之间是否存在特定的路径关系？这些变量对技术创新的作用是相互促进还是会相互抵消？如何对与这些影响因素相关的资源进行更为有效的配置和管理以提高技术创新的效率？实践中技术创新能力不强的企业是否忽视了某些影响因素，或者过分重视了某些因素？正确理解上述问题对理解企业提升技术创新能力的机理非常重要，也是企业实践中迫切需要解决的问题。但目前相关研究还没有将上述变量整合在一个理论模型中并检验各变量之间协同作用及相互影响路径和机理，以及它们对技术创新的综合影响，特别是没有在转型经济情景下进行实证研究。

第二节　理论基础与研究假设

一　知识能量、知识整合和技术创新关系

知识是创新的基础，技术创新需要知识和信息的支持。在知识管理活

动中，知识的解码、获取、积累和流通等知识能量的积蓄活动以及知识整合逐渐受到人们的重视。胡伯（1991）认为，知识能量是指知识在企业内各部门间积蓄、转移而产生力量的过程，知识能量积蓄必须经过知识获取、知识传递、知识解码和组织记忆等过程。我们认为，组织知识能量积蓄过程包括知识解码、知识获取、知识积累和知识流通四个过程。创新是指在组织中引入新的观念、产品、工艺、体制及方法等，知识管理视角下的技术创新是指以一项新技术的发明和应用来促进产品、工艺及服务的改进（谢洪明、应郭丽、陈盈和程宣梅，2012）。知识资源的创造和运用能力决定着组织的创新水平。对相关技术知识和资料进行解码是知识能量积蓄和技术创新的前提；知识获取可以为技术创新过程以及技术创新能力的形成提供必不可少的一些知识，特别是关键性的技术知识；知识积累可以为企业持续的创新奠定基础；知识流通有助于相关人员获得所需的技术知识，并应用相关知识进行创新活动。蒂斯等（1997）强调在动态的环境中，组织对内外部知识的获取、积累和应用及整合能够产生更多的创新观念。科恩和列文索尔（1990）也认为，知识解码、获取、积累和应用不仅是影响组织创新能力的关键要素，也会进一步促进产品和工艺的不断创新，从而维持企业的竞争优势。基于此，提出如下假设拟加以验证：

H31－1：知识能量的积蓄对技术创新有正向影响。

扎克（1999）认为，组织必须对扩散到组织各处的知识进行整理、整合、分享才能发挥知识的作用。本章综合鲍尔等（1999）、科格特和赞德（1992）、蒂斯等（1994）等认为，知识整合能力是一种获取并应用个别知识的能力，是一种转化与重新组合知识的能力，具体表现为三种能力：（1）系统化能力：通过符号、设计与程序等形式化的系统，将既有的知识整合成新的知识的能力。（2）社会化能力：通过价值信念、非文字规范的规则或默契，成员彼此适应协调而将复杂内隐的知识整合成新知识的能力。（3）合作能力：通过互动、沟通、教育训练等管理手段，将既有的知识整合成新的知识的能力。知识整合对技术创新有着重要的影响，鲍尔等（1999）认为，企业竞争的优势来自整合的知识，而不是单一的知识，知识整合能够促进产品创新和提供产品创新所需要的技术。产品研发经常失败的重要原因之一在于知识整合能力不足。首先，技术创新过程已经包含着对组织内部知识和外部知识进行系统整合的过程。其次，技术知识更新的速度不断加快，为了更好地创新，组织必须提炼出最有价值的关键知识和剔除不相关的无用知识，而这无疑需要对知识进行有效整合。再次，创造新知识是技术创新的重要环节，而对组织现有的各种类型的知识进行整合无疑是创造新知识的有效途径（谢洪明、应郭丽、陈盈和程宣梅，2012）。最后，知识整合不仅可以利用专业分工的模式而缩短产品上市的时间，还可以通过共同学习的方式来增强研发能力，因此，持续的知识整合能够促进技术创新。知识整合的系统化能力可以使企业遵循一定的标准和程序去整合新知识，弹性地调整系统以适应创新过程的需要；合作能力可以增强团队成员的互动沟通，有利于知识在成员之间的扩散和应用以及将隐性知识显性化，从而增强企业技术创新能力；社会化能力通过价值和信念来推动知识、创意和思维在组织内的传播并增强组织成员对其认同的程度，从而增强企业将创意和思维转变为创新机会的能力。基于此，提出如下假设拟加以验证：

H31－2：企业的知识整合能力对技术创新有正向影响。

知识整合是促使知识资源发挥作用的关键，而知识能量是知识整合的资源基础。知识整合对象和基础是各种类型的知识，如技术知识、管理知识和社会知识等。如果组织内的知识能量积蓄的水平越高，则可供整合的知识总量和类型就越多，整合的专业范围就越广，从而整合的能力就越强。知识能量积蓄必须通过知识解码、知识获取、知识积累和知识流通等一系列步骤，在这一过程中，组织能够逐渐地积累出为大多数成员所认同的制度化程序、非正式化的规则和解决问题的方式，从而为组织知识整合提供一个良好的平台和基础。组织成员获取、应用知识的程度决定着组织的知识整合能力。由于存在学习曲线，组织成员在知识能量的积蓄过程中会逐渐地提高自己吸收、转化和处理知识的能力，从而能够提高组织知识整合的能力和效率。另外，从知识获取角度来看，企业获取外部知识的能力相当于一种对内外部知识进行整合的能力。在知识的转化扩散方面，知识能量是知识转化扩散的基础和前提。总之，组织所拥有的相关知识积蓄量越多，就越容易用共通的语言形式来表达知识，从而促成知识的整合应用。基于此，提出如下假设拟加以验证：

H31－3：企业知识能量积蓄对知识整合能力有正向影响。

二　组织学习对知识能量、知识整合和技术创新的影响

组织学习是一种影响组织知识创造和应用的价值观，可以概念化为影响组织对自身所应用的理论、思维模式和主要逻辑满意程度的一整套价值观，学习承诺、分享愿景和开放心智是组织学习的三个重要因素（Baker and Sinkula，1999；蒋天颖、张一青和王俊江，2010）。组织学习决定着组织学习能力的强弱，而学习能力的强弱影响着组织知识获取、积累和流通的效率。学习能力强的组织能够将从外部获取的知识转化为组织的知识资产（Grant，1996），持续性地增加组织知识能量的积蓄，并将这些知识转化为丰富的组织记忆以实现知识的价值。组织学习是通过团体的集体行为来寻求知识能量以改善组织绩效（Inkpen and Tsang，2005）。组织只有通过学习的过程，才能使得成员间有密切互动的机会，才可以凝聚知识能量。在学习的过程中，当组织内部学习的程度较高时，对于知识能量有较大的正向影响作用；反之，当组织内部学习程度较低，则对于知识问题的解决和知识能量的积蓄影响并不大。组织学习能够增加成员学习承诺和动机，塑造追求变革、创造和学习的共同价值观，形成强调灵活、弹性、团队互补式的组织结构，进而转化为学习型组织，这对组织的知识解码、知识获取、知识积蓄和知识流通都会有积极的影响。基于此，提出如下假设拟加以验证：

H31-4：组织学习对知识能量的积蓄有正向影响。

组织的知识整合需要以知识为基础，而学习是组织知识的主要来源。知识整合能力主要源于组织内部和外部的学习（Kogut and Zander，1992）。内部学习是指对组织内部现有知识进行整合、重构，而外部学习是指组织从外部社会网络中有效地接收可靠的知识和信息。组织学习使组织的学习更具弹性、开放性和主动性，促进组织的内部学习和外部学习，从而增强自身的知识整合能力。对于内部知识的学习，组织学习会影响成员之间的互动、沟通与合作，并进一步影响知识整合的效率（速率与成本）、范围（知识的种类）和弹性（整合其他知识的可能）。对外部知识的学习，组织学习可以使组织成员更加客观、主动地分析、辨识企业外部数量庞大、复杂多变的知识，并且以较低的成本去学习、整合其中对企业发展具有关键作用的知识。同时，当组织去学习外部的知识时，往往先由关键成员去学习，消化吸收后将学习到的知识整合到原有的知识网络中，提供给其他成员学习与应用。在这一过程中，学习承诺会影响关键成员的学习效果，分享愿景和开放心智会影响关键成员所学到的知识在组织内部转移、积累、流通及整合的效果。总之，在组织加强内部经营和适应外部环境的过程中，具有组织学习的组织则更善于获取、创造、转移知识和发掘信息，因此也更善于对知识进行整合以指导、修正自己的行为。基于此，提出如下假设拟加以验证：

H31 - 5：组织学习对知识整合能力有正向影响。

学习是组织维持竞争优势的最有价值的资源，而组织学习的文化则与创新密切相关。学习可以增强管理者对创新的承诺，促进员工之间的沟通和协作，而员工之间的沟通和协作对创新来说是至关重要的。积极的沟通能够增强团队成员的一致性，减少成员之间互动的误解，更有效获取和使用信息并发展吸收能力，成员之间的协作可以使组织获取必要的资源从而有利于提高创新的效率，协作的氛围也能够降低对创新失败的恐惧并增强组织成员的开放性，因此能够促进组织成员去追求新的创新理念和主动去承担风险，并最终促进创新活动。组织学习有利于塑造优越的学习环境，而优越的学习环境能够最大限度地发挥资源的效率，从而能够促进创新活动（谢洪明、王倩、程聪和陈盈，2013）。从组织学习构成因素来分析，学习承诺能够提高组织成员学习的主动性和敏感性，调动员工的积极性和创造性，促使员工不断地改变自身的知识结构和提高自身素质并增强创新的意愿和能力，从而减少创新的阻碍并产生更多的构思和创意；分享愿景和开放心智能够加强员工对学习和创新的认同感，改进企业内部的人际关系和增强凝聚力，促进部门之间沟通、协调与合作，从而消除由于部门利益和员工个人信念、动机和意愿存在的差异而造成的创新阻碍因素，并进一步地培育创新意识，提高创新能力，丰富创新手段，加快创新进程；同时，分享愿景和开放心智能够营造良好的创新环境和氛围，加强员工个人之间的交流，而有效的个人交流能够提高解决问题和快速学习新知识能力，促进专业化技术知识的共享，加强隐性知识的学习和转移，进而提高企业创新的效率。另外，也有研究表明，组织内持续的组织学习能够提高创新活动的效率，组织学习有利于组织采取更为有效的领导和开放民主式的管理，从而可以促进创新态度和氛围的培育。Calantone 等（2002）认为，组织学习对组织创新有正面影响。谢洪明、罗惠玲、王成和李新春（2007）等的实证研究表明组织学习对组织的技术创新及管理创新都有显著的正向影响。基于此，提出如下假设拟加以验证：

H31 - 6：组织学习对技术创新有正向影响。

三　内部社会资本对知识能量、知识整合和技术创新的影响

内部社会资本是嵌入内部关系网络之间的实际及潜在资源总和，是人们在企业内部为了共同目的一起工作并从中获得利益的能力，信任和共同愿景是影响内部社会资本的重要因素。知识能量的开发是一个社会过程（Kogut and Zander，1992），社会资本是企业特别是技术型企业知识能量积蓄的重要条件。无论是显性知识还是隐性知识，社会资本均有助于其创建、积累、传播和应用。信息技术的发展，为显性知识的学习应用创造了更好条件，组织更容易通过电子数据库来搜寻、掌握、存储显性知识。组织如果缺乏社会资本，显性知识为组织所接受的程度和效率将大为降低。社会资本在组织的隐性知识管理方面扮演着更重要的角色，隐性知识是嵌入在社会关系网络中并不易流动的知识，其最有效的传播方法是通过知识传送端与接收端的直接沟通，师徒间经验与知识的传承是这种方法的典范。社会资本有利于知识传送端和接收端建立信任、认同和理解及共同愿景和价值观，增加知识传送端分享经验的意愿，从而促进隐性知识的学习、共享和传播（程聪、谢洪明、陈盈和程宣梅，2013）。社会资本通过紧密的网络连接和互动可以促进知识和相关信息资源广泛、及时传播和应用。网络中成员之间的相互信任，有助于知识和信息的交换与整合；相反，如果知识传送者和接收者之间缺乏信任，则会阻碍知识的转移。企业在内部网络成员间建立共同目标、认知与行为规范可以促使企业所有部门成为一体（Tsai and Ghoshal，1998）。当组织成员拥有共同的愿景和价值观时，能够加强各部门之间的协调合作和成员之间的交流，降低沟通障碍，增强成员间的凝聚力，抑制可能的投机行为，激发成员间分享经验和知识的意愿，促进知识资源的交换和整合，从而有助于知识能量的积蓄。基于此，提出如下假设拟加以验证：

H31 - 7：组织的内部社会资本对知识能量的积蓄有正向影响。

内部社会资本能够为组织成员建立共享密码、语言和规范，而组织内部共同语言的建立，可以增进组织成员对工作和知识的理解，有助于解决沟通协调问题，加强专业化知识的共通性，促进知识的获取、积累分享和应用，从而增强组织的知识整合能力（程聪、谢洪明、陈盈和程宣梅，2013）。组织成员之间的信任关系可以促使成员更好地认同和遵循工作标准和程序，从而能够增强组织系统化方面的整合能力，信任也能够增加价值和信念的影响力，从而能够增强组织社会化方面的整合能力，信任促使组织成员之间更好地沟通互动，从而能够增强组织合作化方面的整合能力。共同的认知、行为规范和心智模式可以促进组织内共同的价值观和信念的建立和发展，从而有利于增强组织社会化方面的整合能力。共同愿景也可以降低知识交流与沟通成本，减少沟通的歧义性并改进沟通质量，增强成员之间分享、整合知识的意愿和能力。总之，内部社会资本能够促进成员间正确、及时、有效的沟通，增进协作的密切性，加强互动的深度和广度，增强部门间合作的动机，从而有助于增强组织知识的获取、积累和应用的能力并进一步促进组织的知识整合。基于此，提出如下假设拟加以验证：

H31-8：组织的内部社会资本对知识整合能力有正向影响。

内部社会资本从四个方面影响技术创新。首先，知识是技术创新的基础，而社会资本能够提高企业的吸收能力和创造知识的能力，促进知识的获取和转移，因此能够提高企业获取创新过程中所需要的相关知识的效率，最终会促进企业的技术创新。其次，技术创新需要人力、物力、财力等关键资源的支持，因此需要对这些资源进行有效的配置以促进技术创新。而社会资本作为资源配置的一种有效方式，可以促进企业内部各部门之间的资源交换和组合，并对资源进行一定的整合从而为创新过程的顺利实施提供保障。再次，技术创新包括从构思、设计到生产、营销等一系列过程，在这一过程中需要多个部门协调合作。因此，企业内部有关职能部门之间的有效合作会影响企业的技术创新能力，尤其是研究、生产和营销三类部门之间的有效合作。而信任和共同愿景能够加强各部门之间的交流和沟通，促进创新活动所需知识和信息的流动，缩短创新周期，提高创新效率。最后，信任和共同愿景能够加强企业内部个人之间的交流，而有效的个人交流能够提高解决技术问题的能力，更快获取和建立新的技术知识，加快隐性知识的学习和转移，促进专业化技术知识的共享，因而能够最终提高企业技术创新的效率。基于此，提出如下假设拟加以验证：

H31-9：企业的内部社会资本对技术创新能力有正向影响。

四　组织文化对技术创新的影响

文化是组织在长期的生产经营中形成的特定价值观和基本信念，这种价值观和信念指导组织的一切活动和行为。组织文化对技术创新的影响可以从文化团队监督机制、创新机制和路径依赖三个方面来考察。（1）文化团队监督机制会使员工产生一种强烈的危机感和紧迫感，并将压力转变为动力，从而最大限度地调动员工的积极性和创造性；技术创新是一项复杂的系统工程，需要企业内多个部门和相关人员的密切合作。文化的团队监督机制鼓励团结协作并强调通过制度和措施来维护企业的团结和统一，从而能够加强部门的合作和创新。（2）文化创新机制会鼓励员工不断地学习和创新，不断地改变自身的知识结构和提高自身素质，从而在不断的学习和实践中提高创新的意愿和能力；文化创新机制会加强员工对企业和创新的认同感，并主动地调整自己的意识和行为，从而改进企业内部的人际关系和增强企业的凝聚力，进而加强技术创新各部门的协作，最终形成一股推进创新合力；文化创新机制会构建出提倡竞争、鼓励创新、容忍失败、勇于承担风险的良好创新环境和氛围，会消除或减弱由于技术创新的不确定性和高风险性给员工带来的心理压力，消除创新过程中存在的潜在障碍。（3）组织文化具有路径依赖性或者惰性，即组织文化形成后不愿随环境变动。因此，一种与企业创新相适应的文化一旦形成，往往会转化为员工的潜意识和行为规范，从而在较长时期内影响企业的技术创新，甚至会阻碍企业的技术创新活动。基于此，提出如下假设拟加以验证：

H31－10：组织文化对技术创新有正向影响。组织文化的路径依赖性对技术创新有负面影响，创新型文化对技术创新有正向影响。

五　组织文化、内部社会资本和组织学习的相互影响

文化有助于组织价值规范和共同愿景的塑造，信任有助于员工更好地完成自己的职责，有助于团队精神和创新精神的培养；而良好的团队精神和创新机制也有助于增强团队成员之间的信任，因此，社会资本中的信任和组织文化中的团队精神及创新机制互相影响。信任有助于组织成员产生更多的学习承诺，促进成员去分享愿景并开放心智，而学习承诺、分享愿景和开放心智也会产生更多的信任。职权明确的组织制度和团队合作的文化以及良好的创新机制和冒险精神有助于成员以更加投入的心态去协作，从而增强承诺，而学习承诺可以促使成员去学习，并以更积极态度去创新，分享愿景和开放心智也会产生更加协作的态度和更加开放的创新精神。因此，组织文化、内部社会资本和组织学习之间相互影响。基于此，提出如下假设拟加以验证：

H31－11：组织文化和内部社会资本有正向相互影响关系。

H31－12：组织文化和组织学习有正向相互影响关系。

H31－13：内部社会资本和有正向相互影响关系。

第三节 研究设计

一 研究框架

在理论推导出来的假设命题基础上，本章探讨通过培育组织文化、孕育内部社会资本和推进组织学习来积蓄组织的知识能量和提高知识整合能力，并最终促进企业的技术创新。因此，本章关注的变量主要由三项解释变量（组织文化、内部社会资本和组织学习）、两个内生中介变量（知识能量和知识整合）和被解释变量技术创新组成。将上述概念根据假设关系加以连接，得到研究框架如图31－1所示。

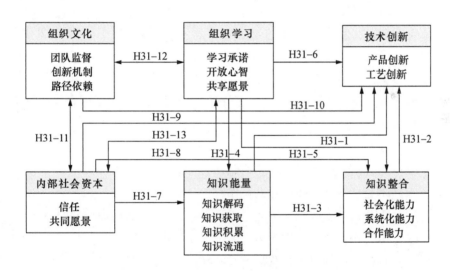

图31－1 本章研究框架

二 变量的测量

为了进一步通过实证数据来检验组织文化、内部社会资本、组织学习、知识能量、知识整合和技术创新这些概念之间的相关关系和假设。我们使用一些可测量的指标变量来测量这些概念潜变量。对于抽样调查，调查结果效度与问卷设计本身有很大关系，研究问卷来自效度高的问卷设计，那研究结果的效度也会较高。为保证测量的效度，本章的测量指标都采用在过往研究中经常使用的量表。另外，当大部分指标都源自于国外的研究量表时，由于中国管理人员具有不同的价值观，直接翻译搬用量表就可能由于本土化程度不高而造成量表效度低问题。即使将问题项用双向翻译方法，形成中文问题项，仍会存在与本土文化不同而影响问卷效度。针对这个量表本土化问题，本研究主要采取了两个措施来克服。第一，通过文献研究，使用一些在中国台湾或在大陆已经进行本土化，并具一定效度的中文版量表。第二，在问卷定稿前，先通过咨询相关领域的专家，对部分调查对象进行问卷的预调查，先进行试问，以评估问卷设计及用词，根据反馈意见，将不妥或不易理解的文字做微调。下面将分别对被解释变量（技术创新）、解释变量（组织文化、内部社会资本和组织学习）以及中介变量（知识能量和知识整合）的测量问题进行说明，即问卷是如何设计题项来测量这些变量的，并详细介绍使用的各量表的来源及问题项。

三 组织文化

本章依据测量组织文化的量表主要参考了谢洪明、王成等（2006）的研究，将组织文化定义为：组织文化是根植于组织之内的特定的价值观和基本信念，这种价值观和信念为组织提供行为准则，并指导组织的一切活动和行为。我们利用团队监督、创新机制和路径依赖三个因素来测量组织文化。

1. 团队监督

（1）本公司各部门目标与公司总体目标能够保持一致；

（2）本公司同事之间能互助合作；

（3）本公司员工都积极进取，不畏困难，有向困难挑战的精神；

（4）本公司在执行工作前会先清楚说明要求事项；

（5）本公司主管很重视监督下属各项工作的进度与质量；

（6）在本公司，"奖励先进，惩罚落后"执行得很到位。

2. 创新机制

（1）本公司鼓励员工多发表新观点；

（2）本公司不断尝试开发新产品；

（3）本公司不断引进新管理方式，以增强组织活力。

3. 路径依赖

（1）本公司较少进行制度、组织结构方面的调整；

（2）本公司大多遵循过去的习惯，不愿太多改变；

（3）本公司不太重视与外界交流信息。

本量表采用李克特五点量表，要求受测者在 1—5 的数字中选择一个数字以代表其非常不同意至非常同意的程度。

四　内部社会资本

依据 Nahapiet 和 Ghoshal（1998）、Tsai 和 Ghoshal（1998）等的研究，将内部社会资本定义为：嵌入在内部关系网络之间的实际及潜在资源总和。本章利用信任和共同愿景两个因素来测量内部社会资本。

1. 信任

（1）本公司各部门员工经常通过非正式的交谈来交换知识或信息；

（2）本公司的员工无论工作中还是业余都保持着亲密的互动关系；

（3）本公司各部门员工间有私人的交情。

2. 共同愿景

（1）本公司内部沟通顺畅并能够整合不同的意见；

（2）本公司各部门都尽量避免损害其他部门的利益；

（3）本公司各部门之间都能互相信守承诺；

（4）本公司各部门的关系中，即使某部门有机会仍不会占其他部门的便宜。

本量表采用李克特五点量表，要求受测者在 1—5 的数字中选择一个数字以代表其非常不同意至非常同意的程度。

五　组织学习

本章中的二阶潜变量组织学习的量表使用贝克和辛库格（1999）修正辛库拉等（1997）所发展出来的量表。用学习承诺、分享愿景和开放心智三个一阶观测变量来测量。以下将三个观测变量的定义说明如下：

学习承诺是指组织将学习视为基本价值，视为提升企业竞争力的重要手段。通过组织领导层对学习价值的肯定以及鼓励，促使组织中的成员视学习为一种组织文化，转化为工作气氛，达成共识，甚至将学习视为公司生存的必要条件。如果组织缺乏对学习的价值的肯定，组织中的学习气氛也将会随之减弱，员工也将缺乏学习新知识的动力。分享愿景是指在组织中的管理层，能将组织未来发展的愿景与员工分享，由此增强了员工的主人翁感，以及使他们对公司未来发展方向都有一份共识和责任。分享愿景对于组织学习有很重要的作用，可以使得员工在学习时，明晰学习的方向和目的。这样也避免了组织中的不同部门或不同员工在创新时缺乏方向，加强了跨部门的合作性。开放心智是指组织不能受限于自己熟悉的方式思考，能超越成规且跳出以往经验的高墙，具有创意性的思考，突破过去的思维模式，从旧观念中跳脱出来，接受新事物，放弃旧知识，淘汰旧有技术。提倡接受他人质疑或批判的态度、包容各种不同意见、鼓励不同角度思考、与强调持续创新的组织文化等。

六　知识能量

随着知识资产在企业资产中的地位日趋重要，知识蕴含的发展能力也越来越受到企业界和学术界的广泛关注，知识能量的转化成为企业提高竞争力的途径之一。然而，各学者对从不同角度对知识能量的定义、内涵等有不同的观点。如胡伯（1991）从程序观的角度出发，强调知识能量的产生必须经过知识获得、知识传递、知识解读和组织记忆四个步骤。而奎因（Quinn，1986）则从结果观探讨了知识能量的运作内涵，认为知识力量的孕育结果就是知识能量。根据研究的需要，本章将选取知识能量四个关键性因素：知识解读、知识获取、知识蓄积和知识流通。综合胡伯（1991）、赫莱洛伊德和西莫宁（1994）及奎因（1986）的观点来设计问卷，具体为：

1. 知识解码。（1）本公司按照一定原则处理所收集的信息；（2）本公司按照一定的程序来处理所获得的信息；（3）本公司由特定的个人或部门负责处理所收集的信息。

2. 知识获取。（1）本公司经常从竞争者处猎取人才，或向外界购买所需的知识或信息；（2）本公司为了达到某种战略目的，经常与研究所、高校等组织进行技术合作。

3. 知识积累。（1）本公司所收集的信息，无须经过讨论，就可以直接使用；（2）本公司所需的知识或信息，大多来源于组织内部成员的研究成果；（3）本公司喜欢以师徒相传的训练方式来传授专业知识或者业务技能。

4. 知识流通。（1）本公司喜欢以正式教育的训练方式来传递专业知识或者业务技能；（2）本公司喜欢以团队合作的方式来传授专业知识或者业务技能；（3）本公司制定了标准化的项目作业程序，以使公司成员了解相关的规定；（4）本公司建立了完善的信息检索系统，以利于知识查询。

本量表采用李克特五点量表，要求受测者在1—5数字中选择一个数字以代表其非常不同意至非常同意的程度。

七　知识整合

英克朋和迪努尔（Dinur，1998）认为，知识整合是"知识的联结"，即个人与组织间通过正式或非正式的关系形成，这些内部关系可促使新知识的流通与分享，并提供一个基础使个人知识转变为组织知识。若要在获取、储存、处理知识的过程中有效率地产生知识（产生新知识、现有知识的获取及知识储存），必须要各种不同专业在不同知识领域的专家。格兰特（Grant，1996）认为，组织所扮演的角色即个人专业知识的整合，而组织能力就是指知识整合的能力，所以组织竞争优势是来自整合各种不同专业知识。本章根据鲍尔等（1999）、科格特和赞德（1992）等的观点设计问卷，具体为：

1. 社会化能力。（1）本公司制度要经过全体员工共同讨论才能实施；（2）本公司员工对公司文化的认同感很强；（3）本公司建立了一套共同分享的制度与理念并获得了员工的认同；（4）本公司员工乐于接受公司既有制度与文化。

2. 系统化能力。（1）本公司对工作内容有明确的规定；（2）本公司员工按照既定程序开展工作；（3）本公司专业知识的传播是按照既定的程序进行的；（4）本公司的文件或流程的处理都已经高度电脑化。

3. 合作能力。（1）本公司产品需要多方面人员的共同合作才能完成；（2）本公司各部门间的协调程度很高；（3）本公司员工调动到新部门后所需的适应时间很短；（4）员工与他人合作的意愿会随着培训与工作轮换的增加而增加；（5）员工在工作需要时，可得到其他部门或人员的支持。

本量表采用李克特五点量表，要求受测者在1—5数字中选择一个数字以代表其非常不同意至非常同意的程度。

八　技术创新

我们测量组织创新所采用的量表主要根据德曼庞（1991）的理论观点，修改于达夫特（1978），谢洪明、刘常勇和陈春辉（2006）的问题项，上述量表存在着忽视工艺/作业流程方面的创新的不足，因此本章在测量技术创新时加入了工艺（作业流程）创新的因素。

1. 产品创新。（1）本公司推出的新产品总是领导产业发展的方向；（2）本公司的新产品曾经多次获得创新方面的奖项；（3）本公司能推出丰富多样的产品；（4）本公司拥有比同行更多的专利权；（5）本公司有大量的利润来自新开发的产品或服务。

2. 工艺创新。（1）本公司经常引进一些可以改善工艺或作业流程的新技术；（2）本公司经常构想出许多改善产品工艺或作业流程的新方法；（3）本公司产品的工艺设计比同行开发得更快。

本量表采用李克特五点尺度，要求受测者在1—5的数字中选择一个数字以代表其非常不同意至非常同意程度。本章的调查问卷的问题项都采用李克特五点量表法，1表示非常不同意（或非常不满意），2表示不同意（或不满意），3表示一般，4表示同意（或满意），5表示非常同意（或非常满意）。

表31－1   **本章使用的测量量表整理**

潜变量	问题项数	量表	英文文献来源	中文文献来源
组织文化	12	李克特五点量表		谢洪明、王成等（2006）
内部社会资本	7	李克特五点量表	Nahapiet 和 Ghoshal（1998）、Tsai 和 Ghoshal（1998）	唐铭聪（2003）
组织学习	17	李克特五点量表	贝克和辛库拉（1999）	林义屏（2003）
知识能量	12	李克特五点量表	胡伯（1991）、赫莱洛伊德和西莫宁（1994）	韩子天、谢洪明、王成和罗惠玲（2007）
知识整合	13	李克特五点量表	科格特和赞德（1992）、蒂斯等（1997）	林文宝（2001）
技术创新	8	李克特五点量表	达夫特（1978）、德曼庞（1991）	谢洪明、王晓玲、罗惠玲和王现彪（2007）

本章小结

本章主要提出了一个知识管理战略影响企业技术创新的研究假设，具体包括组织文化、内部社会资本和组织学习对于企业技术创新的直接影响机制，两个内生中介变量（知识能量、知识整合）在它们之间起到的中介作用，较为完整地构建了知识管理战略视角下的企业技术创新影响因素结构模型。在此基础上，我们对本章涉及的变量的测量方式进行了收集和整理。为第三十二章的实证研究奠定了基础。

第三十二章　知识管理战略与企业
技术创新实证研究

本章主要对第三十一章提出的知识管理战略与企业技术创新理论模型进行实证检验，基于知识基础的战略观点，讨论技术创新能力的影响因素及其相互关系，并以华南地区的190家企业为样本运用结构方程模型进行实证研究。本章的理论贡献在于总结了提升技术创新能力的"CLIENT"模型，并明确了影响技术创新能力的各因素之间的复杂关系，包括影响路径和作用机理，为充分发挥创新资源的整体效应提供了理论基础。本章的研究结果对企业以系统的思维和方法优化技术创新流程、配置创新资源进而提升技术创新能力有一定的参考价值。

第一节　可靠性分析

一　抽样程序及数据来源

本章的抽样方法同时采用便利抽样和简单随机抽样。便利抽样属非概率抽样，这种抽样方法往往被认为主观。确实这种主观性的确存在，但是，在超总体假设下，以及具一定样本规模的前提下，对于研究假设所关注的变量特征而言，使用便利抽样得出的研究结果一样可以代表母体。根据贝叶斯统计学中的无信息分布假定，如果对母体参数的分布一无所知，那么假定样本入样的概率分布为均匀分布并无大差异，这样，犯主观错误的可能性反而小一些。换句话说，对于随机抽样，如果没有故意选定某一类回答者的嫌疑，那不妨假定其为随机样本。由于研究架构中，需要测量企业的长期绩效，而且依据抽样方法所具有的代表性，本研究将母体设定为在珠三角地区的，员工人数在20人以上的，成立至少3年以上的企业。抽样对象是企业主管级管理人员。采用向企业发放问卷调查的方法收集样本。抽样框架与抽样方法为：（1）选取珠三角地区 13 个市中有代表性 6 个市：广州、深圳、佛山、中山、珠海和惠州的企业黄页，随机抽取欲调查的样本企业，随机抽出 400 个名单；（2）在华南理工大学工商管理学院 EMBA、总裁 MBA（培训）、MBA 班的通讯录里抽取职务为董事长、总经理的校友为调查样本，随机抽出 400 个名单；（3）在华南理工大学其他学院的校友录里选取职务为董事长、总经理的校友为调查样本，随机抽出 350 个名单。

调查时间为 2005 年 5 月至 2006 年 5 月。调查方式为：（1）通过电话与抽样名单中的主管级管理人员联络，确认可以接受调查后，即派人上门进行问卷填答；（2）研究人员将问卷放入华南理工大学研究生校友会网页，对于不方便上门的受访对象，请他们上网填写问卷。这样，本研究的抽样样本为 1150 个，共收回 260 份问卷，回收率 22.61%。其中填答不完整的无效问卷 70 份，有效问卷 190 份，有效回收率 16.52%，每份问卷代表一家企业。

二　样本描述

190 个有效样本中，高新技术企业 103 家，占 56.3%；一般制造业 36 家，占 19.0%；服务业 47 家，占 24.7%（见表 32-1）。样本企业成立时间的分布情况是：成立 1—3 年的企业有 17 家，占 8.9%；成立 4—6 年的企业有 29 家，占 15.3%；成立 7—9 年的企业有 26 家，占 13.7%；成立 10—12 年的企业有 29 家，占 15.3%；成立 13—15 年的企业有 10 家，占 5.3%；成立 16—20 年的企业有 26 家，占 13.7%；成立 21—25 年的企业有 14 家，占 7.4%；成立 25 年以上的企业有 39 家，占 20.5%（见表 32-2）。企业员工人数 100 人以下的企业有 49 家，占 25.8%；101—200 人的企业有 21 家，占 11.1%；201—300 人的企业有 15 家，占 7.9%；301—500 人的企业有 16 家，占 8.4%；501—1000 人的企业有 22 家，占 11.6%；1001—2000 人的企业有 13 家，占 6.8%；2001 人以上的企业有 54 家，占 28.4%（见表 32-3）。

样本企业资本额的分布情况是：1000 万元以下有 54 家，占 28.4%；1001 万—5000 万元企业有 39 家，占 20.5%；5001 万—1 亿元的企业有 18 家，占 9.5%；2 亿—5 亿元的企业有 25 家，占 13.2%；6 亿—10 亿元的企业有 12 家，占 6.3%；11 亿—20 亿元的企业有 5 家，占 2.6%；21 亿—50 亿元的企业有 10 家，占 5.3%；有 51 亿以上的企业有 27 家，占 14.2%（见表 32-4）。样本企业与同行相比，有 65 家，占 34.2%，认为是大规模；有74家，占39.0%，认为是中等规模；有51家，占26.8%，认为是小规模（见表32-5）。近三年来样本企业新产品研发费用占企业营业额比率方面，1.0%以下的企业有61家，占32.1%；1.0%—1.9%的企业有21家，占11.1%；2.0%—2.9%的企业有27家，占14.2%；3.0%—4.9%的企业有28家，占14.7%；5.0%—6.9%的企业有10家，占5.3%；7.0%—8.9%的企业有11家，占5.8%；9.0%—10.9%的企业有15家，占7.9%；11%以上企业有17家，占8.9%（见表32-6）。

表32-1　　　　　　　　　　　样本企业产业分布

特性	分类		样本（家）	百分比（%）	累计百分比（%）
产业	高新技术产业	半导体产业	9	4.7	4.7
		计算机产业	19	10.0	14.7
		光电产业	13	6.8	21.6
		精密机械	11	5.8	27.4
		生物技术	8	4.2	31.6
		软件产业	9	4.7	36.3
		通信产业	6	3.2	39.5
		汽车产业	5	2.6	42.1
		能源产业	4	2.1	44.2
		其他高科技	23	12.1	56.3
	一般制造业		36	19.0	75.3
	服务业		47	24.7	—

注：因四舍五入，表中百分比之和不等于100%。

表32-2　　　　　　　　　　　样本企业成立年限分布

特性	分类	样本（家）	百分比（%）	累计百分比（%）
成立年限	1—3年	17	8.9	8.9
	4—6年	29	15.3	24.2
	7—9年	26	13.7	37.9
	10—12年	29	15.3	53.2
	13—15年	10	5.3	58.4
	16—20年	26	13.7	72.1
	21—25年	14	7.4	79.5
	25年以上	39	20.5	—

注：因四舍五入，表中百分比之和不等于100%。

表 32 – 3 样本企业员工人数分布

特性	分类	样本（家）	百分比（%）	累计百分比（%）
员工人数	100 人以下	49	25.8	25.8
	101—200 人	21	11.1	36.8
	201—300 人	15	7.9	44.7
	301—500 人	16	8.4	53.2
	501—1000 人	22	11.6	64.7
	1001—2000 人	13	6.8	71.6
	2000 人以上	54	28.4	—

注：因四舍五入，表中百分比之和不等于 100%。

表 32 – 4 样本企业资本额分布

特性	分类	样本（家）	百分比（%）	累计百分比（%）
企业资本额	1000 万元以下	54	28.4	28.4
	1001 万—5000 万元	39	20.5	48.9
	5001 万—1 亿元	18	9.5	58.4
	2 亿—5 亿元	25	13.2	71.6
	6 亿—10 亿元	12	6.3	77.9
	11 亿—20 亿元	5	2.6	80.5
	21 亿—50 亿元	10	5.3	85.8
	51 亿元以上	27	14.2	—

注：因四舍五入，表中百分比之和不等于 100%。

表 32 – 5 样本企业与同行比所属规模分布

特性	分类	样本（家）	百分比（%）	累计百分比（%）
与同行相比属于	大规模	65	34.2	34.2
	中等规模	74	39.0	73.2
	小规模	51	26.8	—

注：因四舍五入，表中百分比之和不等于 100%。

表 32 – 6 近三年来样本企业新产品研发费用占营业额比率分布

特性	分类	样本（家）	百分比（%）	累计百分比（%）
近三年来新产品研发费用占公司营业额比率	1.0% 以下	61	32.1	32.1
	1.0%—1.9%	.21	11.1	43.2
	2.0%—2.9%	27	14.2	57.4
	3.0%—4.9%	28	14.7	72.1

续表

特性	分类	样本（家）	百分比（%）	累计百分比（%）
近三年来新产品研发费用占企业营业额比率	5.0%—6.9%	10	5.3	77.4
	7.0%—8.9%	11	5.8	83.2
	9.0%—10.9%	15	7.9	91.1
	11%以上	17	8.9	—

注：因四舍五入，表中百分比之和不等于100%。

三　样本信度与效度

我们通过下面三种手段来确保样本的信度和效度。第一，由于所使用的问卷项目全部来自已经发表的研究文献，量表经过很多学者使用，并且都记录有可靠的信度和效度。在设计问卷时也尽可能通过文献检索的方式找到了这些问卷的起源以及后续研究对这些问卷的发展，文中涉及的组织文化、内部社会资本、组织学习、知识能量、知识整合和技术创新的量表都是根据该变量最早提出的量表以及之后学者的修订版完成初稿。第二，本研究通过对数据进行信度效度分析，进一步将信度效度值低于标准的问题项剔除。第三，通过咨询相关领域的专家，对企业界人士进行问卷的预调查，在评估了问卷设计及用词方面的恰当性之后，再根据预试者提供的意见对问卷进行了修订。

信度和效度分析是所有实证研究中不可或缺的内容。两者都是关心所使用的量表与希望研究概念间的关系。信度是指可靠性或一致性。在同样或类似的条件下，使用一个量表进行重复测量，在信度好的情况下，可以得到一个一致稳定的结果。信度有三种：（1）稳定信度，又称为重测信度，是指跨越时间的一种长期的信度。也就是量表在不同时间做测量时，可以得到同样的结果。通常我们是用测试与再测试方法来检视一个量表的稳定信度，也就是将同样的量表对同一群体重新测量，如果每次都有同样结果，则说明量表有稳定信度。（2）代表性信度是指跨越各个次总体或分组的信度。即量表用于不同次总体或分组（如年龄、性别）时，可以得到同样的结果。（3）同等信度：同等信度是应用在利用多重量表测量同一概念的情况。

效度是指用可测量变量来测量概念时，两者是否契合以及契合程度。值得注意的是，测量量表的效度时，是要注意量表在不同的研究前提下，可能对量表效度的影响。概念是抽象的，而量表则是具体的观察结果，因此量表效度是没有绝对值的，往往需要通过量表之间的比较来判断量表的效度。测量效度的方法有四种：（1）表面效度：这是最容易达成及最基本的效度。此类效度就是由研究人员来判断量表是否真的测量到所欲测量的概念。（2）内容效度：这是一种特殊的表面效度。此类效度关心的是：是否一个定义的内容都在测量中呈现出来？概念定义包含着想法与概念的"空间"，量表测量应该抽样到或包含到此空间中所有想法。（3）校标效度：此类效度是用某些标准或校标来精确的指明一个概念。检视测量量表的这种效度是要将它与测量同一概念且研究者有信心的量表来做比较。这种效度有两个次类型：一是并行效度：一个量表必须与既存且已被视为有效的量表相关联；二是预测效度：一个量表能预测在逻辑上与概念相关的事件。此量表与预测的事件是指向同一概念，但又有区别。这和假设测定不同。假设测定是一个变量，预测另一不同的变量。（4）架构效度：用于多重量表的测量情况。此类效度也有两个类型：一是收敛效度：当测量同一概念的多重量表彼此间收敛或有关联时，就有此种效度存在；二是区分效度：此种效度也称之为分歧效度，与收敛效度相反。此类效度是指当一个概念的多重量表相收敛或相呼应时，则这个概念的多重量表也应与其相对立之概念的测量量表有负向相关。

四 信度分析

信度分析可以反映研究的计量方法和抽样程序的有效程度。本章运用分项对总项相关系数、折半信度和内部一致性 Cronbach's α 三个指标来检验各量表以及问题项的信度。Cronbach α 系数值越大，内部一致性越高，亦即该量表内各问题项之间的相关性越大。一般认为，α 值大于 0.7 为高信度，小于 0.35 为低信度。对于基础研究中，α 值至少应达到 0.8 才可接受；对于探索性研究，信度只要达到 0.7 即可接受。我们以 0.5 以上为最低标准。

我们使用 SPSS 15.0 进行信度检验，对数据进行 Alpha 以及 Split 两种信度检验，得出所有问题项的分项对总项相关系数以及 Alpha if item is deleted 系数，所有量表的 Cronbach's α 系数和折半信度。然后将分项对总项相关系数过低（小于 0.3）以及 Alpha if item is deleted 系数明显高于 Cronbach's α 系数的问题项删除。再进行量表信度分析，直到所有量表的 Cronbach's α 系数都不小于 0.5。具体分析结果如表 32 - 7、表 32 - 8、表 32 - 9、表 32 - 10、表 32 - 11、表 32 - 12 和表 32 - 13 所示。

表 32 - 7　　　　　　　　　组织文化一阶测量量表信度分析

测度变量	Cronbach's α	Split – Half α（Guttman）	分项对总项相关系数	Cronbach α if Item Deleted
组织文化	0.764	0.764		
团队监督	0.826	0.765		
本企业各部门目标与企业总体目标能够保持一致			0.591	0.799
本企业同事之间能互助合作			0.643	0.788
本企业员工都积极进取，不畏困难，有向困难挑战的精神			0.660	0.784
本企业在执行工作前会先清楚地说明要求事项			0.694	0.777
本企业主管很重视监督下属各项工作的进度与质量			0.515	0.814
本企业"奖励先进，惩罚落后"执行得很到位			0.481	0.824
创新机制	0.731	0.680		
本企业鼓励员工多发表新观点			0.566	0.634
本企业不断尝试开发新产品			0.531	0.672
本企业不断引进新管理方式，以增强组织活力			0.570	0.627
路径依赖	0.757	0.654		
本企业较少进行制度、组织结构调整			0.548	0.720
本企业愿意遵循过去的习惯，不愿太多改变			0.676	0.569
本企业不太重视与外界交流信息			0.548	0.723

表 32 - 8　　　　　　　　内部社会资本一阶测量量表信度分析

测度项目	Cronbach's α	Split – Half α（Guttman）	分项对总项相关系数	Cronbach α if Item Deleted
内部社会资本	0.771	0.771		
信任	0.746	0.626		
本企业各部门员工经常通过非正式交谈来交换知识或信息			0.526	0.715
本企业员工无论工作中还是业余时间都保持亲密的互动关系			0.641	0.578
本企业各部门员工间有私人交情			0.561	0.679
共同愿景	0.838	0.804		
本企业内部沟通顺畅并能够整合不同意见			0.681	0.791
本企业各部门都尽量避免损害其他部门的利益			0.652	0.805
本企业各部门之间都能互相信守承诺			0.672	0.796
本企业各部门的关系中即使某部门有机会仍不会占其他部门的便宜			0.682	0.790

表32－9　　　　　　　　　**组织学习的一阶测量量表信度分析**

测度变量	Cronbach's α	Split－Half α（Guttman）	分项对总项相关系数	Cronbach α if Item Deleted
组织学习	0.858	0.739		
学习承诺	0.862	0.845		
本企业管理者认为组织的学习能力对建立竞争优势非常重要			0.734	0.813
"将学习视为改进工作的主要方法"是本企业的基本价值观之一			0.722	0.818
本企业将员工学习视为一项投资而不是成本费用			0.709	0.823
本企业认为学习是公司生存的必要保障			0.667	0.840
分享愿景	0.886	0.900		
本企业中各级各部门都有一个共同的愿景			0.764	0.850
本企业所有员工都承诺；要为企业目标而努力工作			0.778	0.844
本企业每个员工都认为他们对企业未来的发展负有责任			0.754	0.853
本企业高层管理者会与各下属员工分享他们的愿景			0.711	0.869
开放心智	0.779	0.705		
本企业认为包容接纳各种不同声音是很重要的			0.522	0.800
本企业主管鼓励员工进行创造性思考			0.707	0.599
本企业非常重视并高度评价原创性观念/意见			0.627	0.690

表32－10　　　　　　　　　**知识能量一阶测量量表信度分析**

测度变量	Cronbach's α	Split－Half α（Guttman）	分项对总项相关系数	Cronbach α if Item Deleted
知识能量	0.723	0.680		
知识解码	0.743	0.558		
本企业按照一定的原则来处理所收集的信息			0.657	0.562
本企业按照一定程序来处理所获得的信息			0.636	0.579
本企业由特定的个人或部门负责处理所收集的信息			0.436	0.822
知识获取	0.572	0.572		
本企业经常从竞争者处猎取人才，或向外界购买所需的知识或信息			0.401	1.000
本企业为了达到某种战略目的，常与研究所高校等组织进行技术合作			0.401	1.000
知识积累	0.729	0.674		
本企业所收集的信息，无须经过讨论，就可以直接使用			0.466	0.738

续表

测度变量	Cronbach's α	Split – Half α (Guttman)	分项对总项相关系数	Cronbach α if Item Deleted
本企业所需知识或信息，大多来源于组织内部成员的研究成果			0.634	0.542
本企业喜欢以师徒相传的训练方式来传授专业知识或者业务技能			0.563	0.630
知识流通	0.793	0.779		
本企业喜欢以正式教育的训练方式来传递专业知识或者业务技能			0.578	0.755
本企业喜欢以团队合作的方式来传授专业知识或者业务技能			0.588	0.750
本企业制定了标准化的项目作业程序，以便企业成员了解相关的规定			0.635	0.726
本企业建立了完善的信息检索系统，以利于知识查询			0.616	0.736

表 32 –11　　　　　　知识整合一阶测量量表信度分析

测度变量	Cronbach's α	Split – Half α (Guttman)	分项对总项相关系数	Cronbach α if Item Deleted
知识整合	0.824	0.731		
社会化能力	0.762	0.729		
本企业制度要经过全体员工的共同讨论才能实施			0.456	0.781
本公司员工对企业文化的认同感很强			0.639	0.662
本企业建立了一套共同分享的制度与理念并获得员工认同			0.640	0.670
本企业员工乐于接受企业既有制度与文化			0.555	0.713
系统化能力	0.752	0.736		
本企业对工作内容有明确的规定			0.613	0.660
本企业员工按照既定程序开展工作			0.595	0.668
本企业专业知识的传播是按照既定程序进行的			0.539	0.700
本企业的文件或流程的处理都已经高度电脑化			0.469	0.750
合作能力	0.757	0.648		
本企业产品需要多方面人员共同合作才能完成			0.478	0.730
本企业各部门间的协调程度很高			0.611	0.680
本企业员工调动到新部门后所需的适应时间很短			0.507	0.719
员工与他人合作意愿会随着培训与工作轮换增加而增强			0.461	0.735
员工在工作需要时可得到其他部门或人员的支持			0.564	0.699

表 32 – 12   技术创新一阶测量量表信度分析

测度变量	Cronbach's α	Split – Half α (Guttman)	分项对总项相关系数	Cronbach Alaha if Item Deleted
技术创新	0.790	0.790		
产品创新	0.865	0.851		
本企业推出的新产品总是领导产业发展的方向			0.671	0.840
本企业的新产品曾经多次获得创新方面的奖项			0.713	0.829
本企业能推出丰富多样的产品			0.721	0.828
本企业拥有比同行更多的专利权			0.656	0.846
本企业有大量的利润来自新开发的产品或服务			0.676	0.839
工艺创新	0.805	0.654		
本企业经常引进一些可以改善工艺或作业流程的新技术			0.693	0.688
本企业经常构想出许多改善产品工艺或作业流程的新方法			0.677	0.706
本企业产品的工艺设计比同行开发得更快			0.587	0.797

表 32 – 13   二阶量表信度分析（第二次）

二阶量表	Cronbach's α 值
组织文化	0.764
内部社会资本	0.771
组织学习	0.858
知识能量	0.723
知识整合	0.824
技术创新	0.790

五　效度分析

效度又称真实性，是指量表评定结果能否符合编制的目的，以及符合的良好程度。本章依赖的问卷参考了过去学者的相关研究的研究问卷，而且根据试测的结果进行了部分修改，并经由相关学者专家的认定。说明本问卷具有一定的内容效度。但考虑文化等因素的影响以及本土的适用性，我们仍对问卷进行了验证性因素分析。验证性因素分析是以测量模式进行模式的适合度检验，以检验各变量是否具有足够的收敛效度和判别效度。

收敛效度分析结果。针对组织文化、内部社会资本、组织学习、知识能量、知识整合和技术创新进行二阶验证性因素分析来说明我们各主要研究变量的测量量表的信度及效度。对于整体模式进行适配度评估，主要目的在从各方面评估理论模型与实际观测所得结果有多大的差距。SEM 模式提供了下列四项指标：分别是卡方统计 χ^2 值、适配度指标（GFI）、调整适配度指标（CFI）、残差均方根（RMR）及平均近似值误差平方根（RMSEA）；SEM 对所有参数的估计，是否达显著水平系以 t 值来判断。巴戈齐和易（1988）认为，适配度指标的理想数值范围是 GFI、CFI 大于 0.9，0.8 以上也可以接受，RMR 低于 0.05，RMSEA 的值应低于 0.05，0.08 也可以接受。本章验证性因素分析的各项指标如表 32－14 所示。

表 32－14　　　　　　　　　　变量和因素测量模型

变量名称	因素名称	测量问题	因素分析解释量	二阶验证分析标准负荷量
组织文化		本企业各部门目标与企业总体目标能够保持一致		0.67
		本企业同事之间能互助合作		0.71
		本企业员工都积极进取，不畏困难，有向困难挑战的精神		0.73
	团队监督	本企业在执行工作前会先清楚地说明要求事项	0.54	0.76
二阶验证分析结果：GFI＝0.897　CFI＝0.904　TLI＝0.876　RMR＝0.039　RMSEA＝0.090　$\chi^2(51)=128.353$　P＝0.000		本企业主管很重视监督下属各项工作的进度与质量		0.57
		本企业"奖励先进，惩罚落后"执行得很到位		0.58
	创新机制	本企业鼓励员工多发表新观点		0.65
		本企业不断尝试开发新产品	0.65	0.60
		本企业不断引进新管理方式，以增强组织活力		0.80
	路径依赖	本企业较少进行制度、组织结构调整		0.62
		本企业愿意遵循过去的习惯，不愿太多改变	0.68	0.91
		本企业不太重视与外界的交流信息		0.63

续表

变量名称	因素名称	测量问题	因素分析解释量	二阶验证分析标准负荷量
内部社会资本 二阶验证分析结果： GFI = 0.967 CFI = 0.983	信任	本企业各部门员工经常通过非正式交谈来交换知识或信息	0.66	0.56
		本企业员工无论工作中还是业余时间都保持亲密的互动关系		0.92
		本企业各部门员工间有私人交情		0.61
TLI = 0.975 RMR = 0.016 RMSEA = 0.059 $\chi^2(13) = 23.214$ P = 0.057	共同愿景	本企业内部沟通顺畅并能够整合不同的意见	0.67	0.80
		本企业各部门都尽量避免损害其他部门的利益		0.74
		本企业各部门之间都能互相信守承诺		0.74
		本企业各部门的关系中即使某部门有机会仍不会占其他部门的便宜		0.73
组织学习 二阶验证分析结果： GFI = 0.946 CFI = 0.983 TLI = 0.978 RMR = 0.025 RMSEA = 0.051 $\chi^2(41) = 60.892$ P = 0.023	对学习的承诺	本企业管理者认为组织的学习能力对建立竞争优势非常重要	0.71	0.81
		"将学习视为改进工作的主要方法"是本企业的基本价值观之一		0.80
		本企业将员工学习视为一项投资而不是成本费用		0.76
		本企业认为学习是企业生存的必要保障		0.74
	分享愿景	本企业中各级各部门都有一个共同的愿景	0.75	0.84
		本企业所有员工都承诺：要为企业目标而努力工作		0.83
		本企业每个员工都认为他们对企业未来的发展负有责任		0.80
		本企业高层管理者会与下属员工分享他们的愿景		0.79
	开放心智	本企业认为包容接纳各种不同声音是很重要的	0.70	0.84
		本企业主管鼓励员工进行创造性思考		0.62
		本企业非常重视并高度评价原创性观念/意见		0.77

续表

变量名称	因素名称	测量问题	因素分析解释量	二阶验证分析标准负荷量
知识能量	知识解读	本企业按照一定的原则来处理所收集的信息		0.81
		本企业按照一定程序来处理所获得的信息	0.67	0.86
		本企业由特定的个人或部门负责处理所收集的信息		0.49
	知识获取	本企业经常从竞争者处猎取人才，或向外界购买所需的知识或信息	0.70	0.43
		本企业为了达到某种战略目的，常与研究所、高校等组织进行技术合作		0.93
二阶验证分析结果： GFI = 0.936 CFI = 0.967 TLI = 0.956 RMR = 0.028 RMSEA = 0.053 $\chi^2(50) = 76.861$ P = 0.009	知识积累	本企业所收集的信息，无须经过讨论，就可以直接使用		0.52
		本企业所需知识或信息，大多来源于组织内部成员的研究成果	0.65	0.90
		本企业喜欢以师徒相传的训练方式来传授专业知识或者业务技能		0.65
	知识流通	本企业喜欢以正式教育的训练方式来传递专业知识或者业务技能		0.70
		本企业喜欢以团队合作方式来传授专业知识或者业务技能	0.62	0.65
		本企业制定了标准化的项目作业程序，以便企业成员了解相关的规定		0.76
		本企业建立了完善的信息检索系统，以利于知识查询		0.69
知识整合 GFI = 0.917 CFI = 0.937 TLI = 0.921 RMR = 0.029 RMSEA = 0.068 $\chi^2(62) = 116.419$ P = 0.000	社会化能力	本企业制度要经过全体员工的共同讨论才能实施		0.45
		本企业员工对企业文化的认同感很强	0.60	0.74
		本企业建立了一套共同分享的制度与理念并获得员工认同		0.74
		本企业员工乐于接受企业既有制度与文化		0.77
	系统化能力	本企业对工作内容有明确的规定	0.58	0.72
		本企业员工按照既定程序开展工作		0.73

续表

变量名称	因素名称	测量问题	因素分析解释量	二阶验证分析标准负荷量
知识整合	系统化能力	本企业专业知识的传播是按照既定程序进行的	0.58	0.65
		本企业文件或流程的处理都已经高度电脑化		0.57
GFI = 0.917 CFI = 0.937 TLI = 0.921 RMR = 0.029 RMSEA = 0.068 $\chi^2(62) = 116.419$ P = 0.000	合作能力	本企业产品需要多方面人员共同合作才能完成	0.51	0.53
		本企业各部门间的协调程度很高		0.70
		本企业员工调动到新部门后所需的适应时间很短		0.61
		员工与他人合作意愿会随着培训与工作轮换增加而增强		0.57
		员工在工作需要时可得到其他部门或人员的支持		0.69
技术创新	产品创新	本企业推出的新产品总是领导产业发展的方向	0.65	0.74
		本企业的新产品曾经多次获得创新方面的奖项		0.78
二阶验证分析结果： GFI = 0.902 CFI = 0.967 TLI = 0.952 RMR = 0.026 RMSEA = 0.080 $\chi^2(19) = 42.238$ P = 0.002		本企业能推出丰富多样的产品		0.77
		本企业拥有比同行更多的专利权		0.71
		本企业有大量的利润来自新开发的产品或服务		0.76
	工艺创新	本企业经常引进一些可以改善工艺或作业流程的新技术	0.72	0.82
		本企业经常构想出许多改善产品工艺或作业流程的新方法		0.71
		本企业产品的工艺设计比同行开得更快		0.77

1. 组织文化的二阶验证性因素分析结果中，GFI = 0.897，CFI = 0.904，均大于 0.9 的理想水平，RMR = 0.039，小于 0.05 的理想水平，RMSEA = 0.090，略大于 0.08 的理想水平，P = 0.000，整个二阶验证性

分析达到显著水平，各测量题项的因素负荷值都达到显著水平，这表示组织文化的各题项的收敛效度在可接受的范围。

2. 内部社会资本的二阶验证性因素分析结果中，GFI = 0.967，CFI = 0.983，均大于 0.9 的理想水平，RMR = 0.016，小于 0.05 的理想水平，RMSEA = 0.059，小于 0.08 的理想水平，P = 0.057，整个二阶验证性分析达到显著水平，各测量题项的因素负荷值都达到显著水平，这表示内部社会资本的各题项的收敛效度在可接受的范围。

3. 组织学习的二阶验证性分析结果中，GFI = 0.946，CFI = 0.983，均大于 0.9 的理想水平，RMR = 0.025，小于 0.05 的理想水平，RMSEA = 0.051，小于 0.08 的理想水平，P = 0.023，整个二阶验证性分析达到显著水平，各测量题项的因素负荷值都达到显著水平，这表示学习导向的各题项的收敛效度在可接受的范围。

4. 知识能量的二阶验证性分析结果中，GFI = 0.936，CFI = 0.967，均大于 0.9 的理想水平，RMR = 0.028，小于 0.05 的理想水平，RMSEA = 0.053，小于 0.08 的理想水平，P = 0.000，整个二阶验证性分析达到显著水平，各测量题项的因素负荷值都达到显著水平，这表示知识能量的各题项的收敛效度在可接受的范围。

5. 知识整合的二阶验证性分析结果中，GFI = 0.917，CFI = 0.937 均大于 0.9 的理想水平，RMR = 0.029，小于 0.05 的理想水平，RMSEA = 0.068，小于 0.08 的理想水平，P = 0.000，整个二阶验证性分析达到显著水平，各测量题项因素负荷值都达到显著水平，这表示知识整合的各题项的收敛效度在可接受的范围。

6. 技术创新的二阶验证性分析结果中，GFI = 0.902，CFI = 0.967，大于 0.9 的理想水平，RMR = 0.026，小于 0.05 的理想水平，RMSEA = 0.080，等于 0.08 的理想水平，P = 0.002，整个二阶验证性分析达到显著水平，各测量题项因素负荷值都达到显著水平，这表示技术创新的各题项的收敛效度在可接受的范围。

7. 判别效度分析的结果。本章判别效度的检定方式为：分别将两两变量的相关系数限定为 1，然后将此限定模式与未限定的原测量模式进行卡方差异度鉴定，如果限定模式的卡方值较未限定的原测量模式的卡方值为大且达显著水平时，则表示这两个变量间具有判别效度。

本章各变量之判别效度分析结果如表 32 - 15 所示，表中数据显示各变量中的两两变量的相关系数限定为1时，其限定模式的卡方值均比未限定模式的卡方值更大，且均达显著的差异水平，所以可知各变量间均具有判别效度。

表 32 – 15   变量的判别效度分析

变量	模式	χ^2	d. f.	$\Delta\chi^2$
组织文化 （团队监督、 创新机制和 路径依赖）	1. 未限定测量模式	128. 353	51	—
	团队监督与创新机制的相关系数限定为1	203. 821	52	75. 468 ***
	团队监督与路径依赖的相关系数限定为1	739. 987	54	611. 634 ***
	创新机制与路径依赖的相关系数限定为1	367. 158	53	238. 805 ***
内部社会 资本（信任 和共同愿景）	1. 未限定测量模式	23. 214	13	—
	信任与共同愿景的相关系数限定为1	96. 083	14	72. 769 ***
组织学习 （学习承诺、 分享愿景和 开放心智）	1. 未限定测量模式	60. 892	41	—
	学习承诺与分享愿景的相关系数限定为1	113. 275	42	52. 383 ***
	学习承诺与开放心智的相关系数限定为1	116. 889	42	55. 997 ***
	分享愿景与开放心智的相关系数定为1	111. 611	42	44. 764 ***
知识能量 （知识解读、 知识获取、 知识蓄积和 知识流通）	1. 未限定测量模式	74. 852	48	—
	知识解读与知识获取的相关系数限定为1	209. 449	49	134. 597 ***
	知识解读与知识蓄积的相关系数限定为1	185. 465	49	73. 839 ***
	知识解读与知识流通的相关系数限定为1	191. 009	49	116. 157 ***
	知识获取与知识蓄积的相关系数限定为1	193. 428	49	118. 576 ***
	知识获取与知识流通的相关系数限定为1	183. 037	49	71. 426 ***
	知识蓄积与知识流通的相关系数限定为1	149. 613	49	74. 761 ***
知识整合 （社会化能力、 系统化能力和 合作化程度）	1. 未限定测量模式	116. 419	62	—
	社会化能力与系统化能力相关系数限定为1	217. 977	63	77. 171 ***
	社会化能力与合作化程度相关系数限定为1	223. 857	63	73. 089 ***
	系统化能力与合作化程度相关系数限定为1	213. 580	63	89. 743 ***
技术创新 （产品创新和 工艺创新）	1. 未限定测量模式	42. 238	19	—
	产品创新与工艺创新的相关系数限定为1	112. 183	20	

注：*** 表示在 0.1% 的水平下显著。

第二节　模型结果检验

一　仅考虑两两变量之间的关系分析

仅考虑知识能量和技术创新之间关系。建立这两个变量之间的理论模型，如图 32 – 1 所示。该模型通过了相关的指标检验（指标略），模型的拟合指标如下：$\chi^2 = 13.268$，d. f. $= 8$，$P = 0.103$，$GFI = 0.978$，$RMR = 0.015$，$RMSEA = 0.059$，$AGFI = 0.941$，$NFI = 0.967$，$CFI = 0.987$，$IFI = 0.987$，$TLI = 0.975$。知识能量对技术创新的影响系数为 0.63（$P = 0.000$），可见，知识能量对技术创新有显著的正向影响，假设 H31 – 1 获得支持。同理，建立了其他变量之间的理论模型，并计算了它们之间的影响系数，如表 32 – 16 所示。从这些结果来看，本章所建立的假设都获得了支持。

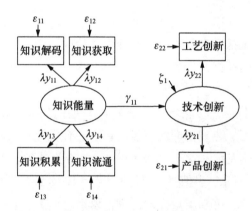

图 32 – 1　知识能量与技术创新的关系模型

表 32 – 16　　　　　　　　　仅考虑两个变量之间的影响关系

变量间的关系	路径系数	P 值	对应假设	检验结果
知识能量→技术创新	0.65 ***	0.000	H31 – 1	支持
知识整合→技术创新	0.76 ***	0.000	H31 – 2	支持
知识能量→知识整合	0.87 ***	0.000	H31 – 3	支持
组织学习→知识能量	0.73 ***	0.000	H31 – 4	支持

续表

变量间的关系	路径系数	P 值	对应假设	检验结果
组织学习→知识整合	0.84***	0.000	H31 – 5	支持
组织学习→技术创新	0.63***	0.000	H31 – 6	支持
内部社会资本→知识能量	0.63***	0.000	H31 – 7	支持
内部社会资本→知识整合	0.76***	0.000	H31 – 8	支持
内部社会资本→技术创新	0.53***	0.000	H31 – 9	支持
组织文化→技术创新	0.73***	0.000	H31 – 10	支持
组织文化→内部社会资本	0.74***	0.000	H31 – 11	支持
组织文化→组织学习	0.98***	0.000	H31 – 12	支持
内部社会资本→组织学习	0.71***	0.000	H31 – 13	支持

注：路径系数为标准化值，*** 表示 P < 0.001。

二 整体模型检验

对于模型的检验以及适配度，巴戈齐和易（1988）认为，必须从三个方面来测量，包括模型基本的适配标准、整体模型适配度以及模型内在结构适配度。我们根据这三方面来对整体模型进行分析，表 32 – 17 中有运用 SPSS 的 CFA 方法进行的因素分析。

1. 基本适配标准。该指标是用来检测模型的误差、辨认问题或输入是否有误等，这可从测量指标的测量误差不能有负值及因素负荷量不能太低（低于 0.5）或太高（高于 0.95），并且是否都达到显著水平来加以测量。如表 32 – 17 所示，除所有变量的因素负荷量都大于 0.5，各因素的测量误差都为正数，可知本章提出的理论模型总体上符合基本适配标准。

2. 整体模型适配度。该指标是用来检验整个模型与观察数据的适配程度，这方面的适合度衡量标准有多种指标，海尔等将其分为绝对适合度衡量、增量适合度衡量和简要适合度衡量三种：（1）绝对适合度衡量：$\chi^2 = 90.3$，d. f. $= 67$，GFI $= 0.936$，RMR $= 0.011$，RMSEA $= 0.043$，可见卡方统计值、RMR、RMSEA、CFI 都在很好的范围；（2）增量适合度衡量：AGFI $= 0.829$，NFI $= 0.896$，CFI $= 0.987$，都在很好的范围；（3）简要适合度衡量：PNFI $= 0.698$，PCFI $= 0.737$，这两个指标都很好。整体而言，综合各项指标的判断，理论模型的整体模型适配度是很好的。各详细拟合指标见表 32 – 17。

表 32 – 17 整体模型拟合指数

	拟合指标	模型估计	解释
绝对拟合指数	χ^2（概度比率卡方考验值）	207. 313	
	GFI（良性拟合指标）	0. 882	很好，大于 0. 80 接近于 0. 90
	AGFI（调整的良性拟合指标）	0. 829	可以接受，大于 0. 80
	RMR（残差均方根）	0. 018	非常好，小于 0. 05
	RMSEA（近似误差均方根）	0. 071	很好，小于 0. 08
相对拟合指数	CFI（比较拟合指标）	0. 987	非常好，大于 0. 90
	IFI（增值拟合指标）	0. 946	非常好，大于 0. 90
	NFI（规范拟合指标）	0. 896	很好，接近于 0. 90
	RFI（相对拟合指标）	0. 866	很好，接近于 0. 90
	TLI（Tucker2Lewis 指标）	0. 930	非常好，大于 0. 90
简约拟合指数	AIC（阿凯克信息标准）（理论模型）	301. 313	理论模型 AIC 值小于饱和模型 AIC 值和独立模型的 AIC 值
	AIC（阿凯克信息标准）（饱和模型）	306. 000	
	AIC（阿凯克信息标准）（独立模型）	2026. 193	
	PNFI（简约规范拟合指标）	0. 698	很好，大于 0. 50
	PCFI（简约比较拟合指标）	0. 737	很好，大于 0. 50
	χ^2/d. f.（卡方值与自由度的比值）	1. 956	很好，$1 < \chi^2/d.f. < 2$

3. 模型内在结构适配度。该标准用以评估模式内估计参数的显著程度、各指标以及潜在问题项的信度等，这可从个别项目的信度是否在 0. 5 以上、潜在问题项的组合信度是否在 0. 7 以上以及潜在问题项的萃取变异量是否在 0. 5 以上来评估。如表 30 – 18 所示，各变量组织文化、内部社会资本、组织学习、知识能量、知识整合和技术创新的组合信度分别为 0. 651、0. 751、0. 748、0. 667、0. 667 和 0. 765，均达到 0. 7 以上的可接受水平。而平均萃取变异量分别为 0. 489、0. 501、0. 498、0. 500、0. 500 和 0. 623 也在 0. 489—0. 623 的范围内，属可接受水平，所以，本章提出的整体理论模型具有较好的内在结构适配度。

表 32 - 18   整体理论模式检验结果

变量	ME 的估计参数		组成信度	因素分析累计解释量
	因素负荷量（λ）	衡量误差（δ 或 ε）		
内部社会资本				
信任	0.66	0.44	0.77	0.81
共同愿景	0.95 ***	0.90		
组织文化				
团队监督	0.85	0.72	0.76	0.61
创新机制	0.75 ***	0.56		
路径依赖	- 0.35 ***	0.12		
组织学习				
学习承诺	0.78	0.61	0.86	0.78
分享愿景	0.83 ***	0.70		
开放心智	0.81 ***	0.66		
知识能量				
知识解码	0.60	0.36	0.72	0.57
知识获取	0.37 ***	0.14		
知识积累	0.72 ***	0.52		
知识流通	0.93 ***	0.87		
知识整合				
社会化能力	0.77	0.60	0.82	0.75
系统化能力	0.81 ***	0.66		
合作能力	0.78 ***	0.61		
技术创新				
产品创新	0.76	0.58	0.79	0.83
工艺创新	0.85 ***	0.73		

注：＊＊表示在1%的水平下显著。

理论模式路径系数和假设检验结果如表 32 - 19 所示，假设 H31 - 2、假设 H31 - 3、假设 H31 - 4、假设 H31 - 5、假设 H31 - 8、假设 H31 - 11、假设 H31 - 12、假设 H31 - 13 的 P 值都小于 0.05，可见这些假设在整体理论模型中都获得了支持，而假设 H31 - 1、假设 H31 - 6、假设 H31 - 7、假设 H31 - 9 和假设 H31 - 10 的 P 值都大于 0.05，即这些假设在整体理论模型中都没有获得支持。

表 32 - 19　　　　　　　整体理论模型的路径系数与假设验证

假设	变量间的关系	路径	路径系数	T 值	P 值	检验结果
H31 - 1	知识能量→技术创新	β_{42}	- 0.05	- 0.184	0.854	不支持
H31 - 2	知识整合→技术创新	β_{51}	1.01 *	1.970	0.049	支持
H31 - 3	知识能量→知识整合	β_{41}	0.46 ***	4.892	0.000	支持
H31 - 4	组织学习→知识能量	γ_{31}	0.72 ***	5.555	0.000	支持
H31 - 5	组织学习→知识整合	γ_{32}	0.41 *	3.839	0.017	支持
H31 - 6	组织学习→技术创新	γ_{33}	- 3.48	- 0.157	0.875	不支持
H31 - 7	内部社会资本→知识能量	γ_{21}	0.04	0.437	0.662	不支持
H31 - 8	内部社会资本→知识整合	γ_{22}	0.19 **	2.448	0.014	支持
H31 - 9	内部社会资本→技术创新	γ_{23}	- 0.38	- 0.162	0.871	不支持
H31 - 10	组织文化→技术创新	γ_{11}	3.56	0.148	0.882	不支持
H31 - 11	组织文化→内部社会资本	Φ_{12}	0.77 ***	5.815	0.000	支持
H31 - 12	组织文化→组织学习	Φ_{13}	0.99 ***	7.745	0.000	支持
H31 - 13	内部社会资本→组织学习	Φ_{23}	0.73 ***	5.566	0.000	支持

注：路径系数为标准化值，＊＊＊表示 P < 0.001，＊＊表示 P < 0.01，＊表示 P < 0.05。

第三节　中介变量分析

中介变量是一个重要统计概念，考虑自变量 X 对 Y 的影响，如果 X 通过影响 M 来影响 Y，则称 M 为中介变量。巴伦和肯尼（Baron and Kenny，1986）提出的中介变量检验分析的三个原则为：（1）自变量（X）可以显著地解释中介变量（M），即路径 a 显著；（2）自变量与中介变量分别显著地解释因变量（Y），即路径 b、c 显著；（3）当路径 a 与路径 b 检验成立，且中介变量的存在会使得原来自变量与因变量的关系（路径 c）由显著变得较不显著，尤其当路径 c 的影响系数变为 0 时，则证明中介效果存在。

本章中，我们从理论模型中可以分解出七个变量子模型，如图 32 - 3 所示。

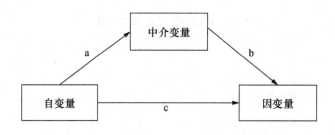

图 32 – 2　中介模型

子模型一：内部社会资本、组织文化与学习导向变量之间互相作用。

子模型二：组织学习作为内部社会资本影响知识整合的中介变量。

子模型三：知识能量作为组织学习影响知识整合的中介变量。

子模型四：组织学习作为内部社会资本影响知识能量的中介变量。

子模型五：知识整合作为内部社会资本影响技术创新的中介变量。

子模型六：知识整合作为组织学习影响技术创新的中介变量。

子模型七：知识整合作为知识能量影响技术创新的中介变量。

为检验这七个中介路径的存在，按照巴伦和肯尼（1986）建议的思路，采用 AMOS7.0 对这四个子模型分别进行路径分析。

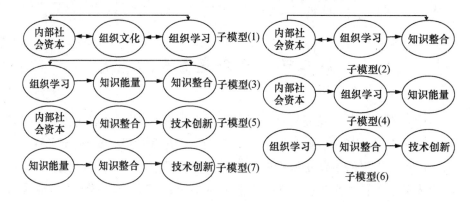

图 32 – 3　中介变量子模型 （1）—（7）

第一，内部社会资本、组织文化与组织学习变量之间互相作用。对于子模型一，内部社会资本、组织文化与组织学习变量之间互相作用，根据路径分析结果，得到拟合后的模型，如图 32 – 4 所示。此模型的拟合参数见表 32 – 21。

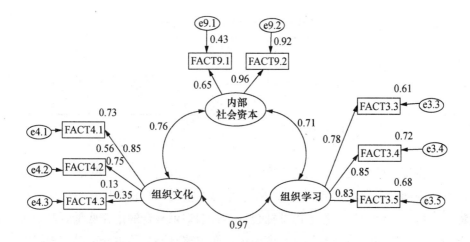

图 32 - 4　子模型一：内部社会资本、组织文化与组织学习变量之间的相互作用

表 32 - 20　　　　　　　　　　　子模型一的模型拟合指数

	拟合指标	模型估计	解释
绝对拟合指数	χ^2（概度比率卡方考验值）	21.452	
	GFI（良性拟合指标）	0.973	非常好，大于 0.90 接近于 1.00
	AGFI（调整的良性拟合指标）	0.943	很好，大于 0.90
	RMR（残差均方根）	0.011	非常好，小于 0.05
	RMSEA（近似误差均方根）	0.037	很好，小于 0.08
相对拟合指数	CFI（比较拟合指标）	0.994	非常好，大于 0.90 接近于 1.00
	IFI（增值拟合指标）	0.994	非常好，大于 0.90 接近于 1.00
	NFI（规范拟合指标）	0.973	非常好，大于 0.90 接近于 1.00
	RFI（相对拟合指标）	0.956	很好，大于 0.90
	TLI（Tucker2Lewis 指标）	0.991	非常好，大于 0.90 接近于 1.00
简约拟合指数	AIC（理论模型）	59.452	理论模型 AIC 值小于饱和模型 AIC 值和独立模型的 AIC 值
	AIC（饱和模型）	72.000	
	AIC（独立模型）	824.723	
	PNFI（简约规范拟合指标）	0.591	很好，大于 0.50
	PCFI（简约比较拟合指标）	0.604	很好，大于 0.50
	$\chi^2/\text{d. f.}$（卡方值与自由度的比值）	1.62	很好，$1 < \chi^2/\text{d. f.} < 2$

表 32 – 21   子模型一的路径系数与假设检验

变量间关系	路径系数	P 值	检验结果
内部社会资本↔组织文化	0.76 ***	0.000	支持
内部社会资本↔组织学习	0.97 ***	0.000	支持
组织文化↔组织学习	0.71 ***	0.000	支持

注：*** 表示在 0.1% 水平下显著。

　　模型一的各项拟合参数很好（见表 32 – 20），因此子模型一拟合良好，内部社会资本、组织文化与组织学习变量之间互相作用。

　　第二，组织学习作为内部社会资本影响知识整合的中介变量。对于子模型二，组织学习是内部社会资本影响知识整合路径的中介变量，根据路径分析的结果，得到拟合后的模型，如图 32 – 5 所示。此模型的拟合参数见表 32 – 22。

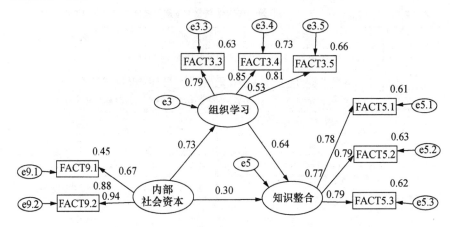

图 32 – 5   子模型二：组织学习作为内部社会资本与知识整合中介变量的拟合模型

表 32 – 22   子模型二的模型拟合指数

	拟合指标	模型估计	解释
绝对拟合指数	χ^2（概度比率卡方考验值）	45.658	
	GFI（良性拟合指标）	0.938	很好，大于 0.90
	AGFI（调整的良性拟合指标）	0.869	很好，大于 0.80 接近于 0.90
	RMR（残差均方根）	0.012	非常好，小于 0.05
	RMSEA（近似误差均方根）	0.094	可以接受，小于 0.10

续表

	拟合指标	模型估计	解释
相对拟合指数	CFI（比较拟合指标）	0.966	非常好，大于0.90接近于1.00
	1FI（增值拟合指标）	0.967	非常好，大于0.90接近于1.00
	NFI（规范拟合指标）	0.948	很好，大于0.90
	RFI（相对拟合指标）	0.915	很好，大于0.90
	TLI（Tucker2Lewis指标）	0.945	非很好，大于0.90
简约拟合指数	AIC（理论模型）	83.658	理论模型AIC值小于饱和模型AIC值和独立模型的AIC值
	AIC（饱和模型）	72.000	
	AIC（独立模型）	896.833	
	PNFI（简约规范拟合指标）	0.576	很好，大于0.50
	PCFI（简约比较拟合指标）	0.587	很好，大于0.50
	$\chi^2/d.f.$（卡方值与自由度的比值）	2.686	很好，$1 < \chi^2/d.f. < 3$

模型二的各项拟合参数很好（见表32－22），因此子模型二拟合良好，组织学习是内部社会资本影响知识整合的部分中介变量。内部社会资本对知识整合的总影响系数为0.77，其中直接影响为0.30，占总影响39%，通过中介变量组织学习产生的影响为0.47，占总影响的61%（见表32－24）。

表32－23　　　　　　　子模型二的路径系数与假设检验

变量间关系	路径系数	P值	检验结果
内部社会资本→组织学习	0.73***	0.000	支持
组织学习→知识整合	0.64***	0.004	支持
内部社会资本→知识整合	0.30***	0.000	支持

注：***表示在0.1%水平下显著。

表32－24　　　　　　　子模型二的中介变量影响系数及比例

内部社会资本对知识整合的影响	影响系数	比例（%）
总影响	0.77	100
直接影响	0.30	39
间接影响	0.47	61

第三，知识能量作为组织学习影响知识整合的中介变量。对于子模型三，知识能量作为组织学习影响知识整合的中介变量，根据路径分析结果，得到拟合后的模型，如图32－6所示。

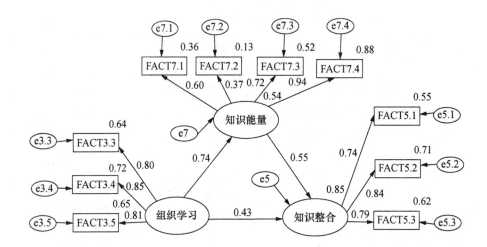

图32-6　子模型三：知识能量作为组织学习与知识整合的中介变量的拟合模型

此模型的拟合参数见表32-25。

表32-25　　　　　　　　　子模型三的模型拟合指数

	拟合指标	模型估计	解释
绝对拟合指数	χ^2（概度比率卡方考验值）	53.611	
	GFI（良性拟合指标）	0.943	很好，大于0.90
	AGFI（调整的良性拟合指标）	0.903	很好，大于0.90
	RMR（残差均方根）	0.016	非常好，小于0.05
	RMSEA（近似误差均方根）	0.060	很好，小于0.08
相对拟合指数	CFI（比较拟合指标）	0.979	非常好，大于0.90接近于1.00
	IFI（增值拟合指标）	0.979	非常好，大于0.90接近于1.00
	NFI（规范拟合指标）	0.949	很好，大于0.90
	RFI（相对拟合指标）	0.928	很好，大于0.90
	TLI（Tucker2Lewis指标）	0.970	非常好，大于0.90接近于1.00
简约拟合指数	AIC（理论模型）	99.611	理论模型AIC值小于饱和模型AIC值和独立模型的AIC值
	AIC（饱和模型）	110.000	
	AIC（独立模型）	1074.128	
	PNFI（简约规范拟合指标）	0.675	很好，大于0.50
	PCFI（简约比较拟合指标）	0.696	很好，大于0.50
	χ^2/d.f.（卡方值与自由度的比值）	1.675	很好，$1 < \chi^2/d.f. < 2$

模型三的各项拟合参数都很好（见表32-25），因此子模型三拟合良好，知识能量是组织学习影响知识整合的中介变量。组织学习对知识整合的总影响系数为0.84，其中直接影响为0.43，占总影响的51%，通过中介变量组织学习产生的影响为0.41，占总影响的49%（见表32-27）。

表32-26　　　　　　　子模型三的路径系数与假设检验

变量间关系	路径系数	P 值	检验结果
组织学习→知识能量	0.74 ***	0.000	支持
知识能量→知识整合	0.55 *	0.000	支持
组织学习→知识整合	0.43 ***	0.000	支持

注：***和*分别表示在0.1%和5%的水平下显著。

表32-27　　　　　　子模型三的中介变量影响系数及比例

组织学习对知识整合的影响	影响系数	比例（%）
总影响	0.84	100
直接影响	0.43	51
间接影响	0.41	49

第四，组织学习作为内部社会资本影响知识能量的中介变量。

对于子模型四：组织学习作为内部社会资本影响知识能量中介变量，根据路径分析的结果，得到拟合后的模型，如图32-7所示。此模型的拟合参数见表32-28。

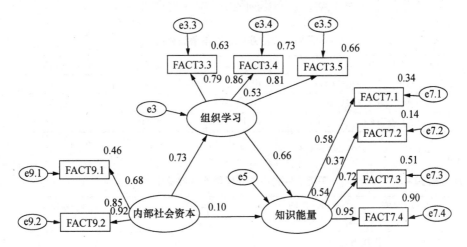

图32-7　子模型四：组织学习作为内部社会资本与知识能量中介变量的拟合模型

表 32 – 28 子模型四的模型拟合指数

	拟合指标	模型估计	解释
绝对拟合指数	χ^2 （概度比率卡方考验值）	38.181	
	GFI （良性拟合指标）	0.957	很好，大于 0.90
	AGFI （调整的良性拟合指标）	0.919	很好，大于 0.90
	RMR （残差均方根）	0.018	非常好，小于 0.05
	RMSEA （近似误差均方根）	0.056	很好，小于 0.08
相对拟合指数	CFI （比较拟合指标）	0.982	非常好，大于 0.90 接近于 1.00
	IFI （增值拟合指标）	0.982	非常好，大于 0.90 接近于 1.00
	NFI （规范拟合指标）	0.953	很好，大于 0.90
	RFI （相对拟合指标）	0.929	很好，大于 0.90
	TLI （Tucker2Lewis 指标）	0.973	非常好，大于 0.90 接近于 1.00
简约拟合指数	AIC （理论模型）	80.181	理论模型 AIC 值小于饱和模型 AIC 值和独立模型的 AIC 值
	AIC （饱和模型）	90.000	
	AIC （独立模型）	829.782	
	PNFI （简约规范拟合指标）	0.635	很好，大于 0.50
	PCFI （简约比较拟合指标）	0.654	很好，大于 0.50
	$\chi^2/d.f.$ （卡方值与自由度的比值）	1.591	很好，$1 < \chi^2/d.f. < 2$

模型四的各项拟合参数都很好（见表 32 – 29），因此子模型四拟合良好，组织学习是内部社会资本影响知识能量的完全中介变量。内部社会资本对知识能量总影响系数为 0.48，其中直接影响为 0，通过中介变量组织学习产生的影响为 0.48，占总影响的 100%（见表 32 – 30）。

表 32 – 29 子模型四的路径系数与假设检验

变量间关系	路径系数	P 值	检验结果
内部社会资本→组织学习	0.73 ***	0.000	支持
组织学习→知识能量	0.66 *	0.014	支持
内部社会资本→知识能量	0.10 ***	0.346	不支持

注：***、*分别表示在 0.1% 和 5% 的水平下显著。

表 32 – 30 子模型四的中介变量影响系数及比例

内部社会资本对知识能量的影响	影响系数	比例（%）
总影响	0.48	100
直接影响	0	—
间接影响	0.48	100

　　第五，知识整合作为内部社会资本影响技术创新的中介变量。对于子模型五，知识整合作为内部社会资本影响技术创新的中介变量，根据路径分析的结果，得到拟合后的模型，如图 32 - 8 所示。

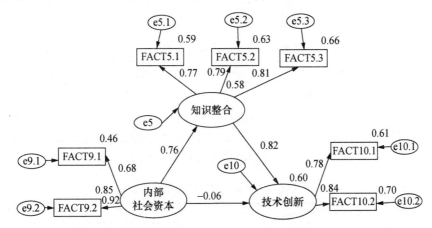

图 32 - 8　子模型五：知识整合作为内部社会资本与技术创新中介变量的拟合模型

　　此模型拟合参数见表 32 - 31。

表 32 - 31　　　　　　　　子模型五的模型拟合指数

	拟合指标	模型估计	解释
绝对拟合指数	χ^2（概度比率卡方考验值）	30.586	
	GFI（良性拟合指标）	0.951	很好，大于 0.90
	AGFI（调整的良性拟合指标）	0.875	可以接受，接近于 0.90
	RMR（残差均方根）	0.011	非常好，小于 0.05
	RMSEA（近似误差均方根）	0.097	可以接受，小于 0.10
相对拟合指数	CFI（比较拟合指标）	0.969	很好，大于 0.90
	IFI（增值拟合指标）	0.969	很好，大于 0.90
	NFI（规范拟合指标）	0.953	很好，大于 0.90
	RFI（相对拟合指标）	0.910	很好，大于 0.90
	TLI（Tucker2Lewis 指标）	0.941	很好，大于 0.90
简约拟合指数	AIC（理论模型）	64.586	理论模型 AIC 值小于饱和模型 AIC 值和独立模型的 AIC 值
	AIC（饱和模型）	56.000	
	AIC（独立模型）	663.996	
	PNFI（简约规范拟合指标）	0.499	很好，接近 0.50
	PCFI（简约比较拟合指标）	0.507	很好，大于 0.50
	$\chi^2/d.f.$（卡方值与自由度的比值）	2.781	很好，$1 < \chi^2/d.f. < 3$

　　模型五的各项拟合参数都很好（见表32－31），因此子模型五拟合良好，知识整合是内部社会资本影响技术创新的完全中介变量。内部社会资本对技术创新总影响系数为0.62，其中直接影响为0，通过中介变量组织学习产生的影响为0.62，占总影响的100%（见表32－33）。

表32－32　　　　　　　　　子模型五的路径系数与假设检验

变量间关系	路径系数	P 值	检验结果
内部社会资本→知识整合	0.76***	0.000	支持
知识整合→技术创新	0.82***	0.000	支持
内部社会资本→技术创新	-0.06	0.656	不支持

　　注：***和*分别表示在0.1%和5%的水平下显著。

表32－33　　　　　　　　子模型五的中介变量影响系数及比例

内部社会资本对技术创新的影响	影响系数	比例（%）
总影响	0.62	100
直接影响	0	—
间接影响	0.62	100

　　第六，知识整合作为组织学习影响技术创新的中介变量。
　　对于子模型六：知识整合作为组织学习影响技术创新的中介变量，根据路径分析的结果，得到拟合后的模型，如图32－9所示。此模型的拟合参数见表32－35。

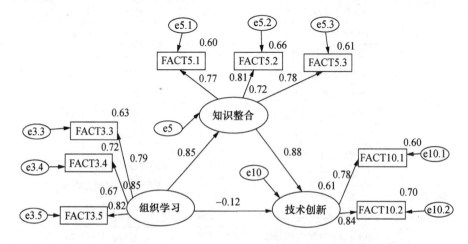

图32－9　子模型六：知识整合作为组织学习与技术创新中介变量的拟合模型

　　模型六的各项拟合参数都很好（见表32-34），因此子模型六拟合良好，知识整合是组织学习影响技术创新的完全中介变量。组织学习对技术创新总影响系数为0.75，其中直接影响为0，通过中介变量组织学习产生的影响为0.75，占总影响的100%（见表32-36）。

表32-34　　　　　　　　　　子模型六的模型拟合指数

	拟合指标	模型估计	解释
绝对拟合指数	χ^2（概度比率卡方考验值）	48.659	
	GFI（良性拟合指标）	0.934	很好，大于0.90
	AGFI（调整的良性拟合指标）	0.860	可以接受，接近于0.90
	RMR（残差均方根）	0.015	非常好，小于0.05
	RMSEA（近似误差均方根）	0.099	可以接受，小于0.10
相对拟合指数	CFI（比较拟合指标）	0.962	很好，大于0.90
	IFI（增值拟合指标）	0.963	很好，大于0.90
	NFI（规范拟合指标）	0.944	很好，大于0.90
	RFI（相对拟合指标）	0.908	很好，大于0.90
	TLI（Tucker2Lewis指标）	0.938	很好，大于0.90
简约拟合指数	AIC（理论模型）	86.659	理论模型AIC值小于饱和模型AIC值和独立模型的AIC值
	AIC（饱和模型）	72.000	
	AIC（独立模型）	886.074	
	PNFI（简约规范拟合指标）	0.573	很好，大于0.50
	PCFI（简约比较拟合指标）	0.584	很好，大于0.50
	$\chi^2/d.f.$（卡方值与自由度的比值）	2.862	很好，$1<\chi^2/d.f.<3$

表32-35　　　　　　　　　子模型六的路径系数与假设检验

变量间关系	路径系数	P值	检验结果
组织学习→知识整合	0.85***	0.000	支持
知识整合→技术创新	0.88***	0.000	支持
组织学习→技术创新	-0.12***	0.518	不支持

注：***表示在0.1%的水平下显著。

表32-36　　　　　　　　子模型六的中介变量影响系数及比例

组织学习对技术创新的影响	影响系数	比例（%）
总影响	0.75	100
直接影响	0	—
间接影响	0.75	100

第七，知识整合作为知识能量影响技术创新的中介变量。

对于子模型七：知识整合作为知识能量影响技术创新的中介变量，根据路径分析的结果，得到拟合后的模型，如图 32 - 10 所示。此模型的拟合参数见表 32 - 37。

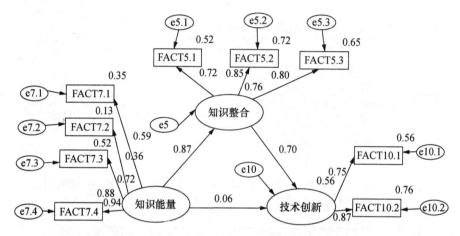

图 32 - 10　子模型七：知识整合作为知识能量与技术创新中介变量的拟合模型

表 32 - 37　　　　　　　　　子模型七的模型拟合指数

	拟合指标	模型估计	解释
绝对拟合指数	χ^2（概度比率卡方考验值）	43.897	
	GFI（良性拟合指标）	0.949	很好，大于 0.90
	AGFI（调整的良性拟合指标）	0.905	很好，大于 0.90
	RMR（残差均方根）	0.015	非常好，小于 0.05
	RMSEA（近似误差均方根）	0.066	很好，小于 0.08
相对拟合指数	CFI（比较拟合指标）	0.975	非常好，大于 0.90 接近于 1.00
	IFI（增值拟合指标）	0.976	非常好，大于 0.90 接近于 1.00
	NFI（规范拟合指标）	0.948	很好，大于 0.90
	RFI（相对拟合指标）	0.922	很好，大于 0.90
	TLI（Tucker2Lewis 指标）	0.963	很好，大于 0.90
简约拟合指数	AIC（理论模型）	85.897	理论模型 AIC 值小于饱和模型 AIC 值和独立模型的 AIC 值
	AIC（饱和模型）	90.000	
	AIC（独立模型）	861.926	
	PNFI（简约规范拟合指标）	0.632	很好，大于 0.50
	PCFI（简约比较拟合指标）	0.650	很好，大于 0.50
	$\chi^2/d.f.$（卡方值与自由度的比值）	1.829	很好，$1 < \chi^2/d.f. < 2$

　　模型七的各项拟合参数都很好（见表 32 - 37），因此子模型七拟合良好，知识整合是知识能量影响技术创新的完全中介变量。知识能量对技术创新的总影响系数为 0.61，其中直接影响为 0，通过中介变量组织学习产生的影响为 0.61，占总影响的 100%（见表 32 - 39）。

表 32 - 38　　　　　　　　　子模型七的路径系数与假设检验

变量间关系	路径系数	P 值	检验结果
知识能量→知识整合	0.87 ***	0.000	支持
知识整合→技术创新	0.70 ***	0.000	支持
知识能量→技术创新	0.06	0.746	不支持

　　注：*** 表示在 0.1% 的水平下显著。

表 32 - 39　　　　　　　　　子模型七的中介变量影响系数及比例

知识能量对技术创新的影响	影响系数	比例（%）
总影响	0.61	100
直接影响	0	—
间接影响	0.61	100

第四节　企业差异分析

　　高科技企业和非高科技企业往往会根据自身资源和条件来采取相应的策略以构建自身的竞争优势。高科技往往非常重视知识的学习、积累，并强调创新。而非高科技企业往往将竞争优势建立在要素和成本的基础之上。因此，本部分所建的创新模型对于高科技企业和非高科技企业可能存在差异。基于此，我们将样本细分为高科技产业（107 家）和非高科技产业（83 家，包含传统制造业和服务业）两部分，对我们的理论模型进行验证，结果如表 32 - 40 所示。可见，我们的假设对不同产业的企业有重要差别，整体模型检验结果对高科技产业的企业仍然完全成立，但对非高科技的企业而言，理论模型的结果与之存在差异。

表 32 - 40   理论模型的检验结果与假设验证（对不同产业的比较）

说	变量间的关系	路径	高科技产业（n = 107）			非高科技（传统制造和服务）产业（n = 83）		
			路径系数	P 值	检验结果	路径系数	P 值	检验结果
H31 - 1	知识能量→技术创新	β_{42}	- 0.08	0.654	不支持	0.68	0.473	不支持
H31 - 2	知识整合→技术创新	β_{51}	0.88 **	0.010	支持	0.23	0.897	不支持
H31 - 3	知识能量→知识整合	β_{41}	0.39 ***	0.001	支持	0.50 ***	0.001	支持
H31 - 4	组织学习→知识能量	γ_{31}	0.66 ***	0.000	支持	0.82 ***	0.001	支持
H31 - 5	组织学习→知识整合	γ_{32}	0.46 ***	0.001	支持	0.39 *	0.041	支持
H31 - 6	组织学习→技术创新	γ_{33}	1.43	0.648	不支持	0.77	0.893	不支持
H31 - 7	内部社会资本→知识能量	γ_{21}	0.05	0.654	不支持	- 0.01	0.974	不支持
H31 - 8	内部社会资本→知识整合	γ_{22}	0.19 *	0.038	支持	0.16	0.248	不支持
H31 - 9	内部社会资本→技术创新	γ_{23}	0.14	0.650	不支持	0.31	0.682	不支持
H31 - 10	组织文化↔技术创新	γ_{11}	- 1.46	0.659	不支持	- 1.25	0.837	不支持
H31 - 11	组织文化↔内部社会资本	Φ_{12}	0.70 ***	0.000	支持	0.84 ***	0.000	支持
H31 - 12	组织文化↔组织学习	Φ_{13}	1.01 ***	0.000	支持	0.99 ***	0.000	支持
H31 - 13	内部社会资本↔组织学习	Φ_{23}	0.66 ***	0.000	支持	0.81 ***	0.000	支持

注：$\chi^2 = 335.13$, d. f. = 212, GFI = 0.83, RMR = 0.023, RMSEA = 0.056, AGFI = 0.75, NFI = 0.84, CFI = 0.93, IFI = 0.94, TLI = 0.92。路径系数为标准化值，*** 表示 $P < 0.001$，** 表示 $P < 0.01$，* 表示 $P < 0.05$。

本章小结

作为企业构建核心能力的重要变量，技术创新能力形成机制备受学者们的关注。基于企业战略的资源基础观，将学者最关注的影响技术创新的前因变量，包括内部社会资本、组织文化、组织学习、知识整合、知识能量与技术创新整合在一个理论模型中，简称技术创新的"CLIENT"模型，并以华南地区的190家企业为样本运用结构方程模型进行实证研究，获得了许多非常有价值的发现：有些变量之间原本存在显著的直接影响关系，但综合考虑其他变量的作用时，这两个变量之间的影响关系却不存在了，它们需要通过中介变量来传导这种影响关系。技术创新的上述前置变量之间的关系不是任意排列的，它们之间存在特定的影响路径和作用机理。如图32－11所示。我们的理论贡献和对管理实践的启示如下：

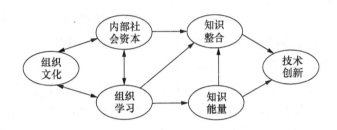

图32－11　本章涉及变量之间关系

　　第一，虽然假设H31－1、假设H31－6、假设H31－9没有获得支持，即知识能量对技术创新没有直接的正向影响，组织学习对技术创新没有直接的正向影响，内部社会资本对技术创新也没有直接的正向影响，但从子模型五、子模型六和子模型七中（见图32－12）我们发现，知识能量通过知识整合对技术创新间接的正向影响，组织学习通过知识整合对技术创新有间接的正向影响，内部社会资本通过知识整合对技术创新间接的正向影响。也就是说，知识整合分别是知识能量和技术创新、组织学习和技术创新及内部社会资本和技术创新之间的中介变量，假设检验的结果深化了我们对前述理论推演的理解，使我们细化了内部社会资本影响技术创新、组织学习影响技术创新及知识能量影响技术创新的机理。同时，这一结果也表明，在中国转型期管理环境下，知识整合在技术创新过程中起着独特而关键的重要作用。

　　研究发现也是对蒂斯等（1997）、科恩和列文索尔（1990）等的研究结果的深化和拓展，这些学者的研究认为知识能量对技术创新有显著的直接影响。我们弥补了他们研究的不足，即：（1）这些学者没有考察知识整合在知识能量影响技术创新的关系中的中介作用；（2）中外管理情境因素和管理理念的不同，国外企业往往把知识作为最重要的异质性资源，通过对知识的管理及创新来构建竞争优势，并且已经形成了相对成熟的知识管理理念和模式，知识整合已成为知识管理组成部分，而正处在工业经济基础向知识经济基础的背景下的中国企业还往往把竞争优势构建在区位优势和成本优势的要素基础上。虽然有些企业已经导入了知识管理的观念和模式，但从这些企业还太年轻，还处于早期的学习阶段，需要进一步的积累，他们往往只注重知识获取而不重视对知识的有效整合。

国外企业特别是高科技企业一般都具有较强的研发能力，并掌握着关键的核心技术，因此，它们往往可以通过原始创新来构建自身的优势。而对于正处在从工业经济基础向知识经济基础的背景下的许多中国企业而言，自主式突破性创新和原始创新并不是可行的创新战略，而通过对现有技术知识进行整合来实现集成创新无疑会更有成效，并且通过集成创新也可以实现创新能力的积累和提高，最终才会有机会去实现原始创新，因此知识整合对中国企业创新起着关键而独特的作用。在我国基础研究薄弱并亟待积累和提高的情境下，充分地对现有知识进行整合具有尤为重要的意义。第二次世界大战以后，西方许多发达国家在科技方面投入了大量资金，产生了许多的科技知识，但是，这些知识没有与市场知识相整合，结果并未产生预期的最大效益。相反，日本虽未在基础研究上做很多投资，但是由于其系统、有组织地对现有的存量知识加以整合利用，从而获得了较高的回报。企业不仅需要自己进行原始创新，不断积累知识，更重要的是善用外部知识，使其真正为企业创造价值。事实上，知识整合可以将组织内外的知识加以整理、开发、提炼和应用，可以在知识存量增长有限的条件下优化知识结构体系，并进一步将蕴含的知识能量转化为组织的生产力，从而实现知识价值和促使知识产生绩效。

对知识整合而言，内部社会资本、组织学习和知识能量都是非常重要的前置变量，都对知识整合有显著的直接正向影响。也就是说，组织的内部社会资本越丰富，组织学习性越强，知识能量积蓄越多，知识整合的能力就越强。企业增强知识整合能力可以采取如下策略：（1）尊重知识产权，重视知识整理；（2）把握知识获取、积累、分享和扩散的机会；（3）在企业内部培养良好的社会资本，即相互信任、合作及建立共同愿景；（4）强化沟通能力和培养协调能力；（5）培养社会化、系统化和合作的能力；（6）把知识整合上升到战略层次，建立知识整合的制度安排，使之进入组织的常规管理程序。

　　第二，虽然假设 H31 – 10 没有获得支持，即组织文化对技术创新没有直接的影响，但检验结果中我们看到，组织文化通过多条路径影响技术创新：（1）组织文化→内部社会资本→知识整合→技术创新；（2）组织文化→内部社会资本→组织学习→知识整合→技术创新；（3）组织文化→内部社会资本→组织学习→知识能量→知识整合→技术创新；（4）组织文化→组织学习→知识整合→技术创新；（5）组织文化→组织学习→知识能量→知识整合→技术创新；（6）组织文化→组织学习→内部社会资本→知识整合→技术创新。从上述多条影响路径中，我们可以发现组织文化的基础和先导作用，组织文化必须通过内部社会资本和组织学习才能促进知识能量的积蓄并增强知识整合能力，进而提升企业的技术创新能力。实证中路径依赖（即组织文化形成后不愿随环境而变动）对组织文化的因素负荷量为负值，给我们如下启示：（1）组织文化具有两重性，如果忽视文化所潜藏的负面效应，即使是优秀的文化也可能会限制企业的创新思维和开拓精神；（2）组织文化应该具有开放性和兼容性，不断地与时推移不断地吸收先进的思想和知识，以便及时地消除由于文化的惰性而给企业带来的限制和负面影响；（3）在中国特定管理环境下成长起来的许多企业，在组织文化上还存在着许多误区，文化还没有成为其经营的一种利器；（4）在实践中企业应该重视通过系统、持续的教育来灌输知识、学习和创新等观念，潜移默化的影响组织成员的习惯、思维和心智模式。

　　第三，本章证实组织学习可以通过三条路径影响知识整合：（1）组织学习→知识整合；（2）组织学习→内部社会资本→知识整合；（3）组织学习→知识能量→知识整合。组织学习对知识整合的直接影响效果为 0.41，通过内部社会资本的中介影响效果为 0.14（0.73 × 0.19），通过知识能量的中介影响效果为 0.33（0.72 × 0.46）。这无疑是对科格特和赞德（1992）等学者的研究结果的进一步深化，即明确了内部社会资本和知识能量的中介作用及组织学习促进知识整合的机理。同时，这个结果也给理论研究以启示：学者在实证变量关系过程中往往会有不同的结果，原因可能在于样本背景和变量测量方式存在差异等，但我们的研究也给出一种可能的解释，即考察不同的中介变量往往会有不同的结果，考察中介变量的数量不同也会有不同的结果。对企业实践而言，应根据变量之间的作用机理和影响路径来分配资源和促进知识管理及技术创新活动。具体对于通过组织学习促进知识整合而言，应该充分重视内部社会资本和知识能量的中介作用，根据影响效果在三条影响路径之间合理分配资源以提高知识整合的效率。

第四，虽然本章的假设 H31 - 7 没有获得支持，即内部社会资本对知识能量的积累没有直接的正向影响，但从子模型四中（见图32 - 12）我们看到内部社会资本对组织学习有直接正向影响，而组织学习对知识能量有直接正向影响，也就是说，内部社会资本通过组织学习来影响知识能量，可见，组织学习是内部社会资本和知识能量之间的中介变量。从图4 - 2 中我们可以进一步发现组织学习的其他中介变量路径，包括：（1）组织文化→组织学习→知识能量；　（2）组织文化→组织学习→知识整合；（3）组织文化→内部社会资本→组织学习→知识能量；（4）组织学习也是内部社会资本和知识整合之间的部分中介变量。上述关于组织学习中介变量作用的发现，无疑是对学者 Yli - renlo 等（2001）等研究的进一步深化和拓展。同时，从子模型二和模型三中可见，组织学习也是知识整合和知识能量的重要前置变量。在实践中，企业能力的培养是通过学习来积累知识能量和对知识进行有效整合的长期过程。我国许多企业在引进国外先进技术方面花费了大量的精力和财力，但并没有达到预期的效果，同时，我们的许多中外合资公司虽然很好地实现了财务绩效目标，但并未完全获得我们所希望的技术，原因之一可能在于我们过于重视绩效目标而相对弱化了学习的目标，因此，在实践中企业应该注重构建组织学习文化，借此来改变成员的思维模式和心智模式，增强学习意识和模式提高学习能力，从而使组织学习这种文化在组织的知识管理活动中持续发挥基础作用。

第五，内部社会资本、组织文化和组织学习三个变量在创造合适的环境氛围方面起着重要的作用，但国内外学者对它们之间的相互影响还很少进行研究，本章首次明确了这三个变量之间具有很强的相互影响性和高度的相关性。从子模型一的检验结果中我们看到三者之间的相关系数分别为0.76、0.97、0.71。以"价值观、观念和信仰"为特点的软性影响因素之间往往具有高度的相关性，因此，企业在利用这些资源时必须从系统整体的角度去把握。许多企业在导入文化管理后并没有持续的改善绩效，原因可能在于资源投入积累到一定程度时，文化的培育以及文化作用的发挥都会遇到"瓶颈"，此时，即使继续投入资源也很难出现大幅度提升绩效的结果。而研究结果启示我们应充分考虑各种软性影响因素之间的相互影响和相互促进，并在内部社会资本的培育、文化的发展、组织学习的塑造三者之间以一个适当的比例来分配资源，通过各种软性影响因素的协同作用来突破"瓶颈"，提高效率。

第六，本章细化了产业因素对"CLIENT"模型的影响。从表32－9的结果中我们可看到，在高科技产业中，结论与理论模型的结论一致，即内部社会资本、组织学习和知识能量均可以通过知识整合来促进技术创新，而在非高科技产业中则无法实现这条路径。这个发现的实践意义在于对于高科技企业而言，可以依据"CLIENT"模型中各变量之间的影响路径和作用机理合理分配创新资源以提升技术创新的能力和效率；而对于非高科技的传统企业而言，知识整合对技术创新并不存在显著的影响，我们认为原因可能在于：（1）高科技企业往往将自己的竞争优势建立在知识和创新的基础上，而非高科技企业往往将竞争优势建立在要素和成本之上；（2）相对于高科技企业而言，非高科技企业创新战略可能不够清晰，或者没有建立适合自身状况的实现技术创新的有效路径；（3）非高科技企业可能缺乏创新资源和能力的积累，或者虽有一定的积累但还缺乏对现有资源特别是知识资源进行有效整合的能力；（4）非高科技企业可能缺乏有效的创新管理能力，往往把文化、流程、战略、资源等孤立起来，不能从系统整体观点对创新资源进行有效的管理，从而造成了资源的浪费；（5）知识对企业的学习和创新活动以及构建竞争优势都是非常重要的，但非高科技企业可能对知识重视的程度不够，或者没有建立有效的内部知识管理系统来促使组织成员持续的吸收和应用知识。因此，创新资源和创新能力的积累、知识整合能力的创新和战略管理能力的提升以及有效的内部知识管理系统的建立和完善是传统企业突破技术创新"瓶颈"的关键。

第七，本章提供了一种构建综合系统理论模型的思路和方法。即通过对相关的理论进行归纳、分析、整合并在其间进行有效的联结来建立新的模型，并以结构方程模型的方法进行实证检验和明确模型内变量之间的复杂交互作用、影响路径和作用机理。技术创新作为一项系统工程涉及多个层面的影响因素，从不同角度和层面建立的模型都可以视为技术创新的一个子系统，不同的子系统模型都会增加我们对技术创新的理解。本章应用上述方法建立了一个提升技术创新能力的"CLIENT"系统模型，并探讨了模型内变量之间的路径和机理。此类研究在国内技术创新资金普遍缺乏的背景下，具有尤为重要的实践意义。首先，它有利于转换思维和角度，通过增强自身配置优化资源的能力来系统整合与挖掘企业现有资源以最大限度地发挥其使用效率。其次，能够使我们明确模型内多变量之间的影响路径，从而指导企业将现有资源分配到最有效的影响路径上；同时也可以促使企业去重新审视自身资源分配的方式和比例，并进一步重新配置整合资源以对资源进行优化从而最大化其创新收益。最后，它也可以指导企业从整体、系统的角度全方位分析、把握企业现有的资源特别是异质性资源，并对这些资源进行有效的配置、组合、运用、优化来增强企业技术创新的效率和能力。

　　第八，未来研究方向在于学者可以基于不同的角度综合相关理论来构建不同的模型，同时也可以考虑将其他因素如环境变动、技术知识特性等纳入本模型中以进一步对本模型进行扩展和深化。另外，本章的样本主要取自华南地区，因而获得的调研数据可能存在一定的局限性，今后应尝试在更大范围内进行调研以对本模型进行进一步的检验。

第三十三章　外部知识流入与企业产品创新绩效的关系

在企业知识管理战略中，企业创意也是研究焦点，尤其是企业创意在企业产品创新实践中扮演着重要角色，本章我们基于企业创意的视角分析了外部知识流入对于企业产品创新绩效的影响作用。实证结果表明：企业创意在外部知识流入与产品创新绩效之间具有中介作用，并且不同类型的企业创意所产生的中介效果差异较大。此外，企业规模与企业研发投入在企业创意与产品创新绩效之间的影响机制也不相同。研究还发现，企业外部环境不确定性越高，其对外部技术知识流入促进企业产品创意的阻碍作用越大，而其对外部市场知识流入促进企业营销创意却起到推动作用；同时，高度不确定性的企业外部环境将有利于企业创意推动产品创新绩效的提高。本章所获得的结论对于探讨企业创意理论以及指导产品创新实践具有重要的理论贡献与实际意义。

第一节　引言

产品创新成功一直是企业获取竞争优势的有效手段之一。随着产品市场需求日益分化和消费者产品价值取向的不断改变，对于企业而言，成功的产品创新不仅建立在企业研发部门出色的产品设计理念与雄厚的研发技术实力之上，更需要企业拥有准确把握产品市场发展趋势及顾客需求偏好等外部信息的能力。在当前的产品创新实践中，企业逐渐从传统的以自我为中心的封闭式创新逐渐转向以市场与顾客为导向的开放式创新。在开放式创新中，企业普遍重视外部环境中知识资源（如消费者、产品市场、供应商以及经销商等相关知识）对于企业产品创新的影响（汪涛等，2010），例如，长虹集团推出的消费者"长虹感观评判师"计划，企业早期供应商参与计划等。切斯布鲁夫（Chesbrough，2003）指出，将企业外部环境中的知识进行系统的梳理与整合，并使其与企业内部知识有效结合，然后应用于企业创新实践是开放式创新最显著的特征。随着企业外部网络的日益发达以及知识资源的持续膨胀，企业从外部环境中获取与产品创新相关的信息、技术等知识，对其进行充分消化与吸收，并与企业内部知识实现有效整合是企业开放式创新实践的核心内容，也是企业产品创新成功的重要推动力量。

在企业开放式创新实践中，企业从外部环境中获取、吸收和利用知识的过程就是外部环境中知识流入企业内部的过程。外部知识流入对于企业产品创新具有深远影响，这种影响主要体现在以下两个方面：一方面，企业通过获取及时的市场信息、消费者需求偏好以及产品制造新技术等知识，为企业新产品研发活动奠定了扎实的知识基础，即外部知识流入对于企业产品创新的直接影响效应。另一方面，伴随着外部环境中的知识不断流入企业，其与企业内部知识进行持续、广泛的交流与融合，能够极大激发企业创意的产生，推动企业创意活动展开，从而使得企业新产品创新活动更容易获得成功，即外部知识流入通过企业创意对产品创新活动产生间接促进作用。然而，既往的相关研究大都将研究重点集中在外部知识流入对于产品创新的直接影响效应方面（Gupta and Govindarajan，2000），而忽视了外部知识流入首先引发企业创意产生，进而通过企业创意间接促进产品创新成功。

鉴于此，本章以外部知识流入与企业创意为理论基础，以珠三角地区通信电子企业为研究对象来探讨企业创意产生的途径和机制，并对企业创意与创新之间的关系进行了剖析，在此基础上构建了外部知识流入、企业创意与产品创新绩效之间的关系假设模型，并进行了实证检验。

第二节　理论基础

一　外部知识流入

外部知识流入，就是外部环境中的知识资源通过与企业不断进行交流、互动，进入企业内部的过程（Gupta and Govindarajan，2000）。外部知识流入包括外部环境知识转移、企业知识获取与吸收以及企业与其他行为主体间的知识交流、分享等知识运作形式（Nonaka，1994；Hansen et al.，1999）。虽然企业集群网络化的持续发展和企业社会资本的不断积累，极大地促进了企业外部知识流入，但是，由于激烈的市场竞争与知识的专属性、缄默性等特点，使得企业在获取外部知识过程中，需要付出较大的成本（Kane，2005）。现代企业为了有效地解决外部知识"嫁接"成本问题，提高知识获取效率，增加企业外部知识流入所获得的报酬递增效益（王发明），纷纷强调企业组织学习能力的培养（Davenport and Prusak，2001；Easterby and Lyles，2003）。古普塔和戈文达拉简（Gupta and Govindarajan，2000）指出，企业外部知识流入主要受到外部知识价值存量、知识拥有者的分享意愿、外部知识流入渠道、知识接受者的渴望程度与接受能力四方面因素的影响。舒尔茨（Schulz，2001）认为，企业所处环境中新颖性、独特性知识越多，则表明其价值越高，企业获取知识意愿与动力越大。

企业外部环境中知识总量的不断膨胀，知识种类的日益丰富，使得企业在接受外部知识流入过程中拥有更多的选择余地。一些企业在没有充分考虑自身知识消化、吸收能力的基础上，盲目从外部环境中获取各种新知识，或者侧重于从知识获取成本较小与获取途径便捷等方面去考虑，造成外部流入的知识无法与自身拥有的知识进行有效融合，从而导致企业创新不足（Katz and Allen，2002）。此外，企业内部经营管理层也会对外部流入的、可能威胁其利益的知识采取不合作甚至拒绝态度（程聪、谢洪明，杨英楠和陈盈，2013），因此，企业想要外部知识流入能够为其带来预期效益，正确选择流入的知识，并对其进行解析就显得尤为重要。

从企业产品创新角度看，外部环境中的知识流入主要包括外部技术知识流入和外部市场知识流入两种类型（程聪，2012）。企业外部技术知识流入就是指与企业产品研发、设计及经营相关的知识进入企业的过程，张景安（2003）将流入企业中的技术知识定义为能够为企业产品研发、生产提供与技术相关状态与变化的描述，具体包括产品技术工艺或诀窍、硬件设备及使用以及产品技术条件等方面的知识。基于市场导向的企业外部市场知识流入则包括市场产品流行趋势、消费者需求偏好变化以及竞争对手产品策略动态等知识的获取（Li and Calantone，1998），企业高效的外部市场知识流入能够提高企业洞悉市场产品流行趋势与消费者需求变化，了解竞争对手未来发展策略的能力。鉴于市场知识在企业产品研发决策与市场营销中的重要性，很多学者提出企业市场知识能力的概念，并对其进行了深入的研究（Li and Cavusgil，2000；Joshi，2004；刘帮成，2007）。由于外部知识流入的黏性作用（Szulanski and Gabriel，1996），对外部流入的知识进行评价和测度就显得尤为重要。当前关于企业外部技术知识流入的测度，主要从知识深度与广度两方面进行评价，企业知识深度是指企业所获得的知识占其所处行业中相关知识存量的比重；而企业知识广度则是指企业拥有的跨越行业、产业领域的知识存量。而关于企业外部市场知识流入的测量，则主要是通过企业获取外部环境中的市场产品销售、消费者需求变化以及销售方式改变等信息来衡量的。本章将从企业外部技术知识流入与外部市场知识流入两个维度考察企业外部知识流入对于企业创意及产品创新之间的影响关系。

二　企业创意

创意概念最初来源于心理学领域关于行为主体创造性的研究，此后，伴随企业组织学习理论与市场营销理论的不断发展与完善，围绕新产品开发而展开的企业创意研究逐渐兴起（Andrews and Daniel，1996），此时，学者们关于企业创意的探讨还主要蕴含在企业创新研究之中。随着实务界对企业产品创新过程进行深入、系统地分析与解构，企业创意与创新之间的差异性也逐渐引起了学者们的重视，并最终形成了不同的研究方向（Sethi et al.，2001）。企业创意是指企业在产品设计、研发和销售过程中，所产生的创造性想法或为了解决具体问题而形成的独特决策方案。相对于创新来说，企业创意只是一种有待付诸实践的新想法或新方案，并不像企业创新一样，是具体的企业实践过程，能够迅速给企业带来可观的利益回报或社会效益，因此，在激烈的市场竞争环境下，企业创意由于未能获得足够的重视，其一直是企业产品创新实践过程中的"模糊地带"（程聪、谢洪明、杨英楠和陈盈，2013），这也是导致一些企业产品创新成功率低下的主要原因之一。然而，这并不意味着，在企业产品创新过程中，企业创意就不重要，阿马贝尔（2005）指出，创意是企业产生关于新产品研发与设计新思维、新想法的能力，而创新则是将上述新思维、新想法付诸实践的能力。如此看来，企业创意是创新实践的基础，是企业进行创新活动的核心构建因素，企业创意对于产品创新的作用效果就可以通过企业创新实践所获得的新产品在功能、外形以及品质上所能带给消费者的感受程度来反映。

　　根据阿马贝尔（2005）等观点可以推断出，企业创意更多的是企业及其内部成员为解决具体问题或达成既定目标的一种带有意图性质的活动，这种活动目前仅仅存在于理论验证阶段，并未付诸实践，因此，企业创意也可以称为"意图的企业活动"；而企业创新则是在企业创意理论完善、创意活动完成的条件下，在企业创意指导下解决具体问题和达到预期目标的创造性过程，是一种"既存的企业活动"。对于产品创新而言，企业创意往往发挥了一种战略性的规制与预测作用，企业创意的孕育和形成过程镶嵌在企业产品战略决策、员工创造以及团队学习等活动之中，具有嵌入性、依附性特点；而企业创新作为创造新产品的具体执行过程，则具有可操作性、应用性强等特征，因此，关于企业创意与创新之间的关系，我们可以通过图 33 – 1 来反映。

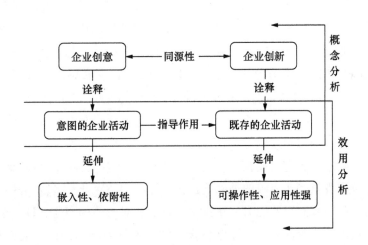

图 33 – 1　企业创意与企业创新关系
资料来源：笔者整理。

　　企业推出的每一个新产品若要获得市场认可，得到消费者的青睐，前提是对于新产品的市场前景，企业必须具备良好的市场洞察能力和领先的产品设计理念，良好的企业创意意味着企业获得了可靠的市场信息与资讯、具备了明晰的产品研发与设计理念以及制定了较为完备的产品研发与销售决策模式。基于企业新产品开发的视角，尹姆和沃克曼（Im and Workman，2004）将企业创意分为产品创意与营销创意两部分，其中，产品创意是指实现产品在外形、功能及品质上的新奇性、独特性及其所能带给消费者的感受程度；营销创意是指企业通过拓展特殊的销售渠道和特色营销方案，将新产品展现给消费者，获得消费者认可和青睐的程度。

由于企业创意缺乏企业创新那样的显著经济效益反馈，一直未能获得业界的广泛关注和重视，而我们关于企业创意与创新关系的分析已经表明，企业创意与创新之间确实存在明显的界限。在企业产品创新实践中，企业创意是十分重要的影响因素，也是我们研究企业外部知识流入与产品创新绩效合适的切入点。

第三节   研究假设

关于企业外部技术知识流入对于产品创新绩效影响，当前学者普遍观点是，企业只有在某一产品领域积累了足够丰富的技术知识，才能够对外部流入的知识进行充分吸收、消化，并与原先的技术知识进行融合与创新，形成新的技术知识，促进企业新产品创新成功（Zahra and George，2002；谢洪明、陈盈和程聪，2011）。随着企业间合作联盟的持续发展，拥有深厚技术知识积累的企业，在通过合作、并购以及其他联盟形式获取产品创新绩效时，将更能允分利用联盟中的技术知识从事产品创新活动。这种跨越联盟或产业界限的外部技术知识流入要求企业具备较强的整合来自不同专业领域知识的能力，在技术复杂度相对较高的产业（IT、新材料以及生物医药产业等）中，企业整合不同产业领域技术知识的能力越强，其对产品创新绩效的贡献就越大（Schulz，2001）。此外，当不同产业领域技术知识持续流入企业中时，能够有效地避免企业核心能力的"锁定效应"，防止企业被竞争对手排挤在新技术发展和新产品创新的行列之外。因此，提出如下假设拟加以验证：

H33-1：企业外部技术知识流入将对产品创新绩效产生正向影响。

作为产品最后持有者的消费者，其对于企业产品创新成功与否最有发言权。企业拥有丰富的消费者信息资源，将有助于企业洞悉产品市场需求变化及其未来发展趋势，从而切实降低企业新产品创新过程中可能存在的市场定位失误，缩短产品创新周期，提升产品创新绩效（Li and Calantone，1998）。企业组织学习经验曲线效应也表明，流入企业中的市场知识越多，企业内部关于市场发展前景更容易形成统一意见，在产品创新方面也更容易达成共识。此外，在企业产品创新中，竞争对手的产品发展态势与竞争策略也日益引起同行企业的关注，拥有竞争对手丰富的市场知识，就意味着企业可以精确地掌握竞争对手的产品市场定位和竞争态势，从而有的放矢地进行战略调整（Chesbrough，2003）。为了获得产品创新的市场扩散效应，企业通常会根据市场知识存量推出不同类型产品，通过多元目标市场占有尽可能多的市场份额。随着市场产品消费趋势的变化，企业将对市场产品信息进行及时分析与总结，对具有较好市场前景的产品进行功能改进或完善，保持企业产品创新绩效在较高水平。基于上述分析，提出如下假设拟加以验证：

H33－2：企业外部市场知识流入将对产品创新绩效产生正向影响。

流入企业中的技术知识具有专用性的特点，虽然在不同领域间进行转移较为困难，但在其专属领域里却能够发挥出巨大的作用。流入企业中的知识与企业创意之间存在倒"U"形关系，即在企业中的知识存量适中时，企业能够获得创意绩效的极大产出，而其后续研究也表明，企业中最优知识存量就是技术知识发挥最大效用时的知识存量。企业创意不是凭空产生的，其需要某一特定领域中相关知识的长期积累，而其中员工技术知识的积累非常关键，在企业创意产生过程中，技术知识是突破创意"瓶颈"和拓展创意延伸渠道的主要推动力量。在企业中，技术知识主要嵌入在以员工为主的载体上，因此，技术知识效益的外在体现之一就是员工表现出来的专业能力，温德（Wynder，2007）进一步指出，外部技术知识流入主要通过员工招聘进入企业，而技术知识在企业创意中发挥作用也主要通过员工的创造性灵感体现出来。此外，技术知识的互补性与协调性，又将促进企业员工在创意产生过程中加强团队学习与合作。因此，提出如下假设拟加以验证：

H33－3：企业外部技术知识流入对企业创意产生正向影响。

企业产品营销活动中，产品市场空间、企业与外部行为主体间关系品质以及产品供应链发展态势是构建企业营销核心流程的三个维度。哈纳瓦尼克等（Hanavanich et al.，2003）也认为，产品开发管理、外部关系管理和供应链管理是企业市场知识管理的核心内容，因此，企业产品开发管理知识、外部关系管理知识以及供应链管理知识流入的多寡是衡量企业外部市场知识流入存量的重要指标。成功的企业创意既需要企业对于产品市场发展趋势准确的洞察能力，也需要企业具备良好的外部关系处理能力。一般来说，外部市场知识流入较多，知识储备丰富的企业，往往在回应市场产品发展趋势变化和消费者需求转变方面更为迅速和敏捷，更能依据市场变化和消费者偏好进行企业创意活动（Li and Cavusgil，2000）。

　　企业外部市场知识流入贯穿于企业整个营销活动之中，市场知识能够促进企业产品创新绩效提升的观点已经得到了众多学者的证实（King，2006），但不容忽视的一点是，企业大多数产品创新成功都以企业富有创意的产品设计理念与方案为基础。尹姆和沃克曼（2004）在其研究中，明确提出了创意取代创新作为中介变量，探讨市场知识、企业创意与新产品绩效之间相互关系的重要意义。温德（2007）在其研究中明确指出，市场知识首先引发企业形成新的创意，其次才通过企业创意的引导和促进作用间接提升企业产品创新成功率。由此，提出如下假设拟加以验证：

　　H33－4：企业外部市场知识流入对于企业创意产生正向影响。

　　从当前学者关于企业创意研究成果看，无论是基于产品研发创意还是市场营销创意，企业创意对于新产品创新成功的作用是显而易见的（Im and Workman，2004），企业拥有较高的产品研发创意绩效，意味着企业对于产品市场发展趋势的把握、产品设计理念的构建均形成了自身独特且较为完备的计划及方案，为新产品的创造奠定了扎实的基础；而完善的市场营销创意则能够保证企业产品销售计划的成功，产品具备的新功能和新特性很好地展现在消费者面前。而众多有关新产品创新成功与失败案例的分析也表明，良好的企业创意能够促进企业在产品功能新颖性和独特性方面实现较大提升，进而增强新产品的市场竞争力（Hirst et al.，2009）。一家富有创意的企业往往能够捕捉到外部市场变化带来的商机，并能够迅速提出有针对性的新产品研发创意和市场销售计划创意，以满足市场和消费者需求的改变，进而增加企业产品创新绩效。如此看来，企业新产品研发创意与市场营销创意是新产品创新成功的决定性因素之一。此外，泽勒和吉布森（Zeller and Gibson，2006）基于企业员工的角度指出，员工专业背景在形成企业创意方面也发挥着积极作用，具体表现在不同专业背景员工所构建的企业创意差异非常大。这就造成了企业新产品研发创意与营销计划创意不仅提供了卓越的产品品质和完善的销售服务，也使得企业间基于不同企业创意策略形成了产品竞争态势落差与竞争格局分化，从这一方面来看，企业创意对于产品创新的促进作用具有双重性。因此，提出如下假设拟加以验证：

H33-5：企业创意对于产品创新绩效产生正向影响；

H33-5a：企业产品创意将对产品创新绩效产生正向影响；

H33-5b：企业营销创意将对产品创新绩效产生正向影响。

企业创新产品最终要推向市场，通过市场占有率和消费者认可度等来反映企业产品创新绩效，因此，企业外部环境变化将深刻影响企业产品创新。此外，企业外部环境不确定性，也将对企业外部知识流入产生显著的影响（Hansen et al.，1999），这种影响表现在企业与外部行为主体间合作关系改变、产品市场风险提升以及竞争对手战略调整等将增加企业外部知识流入的难度，降低企业获取外部知识的效率等方面。Wuyts 和 Gey-skens（2005）指出，环境不确定性将会对企业间的合作品质造成负面影响，降低彼此间在信息、技术等知识形式上的沟通与传递效率。企业外部知识流入效率的下降将使得企业无法获取足够、及时的外部市场技术与信息，难以形成良好的企业创意。因此，提出如下假设拟加以验证：

H33-6：较高的企业外部环境不确定性，将阻碍外部知识流入对于企业创意的促进作用。

随着外部环境不确定性的进一步提升，企业会意识到将创意迅速上升为创新实践的重要性。塞西（Sethi et al.，2001）指出，企业独特的产品创意只有及时付诸实践才能够有效避免市场改变带来的产品创新风险。此外，高度发达的企业网络使得企业间的知识溢出效应越发明显，为了保证企业自身富有特色的创意不被竞争对手所识破和模仿，将成熟的企业创意迅速付诸实践对于企业来说尤为重要。及时、高效的企业创意战略实施不仅能够发挥企业产品先发优势占领市场，而且能够迅速拉开与竞争对手间市场距离，维持产品持久竞争力。因此，提出如下假设拟加以验证：

H33-7：较高的企业外部环境不确定性，将有利于企业创意对于产品创新绩效的促进作用。

基于上文的理论分析与研究假设，本章提出如下研究框架，具体如图33-2所示。

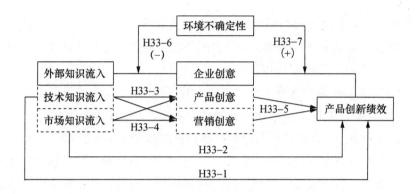

图 33 - 2　本章理论框架

第四节　研究设计

一　变量设计

本章研究关于各构念的定义与测量内容均在参考大量相关文献的基础上，结合研究对象实际综合而成，所有的测量指标均采用多变量度量的方法，并采用7点李克特量表进行数据采集。具体如下：

外部知识流入：本章研究关于外部知识流入的探讨主要基于企业技术知识和市场知识两方面展开，关于技术知识的测量，主要从企业拥有技术知识的深度和广度两个角度进行测量，相关测量条目主要参考米勒等（2004）的研究成果。关于市场知识的测量，我们主要从产品市场变化、消费者需求偏好和竞争对手信息获取三个角度进行问题条目设计，重点参考了 Li 和 Calantone（1998）、刘帮成等（2007）的研究成果。

企业创意：本章将企业创意定义为企业在产品设计、研发和销售过程中，所产生的创造性想法或为了解决具体问题而形成的独特决策方案，独特性和新颖性是企业创意最大的特点。我们将从产品创意与营销创意两方面对企业创意进行测量，在产品创意方面，主要考虑新产品能够给消费者带来的奇特感受以及消费者对于新产品的认可度；而在营销创意方面，则主要是指企业在销售渠道拓展、销售方式选择方面的独到之处。关于企业创意的具体测量指标我们主要参考了尹姆和沃克曼（2004）、阿马比尔（2005）、陈艺超（2007）等的研究成果。

产品创新绩效：企业产品创新成功与否关键在于产品的市场竞争力，在本研究中，我们将从产品市场绩效和财务绩效两方面衡量企业产品创新绩效。其中，产品市场绩效主要是产品市场定位及产品市场号召力等方面；而财务绩效则包括企业产品价格、产品利润以及产品投资回报率等。在具体的问题条目设计中，我们主要参考了翥吉尔（Atuahene – Gima，2003）和刘宇（2009）等的研究成果。

环境不确定性：我们主要从影响企业与外部之间技术与市场知识交流的环境因素来反映。在具体的问题条目设计中，我们主要参考了萨维茨（Savitz，2006）和胡健等（2009）的研究成果。

控制变量：在企业产品创新实践中，企业规模是影响外部知识流入的主要因素之一，而企业研发投入则在产品创新过程中发挥着重要作用。为了更为准确的探究外部知识流入、企业创意与企业产品创新绩效之间的作用关系，在下文实证分析中，我们以企业规模与企业研发投入作为控制变量。

二　抽样与数据采集

通信电子类产品具有功能更新迅速、产品生命周期较短的特点，这意味着通信电子类产品在市场占有率上若要保持长期优势，获得消费者的持续青睐，就必须重视产品创意与创新，不断推出功能完善，外观靓丽、新潮的新产品；此外，在通信电子产业领域，产品的技术标准具有统一性，不同企业之间在信息、技术与产品功能上拥有更多相通之处。考虑到通信电子类产品的上述特征较好地满足了本研究关于企业外部知识流入、企业创意与产品创新绩效之间关系的研究假设，我们决定以通信电子类企业为研究对象。

三　信度与效度分析

关于量表信度的分析，我们首先根据项目相关度分析，剔除了项目相关度小于0.4的问题条目，对具有相似性的指标进行了净化。其次，我们利用 Cranach's α 系数对问卷的整体信度进行了检验，一般而言，Cranach's α 系数在0.6以上即可接受，0.7以上为较高信度，大于0.8则表示信度非常好。

在测量量表的效度分析中，内容效度与构造效度是反映量表效度的两个重要方面。由于本研究的测量量表是基于以往相关学者的研究成果基础之上提出来的，且问题条目设计过程中大量参考了权威期刊的相关文献，具有较好的内容效度，因此，我们将主要对问卷构造效度进行分析。根据主流的测量量表构造效度分析方法，我们利用 KMO 样本测度和因子载荷量来检验量表的构造效度，本章测量量表的项目相关度均大于 0.4，且 Cranach's α 系数均大于 0.6，表明测量量表具有较好的信度；而 KMO 样本测度值均在 0.7 以上，且因子载荷量的比例也都在 50% 以上，表明问卷具有良好的效度。

第五节　研究结果

为了对模型进行有效验证，消除多重共线性对结果可能造成的影响，本章对自变量进行了均值中心化处理，并根据概念框架，利用线性回归方程对假设路径进行了逐一检验。在具体的操作过程中，我们首先让控制变量企业规模和研发投入进入方程，分析其对企业创意的影响；其次，在方程中加入自变量外部知识流入分析其对企业创意的影响；最后，将企业创意也作为自变量加入方程中，探讨它们对于企业产品创新绩效的影响，具体如表 33－1 所示。

表 33－1　　　　　　　　　假设检验结果分析

	方程 1	方程 2	方程 3	方程 4	方程 5	方程 6	方程 7	方程 8
	CPCY	CPCY	CWJX	CWJX	CWJX	SCJX	SCJX	SCJX
控制变量								
QYGM	0.070 (n.s)	0.041 (n.s)	0.029 (n.s)	-0.003 (n.s)	-0.017 (n.s)	0.242***	0.223***	0.218***
YFTR	0.624***	0.421***	0.661***	0.481***	0.335***	0.287***	0.167**	0.111 (n.s)
自变量								
JSZS		0.317***		0.392***	0.003 (n.s)		0.222***	0.020 (n.s)
SCZS		0.106 (n.s)		0.124**	0.109*		0.216***	0.180**
CPCY					0.347***			0.133*
F	59.093***	41.941***	54.332***	40.803***	40.261***	48.811***	32.219***	27.292***

续表

	方程1	方程2	方程3	方程4	方程5	方程6	方程7	方程8
	CPCY	CPCY	CWJX	CWJX	CWJX	SCJX	SCJX	SCJX
R^2	0.417	0.507	0.397	0.500	0.554	0.372	0.442	0.457
	方程9	方程10	方程11	方程12	方程13	方程14	方程15	方程16
	YXCY	YXCY	CWJX	CWJX	CWJX	SCJX	SCJX	SCJX
控制变量								
QYGM	0.183**	0.170**	0.029 (n.s)	−0.003 (n.s)	−0.062 (n.s)	0.242***	0.223***	0.184***
YFTR	0.439***	0.314***	0.661***	0.481***	0.373***	0.287***	0.167**	0.095 (n.s)
自变量								
JSZS		0.105 (n.s)		0.392***	0.355***		0.222***	0.198***
SCZS		0.137**		0.124**	−0.043 (n.s)		0.216***	0.002 (n.s)
YXCY					0.345***			0.231***
F	38.628***	21.826***	54.332***	40.803***	41.902***	48.811***	32.219***	32.167***
R^2	0.319	0.349	0.397	0.500	0.564	0.372	0.442	0.498

注：***、**和*分别表示在0.1%、1%和5%水平下显著。n.s表示在5%的水平下不显著，下同。

（一）外部知识流入对产品创新绩效的影响

从表33-1方程4可以看出，外部技术知识流入和外部市场知识流入对于企业产品财务绩效均产生了显著的正向影响（$\beta_1 = 0.392$，$P < 0.001$；$\beta_2 = 0.124$，$P < 0.01$）；而从方程7我们也可以发现，外部技术知识流入和外部市场知识流入对于企业产品市场绩效均产生了显著的正向影响（$\beta_1 = 0.222$，$P < 0.001$；$\beta_2 = 0.216$，$P < 0.001$），假设H33-1和假设H33-2均得到了实证检验的支持。这表明，企业外部知识流入对于企业产品创新绩效存在重要影响作用。企业新产品能否研发成功并产生预期的市场效应，深受企业从外部环境中获取、吸收和整合知识效率的影响。

（二）外部知识流入对企业创意的影响

从表33-1方程2可以看到，外部技术知识流入对于企业产品创意具有显著的正向影响（$\beta = 0.317$，$P < 0.001$），外部市场知识流入对于企业产

品创意没有产生显著的正向影响（$\beta = 0.106$，$P > 0.05$）。另外，从方程 10 可以看到，外部市场知识流入对于企业营销创意具有显著的正向影响（$\beta = 0.137$，$P < 0.01$），外部技术知识流入对于企业营销创意则没有显著的正向影响（$\beta = 0.105$，$P > 0.05$），假设 H33 – 3 和假设 H33 – 4 均得到了部分实证检验的支持。因此，我们可以推断，企业外部环境中的技术外部知识流入主要影响企业的产品创意，而市场外部知识流入则主要影响企业的营销创意。

（三）企业创意在外部知识流入与产品创新之间的中介作用

从方程 4 和方程 5 可以看到，企业产品创意在技术外部知识流入与企业产品财务绩效之间起到完全中介作用，并在外部市场知识流入与企业产品财务绩效之间起到部分中介作用。另外，从方程 7 和方程 8 中我们也可以看到，企业产品创意在外部技术知识流入与企业产品市场绩效之间起到完全中介作用，而在外部市场知识流入与企业产品市场绩效之间起到部分中介作用。因此，我们可以认为，企业产品创意在外部知识流入与产品创新之间具有中介作用，即外部知识流入通过企业产品创意促进产品创新，假设 H33 – 5a 得到验证。同理，将方程 12 和方程 13、方程 15 和方程 16 进行对比分析，可以发现，企业营销创意在外部技术知识流入与企业产品创新之间起到部分中介作用，而在外部市场知识流入与企业产品创新之间起到完全中介作用。因而，我们可以推测出，企业市场创意在外部知识流入与产品创新之间具有中介作用，即外部知识流入通过企业市场创意作用于产品创新，假设 H33 – 5b 得到验证。

（四）控制变量的影响

在表 33 – 1 很容易发现，企业规模对于企业产品创意和企业产品财务绩效的影响作用并不明显，而对于企业营销创意和企业产品市场绩效的影响作用则非常明显。另外，在大多数情况下，企业研发投入对于企业创意和企业产品创新均具有显著的影响，但在方程 8 和方程 16 中，我们也应该注意到，企业研发投入的影响作用变得不再显著，即企业研发投入对于外部知识流入、企业创意与企业产品市场绩效之间的影响关系不存在显著的影响作用。

（五）环境不确定性的调节效应

为了进一步探究企业外部环境不确定性可能给外部知识流入、企业创意与产品创新之间关系造成的影响，我们利用多元回归方程对其进行更深入分析，其中，外部环境不确定性对于外部知识流入与企业创意之间，企业创意与产品创新之间的调节效应结果具体如表 33 - 2 和表 33 - 3所示。

表 33 - 2　　环境不确定性在外部知识流入与企业创意间的调节效应

自变量	产品创意				营销创意			
	方程 1		方程 2		方程 3		方程 4	
	B	T	B	T	B	T	B	T
JSZS	0.398 ***	6.614	0.618 ***	4.842	0.195 **	3.023	0.259 **	2.435
SCZS	0.149 **	2.653	0.124 (n.s)	1.542	0.278 ***	4.623	0.171 *	1.885
调节变量								
WBHJ	0.308 ***	6.036	0.466 ***	3.633	0.188 **	3.425	0.146 (n.s)	1.249
调节效应								
JSZS × WBHJ			-0.466 **	-2.063			-0.165 (n.s)	-0.846
SCZS × WBHJ			0.089 (n.s)	0.608			0.271 *	1.739
R^2	0.503		0.517		0.347		0.360	
F	55.225 ***		34.642 ***		28.991 ***		18.250 ***	

注：***、** 和 * 分别表示在 0.1%、1% 和 5% 的水平下显著。

从表33 - 2 中的方程2 可以看到，企业外部环境不确定性在外部技术知识流入与企业产品创意之间存在显著的负向调节作用（β = - 0.466，P < 0.01），即企业所处外部环境不确定性越高，其对外部技术知识流入促进企业产品创意形成的阻碍作用越大；而从方程4 中，我们则可以看出，企业外部环境不确定性在外部市场知识流入与企业营销创意之间存在显著的正向调节作用（β = 0.271，P < 0.05），即外部市场知识流入对于企业营销创意形成的促进作用和企业外部环境不确定性呈正相关关系，外部环境不确定性越高，外部市场知识流入对于企业营销创意形成的促进作用越强。因此，假设 H33 - 6 得到实证检验的部分支持。

表 33 – 3　　　　　环境不确定性在企业创意与产品创新间的调节效应

自变量	财务绩效				市场绩效			
	方程 1		方程 2		方程 3		方程 4	
	B	T	B	T	B	T	B	T
CPCY	0.508***	6.700	0.299***	3.356	0.197***	3.297	0.159**	2.164
YXCY	0.224***	3.000	0.131*	1.750	0.222***	3.784	0.145**	2.348
调节变量								
WBHJ	0.119*	1.960	-0.059 (n.s)	-0.884	0.120**	2.521	0.059 (n.s)	1.078
调节效应								
CPCY × WBHJ			0.383***	2.881			0.007 (n.s)	0.064
YXCY × WBHJ			0.291**	2.611			0.276***	3.007
R^2	0.486		0.564		0.365		0.409	
F	51.768***		41.953***		31.473***		22.425***	

注：***、**和*分别表示显著性水平为 0.1%、1% 和 5%，n.s 表示在 0.05 的水平下不显著。

从表 33 – 3 中的方程 2 发现，企业外部环境不确定性在企业产品创意与财务绩效之间存在显著的正向调节作用（β = 0.383，P < 0.001），企业外部环境不确定性在企业营销创意与财务绩效之间存在显著的正向调节作用（β = 0.291，P < 0.01）。因此，我们推断，高度不确定性的企业外部环境将有利于企业创意对于企业产品创新的促进作用。此外，在方程 4 中，我们还可以看到，企业外部环境不确定性在企业营销创意与市场绩效之间也存在显著的正向调节作用（β = 0.276，P < 0.001），即高度不确定性的企业外部环境将有利于企业营销创意对于产品市场绩效的促进作用。因而，假设 H33 – 7 得到了实证检验的支持。

本章小结

一　研究结论与讨论

本章首次对企业外部知识流入、企业创意和产品创新绩效三者之间的关系进行了全面实证检验。在现代企业知识管理实践中，企业与外部环境之间及时、高效的知识交流与转移是企业知识管理的核心内容之一。而对于企业产品创新来说，外部知识流入是影响企业产品创新的重要因素之一，从外部环境中获取最新的产品技术、消费者偏好等信息具有决定性意义。此外，在企业新产品研发过程中，技术与管理创新一直受到企业生产经营管理者的普遍重视，而企业创意对于产品创新影响由于无法像技术创新一样起到立竿见影的效果，同时也未能使企业新产品获得短期显著的经营效益，因此，在企业产品创新过程中往往无法引起企业经营管理者足够的重视（Dahl and Page，2007）。通过我们对外部知识流入、企业创意和产品创新三者之间的理论研究，我们发现，技术知识与市场知识是企业外部知识流入的重要组成部分，也是影响企业创意形成和产品创新成功的核心知识。而企业创意对于产品创新绩效的影响则可以从产品研发和产品营销两个方面体现出来。

　　本章的实证分析表明，外部知识流入对于企业产品创新具有显著的正向影响。尽管这一结论早已被众多学者所证实（Hansen et al. 1999；Li and Cavusgil，2000），但他们主要是基于知识自身属性以及知识在不同行为主体间的转移方式和转移效率视角考虑的，并未对流入企业中的知识从有利于产品创新的角度进行有效分析。造成上述现象的原因，我们认为主要有两方面：一方面，当前关于企业知识的研究重点一直聚焦在特定研究对象知识属性的讨论上（King，2006）；另一方面，不同行为主体间的知识转移是有成本的，企业从外部环境中获取知识成本的高低一直是企业知识管理决策的重要因素之一。然而，对于企业产品创新来说，关键是流入企业的知识要能够切实促进企业新产品研发与销售，因此，基于技术与市场的角度分析知识对于产品创新的影响就显得尤为关键。这一发现，揭示了有志于产品创新的企业应该将知识管理的战略中心从知识获取成本控制、知识获取渠道拓展等转移到有针对性地获取、吸收有利于企业产品创新与市场潜力的外部知识上来。

　　虽然国内外学者对于知识转移与产品创新之间关系进行了大量研究，但企业知识的获取、吸收和利用到底是如何促进企业产品创新的，它的具体作用途径是什么，却一直未能得到有效地解决（Amabile，2005）。安德鲁斯和丹尼尔（Andrews and Daniel，1996）首先提出了"企业创意"的概念，而塞西等则对企业创意与创新之间的差异进行了较为深入的分析，本章在以上相关学者的基础上，以企业产品创意与营销创意为媒介，对外部知识流入对产品创新的作用机制进行了较为深入、系统的探讨。一方面，我们发现，技术知识对企业产品创意具有显著的正向影响，而市场知识则对企业营销创意存在显著的正向影响，这说明，高效的外部知识流入将促进企业创意形成。富有成效的企业产品设计理念产生需要企业对外部相关产品技术、行业信息的充分了解和掌握，而将新产品成功推向市场获取预期的市场效益，则离不开企业对产品市场需求变化和消费者偏好改变等的准确把握，并结合企业自身营销策略进行卓有成效的规划，形成独具特色的企业营销创意。另一方面，企业创意在外部知识流入与产品创新之间起到的中介作用，则进一步揭示了外部知识流入对企业产品创新的影响机制，现代企业的产品创新活动是一项系统工程，流入企业中的知识首先促成企业新产品研发的企业创意形成，然后通过独特的企业创意推动产品创新。因此，本章改变了以往国内外学者研究企业产品创新流行的"知识—产品"两阶段模式为"知识—创意—产品"三阶段模式，为我国本土企业切实提升产品创新绩效提供了更好的理论支持和实践指导。

在本章的实证分析中，我们还发现，企业规模对于企业产品创意与产品财务绩效之间的调节作用并不明显，而在企业营销创意与产品市场绩效之间则存在明显的调节作用。对此，最有可能的解释是：在高新企业中，企业规模与企业技术实力之间没有必然联系，即企业规模大，并不意味着其技术实力就强。而对于产品市场营销来说，规模大的企业一般销售渠道相对较广，其产品在市场及消费者中的口碑也较好，更容易获得市场的认可与消费者的青睐。此外，企业外部环境在企业创意形成以及产品创新过程中也发挥着重要作用。企业环境不确定性在外部技术知识流入与产品创意之间产生显著的负向调节作用，这说明，企业外部环境越不稳定，行业产品技术变迁越快，企业对于产品未来发展趋势越难以预测和把握，从而无法形成有效的产品创意；而市场知识则恰恰相反，企业通过吸收最新的市场信息，能够准确把握产品流行趋势，并对产品创意策略进行及时调整。而企业外部环境不确定性对于企业创意促进产品创新的正向调节作用则表明，一旦企业意识到其所处外部环境在未来将变得越发不稳定时，必定加速其产品和营销创意的实践进程，使企业创意迅速向创新实践推进，以避免外部环境改变可能给企业造成的损失。

综上所述，企业在产品创新实践中，从外部获取的知识主要通过企业创意发挥作用的，企业创意作为指导产品创新实践的理论根源，将对产品创新成功与否产生重要影响。在当前国内外经济环境难以捉摸、产品市场变幻莫测的背景下，对于我国本土企业来说，重视企业创意对产品创新实践中的推动作用，对于提升企业产品竞争力具有重要意义。

二　局限性及未来展望

尽管本章研究对于企业创意理论的发展以及指导企业在面对外部复杂环境下如何进行产品创新实践具有一定的理论贡献，但仍存在以下不足：

首先，在本章重点关注于企业从外部环境中获取产品技术、市场信息等知识对于企业创意的影响，相对忽视了企业自身的技术、声誉等内生性知识对于创意形成的作用。从企业产品最终推向市场的角度来说，虽然外部知识对于企业形成高效的创意具有决定性意义，但企业自身的技术实力和经营水平对产品创新产生的约束作用也是不容忽视的。此外，在企业创意形成过程中，产品创意与营销创意之间具有内在的联系性（Im and Workman, 2004），富有成效的企业创意离不开产品创意与营销创意的互相匹配与协同，而在我们的概念框架与假设中，并没有对此进行详细、深入的分析，从必然会对我们的研究结果造成一定的影响。这些研究不足将是我们未来研究继续展开的方向与动力。

其次，本章调研对象及数据采集样本为广东地区的电子通信类企业，考虑到我国不同地区产业发展模式与行业水平差距较大，并且结合通信电子行业技术发展快、产品周期短的特点，这使得本研究所获得的研究结论在地区和行业上均可能具有局限性。为了获得更为普遍的研究结论，后续的研究中将以我国其他地区的不同产业为研究对象，验证概念模型与假设的合理性。

第三十四章　知识流入和企业创意对组织绩效的影响

本章将企业创意的影响机制拓展到组织创新方面。本章从企业创意的视角对知识流入作用于企业组织绩效的影响机制进行考察。实证结果表明：企业创意在知识流入与企业组织绩效之间产生部分中介作用。此外，在不同企业规模与研发投入的情况下，企业创意对于知识流入与企业组织绩效之间的中介作用差异也较大，尤其是在规模较小和研发投入较少的企业中，企业创意将不会对知识流入与企业组织绩效产生中介作用。

第一节　引言

知识流入就是企业不断从外部环境获取、吸收和利用知识的过程，知识流入是影响企业组织创新效率的重要因素之一（Kane，2005；谢洪明、陈盈、程聪，2011），具体表现在以下两个方面：一方面，外部环境中准确的市场信息、消费者需求以及技术变迁等知识的流入为企业组织活动的高效、顺利开展奠定了扎实的知识基础。另一方面，流入企业的外部知识与企业内部知识进行持续、广泛的碰撞与交流，激发了企业创意的产生，进而推动了企业创意活动的开展，使企业的组织创新活动更容易获得成功。以往相关研究往往忽视企业知识流入首先引发企业创意产生，进而通过企业创意提升企业组织绩效这一事实。

根据企业知识获取渠道、利用方式以及知识效用的差异，流入企业中的知识主要可以划分为技术知识和市场知识（林妙雀，2004）。其中，技术知识主要包括产品研发、工艺流程设计以及组织管理技术等方面的知识。市场知识则主要是有关市场信息、消费者需求以及竞争者经营策略等方面的知识，高效率的市场知识流入能够提升组织洞悉市场发展态势，掌握消费者需求变化以及评估竞争对手未来发展策略的能力。只有充分吸收组织外部的技术知识和市场知识资源才能够保持组织的持续竞争力。

企业创意一直是企业市场营销实践关注的焦点之一，然而，理论界将创意理念引入到企业创新实践研究中还较少。而学者们在对企业创意过程进行持续、深入地分析与解构后却引发了学者们对于企业组织实践中关于创意与创新之间相容性问题的讨论，并最终形成了不同的研究方向（Sethi，Smith and Park，2001）。一般来说，企业创意是企业在生产经营活动中形成的新想法、新理念的水平（Amabile，Barsade，Mueller and Staw，2005）。基于企业市场营销的视角，尹姆和沃克曼（2004）将企业创意分为产品创意与营销创意两种类型，其中，产品创意是指实现产品在外形、功能及品质上的新奇性、独特性及其所能带给消费者的感受程度。营销创意则是指企业通过拓展特殊的销售渠道和特色营销方案，将新产品的创新与独特性展现给消费者，获得消费者认可或青睐的程度。

第二节 理论基础与研究假设

一 知识流入与企业组织绩效

由于对流入企业的知识要进行消化吸收，因此，企业只有积累了足够丰富的知识整合、利用能力，才能够对外部流入的知识进行充分消化、吸收，并与企业已有的知识进行融合与创新形成新知识，进而提升企业组织绩效。随着企业间合作联盟的持续发展，拥有深厚知识积累经验的企业，通过合作、并购以及其他方式将更能够充分利用这种联盟方式获得的知识从事组织创新活动，提升组织创新绩效。当然，这种跨越联盟或产业界限的外部知识流入对于企业整合来自不同专业领域知识的能力提出了非常高的要求。组织通过持续的获取外部知识能够降低组织内部知识的转移成本、提升知识转移效率以及增加知识资产的积累效应等。在现代企业竞争中，按照知识作用机制的差异，将流入企业的知识进行分类、编码和管理，能够极大地提升组织内部知识的利用效率，使组织获取更高的绩效（Schulz，2001）。此外，在市场竞争中，竞争对手的竞争策略也是企业普遍关注焦点之一，拥有竞争对手丰富的市场知识，就意味着企业可以精确地掌握竞争对手的市场定位和竞争态势，从而有的放矢地进行战略调整，提升组织绩效。随着外部市场趋势的变化，企业对市场信息进行及时的分析与总结，对具有较好市场前景的产品进行功能改进或完善，保持企业组织绩效在较高水平。基于上述分析，提出如下假设拟加以验证：

H34－1：企业知识流入对企业组织绩效具有正向影响。

二　知识流入与企业创意

现代市场条件下，知识爆发式增长不仅扩充了知识存量，而且使知识专用性更加明显。组织内部知识存量与企业创意之间并不存在线性关系，即并不是组织内部知识存量越高，组织内部的创业活动越频繁，只有当组织内部知识维持在一定的水平时，才能调动组织内部相关创意活动保持在较高水平。企业创意不是凭空产生的，其需要某一特定领域中相关知识的长期积累，尤其是员工技术知识的积累非常关键。在企业创意形成过程中，市场知识通常在创意产生过程中起到"启发"作用，而技术知识则是突破创意"瓶颈"和拓展创意延伸渠道的主要推动力量（程聪、谢洪明、杨英楠和陈盈，2013）。因此，只有充分融合流入组织内部的市场知识和技术知识，才能够获得较好的企业创意行为。此外，在企业创意形成过程中，还要重视组织内外部知识间的互补性与协调性，关键是加强企业员工在创意形成过程中的团队学习与合作。

大多数情况下，企业组织绩效的高低需要通过组织在市场上的表现来反映，其中组织产品市场占有率是最能够反映企业组织绩效的指标之一（林妙雀，2004）。一般来说，企业外部知识流入较多，知识储备越丰富的企业，往往在回应市场产品发展趋势变化和消费者需求转变方面更为迅速和敏捷，更能依据市场变化和消费者偏好进行企业创意活动。基于上述分析，提出如下假设拟加以验证：

H34－2：企业知识流入对于企业创意产生正向影响。

三　企业创意与企业组织绩效

从当前学者关于企业创意研究成果看，无论是基于产品研发创意还是市场营销创意，企业创意对于企业组织绩效的提升作用是显而易见的，企业拥有较高的产品研发创意绩效，意味着企业对于外部市场发展趋势的把握、产品设计理念的构建均形成了自身独特且较为完备的计划方案，为企业新产品创造奠定了扎实的思想基础。而完善的市场营销创意则能够提升企业产品销售计划的成功率，产品具备的新功能和新特性很好地展现在消费者面前。都说明企业创意在促进企业组织绩效提升方面的重要性（程聪，2012）。而众多有关新产品创新成功与失败案例的分析也表明，良好的企业创意能够促进企业在产品功能新颖性和独特性方面实现较大提升，增强新产品的市场竞争力，进而构建企业组织竞争优势（Hirst，Knippenberg and Zhou，2009）。企业创意对于组织绩效的提升还表现在其对于组织内部知识的整合与迁移方面，一般来说，良好的企业创意产生意味着组织内部具有很强的组织学习驱动因素（Grant，1996），组织内部成员学习速度快，知识复制迁移能力强，对组织发展过程具有更好控制，也有助于组织更好地理解知识传递与组织变革。基于上述分析，提出如下假设拟加以验证：

H34－3：企业创意对于企业组织绩效提升具有正向影响。

基于上文的理论分析与研究假设，本章提出如图 34－1 所示的研究框架。

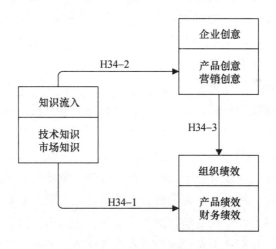

图 34－1 本章研究框架

第三节 研究设计

一 研究样本

本章样本主要来源于浙江省杭州市的高新技术企业。具体的调研过程我们分两步进行：第一步：对广东省高新技术企业进行调研，采用问卷调查的研究方法对上述样本进行抽样调查。第二步：对浙江省杭州市的高新技术企业进行调研，同样采用问卷调查的研究方法对上述样本进行抽样调查。本次数据收集活动共发放 1000 份问卷，收回 271 份，回收率为 27.1%，其中有效问卷 213 份，有效回收率为 21.3%，问卷回收率较低是因为调研对象对于本问卷中的企业创意内涵把握不是很清楚，但这并不影响本章的研究。

二　样本统计性描述

采用频数分配方法对样本的基本特性进行统计分析，包括与同行相比的规模、研发投入。具体结果如下：（1）企业规模：在所有调研企业中，与同行相比属于大规模的企业有 45 家，占样本总数的 21.1%；与同行相比属于中等规模的企业有 121 家，占样本总数的 56.8%，与同行相比属于小规模企业的有 47 家，占样本总数的 22.1%。（2）近三年来新产品研发费用占公司营业额的比例：在所有调研企业中，近三年新产品研发费用占公司营业额 0—6.9% 之间的企业有 79 家，占样本总数的 37.1%；占公司营业额 6.9% 以上的企业有 124 家，占样本总数的 58.2%；未填答的为 10 家，占样本总数的 4.7%。

三　信度与效度分析

关于量表信度的分析，首先，根据项目相关度分析，剔除了项目相关度小于 0.4 的问题条目，并对具有相似性的指标进行了净化。其次，我们利用 Cranach's α 系数对问卷的整体信度进行了检验。内容效度与构造效度是关于测量量表效度分析中反映量表效度最为重要两个维度。由于本章的量表是在参考以往相关学者的研究成果基础之上提出来的，且问题条目设计过程中大量参考了权威期刊的相关文献，在内容效度方面具有较高的可信度，因此，我们将主要对问卷的构造效度进行考察、分析。根据主流量表构造效度分析方法，本章主要利用 KMO 样本测度和因子载荷量来检验量表的构造效度。本章测量量表的信度与效度测量结果如表 34 - 1 所示。

表 34 - 1　　　　　　　　　　信度与效度分析

变量	问题条目	CITC	Cranach's α	KMO	累计百分比（%）
知识流入	问题条目主要参考米勒（2004）、刘帮成（2007）等研究成果		0.781	0.795	58.05%

续表

变量	问题条目	CITC	Cranach's α	KMO	累计百分比（%）
技术知识	Q1.1 贵企业会定期邀请行业技术专家和产品研究机构及人员进行技术指导	0.462	0.798		
	Q1.2 贵企业经常安排员工学习其他部门或领域的相关技术知识	0.696			
	Q1.3 贵企业会购买有关产品研发的新技术和专利权	0.675			
	Q1.4 除本行业的技术之外，贵企业也很关注其他相关行业的产品技术发展趋势	0.624			
市场知识	Q1.5 贵企业经常对本行业的产品市场流行状况进行调查	0.462	0.681		
	Q1.6 贵企业会对市场产品的消费状况进行跟踪、反馈分析	0.406			
	Q1.7 贵企业会与其他企业展开定期的产品生产、销售交流活动	0.457			
	Q1.8 贵企业经常邀请消费者参与产品的使用情况调查活动	0.535			
企业创意	问题条目主要参考伊姆和沃克曼、阿马比尔和陈艺超（19）等的研究成果		0.855	0.861	65.18
产品创意	Q2.1 贵企业的产品能够体现消费者独特的消费价值和品位	0.700	0.845		
	Q2.2 贵企业的产品能够较好地满足消费者对于艺术、娱乐等方面的追求	0.706			
	Q2.3 贵企业的产品内涵容易被消费者理解，产品更容易被消费者操作和使用	0.711			
	Q2.4 相比于其他产品，贵企业的产品获得了消费者更高的认可度	0.611			
营销创意	Q2.5 贵企业在产品营销过程中会经常寻找新的销售方式和渠道	0.573	0.775		
	Q2.6 贵企业可以通过试用的方式来测试产品功能	0.590			
	Q2.7 贵企业通常拥有比竞争者更多的产品销售渠道	0.612			
	Q2.8 贵企业在产品营销过程中注重产品内涵的诠释和特征展现	0.546			

续表

变量	问题条目	CITC	Cranach's α	KMO	累计百分比（%）
组织绩效	问题条目主要参考了西姆塞克（2007）的研究成果		0.835	0.803	61.79
产品绩效	Q3.1 贵企业的产品能够引领市场上同类产品的发展潮流	0.726	0.856		
	Q3.2 贵企业的产品在市场上具有较强的号召力	0.741			
	Q3.3 贵企业的产品在市场上拥有明确的消费群体目标	0.668			
	Q3.4 贵企业的产品与竞争者投入市场的同类产品相比，差异性更明显	0.670			
财务绩效	Q3.5 贵企业的产品市场占有率较高	0.409	0.698		
	Q3.6 贵企业的产品在销售价格上具有优势	0.492			
	Q3.7 贵企业的产品盈利能力较强	0.637			
	Q3.8 贵企业的产品能提升企业竞争力	0.406			

从表34 - 1 中发现，本章测量量表的问题条目相关度均大于0.4（最小为0.406），且 Cranach's α 系数均大于0.6（最小为0.681），表明量表具有较好的信度；而 KMO 样本测度值均在0.7以上，且因子载荷量的比例也都在50%以上（最小为58.05%），表明量表具有良好的信效度。

第四节　研究结果

一　整体模型分析

实证检验首先构建直接影响模型（Model 1）来检验企业知识流入和企业组织绩效之间的直接影响关系；然后构建中间变量模型（Model 2）来检验企业创意在知识流入和企业组织绩效之间的中介作用；最后，在中间变量模型（Model 2）的模型基础上，加入控制变量企业规模与研发投入对企业知识流入、企业创意与企业组织绩效三者关系的影响，其中图34 - 2 是未加控制变量的中间变量模型（Model 2）的分析结果。

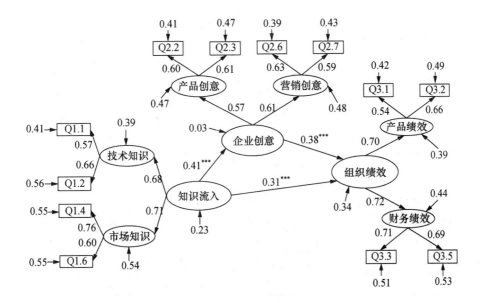

图 34 – 2 中间变量模型

二 控制变量的影响

在企业创新实践过程中,企业规模大小是影响企业获取外部知识资源的重要因素之一,而企业研发投入对于企业创意形成、企业创意付诸创新活动等也将产生重要影响,因此,本章结合数据收集实际以企业规模和企业研发投入作为控制变量来进一步分析知识流入、企业创意和企业组织绩效之间的关系。

当前,理论界关于企业规模和企业研发投入的划分并未形成统一的标准,因此,本章中企业规模的大小我们是依据调研对象对于其所在企业规模在行业中的主观判断作为划分标准,将样本企业划分为大规模企业、中等规模企业和小规模企业三种类型。而关于研发投入的划分标准,我们在对搜集到的数据进行描述性统计时发现,以研发投入为 6.9% 为界线进行分组获得的两组数据较为均衡,因此,在研发投入控制变量分析中将样本企业划分为研发投入划分别为 0—6.9% 和 6.9% 以上两种类型,然后对上文的理论模型进行再一次验证,结果如表 34 – 2 所示。通过表 34 – 2 我们发现,上述实证模型的结果在不同规模和不同研发投入的企业模型中有极大的不同。

表 34 - 2　　　　　　　　　　模型检验结果分析

假设路径与模型验证指标	直接影响模型 Model 1	中间变量模型 Model 2	控制变量模型				
			企业规模 Model 3			研发投入 Model 4	
			大规模	中规模	小规模	研发投入多	研发投入少
ZSLR→ZZJX	0.53 ***	0.31 ***	0.42 ***	0.38 ***	0.12 *	0.48 ***	0.23 *
ZSLR→QYCY	—	0.41 ***	0.32 **	0.30 **	0.14	0.40 ***	0.22 **
QYCY→ZZJX	—	0.38 ***	0.30 **	0.26 **	- 0.03	0.29 **	0.05
模型检验和一阶因素							
ZSLR→JSZS	0.81	0.68	0.71	0.69	0.73	0.67	0.69
ZSLR→SCZS	0.78	0.71	0.68	0.69	0.54	0.72	0.76
QYCY→CPCY	—	0.57	0.64	0.75	0.77	0.69	0.81
QYCY→YXCY	—	0.61	0.58	0.69	0.58	0.71	0.72
ZZJX→CPJX	0.82	0.70	0.74	0.76	0.79	0.73	0.68
ZZJX→CWJX	0.77	0.72	0.65	0.68	0.71	0.76	0.71
模型拟合度指标							
χ^2	226.36	902.37	2341.65			1608.31	
d.f.	92	437	1210			904	
GFI	0.965	0.888	0.927			0.897	
CFI	0.942	0.931	0.973			0.941	
TLI	0.903	0.912	0.944			0.938	
RMSEA	0.059	0.047	0.043			0.041	

注：ZSLR、JSZS 和 SCZS 分别代表知识流入、技术知识和市场知识；QYCY、CPCY 和 YXCY 分别代表企业创意、产品创意和营销创意；ZZJX、CPJX 和 CWJX 分别代表组织绩效、产品绩效和财务绩效；路径系数为标准化值；*** 表示 P < 0.001，** 表示 P < 0.01，* 表示 P < 0.05。

从表 34 - 2 中可以看到，拟合指标中 $\chi^2/d.f.$ 最大值与最小值分别为 1.78（Model 1）和 2.46（Model 4），处于 1—3 之间，达到理想水平；GFI 的最小值为 0.888（Model 2），接近于 0.9 的最低理想水平；CFI 的最小值为 0.931（Model 2），高于 0.9 的最低理想水平；TLI 的最小值为 0.903（Model 2），高于 0.9 的最低理想水平；RMSEA 最大值为 0.059（Model 1），小于理想水平 0.08，最小值为 0.041，大于理想水平 0.01；因此，根据结构方程模型理论检测标准（侯杰泰、温忠麟、成子娟，2003），我们推测本研究所有模型的拟合指标都达到了理想水平，可以用来检验各模型中变量之间的相互影响关系。

　　从 Model 1 中看到，知识流入对于企业组织绩效的影响路径系数为 0.53，显著性水平小于 0.001，因此，我们推测企业外部持续的知识流入对于企业组织绩效产生显著的正向影响，假设 H34 - 1 成立。在 Model 2 中，知识流入对于企业组织绩效与企业创意的影响路径系数分别为 0.31 和 0.41，显著性水平都小于 0.001，并且企业创意对于企业组织绩效的影响路径系数为 0.38，显著性水平小于 0.001。因此，我们认为，企业创意在企业外部知识流入与企业组织绩效之间产生了部分中介作用。而在加入企业规模控制变量的 Model 3 中，我们发现，小规模企业中企业创意并不在外部知识流入与企业创新绩效之间产生显著的中介作用。同样，在加入研发投入控制变量的 Model 4 中，企业研发投入少则企业创意在外部知识流入与企业组织绩效之间也没有显著的中介作用。

本章小结

　　本章实证研究结果表明，知识流入对于企业组织绩效具有显著的正向影响。尽管这一结论早已被众多学者所证实，但他们主要是基于知识自身属性以及知识在不同行为主体间的转移方式和转移效率角度考虑的（Bierly and Paula，2007；谢洪明、陈盈和程聪，2011）。然而，在企业生产经营实践过程中，最为关键的是流入企业中的各种形式的知识要能够切实促进企业创意活动的实施，进而提高企业组织运作效率。这一发现揭示了这样一个道理：致力于提升组织创新绩效的企业应该将知识管理的战略重心从知识获取成本控制、知识获取渠道拓展等转移到有针对性地获取、吸收有利于企业产品创新与市场潜力挖掘等方面的外部知识层面上来。

　　企业创意在知识流入与企业组织绩效之间具有部分中介作用。这在一定程度上验证了我们前面提出的企业知识流入首先引发企业创意产生，通过企业创意促进企业组织绩效提升的观点。这一发现不仅从理论上更为全面地阐释了企业知识流入与企业组织创新行为之间的作用机制，描绘出了企业"知识整合（创新观念构建）—创意形成（创新理念设计）—组织创新实践（创新理念实施）"的企业知识流入与企业组织绩效之间的内在逻辑关系。同时也在实践上给予企业更大的启发：企业若要获取组织创新活动的高绩效必须把握企业组织活动的内在规律，在组织创新活动开展之前要充分论证创新的可行性与合理性，重视企业创意构思与设计，完善企业内部创新制度与规范创新实践。另外还发现，在小规模企业和研发投入较小的企业中，企业创意的这种中介作用并不明显，究其原因，一方面，可能是由于在这些企业中原本就很少有创新活动（从知识流入对企业组织绩效的影响作用也不明显可以看出）。另一方面，与企业组织创新活动不同，企业创意作为一种尚未付诸行动的创新设想，在没有引导创新活动实施前并不会给企业带来实际的经济回报或价值，从而往往被经济效益敏感性较高的小型企业和研发投入少的企业所忽视。

综上所述，企业从外部获取的知识一定程度需要通过企业创意发挥作用，企业创意作为指导企业创新实践的理论根源，将对企业创新成功与否产生重要影响。在当前国内外经济环境难以捉摸、市场变幻莫测的背景下，对于我国企业来说，根据企业实际发展情况，充分重视外部知识目标获取以及只是利用方式变革，同时重视企业创意对企业组织创新实践中的推动作用对于提升企业组织绩效具有重要意义。

第三十五章　企业知识吸收能力的
主要影响因素

本章讨论影响企业吸收外界知识的主要因素。研究表明，企业的吸收能力主要受到先验知识的存量与内涵、研发投入的程度、学习强度与学习方法、组织学习的机制四项因素的影响。本章我们对落后地区企业发展吸收能力的策略及效果进行了比较，最后提出了企业发展知识吸收能力的建议。

第一节　引言

创新必须依赖大量知识基础，而企业的知识大部分来自外部，因此企业吸收外部知识显然是与企业的创新能力息息相关的。许多研究也表明，日本与韩国工业技术快速成长的主要原因之一是日韩企业对新知识与新技术的吸收能力极强，因此能以模仿、改进和创新的三部曲来创造竞争优势（Cohen and Levinthal，1990）。这些事实说明，企业推动创新活动除了需要本身积极投入研发外，如何有效发展企业对外部知识的吸收能力，也是影响企业创新绩效的主要因素。那么影响企业知识吸收能力的主要因素是什么呢？

第二节　影响企业吸收能力相关因素

一　企业吸收能力与先验知识相关

一个企业对外界信息、知识、技术的吸收以及应用能力将与企业本身拥有的知识水平与知识内涵密切相关（又称为先验知识）。企业本身具有的知识水平与知识内涵对于企业认知、吸收、应用外部新知识具有重要的作用。由于知识能力是逐渐积累的，企业吸收的新知大都与其先验知识相关，因此企业所拥有的先验知识内涵将影响其吸收新知的态度，同时也可能使企业对新知识未来潜力的判断出现错误。例如当企业拥有较多 A 类技术知识时，会对企业学习竞争性技术的知识造成排斥现象。纵然 B 类技术可能带来合作研究是企业经常采用的一种 R&D 模式，但极大的市场机会，但是，企业仍然还是倾向发展 A 类技术而忽略 B 类技术，就是由于先验知识的内涵影响企业吸收新知的选择与判断的缘故。

　　企业能否通过合作研究获得新知与成长，将受到其能否有效吸收与学习的影响。企业选择合作研究对象，并非一定考虑到合作对象技术的先进与新颖程度，而是以能否有效学习与吸收合作研究成果为主要目的，因此合作研究主题的选择大都与企业本身拥有的先验知识有关。所以，先验知识不仅影响对待新知识的态度，而且影响合作研究对象的选择，是影响企业知识吸收能力的重要因素。

二　研发投入有助于提升企业吸收能力

　　另一项影响吸收能力的因素是企业在生产活动中投入的程度，因为通过制造活动的投入，企业将可获得更多有关产品与技术相关的知识，这类由制造经验积累的知识内涵，将有助于企业进入比较深层次的技术学习。一般落后地区企业也大都先从成熟产品的生产制造开始，通过制造活动来学习产品知识，然后才有能力进行比较深度的新技术转移。制造活动自学习的角度，也可用"做中学"来形容，虽然不知道根本的技术原理与产品设计知识，但通过做的过程，才知道自己所需要引进知识的也不断增强，因此企业将会投入比较多的资源来提高知识的吸收能力。科恩和列文索尔（1990）的研究证实，企业吸收能力与其研发投入具有密切关系。也就是说，研发活动除了会带动创新与开发新产品之外，对强化企业的吸收能力也会具有显著的效益。例如，研发活动中的基础研究、合作研究、技术转移、派员出席技术会议、与供应企业合作开发等，都有助于企业引进新知识。由于基础研究具有很高的外溢效果，所以许多企业并不热衷于投入这类研发活动，不过一些大型企业仍会将一定比例的研发资源投入于基础研究（一般为10%），其主要目的在于提高企业的知识能力水平，以使企业成员能够快速吸收最先进的知识和技术，最终还是有助于企业重大创新成果的产出。例如 IBM、微软等采取领先创新策略的企业，会认识到积累知识能力与发展吸收能力对于领先创新的重要性，因此，这类企业就会较主动地投入于基础研究。

企业投入研发目的不仅为解决问题与创造新知识，同时也是为了提升企业技术吸收能力。尤其当企业所要学习的新技术越复杂，则企业将需要越高层次的吸收能力，因此企业对于如何提升技术吸收能力的态度也会更为积极。换句话说，当外部知识越容易取得与吸收，则企业对于吸收能力的发展就越不重视。一项针对韩国汽车产业所做的调查（Han，Kim and Srivastava，1998），发现合资企业由于比较容易取得技术知识，因此企业的吸收能力相对于需要独力取得与发展技术的独资企业就落后许多。由于研发投入规模对于提升企业的吸收能力密切相关，因此，当吸收能力影响企业竞争优势时，企业就会采取比较积极的研发策略，相对在研发投入的规模也会较大。我们看到韩国在所有落后地区国家中研发投入的比例最高，占 GDP 的 2.7%，原因之一就是韩国采取自主技术发展的策略，因此韩国企业需要比较强的吸收能力，而研发投资对于提升吸收能力与技术转移会有显著的帮助。不过提升产业的技术吸收能力往往需要投入很大的资源，因此韩国采取发展大型财团企业的策略，而中国台湾地区以中小企业为主的产业发展策略，显然不利于技术吸收能力的升级。这就是为何中国台湾地区需要发展许多具有较强吸收能力的公共研究机构，目的就是协助中小企业自外界取得先进知识，并转移到中小企业。

三 学习强度和学习方法影响企业的吸收能力

除先验知识的存量与内涵影响企业的吸收能力外，企业本身投入在学习的用心程度也会影响企业吸收新知识的效果。也就是说，吸收能力会受到"先验知识"与"学习强度"的双重影响。学习强度可定义为：企业对于引进与学习新知识的迫切程度；因此当企业在技术转移过程中，投入于学习与使用新知识的强度越高，则本身吸收能力所呈现的学习效果也一定会越显著。中国企业往往采取制造危机的策略来提升企业的学习强度，因此，技术转移的效果就特别显著。中国台湾在 1976 年发展集成电路产业，也曾召集工程技术人才组成一个技术学习团队，赴美国向 RCA 研习 IC 制造技术，并进行整厂技术转移。这一批技术团队成员后来也成为建设中国台湾 IC 产业的主要功臣，他们推动了联电、台积电、世界先进、旺宏、联发科、台湾光罩等产业龙头公司的成立。长虹起步初期也曾大量派技术人员赴日本学习彩电研发技术，这批人员回国后对长虹企业的技术进步起到了重要作用，这与派出前对这些人员的激励和教育是分不开的。

学习方法也会影响企业的吸收能力。所谓吸收能力是指将新知识纳入组织知识系统之中，并能加以有效地利用。如果要将一个外部新知纳入个人知识库之中，其先决条件就是这个人具备吸收这项新知识的能力。也就是先验知识的内涵具有学习的关联性，以及学习强度足以引发学习动机，这时新知识才有可能被有效吸收。不过将新知识纳入于知识库之中，并能被有效使用，也并非一件易事。一般而言，吸收与利用新知识需要一段练习过程。也就是说，吸收新知不只是记忆与背诵，纳入知识库也不是简单地拿来与放入，要将新知纳入现有的知识系统，并加以充分利用，这是需要一套有效的学习方法与经过大量的练习。例如，老师要求学生反复做练习题，目的就是要学生学习使用新知识，并将新知识纳入其知识库之中。当然也可以利用一些实验、实习与引人入胜的个案研究或一些具有挑战性的问题，来促使学生学习与使用新知识。

另外，企业经常利用问题解决的机会，来进行学习。因为在解决问题的过程中，我们经常需要学习与使用知识，然后问题解决的成果又可以创造出新的知识。所谓"做中学与试错中学"，都是吸收与学习新知的重要手段和必要的过程。无论是员工个人或是组织的知识库，吸收与学习新知都需要有方法并且花费心力。我们常说发展吸收能力，其实就是指充实先验知识的内涵与系统化，以及创造学习强度与发展有效的学习方法。其中有关如何发展有效的学习方法，确实对于企业提升吸收能力具有关键作用。

第三节　组织学习机制的作用机制

一　组织学习对于知识吸收的作用

企业除了以研发投入与教育训练强化员工的吸收能力外，发展学习型组织显然也是影响企业吸收能力的重大因素。一般而言，组织学习可以分为内部学习与外部学习，所谓内部学习指的是组织内部的知识扩散与知识创新活动，而外部学习则指的是技术模仿、转移与引进。企业虽然是由个人所组成，但企业的吸收能力不等于员工个人的吸收能力。企业的吸收能力除包括自外部吸收新知识外，还包括新知识在组织内的扩散、利用与再创新，因此是一种外部学习与内部学习的整合。依据野中郁次郎和 Takeuchi（1995）的知识创新观点，企业吸收能力还包括知识的内化、共同化、外化、整合化以及知识的创新。

企业引进新知还需要有扮演新知引进者的接口角色，这位关键人既具有吸收外部新知的能力，又知道如何将新知转化为组织内其他人可以理解的程度。同样的，知识在组织内不同部门间扩散时，也需要有类似新知引进者的接口，扮演接收、转移、沟通的角色。纵然新知引进者将新知引进组织内，也不代表组织就能有效率地进行扩散与学习吸收。知识在组织内部的扩散与组织文化、价值观、沟通机制密切相关。如果新知不能符合组织的价值观或利益，往往也很难转移、扩散或被利用。组织内部过于封闭，则对外部新知识的吸收能力必然会有负面的影响。因此如何增加组织内部个人与部门的知识广度与吸收能力，也是建立组织学习机制的一大目的。如果组织成员能与外部知识源，如顾客、供货商、设备企业等，有更多的知识交流，相信一定会有助于提升组织整体的吸收能力。有的企业经营策略较为保守，对于外部创新成果较为排斥，因此成员对于吸收新知较不感兴趣，甚至取得的新知也很难在企业内部扩散与被利用。这种文化认知的差距，虽然不是由企业先验知识水平不足造成的，但显然也不利于企业吸收能力的发挥。总之，组织内应强调知识流通与分享、推动跨部门的项目活动，进行跨部门的团队学习，这将有利于组织学习机制的建立。

二　落后地区企业发展吸收能力的策略比较

许多落后地区企业采取与先进国家大厂合资经营策略，其目的主要是基于技术取得的便利性，希望通过合资双方利益共享，可以优先获得先进技术的转移，并减少技术取得与吸收学习上的困难。不过，一些研究案例显示，这种以合资引进技术的模式，对于落后地区企业提升技术能力的目的，最终可能还是弊大于利。一般而言，先进企业倾向于将比较成熟的技术转移到落后地区，而且转移的大都是成套技术。当转移的技术越完整与成熟，则对接收者吸收能力的需求就相对较低。再加上先进企业普遍对于提升落后地区合资企业吸收能力的积极性不高，也不会鼓励合资伙伴进行自主的技术创新，因此落后地区合资企业的技术吸收能力反而不如许多本土的独资企业。

韩国现代汽车与大宇汽车之间的技术吸收能力差距就是一个典型的案例。这两家公司发展初期都与美国通用汽车公司有密切的技术合作，不过现代汽车是一家独资的本土型企业，坚持自主经营，与通用合作仅是建立在技术转移与合作研究的基础上。而大宇汽车为便利取得整套的技术转移，因此采取与通用合资的方式，并且交由通用公司来主导大宇的经营发展。现代汽车公司虽然因为采取自主经营，相对来说比较难以自先进大厂取得成套技术，不过通过强化自主吸收能力与积极的技术引进策略，克服重重难关，技术吸收能力与自主创新能力反而要优于大宇汽车公司。现代汽车公司技术吸收能力较优的原因，主要是因为独资企业在技术取得与学习的门槛较高，必须积累更多先验知识与投入更高比例的研发资源，并以更积极态度进行新知的吸收与学习，因此导致较强的技术知识水平与技术吸收能力。

　　缺乏自主经营与主动创新的愿望，可能是落后地区合资企业在技术能力发展上所受到的最大制约。落后地区如果只是一味依赖先进大厂投资所带来的技术引进，而无法建立自主技术创新能力，那么恐怕将永远沦为被动的技术跟随者与成熟技术的殖民地。落后地区企业如果采取自主经营策略，就必须要采取更为积极的态度来发展企业的技术吸收能力，如此，才有可能转移与学习具有竞争力的新知识与新技术。

本章小结

　　由上述分析可知，企业吸收能力将受到先验知识的存量与内涵、研发投入的程度、学习强度与学习方法、组织学习的机制四项因素的影响，其关系如图35-1所示。判断落后地区企业的技术吸收能力，可自其在这四项因素的努力程度与运作绩效来做出综合判断。

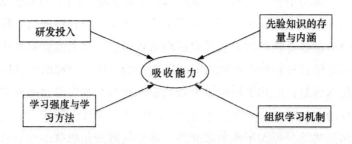

图 35-1　本章理论模型

	VOE	COE	KO	EMI	OPI
OPI	0. 218 **	0. 203 **	0. 310 **	0. 563 **	1. 000
Mean	3. 35	3. 59	4. 28	3. 03	3. 20
S. D.	0. 61	0. 65	0. 90	0. 44	0. 37

注：** 和 * 分别表示在 0. 01 和 0. 05 的水平下显著。

第四节　研究结果

为了更好地分析和检验各变量之间的相互影响关系，本章构建了关于外部环境与管理创新的直接影响模型（Model 1）和关于外部环境、知识流出与管理创新的中间变量模型（Model 2），同时在中间变量模型中分别加入研发投入和地理集聚（GC）作为控制变量构建了 Model 3 和 Model 4。通过结构方程模型，得到检验结果如表 36 – 2 所示。

表 36 – 2　　　　　　　模型路径系数和拟合度检验

假设路径	直接变量模型 Model1[a]	中间变量模型 Model2[b]	控制变量（研发投入） Model3[b]		控制变量（地理集聚） Model4[b]	
			高研发投入	低研发投入	高集聚	低集聚
EE→KO（H1）	—	0. 431 **	0. 327 *	0. 566 *	0. 340	0. 687 *
KO→MI（H2）	—	0. 410 ***	0. 433 ***	0. 371 **	0. 401 ***	0. 398 ***
EE→MI（H3）	0. 367 ***	0. 171	0. 203 *	0. 143	0. 129	0. 370
一阶因素						
EE→VOE[d]	0. 746[c]	0. 771[c]	0. 789[c]	0. 625[c]	0. 940[c]	0. 567[c]
EE→COE[d]	0. 733[c]	0. 719[c]	0. 696[c]	0. 742[c]	0. 716[c]	0. 643[c]
MI→EMI[d]	0. 767[c]	0. 809[c]	0. 772[c]	0. 884[c]	0. 752[c]	0. 864[c]
MI→OPI[d]	0. 856[c]	0. 804[c]	0. 769[c]	0. 807[c]	0. 780[c]	0. 830[c]
KO→UEO[d]	—	0. 595[c]	0. 658[c]	0. 516[c]	0. 581[c]	0. 606[c]
KO→DEO[d]	—	0. 615[c]	0. 645[c]	0. 561[c]	0. 593[c]	0. 617[c]
KO→SEO[d]	—	0. 512[c]	0. 451[c]	0. 591[c]	0. 563[c]	0. 444[c]
KO→FIO[d]	—	0. 476[c]	0. 442[c]	0. 525[c]	0. 474[c]	0. 462[c]

　　以下我们利用图 35 - 1 的架构，针对落后地区企业应如何发展技术吸收能力，提出以下几点建议：

　　（1）大力投入教育训练，招募知识水平与经验能力都较为丰富的员工，企业内组成跨部门学习团队，促进知识在组织内扩散与分享，以增加企业先验知识的存量与广度。

　　（2）以比较积极的态度投入于研究发展，并将提升吸收能力视为研发投资的一项主要目标。企业要设法结合自主研发与技术转移两种策略，并借由研发资源投入来提升技术引进的水平。

　　（3）采取自主创新的策略，为技术发展设定比较高的标杆，以增加企业必须学习新知识与新技术的强度。政府可以采取"胡萝卜加大棒"的策略，提高技术的奖励门槛，以优惠措施扩大对于技术领先者的奖励，且严惩技术落后者，引发企业必须积极提升技术吸收能力的动机。

　　（4）发展有效的学习方法，有目标地进行系统化学习，鼓励员工勇于尝试创新，以实验、合作研究等方式来应用新知，进而强化组织个人与团队的知识库内涵与企业的吸收能力。

　　（5）发展学习型组织与重视学习的企业文化，积极推动知识管理，重视与外部的知识交流，建构获取外部知识的网络关系，鼓励员工参与知识社群，将知识取得、分享、扩散、整合、创新做紧密的结合。也就是说，企业要建构一套能将取得的新知，加以有效消化、吸收、利用，并纳入企业知识库的组织学习机制。

第三十六章 外部环境与知识流出对企业管理创新的影响

从知识流动视角探讨组织创新问题日益受到学术界关注，但知识流入尤其是知识流出如何影响企业管理创新的研究还非常缺乏。本章在理论研究基础上，构建了知识流出、外部环境与企业管理创新之间关系的理论模型，并考察研发投入和地理集聚对模型的控制作用。通过对 458 家申报广东省高新技术企业和民营科技型企业的问卷调查数据进行实证检验，发现知识流出以完全中介作用影响外部环境和组织管理创新的关系，且这三个变量之间的关系受制于研发投入的大小和地理集聚程度的高低，即高研发投入企业中的知识流出在外部环境与管理创新之间起不完全中介作用；高地理集聚企业中的外部环境对知识流出并不存在直接的正向影响，说明企业应善于发现适合自身发展的地理环境。研究结论对完善知识和创新管理理论具有一定的学术贡献。

第一节 引言

创新是企业为适应外部环境不断发展变化而采取一系列新举措的集合（苏敬勤和崔淼等，2010），主要包括技术创新和管理创新（Damanpour，1991）。虽然伯金肖和哈默尔（Birkinshaw and Hamel，2008）等指出，管理创新是组织变革的一种特殊形式，但迄今为止，国内外学者关于创新的研究仍集中在技术创新领域，缺乏对管理创新的研究。作为独立于组织之外的外生权变因素，外部环境深刻影响企业组织决策、经营行为、经营绩效以及创新绩效。然而，由于缺乏完善的理论体系指导，多数企业在应对外部环境变动时尚不能很好地做出创新战略调整。Chen 和 Lin（2004）指出，当面临动态性较低的外部环境时，企业更易于创造内部知识。而企业自行创造或摸索出来的经验、知识，可以通过与其他组织之间的互动交流实现外溢、积累或扩散，即知识流动。可见，外部环境与知识流动之间存在着密切的关联性和交互性。21 世纪以来，企业所处的外部环境往往比较动态和复杂，其需要通过不断地获取新知识来构建自身的竞争优势（Bierly and Daly，2007）。依据知识基础观理论，组织成员间显性知识和隐性知识的相互转化可以激发企业的创新潜力（Nonaka and Takeuchi，1995；程聪，2012）。因此，在当今提倡知识经济和科学化管理的时代，厘清外部环境、知识流动与管理创新的关系不仅是学术界的前沿问题，更是现代企业正确处理好三者关系的重要保证。而知识流动又可分为知识流入和知识流出。基于文献回顾与整理，以往学者更多的是从知识流动角度探讨组织创新问题（Fritsch and Franke，2004；Peri，2005），对于知识流入尤其是知识流出如何影响企业管理创新的研究还非常缺乏。那么，外部环境能否在知识流出的影响下更好地促进企业管理创新？对于这个问题，学术界尚未开展深入的研究。

此外，新增长理论表明研发投入不仅是企业经济增长的源泉，也是促进组织创新的重要影响因素。同时，企业网络的地理集聚可以帮助企业获取持续的创新能力和竞争优势（Porter，2002）。所以有必要进一步深入探究研发投入和地理集聚对企业管理创新影响体系的作用机制。本章以申报广东省高新技术企业和民营科技型企业的企业为研究对象，检验知识流出在外部环境和企业管理创新之间的调节作用，挖掘研发投入、地理集聚分别对外部环境和知识流出影响企业管理创新的控制作用，以进一步完善组织管理理论体系，为企业开展有效的知识管理和创新管理提供理论依据和实践指导。

第二节　理论基础与研究假设

一　知识流出

本章主要研究企业网络内的知识流出。基于创新视角，知识流动可以定义为"知识在参与创新活动的不同主体之间的扩散和转移"（顾新和李久平等，2006）。而知识流出作为知识流动的一个方面，是企业向网络中的其他成员提供知识的过程。其中，企业的网络成员可以分为上游企业、下游企业、同行竞争企业和其他企业（李志刚和汤书昆等，2007），其他企业又包括科研机构、金融机构等。因此，本章将知识流出分为向上游企业流出（Upstream Enterprise Outflow，UEO）、向下游企业流出（Downstream Enterprise Outflow，DEO）、向同类企业流出（Similar Enterprise Outflow，SEO）、向金融机构流出（Financial Institution Outflow，FIO）、向科研机构流出（Research Institution Outflow，RIO）和向非科研机构流出（Non‐Research Institution Outflow，NRIO）。

二　外部环境对知识流出的作用

外部环境（External Environment，EE）作为企业行为和特征的外在影响因素，往往存在着不确定性，如动态性、敌对性、异质性和复杂性等（张映红，2008）。本章从环境动态性（Vitality of Environment，VOE）和环境复杂性（Complexity of Environment，COE）两个维度来衡量企业的外部环境。科林斯和希特（Collins and Hitt，2006）指出，在经营环境高度动态化的今天，知识资源已经成为企业竞争的核心。由此，依据外部环境不断变化发展的特征，企业需要做出相应的知识战略调整，这与 Metcalfe（2005）提出的"知识共享机制应当与由外界复杂环境所引起的不可预测的变动相适应"是一致的。可见，企业外部环境的动态性和复杂性是影响知识流动的重要因素之一，其能引导企业与企业之间知识转移内容、流量以及流向等的调整（Wolfe and Loraas，2008）。也就是说，企业外部环境是随着市场需求、竞争程度、法规政策等因素的变化而变化的，外部环境变动越频繁，企业就越需要通过知识流出来加强与外部往来企业的合作。基于上述分析，提出如下假设拟加以验证：

H36 – 1：外部环境的动态复杂性对企业向外部流出知识具有正向影响。

三　知识流出对管理创新的作用

管理创新（Management Innovation，MI）是指创造一种新的、更有效的资源优化整合范式。由于现代管理理念突出以人为本，认为合理用人是企业生存与发展的关键所在，而作为员工集合体的组织是实现企业目标的基础（谢洪明、陈盈和程聪等，2011）。所以，我们采用林义屏（2001）的观点，将管理创新分为用人与管理创新（Employing and Management Innovation，EMI）和组织与规划创新（Organization and Planning Innovation，OPI）。

知识基础理论认为，创新实质上是企业之间开展知识流动的复杂过程。企业可以通过资源交换而来的外部知识增加内部知识的深度与广度，从而加速组织创新（谢洪明和蓝海林，2004）。从具体影响路径看，知识流动可以加强组织学习，组织学习则能提升企业创新绩效，也就是知识流动可以通过组织学习间接促进组织创新（Chiang and Hung，2010）。可见，知识流动不仅有助于加强企业间的交流合作，还能通过知识重组生成有利于企业创新的新知识。由此可知，知识流出作为知识流动重要组成部分，一方面能让知识流出企业从其他企业获得作为回报的新知识来支持自身的管理创新；另一方面也有利于促进关系网络内其他企业的管理创新，进而提升知识流出企业所在网络的整体管理水平，这样反过来又会激励知识流出企业不断地进行管理创新。基于上述分析，提出如下假设拟加以验证：

H36 - 2：企业向外部流出的知识对管理创新有正向影响。

四　知识流出在外部环境和管理创新之间的中介作用

作为获取管理创新资源和信息的场所，企业所处外部环境有助于管理创新想法的孕育和发展。DeTienne 和 Koberg（2002）研究表明，外部环境的变动可以降低企业在组织和管理上的惯性，从而创造更多的创新空间和选择余地。但当外部环境变动频繁时，企业原有的管理模式很容易因落后而被淘汰，一定程度上会激励企业通过加强管理创新来适应外部环境的变动。此外，Hung（2007）通过实证研究发现，外部环境对组织创新确实存在着显著的正向影响。

然而，外部环境的不确定性对企业管理创新活动的开展只是一种刺激，其往往需要通过一定的途径才能将这种刺激转化为实现管理创新的积极因素。因此，我们认为，可能存在某种中介变量维系着外部环境和管理创新的关系。根据巴伦和肯尼（1986）、温忠麟、张雷和侯杰泰（2006）对中介变量的理解，中介变量是自变量对因变量发生影响的中介，其必须满足"既受到自变量的影响，又能对因变量产生影响"这一条件。也就是说，只要假设 H36 - 1 和假设 H36 - 2 都成立，知识流出就有可能成为影响外部环境和管理创新之间关系的中介变量。基于上述分析，提出如下假设拟加以验证：

H36 - 3：知识流出在外部环境和管理创新之间起中介作用。

五　研发投入和地理集聚的控制作用

自主知识创新和外部资源获取是企业实现知识资源积累的两种重要途径（彭灿，2004）。研发（R&D）作为加强自主创新能力的必要手段，是企业为了完成知识创造和知识应用而开展的一系列系统化的创造性工作，即不断探索、发现和应用新知识的连续过程。因此，当研发投入（R&D Investment）增加时，企业开展研发工作的条件就会得到较好的改善，一定程度能够提高企业实现自主知识创新的可能性；相反，当研发投入降低时，企业的自主知识创新能力会相应的减弱。但由于面临着不确定的外部环境，低研发投入企业就需要通过知识流出从外部获取有利于促进管理创新的新知识。此时，知识流出在外部环境和管理创新之间所起的中介作用就越明显。基于以上分析，提出如下假设拟加以验证：

H36－4：企业的研发投入越低，知识流出在外部环境和管理创新之间所起的中介作用就越明显。

对于地理集聚（Geographic Concentration，GC）和知识流动的关系，学术界存在着两种不同的观点。一种观点认为，地理集聚不仅可以降低企业间知识流动的成本（Carayol and Roux，2009），还能增强企业间的相互信任和交流（Gertler，2003）。另一种观点则认为，知识并不能从附近得到，企业总是倾向于从任何可能的地方获取知识，而与地理位置无关。但当外部提供的知识相同或较为相似时，我们认为，企业更愿与自身地理位置接近的企业开展知识交流：一方面在于降低成本；另一方面在于通过联盟加强抵抗因外部环境变动所带来损失的能力。也就是说，在地理集聚程度较高的网络内，企业更容易通过知识流动应对环境的复杂变动。基于上述分析，提出如下假设拟加以验证：

H36－5：企业所在网络地理集聚程度越高，知识流出在外部环境和管理创新之间所起的中介作用越明显。

第三节　研究设计

一　研究框架和研究方法

基于上述理论分析和研究假设，确定本章的研究框架如图 36－1 所示。在这个框架中，外部环境一方面会对管理创新产生直接的正向影响，另一方面可以通过知识流出这一中介变量对管理创新产生间接影响。同时，作为控制变量，研发投入和地理集聚会影响知识流出在外部环境和企业管理创新之间的中介作用。

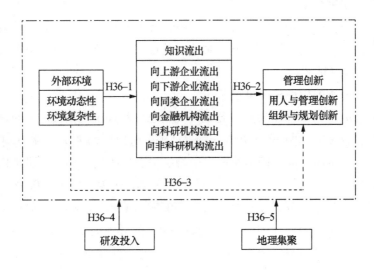

图 36 - 1　本章研究框架

二　变量操作化定义和测量

在外部环境、知识流出和管理创新的操作化定义和测量上，我们尽量采用或参考国内外高水平杂志已发表的论文，并结合本章目的作了适当修改。其中，环境变动的测量主要参考韩、金和什里瓦斯塔尼（1998）的量表，知识流出主要参考 Li 和 Calantone（1998）及勒（2004）的研究成果，管理创新的测量主要参考林义屏（2001）的研究，同时，为保证问卷设计的科学性和适用性，对问卷开展了预调查工作。基于预试者提供的意见，并结合相关专家研讨最终将问卷修订如下：（1）外部环境（EE），包括环境动态性（VOE）和环境复杂性（COE）两个维度，共 6 个题项；（2）知识流出（KO）的测量问题，包括向上游企业流出（UEO）、向下游企业流出（DEO）、向同类企业流出（SEO）、向金融机构流出（FIO）、向科研机构流出（RIO）和向非科研机构流出（NRIO）6 个维度，共 18 个题项；（3）管理创新（MI），包括用人与管理创新（EMI）和组织与规划创新（OPI）两个维度，共 8 个题项。此外，本研究采用李克特量表的形式（从 1—7 分别表示"非常不同意""不同意""比较不同意""一般""比较同意""同意"和"非常同意")对上述 32 个题项进行了测度,在测量量表的信效度方面得到了较好的结果。

三　研究样本

本章数据样本是在广东省科技厅高新技术发展与产业化处、政策法规处的帮助下,以问卷调查的方式对数据进行收集,经过三轮收集总共收集到有效数据 458 份。

四　样本的信度和效度检验

通过运用 SPSS16.0 软件,得到环境动态性和环境复杂性的 Cronbach's α 值分别为 0.57 和 0.66,因素分析累计解释量值分别为 0.54 和 0.60;向上游企业、下游企业、同类企业、金融机构、科研机构和非科研机构流出的 Cronbach's α 值分别为 0.87、0.87、0.95、0.94、0.90、0.91,因素分析累计解释量值分别为 0.80、0.79、0.90、0.90、0.84、0.84;用人与管理创新和组织与规划创新的 Cronbach's α 值分别为 0.86 和 0.76,因素分析累计解释量值分别为 0.64 和 0.67。可见,各变量的量表都具有较好的信度。通过运用 AMOS16.0 软件,发现外部环境的 CFI 值(相对拟合指数)为 0.892,略小于 0.9,RMSEA 值(近似误差均方根)为 0.118,略大于 0.1,但仍处于可接受的范围;知识流出的 GFI 值(绝对拟合指数)为 0.889,略小于 0.9,仍可接受;而其余各项指标均达到了理想的水平(CFI > 0.9,GFI > 0.9,RMSEA < 0.1,SRMR < 0.08,P < 0.05),说明各变量的量表都具有较好的结构效度。

此外,表 36 - 1 中各变量均值和标准差显示了调查者在填写问卷时始终保持着较为一致的态度,而各变量之间的相关系数则表明外部环境、知识流出和管理创新之间基本上存在显著性的相关关系。因此,可对假设作进一步的验证。

表 36 - 1　　　　　　　　各变量均值、方差及相关系数

	VOE	COE	KO	EMI	OPI
VOE	1.000				
COE	0.427**	1.000			
KO	0.172**	0.059	1.000		
EMI	0.189**	0.056	0.419**	1.000	

续表

假设路径	直接变量模型 Model 1[a]	中间变量模型 Model 2[b]	控制变量（研发投入）Model3[b]		控制变量（地理集聚）Model4[b]	
			高研发投入	低研发投入	高集聚	低集聚
KO→RIO[d]	—	0.632[c]	0.669[c]	0.697[c]	0.637[c]	0.602[c]
KO→NRIO[d]	—	0.612[c]	0.585[c]	0.608[c]	0.615[c]	0.593[c]
模型拟合度指标						
χ^2	169.918	1041.934	1752.893		1619.542	
$\chi^2/d.f.$	2.296	2.300	1.935		1.788	
GFI	0.952	0.873	0.801		0.824	
CFI	0.952	0.935	0.906		0.923	
SRMR	0.058	0.059	0.072		0.073	
RMSEA	0.053	0.053	0.046		0.042	

注：a 只包括外部环境对管理创新的直接影响；b 包括外部环境对管理创新的直接影响，也包括知识流出在外部环境和管理创新之间的中介影响作用；c 回归权重定为 1.000；d 外部环境、知识流出和管理创新均是二阶因素。为简便起见，表格只标明一阶因素负荷量。***、** 和 * 分别表示在 0.1%、1% 和 5% 的水平下显著。

Model 1：外部环境对管理创新的路径系数为 0.367（P = 0.000），达到显著水平，说明外部环境对管理创新存在直接正向影响。

Model 2：外部环境对知识流出的路径系数为 0.431（P = 0.002），达到显著水平，说明外部环境对知识流出具有直接的正向影响，假设 H36 - 1 成立；知识流出对管理创新的路径系数为 0.410（P = 0.000），达到显著水平，说明知识流出对管理创新具有直接的正向影响，假设 H36 - 2 成立；外部环境对管理创新的路径系数为 0.171（P = 0.051），达到显著水平，说明外部环境对管理创新不会产生直接的正向影响。结合 Model1 的检验结果，可以发现外部环境需要通过知识流出才能有效促进企业的管理创新，即知识流出在外部环境和管理创新之间起完全中介作用，假设 H36 - 3 成立。

Model 3：在高研发投入企业中，外部环境对知识流出的路径系数为 0.327（P = 0.044），达到显著水平，假设 H36 - 1 成立；知识流出对管理创新的路径系数为 0.433（P = 0.000），达到显著水平，假设 H36 - 2 成立；外部环境对管理创新的路径系数为 0.203（P = 0.033），达到显著水平，但显著性比 Model1 有所降低，说明知识流出在外部环境和管理创新之间起非完全中介作用，假设 H36 – 3 成立。而在低研发投入企业中，外部环境对知识流出的路径系数为 0.566（P = 0.033），达到显著水平，假设 H36 – 1 成立；知识流出对管理创新的路径系数为 0.371（P = 0.001），达到显著水平，假设 H36 – 2 成立；外部环境对管理创新的路径系数为 0.143（P = 0.714），没有达到显著水平，说明知识流出在外部环境和管理创新之间起完全中介作用，假设 H36 – 3 成立。综上可知，企业研发投入越低，知识流出在外部环境和管理创新之间所起的中介作用越明显，即假设 H36 – 4 成立。

Model 4：在地理集聚程度较高的网络企业中，外部环境对管理创新路径系数为 0.129（P = 0.260），没有达到显著水平；外部环境对知识流出的路径系数为 0.340（P = 0.058），没有达到显著水平，说明外部环境对知识流出不存在直接的正向影响，即假设 H36 – 1 和假设 H36 – 3 均不成立；知识流出对管理创新的路径系数为 0.401（P = 0.000），达到显著水平，假设 H36 – 2 成立。而在地理集聚程度较低的网络企业中，外部环境对知识流出的路径系数为 0.687（P = 0.025），达到显著水平，假设 H36 – 1 成立；知识流出对管理创新的路径系数为 0.398（P = 0.000），达到显著水平，假设 H36 – 2 成立；外部环境对管理创新的路径系数为 0.370（P = 0.057），没有达到显著水平，说明知识流出在外部环境和管理创新之间起完全中介作用，假设 H36 – 3 成立。综上可知，企业所在网络的地理集聚程度越高，外部环境促进企业知识流出的可能性越低，即知识流出在外部环境和管理创新之间所起的中介作用会减弱甚至消失，即假设 H36 – 5 不成立。

本章小结

本章证实了知识流出是连接外部环境和企业管理创新的重要桥梁；同时，研发投入和地理集聚作为控制变量会对外部环境、知识流出和企业管理创新之间的关系产生一定程度的影响。具体结论如下：

（1）外部环境对企业管理创新的影响机制。虽然 Model1 的检验结果（即外部环境直接正向影响管理创新）证实了 Hung（2007）、Moultrie 和

Nilsson 等（2007）等关于外部环境可以促进组织创新的观点，但 Model2 的检验结果显示，外部环境需要通过知识流出这一中介变量对管理创新产生间接的正向影响。这充分说明，尽管外部环境的动态性和复杂性能够在一定程度上刺激企业开展管理创新活动，但仅有刺激是不够的，企业往往需要通过知识流出将这种刺激转化为实现管理创新的动力。因为知识流出既可以帮助企业以相对不重要的知识换取有助于管理创新提升的重要信息，也可以在增加其他企业知识存量的基础上提升整个企业网络的管理水平，进而激励知识流出企业积极开展管理创新活动。该结论启示我们：企业在获取外部知识的同时，必须向外部企业（机构）流出适量的知识，以形成企业间知识流动的良性循环。

（2）研发投入对外部环境、知识流出和管理创新之间关系的控制作用。基于 Model 3 的检验结果发现，相对于高研发投入企业而言，低研发投入企业的知识流出在外部环境和管理创新之间起到更为明显的中介作用。究其原因，高研发投入企业往往比低研发投入企业拥有更多的稀缺资源，当面临不确定的外部环境时，其可以通过自身研发产生新知识，而不需完全依赖外部知识的交流和互换。而低研发投入企业由于缺乏完善的自主知识创新平台，其不得不通过对外流出知识换取有益于自身管理创新的知识。因此，研发经费不足的企业应当加强与其他企业之间的知识交流，以增加知识存量，进而促进自身管理创新的产生。

（3）地理集聚对外部环境、知识流出和管理创新之间关系的控制作用。基于 Model 4 的检验结果，我们得出了与 Carayol 和 Roux（2009）、Gertler（2003）截然相反的研究结论，即在高地理集聚的企业网络内，外部环境对知识流出不存在显著正向影响。这可能与集群内知识的外部性（即知识溢出效应）有关。所谓知识溢出，是企业无意识的知识外流，即不是主动的知识交流和互换，如集群内雇员流动导致的知识和技术溢出。这种情况下，知识接受方获得了知识，但无须向知识提供方支付任何报酬。地理集聚程度越高，企业网络内的知识溢出效应越明显。该结论说明，在高地理聚集的企业网络内，企业不需主动对外提供知识，知识的交流主要以一种潜在的、溢出的方式进行。

本章探讨了外部环境与管理创新之间的关系，验证了研发投入、地理集聚分别对外部环境、知识流出和管理创新三者关系的控制作用，不仅完善了组织创新和知识管理理论体系，还为企业提供了指导性意见。

第三十七章 网络中心性与知识流出对企业技术创新的影响

本章将从网络中心性角度考虑知识流出对于企业技术创新的影响，我们基于企业网络的视角构建了企业网络中心性、知识流出与企业技术创新之间关系的理论模型，并以 458 份广东省高新技术企业为研究样本进行了实证研究。研究结果表明，企业网络中心性对企业知识流出产生显著的正向影响，知识流出对企业技术创新产生显著的正向影响，知识流出在企业网络中心性与技术创新之间起到显著的中介作用。研究结果为企业充分、合理利用网络资源提升企业技术创新绩效提供了建议。

第一节 引言

随着企业网络理论的深入发展，将创新视为企业内部资源与企业外部网络创新资源之间的互动过程得到了众多学者的认可。从企业网络视角来认识企业的创新活动因而成为创新管理研究的主流方向之一。网络形成是组织之间战略资源的需求、整合和社会资源机会驱动的结果，是企业寻求更好地实现资源价值的优化资源边界的过程。谢洪明、陈盈和程聪（2011）认为，网络中组织间关系的构建过程可以看作是组织间资源流的管理过程。企业通过一个信息交换和协同工作的技术网络系统与一系列外部机构（客户、供应商、顾问、政府机构、实验室等）建立联系，这种联系越紧密，企业创新能力越强。在企业网络中，网络结构作为企业间关系的结构模式及重要战略资源越来越受到学者的关注，近几年不断有学者开始研究网络结构或者在网络中的不同位置对企业的创新能力的影响。处于网络中心位置的企业更易于利用和控制与技术创新相关的信息和资源。企业网络的中心程度，作为描述网络结构中企业所处的位置的重要指标，是否更有利于企业的技术创新？其机制又是什么？

另外，学术界在讨论网络对企业技术创新影响时，是企业从网络中获取知识，或者说企业外部知识流入企业的角度来展开研究。事实上，企业网络与企业的知识交流与互动是双向的，仅仅从知识自网络流入企业来研究企业网络对创新的影响可能忽略了某些重要的因素，所以，我们基于企业网络理论观点研究了企业网络中心性、知识流出与企业技术创新之间的关系，并以458份广东省高新技术企业或民营科技型企业为样本的问卷调查数据对整体模型进行了实证研究。这将丰富企业网络与技术创新相关研究内容，并将产生积极的学术贡献，对企业网络管理实践也将有一定的指导意义。

第二节　理论基础与研究假设

一　企业网络中心性对技术创新的影响

网络中心性是企业所处网络中结构位置重要指标，在评价企业重要与否，衡量其地位优越性或特权性，以及社会声望时常用这一指标。一般而言，相关研究将社会网络的中心程度分成程度中心性、接近中心性和中介中心性三种形式。程度中心性是一个最简单、最具有直观性的指数，它是测量网络中行动者自身的交易能力，如果一个点与其他许多点对直接相连，则该点就具有较高的程度中心性；接近中心性用来衡量一种不受他人控制的程度，如果网络中一个企业在交易的过程中较少依赖其他企业，此企业就具有较高的接近中心性；中介中心性就是测量行动者对资源控制的程度，如果一个点处于许多其他点对的最短路径上，则该点具有较高的中介中心性。我们主要考虑企业在网络成员间往来关系中牵线搭桥的能力，即企业的中介中心性。

许多学者在网络内容、网络结构与企业绩效关系方面进行了研究。其中扎希尔和贝尔（2005）在检验了创新能力如何影响加拿大共同资金的绩效时发现，一个企业的创新能力和它的网络结构都能增强企业的绩效，而那些处于连接结构洞的创新企业的绩效也得到了进一步的绩效提升。Soh（2009）通过面板数据分析证明有着网络密度的中心企业，加上在技术团体内获得和分享知识的战略意图，达到较好的创新绩效。对于网络结构对企业技术创新的影响，学者主要从企业自网络中获得知识和资源的角度来进行研究。网络结构作为企业间关系的结构模式，是一种重要的战略资源。这些资源能使企业在网络中获取关键的、有价值的信息、资源或者知识，可以使他们比对手更快采取行动，从而取得竞争优势，以及超额的利润，进而带来更好的经营绩效。网络中位置的结构性特征一直是网络结构研究的重点，形成的分析概念有紧密性、中心性、结构对等性等。网络中心性是确保企业能够以低成本容易地获得信息，在中心性高的"紧密"网络结构中，中心网络成员能够获得整个网络的所有信息。而且中心位置的企业能够更好地获得真实的信息资源。中心位置的网络成员不太可能失去有价值的信息，并可以快速接触有前途的企业，而这可能产生创新。多元信息资源为企业提供了多种渠道来发现新的信息，并且企业能够以全新的方式整合信息，从而产生创新。在网络中拥有较高中心性的企业，一般会与较多的网络成员发生联系，从而拥有较多的各类有利于企业技术创新的信息和资源。基于上述分析，提出如下假设拟加以验证：

H37 - 1：企业网络中心性对技术创新有正向影响。

二　知识流出对企业技术创新的影响

技术创新过程实质是知识创造知识的过程。在创新过程各生产要素的流动中，知识要素的流动是关键性的和最具活力的流动，知识也因此是企业最重要的战略资源。知识流动是指知识由传播者向接受者的流动过程，主要体现为知识在主体的驱动下进行的转移、共享、整合和学习的过程。对于知识的流入方而言，通过获得外部知识与技术，并与原有的知识相整合，使得其快速形成自己的新知识，为进入某一新领域做好准备。对于知识的流出方而言，可以通过知识扩散与网络成员合作，获得相关的技术与知识，从而提高企业的竞争能力。

前人对知识流动与技术创新关系的研究表明，知识流动有利于提高企业的创新绩效。专属知识作为一个公司区别于其他公司的关键性资源，具有强制和指引公司采取行动使其不同于竞争者的能力。知识资源可以增加企业产生和实施创新的机会。但知识资源本身并不能产生创新，需要通过知识交流与共享来实现。贾卫峰和党兴华（2010）指出，创新需要知识的流动和碰撞，知识流正逐渐成为创新个体及群体社会互动的基本模式，成为提高创新绩效的一个重要途径。知识流动有助于相关人员获得所需的技术知识，并应用相关知识进行创新活动。因此，企业可以通过知识流出至所在网络，与网络成员交流合作，获得更多相关的知识和技术，从而提高企业技术创新的能力。基于上述分析，提出如下假设拟加以验证：

H37 – 2：企业知识流出至所在网络对企业技术创新有正向影响。

三　企业网络中心性对知识流出的影响

网络位置会影响接触和获取外部信息及有用知识的机会和能力，网络成员中心度越高，所能接触到的知识源就越多，更容易获得能够激发创新行为的新思想和外部信息。中介中心性用于衡量一个企业作为媒介者的能力，也就是处在结构洞位置的程度。企业占据的结构洞越多，越能够拥有信息获取和信息控制的优势，从而获得更丰富、非重叠的信息资源。

网络的结构特征对企业网络知识的创造和扩散模式产生深刻的影响。查尔斯（Charles，2006）认为，处于网络中心位置的组织能够估计并带动网络中价值发生，以至于能够成功的激励知识流动。Gnyawali 和 Madhavan（2001）提出，中心性越高的网络导致越多的资源和信息以更快的速度流动。处于中心位置的企业可以在为网络成员间牵线搭桥过程中取得资源（如技术、资金、管理技巧等），并能凭借其位于巨大信息量交汇处的有利位置，更早地得到新的信息，这同时也为企业知识流出准备了丰富的资源。中心企业在网络关系中嵌入的越深、越广，企业知识流出至所在网络的途径和范围越广。处于网络中心位置的企业，要花更多精力在整个网络的协调上，相对于其他企业，中心企业需要向外输出更多知识至所在的网络。基于上述分析，提出如下假设拟加以验证：

H37 – 3：企业网络中心性对企业知识流出至所在网络有正向影响。

综合以上论述，本章理论框架如图 37 – 1 所示。

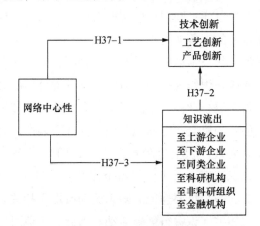

图 37 – 1　本章理论框架

第三节　研究设计

我们共发出问卷2000份，收回482份，其中填答不全的问卷24份，有效问卷458份，有效回收率为458/2000＝22.9%。为确保测量工具的信度及效度，我们在对企业网络中心性、知识流出、技术创新的可操作性定义及衡量方法上，重点参考国内外高水平杂志上发表的学术论文中已使用过的量表，其中，网络中心性主要参考了 Gnyawai 和马德哈文（2001）等的研究量表，知识流出主要参考了胡伯（1991）、赫莱洛伊德和西莫宁（1994）等的量表，技术创新的测量主要参考了 Chen 等（2005）、科德罗（Cordero，1990）、德曼庞（1991）等的研究成果。对于国外论文中的量表采用"双向翻译"的方法，先由研究者将这些量表翻译成中文，再由精通英语的专家翻译成英文，再由另外的研究人员翻译成中文。经过这样的翻译与反翻译的程序后，再由外籍学者逐项加以对比并反复讨论，依据本研究的目的再对概念界定作必要修正，作为收集实证资料的工具。在问卷正式定稿与调查之前，本研究先进行问卷的预调查，以评估问卷设计及用词上的适当性，确认问卷的信度和效度之后再根据预试者提供的意见修订成最后定稿的问卷。这不仅有利于保障本研究问卷调查设计、调查过程的科学性，也有利于本研究结论的科学性。

在信度方面，本章中我们采用 Cronbach's α 系数和因素分析解释量来检验各变量的信度，从表37-1中的数据可以得到，各变量的 Cronbach's α 值都在0.70以上（符合 $\alpha > 0.70$ 的标准）、因素分析解释量均大于0.40（在社会科学研究中，推荐的最小值为0.40）。在效度检验方面，本章采用的量表参考了过去学者的相关研究的量表，并经过相关学者专家的认定进行了适当修改，说明本研究问卷应该具有一定的内容效度。但考虑文化等因素的影响以及本土的适用性，我们仍采用验证性因素分析来检验各变量的建构效度。检验结果如表37-1所示，可见，各个变量拟合度指标都达到可接受范围。以上分析表明，本章的问卷设计在内容一致上的可信度良好，可以认为模型具有可靠性，适合进一步的结构方程模型分析。

表 37 −1　　　　　　　　　　　　变量信度和效度

变量	因素	Cronbach's α 信度	因素分析解释量	GFI	CFI	RMR	RMSEA	χ^2
网络中心性		0.81	0.52	0.957	0.942	0.093	0.108	$\chi^2(9) =$ 56.655
知识流出	至上游企业	0.86	0.88	0.926	0.964	0.070	0.082	$\chi^2(48) =$ 195.062
	至下游企业	0.90	0.91					
	至同类企业	0.94	0.95					
	至科研机构	0.91	0.92					
	至非科研组织	0.93	0.94					
	至金融机构	0.94	0.95					
技术创新	工艺创新	0.87	0.57	0.932	0.940	0.029	0.091	$\chi^2(34) =$ 161.603
	产品创新	0.81	0.72					

第四节　研究结果

从表 37 − 2 的模型检验结果可以看出，直接影响模型和中间变量模型的整体适配度指标都达到可接受范围。在中间变量模型中，企业知识流出至所在网络对企业技术创新有显著的正向影响（H37 − 2：$\gamma = 0.331$，$p < 0.001$），企业网络中心性对知识流出有显著的正向影响（H37 − 3：$\gamma = 0.106$，$p < 0.05$），即本章提出的假设 37 − 2 和假设 37 − 3 均获得支持。企业网络中心性对技术创新的影响关系中，直接影响模型（$\gamma = 0.132$，$p < 0.05$）比中间变量模型（H37 − 1：$\gamma = 0.098$，$p = 0.085$）显著。综合以上分析，知识流出在企业网络中心性对技术创新的影响关系中有重要的中介作用。因此，中间变量模型优于直接影响模型，应接受中间变量模型作为最优模型。

表 37 − 2　　　　　　　　　　　　模型检验结果

假设路径	直接影响模型[a] Model 1	中间变量模型[b] Model 2
网络中心性→技术创新（H37 − 1）	0.132 *	0.098

续表

假设路径	直接影响模型[a] Model 1	中间变量模型[b] Model 2
知识流出→技术创新（H37-2）	—	0.331***
网络中心性→知识流出（H37-3）	—	0.106*
模型检验和一阶因素		
知识流出→至上游企业[d]	—	0.613[c]
知识流出→至下游企业	—	0.640***
知识流出→至同类企业	—	0.516***
知识流出→至科研机构	—	0.608***
知识流出→至非科研组织	—	0.569***
知识流出→至金融机构	—	0.440***
技术创新→产品创新[d]	0.913[c]	0.918[c]
技术创新→工艺创新	0.794[c]	0.789[c]
适配度指标		
χ^2	280.353	690.555
d.f.	102	340
NFI	0.909	0.908
CFI	0.939	0.951
RMSEA	0.062	0.047

注：a 只包括企业网络中心性对技术创新的直接影响；b 包括企业网络中心性对技术创新的直接影响，也包括知识流出在企业网络中心性和技术创新两个变量之间的中介影响作用；c 回归权重定为 1.000；d 知识流出和技术创新是二阶因素，为简便起见，表中只标明一阶因素负荷量。***、** 和 * 分别表示在 0.1%、1% 和 5% 的水平下显著。

本章小结

本章主要探讨企业网络中心性、企业知识流出至所在网络对企业技术创新的影响。具体研究结论如下：

（1）企业网络中心性对技术创新有直接的正向影响关系。处于中心位置的企业凭借其位置优势，与网络中其他成员进行交流的机会较多，能够高效获得多元信息和资源，企业通过对相关信息和资源进行整合，提高企业技术创新的效率。然而，在中间变量模型中，企业网络中心性对企业技术创新没有直接显著的影响关系，但企业网络中心性可以通过知识流出这个中间变量来间接地提升企业的技术创新绩效，这表明，在知识流作为技术创新不可或缺的网络体系中，企业在网络中的中心位置并不能直接影响企业的技术创新绩效，而是要通过知识流出这一中介变量来间接地产生作用。因此，处于网络中心位置的企业在维护其中心位置同时，应该与其他网络成员保持良好的往来关系，建立信任、开放的环境氛围，加强企业间有效的交流与沟通。企业通过正式或非正式的途径增加与其上游企业、下游企业、同类型企业、科研机构等网络成员的知识共享，同时获得更多相关的知识和技术，从而提高企业的技术创新绩效。

（2）企业知识流出对企业技术创新有直接显著的正向影响关系。企业流出知识越多，越有利于提高企业技术创新绩效。一方面，企业的知识流出可以加强企业与其他网络成员（如上下游企业、科研机构、金融机构等）的交流，从而有利于获得技术创新相关的知识以及其他资源；另一方面，企业通过知识流出至其他网络成员，带动其他网络成员的共同创新，从而进一步促进企业本身的技术创新。因此，企业应采取有效途径积极与其上游企业、下游企业、科研机构等网络成员进行知识交流，增加知识流出，并通过知识流出获得更多有价值的信息和资源，从而提高企业的技术创新水平。

（3）企业网络中心性对知识流出有直接的正向影响关系。在直接影响模型与中间变量模型中，这一假设得到了验证，即处于网络中心位置的企业，其知识流出效益更为明显。处于中心位置的企业凭借其位置优势，能够使知识更快地流动。因此，对于处于网络中心位置的企业来说，企业应充分利用位置优势，获取更多的知识，增强知识流出效应。而对于非中心位置的企业来说，积极开拓企业合作渠道，与网络其他成员建立长久、密切的互动关系，进而增强企业在网络中的地位对于企业增强知识获取与输出效率具有重要战略意义。

第三十八章　知识整合与组织创新对
组织绩效的影响

　　本章主要探讨企业知识整合、组织创新与组织绩效之间的关系，并选择我国华南地区的 142 家企业为样本进行实证研究。本章的理论贡献在于证实了上述变量之间的影响路径，即知识整合可以通过技术创新来提升组织绩效，也可以通过管理创新来提升组织绩效，知识整合提升组织绩效的另一条路径是：知识整合→技术创新→管理创新→组织绩效。

第一节　引言

　　企业从知识的投资中可以获得巨大的回报，这些回报将逐渐成为企业的竞争优势（Drucker，2006）。但是，知识在不同组织中的投资报酬却存在很大的差异，第二次世界大战以后西方许多发达国家在科技方面进行了大量的投资，产生了许多科技方面重要知识，但是这些知识没有与市场知识相整合，结果所产生的效益便大打折扣。相反，日本虽未在基础知识上做很多投资，但是由于其在知识整合上下功夫，得到的报酬却十分高。所以知识本身并不必然产生组织绩效，要使既有的知识产生绩效，必须有系统、有组织地对知识加以整合利用才可以。对此，鲍尔等（1999）也指出，企业竞争的优势来自知识整合，而不是单一的知识，因为整合的知识才能指引企业在快速变动的环境中，做好产品与市场的组合，快速而有效地发展产品以供应不同的市场需求。因此，知识整合是促使知识产生绩效的关键因素。知识整合又是如何影响组织绩效的呢？虽然很多学者相信组织创新在知识整合与组织绩效之间起了中介作用，但却极少有研究给出实证的结果。本章中我们拟以华南地区企业等为调查对象，对知识整合是否以及如何通过组织创新影响组织的绩效进行实证研究。这将弥补相关研究的不足，进一步完善相关理论。

第二节   理论基础与研究假设

随着知识管理研究的逐步深入，知识整合在知识管理中的作用逐渐受到人们的重视。德姆塞茨（1991）指出，知识的整合与应用需要专门化的处理，是公司存在的原因。波特（1980）也认为，在多变的竞争环境中，企业利润主要来源于资源与能力的优势，反而与市场定位及区分市场的优势较无关，而资源与能力的优势则必须来自于企业内部知识的整合。陈力、鲁若愚（2003）也指出，知识，特别是核心知识对企业的竞争优势起决定性作用，竞争优势的真正来源是企业对知识的整合能力，这种能力使得经理人员能够基于对未来的正确判断来整合企业内外部的知识。知识整合不仅可以很好地利用专业分工的模式而缩短产品上市的时间，还可以利用共同学习的方式来增强研发能力，并通过持续的整合和创新，发展企业的竞争力。格兰特（1996）从组织能力的角度研究知识整合，提出企业知识理论，认为知识整合是组织的基本职能和组织能力的本质，从而把知识整合提高到企业的战略层面。从以往的文献上看，知识整合的研究大致可以分为两个方向：一个方向是讨论组织内跨部门之间的整合。事实上，组织内各个部门之间的不同专业知识，虽然领域不同，但这些专业知识对企业所造成的影响却可能环环相扣，对这些知识加以整合才能使企业内各个不同部门员工的紧密地运作。另一个方向是跨组织边界，将组织间的技术知识借助技术交流、人员互动等方式整合起来。本章主要关注组织内部的知识整合活动，并采取鲍尔等（1999）的观点，认为知识整合是企业内部为强化企业文化、价值观以及为提升工作效率与系统运作而采取的一切协调活动。

科格特和赞德（1992）认为，知识整合能力是企业综合运用其现有的知识与所获取的知识的能力，这种能力不仅是工具的运用，例如资料库的使用，更重要的是人员之间的沟通协调，以及这些人员之间所具备的共同知识。鲍尔等（1999）、科格特、赞德（1992）和蒂斯等（1997）认为，知识整合能力包含三个方面：（1）系统化能力：指生产作业遵循标准化的程度，以及按照工作程序和作业规则使用信息设备的操作能力；

（2）社会化能力：指企业文化、价值和信念的推动将隐性知识整合成新知识的能力；（3）合作化能力：指组织内成员与内外部单位或团体通过互动、沟通了解、彼此支持将显性复杂或隐性知识整合成新知识的能力。知识整合只有涵盖硬件相关的系统化程度、软件相关的社会化程度，以及借由团队成员合作化程度，达到三方面的提升，才能增进整合的效果（Boer et al.，1999）。

知识是创新的基础，持续创新则是企业永续发展的动力（Drucker，2006）。企业只有能整合相关资源，快速地进行创新的企业才能在全球竞争的环境下获得成功，而这种整合相关资源，进行创新的能力则来自知识（Teece and Pisano，1994）。Sivadas 和 Dwyer（2000）认为，产品研发联盟常常都无法实现产品创新目标，其原因固然很多，最本质的问题之一即为知识整合能力不足。Iansiti 和 West（1997）也认为，在竞争越来越激烈的产业中，企业发展产品所需的技术往往来不及自行建立，通过技术整合是这类产业的必然趋势，并且技术知识整合的越好的企业，研发的效率越好，所创造的产品也越好。此外，蒂斯等（1997）基于动态能力的观点，强调在知识越来越重要的竞争环境中，一个组织比其他企业更有效地获取、整合外部知识，进而产生创新的概念，再利用内部整合来提高新产品商品化的执行效率，更快、更多地开发新产品是非常重要的。这意味着知识整合了提供产品创新，或是提供生产产品所需技术的创新，或是提供管理创新的机会。基于上述学者的探讨，提出如下假设拟加以验证：

H38 - 1a：知识整合对技术创新有正向影响。

H38 - 1b：知识整合对管理创新有正向影响。

学者对"创新"的关注最早可追溯到熊彼特（1932）的研究。熊彼特（1932）在其最重要著作《经济发展理论》中首次将"创新"一词定义为"新的生产函数的建立"，即"企业家对生产要素的新的组合"，用创新来解释社会的发展，并认为"创新"与发明是两个不同的概念，学术界开始重视"创新"问题。总体上看，对组织创新的认识基本上可分为下列四种观点：（1）产品观点：这种观点重视创新所产生的结果，用具体的产品来衡量创新；（2）过程观点：认为创新是一种过程，着重从一系列的工艺或过程来评断创新；（3）产品及过程观点：认为应以产品及生产过程的双元观点来定义创新，应将结果及过程融合；（4）多元观点：持这种观点的学者认为以前的学者中，不管是产品或过程观点，都过分看重"技术创新"层次，忽略了"管理创新"的层次，因而主张将"技术创新"（包含产品、工艺及设备等）与"管理创新"（包括系统、政策、方针及服务等）同时纳入创新的定义之中。我们认为，多元观点下的组织创新的定义较为完整，最近学者的研究也多数采用这种观点来界定组织创新，而从创新的属性来看，创新是一个具有多重属性的概念，这说明研究中采用组织创新的多元观点是比较合适的选择。而在创新类型上，双核心模式在文献中得到较多学者的认可，因此本章拟以双核心模式作为创新形态的分类方式，并认同德曼庞（1991）的观点，认为组织创新应包含"技术创新"和"管理创新"两个层面。

　　面临激烈竞争与不确定的竞争环境，组织创新已经变得越来越重要。在组织创新领域的研究中，组织创新对绩效的正面影响已被许多学者的实证研究所支持。德曼庞和埃文（1984）的研究指出，采用管理与技术创新的组织，其经营绩效确实比未采取创新者的更高。Yamin、Gunasekaran和 Mavando（1999）等在探讨创新指标与绩效间的关系时也发现，组织创新（管理创新、技术创新与产品创新）与绩效显著相关。根据德曼庞（1991）对组织创新理论归纳发现，大多数学者认同并采用了将创新分为"管理创新"与"技术创新"的双核心模式观点，而且这两类创新对绩效的影响关系也被许多学者验证过（例如谢洪明、韩子天，2005）。此外，研究表明在技术创新与管理创新的相互关系中，技术创新会对管理创新产生正面的影响，并会对组织绩效产生综合的影响（谢洪明、韩子天，2005）。德曼庞、萨巴特和埃文（1989）曾观察银行产业，发现若银行要提供一项新的服务（技术创新），通常也需要一组新的管理机制（管理创新）去评估和控制其绩效，然而并不是每一种技术创新均会导致管理创新。因此，提出如下假设拟加以验证：

　　H38 - 2a：技术创新对组织绩效有正向的影响。

　　H38 - 2b：管理创新对组织绩效有正向的影响。

　　H38 - 3b：技术创新对管理创新有正向的影响。

　　综合上述国内外学者专家研究，可以得到以下认识：（1）知识是创新的基础，知识整合有利于促进组织创新的发生；（2）组织创新可以分为技术创新和管理创新，技术创新和管理创新都有助于改善组织绩效，并且技术创新会促进管理创新的产生。因此，本章将试图从以上两点出发，对以上学者的研究进行归纳和整合，确定本章理论框架如图 38 - 1 所示。

在这个框架中，组织创新是知识整合与组织绩效间关系的主要中介变量，知识整合通过组织创新间接影响组织绩效。在该框架中延续组织创新研究的双核心模式，依据组织采用创新的焦点和影响将创新分成管理创新与技术创新，技术创新会促进管理创新，并进而对组织绩效产生综合影响。

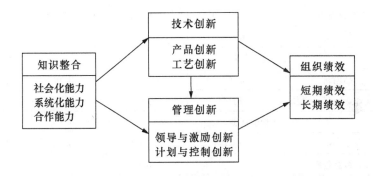

图 38-1　本章理论框架

第三节　研究设计

一　研究样本

本章数据主要通过以下两个途径获得：（1）选取我国华南地区的样本企业，然后通过电话与该企业的高层联络，确认可以接受调查后，即派人上门进行调查；（2）我们将问卷放入华南理工大学研究生校友会的网页中，本章实际使用问卷 142 份。

二　样本的信度与效度

本章涉及的知识整合、组织创新、组织绩效的量表都是根据该变量最早提出的量表，以及该量表提出之后的学者的修订版完成初稿。本章中我们以 Cronbach's α 值来检验变量的信度，如表 38-1 所示，本章所涉及变量各因素的 Cronbach's α 值除知识整合是 0.67 外，都在 0.7 以上，这表示本量表具有较好的信度。

表38-1 　　　　　　　　　整体理论模式的检验结果

变量	MLE 的估计参数		组成信度	因素分析累计解释量
	因素负荷量（λ）	衡量误差（δ或ε）		
知识整合				
社会化能力	0.78***	0.60	0.67	0.61
系统化能力	0.47***	0.22		
合作能力	0.65	0.42		
技术创新				
产品创新	0.77	0.60	0.76	0.81
工艺（作业流程）创新	0.80***	0.64		
管理创新				
领导激励创新	0.79	0.62	0.72	0.78
计划控制创新	0.71***	0.50		
组织绩效				
短期绩效	0.74	0.54	0.81	0.84
长期绩效	0.94***	0.88		

注：$\chi^2 = 32.130$, d. f. $= 22$, P $= 0.075$, GFI $= 0.950$, RMR $= 0.013$, RMSEA $= 0.057$, AGFI $= 0.897$, NFI $= 0.948$, CFI $= 0.983$, IFI $= 0.983$, TLI $= 0.972$。***表示在 0.1% 的水平下显著。

三　变量定义及衡量

本章衡量知识整合能力量表基于鲍尔等（1999）、科格特、赞德（1992）和蒂斯等（1997）的研究，对林文宝（2001）所提出的知识整合问卷修正而成，量表包含 11 个问题项，分为社会化能力、系统化能力和合作能力 3 个因素。社会化能力用 4 个问题项来测量，Cronbach's α 值为 0.77，因素分析的解释量为 60%；系统化能力用 3 个问题项来测量，Cronbach's α 值为 0.74，因素分析的解释量为 66%；合作能力用 4 个问题项来测量，Cronbach's α 值为 0.72，因素分析的解释量为 55%；知识整合能力的二阶验证分析结果为：GFI $= 0.925$，CFI $= 0.948$，TLI $= 0.930$，RMR $= 0.037$，RMSEA $= 0.064$，χ^2（41）$= 64.382$。可见，知识整合能力变量的信度和效度检验结果都比较好。

本章衡量组织创新所采用的量表主要修改自林义平（2001）、谢洪明、韩子天（2005）和谢洪明、刘常勇、陈春辉（2006）的研究。目前一般认为组织创新是指组织从外部购得、引进或由内部产生的，在计划、组织、领导、用人与控制企业活动方面的管理创新以及在产品、工艺（作业流程）及设备等方面的技术创新。上述研究涉及组织创新的量表的特色在于根据组织的计划、组织、领导、用人与控制五种管理职能来界定组织的管理创新，较完整地涵盖了组织的各项管理活动。但该量表也存在着一些不足，主要在于量表在测量技术创新时忽视了工艺（作业流程）创新的影响，因此本章在衡量技术创新时加入了工艺（作业流程）创新的因素。所使用的量表由 18 个问题项组成，并依据其性质分成管理创新及技术创新两个因素，这两个因素又分别包含若干"子因素"，我们在研究的过程中把管理创新和技术创新看作两个变量，把"子因素"看作是因素放入我们的统计模型。技术创新包含产品创新和工艺（作业流程）创新两个因素，管理创新包括领导激励创新和计划控制创新两个因素。产品创新用 5 个问题项测量，Cronbach's α 值为 0.86，因素分析的解释量为 67%；工艺（作业流程）创新用 3 个问题项来测量，Cronbach's α 值为 0.82，因素分析的解释量为 74%；领导激励创新用 5 个问题项来测量，Cronbach's α 值为 0.86，因素分析的解释量为 63%；计划控制创新用 5 个问题项来测量，Cronbach's α 值为 0.86，因素分析的解释量为 64%；技术创新变量的二阶验证分析结果为：GFI = 0.953，CFI = 0.977，TLI = 0.967，RMR = 0.027，RMSEA = 0.069，χ^2（19）= 31.660，可见，技术创新变量的信度和效度检验结果都比较好。管理创新的二阶验证分析结果为：GFI = 0.932，CFI = 0.971，TLI = 0.962，RMR = 0.029，RMSEA = 0.061，χ^2（34）= 52.111，可见，管理创新变量的信度和效度检验结果都比较好。

组织绩效可以从不同角度来认识，并且会受到分析的级别以及战略差异性的影响。本章衡量组织绩效的量表参考了林义屏（2001）、谢洪明、韩子天（2005）、谢洪明（2005）和谢洪明、刘常勇、陈春辉（2006）的研究。这些研究都是采用多重而非单一因素（变量）的自评方式来衡量组织绩效，依据其性质将组织绩效分成短期绩效与长期绩效两个因素。短期绩效用 5 个问题项来测量，Cronbach's α 值为 0.89，因素分析的解释量为 69%；长期绩效用 5 个问题项来测量，Cronbach's α 值为 0.85，因素分析的解释量为 63%。组织绩效的二阶验证分析结果为：GFI = 0.929，CFI = 0.970，TLI = 0.960，RMR = 0.029，RMSEA = 0.069，χ^2（34）= 56.995。可见，组织绩效变量的信度和效度检验结果也都比较好。

第四节　研究结果

本章样本中各变量信度、收敛效度及区别效度均达到可接受的水平，所以以单一衡量指标取代多重衡量指标应是可行的，因此本章在知识整合、技术创新、管理创新以及组织绩效的衡量模式上，以第一级各因素的衡量题项得分的均值作为该因素的值，再由第一级因素作为第二级变量的多重衡量指标。如知识整合为潜在变量时，其观测变量为社会化能力、系统化能力和合作能力三个因素，这样，可以有效地缩减衡量指标的数目。

一　整体理论模型的检验

整体模型拟合度指标是用来检验整体模式与观察数据的拟合程度，这方面的适合度衡量标准有多种指标，一般可将其分为绝对拟合指数、相对拟合指数以及简要拟合指数三种类型：①绝对适合度衡量：$\chi^2 = 32.130$，d.f $= 22$，$p = 0.075$，p 值显著。GFI $= 0.950$，AGFI $= 0.897$，AGFI 略低于 0.90 的标准，RMR $= 0.013$，RMSEA $= 0.057$，RMR < 0.05，RMSEA 也位于 0.05 – 0.08 的 "不错的拟合" 范围，ECVI $= 0.554$，理论模式 ECVI 值都小于饱和模式 ECVI 值的 0.638 和独立模式的 ECVI 值的 4.515；②相对拟合指数：TLI $= 0.972$，NFI $= 0.948$，CFI $= 0.983$，IFI $= 0.983$，RFI $= 0.915$，这些指标都大于 0.90 的标准。AIC（Akaike information criterion）值等于 78.130，理论模式 AIC 值都小于饱和模式 AIC 值的 90.000 和独立模式的 AIC 的 636.658，标准卡方值（$\chi^2/$d.f.） $= 1.460$，位于 1.0—2.0 之间。综合各项指标的判断，本章理论模型的整体模型拟合度较好，可以用以检验本章提出的理论假设。

二　假设的验证

本章对假设关系的验证上采用了巢模式法，在虚假模式（M0）与理论模型（Mt）之间设定了 5 个巢模式。模式 M1 在理论模型基础上假设知识整合到技术创新的路径为 0，模式 M2 在理论模型基础上假设知识整合到管理创新的路径为 0，模式 M3 在理论模型基础上假设技术创新到组织绩效的路径为 0，模式 M4 在理论模型基础上假设管理创新到组织绩效路径为 0，模式 M5 在理论模型基础上假设技术创新到管理创新的路径为 0。巢模式的验证结果与理论模式的路径系数如表 38 – 2 所示。我们看到，模

表 38 - 2　验证模型统计指标

模型	χ^2	p	d.f.	$\Delta\chi^2$	GFI	CFI	TLI	IFI	NFI	RMR	RMSEA
理论模型	32.130	0.075	22		0.950	0.983	0.972	0.983	0.948	0.013	0.057
M1: $\gamma_{11} = 0$	70.633	0.000	23	38.503***	0.906	0.918	0.872	0.920	0.886	0.071	0.121
M2: $\gamma_{12} = 0$	53.895	0.000	23	21.765***	0.920	0.947	0.917	0.948	0.913	0.020	0.098
M3: $\beta_{11} = 0$	41.676	0.010	23	9.546**	0.936	0.968	0.950	0.969	0.933	0.017	0.076
M4: $\beta_{12} = 0$	35.710	0.044	23	3.58	0.946	0.978	0.966	0.979	0.942	0.015	0.063
M5: $\beta_{13} = 0$	38.598	0.022	23	6.468*	0.942	0.973	0.958	0.974	0.938	0.015	0.069
虚假模型	618.658	0.000	36	586.528***	0.355	0.000	0.000	0.000	0.000	0.170	0.339

注: *表示 $P < 0.05$ [χ^2 (1) =3.84], **表示 $P < 0.01$ [χ^2 (1) =6.63], ***表示 $P < 0.001$ [χ^2 (1) =10.83]。

式 M1、模式 M2、模式 M3、模式 M5 的 χ^2 值与理论模式的 χ^2 值之差均大于 3.84，而这些模式所对应的路径系数（见表 38 – 2）都达到了显著的水平，M4 的 χ^2 值与理论模式的 χ^2 值之差小于 3.84，但这些模式所对应的路径系数都达到了显著的水平，可知我们的假设 H38 – 1a、H38 – 1b、H38 – 2a、H38 – 2b、H38 – 3b 都获得了支持，具体如表 38 – 3 所示。

表 38 – 3   理论模式的路径系数与假设验证

路径	变量间的关系	路径系数	p 值	对应假设	检验结果
γ11	知识整合→技术创新	0.66 ***	0.000	H1a	支持
γ12	知识整合→管理创新	0.72 ***	0.000	H1b	支持
β11	技术创新→组织绩效	0.58 ***	0.001	H2a	支持
β12	管理创新→组织绩效	0.34 *	0.035	H2b	支持
β13	技术创新→管理创新	0.40 **	0.002	H3b	支持

注：路径系数为标准化值，*** 表示 $P < 0.001$，** 表示 $P < 0.01$，* 表示 $P < 0.05$。

本章小结

本章以组织创新为中介变量，联结知识整合对组织绩效影响关系，目的在于探讨知识整合、组织创新与组织绩效间的影响关系。本章通过文献探讨及个案访谈来构建理论模型，选择我国华南地区的企业作为实证研究对象，研究表明，知识整合确实可以通过组织创新影响组织绩效：知识整合可以通过技术创新来提升组织绩效，也可以通过管理创新来提升组织绩效，知识整合提升组织绩效的另一条路径是：知识整合→技术创新→管理创新→组织绩效。

本章研究结果对知识整合以及组织创新的相关理论和实践都有重要的意义。本章的结果证实了组织创新是知识整合与绩效间关系的中介变量，一个组织要想通过知识整合来提升组织的绩效，提高组织的创新能力是可行的方式之一。这个结果与鲍尔等（1999）及林文宝（2001）的结论基本相符，再次实证知识整合会影响组织创新，并会通过组织创新提升组织的绩效。这也进一步告诉我们，组织必须重视知识的整合，通过组织内跨部门之间以及跨组织边界知识的整合来促使组织产生创新。而正是创新使企业的竞争优势得以延续，甚至因而成为企业取得超额利润的来源。此外，本章结论认为，技术创新会对组织绩效产生直接的影响，修正了谢洪明和韩子天（2005）认为的技术创新不会对组织绩效产生直接影响而必须通过管理创新对组织绩效产生间接影响的观点，主要的原因在于谢洪明和韩子天（2005）在研究技术创新对组织绩效的影响时，忽视了技术创新中工艺（作业流程）创新对组织绩效的影响，而恰恰是工艺（作业流程）创新和产品创新的综合效果直接导致了组织绩效的提高。这表明，在我国制造也快速发展的大背景下，通过技术创新来提高组织绩效，一个重要的"瓶颈"就是工艺（作业流程）创新，企业必须解决加快流程的创新，以促进组织绩效的提升。

　　本章是在大量专家学者研究基础上，对我国珠江三角洲地区企业知识整合、组织创新、组织绩效的情况和关系做了初步研究，但也存在一些需要进一步深入研究和探讨完善之处，主要有：（1）我们在将组织创新纳入知识整合与组织绩效的关系链过程中，产业划分不够细致，没有考虑不同产业的影响，建议后继的研究可以把研究范围相对缩小，针对不同产业的行业的一些特殊特性加以研究，找出产业特性对这一关系链的影响，那样得出的最终结果将更具针对性，更适用于所研究的行业。（2）本章的研究样本主要针对珠三角企业展开，并没有对长三角、环渤海地区或者其他地区企业知识整合、组织创新的情况进行问卷调查，更没有针对这些地区进行比较研究。建议后续研究进行更广泛的调查，并进行比较研究，或许还会有新的发现。

第五篇

市场导向视角下的企业竞争
战略相关理论

本篇探讨市场导向视角下的企业竞争战略相关理论研究，包括第三十九章到第四十六章。

市场导向对于更好地创造顾客价值，获取顾客忠诚度，保障组织的长远发展具有重要的意义。市场导向对于企业组织绩效的影响机制主要通过三个阶段来实现：第一，获取与当前及将来顾客需求相关的市场信息；第二，通过组织的职能来传播这些市场信息；第三，对这些市场信息做出相应的反应。因此，市场导向将在企业竞争优势获取中起到重要作用，我们在本篇中提出了一个系统的市场导向前因后果理论框架。我们认为，市场导向的前因条件主要包括环境变动、组织特性与社会资本三个要素，而市场导向除了直接影响组织绩效之外，还可以通过组织学习与创新对组织绩效产生影响。

本篇以珠三角地区的企业所获得的143份有效问卷为基础，对战略网络情境下的市场导向与组织绩效之间关系进行了实证检验。研究结果表明，市场导向并不直接影响企业的组织绩效，而是以组织学习为中介变量对组织绩效有显著的正向影响。同时，我们还发现环境变动并不直接影响组织学习，但环境变动会以市场导向为中介变量对组织学习有显著的正向影响。此外，我们还通过对1990—2011年发表的有关市场导向与组织绩效之间关系的实证文献作为收集对象，采用 Meta 分析进行了综合性验证，市场导向策略差异对于企业的不同组织绩效产生了显著的影响，并且这种差异还受到市场导向测度方法、企业性质、企业所在行业、企业所在国家等外部因素的影响作用。

最后，我们讨论了市场导向在实践中的应用，重点阐述了浙江企业全球化战略对于浙江经济长期发展的推动作用：借助世界互联网大会在浙江召开的巨大契机，依托互联网发展战略推动浙江全球"网谷"发展战略的驱动机制，加快抢占全球互联网产业制高点，使浙江成为全球信息产业生态系统的关键枢纽，成为具有世界知名度的全球"网谷"以及为浙江企业投资欧盟、美国、日本发达经济体提供相关对策与建议。

第三十九章　市场导向前因后果理论分析

接下来，我们将重点从市场导向角度来探讨战略网中企业创新的问题，我们以企业市场导向这一核心构念为基础，围绕市场导向与企业组织绩效之间的关系展开论述。因此，本章首先建立了一个新的分析企业市场导向前因后果的理论框架。研究结果表明，组织外界环境的变化、社会资本、组织特性三个因素共同促进了市场导向的产生，高度的市场导向不仅会给组织带来卓越的绩效，而且将有助于组织创新能力的提升。

第一节　引言

知识经济的兴起、经济全球化、管理创新与科学技术的进步进一步加剧了组织经营环境的动态性、复杂性和不确定性，使组织之间的竞争更加激烈。按照权变理论的思想，今天的组织，无论是营利性的，还是非营利性的，面对快速变化的组织环境，都会面临着变革和发展的挑战。研究表明，市场导向对于更好地创造顾客价值，获取顾客忠诚度，保障组织的长远发展具有重要的意义（Narver and Slater，1990；Slater and Narver，1994；Kirca，Jayachandran，Bearden，2005）。于是，市场导向成为一个事关企业的可持续生存和发展能力以及竞争能力的热门话题。近年来，尽管学者对市场导向进行了大量研究，但关于是什么因素促进或者导致企业的市场导向意识或行为？企业以市场为导向后又会为组织带来什么？本章在前人研究的基础上，通过理论研究建立了一个分析企业市场导向前因后果的分析框架研究结果对企业深入认识市场导向有重要的指导意义。

第二节　理论基础

20 世纪 50—80 年代，学者在研究市场导向时，焦点主要集中于市场导向概念在营销策略中的地位，其间以营销观念为基础的市场导向观点得到了蓬勃的发展。20 世纪 90 年代以来，学者们对市场导向进行了进一步的理论探讨和实证研究，概括起来，主要包括四个方面：（1）对市场导向的解释与概念的建构（Narver and Slater，1990；Jaworski and Kohli，1993）；（2）市场导向前因后果的验证；（3）市场导向对员工的影响（Kohli，Jaworski and Kumar，1993）；（4）市场导向程度和焦点的测量（Kohli，Jaworski and Kumar，1993；Deshpande and Farley，1998）。长期以来，由于市场导向具有多学科的复杂性，以及研究者对市场导向分析时的切入点和侧重点的不同，学术界对于市场导向的认识存在着很大的分歧。不同的学者从各自不同的视角出发对市场导向概念、模式和本质等提出了各种不同的看法。概括起来，主要有两派不同的观点，即行为观和文化观。行为观学派学者主要侧重于与市场导向相关联的组织特定行为研究。如科利和贾沃斯基（Kohli and Jaworski，1990），伯纳德、贾沃斯基和科利（Bernard，Jaworski and Kohli，1993）认为，市场导向主要由三个因素构成：（1）获取与当前及将来顾客需求相关的市场信息；（2）通过组织的职能来传播这些市场信息；（3）对这些市场信息做出相应的反应。而文化观学派学者则主要从组织文化的角度来探讨市场导向。如学者纳夫和斯拉特（1990）从组织文化出发，认为市场导向不仅仅是一系列行为，而且与更深层的组织信念系统有密切联系。文化与行为联系越紧密，则源自、反映并根植于信念体系文化中的顾客价值活动行为就越有力。尽管各学派学者对市场导向的理解存在着分歧，但还是达成了一些基本认识：（1）顾客永远是市场导向的中心；（2）协调了内外部对具体环境条件的不同看法；（3）企业应该对顾客需求负责；（4）市场导向的范围超越了顾客并整合了所有的竞争者，以及能够满足顾客需求的能力。

科利和贾沃斯基（1990）在研究市场导向的前因后果中开了先河，同时其观点也有利于更深入地分析市场导向的任何特定起源。他们主张促进市场导向的因素有三大类：管理高层因素（包括管理高层对市场导向的重视程度以及对风险的态度）、部门间因素（包括部门间的冲突与联系）和组织系统因素（包括正规化、集权化、部门化与报酬系统）。此后，松野谷夫等（2002）在综合了先前各位学者研究的基础上，将促进市场导向因素概括为内部和外部两个方面：（1）内部诱因：包括组织结构和设计（如复杂性、正规化、集权化、专业化/差异化）、绩效衡量、报酬系统、管理高层对风险的态度以及组织文化；（2）外部诱因：包括市场竞争结构（进入壁垒、销售商集中度与购买者影响力）、行业/市场特性（增长率、成本预投资结构、技术与市场变动）以及政府管制因素。这些研究很大程度上弥补了市场导向诱因方面研究的不足，深化了人们对市场导向诱因的认识，但也必须看到这些研究在一定程度上忽视了社会资本、组织学习对市场导向的影响，存在着一定的局限性。研究表明，社会资本、组织学习对于促进市场导向的发生有着重要的影响（谢洪明，2005b）。

　　归纳学者们对于市场导向的后果的研究，主要包含以下内容：（1）市场导向对组织绩效的影响。相关研究表明，市场导向可促进销售增长（Slater and Narver，1996）、提高获利能力、提高顾客忠诚度与满意度、促进新产品成功（Pelham and Wilson，1996）、提高员工的满意度、员工对组织的承诺、降低员工的角色冲突等。（2）市场导向对组织创新的影响。市场导向对产品创新、技术创新以及管理创新有着显著的影响。（3）市场导向对组织学习的影响。市场导向能诱发适应性与创新性学习，保证高层次的组织学习的实现（Slater and Narver，1995）。综合上述学者的研究，我们可以得到以下两点认识：（1）引发市场导向的因素包括：①组织特性：包括高层管理、部门间协调、组织文化和组织系统；②社会资本（程聪和谢洪明，2013；Adler and Kwon，2002）；③环境变动：包括市场变动、技术变动、竞争强度和市场成长。（2）市场导向对组织的经营绩效、组织学习、组织创新产生影响。因此，本章将试图从以上两点出发，在对以上学者的研究进行归纳和整合的基础上，系统地分析和阐述市场导向发生的前因后果，并在此基础上构建一个系统的市场导向前因后果的理论分析框架（见图39-1）。

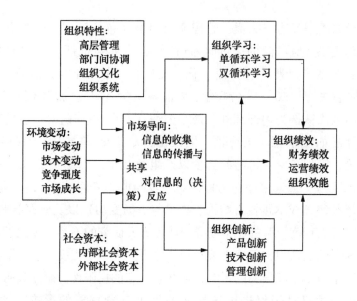

图39-1 市场导向的前因后果：一个新的理论分析框架

第三节 市场导向诱因分析

一 组织特性

（一）高层管理

高层管理塑造了组织的价值观和发展前景，他们对市场导向重要性的强调将有利于提升组织的市场导向程度。蒂斯等（1997）认为，企业家精神能使组织重新分辨内外部的竞争状况，以便更有效地应对不断变化的环境。然而，反映市场变化的需求要求企业创造新产品以满足顾客的需求，而新产品的开发通常需要承担极大的风险。若管理高层具有较高的风险态度，则将激发组织员工以市场为导向；反之，则将有碍于此过程（John and Seth，2005）。

（二）部门间协调

部门间因素包括部门间联系与部门间冲突。部门间联系，或者称为跨部门间员工的正式与非正式的沟通程度，可通过对信息更大程度地分享和使用来提高市场导向程度。部门间冲突，或者称为产生目标分歧的部门间紧张的关系，可降低部门间沟通的有效性，并进而影响市场信息的传播与渗透，以及阻碍各部门对市场需求作出一致的反应，因而会降低市场导向的程度。

（三）组织文化

组织文化是指拥有共同信仰与价值观的一种模式。实质上，市场导向是一种组织文化，它能够引发最有效率和效果的一系列行为来为顾客创造卓越的价值，并不断地为企业取得卓越的绩效。此外，组织文化不仅能引导跨部门活动，创造并满足顾客，还能将各部门的精力及资源结合到一起，这样为顾客创造优越顾客价值才能成为企业各部门和员工的持久行为（Deshpande and Farley，1997；谢洪明，2005c）。

（四）组织系统

组织系统由三个结构因素构成，即正规化、集权化和专业化，以及两个与员工相关的系统，基于市场的报酬系统与市场导向的培训系统所组成。组织系统结构和系统因素都对市场导向产生不同程度的影响：

第一，正规化是指对角色、规范、程序与权威等的定义，它对市场导向有正面影响。尽管过去学者（Zaltman，Duncan and Holbeck，1973）认为，正规化倾向于抑制企业信息的使用，并进而抑制对变动市场的有效反应。然而，Pelham 和 Wilson（1996）认为，正规化同时也有利于营销的执行，实质上提高了组织对市场信息的反应能力。

第二，集权化是指在组织中管理高层的决策权威的授权受到了限制，它对市场导向有负面的影响。这是因为它阻碍了企业对市场信息的传播扩散、使用（Matsuno，Ken，John and Aysegul，2002），以及对市场信息的回应。此外，贾沃斯基和科利（1993）指出，集权化甚至会阻碍市场信息的收集。

第三，专业化是指将市场任务分割成若干块，并交由具有相应专业知识的人员来完成。企业中的专业化与市场导向呈正相关，因为通过将专家集中在更具体的市场环境层面，专业化使企业对市场有了更深层次的认识。此外，企业中资深的市场人员的多寡能影响企业对市场变动反应的有效性。

第四，基于市场的报酬系统根据顾客满意度与客服水平作为评估员工工作绩效与报酬的准则，这样，不仅规范了员工的行为，并且提高了市场导向程度。

第五，市场导向的培训系统增强了员工对顾客需求的敏感性，这种促进的行为与市场导向的需求是一致的。

二　社会资本

（一）内部社会资本

根据科利和贾沃斯基（1990）的理论，以市场为导向的企业在深入了解顾客当前与将来的现有与潜在的需求，并收集了相关的市场信息后，就需要通过组织内各部门成员及各管理人员之间的沟通、传播来获得对市场信息释义的共识。而内部社会资本，也可称为关系结合"bonding"型的社会资本，它可协调部门间由于对企业最高利益的不同看法而引起的冲突，这些冲突常常表现为激烈的竞争和明显的不信任。而内部社会资本内涵中的信任与共同愿景则有助于解决此冲突。乌齐（1996）认为，内部社会资本可通过在镶嵌关系中建立反映信任的治理机制，因为信任可激发共同合作努力，更可促进网络成员间对彼此专业与能力的相互了解，并分享资源给其他单位。此外，内部社会资本也有助于企业在内部网络内成员间建立具有凝聚力的共同体（包括共同目标、认知与共同的行为规范等），以培养群体或组织中的成员为了共同目的而一起工作的能力，并愿意分享交流彼此的经验与知识。因此，内部社会资本对市场导向中市场信息的传播与共享有着显著的正面影响。

（二）外部社会资本

谢洪明和蓝海林（2004）认为，恰当地利用组织间的"关系"，可提升组织间资源的交换以及信息知识取得的质量，同时也可加强组织间的凝聚力。事实上，他们所说的是一种从企业外部获得利益的能力，即外部社会资本，也称为"桥梁式"的社会资本。研究表明，这些企业外部网络关系间的资源（即所存在的外部社会资本），不仅可使企业获得企业周围环境中资源量多的市场信息，增加企业在通路中的影响力、控制力及权力等资源，而且可进一步给具有市场导向能力的企业提供一个分析及行动的准则，使其可以针对环境不确定性采取规避、反击或操纵等市场行为。同时，外部社会资本的联结套系、市场地位、信任等因素也将影响信息知识的取得及利用，进而有利于有关产品创新及增加技术的差异（Yli‐Renko，Autio and Sapieza，2001）。因此，外部社会资本对市场导向中市场信息的获取有着显著的正面影响。

三　环境变动

开放系统的学者将组织的环境定义为这样的一个开放系统，即环境是在组织外部影响组织行为和特性的系统。Greenley（1995）、Lings 和 Greenley（2005）在讨论到外部环境因素，如市场及技术的变动性、竞争强度及市场成长等因素时，一致认为上述因素对市场导向、组织创新与组织绩效以及三者之间都可能有调节作用，然而各研究的结论并不一致，因此我们把环境变动因素加入研究的模式中，以进一步探讨环境变动对企业市场导向的影响。

（一）市场变动

由于多数经营战略是为了更有效地适应不确定的市场而制定的，变动的市场环境促进了信息的收集与处理，同时也使得企业必须即时做出反应，即要以市场为导向。研究表明，在较为剧烈变动的环境中，企业很有必要不断地改善其产品与服务以满足顾客迅速变化的偏好；而在稳定的市场中，企业仅需稍微调整其产品与服务即可满足顾客较为固定且稳定的偏好。总之，一个迅速变化的经营环境比一个稳定的经营环境更能刺激组织对市场变动做出迅速的反应（Slater and Narver，1995），即市场的变动性越大，企业的市场导向程度则越高。

（二）技术变动

技术创新与变革的速度与幅度是导致技术变动的主要因素（Grewal and Tansuhaj，2001）。研究表明，市场中技术变动越剧烈，就越有为顾客创造价值的机会。以市场为导向的组织通常会利用技术导向来为组织建立可维持的竞争优势。而高新技术企业则倾向于在技术方面投入大量的资源来应付由技术变动所带来的不确定性（Slater and Narver，1994）。因此，技术的变动性越大，企业的市场导向程度则越高。

（三）竞争强度

高竞争强度环境下，企业更倾向于关注如何向其竞争对手学习，这是市场导向的一个重要体现，它将随着时间而逐渐形成一种企业制度。Grewal 和 Tansuhaj（2001）认为，以市场为导向的企业很可能陷入思维制度化的泥潭，该思维将随着竞争强度的提升而成为企业的负担，然而同时也提高了企业对高竞争环境做出适当反应的意识。因此，竞争强度越大，企业的市场导向程度则越高。

（四）市场成长

市场成长中的市场需求为最显著的特征，在需求迅速增长的市场中，由于商品的供不应求而使顾客更易于接受市场所提供的商品，从而有利于获得与维持顾客；而在需求增长比较缓慢的市场中，经营者必须投入更多的精力以明确如何能更有效地为顾客提供卓越的价值。然而，对于短期市场需求变动而言（如短期不确定的需求、短期稳定的产能等），企业通常不能做出较为迅速的反应，从而表现为市场导向水平较低。因此，市场成长率越低，企业的市场导向的水平则越高。

第四节　市场导向后果分析

一　市场导向对组织绩效的影响

市场导向对组织绩效影响主要通过以下三个方面来实现：（1）在财务方面，市场导向可以促进销售增长、提高获利能力等；（2）在运营绩效方面，市场导向可以促进新产品成功、提高顾客忠诚度与满意度等；（3）在组织效能方面，市场导向可以提高员工的满意度、员工对组织的承诺，降低员工的角色冲突等。虽然大部分研究结果表明，企业的市场导向可提高组织绩效，但是在一些研究中却发现了不一致的结果。因此，许多学者开始探讨是否尚有其他情境变量，如科利和贾沃斯基（1990）认为，市场变动、技术变动、竞争强度以及经济总体绩效/市场成长影响了市场导向与绩效之间的关系。纳夫和斯拉特（1990），Kumar、Jones、Venkatesan 和 Leone（2011）认为，相关成本与相关规模两个经营因素和增长率、集中度、进入壁垒、购买者影响力、销售者影响力以及技术变动六个市场层次因素会影响市场导向对组织绩效的关系。此外，其他学者从各自研究的角度出发，提出了一系列其他的情境变量，如产业及市场环境、营销管理、战略人力资源管理、组织文化、学习导向、组织学习、组织承诺等影响了市场导向与绩效之间的关系。但实证的结果却发现，有些变量有影响，有些则没有影响。尽管如此，国内外的大多数学者认为，市场导向程度高的企业有较好的绩效。谢洪明（2004）从战略的角度出发，指出高度市场导向的组织倾向于采用差异化战略，而中、低度市场导向的组织一般采用低成本战略或未建立战略，因而使得绩效较差。综上所述，本章认为，以市场为导向的企业除了了解顾客既有的需求之外，也将更主动而开放地收集、利用与顾客潜在需求相关的市场信息，并协同组织各部门的力量，创造长久的卓越的组织绩效。因此，市场导向具有长远的战略眼光，其对绩效的影响必将是持久的。

二　市场导向对组织创新的影响

市场导向之所以能提高组织的创新能力与新产品绩效，是因为市场导向能通过加强对信息的广泛使用以便连续且主动地为顾客创造符合其需求的价值。韩（1998）等的实证性研究指出，市场导向对企业采取的创新活动有直接的影响作用。然而，市场导向越强，企业越倾向于开发新颖程度较高的产品，还是市场导向在一定程度上会抑制技术创新，这是学者们非常关注的问题。市场导向对组织创新的各个层次均有重要的影响：（1）市场导向对产品创新的影响。以市场为导向的企业不仅愿意采纳新的想法，而且更倾向于将新想法转化为实际的产品或服务以推向市场。而市场导向连同组织文化以及其他组织特性（如企业家精神）是影响企业接受新思维、新事物的重要因素。企业对现有及潜在的市场需求的准确认知可导致高水平的产品创新，而创新能力的强化则能有效地提高企业对市场环境的反应能力。（2）市场导向对技术创新的影响。市场导向促进企业内部个体、部门的目标与行为的一致化，因此有助于开展技术创新。此外，组织职能间横向与纵向充分的协调与沟通有利于缓解职能间的不信任与冲突，从而推动技术创新（Damanpour，1991）。（3）市场导向对管理创新的影响。林义屏与谢洪明在其研究中指出，市场导向可通过组织学习对创新产生间接的显著影响，而林义屏（2001）则进一步认为，在总效果方面，市场导向对管理创新影响效果大于对技术创新的影响效果。综上所述，市场导向对组织创新中的产品创新、技术创新以及管理创新均有正面影响。

三　市场导向对组织学习的影响

市场导向可诠释为一个多步骤的学习过程，它包括初始调查、信息获取、信息传播、信息解码、信息使用和输出评价。事实上，组织学习和市场导向是一个相互促进的过程，组织学习能力的培养，对于市场导向执行的过程与质量具有相当重要的影响，而市场导向执行的过程与质量也会对组织学习产生重要的影响。

市场导向对提升组织学习能力有着重要的影响：（1）市场导向能够

诱发并促进组织学习，它是通过开放心智的探求，协同信息的传播，共享释义以及可使用的记忆来实现的；（2）早期学者认为，市场导向主要引导了单循环学习的发生，而贝克和辛库拉（1994）在研究中表示必须伴有高度学习导向的市场导向，才有可能达到高层次的组织学习；（3）也有研究将组织创新纳入了市场导向对组织学习关系研究中，并发现通过市场导向促进创新发展，提高创新的新颖程度以及发挥先动的优势，同样也可促使组织达到高度的双循环学习。此外，还有些学者从行为视角出发，分析了市场导向概念，主张市场导向的行为还必须伴有体现学习导向的价值才能达到高层次的双循环学习。斯拉特和纳夫（1995）从文化视角出发，认为市场导向是组织文化中促进组织学习的一个关键因素，同样认为前者是后者的诱因，但同时还必须伴有组织文化中的另一个关键因素——企业家精神，才能保证实现高层次的组织学习。

四 市场导向、组织学习与组织创新对组织绩效的影响

市场导向既可以直接影响组织绩效，也可以通过组织创新与组织学习间接地影响组织绩效（谢洪明、刘常勇和陈春辉，2006；程聪和谢洪明，2013）。创新是一种"核心价值创造能力"，而市场导向行为则可通过创新的改善来提高组织绩效水平。许多学者对创新与绩效的关系的实证研究也证明了这一点，他们认为，不论在何种产业中，组织的创新均会导致较好的组织绩效。此外，组织学习的能力是复杂的信息知识消化后所产生的一种能力，它可通过改善以市场为导向的组织行为以对提高组织绩效产生显著的影响，并可通过创造性学习提升组织在产品、流程以及系统方面的创新性，而组织创新能力提升的结果反过来又增进了组织的学习程度。

本章小结

本章在归纳、分析和整合国内外学者关于组织学习的研究成果的基础上，提出了一个新的市场导向的理论分析框架。这些框架和思路对于企业界和学术界深入认识组织的市场导向行为具有一定的指导意义。我们认为，组织外部环境变化、社会资本和组织特性三个因素共同促进了市场导向的产生，高度的市场导向不仅会给组织带来卓越的绩效，而且将有助于组织创新能力的提升。但是，需要指出的是，本章的理论分析框架是在对国内外学者的研究进行归纳和整合的基础上建立起来的以上假设还需证实检验。其变量、因素的选取和模型结构的设计是否合理，仍有待进一步地实证研究，并在此基础上对该理论分析框架进行必要的修改和完善。

第四十章　市场导向与组织绩效
关系实证研究

　　本章以我国珠三角地区企业为调查对象，对市场导向是否以及如何通过组织学习和组织创新影响组织的绩效进行实证研究。结果表明：（1）市场导向并不直接影响组织的绩效；（2）市场导向对组织学习有显著的直接影响，对组织创新没有显著的直接影响；（3）组织学习对技术创新和管理创新都有显著的直接影响；（4）市场导向通过组织学习对组织创新有显著的间接影响；（5）管理创新对组织绩效有直接正面的影响，技术创新并不直接影响组织的绩效；（6）组织创新可分为管理创新和技术创新，技术创新对管理创新有显著的正面影响；（7）组织学习通过影响组织创新进而间接影响组织绩效；（8）市场导向会通过影响组织学习，进而影响组织创新，并最终影响组织绩效。管理创新在"市场导向—组织学习—组织创新—组织绩效"链中起到了至关重要的作用，是提升组织绩效的"瓶颈"。

第一节　引　言

　　改革开放以来，我国逐步由计划经济转向社会主义市场经济，企业逐渐由单纯生产车间转向自主经营的经济实体。企业的经营活动逐步由完成上级指派的任务转为自己在市场中寻求生存和发展的机会，开始逐步导入市场机制，由过去关注生产转为关注如何根据顾客的需求来制订经营计划，营销在企业经营中的作用也越来越大，同时许多企业希望通过加强组织学习来提高企业的绩效。

　　国外学者对市场导向是否以及如何影响组织绩效进行了大量的实证研究，至今没有定论，我国也有学者开始关注这个问题。许多人认为，市场导向的组织文化是企业取得竞争优势的关键因素，朗格拉克（Langerak，2003）在回顾了在国际重要期刊发表的 51 个关于市场导向对组织绩效的影响的研究后认为，市场导向是否以及何时对组织绩效有正向影响，仍是一个没有定论甚至是值得怀疑的命题。近年来，越来越多的学者加入了这个命题的实证行列，但其仍是一个需要进一步明确的问题。在转型经济时期，以市场为导向的企业是否有更好的企业绩效？国内外学术界尚未发表以中国大陆数据为基础的实证结果，也就是说，我国企业倡导以市场为导向的经营理念有一定的盲目性，缺乏严格的科学依据或者实证基础。

　　我国许多产业都是刚刚起步，面对经济国际化、市场全球化、技术进步加快的大背景，我国企业的市场导向、组织学习、组织创新是否以及如何影响企业经营绩效？国外相关结果是否适合中国？这不仅是学术问题，也是企业实践过程中亟须解决的问题，是企业营销战略及组织管理理论和技术的基础和起点，其结论具有重要的理论和现实意义。因此，我们拟以珠三角地区企业等为调查对象，对这些问题进行实证研究，这将弥补相关研究的不足，进一步完善相关理论，并为我国企业实践提供指导。

第二节　理论基础与研究假设

一　市场导向与组织绩效

　　在市场营销方面，早期以营销观念讨论与拓展为主，近期则主要研究"市场导向"变量的测量及其与其他变量，特别是组织绩效之间的关系，许多学者认为营销观念是市场导向的基础，而市场导向则是营销观念的执行。市场导向是一种通过对顾客、竞争者及内部部门协调的重视，以期产生更好的顾客价值并建立竞争优势（Narver and Slater，1990；谢洪明，2005b）的组织文化，多数学者认为市场导向是现代营销管理和战略的核心之一。

　　多年来，学者们对什么是"市场导向"有不同的见解和看法。大多数学者将组织执行营销观念称为组织的"营销导向"，也有人将其称为市场导向，而有些研究仅以顾客导向来代表营销导向。夏皮罗（1988）认为，营销导向的说法过于狭隘，并且容易产生误导作用，使人们误以为处理市场活动都是属于营销部门的责任。实际上，市场导向则不仅是业务部门和营销部门的责任，而且是每个部门都必须积极参与的一种整体经营理念。科利和贾沃斯基（1990）主张"营销导向"一词已不适用，而应改用"市场导向"才能反映营销的真谛，其主要理由是：（1）营销观念不仅涉及营销部门的职能，还应包含其他部门功能，若只用营销导向，似乎太狭隘了，而且有误导之嫌；（2）市场导向可避免营销部门的重要性过度膨胀，使营销部门更易于与其他部门协调并共同分担责任；（3）市场导向意味着将注意力聚焦于市场，包括顾客及其他对顾客具有影响的力量，而不是仅谈及顾客而已。总体而言，纳夫和斯拉特（1990）等主要是从哲学面或策略面来定义市场导向，其重点在于顾客导向、竞争者导向与部门间的协调；而科利和贾沃斯基（1990）则是从行动的视角来定义市场导向，实际上，市场导向具有程序、组织文化及能力等多种特质，是组织应对外部环境各种变化过程中的应对措施，包括顾客层面、竞争者层面及一般环境层面对于组织内在协调机制的激励等内容（林义屏，2001；谢洪明，2005c）。

企业的市场导向如何改善经营绩效问题已被营销学者和实务界连续讨论30年，但实证研究却有不同结论。学者实证研究发现，以市场为导向的组织的绩效相对较好（Langerak，2003；Carter，2005）。例如，纳夫和斯拉特（1990）以衡量顾客导向、竞争者导向与部门间协调的简单平均值对非商品企业的绩效进行相关分析，结果发现，市场导向与绩效之间具有正向的单调线性关系，以战略事业单位相对于竞争者的资产报酬率为衡量的指标。而且在商品企业中，高度市场导向的组织产生的绩效最高，低度市场导向的组织也有较高的绩效。从战略观点来看，这是由于高度市场导向的组织倾向于采用差异化战略，低度市场导向的组织采用低成本战略，这两类战略是企业的基本战略选择。而中度市场导向的组织，处于未建立战略的状态，或者说是处于波特（1980）所谓的"夹在中间"状态，所以绩效较差。我国企业目前大都在推广市场导向的经营理念，因此，提出如下假设拟加以验证：

H40－1：市场导向对组织绩效有正向影响。

大多数学者认同公司的市场导向可提高组织绩效，但在少许研究中却发现不一致的结果。因此，有些学者开始怀疑是否在市场导向与绩效间的关系中，尚有其他的中介变量或情境变量，如组织学习（Slater and Narver，1995；林义屏，2001）、组织创新（Han，Kim and Srivastava，1998）

等影响了市场导向与组织绩效的关系。

二　市场导向与组织学习

面对不断变化的竞争环境，许多企业深刻认识需要不断调整和创新来应对这种变化，因而组织的学习能力越来越成为最重要的核心能力之一，是企业生存的必要条件。学者对"组织学习"的关注最早可追溯到马奇和西蒙（1958）的研究，其概念由阿吉里斯和斯空（1978）正式提出，组织学习的概念、理论逐渐受到学术界和企业界的重视，阿吉里斯及其他学者也不断对组织学习的概念进行修正。

根据科利和贾沃斯基（1990）的理解，以市场为导向的组织应该深入了解顾客实际需求，收集相关营销情报，将情报通过内部营销与跨部门传递来获得共识，然后再结合整个组织的力量，针对不同目标市场的需求提供差异化的营销组合。企业收集、处理、吸收信息的工作构成了组织学习的内涵，最近的一系列研究也指出，组织学习能通过创造性的学习获得产品、程序和系统上的创新，进而直接影响组织的绩效。斯拉特和纳夫（1995）也认为，市场导向与组织学习两者的关系是相辅相成的，市场导向必须结合组织学习才能有效提升组织绩效，甚至可将组织学习视为市场导向影响组织绩效的中间变量，而贝克和辛库拉（1999）通过对411家美国公司的营销部门与非营销部门的高级主管进行调查，发现组织的学习导向与市场导向对绩效均有显著的正向影响效果，且学习导向与市场导向对组织绩效有协同的影响，也即一个组织没有很强的学习导向，其市场导向的行为很少能比竞争者更快速地改善绩效。另外，中国台湾学者林义屏也以组织学习为中间变量，以中国台湾高新技术企业为调查对象，对市场导向—组织学习—组织绩效的关系链做了实证研究，证实了组织学习在市场导向与组织绩效间具有完全中介的作用。基于上述分析，提出如下假设拟加以验证：

H40－2：市场导向对组织学习有正向影响。

三　市场导向与组织创新

自从熊彼特（1932）提出"创新"与"发明"是两种不同概念，并强调创新在经济体系中扮演重要角色后，"创新"概念开始获得学术界的重视。但由于研究者的兴趣及观点的不同，几乎所有的研究对创新的理解都不一致，学者们对"组织创新"的界定至今仍有很大差异，但基本的观点是，创新可能是一个新的产品、新的服务、新的技术或是一种新的管理方法。以前的学者中，不管是产品或过程观点，都过分看重技术创新，忽略了管理创新。我们认为，组织创新应采用多元观点，应将技术创新（包含产品、过程及设备等）与管理创新（包括系统、政策、方案及服务等）同时纳入创新的定义之中（Damanpour，1991）。近代学者的研究也多数采用这种观点来界定组织创新，而从创新的属性来看，创新是一个具有多重属性的概念，这也说明研究中采用组织创新的多元观点是比较合适的选择。本章采用德曼庞（1991）的双核心模式，将组织创新分为"技术创新"与"管理创新"两个方面，认为它们会互相影响进而对组织绩效产生协同作用。

市场导向越强的企业越倾向于开发新颖程度较高的产品，还是市场导向在一定程度上会抑制技术创新是学者们非常关注的问题。扎尔特曼、杜坎和霍尔贝克（Zaltman，Ducan and Holbek，1973）认为，通过适当的市场情报收集，以及之后组织创新的决策、执行等经营活动可以更有效地实现企业的目标，他们提出了"市场导向—创新—绩效"之间的关系链。斯拉特和纳夫（1973）也认为，创新是一种"核心价值创造的能力"，创新和新产品的成功大多来源于市场导向。奎因（1986）也观察到创新的企业具有很强的市场导向，韩、金和什里瓦斯塔瓦（1998）将创新分成技术创新和管理创新，把这两类创新形态作为中介变量，以银行业为实证对象来验证市场导向—创新—绩效关系，发现市场导向的行为可通过创新的改善而影响绩效，并且这种关系不会受到环境条件（市场与技术的动荡性）的影响。贾沃斯基和科利（1993）认为，市场导向本质上涉及对市场情况做出某些不同或新的回应，基本可视为一种创新性行为。斯拉特（1997）也提出成功的创新是市场导向文化与企业家精神相结合而产生的结果。基于上述文献及对企业的个案访谈，提出如下假设拟加以验证：

H40 - 3a：市场导向对技术创新有正向影响。

H40 - 3b：市场导向对管理创新有正向影响。

四　组织学习与组织创新

许多研究表明，组织学习对组织创新有影响。例如，阿吉里斯和斯空（1978）认为，在相同的组织条件下，组织学习在未来可使组织增加创新的能力。斯达塔（1989）发现，组织学习可导致创新，尤其是在知识密集的产业中，个人与组织的学习进而引导创新，才能成为组织中可持续竞争优势的来源。马伯和萨拉曼（1995），谢洪明、葛志良和王成（2008）

认为，组织学习是组织维持创新的主要因素。福斯特（1986）从学习经验曲线的概念推论出产品创新的"S"形学习曲线，麦吉（1992）以福斯特（1989）的模式为基础指出，不同的组织学习形态会导致不同的创新形态，如单循环学习只会导致增量的创新，而不连续的创新则需要双循环学习才能够实现，可见组织学习对组织创新有促进作用。谢洪明、韩子天的实证研究结果表明，组织学习会影响组织创新并进而影响组织的绩效，组织学习通过管理创新对组织绩效的影响大于通过技术创新对组织绩效的影响。基于上述学者的讨论，提出如下假设拟加以验证：

H40 - 4a：组织学习对技术创新有正面的影响。

H40 - 4b：组织学习对管理创新有正面的影响。

五　组织创新与组织绩效

面临激烈的竞争与不确定的竞争环境，组织为了求生存与成长，组织的创新变得越来越重要。在组织创新领域的研究中，许多研究验证了创新对绩效的影响，创新对绩效的正向影响则已被许多学者的实证研究所支持，认为不管是在何种产业，创新均会导致更好的组织绩效。根据德曼庞（1991）、阿戈特（2012）对组织创新理论的归纳发现，大多数学者认同并采用了将创新分为"管理创新"与"技术创新"的双核心模式观点。而且这两类创新对组织绩效的影响关系也被许多学者验证过（Damanpour and Evan，1984）。这两类创新也会互相影响，并会对绩效产生综合影响。德曼庞、萨巴特和埃文（1989）基于银行业数据发现，当银行要提供一项新的服务（技术创新），通常也需要一组新的管理机制（管理创新）去评估和控制其绩效，然而并不是每一种技术创新均会导致管理创新。企业如果同时并且平等地采用管理创新和技术创新，将有助于维持公司内技术系统与社会结构间的平衡。谢洪明、韩子天以珠三角地区企业为研究对象发现，管理创新对组织绩效有正向影响，技术创新对管理创新有正向影响，技术创新通过管理创新对组织绩效有正向影响。基于文献研究，提出如下假设拟加以验证：

H40 - 5a：管理创新对组织绩效有正向影响。

H40 - 5b：技术创新对组织绩效有正向影响。

H40 - 6：技术创新对管理创新有正向影响。

第三节　研究设计

一　研究框架

本章以前人研究成果，前期的个案访谈以及小组讨论为基础，确定本章的理论框架如图 40-1 所示。与前人研究不同，本章将组织学习和组织创新同时纳入市场导向与组织绩效关系的框架中，我们将组织学习和组织创新看作是市场导向与组织绩效间关系的主要中介变量，市场导向通过组织学习和组织创新间接影响到组织绩效。我们通过结构方程来分析这些变量的相互影响关系，这对正确认识市场导向、组织学习和组织创新对组织绩效的影响有非常重要的意义。

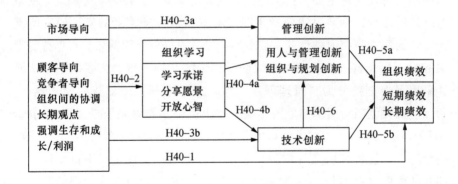

图 40-1　本章研究框架

二　变量的定义与衡量

为确保测量工具的效度及信度，在市场导向、组织创新及组织绩效等概念的可操作性定义及衡量方法上，尽量采用国内外现有文献已使用过的量表，再根据本章的目的加以修改作为收集实证资料的工具。在问卷正式定稿与调查之前，先对部分企业界人士进行问卷的预调查，以评估问卷设计及用词上的恰当性，再根据预试者提供的意见对问卷进行了修订。

1990 年之前的文献对市场导向的研究仅仅是定性的描述与讨论，几乎没有学者以精确衡量方式来进行界定，来评估市场导向的观念及其对企业绩效的影响。科利和贾沃斯基（1993）与纳夫和斯拉特（1994）分别提出了较精确的市场导向定义与衡量方法，以计算某一企业或战略事业单位实施市场导向的程度。科利和贾沃斯基（1993）认为，市场导向是一系列的程序，包括市场信息的取得、市场信息在组织中的散布及组织对市场信息的活动与反应，所以市场导向是"以市场信息为中心所展开的一系列程序"，他们以此为基础提出了一份测量市场导向程度的问卷（称为MARKOR），把市场导向看作是一种信息管理的过程，其重点在于：一是收集顾客与竞争者的情报，将收集到的情报进行跨部门间的传递，二是根据情报来选择目标市场与制定公司的营销策略。这种对市场导向内涵的理解其实与组织学习理论的内涵非常相近，都是以关注信息的取得与扩散为主。纳夫和斯拉特（1994）认为，市场导向是一种"组织文化"，包括对于顾客、竞争者及内部部门协调的组织文化，他们在此基础上提出了以市场导向为中心的五个相关概念：（1）顾客导向：指组织能充分地了解目标市场心目中产品的独特价值并预测顾客需求的可能变化；（2）竞争者导向：指组织对竞争者短期内的优缺点及长期能力与战略的了解；（3）部门间的协调：指协调使用组织的资源以创造较好的顾客价值；（4）长期观点：指在追求利润与处理顾客关系时重视长期的观点；（5）强调生存和成长/利润：指组织能自行负担费用、持续营运或重视成长与利润。本研究衡量市场导向的量表来自文献库马尔、萨布拉马尼安和约格（Kumar, Subramanian and Yauger, 1998），是纳夫和斯拉特（1990）所提出的衡量市场导向的量表的修订版，其中包含顾客导向、竞争者导向、部门间的协调、长期观点以及强调生存和成长/利润5个因素25个问题项。

学者们对组织学习的定义、类型、内容、程序等影响因素内容进行了大量研究，不同学者从不同视角来定义组织学习，使组织学习的定义一直以来差异很大。如鲍威尔、科普特和史密斯－鲍尔（1996）用R&D组织间的连系数来代表组织学习；胡尔特和法雷尔（1997）根据组织学习的特性，分别从团队导向、系统导向、学习导向及记忆导向四个因素来衡量组织学习；我们认为，以贝克和辛库拉（1999）以及林义屏（2001）等学者所使用的量表对组织学习的内容的衡量最为完整。组织学习的量表来自贝克和辛库拉（1999）根据辛库拉、贝克和诺德维尔（1997）所提出的组织学习量表的修正版，该量表原来由19个问题项组成，本章在试问过程中发现其中的4个问题项在整个量表中的一致性较差，所以仅使用了其中的14个问题项，包含学习承诺（指组织将学习视为公司最主要的基本价值）、分享愿景（指组织中的主管会将公司未来发展的愿景与员工互相分享）和开放心智（指组织不能受限于仅以自己熟悉的方式去思考，能超越成为创意思考）三个因素。

组织创新采用的量表来自蔡启通（1997）、林义屏（2001）的研究，该量表特色在于根据组织的五种管理功能，即规划、组织、用人、领导、控制与服务来界定组织创新，该量表包含用人与管理创新、组织与规划创新及技术创新 3 个因素，共 22 个问题项。组织绩效可以从不同的角度来认识，并且会受到分析的级别以及战略差异性的影响。本章衡量组织绩效的量表参考了林义屏（2001）的研究，并将 12 个衡量绩效的问题项依据其性质分成短期绩效与长期绩效两个因素。

三　研究样本选取

本章样本来自中国珠三角地区，主要原因是改革开放以来，我国珠三角地区产业发展非常迅速，也是市场化、全球化进程非常快的地区，面对高度竞争、变化剧烈及不确定性高的经营环境，这一地区的企业必须在管理及技术的创新等方面较其他地区的企业有更好的表现，以求生存和成长。我们根据珠三角地区的企业黄页随机抽取欲调查的样本企业，然后通过电话与该企业的高层联络，确认可以接受调查后，即派人上门进行调查，或者将问卷邮寄过去。这样本章共发出问卷 600 份，收回 156 份。其中填答不全的无效问卷 5 份，有效问卷 151 份，回收率 25.16%。由于本章需要考察企业的长期绩效，故扣除成立年限小于 3 年的企业，8 份问卷，本章实际使用问卷 143 份。调查时间为 2004 年 10 月至 2005 年 7 月（见表 40 - 1）。样本中制造业占 46.2%、服务业占 50.3% 以上，其他占 3.5%，可见，样本中制造业和服务业分布较均匀。受访公司的成立时间的分布大致呈正态分布，而且 2000 人以上企业占较大比重（28.7%）。在公司中具有中高级职位的受访者在 58% 以上，而且 89.5% 具有本科以上学历，72% 的受访者年龄在 30 岁以上，90.2% 受访者在目前公司服务 2 年以上，很大程度上保证了本章问卷的真实性和可靠性。

四　样本信度与效度

将以 Cronbach's α 系数来检验变量的信度。市场导向量表信度分析的结果如表 40 - 2 所示，顾客导向、竞争者导向、部门间的协调、长期观点及强调生存和成长/利润的 Cronbach's α 系数分别为 0.83、0.76、0.85、0.83、0.79，而市场导向的 Cronbach's α 系数为 0.93。组织学习

表 40 - 1　　　　　　　　　　　问卷样本描述

	人数	百分比（%）		人数	百分比（%）
受访企业所属产业			受访企业近三年来研究发展费用占企业营业额比例		
制造业	66	46.2	2.9% 以下	73	51.0
服务业	72	50.3	3.0%—5.9%	31	21.7
其他	5	3.5	6.0%—8.9%	17	11.9
受访企业成立年数			9.0%—11.9%	11	7.7
4—6 年	21	14.7	12.0%—14.9%	4	2.8
7—9 年	15	10.5	15.0%—17.9%	1	0.7
10—12 年	28	19.6	18.0%—20.9%	2	1.4
13—15 年	13	9.1	21% 以上	4	2.8
16—20 年	10	7.0	受访者在企业职位		
21—25 年	7	4.9	高层经理	31	21.7
26 年以上	49	34.3	中层经理	52	36.4
受访企业员工数			基层经理	44	30.8
50 人及以下	14	9.8	未报告	16	11.2
51—100 人	10	7.0	受访者最高学历		
101—200 人	14	9.8	博士	2	1.4
201—300 人	6	4.2	硕士	43	30.1
301—500 人	13	9.1	本科	83	58.0
501—1000 人	24	16.8	专科及以下	15	10.5
1001—2000 人	21	14.7	受访者年龄		
2001 人以上	41	28.7	25 岁以下	2	1.4
受访企业营业额（人民币）			26—30 岁	38	26.6
1000 万元及以下	12	8.4	31—35 岁	71	49.7
1001 万—5000 万元	28	19.6	36—40 岁	20	14.0
5001 万—1 亿元	20	14.0	41—45 岁	9	6.3
2 亿—5 亿元	22	15.4	46—50 岁	2	1.4
6 亿—10 亿元	10	7.0	51—55 岁	0	0
11 亿—20 亿元	16	11.2	56—60 年	1	0.7
21 亿—50 亿元	7	4.9	受访者在企业服务年限		
51 亿—100 亿元	12	8.4	0—1 年	14	9.8
101 亿元以上	16	11.2	2—3 年	28	19.6
			4—6 年	40	28.0
			6—9 年	25	17.5
			10—12 年	20	14.0
			13—15 年	11	7.7
			16—20 年	4	2.8
			21—25 年	1	0.7

表 40 - 2　　　　　　　　　　　市场导向量表信度分析

问题项	Item - Total Correlation	Alpha If Item Deleted	Coefficient Alpha (Cronbach's α)	Split - Half Alpha (Guttman)
顾客导向			0.83	0.85
（1）本企业的经营目标表达了对顾客满意的承诺	0.59	0.81		
（2）本企业不断创造新的服务内容以为顾客提供更多的价值	0.66	0.80		
（3）本企业的竞争优势是基于对顾客需求的了解	0.61	0.80		
（4）本企业的经营战略是以增加顾客价值为目标而制定的	0.49	0.83		
（5）本企业会经常性评估顾客的满意度	0.68	0.79		
（6）本企业非常重视并不断改进售后服务质量	0.61	0.81		
竞争者导向			0.76	0.72
（7）本企业员工能够共享企业外部竞争者的信息	0.47	0.74		
（8）本企业能并且会快速回应竞争者的行动	0.62	0.66		
（9）本企业高层管理者经常讨论竞争对手的战略（或战略）	0.58	0.68		
（10）本企业高层管理者善于寻找并抓住建立竞争优势的各种机会	0.53	0.712		
部门间协调			0.85	0.86
（11）本企业各个部门能够密切合作以满足顾客的需求	0.61	0.83		
（12）本企业各个部门能够彼此共享商业信息	0.66	0.82		
（13）本企业各个部门能够密切合作以为顾客提供价值	0.68	0.82		
（14）本企业经营战略整合了各个部门的工作/贡献	0.65	0.83		
（15）本企业各事业部门会共同分享资源	0.72	0.80		

续表

问题项	Item – Total Correlation	Alpha If Item Deleted	Coefficient Alpha (Cronbach's α)	Split – Half Alpha (Guttman)
长期观点			0.83	0.80
（16）本企业重视长期利润	0.69	0.78		
（17）长期而言，本企业需满足所有主要利益相关者（如顾客、员工、股东等）	0.61	0.80		
（18）长期而言，本企业需达到盈利目标	0.52	0.83		
（19）本企业经常为顾客挖掘并创造新价值	0.71	0.78		
（20）本企业会尽力克服任何服务上的缺陷	0.64	0.80		
强调生存和成长/利润			0.79	0.75
（21）本企业要求缩短新服务或新设备的投资回收期	0.42	0.79		
（22）本企业每个部门都以利润为标准来衡量其绩效	0.58	0.75		
（23）本企业高层管理者重视改进相对于竞争者的绩效	0.53	0.76		
（24）本企业要求所有服务单位都是可盈利的	0.65	0.72		
（25）本企业强调各部门的运营收入要能支付其费用	0.66	0.72		
市场导向（共25个问题项）			0.93	0.89

量表信度分析的结果如表40-3所示，学习承诺、分享愿景及开放心智的Cronbach's α系数分别为0.88、0.88、0.79，而组织学习的Cronbach's α系数为0.93。组织创新量表信度分析的结果如表40-4所示，用人与管理创新、组织与规划创新、管理创新及技术创新的Cronbach's α系数分别为0.92、0.81、0.93、0.87，而组织创新的Cronbach's α系数为0.95。组织绩效量表信度分析的结果如表40-5所示，短期绩效及长期绩效的Cronbach's α系数分别为0.87、0.84，而组织绩效的Cronbach's α系数为0.90。可见，各因素及各变量的Cronbach's α值都在可接受范围。这表示本量表具有较好的信度。

表40－3　　　　　　　　　　组织学习量表信度分析

问题项	Item – Total Correlation	Alpha If Item Deleted	Coefficient Alpha (Cronbach's α)	Split – Half Alpha (Guttman)
学习承诺			0.88	0.85
（1）主管们认为本企业的学习能力对建立竞争优势非常重要	0.67	0.87		
（2）将学习视为改进的主要方法是本企业基本价值观之一	0.74	0.86		
（3）本企业将员工的学习视为一项投资而不是成本费用	0.75	0.85		
（4）本企业认为学习是企业生存的必要保障	0.74	0.85		
（5）"一旦我们停止学习，我们的未来就会有危险"是本企业的共识	0.71	0.86		
分享愿景			0.88	0.85
（6）我们对于企业定位及未来发展的概念有清楚的界定和表述	0.72	0.86		
（7）本企业中各个层级和部门都有一个共同的组织愿景	0.71	0.86		
（8）本企业所有的员工都承诺：要为企业的目标而努力工作	0.70	0.86		
（9）本企业每个员工都觉得他们对企业未来的发展负有责任	0.74	0.86		
（10）本企业高层管理者会与下属员工分享他们的愿景	0.74	0.85		
开放心智			0.79	0.71
（11）我们不怕质疑企业对于运营方式的各种假设	0.58	0.74		
（12）本企业认为包容接纳各种不同声音很重要	0.67	0.69		
（13）本企业主管鼓励员工能超越常规创意思考	0.54	0.76		
（14）本企业非常重视并高度评价原创性观念/意见	0.58	0.74		
组织学习（共14个问题项）			0.93	0.87

表 40 - 4　　　　　　　　**组织创新量表信度分析**

问题项	Item – Total Correlation	Alpha If Item Deleted	Coefficient Alpha (Cronbach's α)	Split – Half Alpha (Guttman)
用人与管理创新			0.92	0.90
(1) 本企业采用的薪资制度具有相当的独创性且可以有效地激励员工	0.74	0.91		
(2) 本企业主管会应用新的领导手段且成功地整合组织成员的力量完成任务	0.67	0.92		
(3) 本企业设立了新的绩效考核方法,使主管能有效了解员工完成目标程度	0.68	0.92		
(4) 本企业采用的员工福利制度具有相当的独特性且可有效地激励员工	0.71	0.91		
(5) 本企业主管会采用新的管理方式且有效地达到激励部属及提高员工士气的目的	0.71	0.91		
(6) 本企业采用新的财务控制系统且能有效地检验实际工作绩效与企业目标的差距	0.60	0.92		
(7) 本企业目前的客户投诉处理方案可以有效地解决顾客抱怨	0.61	0.92		
(8) 本企业采用相当独特的员工甄选制度且有相当好的效果	0.76	0.91		
(9) 本企业采用新的生产作业制度且能有效地检验实际绩效与目标的差距	0.77	0.91		
(10) 本企业采用相当独特的绩效评估方案且能正确地评估员工对企业的实际贡献	0.81	0.90		

续表

问题项	Item – Total Correlation	Alpha If Item Deleted	Coefficient Alpha (Cronbach's α)	Split – Half Alpha (Guttman)
组织与规划创新			0.81	0.79
(11) 本企业积极实施可以改善组织绩效的新政策	0.57	0.78		
(12) 本企业会根据环境变化而调整各部门的职权分工	0.55	0.79		
(13) 本企业会依据顾客需求改变服务项目并改善服务方式	0.62	0.77		
(14) 本企业会尝试采用不同的工作流程来加速实现企业的目标	0.62	0.77		
(15) 本企业会适时调整员工的工作以利于更好地实现企业的目标	0.64	0.76		
管理创新			0.93	0.91
技术创新			0.87	0.83
(16) 本企业添购的新工具或设备对提高生产或工作效率有很大帮助	0.55	0.86		
(17) 企业员工经常可以想出许多改善产品工艺或作业流程的不同方法	0.60	0.86		
(18) 本企业有相当高的利润来自新开发的产品或服务	0.63	0.86		
(19) 本企业经常引进一些可以改善工艺或作业流程的新技术	0.71	0.84		
(20) 本企业经常开发一些能被市场接受的新产品或服务	0.71	0.84		
(21) 企业员工经常采用一些新的产品零组件或服务项目以提高企业运作绩效	0.70	0.85		
(22) 与同行相比较，本企业有更多数量的专利权	0.64	0.86		
组织创新（共22个问题项）			0.95	0.89

表 40 – 5　　　　　　　　　　　组织绩效量表信度分析

问题项	Item – Total Correlation	Alpha If Item Deleted	Coefficient Alpha (Cronbach's α)	Split – Half Alpha (Guttman)
短期绩效			0.87	0.84
(1) 同主要竞争者相比, 企业对销售增长率的满意度	0.74	0.83		
(2) 同主要竞争者相比, 企业对市场占有率的满意度	0.60	0.86		
(3) 同主要竞争者相比, 企业对净利润率的满意度	0.72	0.83		
(4) 同主要竞争者相比, 企业对销售利润率的满意度	0.75	0.83		
(5) 同主要竞争者相比, 企业对经营过程中的现金流量的满意度	0.59	0.86		
(6) 同主要竞争者相比, 企业对投资报酬率的满意度	0.61	0.85		
长期绩效			0.84	0.80
(7) 同主要竞争者相比, 企业对新产品的开发绩效的满意度	0.635	0.82		
(8) 同主要竞争者相比, 企业对市场拓展绩效的满意度	0.66	0.82		
(9) 同主要竞争者相比, 企业对设计制造过程创新能力的满意度	0.69	0.81		
(10) 同主要竞争者相比, 企业对自身运营成本的满意度	0.60	0.83		
(11) 同主要竞争者相比, 企业对员工职业生涯发展前景的满意度	0.69	0.81		
(12) 同主要竞争者相比, 企业对自身公众与社会形象的满意度	0.53	0.84		
组织绩效 (共 12 个题项)			0.90	0.80

在效度检验方面，由于本章使用问卷项目全部来自过去文献，很多学者都曾使用这些量表测量相关变量，我们在最终确认问卷之前，通过咨询相关领域的专家、预试并修正问卷的部分提法、内容，因此问卷具有相当的内容效度，也应该能够符合构建效度的要求。但考虑跨文化因素的影响，沃恩仍以验证性因素来验证本章研究各量表的建构效度。本章中验证性因素分析的各项指标如表 40 - 6 所示，可见各指标均达到可接受水平。同时，本章研究各变量中各因素的区分效度也达到了显著水平，如表 40 - 7、表 40 - 8、表 40 - 9 和表 40 - 10 所示。

表 40 - 6   各变量验证性因素分析结果

	市场导向	组织学习	组织创新	组织绩效
GFI	0.78	0.87	0.80	0.90
CFI	0.88	0.92	0.89	0.95
RMR	0.069	0.046	0.051	0.047
RMSEA	0.079	0.096	0.084	0.082
χ^2	$\chi^2(272) = 512.69$	$\chi^2(74) = 166.33$	$\chi^2(206) = 411.44$	$\chi^2(48) = 93.51$

表 40 - 7   市场导向变量区别效度分析

模式	χ^2	d.f.	$\Delta\chi^2$
未限定衡量模式	502.34	265	
顾客导向与竞争导向的相关系数限定为1	532.40	266	30.06***
顾客导向与部门间的协调的相关系数限定为1	538.14	266	35.80***
顾客导向与长期观点的相关系数限定为1	538.93	266	36.59***
顾客导向与强调生存与成长/利润的相关系数限定为1	540.49	266	38.15***
竞争者导向与部门间的协调的相关系数限定为1	542.66	266	40.32***
竞争者导向与长期观点的相关系数限定为1	544.56	266	42.22***
竞争者导向与强调生存与成长/利润的相关系数限定为1	534.14	266	31.80***
部门间的协调与长期观点的相关系数限定为1	546.83	266	44.49***
部门间的协调与强调生存与成长/利润的相关系数限定为1	553.07	266	50.73***
长期观点与强调生存与成长/利润的相关系数限定为1	554.27	266	51.93***

注：χ^2 计算以未限定模式为基准，*** 表示 $P < 0.001$。

表 40 - 8 组织学习变量区别效度分析

模式	χ^2	d. f.	$\Delta\chi^2$
未限定衡量模式	166.33	74	
学习承诺与分享愿景的相关系数限定为1	191.45	75	25.12***
学习承诺与开放心智的相关系数限定为1	200.72	75	34.39***
分享愿景与开放心智的相关系数限定为1	193.32	75	26.99***

注：χ^2 计算以未限定模式为基准，***表示 $P < 0.001$。

表 40 - 9 管理创新变量区别效度分析

模式	χ^2	d. f.	$\Delta\chi^2$
未限定衡量模式	221.90	89	
用人与管理创新和组织与规划创新的相关系数限定为1	259.95	90	38.05***

注：χ^2 计算以未限定模式为基准，***表示 $P < 0.001$。

表 40 - 10 组织绩效变量区别效度分析

模式	χ^2	d. f.	$\Delta\chi^2$
未限定衡量模式	154.32	53	
短期绩效与长期绩效的相关系数限定为1	190.13	54	35.81***

注：χ^2 计算以未限定模式为基准，***表示 $P < 0.001$。

第四节 研究结果

　　本章样本中各变量信度、收敛效度及区别效度均达到可接受水平，所以用单一衡量指标取代多重衡量指标应是可行的，因此我们在市场导向、组织创新以及组织绩效的衡量模式上，以第一级各因素的衡量题项得分的均值作为该因素的值，再由第一级因素作为第二级变量的多重衡量指标，如市场导向为潜在变量时，其观测变量为竞争者导向、顾客导向、部门间的协调、长期观点及强调生存和成长/利润五个因素等，这样可以有效缩减衡量指标的数目。首先我们运用复回归分析分别就市场导向对组织创新、组织绩效以及组织创新对组织绩效的各因素之间的影响关系进行分析，接下来运用结构方程模式分析这些变量间整体的相互影响关系。

一　变量中主要因素之间影响关系

（一）市场导向对组织绩效、组织学习和组织创新的影响

以市场导向的五个因素（顾客导向、竞争者导向、部门间协调、长期观点以及强调生存与成长/利润）为自变量，分别以组织绩效的两个因素（短期绩效和长期绩效）、组织学习的三个因素（学习承诺、分享愿景及开放心智）、组织创新的四个因素（用人与管理创新、组织与规划创新、管理创新及技术创新）为因变量进行复回归分析，得到的结果如表40－11所示。我们发现，竞争者导向、部门间协调对短期绩效和长期绩效都有显著正面的影响，即企业的竞争者导向程度越强、部门间的协调程度越高，其短期绩效和长期绩效也越好。我们也看到，部门间协调对组织绩效各因素的影响不仅显著，而且影响均较大。这再一次说明了我国企业要提高组织绩效，提升部门间协调能力非常重要。市场导向的其他因素对组织绩效没有显著的影响。甚至顾客导向对组织绩效有一定程度的负面影响。市场导向的其他因素（顾客导向、长期观点及强调生存与成长/利润）对组织短期绩效和长期绩效影响都不显著。

我们发现，市场导向的部门间的协调、长期观点以及强调生存和成长/利润三个因素对组织学习的"学习承诺"因素有显著正向的影响；市场导向的竞争者导向、部门间协调以及长期观点三个因素对组织学习的"分享愿景"因素有显著正向的影响；市场导向的竞争者导向及长期观点两个因素对组织学习的"开放心智"因素有显著正向的影响。另外还发现，市场导向的所有因素对组织创新的用人与管理创新因素都没有显著的影响；市场导向的竞争者导向、部门间协调与长期观点三个因素对组织与规划创新因素有显著正面影响，即企业竞争者导向程度越高、部门间协调程度越高以及越重视长期观点，其用人与组织与规划创新程度也越高；市场导向的部门间协调以及强调生存与成长/利润两个因素对技术创新有显著正面的影响，即企业的部门间协调程度越高、强调生存与成长/利润程度越高，其技术创新的程度也越高；整体而言，市场导向的竞争者导向、部门间协调和长期观点三个因素对管理创新因素有显著正面的影响，即企业的竞争者导向程度越高、部门间协调程度越高和越重视长期观点，其管理创新程度也越高；我们也看到，市场导向的顾客导向因素对组织创新的所有因素都没有显著的影响，甚至有一定的负向影响，说明我国企业的创

表 40-11

市场导向对其他因素的影响

自变量	因变量								
	短期绩效	长期绩效	学习承诺	分享愿景	开放心智	用人与管理创新	组织与规划创新	管理创新	技术创新
顾客导向	0.04 (0.732)	-0.11 (0.345)	0.12 (0.222)	-0.12 (0.159)	0.02 (0.876)	-0.03 (0.727)	-0.16 (0.098)	-0.075 (0.396)	-0.02 (0.833)
竞争者导向	0.25* (0.017)	0.22* (0.027)	0.13 (0.149)	0.32*** (0.000)	0.17* (0.044)	0.16 (0.059)	0.17* (0.042)	0.170* (0.028)	0.15 (0.084)
部门间协调	0.25* (0.027)	0.43*** (0.000)	0.20* (0.039)	0.43*** (0.000)	0.21 (0.876)	-0.03 (0.727)	0.36*** (0.000)	0.491*** (0.000)	0.40*** (0.000)
长期观点	0.15 (0.198)	0.09 (0.413)	0.26** (0.009)	0.21* (0.014)	0.40*** (0.000)	0.16 (0.074)	0.38*** (0.000)	0.241** (0.005)	0.17 (0.068)
强调生存和成长/利润	-0.06 (0.453)	0.07 (0.394)	0.16* (0.028)	0.08 (0.206)	0.09 (0.166)	0.50 (0.365)	0.09* (0.172)	0.074 (0.234)	0.20** (0.005)
F 值	12.69***	16.43***	26.35***	43.67***	33.82***	33.77***	31.38***	42.72***	30.81***
R²	0.32	0.38	0.49	0.61	0.55	0.55	0.53	0.61	0.53
调整的 R²	0.29	0.35	0.47	0.60	0.54	0.54	0.52	0.60	0.51

注：***、**和*分别表示在 0.1%、1%和 5%的水平下显著。

新行为并非真正基于顾客需求。

　　（二）组织学习对组织创新的影响

　　以组织学习的三个因素（学习承诺、分享愿景和开放心智）为自变量，组织创新的四个因素（用人与管理创新、组织与规划创新、管理创新和技术创新）为因变量进行复回归分析，见表 40－12。我们发现，组织学习的分享愿景、开放心智两个因素对组织创新的用人与管理创新因素有显著正向影响，即分享愿景程度越高、开放心智程度越高，组织的用人与管理程度以及技术创新程度越高；组织学习的学习承诺和开放心智两个因素对组织创新的组织与规划创新因素有显著正向影响；组织学习的三个因素（学习承诺、分享愿景和开放心智）对管理创新因素都有显著的正向影响；组织学习的分享愿景和开放心智两个因素对组织创新的技术创新因素有显著的正向影响，即分享愿景的程度越高、开放心智的程度越高，组织技术创新程度越高。

表 40－12　　　　　　　　　　　组织学习对组织创新的影响

自变量	因变量			
	用人与管理创新	组织与规划创新	管理创新	技术创新
学习承诺	0.11（0.143）	0.26*** （0.000）	0.17* （0.022）	0.04（0.639）
分享愿景	0.41*** （0.000）	0.13（0.160）	0.35*** （0.000）	0.38*** （0.000）
开放心智	0.36*** （0.000）	0.26*** （0.000）	0.40*** （0.000）	0.37*** （0.000）
F 值	83.59***	60.00***	103.46***	51.16***
R^2	0.64	0.56	0.69	0.53
调整的 R^2	0.64	0.56	0.68	0.52

　　注：***和*分别表示在 0.1% 和 5% 的水平下显著。

　　（三）组织创新对组织绩效的影响

　　以组织创新的三个因素（用人与管理创新、组织与规划创新及技术创新）为自变量，分别以组织绩效的两个因素（短期绩效和长期绩效）为因变量进行复回归分析，见表 40－13。我们发现，用人与管理创新以及技术创新对组织的短期绩效和长期绩效都有显著影响，即组织的用人与管理创新以及技术创新程度越强，其短期绩效和长期绩效就越好。我们也发现，组织创新的用人与管理创新和技术创新两个因素对组织绩效的短期绩效的影响普遍小于对长期绩效的影响，这说明一个组织的创新，不管是管理创新还是技术创新，往往短期见不到效果，但对组织的长期影响却很深远。同时，我们看到，组织与规划创新对组织绩效没有显著的影响，甚至有一定程度的负面影响。

表 40 - 13　　　　　　　　　　组织创新对组织绩效的影响

自变量	因变量			
	短期绩效	长期绩效	短期绩效	长期绩效
用人与管理创新	0.46 *** (0.000)	0.52 *** (0.000)		
组织与规划创新	-0.19 (0.067)	-0.09 (0.319)		
管理创新			0.28 * (0.011)	0.43 *** (0.000)
技术创新	0.30 *** (0.000)	0.32 *** (0.001)	0.32 ** (0.004)	0.33 *** (0.001)
F 值	25.06 ***	52.35 ***	31.92 ***	71.79 ***
R^2	0.35	0.53	0.31	0.51
调整的 R^2	0.34	0.52	0.30	0.50

注：***、**和*分别表示 0.1%、1% 和 5% 的水平下显著。

以组织创新的两个因素（管理创新及技术创新）为自变量，分别以组织绩效两个因素（短期绩效和长期绩效）为因变量进行复回归分析。我们发现，组织创新的两个因素（管理创新和技术创新）对组织绩效的两个因素（短期绩效和长期绩效）都有显著的正向影响。所以，总体上看，组织创新可以促进组织绩效的提升。

二　市场导向、组织学习、组织创新与组织绩效间的相互影响关系

前面分析了各因素之间的关系，这些关系是忽略了其他变量的影响，以及整体变量之间的相互作用关系。接下来，我们运用结构方程模型来分析市场导向、组织学习、组织创新和组织绩效之间的相互影响关系，进一步验证前述假设。结构方程模型是路径分析和因素分析的有机结合，利用一定的统计手段，对复杂的理论模式加以处理，并根据模式与数据关系的一致性程度，对理论模式做出适当评价，从而达到证实或证伪研究者事先假设的理论模式的目的。

（一）整体分析模型

本章的理论模型如图 40 - 2 所示，潜在变量以椭圆形来表示，观测变量则以矩形来表示。

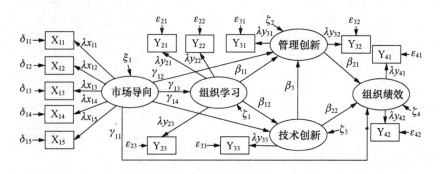

图 40 - 2　本章理论模型与参数结构

（二）整体理论模型的检验

如何检验结构方程模型，不同学者使用不同的方法，但主要指标是一样的。巴戈齐和易（1988）认为，必须从基本的适配标准、整体模型适配度以及模式内在结构适配度三方面来检验整体理论模型。

（1）基本适配标准：该标准用来检测模式的误差、辨认问题或输入是否有误等，这可从衡量指标的衡量误差不能有负值及因素负荷量不能太低（低于 0.5）或太高（高于 0.95），并且是否都达到显著水平来加以衡量。如表 40 - 14 所示，我们在各个潜在因素的衡量指标的因素负荷量均达显著水平。可知我们提出的理论模型总体上符合基本适配标准。

（2）整体模型适配度：该指标用来检验整个模式与观察数据的适配程度，这方面的适合度衡量标准有多种指标，海尔等（1998）将其分为三种类型：绝对适合度衡量、增量适合度衡量及简要适合度衡量：①绝对适合度衡量：$\chi^2 = 114.50$，d. f. $= 57$，GFI $= 0.90$，RMR $= 0.02$，RMSEA $= 0.08$，可见 GFI、RMR 均达可接受的范围，只有卡方统计值 GFI 和 RMSEA 略大；②增量适合度衡量：AGFI $= 0.83$，NFI $= 0.92$，CFI $= 0.96$，可见，NFI 及 CFI 均达可接受范围，而 AGFI 则略低于 0.9 的水平；③简要适合度衡量：PNFI $= 0.67$，PCFI $= 0.70$，这些指标不太理想。整体而言，综合各项指标的判断，我们理论模型的整体模型适配度尚可接受。

表 40-14　　　　　　　　　整体理论模式的衡量分析

变量	MLE 的估计参数		组成信度	萃取变异量
	因素负荷量（λ）	衡量误差（δ 或 ε）		
市场导向				
顾客导向	0.81***	0.65	0.86	0.66
竞争者导向	0.76***	0.57		
部门间协调	0.85***	0.72		
长期观点	0.84***	0.70		
强调生存和成长/利润	0.51***	0.28		
组织学习				
学习承诺	0.79***	0.63	0.88	0.81
分享愿景	0.88***	0.78		
开放心智	0.85***	0.72		
管理创新				
用人与管理创新	0.91***	0.84	0.84	0.87
组织与规划创新	0.80***	0.65		
组织绩效				
短期绩效	0.73***	0.53	0.80	0.83
长期绩效	0.91***	0.82		

注：***表示在 0.1% 的水平下显著。

（3）模式内在结构适配度：该标准用以评估模式内估计参数的显著程度、各指标及潜在变量信度等，这可从个别项目的信度是否在 0.5 以上、潜在变量的组成信度是否在 0.7 以上以及潜在变量的萃取变异量是否在 0.5 以上来评估。如表 40-14 所示，市场导向、组织学习、管理创新以及组织绩效的组成信度分别为 0.86、0.88、0.84、0.80，而萃取变异量分别为 0.66、0.81、0.87、0.83，均已超过最低的可接受水平，所以我们所提出的整体理论模型有较好的内在结构适配度。由此可见，我们所提出的模型是合适的，可以用以检验相应的假设。

（三）假设的验证

我们对假设关系的验证采用巢模式法，在虚假模式（M0）与理论模型（Mt）之间设定 9 个巢模式，M1 模式用来验证市场导向对组织绩效的影响关系；M2 模式用来验证市场导向对管理创新的影响关系；M3 模式用来验证市场导向对组织学习的影响关系；M4 模式用来验证市场导向对技术创新的影响关系；M5 模式用来验证组织学习对管理创新的影响关系；M6 模式用来验证组织学习对技术创新的影响关系；M7 模式用来验证管理创新对组织绩效的影响关系；M8 模式用来验证技术创新对组织绩效的影响关系；M9 模式用来验证技术创新对管理创新的影响关系。理论模型依据本章架构理论点设定的模式，而虚假模式（Null model）是指潜在变量间的路径系数均限定为 0 的模式，该模式适合度最差，可作为计算相对适合度指标（CFI）的基础。分析结果如表 40 - 15 所示。

表 40 - 15　　　　　　　　巢模式法的比较分析（n = 134）

模式	χ^2	d. f.	$\Delta\chi^2$	GFI	CFI	RMSEA	RMR
Mt：理论模式	114. 50	57		0. 90	0. 96	0. 08	0. 02
M1：$\gamma_{11} = 0$	114. 53	58	0. 03	0. 90	0. 96	0. 08	0. 02
M2：$\gamma_{12} = 0$	114. 67	58	0. 17	0. 90	0. 96	0. 08	0. 02
M3：$\gamma_{13} = 0$	263. 61	58	149. 11 ***	0. 83	0. 85	0. 16	0. 16
M4：$\gamma_{14} = 0$	116. 42	58	1. 92	0. 90	0. 96	0. 08	0. 02
M5：$\beta_{11} = 0$	133. 73	58	19. 23 ***	0. 88	0. 95	0. 10	0. 02
M6：$\beta_{12} = 0$	119. 33	58	4. 83 *	0. 89	0. 96	0. 09	0. 02
M7：$\beta_{21} = 0$	121. 79	58	7. 29 **	0. 89	0. 95	0. 09	0. 02
M8：$\beta_{22} = 0$	117. 75	58	3. 25	0. 89	0. 96	0. 09	0. 02
M9：$\beta_3 = 0$	122. 64	58	8. 14 **	0. 89	0. 95	0. 09	0. 02
M0：虚假模式	1450. 57	78	1336. 07 ***	0. 20	0. 00	0. 35	0. 27

注：*** 、** 、* 分别表示在 0.1% 、1% 和 5% 的水平下显著。

（1）市场导向对组织绩效的影响。我们假设市场导向对组织绩效有正面的影响（H40 - 1），我们发现，M1 模式的适合度没有显著的差异（χ^2 = 0. 03，Δd. f. = 1），这表示市场导向对组织绩效没有显著的直接影响。而从表 40 - 16 理论模型路径系数中也可以发现，市场导向对组织绩效的路径系数未达显著水平，即无直接影响效果（γ_{11} = 0. 03，P = 0. 853），表示市场导向的程度越高，不会直接使得组织绩效的程度越高。即市场导向对组织绩效并没有直接显著的正向影响关系，故假设 40 - 1 未获得支持。

表 40 – 16　　　　　　　　　理论模式的路径系数与假设验证

路径	变量间的关系	路径系数	p 值	对应假设	检验结果
γ_{11}	市场导向→组织绩效	0.03	0.853	H1	不支持
γ_{12}	市场导向→管理创新	− 0.08	0.682	H3a	不支持
γ_{13}	市场导向→组织学习	0.91 ***	0.000	H2	支持
γ_{14}	市场导向→技术创新	0.31	0.139	H3b	不支持
β_{11}	组织学习→管理创新	0.81 ***	0.000	H4a	支持
β_{12}	组织学习→技术创新	0.48 *	0.020	H4b	支持
β_{21}	管理创新→组织绩效	0.57 **	0.006	H5b	支持
β_{22}	技术创新→组织绩效	0.23	0.064	H5a	不支持
β_3	技术创新→管理创新	0.26 ***	0.001	H6	支持

注：路径系数为标准化值。$***$、$**$ 和 $*$ 分别表示在 0.1%、1% 和 5% 的水平下显著。

（2）市场导向对组织学习的影响。假设市场导向对组织学习有正面的影响（H40 – 2），我们发现，M3 模式的适合度有显著的差异（$\chi^2 = 149.11$，d.f. $= 1$，$P < 0.001$），这显示市场导向对组织学习确实有显著的直接影响。而从表 40 – 16 的理论模型的路径系数中，也可以发现市场导向对组织学习有正面的路径系数，即有正面的直接影响效果（$\gamma_{13} = 0.91$，$P < 0.001$），表示市场导向的程度越高，产生组织学习的程度也越高。即市场导向对组织学习确实有显著的直接正向影响关系，本章的假设 40 – 2 可获得支持。

（3）市场导向对管理创新的影响。假设市场导向对管理创新有正面的影响（H40 – 3a），我们发现，M2 模式的适合度没有显著的差异（$\chi^2 = 0.17$，d.f. $= 1$），这表示市场导向对管理创新没有显著的直接影响。而从表 40 – 16 理论模型路径系数中也可以发现，市场导向对管理创新没有正面的路径系数，即没有正面的直接影响效果（$\gamma_{12} = -0.08$，$P = 0.682$），表示市场导向的程度越高，并不能直接产生管理创新的程度也越高。即市场导向对管理创新没有显著的直接正向影响关系，本书的假设 40 – 3a 未获得支持。

（4）市场导向对技术创新的影响。假设市场导向对技术创新有正面的影响（H40 – 3b），我们发现，M4 模式的适合度没有显著的差异（$\chi^2 = 1.92$，d.f. $= 1$），这显示市场导向对技术创新没有显著的直接影响。而从

表 40-16 的理论模型的路径系数中，也可以发现市场导向对技术创新没有显著的正面的路径系数，即没有正面的直接影响效果（$\gamma_{14} = 0.31$，$P = 0.139$），表示市场导向的程度越高，并不能直接产生技术创新的程度也越高。即市场导向对技术创新没有显著的直接正向影响关系，本章的假设 40-3b 未获得支持。

（5）组织学习对管理创新的影响。假设组织学习对管理创新有正面的影响（H40-4a），我们发现，M5 模式的适合度有显著的差异（$\chi^2 = 19.23$，d. f. =1，$P < 0.001$），这表示组织学习对管理创新确有显著的影响。而从表 40-16 的理论模型的路径系数中，也可以发现组织学习对管理创新有正面的路径系数，即有正面的直接影响效果（$\beta_{11} = 0.81$，$P < 0.001$），表示组织学习的程度越高，产生管理创新的程度也越高。即组织学习对管理创新确有显著的直接正向影响关系，本章的假设 40-4a 可获得支持。

（6）组织学习对技术创新的影响。假设组织学习对技术创新有正面的影响（H40-4b），我们发现，M6 模式的适合度有显著的差异（$\chi^2 = 4.83$，d. f. =1，$P < 0.05$），这显示组织学习对技术创新确有显著的影响。而从表 40-16 的理论模型的路径系数中，也可以发现组织学习对技术创新有正面的路径系数，即有正面的直接影响效果（$\beta_{11} = 0.48$，$p < 0.05$），表示组织学习的程度越高，产生技术创新的程度也越高。即组织学习对技术创新确有显著的直接正向影响关系，本章的假设 40-4b 可获得支持。

（7）管理创新对组织绩效的影响。假设管理创新对组织绩效有正面的影响（H40-5a），我们发现，M7 模式的适合度有显著的差异（$\chi^2 = 7.29$，d. f. =1，$P < 0.01$），这显示管理创新对组织绩效确有显著的影响。而从表 40-16 的理论结构模式的路径系数中，也可以发现管理创新对组织绩效有正面的路径系数，即有正面的直接影响效果（$\beta_{21} = 0.57$，$P < 0.01$），表示管理创新的程度越高，将直接导致组织绩效的程度也越高。即管理创新对组织绩效确有显著的直接正向影响关系，本章的假设 40-5a 可获得支持。

（8）技术创新对组织绩效的影响。假设技术创新对组织绩效有正面的影响（H40-5b），我们发现，M8 模式的适合度没有显著的差异（$\chi^2 = 3.25$，d. f. =1），这表示技术创新对组织绩效没有显著的影响。而从表 40-16 的理论模型的路径系数中，也可以发现技术创新对组织绩效的路径系数未达显著水平，即无显著的直接影响效果（$\beta_{22} = 0.23$，P = 0.064），表示技术创新的程度越高，不会直接使得组织绩效的程度越高。即技术创新对组织绩效并没有显著的直接正向影响关系，故本章的假设 40 - 5b 未获得支持。

（9）技术创新对管理创新的影响。假设技术创新对管理创新有正面的影响（H40 - 4），我们发现，M9 模式的适合度有显著的差异（χ^2 = 8. 14，d. f. = 1，P < 0. 01），这显示技术创新对管理创新确有显著的影响。而从表 40 - 16 的理论模型的路径系数中，也可以发现技术创新对管理创新有正面的路径系数，即有正面的直接影响效果（$\beta_3 = 0.26$，P < 0. 001），表示技术创新的程度越高，直接导致管理创新的程度也越高。即技术创新对管理创新确有显著的直接正向影响关系，本章的假设 40 - 4 可获得支持。

（四）变量间影响效果分析

变量间的影响效果包括直接影响效果、间接影响效果及总影响效果三个方面，总影响效果等于直接影响效果加上间接影响效果，其中直接影响效果已在上述假设验证中说明。在间接影响效果与总影响效果方面，如图 40 - 3 与表 40 - 17 所示，市场导向通过 $\gamma_{11}\beta_{11}\beta_{21}$、$\gamma_{11}\beta_{12}\beta_3\beta_{21}$ 两条路径分别对组织绩效有显著的正面间接影响效果，其值分别为 0. 54、0. 15，总影响效果为 0. 69，可见，虽然市场导向对组织绩效没有直接的显著影响，但通过组织学习、管理创新与技术创新，对组织绩效影响仍然是显著的；组织学习通过 $\beta_{11}\beta_{21}$、$\beta_{12}\beta_3\beta_{21}$ 两条路径分别对组织绩效有显著的正面间接影响效果，其值分别为 0. 60、0. 16，总影响效果为 0. 76，可见，通过组织学习通过管理创新与技术创新对组织绩效有显著的正向影响；技术创新对组织绩效没有直接影响效果，但技术创新通过管理创新（$\beta_3\beta_{21}$ 路径）对组织绩效有显著的间接影响效果，值为 0. 21。这与国外其他学者研究结果不一致，他们认为，技术创新与管理创新一样，对组织绩效都有显著的直接影响。

从总的影响效果看，在模型中管理创新对组织绩效的影响最大，其次是组织学习，最后是市场导向，最小的变量是技术创新。在企业的管理实践中，企业基本能够认识到需要通过技术创新改进产品，改进工艺，提高产品质量或降低成本。他们认为，这样就可以提高公司产品的竞争力，提升竞争优势。但从上面的结果我们看到，这样的理解是不全面的，企业通过技术创新为企业构建竞争优势，其实需要通过管理创新来实现，没有管理创新，技术创新的潜能就难以发挥出来。

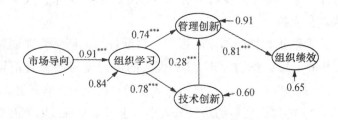

图 40 – 3　修正后整体理论模式及变量间关系

注：＊＊＊表示在 0.1％ 的水平下显著。

表 40 – 17　　　　　　　　各变量对组织绩效的影响分析

效果 变量	直接影响	间接影响			总影响
		组织学习	管理创新	技术创新	
市场导向	—	0.69	—	—	0.69
组织学习	—	—	0.60	0.16	0.76
管理创新	0.81	—	—	—	0.81
技术创新	—	—	0.21	—	0.21

本 章 小 结

　　本章以组织学习、组织创新为中介变量，联结市场导向对组织绩效的影响关系，目的在于探讨市场导向、组织学习、组织创新与组织绩效间的影响关系。通过文献探讨及个案访谈来构建理论模型，选择我国珠三角地区的企业作为实证研究对象，研究表明市场导向确实可以通过组织创新影响组织绩效：（1）市场导向并不直接影响组织的绩效；（2）市场导向对组织学习有显著的直接影响，对组织创新没有显著的直接影响；（3）组织学习对技术创新和管理创新都有显著的直接影响；（4）市场导向通过组织学习对组织创新有显著的间接影响；（5）管理创新对组织绩效有直接正面的影响，技术创新并不直接影响组织的绩效；（6）组织创新可分为管理创新和技术创新，技术创新对管理创新有显著的正向影响；（7）组织学习通过影响组织创新进而间接影响组织绩效；（8）市场导向会通过影响组织学习，进而影响组织创新，并进而影响组织的绩效。

研究结果进一步证实了学者们讨论的市场导向对组织绩效有正向影响关系论点，同时也发现，组织学习和组织创新在市场导向对组织绩效的正向影响关系中，扮演了关键的中介角色。市场导向并不能直接促进组织绩效的提升，而是必须通过组织学习，再通过组织创新来达到目的。我们的研究结果进一步确认了市场导向是组织学习的前因，组织学习是组织创新的前因变量，市场导向是组织学习的原动力，组织学习是组织创新的原动力。所以组织必须重视市场导向的文化，根据所获得的市场信息促使组织学习，进而产生创新，这是一种由外而内的创新动力。另外，组织也必须重视组织学习的文化，通过外在市场信息的刺激与组织自身的学习与反省能力来促使组织产生创新，是一种由内而外的创新驱动力（林义屏，2001）。一个组织要通过市场导向的组织文化来提升竞争力，提升组织学习是关键因素，因为只有提升组织学习的能力才能提升组织的创新能力，加强组织学习是必要的方式之一。这个结果与斯拉特和纳夫（1994）所提出的企业在执行市场导向的文化时，必须配合适当的组织学习氛围是同等重要的观点。林义屏也证实，组织学习在市场导向与组织创新的关系之间起到了重要的中介作用，与他的研究结果不同的是，在我们的研究中，市场导向对组织创新并没有直接的显著影响，而是通过组织学习产生间接的显著影响。

由本章整体模型及其检验可知，组织学习对组织创新，包括管理创新和技术创新都有正面的影响关系，且组织学习通过管理创新对组织绩效有显著的直接正向影响，但通过技术创新对组织绩效的直接正向影响却不显著，技术创新通过管理创新对组织绩效有显著的间接正向影响。这个研究结果证实了组织创新是市场导向与组织绩效间关系的中介变量，一个组织要想通过市场导向的组织文化来提升组织的绩效，提高组织的创新能力是可行的方式之一。这个研究结果与韩、金和什里尼斯塔瓦（1998），林义屏（2001），阿戈特（2012）的研究结论基本一致，即组织创新是市场导向与组织绩效间关系的中介变量。在激烈的全球性竞争与产品生命周期越来越短的情况下，企业不仅需要创造以市场为导向的企业文化，而且需要加强组织创新才能提升组织绩效。现代产业的演化不仅来自技术创新，而且物流、资金流、人流、信息流等各方面的影响也越来越重要。有的企业早已跨入新领域，独领风骚，有的企业则在后面苦苦追赶，那些成功企业的因素究竟是运气还是真能洞察先机？归结其原因，所依赖的就是组织中的创新及创业精神，正是创新使企业在不确定环境下，拥有卓越的环境管理能力，进而使企业的竞争优势得以延续，甚至因而成为企业取得超额利润的来源。韩、金和什里瓦斯塔瓦（1998）以银行业为实证对象，林义屏以中国台湾高科技企业作为实证对象，而本章则以我国珠三角地区企业为实证对象，这些研究均证实市场导向—组织学习—组织创新—组织绩效之间的关系链，可见这种关系并不是仅只局限在高科技产业，或者某一特殊行业，也不局限于某一特定地区，这也是本章的科学意义所在。

　　林义屏（2001）认为，中国台湾高科技企业的技术创新和管理创新对组织绩效均有显著的正面直接影响，而我们研究中技术创新却对组织绩效没有显著的直接影响，而必须通过管理创新才能产生显著的正向影响。这可能是由于我国大陆企业的管理还很不成熟的缘故，或者说管理机制在很大程度上制约了技术创新作用的发挥，这可能也是近年来我国企业越来越重视管理创新的原因。这也告诉我们，我国企业在强调技术创新的同时，也需要加快管理创新的步伐，才能发挥技术创新应有的作用，管理创新在市场导向—组织创新—组织绩效链中起到了至关重要的作用，是提升组织绩效的"瓶颈"。正如任正非所说，"华为取得既往成功的关键因素，除了技术、人才、资本，更有管理与服务"。没有管理，技术与人才形不成巨大的合力（程东升和刘丽丽，2005），本章用可靠的数据证明了这个问题。在日本国际贸易促进协会工作了近30年、几乎跑遍中国的西忠雄先生对记者说："我差不多把中国的主要产业、主要企业都看过了。我觉得从生产技术上看，中日也就相差20年，而且中国真的要追赶日本并不需要20年。但中国企业要想在研发、企业管理上也赶上日本，我反而觉得就是用了20年，可能依然赶不上。"可见，对正在赶超世界的中国企业而言，管理创新可能是最重要的课题。

　　市场导向可细分成顾客导向、竞争者导向、功能间的协调、长期观点及强调生存和成长/利润五个因素，组织学习可细分成学习承诺、分享愿景及开放心智，组织创新则可细分为管理创新及技术创新两个因素，组织绩效可细分为短期绩效与长期绩效两个因素，这些变量的量表对测量中国企业的实际情况仍然适合。不同的市场导向因素对组织学习各因素间的影响程度不同，不同的组织学习因素对组织创新各因素间的影响程度不同，不同组织创新因素对组织绩效因素的影响程度也不同，例如市场导向部门间的协调对组织学习的承诺以及分享远景两个因素影响较大，而市场导向的长期观点因素对组织学习的开放心智因素影响较大，市场导向的顾客导向因素对组织学习、组织创新等以及组织绩效各因素的影响都未达到显著水平。可见，虽然我国许多企业认为市场导向等同于顾客导向，但实际上，顾客对企业的学习以及创新行为的影响却很小。换句话说，企业的学习和创新并不是根据顾客的需要来展开的。

第四十一章 外部环境与市场导向对
组织绩效的影响

本章以我国华南地区企业等为调查对象，对市场导向是否以及如何通过组织学习影响企业组织绩效，以及环境变动对它们之间关系的影响进行实证研究。结果表明，环境变动越快，企业的市场导向程度越高。企业市场导向对组织绩效没有显著的直接影响，但是，市场导向却可以通过组织学习对组织绩效产生显著的影响。

第一节　引言

企业的市场导向是否会改善经营绩效？这个问题已被营销学者和实践者持续讨论了 30 多年。多数学者认为，市场导向是现代营销管理和战略的核心之一，也是企业取得竞争优势的关键。国外学者对市场导向是否影响组织绩效进行了大量的实证研究，但至今没有定论。近年来，虽然国内许多学者也持续关注这一研究议题（程聪和谢洪明，2013），但其仍是一个需要进一步明确的问题。

组织市场导向对企业绩效的影响已得到多数学者的验证，大多数的学者均认同组织的市场导向可提高组织绩效，然而，在一些研究中，有学者却发现了不一致的研究结果。因此，一些学者开始怀疑在市场导向与绩效间的关系中，是否有其他中间变量或情境变量在起作用，导致在实证研究中出现了不一致的现象。然而，经过大多数学者的实证研究发现，情境变量并不会对其关系有很大的影响。正是基于上述考虑，本章希望融入组织文化与创业家精神、组织学者与组织创新来研究市场导向与组织绩效之间的关系。

第二节　理论基础与研究假设

许多学者实证研究发现，以市场为导向的组织绩效相对较好。例如纳夫和斯拉特（1990）以衡量顾客导向、竞争者导向与部门间协调的简单平均值对非营利性影响分析，结果发现市场导向与组织绩效之间具有正向的单调线性关系（以战略事业单位相对于竞争者的资产报酬率为衡量的指标）。而且，在营利性企业中，市场导向程度较高的企业产生的绩效最高，市场导向程度一般的企业也有较高的绩效。从战略观点看，这是由于高度市场导向的企业倾向于采用差异化战略，低度市场导向的企业倾向于采用低成本战略，这两类战略是企业的基本战略选择。而中度市场导向的企业，处于未建立战略的状态，或者说是处于波特（1980）所谓的"夹在中间"的状态，所以绩效较差。我国企业目前大都在推广市场导向的经营理念，我们访谈的企业，例如，华帝燃具股份等，已经感受到这种经营理念确实对企业绩效有提升作用。而且，我们在访谈中，许多企业家告诉我们，企业坚持以市场为导向，是因为企业经营环境恶化，不仅顾客的讨价还价权利提高，而且企业的技术进步不断加速、竞争对手之间的竞争加剧等。因此，提出如下假设拟加以验证：

H41－1a：环境变动对市场导向有正向影响。

H41－1b：环境变动对组织学习有正向影响。

虽然大多数学者均认同公司的市场导向可提高组织绩效，但在少许的研究中，却发现不一致的结果。因此，有些学者开始怀疑是否市场导向与组织绩效间的关系中，尚有其他的中介变量或情境变量，如组织学习等影响了市场导向与组织绩效的关系。

根据科利和贾沃斯基（1990）定义，以市场为导向的组织应该深入了解顾客实际的需求，收集相关的营销情报，将情报通过内部营销与跨部门传递来获得共识，然后再结合整个组织的力量，针对不同目标市场的需求提供差异化的营销组合。这些相关的情报信息经过组织成员消化理解之后，积累成为组织重要的知识来源，而这种重视收集、处理、吸收信息的工作，就是组织学习的内涵，因此培养组织学习能力，对于市场导向的执行过程与质量具有相当重要的影响。最近的一系列研究也提出，组织学习通过改善市场导向行为的质量进而影响绩效，且通过创造性的学习产生在产品、程序和系统上的创新进而直接影响组织绩效。斯拉特和纳夫（1995）也认为，市场导向与组织学习两者的关系是相辅相成的，市场导向必须结合组织学习才能有效地提升组织绩效，甚至可将组织学习视为市场导向影响组织绩效的中介变量，其导出的关系框架如图41-1所示。

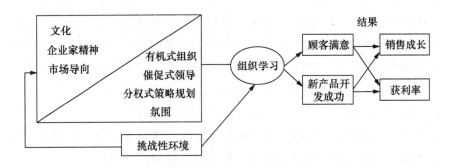

图41-1　市场导向与组织学习对组织绩效影响关系模型

资料来源：Slater and Narver, Market Orientation & the Learning Organization. *Journal of Marketing*, Vol. 59, July, 1995, pp. 63-74。

贝克和辛库拉（1999）通过对411家美国公司的营销部门与非营销部门的高级主管进行调查，发现组织的学习导向（即更高层次的组织学习）与市场导向对绩效均有显著的正向影响效果，且学习导向与市场导向对组织绩效有协同的影响，也即一个组织没有很强的学习导向，其市场导向的行为很少能比竞争者更快速地改善绩效。另外，林义屏（2001）也以组织学习为中间变量，以中国台湾的高新技术企业为调查对象，对市场导向—组织学习—组织绩效的关系链做了实证研究，证实了组织学习在市场导向与组织绩效间具有完全中介的效果。基于上述分析，提出如下假设拟加以验证：

H41-2a：市场导向对组织学习有正向影响。

H41-2b：市场导向对组织绩效有正向影响。

H41-3：组织学习对组织绩效有正向影响。

第三节　研究设计

一　研究框架

本章根据以往学者的研究成果、前期的个案访谈以及小组讨论结果，确定本章理论框架如图41-2所示。在这个框架中，组织学习是市场导向与组织绩效间关系的主要中介变量，市场导向通过组织创新间接影响到组织绩效，同时，环境对企业的市场导向与组织学习也有影响。

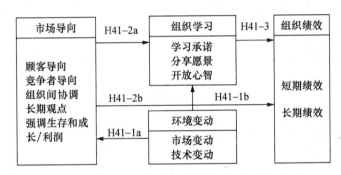

图41-2　本章研究框架和假设

二　变量定义与衡量

为确保本章测量工具的效度及信度，尽量采用国内外现有文献已使用过的量表，再根据本章研究的目的加以修改作为收集实证资料的工具。在市场导向、组织学习及组织绩效等概念的可操作性定义及衡量方法上，主要采用国外已发表的学术论文，在问卷正式定稿与调查之前，本章先在部分企业界人士间进行问卷的预调查，以评估问卷设计及用词上的恰当性，再根据预试者提供的意见对问卷进行了修订。

衡量环境变动的量表来自韩、金和什里瓦斯塔瓦（1998）的研究，包含"市场变动"与"技术变动"两个因素5个问题项；衡量市场导向的量表来自文献库马尔、萨布拉马尼安和约格（1998），是纳夫和斯拉特（1990）所提出的衡量市场导向的量表的修订版，其中包含顾客导向、竞争者导向、部门间协调、长期观点以及强调生存和成长/利润五个因素25个问题项；组织学习的量表来自贝克和辛库拉（1999），根据辛库拉、贝克和诺德维尔（1997）所提出的组织学习量表的修正版，该量表原来由19个问题项组成，本书在试问过程中发现其中4个问题项在整个量表中的一致性较差，所以仅使用了其中的14个问题项，包含学习承诺、分享愿景、开放心智三个因素；组织绩效可以从不同的角度来认识，并且会受到分析的级别以及战略差异性的影响。本书衡量组织绩效的量表参考了林义屏（2001）的研究，并将12个衡量绩效的问题项依据其性质分成短期绩效与长期绩效两个因素。

表41-1   Cronbach's α 系数

因素或变量	Cronbach's α 值	因素或变量	Cronbach's α 值
市场导向	0.93	技术变动	0.55
顾客导向	0.83	组织学习	0.93
竞争者导向	0.76	学习承诺	0.88
部门间协调	0.85	分享愿景	0.89
长期观点	0.83	开放心智	0.79
强调生存和成长/利润	0.79	组织绩效	0.91
环境变动	0.76	短期绩效	0.87
市场变动	0.76	长期绩效	0.86

三   研究样本

本章样本来自中国珠三角地区，主要是由于改革开放以来，我国珠三角地区产业发展非常迅速，也是市场化、全球化进程非常快的地区，面对高度竞争、变化剧烈及不确定性高的经营环境，这一地区的企业必须在组织学习、管理及技术的创新等方面较其他地区的企业有更好的表现，才能不断成长和壮大。我们根据珠三角地区的企业黄页随机抽取计划调查的样本企业，然后通过电话与该企业的高层联络，确认可以接受调查后，即派人上门进行调查，或者将问卷邮寄过去，并附上回寄信封。本章共发出问卷400份，收回147份，其中填答不全的无效问卷5份，有效问卷142份，由于本章需要考察企业的长期绩效，故扣除成立年限小于3年的企业，8份问卷，本书实际使用问卷134份。

四   样本的信度与效度

本章将以Cronbach's α 系数来检验变量的信度，如表41-2所示。各因素及各变量的Cronbach's α 值都在可接受的范围。这表示本量表具有较好的信度。在效度检验方面，由于我们所使用问卷项目全部来自过去的文献，很多学者都曾使用这些量表测量相关变量，我们在最终确认问卷之前，通过咨询相关领域的专家、预试并修正问卷的部分提法、内容，因此问卷具有相当的内容效度，也应该能够符合构建效度的要求。但考虑跨文化因素的影响，我们仍以验证性因素来验证本章各量表的建构效度。本章验证性因素分析的各项指标如表 41 - 2 所示，可见各指标均达到可接受的水平。

表 41 - 2　　　　　　　　各变量验证性因素分析结果

	环境变动	市场导向	组织学习	组织绩效
GFI	0.98	0.79	0.86	0.91
CFI	0.99	0.87	0.92	0.96
RMR	0.048	0.072	0.047	0.046
RMSEA	0.065	0.074	0.096	0.076
χ^2	$\chi^2(4) = 6.27$	$\chi^2(272) = 470.49$	$\chi^2(74) = 165.23$	$\chi^2(48) = 84.45$

第四节　研究结果

本章样本中各变量的信度、效度均达到可接受的水平，所以以单一衡量指标取代多重衡量指标应是可行的，因此在市场导向、组织学习以及组织绩效的衡量模式上，我们以第一级各因素的衡量题项得分的均值作为该因素的值，再由第一级因素作为第二级变量的多重衡量指标，如市场导向为潜在变量时，其观测变量为竞争者导向、顾客导向、部门间协调、长期观点及强调生存和成长/利润 5 个因素等，这样，可以有效地缩减衡量指标的数目。我们运用结构方程模式分析这些变量间整体的相互影响关系，进一步验证前述假设。本章理论模型如图 41 - 3 所示。

（1）基本适配标准：该标准是用来检测模式的误差、辨认问题或输入是否有误等，这可从衡量指标的衡量误差不能有负值及因素负荷量不能太低（低于 0.5）或太高（高于 0.95），并且是否都达到显著水平来加以衡量。如表 41 - 3 所示，我们在各个潜在因素的衡量指标的因素负荷量均达显著水平，而且因素负荷量均大于 0.5。可见我们提出的理论模型符合基本适配标准。

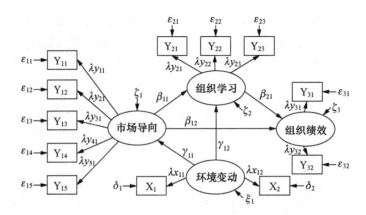

图 41 – 3　本章理论模型与参数结构

表 41 – 3　　　　　　　　　整体理论模式的衡量分析

变量	MLE 的估计参数		组成信度	萃取变异量
	因素负荷量（λ）	衡量误差（δ 或 ε）		
环境变动				
市场变动	0.69 ***	0.48	0.76	0.81
技术变动	0.90 ***	0.81		
市场导向				
顾客导向	0.81 ***	0.65	0.86	0.65
竞争者导向	0.77 ***	0.59		
部门间协调	0.82 ***	0.68		
长期观点	0.84 ***	0.70		
强调生存和成长/利润	0.51 ***	0.26		
组织学习				
学习承诺	0.81 ***	0.65	0.88	0.81
分享愿景	0.90 ***	0.80		
开放心智	0.83 ***	0.68		
组织绩效				
短期绩效	0.79 ***	0.62	0.81	0.84
长期绩效	0.87 ***	0.75		

注：*** 表示在 0.1% 的水平下显著。

（2）整体模型适配度：该指标用来检验整个模式与观察数据的适配程度，这方面的适合度衡量标准有多种指标，海尔和埃尔森、塔瑟姆和布莱克（1998）将其分为三种类型：绝对适合度衡量增量适合度衡量及简要适合度衡量：①绝对适合度衡量：$\chi^2 = 90.22$，d.f. $= 49$，GFI $= 0.90$，RMR $= 0.034$，RMSEA $= 0.080$，可见卡方统计值、GFI、RMR、RMSEA均达可接受的范围；②增量适合度衡量：AGFI $= 0.83$，NFI $= 0.91$，CFI $= 0.96$，可见，NFI 及 CFI 均达可接受范围，而 AGFI 则略低于 0.9 的标准；③简要适合度衡量：PNFI $= 0.68$，PCFI $= 0.71$，这些指标不太理想。整体而言，综合各项指标的判断，本章中的理论模型的整体模型适配度尚可接受。

表 41 - 4　　　　　　　　理论模式的因径系数与假设验证

因径	变量间的关系	路径系数	p 值	对应假设	检验结果
γ_{11}	环境变动→市场导向	0.43	0.000	H39 - 1a	支持
γ_{12}	环境变动→组织学习	- 0.08	0.231	H39 - 1b	不支持
β_{11}	市场导向→组织学习	0.94	0.000	H39 - 2a	支持
β_{12}	市场导向→组织绩效	0.20	0.423	H39 - 2b	
β_{21}	组织学习→组织绩效	0.56	0.027	H39 - 3	支持

（3）模式内在结构适配度：该标准用以评估模式内估计参数显著程度、各指标及潜在问题项的信度等，这可从个别项目的信度是否在 0.5 以上、潜在问题项的组合信度是否在 0.7 以上以及潜在问题项的萃取变异量是否在 0.5 以上来评估。如表 41 - 3 所示，环境变动、市场导向、组织学习以及组织绩效的组合信度分别为 0.76、0.86、0.88、0.81，而萃取变异量分别为 0.81、0.65、0.81、0.84，均已超过最低的可接受水平，本章所提出的整体理论模型有较好的内在结构适配度。

理论模式的因径系数与假设验证如表 41 - 4 所示。可以看到，假设 41 - 1a、假设 41 - 2a 和假设 41 - 3 都获得了支持，假设 41 - 1b 和假设 41 - 2b 没有获得支持。即外部环境的变动对企业的市场导向有显著的直接正向影响（$\gamma_{11} = 0.43$，P < 0.001）；外部环境的变动对企业的组织学习没有显著的直接正向影响（$\gamma_{12} = - 0.08$，P $= 0.231 > 0.05$）；企业的市场导向对组织学习有显著的直接正向影响（$\beta_{11} = 0.94$，P < 0.001）；组织学习对

组织绩效有显著的直接正向影响（$\beta_{21} = 0.56$，$P < 0.05$）；市场导向对组织绩效没有显著的直接正向影响（$\beta_{12} = 0.20$，$P = 0.423 > 0.05$）。删除不显著的关系，修正后整体理论模式及变量间关系如图41-4所示。

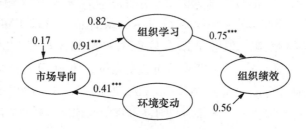

图41-4　修正后整体理论模式及变量间关系

本章小结

　　本章以组织学习为中介变量，以环境变动为干扰变量，联结市场导向与组织绩效的关系，通过文献探讨及个案访谈来构建理论模型，选择我国华南地区的企业作为实证研究对象，研究表明市场导向确实可以通过组织学习影响组织绩效：（1）企业市场导向并不直接影响组织绩效；（2）企业市场导向会以组织学习为中介变量对组织绩效有显著的正向影响；（3）环境变动是国外学者在探讨市场导向—组织学习—组织绩效链的研究框架中尚未加入的变量，我们发现，环境变动并不直接影响组织学习，但环境变动会以市场导向为中介变量对组织学习产生显著的正向影响。

　　虽然我国许多企业在应对快速变动经营环境过程中一直在倡导加强组织学习，创建学习型组织，但许多企业并未收到预想的效果，因而许多学者和管理实践者开始探索如何加强组织的学习。我们的研究结果表明，外部环境变动推动了企业以市场为导向的经营理念，市场导向又会推动企业组织学习。同时也发现，外部环境变动并未直接推动组织学习，在外部环境变动和组织学习之间，市场导向起到了关键的中介作用，将外部环境变动对组织的激励转移到组织学习上来。

　　我们的研究结果更进一步地证实了学者们所讨论的市场导向对组织绩

效有正面影响关系的论点，也进一步验证了组织学习在市场导向对组织绩效的正面影响关系中，扮演了重要的角色。市场导向是组织学习的前因变量，是组织学习的原动力，组织必须重视市场导向的文化，通过外在市场信息的刺激及组织自身的学习与反省能力来促使组织产生创新，是一种由内而外的创新驱动力。因此，组织要通过市场导向的组织文化来构建竞争优势，必须配合组织学习文化的创造，才能有效提高组织绩效。这个结果也进一步支持了斯拉特和纳夫（1995）所提出的市场导向文化在执行上，应配合适当的组织学习氛围才能有助于组织绩效的重要论点。我们的研究结果也说明在我国倡导以市场为导向的经营理念是有科学依据的，但是，我国企业在实施以市场为导向的战略时，要加强组织学习能力的培养。

　　虽然本章得出许多对企业管理理论和实践都非常重要的结论，但仍存在一些不足。（1）我们在将组织学习纳入市场导向与组织绩效的关系链的过程中，并未考虑不同产业的影响，后续研究可以针对不同的产业进行对比，找出产业特性对这一关系链的影响；（2）我们的样本主要来自我国华南地区的企业，因此，相关结论尚未在长三角等我国其他经济发达地区得到验证，也没有对这些地区乃至世界其他地区的结论做比较研究，这或许是将来的一个研究方向。

第四十二章　市场导向与组织绩效
前因后果元分析

本章将进一步全面分析企业市场导向与组织绩效之间的总体关系。随着市场国际化程度加深，企业的市场导向策略日益多样化，如何依据特定的市场条件制定有针对性的企业市场导向策略已经成为市场营销学者们普遍关心的话题。因此，采用元分析方法通过对 1990—2011 年的 49 项研究的 127 个效应值进行集成分析，研究发现，企业市场导向不同策略对于企业组织绩效的不同层面（财务绩效、顾客绩效和创新绩效）作用机制具有显著差异。另外，企业所在行业、企业所在国家（地区）以及文化情境是影响企业市场导向策略与组织绩效之间作用关系的三个重要因素。

第一节　引　言

长期以来，市场导向与组织绩效之间的关系研究一直是国内外学术界关注的焦点之一。随着企业国际化进程的日益加快和市场竞争的不断加剧，如何通过实施有针对性的企业市场策略来提升组织绩效已经成为企业经营者面临的重要问题。作为现代市场营销实践的重要策略之一，市场导向能够促进企业获得持续的成功（Jiménez – Jiménez，Sanz – Valle，2011）。但关于市场导向到底是如何提升组织绩效、市场导向策略促进组织绩效的哪一方面一直存在着很大的分歧。科卡（Kirca，2011）等认为，市场导向对组织绩效具有显著正向影响作用，但以 Grewal 和 Tansuhaj（2001）、桑德维克夫妇（Sandvik and Sandvik，2003）等为代表的研究却指出市场导向对于组织绩效并不产生显著的促进作用，而谢洪明和刘常勇（2006）等学者则强调市场导向需要通过组织学习、组织创新等作为中介对财务绩效和创新绩效产生作用。事实上，研究对象的地域性差异和国家

（地区）之间市场发展层次的不同是造成上述现象的主要原因，早期的学者们主要以美国、英国等欧美成熟市场条件下的企业为研究对象，而近年来，随着以中国、巴西为首的新兴经济体发展的日益瞩目，学者们也开始重视这些地区企业市场导向策略实施的研究。

在当前市场日益多元化、企业参与国际化竞争日趋普遍的情况下，如何在国际化市场中实施既符合企业自身战略定位，同时又满足特定市场需求的市场导向策略成为企业在市场营销实践中的重要目标。因此，通过对市场导向、组织绩效内涵的系统梳理，并对有关市场导向与组织绩效之间影响关系的实证研究进行集成分析，以探讨特定市场情境下不同市场导向策略与组织绩效之间影响关系就显得非常有价值。正是基于上述考虑，在本章中我们采用元分析的方法来检验市场导向与组织绩效之间的影响关系。相对于其他研究方法，元分析至少在以下两方面存在优势：第一，通过对众多同一研究主题的汇总再分析，有效克服了单一研究样本量相对较小、测量误差和抽样误差等随机性因素可能造成的影响，从而可以对研究变量之间的关系进行更为准确的估计。第二，由于元分析汇集了尽可能多的研究样本，而这些样本往往能够从地区、行业等角度进行归类，因此可以通过控制研究对象的样本特征探讨变量之间关系的差异，进而探究造成这种差异的潜在因素（谢洪明和程聪，2012；程聪和谢洪明，2013）。

相对于以往研究来说，本章至少在以下两方面实现了创新：从研究方法来看，元分析方法在国内市场营销领域的研究中还不是很多，我们采用元分析方法来验证市场导向与组织绩效之间的影响关系，是对元分析方法应用于我国市场营销领域研究的一种有效尝试与探索。从研究内容角度，借助于元分析方法的优势，本章中我们尽可能扩充了市场导向与组织绩效的相关内容，并将最有可能对上述关系起到调节作用的因素（企业所在行业、地区和文化情境）纳入本章的研究中，从而能够较为系统、完备地阐述市场导向与组织绩效之间影响关系的内在机制。

第二节 理论基础

20 世纪 60 年代到 80 年代在研究市场导向时，焦点集中于市场导向的概念在营销战略中的地位（Shapiro，1988）。20 世纪 90 年代以来，许多学者针对市场导向进行了大量的理论探讨和实证研究。在美国营销管理的三种著名期刊 *Journal of Marketing*、*Journal of Marketing Research*、*Journal of the Academy of Marketing Science* 中几乎每一期都有相关论文发表，这又促使越来越多的学者开始关注市场导向的研究，其中包括市场导向对组织绩效的影响程度（方静月，2002）。

一　市场导向概念

许多学者认为，组织执行了营销观念，该组织就是"营销导向"的组织，也有人将其称为市场导向（Webster，1988），甚至有些研究仅以顾客导向来代表营销导向（Deshpande，Farley and Webster，1993）。夏皮罗（1988）认为，营销导向的说法过于狭隘，容易使人误以为处理市场活动都是属于营销部门的责任，实际上市场导向是每个部门都应积极参与的一种整体经营理念。市场导向具有程序性、组织文化等特质，同时反映了组织内部的协调机制或是组织对外部环境的反应。主要学者对市场导向概念的观点如下（林义屏，2001）：

科利和贾沃斯基（1990）主张"营销导向"一词已不适用，而应改用"市场导向"才能反映营销观念的真谛，其主要理由是：（1）营销观念所涉及的不仅是营销功能而已，还应包含其他部门的功能，若只用营销导向，似乎太狭隘了，而且有误导之嫌。（2）市场导向可避免营销部门的重要性过度膨胀，使得营销部门更易于与其他部门协调并共同分担责任。（3）市场导向意味着特别关注市场上，包括顾客及其他对顾客具有影响的力量，并基于所获得的信息来组织企业的经营活动，而不是仅谈及顾客而已。

夏皮罗（1988）认为，市场导向不是仅局限于业务部门和营销部门的一种销售理念，而是公司所有部门共同运作的集合，是要求每一部门都要投入精力积极参与的一种整体经营理念，他强调市场导向的组织具有三项特征：（1）所有会影响产品购买的重要信息，均需直接传达至公司所有部门；（2）战略性和战术性的决策应建立在跨部门甚至跨子公司的沟通基础上；（3）部门间与公司间能达成建设性的协议，并对行动方案做出一致的支持与承诺。

韦伯斯特（Webster，1988）则认为，企业要发展市场导向必须有下列特征：（1）高级主管必须支持顾客导向的价值观和理念；（2）将重视市场和顾客的态度融入战略规划的过程；（3）提高营销经理的能力，以增强营销计划的发展；（4）建立以市场表现为基础的绩效衡量指标；（5）全公司对顾客一致的承诺。

阿姆斯和拉瓦塞克（Ames and Hlavacek，1989）指出，市场导向的管理乃是以了解顾客需求为出发点，通过推出具有竞争力的产品和服务，进而发挥本身的能力，致力于降低成本，并整合跨部门的协作来努力达到企业的目标。市场导向是向顾客收集信息，制定并执行能满足顾客需求的战略，以响应顾客的需求。这个定义是以顾客满意为主线，先收集与顾客有关的信息，加以综合、确定能使顾客满意的战略并执行这些战略。戴伊（1994）认为，在组织的运作过程中，每一个组织都会学到许多能力，使他们能通过价值链来实施其产品及服务活动。能力是技能和积累学习的复杂的组合，通过组织运作程序的练习而产生，通过这些能力可以整合组织的活动及利用它们的资产。在组织的能力中，有些能力具有相对稀缺、相对固定以及难以了解与学习等特色，这种独特能力可以维持该组织竞争优势及较好绩效，并成为组织成功的关键因素。而组织在走向市场导向时，会学到下列两种独特的能力：（1）市场敏感度。强调市场导向的组织具有从顾客、竞争者及渠道成员身上学习的能力，在市场信息的收集、解释及使用的程序上比其竞争者更系统、完整而且深入。（2）顾客关系的联结。在面对供应商时，组织通常会付出额外的努力，希望在价格或品质上获得更好的条件，但在面对顾客时这份关心似乎少了些。现在顾客越来越希望与供应商建立一种密切的合作关系，通过这种合作的关系取代以往敌对的立场，以达到整体系统的最低成本，并在产品上做持续性的改良或减少上市的时间。

通过这些能力，组织的职能性活动与业务会比竞争者更能适应变动的市场需求，产生较优越的顾客价值，并因此建立竞争优势，获得较好的绩效。而具有市场敏感度的组织，在信息处理的程序中具有下列四项特征：（1）探求开放的心智：通过扫描、直接经验、模仿或问题解决的需要，所有的组织成员将会获得有关趋势、事件、机会及威胁的信息，在这个过程中组织的成员必须有积极主动的扫描精神、自我约定的高绩效标准、持续的实验及改善、针对竞争者的优点而学习等能力。（2）协调的信息分配：信息的流向必须是有意志的，只有知道何处需要这些信息，信息的价值才得以发挥。（3）相互解释：具有市场导向的组织应避免陷入过去经验的陷阱中，而强迫管理者去重新计算、解释甚至修正竞争者及供货商等情形的心智模式。（4）易于存储：组织产生及分配的信息必须能有效地储存在组织中。

市场导向、顾客导向以及营销导向之间存在区别（方静月，2002）。有些学者认为顾客导向和市场导向是同义词，如德什庞德、法利（Deshpande，Farley）和韦伯斯特（1993），王永贵、邢金刚等（2008）就认为，不需要特别强调竞争者导向，因为竞争者导向的行为有时会与顾客需求相反，所以主张顾客导向是优先考虑顾客利益的信念，且同时兼顾其他利益相关者（如股东、主管和员工）的利益，以建立长期获利的企业。但是斯拉特和纳夫（1998）认为，应该将顾客导向和市场导向区别清楚，因为两者代表的概念完全不同，如此才不至于造成营销理论的混淆。顾客领导的企业强调的是满足顾客现有的需求，但是，缺点在于看重短期利益和过于被动；而市场导向的企业除满足顾客现有的需求外，还主动探索顾客的潜在需求，并和各部门共同找出最有效率和效果的方法来提升顾客价值，市场导向是注重长期利益并主动出击的，与顾客导向的经营哲学有很大的不同，如表42－1所示。

表42－1　　　　　　　　　市场导向和顾客领导差异

	顾客导向	市场导向
战略导向	现有需求	现有及潜在需求
调整方式	被动性	主动性
时间	短期	长期
目的	顾客满意	顾客价值
学习形态	适应性	衍生性
学习过程	顾客调查 主要顾客关系 焦点团体 概念测试	顾客观察 领先使用者关系 持续实验 选择性结盟

由上述文献的讨论可知，对于什么是"市场导向"，学者们有不同的见解和看法。如夏皮罗（1988）和韦伯斯特（1988）的定义及看法着重

于顾客导向和部门协调，其内涵与营销导向的定义基本上是相同的，而阿姆斯和拉瓦塞克（1989）除顾客导向和部门协调看法之外，更增加了发挥本身的能力，致力于降低成本的战略观点。科利和贾沃斯基（1990）认为，市场导向是一系列的程序，包括市场信息的取得、市场信息在组织中的传播及组织对市场信息的活动与反应，所以市场导向是"以市场信息为中心所展开的一系列程序"；而鲁克（Rueker，1992）则加入了战略的概念并补充了科利和贾沃斯基的看法。纳夫和斯拉特（1990）认为，市场导向是一种"组织文化"，包括对顾客、竞争者及内部职能协调的组织文化；戴伊（1994）则认为，市场导向是一种"独特的"能力，包括市场敏感度与顾客关系的联结。纳夫和斯拉特（1998）强调，市场导向不是营销导向，营销只是企业的一种功能，而市场导向则是以创造顾客价值为目标的所有过程和活动。市场导向涉及组织决策、组织学习以及应对外界环境变化的核心专长和能力，所以，市场导向并非营销导向。总之，市场导向具有程序、组织文化及能力等多种特质，反映在组织对外在环境变化敏感性及内部的协调机制。换句话说，市场导向是组织对外在各种环境变化所产生的内部应对措施，包括顾客层面、竞争者层面及一般环境层面对于组织的内在反应的刺激及其后续可能发生的特定倾向（林义屏，2001）。我们认为，市场导向是一种通过对顾客、竞争者及内部职能协调的重视，产生更好的顾客价值并建立竞争优势的组织文化，是组织各个部门都应积极参与的一种整体经营理念。

二　市场导向的衡量

1990 年之前的文献对市场导向的研究仅仅是定性的描述与讨论，几乎没有学者试图以精确衡量的方式来评估市场导向的观念及其对企业绩效的影响。科利和贾沃斯基（1990）与纳夫和斯拉特（1990）对市场导向分别提出了较精确的定义与衡量方法，以计算某一企业或战略事业单位实施市场导向的程度。

（一）以企业活动为特征的市场导向量表

科利和贾沃斯基（1990）对市场导向概念，包括其产生原因、内涵及结果进行了深化，并从文献回顾着手，提出市场导向概念的实证观点，发展出一套可测试的问卷。他们归纳出三个核心内涵（林义屏，2001）：（1）以顾客为焦点，即顾客至上的观念；（2）整合营销，即整合跨部门的营销工作及营销工具的整合；（3）获利能力，即追求利润的能力。他们通过与四个城市的62位资深经理（包括营销与非营销部门）的深度访谈，证实了"以顾客为焦点"是市场导向的核心概念，顾客至上绝不仅是一种承诺，而是必须了解顾客的需要及偏好；但是利用当时顾客的意见来决定生产与销售什么产品并不恰当，因此他们提出一种更广泛的"市场情报战略观念"，意思是说除了顾客意见以外，更应该深入了解顾客需要及欲求，并预期顾客需求的变动趋势，以及分析多变的市场环境的影响；"利润导向"并不是市场导向的成分，而是其结果。

贾沃斯基和科利（1993）除验证了科利和贾沃斯基（1990）的研究结论以外，还发展出一套量表（MARKOR）作为市场导向衡量的标准。他们同时提出市场导向对市场占有率的影响可能具有滞后性，也就是市场导向导致的高市场占有率须经过一段很长的时间。贾沃斯基和科利（1993）所提出的量表是通过公司访谈而得出初步的衡量项目，再经过三个阶段的预试发展而成的。初步建立的衡量项目有25项（其中包括9项属于市场情报产生、8项属于情报传播、8项属于反应部分），第一阶段针对27个营销和非营销的管理者进行预试，结果删除四个相关性低的项目，剩下21个项目；第二阶段通过7位专业学者将量表的整体结构整理得更为清晰，删除一些项目，修正部分项目，并增加15个衡量项目，所以MARKOR有32个项目；第三阶段再找七位管理者填答问卷，做最后的文字修饰，此阶段并无增减衡量项目。科利、贾沃斯基和库马尔（1993）进一步针对此32个项目对美国厂商进行效度检定，删除12个项目，最后得到一个包含20个项目的MARKOR量表，包括情报产生有6项、5项情报传播和9项情报反应（方静月，2002）（详见表42－2）。Day（1994）提出的市场驱动理论与科利和贾沃斯基等人相呼应，对于信息内容主张将收集顾客和竞争者信息扩大为市场相关信息，认为企业应该培养市场侦测的特殊能力，而此市场侦测的能力落实在企业内部的每个作业程序中，企业必须以开放的态度收集信息、做综合性的信息传播和部门间相互沟通彼此对信息的理解，才能够充分了解外在环境的变化，并结合公司的资源来适应。贾沃斯基、科利和沙汗（2000）对市场驱动和引导市场两个概念进行了区分，认为引导市场是指在增强竞争地位的过程中改变市场结构和市场行为。

表 42 - 2　　　　　　　　变量的定义、分类和代表性文献

构念	定义	构念分类	代表性文献
市场导向	通过对反映顾客当前或将来需求的市场信息的全组织搜寻与跨部门传播，同时加强组织内部的协调，构建以组织、市场为主体的及时信息反馈与应对策略的行动集合	MARKOR	科利、贾沃斯基和库马尔（1993）
		MKTOR	纳夫和斯拉特（1990）、Ngai 和纳夫（1998）
组织绩效	企业的成本领先、利润增长、与其他关联方关系改善及社会认可度的提升	组织绩效	贾沃斯基和科利(1993)、塞尔尼斯、贾沃斯基和科利（1996）
信息产生	关于顾客当前或将来需求的市场信息的全组织搜寻	MARKOR	科利等（1993）
信息传递	市场信息在组织内部的传递与共享	MARKOR	科利等（1993）
信息反馈	组织对于市场变化的反应及时性，主要包括反馈机制设计与应对策略实施两部分	MARKOR	科利等（1993）
顾客导向	组织以满足顾客需求、增加顾客价值为中心，通过新产品开发与营销手段以动态地适应顾客需求的销售行为	MKTOR	纳夫和斯拉特（1990）Ngai 和埃莉斯（1998）
竞争者导向	组织以竞争者为战略中心，依据竞争者行动和反应来采取行动	MKTOR	纳夫和斯拉特（1990）Ngai 和埃莉斯（1998）
组织协调	通过加强组织内部各部门间的协作，以提高组织的信息获取、传递效率以及实现对市场变化的快速反应	MKTOR	科利和斯拉特（1990）Ngai 和埃莉斯（1998）

（二）以企业文化为特征的市场导向量表

纳夫和斯拉特（1990）提出了衡量市场导向的方式（采用 MKTOR 量表），并用以测量市场导向对组织绩效影响。他们将市场导向划分为三个行为要素和两个决策准则。行为要素分别为顾客导向、竞争者导向和部门间相互协调；决策准则为长期观点和获利能力。（1）顾客导向：指组织能充分地了解目标市场心目中产品的独特价值并预测顾客需求的可能变化，要求卖方了解买方的整体价值链，而不是只了解内部和市场的动态；（2）竞争者导向：指组织对竞争者短期内的优缺点及长期能力与战略的了解；（3）部门间协调：指协调使用组织的资源以创造较好的顾客价值（Day and Wensley，1988）；（4）长期观点：指在追求利润与处理顾客关

系时重视长期的观点；（5）利润导向：指组织能自行负担费用、持续营运或重视成长与利润。他们认为，为使长期绩效最大，组织必须建立并维持与顾客间长期且互利的关系。从竞争优势的观点来看，市场导向是达成这种关系最有效率及效果的组织文化。顾客导向和竞争者导向包括获得目标市场买方和竞争者信息以及通过组织传达该信息的所有活动；部门间相互协调是以顾客和竞争者的信息为基础，结合组织各部门的努力合作，为买方创造更多的价值。而顾客导向、竞争者导向和部门间相互协调都需要以长期焦点和获利能力作为准则（Narver and Slater，1990）。戴伊（1994）认为，市场导向意味着了解顾客、满足顾客和了解竞争者一样，在营销管理和战略上扮演着重要角色。如图42-1所示。

图42-1　市场导向概念

　　斯拉特和纳夫（1994）更进一步定义市场导向是某种企业文化的特定形式，是组织给顾客持续传达价值的特质。因为外部强调发展顾客和竞争者的信息，所以市场驱动型企业可以预先开发顾客需要来定位，并通过创新产品和服务的增加来响应顾客。这种能力让市场驱动型企业在面对机会和威胁时，能够快速和有效地做出反应。所以，市场导向也就是学习导向，这与戴伊（1994）研究相一致，认为市场导向不只是顾客导向而已，而是提供信息分享与达成共识的强力规范，是一种全面性的组织价值系统。继斯拉特和纳夫（1994）之后，又有多位学者的研究把市场导向看成是一种企业文化的观点。在纳夫和斯拉特（1990）所提出的原始问卷中，因在实证研究衡量时发现长期观点与利润导向两个因素的信度都低于可接受的统计水平，因而都被排除在分析之外。但库马尔、萨布拉马尼安和约格（1998）认为，这两个因素在理论上是市场导向的重要成分，不应该随便删除，因此，根据纳夫和斯拉特（1990）的原始问卷进一步提出这两个因素的问题项，并将利润导向的因素名称修改成"强调生存和成长/利润"，这样就不仅能应用在营利性的事业单位，也可适用于非营利性组织或公营机构。然而 Siu（2000）的研究认为，由于东西方文化的差异，属于中国文化价值下的企业在市场导向与营销观念的执行上，可能更注重与顾客间的和谐与长期关系，认为这样能体现出中国文化的价值观，林义屏（2001）在市场导向的衡量时也同时纳入了"长期观点"与"强调生存和成长/利润"这两个因素。本章将采用库马尔、萨布拉马尼安和约格（1998），林义屏（2001）以及阿戈特（2012）的量表来测量组织的市场导向。

第三节　变量测度

一　组织绩效

无论以市场信息传递为载体还是以市场环境变动为主导的市场导向策略都将满足市场中顾客需求，为顾客创造卓越的产品价值，进而构建企业持续竞争优势作为评价市场导向策略实施是否成功的主要标准。因此，国内外学者在探讨企业市场导向对于组织绩效的促进作用机制时，根据组织性质和目标差异主要将组织绩效划分为财务绩效、顾客绩效和创新绩效三种类型（Kirca，2011；Grewal and Tansuhaj，2001；Sandvik and Sandvik，2003；谢洪明、刘常勇和陈春辉，2006）。

（一）财务绩效

早期营销战略管理理论中市场导向策略实施是为了有效提升企业市场信息获取能力，创造出满足市场需求的产品，进而维持企业与顾客之间的良好关系，以保证企业能够持续获得较高的组织利润（Hult and Ketchen，2001），这种市场导向所可能提升的组织利润主要是指财务绩效。获取经营利润是企业能够生存和成长的最基本条件，在日趋激烈的竞争市场中企业都非常重视市场导向对于企业财务绩效的促进作用（谢洪明、陈盈和程聪，2014）。在财务绩效的衡量中，主要包括经营成本降低、企业利润增长以及产品市场份额扩大等，综观以往的研究成果发现，市场导向促进组织财务绩效的提升主要是从成本降低和业务增长的视角来进行评估的（Connor，2007；Ellis，2006）。

（二）顾客绩效

市场导向以满足顾客需求为实施原则，作为组织绩效重要构成因素之一的顾客绩效主要表现在顾客对于企业提供的产品质量或服务品质的认知与感受方面，而对于企业来说则是顾客对于企业产品和服务的满足感、品牌忠诚度等。由于市场导向能够提升企业对于市场行情的洞察力，准确探测顾客的需求信息，从而及时向顾客提供相应的产品和服务，所以市场导向能够最大限度地为顾客创造产品价值，提升顾客对于产品的满足感和品牌忠诚度。科琴等（2007）也指出，市场导向倡导企业通过提供或维持卓越的产品质量和服务品质为顾客创造最大的消费价值，从而提升顾客对于企业品牌的感知水平。可见，在个性化消费日益普及的现代市场环境中，重视顾客需求变化，为顾客提供高品质的产品和服务是企业市场导向策略实施的重心之一。

（三）创新绩效

企业创新绩效主要包括企业创新能力和市场中新产品所获得的组织绩效两方面（Bhuian，Menguc and Bell，2005）。企业创新能力主要体现在新的工艺设计、新产品创造成本降低等方面，而新产品绩效的高低则要通过新产品的市场占有率、新产品销售额和新产品投资回报率等变化进行衡量（Im，2009）。企业收集最新的市场信息，创造出满足顾客需求的产品和服务都需要创新活动才能很好地实现，因此，企业市场导向对于创新绩效的促进作用是显而易见的。近些年来，学者们更是明确指出创新绩效不仅仅作为衡量市场导向效果而存在，也可以扮演连接市场导向与组织绩效的中介因素（Greenley，2009；Tsai and Wang，2008）。

二   潜在调节变量

正如埃莉斯（Ellis，2006）等研究证实的，由于受到地域文化、企业性质、企业所在地区等因素的影响，想要获得市场导向与组织绩效之间"简单而明确"的作用关系是不可能的。以往的研究已经对不同国家、不同文化背景以及不同性质企业下的市场导向与组织绩效关系进行了大量的研究。在本章中，我们将在文献回顾的基础上梳理出可能对市场导向与组织绩效之间关系起到调节作用的潜在调节变量，具体包括企业所在行业

（制造业 vs 非制造业）、企业文化情境（单一文化 vs 多元文化）和企业所在地区（发达国家 vs 发展中国家）三方面。

（一）企业所在行业

企业市场导向战略实施必须以市场实际需要的产品或服务为导向，不同行业企业提供的产品或服务差异非常大，这意味着企业市场导向战略实施可能受到企业所在行业的影响。很多学者的研究已经证实企业所在行业的差异将对企业市场导向策略实施产生深刻的影响，这种影响主要通过产品功能定位差异和企业提供服务的方式不同体现出来。例如，格雷和霍利（Gray and Hooley，2002）指出，由于服务业企业是一种面对面的销售模式，从而使得市场导向对于企业绩效的促进作用在服务业中更为明显。综上所述有理由相信，企业所在行业将在市场导向与组织绩效关系之间产生显著的调节作用。在本章中，我们结合所收集到的文献实际，将企业所在行业划分为制造业与非制造业两种类型。

（二）企业文化情境

对当地市场文化传统的重视一直是市场营销实践中不可忽略的因素。纳夫和斯拉特（1990）在其关于市场导向的定义中就明确指出文化是影响企业市场导向策略实施的重要因素之一。亨利（Henry，2011）的研究表明，当前市场发展的国际化趋势必然要求企业重视营销过程中不同文化价值观的比较与分析，从而更好地认识不同市场中的企业行为方式与营销惯例。Cano 等（2004）则指出，团队文化背景下更注重成员间的相互信任以及团队合作，因此在集体价值导向更加浓厚的市场情境中，企业市场导向策略实施起来也更有效率。结合前人的研究成果，在本章中，我们从国家文化形成背景的视角将这种市场文化情境划分为单一文化情境下的市场和多元文化情境下的市场。

（三）企业所在地区

从市场体系构建、市场运行机制等角度来看，由于美国、英国等传统工业化国家具有完善的市场体系和成熟市场运行机制，同时处于其中的企业也积累了大量的市场导向策略实践经验，从而更有可能获得预期的组织绩效（Jose，2008）。而处于高速发展过程中的新兴国家（例如中国、印度等）则相对较为复杂，一方面，新兴经济体国家尚未建立完善的市场运行体系，这可能会导致市场运行效率低下，进而制约企业市场导向对于组织绩效提升的促进作用（Zhou，Zhou and Su，2008）。另一方面，新兴国家由于广阔的市场需求与经济发展潜力，通常具备了传统工业化国家难以比拟的发展潜力与市场活力，这在一定程度上将弥补由于市场运行机制和市场法规不完善所导致的企业市场经营效率降低（Robert Palmatier，2006）。因此，我们认为，发达国家与发展中国家中的企业市场导向与组织绩效关系可能存在着某种不一致性。

第四节　研究设计

一　数据收集与编码

以 Market Orientation、Organizational Performance 等为关键词在 Elsevier Science、EBSCO、Springer Link 以及中国知网等主流数据库上进行了文献检索。由于关于市场导向与组织绩效研究的开创性工作主要由科利和贾沃斯基（1990）与纳夫和斯拉特（1990）等完成，因此，我们以 1990—2011 年发表的文献作为收集对象，对搜索到的文献进行筛选，筛选主要遵循以下原则：①必须是实证研究；②文献中必须包含相关系数或者通过推导能够计算出相关系数的数据；③如果发现采用同一研究样本进行实证分析的多个文献，只取其中一个文献进行分析。通过上述两个阶段的文献整理最终获得 49 篇可供分析的文献。在获得研究所需文献之后，选择了最有代表性的定义作为本章中所涉及变量的定义（见表 42 - 2）。为了保证所获得数据的可靠性，我们挑选了两位工作负责、充满热情同时又能够胜任本章数据编码工作的研究生来进行数据编码工作。数据编码的原则是每位研究生根据表 42 - 2 对变量所描述的情形进行独立编码，在一些文献中可能会出现针对相关变量关系在同一维度上的多个数据，这时我们采用取平均值的方法来获得我们所需要的数据，然后对所获得的数据进行逐一对比分析，对于编码结果出现显著差异的数据，通过小组讨论计算平均值的方式解决。通过上述方法处理能够保证来自同一文献的数据是独立的，这能有效避免由于多个非独立数据之间的干扰效应而导致的数据偏差。

纳入元分析的 127 个效应值来自总样本数为 42682 个的 49 项研究文献。在对各项研究设计进行编码后发现 49 项研究中，有 17 项（34.7%）针对制造业企业进行分析，剩余 32 项（65.3%）则针对非制造业企业进行分析。单一文化背景下的有 28 项（57.1%），多元文化背景下的有 21 项（42.9%）。分布于发达国家的有 23 项（46.9%），分布于发展中国家的有 22 项（44.9%），混合地区的有 4 项（8.2%）。在本章所获得的数据中还存在一些偏差较大的奇异值的情况（主要表现为相关系数为负数），奇异值会对 Meta 分析的结果造成负面影响。由于剔除奇异值会造成整体相关系数变大，学者们对于是否剔除奇异值一直存在不同意见。鉴于此，本章采取以往学者通常采用的在元分析中保留奇异值的保守处理方法。

二　异质性检验

Meta 分析方法首先由奥尔金（Olkin，1985）系统地提出，由于该方法具有严谨的操作流程，并且能够获得精确的统计分析结果从而被学者们普遍接受，并广泛应用于医学、心理学和管理学等领域。该方法首先通过异质性检验来评估不同研究结果之间差异的显著性水平，如果异质性检验结果显著则需要对纳入元分析的研究采取亚组分析、调节变量控制分析或者删除偏差最大的研究样本等方法进行再一次异质性检验，一直到异质性检验结果不显著为止。

本章中以市场导向与组织绩效之间的相关系数或偏相关系数 r 作为计算效应值的源数据。为了保证数据的稳定性，首先对相关系数进行费希尔 Z 转换获得初始效应值，然后将初始效应值与原先的相关系数进行比较，若两者之间差异非常大则对初始效应值进行修正。在计算整体效应值时，应充分考虑每个相关系数所对应的样本大小，为了保证每项研究对总体效应值的贡献程度与其样本在总样本中所占的比例相一致，我们采取了对每个效应值以其标准误平方的倒数为权重（方差倒数权重）的方法进行加权计算（Olkin，1985），具体公式为：

$$ES = \frac{\sum (w_i ES_i)}{\sum w_i}, SE_i = \frac{1}{\sqrt{n-3}}, w_i = n-3 , i = 1, 2, 3, \cdots\cdots$$

其中，ES_i 表示第 i 个效应值统计量，w_i 表示第 i 个效应值的方差倒数权重，i 表示效应值数量，ES 是所有效应值的加权效应值，结果如表 42-3 所示。

从表 42-3 可以发现，本章所有效应值的 95% 的置信均在 0 水平线的右侧（95% CI 下限大于 0），表明所获得的效应值具有较高的可信度水平。在元分析中 Q 值和 I^2 值是检验研究结果异质性水平高低的重要指标，本章中各项市场导向策略与组织绩效之间关系的 Q 值均远远大于效应值个数（最小的 $Q = 44.29$ 大于效应值数量 14），并且各变量之间关系的 I^2 值都要高于 60%（最小为 70.6%），因此可以推断市场导向策略与组织绩效之间的异质性检验结果存在显著性差异，需要进行进一步的检验。

表 42 - 3   市场导向与组织绩效元分析检验

变量关系	效应值数量	样本积累量	观察效应值	加权效应值	95% CI		异质性检验	
					上限	下限	Q 值	I^2（%）
市场导向策略	127	28974	0.250	0.281	0.269	0.293	1413.35	91.1
MARKOR	78	18348	0.291	0.315	0.301	0.330	815.96	90.6
信息产生→组织绩效	28	6720	0.279	0.305	0.280	0.329	210.36	87.2
信息传递→组织绩效	26	6187	0.247	0.265	0.240	0.290	211.91	88.2
信息反馈→组织绩效	24	5441	0.353	0.386	0.359	0.413	350.40	93.4
MKTOR	49	10626	0.185	0.222	0.203	0.241	539.59	91.1
顾客导向→组织绩效	23	5199	0.201	0.238	0.211	0.266	325.19	93.2
竞争者导向→组织绩效	14	3092	0.203	0.207	0.172	0.243	44.29	70.6
组织协调→组织绩效	12	2335	0.133	0.205	0.164	0.246	167.43	93.4
组织绩效	112	25582	0.277	0.295	0.283	0.308	1040.07	89.3
市场导向→财务绩效	58	12525	0.228	0.238	0.221	0.256	347.99	83.6
市场导向→顾客绩效	32	8842	0.351	0.327	0.306	0.348	269.85	88.5
市场导向→创新绩效	22	4215	0.298	0.339	0.308	0.369	207.78	89.9

三　调节作用检验

对于异质性检验显著的变量关系，如果删除其中一项偏离最大的效应值后异质性检验结果仍然显著，并且纳入元分析的效应值个数仍然大于 10 项，则可以认为，该变量之间的关系存在其他潜在变量的调节作用，将调节变量纳入其中进行分析就非常必要。正是基于上述考虑，采用二阶异质性检验进行进一步分析，具体方法为首先删除了每一对变量关系中的最大偏离值效应值，然后再次检验不同亚组下的市场导向策略与组织绩效之间的异质性水平，检验结果发现所有的二元变量关系异质性水平仍然都是显著的，因此，我们将前文所阐述的企业所在行业（制造业 vs 非制造业）、企业文化情境（单一文化 vs 多元文化）和企业所在地区（发达国家 vs 发展中国家）作为控制变量纳入各项市场导向策略与组织绩效之间关系的调节效应分析中，检验结果如表42 – 4、表42 – 5 和表42 – 6 所示。

表42 – 4　　　　　　　MORKOR 与组织绩效之间的调节作用

调节作用	MORKOR 作用效果					
	信息产生→组织绩效		信息传递→组织绩效		信息反馈→组织绩效	
制造业 vs 非制造业	0.377vs0.366 (11vs10)	P < 0.05	0.205vs0.485 (10vs6)	P < 0.001	0.181vs0.110 (11vs10)	P < 0.001
单一文化 vs 多元文化	0.180vs0.526 (6vs11)	P < 0.001	0.299vs0.303 (8vs12)	P < 0.05	0.264vs0.256 (8vs9)	P < 0.01
发达国家 vs 发展中国家	0.339vs0.483 (15vs8)	P < 0.001	0.304vs0.301 (12vs9)	(n. s)	0.252vs0.235 (11vs7)	P < 0.001

从表42 – 4 中可以看出，企业所在行业（制造业 vs 非制造业）、企业文化情境（单一文化 vs 多元文化）和企业所在地区（发达国家 vs 发展中国家）在市场导向策略（信息产生、信息传递和信息反馈）与组织绩效之间产生显著的调节作用。具体表现为，信息产生和信息反馈对于组织绩效影响在制造业企业中比在非制造业企业中更为显著，而信息传递对于组织绩效的影响在非制造业企业中比在制造业企业中更为明显。信息产生和信息传递对于组织绩效的影响在多元文化情境下比在单一文化情境下更为显著，而信息反馈对于组织绩效影响在单一文化情境下比在多元文化情境下更为明显。信息产生对于组织绩效的影响在发展中国家企业中比在发达国家企业中更为显著，而信息反馈对于组织绩效的影响在发达国家企业中比在发展中国家企业中更为显著。另外，企业所在国家对于信息传递和组织绩效之间关系没有产生显著调节作用。

表 42 - 5 　　　　　　　　　MKTOR 与组织绩效之间的调节作用

调节作用	MKTOR 作用效果					
	顾客导向→组织绩效		竞争者导向→组织绩效		组织协调→组织绩效	
制造业 vs 非制造业	0.203vs0.136 (9vs9)	P < 0.001	0.173vs0.328 (7vs6)	P < 0.05	缺失	缺失
单一文化 vs 多元文化	0.338vs0.081 (11vs8)	P < 0.001	0.222vs0.183 (6vs5)	(n. s)	0.206vs0.192 (7vs1)	(n. s)
发达国家 vs 发展中国家	0.138vs0.363 (10vs9)	P < 0.001	0.184vs0.226 (7vs4)	(n. s)	- 0.020vs0.321 (4vs5)	(n. s)

从表 42 - 5 中可以看出，企业所在行业（制造业 vs 非制造业）、企业文化情境（单一文化 vs 多元文化）和企业所在地区（发达国家 vs 发展中国家）在市场导向策略（顾客导向和竞争者导向）与组织绩效之间产生显著的调节作用。具体表现为，顾客导向对于组织绩效的影响在制造业企业中比在非制造业企业中更为显著，而竞争者导向对于组织绩效的影响在非制造业企业中比在制造业企业中更为明显。顾客导向对于组织绩效的影响在单一文化情境下比在多元文化情境下更为显著。顾客导向对于组织绩效影响在发展中国家企业中比在发达国家企业中更为显著。

表 42 - 6 　　　　　　　　市场导向与不同组织绩效之间的调节作用

调节作用	不同组织绩效作用效果					
	市场导向→财务绩效		市场导向→顾客绩效		市场导向→创新绩效	
制造业 vs 非制造业	0.271vs0.223 (26vs21)	P < 0.01	0.445vs0.339 (6vs20)	P < 0.001	0.174vs0.434 (11vs7)	P < 0.001
单一文化 vs 多元文化	0.213vs0.275 (33vs20)	P < 0.01	0.324vs0.269 (19vs10)	P < 0.001	0.359vs0.322 (12vs10)	(n. s)
发达国家 vs 发展中国家	0.200vs0.272 (24vs29)	P < 0.001	0.266vs0.364 (18vs10)	P < 0.001	0.382vs0.178 (11vs9)	P < 0.001

从表 42 - 6 中可以看出，企业所在行业（制造业 vs 非制造业）、企业文化情境（单一文化 vs 多元文化）和企业所在地区（发达国家 vs 发展中国家）在市场导向与企业不同组织绩效（财务绩效、顾客绩效和创新绩

效）之间产生显著的调节作用。具体表现为，市场导向对于财务绩效和顾客绩效的影响在制造业企业中比在非制造业企业中更为显著，而市场导向对于创新绩效的影响在非制造业企业中比在制造业企业中更为明显。市场导向对于财务绩效的影响在多元文化情境下比在单一文化情境下更为显著，而市场导向对于顾客绩效的影响在单一文化情境下比在多元文化情境下更为明显。另外，文化情境对于市场导向和创新绩效之间的关系没有产生显著的调节作用。市场绩效对于财务绩效和顾客绩效的影响在发展中国家企业中比在发达国家企业中更为显著，而市场导向对于创新绩效的影响在发达国家企业中比在发展中国家企业中更为显著。

本章小结

Meta 分析通过对具有不同情境下的多项研究进行定量集成分析，能够揭示这种跨越不同研究背景、地区文化等因素研究所蕴含的一般规律，甚至能够为后续研究提供新的研究视角和见解（Olkin，1985）。本章通过对发表于 1990—2011 年的 49 项研究文献的 127 个效应值进行集成分析，探讨了市场导向策略到底是如何促进组织绩效的。通过元分析异质性检验我们发现，市场导向策略差异对于企业的不同组织绩效产生了显著的影响。为了进一步确认导致这种市场导向与组织绩效之间关系差异性的潜在影响因素，我们进行了二阶异质性检验，二阶异质性检验结果表明，除文献来源、研究设计差异等因素之外，企业所在行业、企业所在国家或地区以及企业市场文化情境等也是造成市场导向与组织绩效关系差异的重要原因。

从企业所在行业来看，无论是在市场导向策略（MORKOR 和 MK-TOR）还是在财务绩效、顾客绩效以及创新绩效中，制造业与非制造业企业在市场导向与组织绩效影响关系方面都存在显著的差异。这不仅验证了 Cano 等（2004）和 Hult 等（2005）的观点，同时也表明市场导向策略实施对于企业生产经营模式的高度依赖性，企业市场导向策略贯穿于企业研发、生产和销售的所有环节，是企业与供应商、销售商以及顾客在不断地接触、交流和反馈活动过程中实现的。而制造业企业与非制造业企业（主要是服务业企业）在产品（服务）经营模式上存在的本质区别，导致了它们在市场导向与组织绩效之间影响关系方面的显著差异。

从企业文化情境看，MORKOR 市场导向策略中的信息产生、信息反馈和顾客导向与组织绩效之间以及市场导向与财务绩效、顾客绩效之间在单一文化情境下的企业中与多元文化情境下的企业中表现出显著的差异，而 MKTOR 市场导向中的竞争者导向、组织协调与组织绩效之间、市场导向与创新绩效之间则没有表现出显著的差异。在纳夫和斯拉特（1990）、Cervera（2001）等的研究中一直强调文化对于市场导向策略的重要作用，纳夫和斯拉特（1999）、Bates 和 Khasawneh（2005）、雷贝洛和戈梅斯（2011）更是将市场导向作为一种文化在企业中发挥作用的具体形式。而科利等（1993）等则更加强调市场导向是一种组织内部的行为过程。我们的研究是对纳夫和斯拉特（1990）、科利和贾沃斯基（1990）等学者观点的很好验证。

从企业地理分布看，MORKOR 市场导向中的信息产生、信息反馈和顾客导向与组织绩效之间以及市场导向与财务绩效、顾客绩效以及创新绩效之间在发达国家的企业中与发展中国家的企业中表现出显著的差异，而在市场导向中的信息传递、竞争者导向、组织协调与组织绩效之间则没有表现出显著的差异。这说明通过市场导向策略实施以达到获取超额利润、满足消费者需求和提升创新能力的目标已经成为参与国际化市场竞争企业的共识，而企业在具体的市场导向实施方面则受到企业所在国家或地区社会经济发展水平、市场文化制度等因素的影响。因此，充分认识企业所在市场的社会制度、经济发展和文化传统等因素是企业实施有针对性市场导向策略的重要前提。

事实上，企业所在行业、文化情境以及地理分布在对市场导向与组织绩效的关系作用中，可能会产生交互作用。例如，市场导向策略实施对于企业经营模式的依赖性在一定程度上也表明市场导向策略的实施受到产业环境、文化情境等因素的影响。而不同国家或地区的企业在实施市场导向策略时，自然在文化情境、产业环境等方面存在差别，因此，在探讨不同国家或地区的市场导向策略实施对组织绩效的影响时，我们需要特别注意文化情境、产业环境等因素扮演的作用。与国内外其他元分析一样，本章虽然在市场导向与组织绩效关系研究中有一定理论发现，但仍然存在一些不足：（1）纳入本章的文献是中英文文献，不涉及其他语种的相关文献，因此使得我们在文献选择上存在一定程度的偏差。（2）由于一些文献虽然在市场导向与组织绩效关系研究中获得了重要的结论，但在其研究中并未报告相关系数或者能够转化成相关系数的其他数值，使得我们难以将其纳入元分析中，导致了我们在一些变量关系的研究上存在数据偏差的现象。（3）在实际的市场营销理论与实践中，市场导向与组织绩效之间还存在着间接作用关系，例如，组织学习、组织创新等在市场导向与组织绩效之间的中介作用，并且这些因素在作用过程中仍然可能存在相互影响，因此，探讨组织学习、组织创新等在市场导向与组织绩效之间的中介作用也是未来我们需要关注的方向之一。

第四十三章 市场导向对组织绩效
总体影响机制

　　本章进一步从概念性调节变量和方法性调节变量两个角度探讨市场导向与组织绩效之间的影响机制问题，为了更系统、更全面地认识市场导向与组织绩效的关系，在文献回顾的基础上，我们运用 Meta 分析方法对两者之间的关系进行了集成定量分析，并分别探讨了概念性调节变量与方法性调节变量的调节作用。结果发现，概念性调节变量（组织目标与市场条件）和方法性调节变量（市场导向测量方法）对市场导向与组织绩效之间的关系都具有显著的调节作用，其中以市场条件的调节效应最为明显。研究结论表明，新兴经济体国家企业应充分利用现有优势挖掘潜在的市场需求，而传统工业化国家企业可考虑将部分产业转移到新兴经济体国家。

第一节　引言

　　自科利和贾沃斯基（1990）及纳夫和斯拉特（1990）开始，国内外学者对市场导向是否以及如何影响组织绩效展开了大量的实证研究，其中大多数实证结果支持市场导向对组织绩效具有显著的正向影响（Kirca，2011），但也有研究指出，市场导向与组织绩效之间并不存在显著的正向影响关系（Morgan，Vorhies and Mason，2009）。蒋天颖等（2013）认为，市场导向并不直接影响组织绩效，而是需要通过营销能力、知识整合等间接影响组织绩效。可见，市场导向与组织绩效的关系问题在学术界尚未形成较为统一的结论。究其原因，以往学者在研究市场导向与组织绩效关系时，研究对象的地域性特征非常明显，早期的学者主要以欧美成熟市场条件下的企业为研究对象；而在后续的研究中，学者们逐渐地将目光转向新兴经济体市场条件下的企业。而市场导向具有丰富的内涵，特定市场环境下的企业在实施市场导向过程中往往会受到社会经济发展水平、市场条件以及地域文化等多种因素的规制作用，从而影响学者对企业市场导向的界定、测量以及整个研究架构的设计。

综观国内外研究成果，以某一国家或地区的企业为研究样本的文献仍占绝大多数，即基于不同国家或地区的市场导向与组织绩效关系的综合、对比研究还比较缺乏。由于 Meta 分析能够将所有可能影响市场导向与组织绩效关系的潜在调节变量纳入模型中检验，从而较为全面地把握影响市场导向与组织绩效关系的各种因素，并准确探讨相关因素的作用机制与效果。因此，本章运用 Meta 分析方法，一方面在于系统分析市场导向与组织绩效在更为普遍市场条件下的关系，另一方面在于深入探讨研究对象的组织目标、市场条件、市场导向测量方法与组织绩效测量方法等潜在调节变量对市场导向作用于组织绩效的影响，以期为当前市场导向与组织绩效关系研究所产生的各种分歧提供合理的解释，也为国际化背景下企业准确实施市场导向提供实践指导。

第二节 理论基础与研究假设

一 市场导向与组织绩效

企业营销/市场导向如何改善经营绩效，至今没有定论。许多人认为市场导向的组织文化是企业取得竞争优势的关键因素，兰格拉克（Langerak，2003）回顾了在国际重要期刊发表的 51 个关于市场导向对组织绩效的影响的研究后认为，市场导向是否以及何时对组织绩效有正面影响，仍是一个没有定论甚至是值得怀疑的命题。例如，纳夫和斯拉特（1990）以衡量顾客导向、竞争者导向与部门间协调的简单平均值对非商品企业的绩效进行相关分析，结果发现市场导向与绩效之间具有正向的单调线性关系（以战略事业单位相对于竞争者的资产报酬率为衡量的指标）。而且，在商品企业中，高度市场导向的组织产生的绩效最高，低度市场导向的组织也有较高的绩效。从战略观点看，这是由于高度市场导向的组织倾向于采用差异化战略，低度市场导向的组织采用低成本战略，这两类战略是企业的基本战略选择。而中度市场导向的组织，处于未建立战略的状态，或者说是处于波特（1980）所谓的"夹在中间"的状态，所以绩效较差。科利和贾沃斯基（1990）根据文献提出市场导向的前提与结果进行了实证研究，结果发现：（1）市场导向与绩效的关系不受环境因素的影响；（2）市场导向与市场占有率并无显著关系；（3）高级管理者重视市场导向对组织的市场导向有正面的影响；（4）部门间的冲突会降低组织市场导向的程度；（5）部门间良好的联结可以加强市场导向；（6）市场基础的报偿系统与分权的决策行为有助于组织强化市场导向。

市场导向程度较高的专业单位，其员工的工作满足、受高级主管的信任及对组织承诺都显著较高，同时市场导向与其财务绩效也具有显著正相关关系。贾沃斯基和科利（1990）的实证研究结果显示市场导向与企业整体绩效间的关系具有正相关，且市场导向的程度越高，则员工对组织的承诺及员工的团队精神将越高。而对于市场导向影响绩效的干扰变量的研究，其实证结果发现市场动荡性、竞争密集度与技术动荡度三项干扰变量并无干扰效果。斯拉特和纳夫（1990）的研究证实市场导向对企业绩效的影响属于长期性，而不受任何竞争性环境变量的干扰。然而，在 Diamantopoulos 和 Hart（1993）的研究中，他们将科利和贾沃斯基（1990）的框架重新加以验证，却发现市场导向与绩效间的关系并不是很显著，仅存在很弱关系。林斯和格林利（Lings and Greenley，2005）以英国的公司为实证对象，同样对市场导向与绩效间的关系加以验证，结果也发现市场导向与绩效之间并没有直接的关联关系。学者对市场导向与组织绩效间关系的研究总结见表43-1。

可见，组织的市场导向对绩效的影响已经过多数学者的验证，大多数的学者均认同组织的市场导向可提高组织绩效，然而，在少许的研究中，却发现不一致的结果。因此，有些学者开始怀疑在市场导向与组织绩效间的关系中，是否有其他的中间变量或情境变量在起作用，导致在实证研究中出现了不一致的现象。然而，经过大多数学者的实证研究发现，情境变量并不会对它们间关系有很大的影响。我们希望融入社会资本、组织学习与组织创新来研究市场导向与组织绩效间的关系。

总之，由于企业实施市场导向策略是为了达到既定的市场目标，因此很多学者将组织绩效作为市场导向策略实施的结果来进行探讨。就市场导向是否以及如何促进组织绩效提升这一问题，国内外学者进行了长期的探讨，尽管有些学者的研究结果证实了市场导向与组织绩效并不存在显著的

表 43 - 1

市场导向与组织绩效间关系相关研究

学者的研究	数据基础	市场导向的衡量	市场导向对组织绩效的影响	中介或者调节作用
纳夫和斯拉特(1990) sample I	美国一家制造型企业的 36 个战略经营单位	纳夫和斯拉特(1990)	市场导向与资产回报率呈显著负相关	未调查
纳夫和斯拉特(1990) sample II	美国一家非生产型企业的 74 个战略经营单位	纳夫和斯拉特(1990)	市场导向与资产回报率呈显著正相关	未调查
德斯庞德等(1993)	50 家日本企业	Deshpande 等(1993)	市场导向与企业绩效呈显著正相关性(顾客报告) 市场导向与企业绩效没有显著相关性(自我报告)	未调查
Diamantopolous 和 Hart(1993)	87 家英国企业	贾沃斯基和科利(1993)	市场导向与组织绩效没有显著的相关性	竞争强度在市场导向与销售增长的关系中有显著的正面效应
贾沃斯基和科利(1993) sample I	美国企业的 222 个战略经营单位	贾沃斯基和科利(1993)	市场导向与总体绩效呈显著正相关,而与市场份额没有显著相关性	没有显著的中介效应: 市场干扰 技术干扰 竞争强度
贾沃斯基和科利(1993) sample II	对美国的 230 个公司所进行的跨部门的调查	贾沃斯基和科利(1993)	市场导向与组织总体绩效显著正相关性,但市场导向与市场份额之间不存在显著相关性	没有显著的中介效应: 市场干扰 技术干扰 竞争强度

续表

学者的研究	数据基础	市场导向的衡量	市场导向对组织绩效的影响	中介或者调节作用
纳夫和斯拉特 (1994)	美国一家多元化制造型企业的 107 个战略经营单位	纳夫和斯拉特 (1990)	市场导向与企业资产回报率、新产品成功,销售增长呈显著正相关	市场干扰在市场导向与新产品成功的关系中,技术干扰在市场导向与资产回报率的关系中、市场增长在市场导向与销售增长关系中有显著的中介作用;竞争对抗没有显著的中介效应:竞争对抗的负面效应
林斯和格林利 (2005)	240 家英国的生产型或服务型企业	纳夫和斯拉特 (1990)	市场导向与资产回报率、新产品成功、销售增长没有显著相关性	显著非连续地在市场导向与资产回报率的中介效应中;市场导向与新产品成功的关系中,技术变革在市场导向与新产品成功的关系中,顾客影响力在市场导向与销售增长的关系中市场导向没有显著的中介效应:市场份额
佩拉姆威尔逊 (Pelham and Wilson, 1996)	68 家美国企业	纳夫和斯拉特 (1990)	市场导向与相关产品质量、新产品成功、获利能力呈显著正相关 市场导向与增长及市场份额没有显著相关性	未调查
皮特等 (Pitt et al., 1996)	161 家英国的服务型企业和 193 家马耳他企业	科利等 (1993)	市场导向与企业的绩效呈显著正相关	未调查
塞尔尼斯等 (1996)	美国的 222 个公司战略经营单位和斯堪的纳维亚 292 个公司战略经营单位	科利等 (1993)	市场导向与公司的绩效呈显著正相关 市场导向与市场份额没有显著相关性	未调查

续表

学者的研究	数据基础	市场导向的衡量	市场导向对组织绩效的影响	中介或者调节作用
纳夫和斯拉特（1996）	228 家美国制造型企业	纳夫和斯拉特（1990）	市场导向与销售增长呈显著正相关 市场导向与资产回报率没有显著关系	未调查
Appiah – Adu（1998）	110 家英国生产制造型企业	纳夫和斯拉特（1990）	市场导向与投资回报率、销售增长、新产品成功呈显著正相关	显著的正面中介效应：竞争强度在市场导向与新产品成功的关系中，市场增长在市场导向与销售增长的关系中 显著的负面中介效应：市场干扰在市场导向与资产回报率的关系中 不起显著的作用：技术干扰
Avlonitis 和 Gounaris（1997）	444 家希腊的生产型和服务型企业	贾沃斯基和科利（1993）	市场导向与利润、年度营业额、投资回报率、市场份额呈显著正相关	未调查
Bhuian（1997）	9 家沙特阿拉伯银行的 30 个分支机构的 92 名雇员	贾沃斯基和科利（1993）	市场导向与资产回报率、人均销售额没有显著相关性	未调查
佩拉姆（1997）	160 家生产日用品和特殊产品的美国企业	纳夫和斯拉特（1990）	市场导向与增长、市场份额、获利能力没有显著相关性	显著的正面中介效应：市场导向通过企业的效能对市场份额的增长的影响，以及市场份额增长对获利能力的影响

续表

学者的研究	数据基础	市场导向的衡量	市场导向对组织绩效的影响	中介或者调节作用
Appiah-Adu (1998)	74家加拿大企业	纳夫和斯拉特 (1990)	市场导向与投资回报率、销售增长没有显著相关性	显著非连续的中介效应：竞争强度在市场导向与销售增长的关系中，动态市场在市场导向与投资回报率的关系中
Appiah-Adu和Ranchhod (1998)	62家英国生物行业的企业	纳夫和斯拉特 (1990)	市场导向与市场份额的增长、利润、整体绩效呈显著正相关；市场导向与新产品成功没有显著相关性	未调查
Appiah-Adu和Singh (1998)	英国101家制造型与服务型企业	Deshpande等 (1993)	市场导向与新产品成功、销售增长率、投资回报率呈显著正相关	未调查
Bhuian (1998)	115家沙特阿拉伯制造型企业	贾沃斯基和科利 (1993)	市场导向与组织绩效呈显著正相关	显著的正向中介效应：竞争强度在市场导向与组织绩效的关系中没有显著的中介效应：技术干扰
Chan和Ellis (1998)	73家中国香港纺织业与服装业企业	贾沃斯基和科利 (1990)	市场导向与增长/市场份额、相对的获利能力、相对市场份额呈显著正相关；市场导向与获利能力的满意度没有显著相关性	未调查

续表

学者的研究	数据基础	市场导向的衡量	市场导向对组织绩效的影响	中介或者调节作用
Chang 和 Chen (1998)	116 家中国台湾零售商	纳夫和斯拉特 (1990)	市场导向与经营绩效呈显著正相关	服务质量在市场导向与组织绩效的关系中有显著的中介效应
德斯庞德和法利 (1998)	82 家美国与欧洲生产与服务型企业	德斯庞德等 (1993)、科利等 (1993)、纳夫和斯拉特 (1990)、德斯庞德和法利 (1998)	纳夫和斯拉特 (1990) 以及德斯庞德等 (1993) 的绩效衡量方法表明，市场导向与组织绩效呈显著正相关	未调查
格雷等 (Gray et al., 1996)	490 家新西兰企业	贾沃斯基和科利 (1993)、纳夫和斯拉特 (1990)	市场导向与投资回报率呈显著正相关	未调查
韩等 (1998)	134 家美国银行	纳夫和斯拉特 (1990)	市场导向与经营绩效没有显著相关性	显著的正面中介效应：市场导向通过管理创新与技术创新对经营绩效的影响
Horng 和 Chen (1998)	76 家中国台湾企业	贾沃斯基和科利 (1993)	市场导向与公司总体绩效呈显著正相关	未调查
Oczkowski 和 Farrell (1998)	237 家澳洲股份有限公司与 190 家个人独资企业	贾沃斯基和科利 (1993)、纳夫和斯拉特 (1990)	市场导向对经营绩效呈显著正相关	未调查

续表

学者的研究	数据基础	市场导向的衡量	市场导向对组织绩效的影响	中介或者调节作用
Siguaw 等 (1998)	179 家供应商与批发商的双重调查	科利等 (1993)	市场导向与财务绩效的满意度没有显著相关性	完全正面的中介效应：市场导向通过信任对绩效满意度的影响 完全负面的中介效应：市场导向通过合作的规则对满意度的影响
Van Egeren 和 O'Connor (1998)	67 家美国服务型公司	纳夫和斯拉特 (1990)	市场导向与经营绩效呈显著正相关	未调查
贾沃斯基和科利 (1999a)	411 家美国制造业与非制造业企业	贾沃斯基和科利 (1993)	市场导向与相对的市场份额、新产品成功、总体绩效中的变化呈显著正相关	未调查
贝克和辛库拉 (1999b)	411 家美国制造业与非制造业企业	科利等 (1993)	市场导向与组织绩效没有显著相关关系	完全正面的中介效应：市场导向通过产品创新对组织绩效的影响
Caruana 等 (1999)	950 家英国服务企业	贾沃斯基和科利 (1993)	市场导向与经营绩效没有显著相关关系	未调查
佩拉姆 (1999)	229 家美国的日用品与特殊产品企业	纳夫和斯拉特 (1990)	市场导向与销售效率、增长/市场份额、获利能力、企业增长呈显著的正相关	未调查
德斯庞德等 (2000)	来自 148 家日本、美国、英国、法国、德国的个人访谈	德斯庞德等 (1993)	市场导向与利润、规模、增长率、市场份额没有显著相关性	未调查

续表

学者的研究	数据基础	市场导向的衡量	市场导向对组织绩效的影响	中介或者调节作用
Homburg 和 Pflesser (2000)	160 家德国企业	科利等 (1993)	市场导向与财务绩效呈显著正相关	完全正面的中介作用：市场动态性在市场导向与市场绩效的关系中呈显著的正面效应
霍利等 (Hooley et al., 2000)	629 家斯洛文尼亚企业、589 家匈牙利企业以及 401 家波兰企业	纳夫和斯拉特 (1990)	市场导向与投资回报率、公司预算呈显著正相关	未调查
Matsuno 和 Mentzer (2000)	364 家美国制造企业	科利等 (1993)	未调查	显著非连续的中介效应：战略类型在市场导向与经营绩效的关系中
Pulendran 等 (2000)	105 家澳洲企业	科利等 (1993)	市场导向与经营绩效显著非连续中介效应	未调查
Sin 等 (2000)	210 家中国企业	纳夫和斯拉特 (1990)	市场导向与销售增长率、总体绩效显著非连续中介效应；市场导向与投资回报率、市场份额没有显著相关性	未调查
纳夫和斯拉特 (2000)	美国的多元化经营集团的 53 个战略经营单位	纳夫和斯拉特 (1990)	市场导向与投资回报率显著非连续中介效应	未调查
Grewal 和 Tansuhaj (2001)	120 家泰国企业	贾沃斯基和科利 (1993)	市场导向与危机之后绩效呈显著负相关	显著的负面中介效应：竞争强度在市场导向与危机之后绩效的关系中；显著的正面中介效应：需求的高度不确定性在市场导向的关系中，技术的不确定性在市场导向与危机之后绩效的关系中

续表

学者的研究	数据基础	市场导向的衡量	市场导向对组织绩效的影响	中介者或者调节作用
哈里斯 （Harris, 2001）	241家英国企业	纳夫和斯拉特 （1990）	市场导向与主观的销售增长、客观的 ROI 和客观的相关性 市场导向与主观的销售增长的销售增长，主观的 ROI 和客观的相关性 ROI 没有显著相关性	显著非连续的中介中介作用：竞争对抗在市场导向与销售增长的（主观的和客观的）关系中，市场动荡在市场导向与投资回报率的（主观的和客观的）关系中 没有显著的中介效应：技术干扰
哈里斯和 Ogbonna（2001）	322家英国企业	纳夫和斯拉特 （1990）	市场导向与组织绩效呈显著正相关	未调查
哈里森－沃克 （Harrison - Walker, 2001）	137家美国服务业和制造业企业	科利等 （1993）	市场导向与营业绩效没有显著相关性	未调查
林义屏 （2001）	145家中国台湾高新技术企业，其中集成电路企业64家、光电企业29家、通信企业29家、计算机及外围企业23家	库马尔、萨布拉克尼安和约格 （1998，1990）	市场导向对组织绩效有显著正向影响	市场导向对组织学习与组织创新均有正向的影响关系 组织学习对组织创新中的管理创新及技术创新均有直接的影响，对组织绩效则是通过组织创新而有间接的影响关系，但直接的影响关系不显著；另外，组织学习对管理创新的影响效果大于对技术创新的影响效果，且组织学习通过技术创新影响组织绩效的效果大于通过管理创新对组织绩效的影响效果 技术创新对组织绩效的影响效果大于技术管理创新对组织绩效的影响效果

续表

学者的研究	数据基础	市场导向的衡量	市场导向对组织绩效的影响	中介或者调节作用
Subramanian 和 Gopalakrishna (2001)	印度 162 个公共、私营和准公共部门的企业	纳夫和斯拉特 (1990)	市场导向与收入增长、ROC、新产品的成功、顾客的保持以及费用控制呈显著正相关	没有显著的中介效应：竞争对抗、市场干扰和供应商影响力
Shoham 和 Rose (2001)	101 家以色列企业	贾沃斯基和科利 (1993)	市场导向与销售增长、收益率、收益率增长呈显著正相关 市场导向与销售、市场份额没有显著相关性	未调查
Matear 等 (2002)	231 家新西兰服务业企业	贾沃斯基和科利 (1993)、纳夫利和斯拉特 (1990)	市场导向与财务绩效和市场绩效呈显著正相关	局部的正面中介效应：市场导向通过创新 没有显著的中介效应：创新
Matsuno 等 (2002)	364 家美国制造业企业	科利等 (1993)	市场导向与市场份额、投资回报率和新产品销售呈显著正相关	未调查
方静月 等 (2002)	43 家台湾银行的 119 个样本、31 家台湾地区以外银行的 78 个样本	科利等 (1993)	市场导向对组织绩效没有显著直接影响	市场导向会通过银行创新影响经营绩效，确认创新在银行业扮演中介角色

续表

学者的研究	数据基础	市场导向的衡量	市场导向对组织绩效的影响	中介或者调节作用
孙永风、张睿、李垣（2003）	274 家中国大陆国有企业	科利等（1993）	市场导向型战略对企业绩效包括财务绩效和战略绩效有正向影响	
谢洪明、刘常勇、陈春辉（2006）	珠江三角洲 143 家企业	库马尔、萨布拉马尼安和约格（1998）		珠江三角洲 143 家企业
库马尔等（2011）	261 家美国企业	贾沃斯基和科利（1993）	市场导向对企业绩效有积极的短期和长期影响	市场导向对大公司早期销售额和利润有显著影响
贾尼特等（Janet et al., 2011）	491 家中国出口型企业	Stump 和 Heide（1996）	市场导向与组织绩效正相关	市场能力对市场导向和组织绩效有调节作用，竞争优势对市场能力有部分调节作用
Wang, Chen 等（2012）	588 家中国酒店	贾沃斯基和科利（1993）、Moorman 和 Rust（1999）	市场导向积极影响企业绩效	市场定位对全面质量管理和企业绩效有中介作用

资料来源：F. 兰格拉克（2003），本章中略有修改。

影响关系，但绝大多数学者的结果还是支持了市场导向能够促进组织绩效的提升和观点（谢洪明、刘常勇和陈春辉，2006）。因此，在竞争激烈的市场中，企业非常重视市场导向对于组织绩效提升的作用。对于多数营利性组织而言，它们通常以成本降低、利润增长及市场份额扩大等客观绩效来反映组织绩效的变化。然而，对于多数非营利性组织而言，它们在实施市场导向策略时更加关注组织价值理念是否能够得到公众认可、组织是否能够实现可持续发展等，即更加关注组织的主观绩效。

二　潜在的调节变量

在 Meta 分析中，潜在调节变量是依据理论判断和其对两变量之间方差变异的解释能力得以确定和编码，其一般可分为概念性调节变量与方法性调节变量。基于相关文献整理与回顾，本章认为，对市场导向与组织绩效关系可能起调节作用的概念性调节变量主要包括组织目标（营利性 vs 非营利性）和企业所处市场条件（传统工业国 vs 新兴经济体），方法性调节变量主要包括市场导向测量方法（MARKOR vs MKTOR）和组织绩效测量方法（主观绩效 vs 客观绩效）。

（一）组织目标

与营利性组织一样，大多数以非营利性组织为研究对象的实证研究也证实了市场导向能够促进组织绩效的提升。然而，市场导向策略在营利性组织与非营利性组织之间有着本质区别：对于以企业为主的营利性组织来说，为了获得高水平的组织绩效，通常需要采取独特的创新性市场策略，而创新幅度较大的市场策略往往也意味着较高的成本风险与市场风险；对于非营利性组织来说，实施市场导向的原则之一是提供能够被公众普遍所接受的大众化策略，而这种大众化策略不仅容易实施，风险也较小，进而更能提高组织实施市场导向策略的效率。基于上述分析，提出如下假设拟加以验证：

H43 - 1：在非营利性组织中，市场导向促进组织绩效的提升比营利性组织更明显。

（二）市场条件

早期的市场导向与组织绩效关系研究主要以欧美传统工业化国家的企业为研究对象，而随着以中国、印度等为首的新兴经济体的崛起，对新兴经济体市场背景下的市场导向与组织绩效关系研究引起了学者们的高度重视。新兴经济体市场具有传统工业国难以比拟的市场活力，但市场体系、制度建设相对落后，经济结构调整、产业转型升级等诸多问题的存在，一定程度上会降低企业实施市场导向的效率。而以美国、英国等为主体的传统工业化国家具有相对完善的市场体系，市场机制运行也较为成熟，企业往往积累了大量的市场导向策略实施经验，从而实现预期组织绩效的概率更高。基于上述分析，提出如下假设拟加以验证：

H43-2：在传统工业化国家企业中，市场导向促进组织绩效的提升比新兴经济体国家企业更为明显。

（三）市场导向测量方法

目前，由纳夫和斯拉特（1990）开发的 MKTOR 量表和科利等（1990）开发的 MARKOR 量表是学术界测量市场导向最具影响力的两种量表。纳夫和斯拉特（1990）非常重视顾客与竞争者对组织绩效的影响，MKTOR 量表因此更加关注企业能够为顾客创造的产品价值和企业对潜在竞争者的正确认识。而由于产品价值链的可拓展性，组织内部任何部门或员工个体都能够为顾客创造价值或者对竞争者评估做出潜在的贡献，大大提高了企业实现预定目标的可能性。然而，MARKOR 量表强调企业自身在市场信息收集、传递与反馈中的重要性，但信息的传递与共享需要符合市场的需求，所以，只有将经过组织加工、整合的信息反馈给外部市场中的客户，才有可能发挥市场导向在促进组织绩效方面的潜在作用。基于上述分析，提出如下假设拟加以验证：

H43-3：采用 MKTOR 量表测量市场导向所获得的市场导向与组织绩效关系要比采用 MARKOR 量表测量市场导向所获得的市场导向与组织绩效关系更为显著。

（四）组织绩效测量方法

关于组织绩效测量的方法众多，其中一种分别从主观和客观角度评价组织绩效。在市场导向与组织绩效的关系研究中，基于主观绩效与客观绩效评价结果的对比分析，很多学者证实了两者之间确实存在显著的差异。霍夫曼和纳坦（Hoffman and Nathan，1991）认为，主观绩效测量与客观绩效测量各有优缺点，客观绩效测量并不一定比主观绩效测量更加可靠。由于对获取资料的客观性要求非常高，反而限制了客观绩效测量在更广泛领域的应用，同时，为了保证结果的可靠性，很难对采用客观绩效测量方法所获得的结果进行更为深入解释；而主观绩效测量则不受这些因素的限制，可以更为准确地反映市场导向与组织绩效之间的内在作用关系。因此，学者们在实际研究中更为普遍地采用主观绩效测量方法。基于上述分析，提出如下假设拟加以验证：

H43 - 4：采用主观绩效测量组织绩效所获得的市场导向与组织绩效关系要比采用客观绩效测量组织绩效所获得的市场导向与组织绩效关系更为显著。

基于上述理论推演和假设，确定研究框架如图 43 - 1 所示。

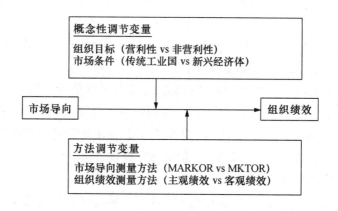

图 43 - 1　本章研究框架

第三节　研究设计

一　Meta 分析

Meta 分析是一种通过对以往关于同一问题的多项独立的实证研究结果进行综合分析与评价的定量研究方法。相对于其他定量分析工具，Meta 分析具有如下两方面优势：一方面，通过对众多同一研究主题的汇总再分析，能够有效克服单一研究样本量相对较小、测量误差及抽样误差等随机性因素可能造成的影响，进而对研究变量间关系进行更为准确的估计。另一方面，由于 Meta 分析汇集了众多的研究样本，而这些样本往往能够从地区、行业等角度进行归类，因此可以通过控制研究对象的样本特征探讨变量之间关系的差异，从而分析造成这种差异的潜在因素。

二　数据收集与编码

在数据收集方面，主要参考程聪和谢洪明（2013）的研究方法。首先，以 Market Orientation、Organizational Performance 等为关键词在 Springer Link、EBSCO 以及中国知网等主流数据库上进行文献检索。其次，对搜索到的文献进行筛选，筛选原则为：（1）必须是关于市场导向与组织绩效关系的实证研究；（2）必须包含相关系数或者能够通过推导计算出相关系数或偏相关系数的数据；（3）如果多个文献的研究对象相同，则只取其中一个文献的数据进行分析。基于上述步骤，最终获得49篇可供分析的文献。

在数据编码方面，挑选了两位研究人员，以保证所获得数据的可靠性和独立性。数据编码主要遵循以下原则：（1）对于一些文献中出现的相关构念关系在同一维度上的多个数据，采用取平均值的方法。（2）对所获得的数据进行逐一对比分析，对于编码结果出现显著差异的数据，以小组讨论方式解决。（3）对于一些奇异值（主要表现为相关系数为负数），参照 Cano 等（2014）的保留奇异值的保守处理方法。

三　样本描述

纳入 Meta 分析的样本总数为 11343 个，平均样本数为 231 个，最小样本数为 53 个，最大样本数为 588 个。具体样本结构如表 43 - 2 所示。

表 43 - 2　　　　　　　　　　　　样本结构分析

调节变量			
组织目标	营利性组织	非营利性组织	多元化组织
比例（%）	65.3	10.2	24.5
市场条件	传统工业国	新兴经济体	多个国家（地区）
比例（%）	51	36.7	12.3
市场导向测量方法	MARKOR	MKTOR	综合测量法
比例（%）	34.7	34.7	30.6
组织绩效测量方法	主观绩效	客观绩效	综合测量法
比例（%）	49	16.3	34.7

第四节　研究结果

一　描述性统计检验

由表 43 - 3 可知，所有效应值的 95% 置信区间均在 0 水平线的右侧，表明所获得的效应值具有良好的可信度水平。同时，各种调节作用下构念关系的 Q 值均远远大于文献数量，I^2 值都高于 60%，并且都是显著的（$p < 0.001$），因此可以推断研究的样本来源具有显著差异，需要采用随机效应模型。此外，失安全数是检验 Meta 分析中"发表偏倚"大小的常用标准，其计算公式为：

$$Nfs_{0.05} = \left(\frac{\sum Z}{1.645} \right)^2 - K$$

其中，K 表示研究个数。一般来说，与用于分析的文献数量相比，失安全数越大，"发表偏倚"越小，即 Meta 分析所获得的结果越稳定。由表 43 - 3 可知，所有样本的失安全数都远大于文献数量，说明本章中所有构念间关系检验结果都比较好。

二　异质性检验

描述性统计分析中的异质性检验结果显著通常不能简单归结于样本来源的差异性。研究中构念的测量方法、样本特征、架构设计及结论分析方法等因素均可能是研究其异质性的来源。综观国内外关于市场导向与组织绩效关系的实证研究，大多数采用"理论假设—数据验证—结论分析"的设计思路展开。为了更为准确地探寻导致本章中异质性检验显著的可能原因，采用异质性检验方法分别分析组织目标、市场条件、市场导向测量方法和组织绩效测量方法对于市场导向与组织绩效关系的影响：按照 Meta 分析对于调节变量的分类要求对所获得数据进行再一次的归类编码。由于每个调节变量具有三种情形，具体编码方式采用 0—2 形式给调节变量的每一种情形下的数据贴上标签，得到的检验结果如表 43 - 3 所示。（1）非营利性组织的市场导向与组织绩效关系效应值（$ES = 0.424$）要高于营利性组织市场导向与组织绩效关系效应值（$ES = 0.170$），并且异质性检验是显著的（$Q = 399.34$，$p < 0.001$），即假设 H43 - 1 成立。（2）传统工业化国家企业的市场导向与组织绩效关系效应值（$ES = 0.182$）要低于新兴经济体国家企业的市场导向与组织绩效关系效应值（$ES = 0.291$），并且异质性检验是显著的（$Q = 116.84$，$p < 0.001$），即假设 H43 - 2 不成立。（3）采用 MKTOR 量表测量市场导向所获得的市场导向与组织绩效关系效应值（$ES = 0.242$）高于采用 MARKOR 量表测量市场导向所获得的市场导向与组织绩效关系效应值（$ES = 0.189$），并且异质性检验是显著的 K（$Q = 140.64$，$p < 0.001$），即假设 H43 - 3 成立。（4）采用主观绩效测

表 43 - 3　　描述性统计检验及异质性检验

调节变量	文献数量	相关系数	样本总量	平均效应值	加权效应值	95%CI		异质性检验		P值	Z值	失安全数
						上限	下限	Q值	I²(%)			
概念性调节变量												
营利性	32	0.243	7176	0.177	0.170	0.158	0.182	663.54***	82.1	0.000	28.24	175
非营利性	5	0.455	1379	0.412	0.424	0.401	0.447	414.71***	92.5	0.000	36.47	460
多元化	12	0.300	2788	0.260	0.287	0.265	0.310	727.91***	95.2	0.000	25.14	198
异质性检验								399.34***		0.000		
传统工业国	25	0.236	6078	0.174	0.182	0.169	0.196	701.98***	86.9	0.000	26.42	165
新兴经济体	18	0.338	3654	0.294	0.291	0.276	0.307	1186.39***	94.4	0.000	36.81	433
多个国家（地区）	6	0.355	1611	0.279	0.272	0.246	0.298	203.19***	87.2	0.000	20.57	129
异质性检验								116.84***		0.000		
方法调节变量												
MKTOR	17	0.266	3416	0.225	0.242	0.220	0.264	569.66***	92.3	0.000	21.40	124
MARKOR	17	0.256	4820	0.188	0.189	0.176	0.201	764.59***	88.6	0.000	28.60	214
综合	15	0.364	3107	0.311	0.323	0.305	0.341	732.02***	92.6	0.000	34.98	397
异质性检验								140.64***		0.000		
主观绩效	24	0.332	5387	0.273	0.262	0.249	0.275	1205.45***	92.1	0.000	38.78	460
客观绩效	8	0.201	2025	0.131	0.139	0.112	0.166	68.88***	73.9	0.000	10.11	19
综合	17	0.257	3931	0.206	0.230	0.214	0.245	869.35***	91.7	0.000	28.59	229
异质性检验								119.69***		0.000		

注：***表示 $P < 0.001$。

量组织绩效所获得的市场导向与组织绩效关系效应值（$ES = 0.262$）高于采用客观绩效测量组织绩效所获得的市场导向与组织绩效关系效应值（$ES = 0.139$），并且异质性检验是显著的（$Q = 119.69$，$P < 0.001$），即假设H43 - 4 成立。

三　Meta 回归

相对于异质性检验，Meta 回归不仅能够准确判断相关因素对于构念关系的调节作用大小，还可以对影响构念之间关系的多个因素同时进行分析，并探讨每一因素对于这种影响关系的贡献程度。为了准确地探讨不同类型调节变量对于市场导向与组织绩效关系的影响作用，本章采用逐层回归模式，分别建立包括概念性调节变量的市场导向与组织绩效关系回归模型 1，包括概念性调节变量与市场导向测量方法的市场导向与组织绩效关系回归模型 2 和包括概念性调节变量、市场导向测量方法与组织绩效测量方法的市场导向和组织绩效关系回归模型 3，具体如下：

$Z_1 = \beta_0 + \beta_1 \times$ 组织目标 $+ \beta_2 \times$ 市场条件

$Z_2 = \beta_0 + \beta_1 \times$ 组织目标 $+ \beta_2 \times$ 市场条件 $+ \beta_3 \times$ 市场导向测量方法

$Z_3 = \beta_0 + \beta_1 \times$ 组织目标 $+ \beta_2 \times$ 市场条件 $+ \beta_3 \times$ 市场导向测量方法 $+ \beta_4 \times$ 组织绩效测量方法

其中，Z 为每项研究的效应值，β_0 为回归方程的截距，$\beta_1 \sim \beta_4$ 为各项研究特征的回归系数，具体回归结果如表 43 - 4 所示。

由表 43 - 4 可知，模型 1 的整体检验结果显著（$P < 0.001$），组织目标和市场条件对市场导向与组织绩效关系产生显著的调节作用（$\beta_1 = 0.074$，$P < 0.01$；$\beta_2 = 0.073$，$P < 0.01$），进一步验证了假设 H43 - 1 成立。模型 2 的整体检验结果显著（$P < 0.001$），组织目标、市场条件以及市场导向测量方法都对市场导向与组织绩效关系产生显著的调节作用（$\beta_1 = 0.069$，$P < 0.001$；$\beta_2 = 0.089$，$P < 0.0001$；$\beta_3 = 0.062$，$P < P < 0.01$），进一步验证了假设 H41 - 1 和假设 H43 - 3 成立。模型 3 的整体检验结果显著（$P < 0.001$），组织目标、市场条件、市场导向测量方法对市场导向与组织绩效关系产生显著的调节作用（$\beta_1 = 0.070$，$P < 0.01$；$\beta_2 = 0.082$，$P < 0.01$；$\beta_3 = 0.059$，$P < 0.05$），组织绩效测量方法则对市场导向与组织绩效关系不存在显著的调节作用 $[\beta_4 = -0.010 \ (n.s.)]$。综合模型 1、模型 2 和模型 3，三个回归模型之间的整体回归效果（F 值、R^2 值和 I^2 值）相近，说明本书关于市场导向与组织绩效关系的众多调节

表 43 - 4

Meta 回归

调节变量	模型 1			模型 2			模型 3		
	Coef.	95% CI	Std. err	Coef.	95% CI	Std. err	Coef.	95% CI	Std. err
组织目标	0.074**	(0.032, 0.115)	0.021	0.069**	(0.028, 0.109)	0.021	0.070**	(0.029, 0.111)	0.021
市场条件	0.073**	(0.028, 0.118)	0.023	0.089***	(0.042, 0.135)	0.023	0.082**	(0.030, 0.135)	0.027
市场导向测量方法				0.062**	(0.016, 0.108)	0.023	0.059*	(0.011, 0.106)	0.024
组织绩效测量方法							-0.010	(-0.050, 0.030)	0.020
Model F	10.50***			9.59***			7.22***		
R^2	10.46%			13.68%			13.29%		
I^2	90.43%			90.11%			90.12%		
τ^2	0.046			0.044			0.044		

注: *P<0.05; **P<0.01; ***P<0.001。

变量中，市场条件对市场导向与组织绩效关系所起到的调节效应最为明显。

本章小结

本章运用 Meta 分析方法分别从概念性调节变量和方法性调节变量中的相关因素对市场导向与组织绩效的关系进行了系统、全面的检验。研究结果不仅证实了市场导向与组织绩效的关系受到多种因素的影响，而且还发现组织目标、市场条件与市场导向测量方法对于市场导向与组织绩效关系的调节作用，形成的主要结论如下：

（1）非营利性组织的市场导向与组织绩效关系强度要高于营利性组织的市场导向与组织绩效关系强度。这说明，由于非营利性组织不存在强烈获取超额利润的意愿，其在市场经营过程中并不会过分追求独具一格、别出心裁的市场导向创新策略，进而能够较好地规避实施市场导向创新策略所带来的成本风险与市场风险，提高市场导向策略实施的效率。而对于营利性组织来说，在竞争激烈的市场条件下，只有采取创新性强且能够迅速产生市场效应的市场导向策略才能实现既定市场目标，获得超额的收益。但是，从实际市场的运行情况来看，由于采取创新策略往往需要付出较大的代价，一定程度上会降低企业成功实施这种变革性市场导向策略的概率。因此，如何使企业制定的市场导向策略在获取最大化绩效的同时尽量降低实施风险以促进组织绩效提升是当前营利性组织在面临市场导向策略实施时的一大"瓶颈"。

（2）市场导向与组织绩效的关系在新兴经济体国家企业中比传统工业化国家企业更为显著。也就是说，市场体系、制度建设等的不完善并不会直接影响新兴经济体国家企业实施市场导向策略的效率。原因在于：首先，从国家层面看，新兴经济体国家市场前景广阔，需求空间广大，使得企业更容易获得潜在的经营收益。同时，新兴经济体国家都有强烈的经济快速发展欲望，在企业生产经营政策、法规以及制度制定和建设方面，更大程度上会向本国企业倾斜，以保护民族企业的发展。其次，从企业层面看，为了获得显著的创新效应，传统工业化国家企业在引领企业市场导向策略的创新与变革过程中往往需要付出很大的创新风险成本与代价；而新兴经济体国家企业一般只需通过花费代价较小的战略跟随或模仿行为即可达到相似的效果。该结论表明：新兴经济体国家企业应抓住机遇，充分利用现有优势，深入挖掘潜在的市场需求，以获取更多经营收益；而传统工业化国家企业可考虑将部分产业转移到新兴经济体国家，以降低因创新变革所带来的风险。

（3）在影响市场导向与组织绩效关系的方法调节变量中，MKTOR 量表比 MARKOR 量表更能反映市场导向与组织绩效的关系，这与我们的假设是一致的，但采用综合的测量方法要好于单独采用 MARKOR 量表或 MKTOR 量表。这是因为，随着市场导向内涵的日益丰富，MARKOR 量表或 MKTOR 量表已经很难全面、准确地反映企业的市场导向策略。因此，充分借鉴 MARKOR 量表和 MKTOR 量表各自的优势，采用综合的测量方法是后续研究中应该引起重视的。

本章中我们运用管理学领域较为少见的 Meta 分析方法，对市场导向与组织绩效的关系进行了跨地区、跨文化、跨时间的综合性研究，研究成果对当今国际化市场环境条件下的企业制定和实施正确的市场导向策略具有重要的现实意义，同时进一步深化了市场导向与组织绩效关系理论，为未来开展相关研究提供了研究方向与指导性意见。不足之处在于所采用的文献主要以英文为主，中文文献较少，也缺乏企业语种发表的文献，后续研究可以通过拓宽数据采集渠道纳入更多的潜在调节变量，以进一步提高研究质量。

第四十四章　实施全球化战略，促进浙江经济长期发展对策

本章从浙江企业全球化战略的角度出发来探讨浙江经济未来一段时间内的发展问题。近年来，浙江先后提出"浙商回归""四换三名""信息经济"等重大经济社会发展战略，随着几大重点战略相继推进，浙江全省投资力度开始持续增大，经济结构开始深度调整、生产效率开始快速提升，发展实体经济氛围开始逐渐形成，企业家地位得到显著提升，浙江经济开始步入创新驱动、人才引领的新格局。随着党的十八届三中全会《关于全面深化改革若干意见》指出，我国要构建开放型经济新体制，未来我国将会更加重视和推动国际国内实现要素有序流动、资源高效配置和市场深度融合，以开放促改革。如何在这一全新体制下实现浙江经济社会持续高速发展、浙江企业和企业家在国际化浪潮中占有更多的话语权，成为浙江省在"十三五"规划乃至中长期发展中必须解答的问题。对此深入剖析实施"全球浙江、全球浙企、全球浙商"战略的必要性和可行性，就当前如何实施"全球浙江、全球浙企、全球浙商"战略提出一系列对策建议。

第一节　全球浙江、全球浙企、全球浙商战略的提出

浙江经济结构调整持续深入，但从深层次经济结构上来讲，浙江经济仍然属于外向型经济，作为制造业大省，浙江没有得天独厚的能源优势，也没有天然广袤的市场资源，这决定了浙江发展模式不能仅局限于内生增长动力的发掘，需要同时拓宽视野，积极寻找外部优势资源，实现浙江经济的内外兼修，方能保障浙江经济可持续发展。

一　浙江区域经济需要加快融入全球产业布局关键环节

浙江位于世界未来三大经济核心区域——长江三角洲区域，虽然长江三角洲地区目前发展势头良好，但产业结构趋同，单位生产效率不高和产品附加值较低等特点使得该地区产业始终难以摆脱低端定位，未来浙江亟须在全球产业布局中提高自身战略定位，实现差异化发展，打造具有特色的浙江标签，力争成为全球产业布局中不可或缺的关键环节。

二　浙江企业需要尽快提升全球资源配置整合能力

浙江经济一直以来面临着资源市场两头在外的问题，作为市场资源配置主体的浙江企业不仅要在提升企业效率和内生发展动力上做文章，也要坚持走出去，通过参与全球竞争提升企业获取发展所需要素的能力，积极介入全球资源配置和价值链整合来满足企业发展所需的资源。

三　浙江企业家需要培养全球视野与国际接轨

随着浙江经济结构调整和转型升级的进一步深入，浙江企业家结构也经历了从草根创业者向高知识创业者的嬗变，以互联网等新兴产业为主的高技术产业的崛起对这一群体提出了更高的要求，新一代的浙江企业家不仅需要保持老一辈企业家敏锐地把握商机的决断力，更需要有全球视野、创新能力、创业精神、社会责任等接轨国际的专业素养，方能在企业全球化浪潮中做出科学合理的决策。

第二节　实施全球浙江、全球浙企、全球浙商战略的迫切性

经历 30 多年的改革开放，浙江的市场经济无论是活力还是规模都得到了历史的验证，在浙江推行全球化战略具有多重要素保障，浙江政府令行禁止有助于全球发展战略在全省范围得到贯彻落实，浙江经济厚重市场底蕴有助于全球发展战略得到工商业界的广泛支持，浙江人民敢为人先的探索精神有助于全球发展战略在浙江率先打开局面。此外，作为"十三五"的开局之年，浙江尤其需要提出高瞻远瞩的发展战略来领导未来五年的前进方向。

一　浙江经济同全球经济密切相关

从对外贸易依存度来讲，浙江市场始终保持着对国际市场的较强依

赖，2013年全省实现进出口总值2.08万亿元，其中净出口额占全省GDP比重为26.7%，远高于经济学界提出的5%理论贸易平衡水平。从国家战略布局来看，国务院批准在义乌成立国际贸易综合试点，表明了对浙江市场经验的高度肯定，希望通过试点的设立提炼成功经验，最终实现降低企业贸易成本，提升我国外贸出口竞争力。

二　浙江企业已经开始走向全球

从吉利集团并购沃尔沃公司到阿里巴巴赴美上市，浙江企业掀起一波波走向世界的浪潮。浙江企业正在尝试摆脱低端竞争怪圈，通过打造全球优质品牌、获取全球优势资源参与到全球资源配置的竞争中去。2013年浙江企业跨国并购数量和资金额均排名全国第三，是我国企业跨国收购行为较为活跃区域，随着越来越多的综合性大企业集团在全球产业链开展多元化布局，未来在更多产业会涌现出优秀的浙江企业。

三　浙江新生代企业家开始崭露头角

以马云、丁磊等为首的浙江新一代企业家对"浙商"赋予全新的定义，新生代浙江企业家不仅具备老一辈浙江企业家坚韧不拔、诚信为本、市场机会把握能力强等特点，杰出的个人魅力、领先的国际化视野更是这一代企业家的个性化标签，伴随更多浙江企业家创办的企业登录国际资本市场及其在全球市场中受到的正面评价，极大提升了浙江企业家的社会地位和荣誉感，进而激发了更多企业家创业激情，从而使浙江省成为全国乃至全球企业家创业乐园。

第三节　实施全球浙江、全球浙企、全球浙商战略的对策建议

为了实现浙江经济社会的跨越式发展，争取在"十三五"规划完成时进入全球领先区域经济体，帮助浙江企业在未来国际竞争中占得先机，推动浙江商人成为全球商人中有独特魅力的群体，需要从以下方面来努力实现"全球浙江、全球浙企、全球浙商"战略。

一　完善市场体系建设，稳定政策环境预期

一是积极贯彻落实国家相关战略。充分利用好四大"国家战略"赋予浙江的政治优势，在战略区域内积极探索推动有益于浙江市场化进程的

政策措施，创新工作思路，开展相关政策的先行先试工作。二是加快转变政府职能，试点改革行政审批制度，变审批管理为全程服务，加快打造符合国际惯例的政策体系，向美国、德国等具有先发优势国家和地区加大政策借鉴力度，联合国家相关职能部门在浙江就提高全球布局市场效率、降低国际运作经营成本等主题开展试点工作，协助企业系统谋划统筹利用全球创新要素资源，促进浙江产业升级和经济发展。

二　明确浙江战略定位，承接全球资源、经济要素的交会

明确浙江"先进制造为本，高端产业为支柱"的产业发展思路，打造极具竞争力的全球战略性新兴产业创业区域。一是汇聚高端人才资源。通过制定分类优惠政策，吸引企业家、高级知识分子、高技能工人等高级人才向浙江集聚，加大浙江人才同国际先进企业、经济体交流力度。二是集聚资金资源。搭建平台和渠道加强项目、资本对接，吸引优质创业资本在浙江集聚，提升浙江企业参与全球资源配置能力。三是融通产业资源，培育本土世界水平跨国公司，鼓励浙江企业积极参与全球产业价值链整合，学习优秀企业发展经验，提升浙江企业在全球竞争中的参与度和竞争力。

三　支持本土跨国企业混业经营

一是鼓励省属国有控股大型企业集团在风险可控条件下开展混业经营试点，实现省内优势资源的聚集和共享，解决省属国有企业在走出去过程中的资金、技术及人才等资源"瓶颈"，为后续大量浙江民营企业的国际化经营提供示范样板。二是组建跨行业的浙江海外企业混业联盟，通过交叉持股、共同投资等方式实现国际资源共享，通过形成规模效应来获得跨国经营利益最大化，实现对浙江本土经济社会发展的反哺。

四　制定合理引导政策，助力企业国际竞争

继续全面推进浙江信息经济发展战略，结合"四换三名"和"能源双控"工程，加快推动浙江省传统产业转型升级，促进战略性新兴产业蓬勃发展，优化浙江经济产业结构。大力贯彻"浙商回归"战略吸引优秀浙江企业、全球浙商回归，共同打造及完善浙江区域经济，使其在政策措施、创新活力、基础设施等各方面可以同全球创业热土媲美。

五　培育浙江特色跨国经营企业家

一是提升企业家国际经营视野和全球资源整合能力。培育浙江本土跨国公司关键是要培育既熟悉浙江省情又具备国际化视野的跨国经营企业家。相关职能部门要制订跨国经营企业家培训方案，向熟悉浙江省情同时在跨国企业经营研究方面有较深造诣的科研机构、高校购买培训服务。利用国家现有人才项目引进一批适合国际化经营的高级国际贸易人才、金融财会人才、科技人才、管理人才和法律人才，建立有助于国际经营人才流动的管理体系。二是要打造有助于企业家最大化发挥个人才干的市场经营环境，以市场改革促进企业发展，以企业发展倒逼市场改革，实现企业与经营环境的良好互动。三是为浙江企业提高国际化管理程度提供公共服务。针对浙江民营企业数量多，且家族式传承同国际化公司治理模式存在冲突的现状，浙江需要引进更多大型或有跨国公司业务经验的管理咨询机构为企业提供相关咨询服务，同时浙江需要从产权保护、政府信用等角度为企业走向国际化提供公共政策保障。

六　大力弘扬浙商精神，打造全球创业热土

积极贯彻落实"两创、两富"战略，通过加强政府平台宣传力度、鼓励浙江企业走出去等方法，扩大浙江区域经济影响力，加大浙商精神在全球的推广力度，提升浙商精神在全球的认知度，传播浙江适宜创业创新的积极信号，为浙江吸引全球企业、资本及企业家的入驻营造优良舆论氛围，为浙江企业、企业家走出去获得所在地认可提供帮助。

第四十五章　依托互联网发展战略，打造浙江全球"网谷"策略

本章继续以当前兴起的互联网战略视角来探讨浙江经济发展战略问题。首届世界互联网大会为浙江开启了又一扇走向世界的大门，让全球互联网业界重新认识了浙江，这标志着浙江以互联网为核心的信息经济发展驶入了"快车道"。本章研究表明，世界互联网大会将进一步加速互联网版图的全球扩张，要借好这次大会给浙江带来的东风，加快抢占全球互联网产业制高点，使浙江成为全球信息产业生态系统的关键枢纽，成为具有世界知名度的全球"网谷"。

第一节　以互联网为依托，推动产业升级

一　快速抢占全球互联网产业高地

（一）抢先布局以互联网为核心的信息产业

互联网经济新时代，智能制造、云计算、智能家电、数字媒体等新兴产业孕育了巨大的潜力。要实施有针对性的扶持政策，加大支持以阿里巴巴、海康威视、聚光科技等为代表的企业在云计算、智能安防、数字媒体等领域抢先布局和扩大优势，支持华谊兄弟、宋城集团等为代表的浙江影视服务、会展旅游、文化创意等新兴产业等，大力发展电子商务特别是跨境电子商务，抓紧布局和抢占全球互联网产业高地。

（二）重点建设5—10个互联网园区和信息经济园区

从全省挑选出具有扎实基础、成长潜力大的区域，重点打造成互联网园区和信息经济园区。滨江的信息经济园区、德清的北斗导航民用化园区、乌镇的互联网应用园区、宁波的智慧应用园区等，应作为重点平台打

造。支持与省内有条件的高新技术园区、电子信息产业园、软件和信息服务产业园等，共建互联网产业基地。

二　用"互联网＋""大数据＋""物联网＋"改造传统制造业

"互联网＋"对新闻出版行业（新闻、出版、电视、电影、广告）、制造流通领域（零售、批发、制造、物流）、餐饮酒店领域（酒店与旅游、餐饮）、公共管制领域（通信、金融、教育、保险、医疗、教育）等传统行业产生了根本性影响，未来这一潜力仍然巨大。要善于运用互联网思维去提升传统行业。

（一）构建以网谷电子商务产业园为载体的企业加速器

创建以科技型小微企业、创业型小微企业为主体的小微企业创业园和产业园区等创业公共服务平台。借鉴深圳电子商务产业园、苏州跨境电子商务产业园、重庆合川移动网谷等电子商务集聚区的经验，拨付互联网专项资金，集聚电子商务交易、电子商务应用企业、专业化服务等互联网生态系统的做法，为电子商务企业提供物业、创业辅导、人才、融资、技术、市场以及股权投资等全方位一站式服务，打造生态链完整的电子商务产业集群。

（二）大力推动以互联网、大数据为核心的新兴商业模式

围绕数据感知、传输、处理、存储、安全、应用等数据全流程，全面发展大数据有关产业，打造具有国际竞争力的完整的大数据产业生态体系。利用移动互联网和大数据工具，推动传统产业向创新和科技主导型的商业模式的演进，尤其要利用"互联网＋""大数据＋""物联网＋"改造传统制造业。鼓励企业加速应用互联网技术改造产品开发、供应链管理、市场营销、客户互动等运营环节。加快发展数字家庭、智能家居、车联网等智能终端，加快发展医疗、健身、安全类智能可穿戴设备、车载电子系统和大数据服务平台。

（三）加快推动互联网产业与其他产业的融合

加快推动互联网产业与旅游、时尚、健康、金融、高端制造、交通等产业的融合，在产业融合中创造新的增长空间。加快塑造传统产业与智慧产业和互联网链接的模板，比如，智慧杭州的信息产业集群、智慧义乌贸易、智慧永康五金、智慧东阳木雕等新型融合产业形态。

第二节 利用互联网，加快信息基础设施建设

一 推进信息基础设施互联互通

一方面，加快有形信息基础设施的互通互联。实施"信息高速公路工程"，统筹互联网数据中心（IDC）等云计算基础设施布局，加快推进4G 网络和无线宽带城市群建设，推进互联网骨干网和城域网建设，尽快建设云计算基础设施。以乌镇为样板工程推进无线网络和宽带网络全覆盖，运用最前沿的信息通信技术实现在浙江省村镇层面的信息基础设施全覆盖，确保信息联通传送高效和无障碍互通。另一方面，加快无形的基础设施的构建。健全有助于互联网新兴业态发展的互联网征信体系和金融监管体系，完善与信息技术研发相关的知识产权的保护环境和诚信的虚拟经济商业环境，加快基于大数据、云计算的信用征信体系建设，进一步完善互联网产业发展政策。

二 汇聚联通全球高端信息资源

（一）建设信息技术知识产权交易中心

发挥乌镇世界互联网大会永久会址的平台作用，建设互联网产业博物馆，展示互联网产业的发展历程和技术方向，提高浙江作为全球互联网中心的认同度。试点开展建设互联网技术交易中心，吸引互联网产业巨头使用新技术和新商业模式同浙江民营资本结合开展试点。

（二）建设大数据采集中心

建立自动、精准、实时的大数据采集机制，推动无线射频识别（RFID）、近距离无线通信（NFC）、二维码、人体传感设备等的普及应用。

（三）建设互联网金融创业板市场

分层构建互联网金融支持体系，争取在浙江成立互联网金融创业板市场，吸纳全球互联网和信息经济的风险投资。

（四）建设全球信息技术服务中心

加强信息技术研发和保障支撑，吸引全球互联网及信息技术服务的科研院所、互联网应用人才教育培训机构等入驻浙江，吸引互联网和信息经济高端人才来浙江创业。

三　尽快打造互联网创业生态系统

（一）建设一批互联网创业平台

培育、整合、提升、联通云产业、大数据、智慧城市等信息经济及其相关集聚区。加快建设余杭的大学生互联网创业小镇、天使投资小镇、西湖区的云栖小镇等，形成一批信息经济产业带。

（二）建设国际互联网产业合作平台

加强浙江企业同全球互联网企业互动，在浙江举办具有世界影响力的信息经济高交会，打造世界级技术、产品及服务交易平台。

（三）实施产业链提升和补齐战略

积极引进国内外互联网领域大企业、大公司进驻，从无到有打造相关产业链。完善并强化现有互联网上下游产业链结构，针对特定产业链上游的短板，开展有针对性的产业链补齐战略，健全完善互联网产业体系，推动浙江成为全球信息经济创新创业中心。

（四）建立全省大一统的信用信息公共服务平台

建设全省统一的政务资源库，统一数据编码和格式标准，完善人口、法人单位、自然资源、空间地理等基础数据库，加强基础数据互联互通，打破政府部门横向之间的"信息孤岛""信息烟囱"。加强立法保护，注意公共信用信息资源的高敏感性、高私密性，从政策上和法律上加强信用信息资源保障。

第三节　全面实施互联网产业发展理念

一　打造全球有影响力的特色性互联网文化

（一）打造浙江互联网文化名片

利用浙江在互联网产业中的先发优势和浙江深厚的文化底蕴，以互联网产业为载体宣传浙江文化，强化浙江精神、浙商精神和互联网的链接，抢占互联网产业的无形价值高地。

（二）使用互联网开展浙江品牌营销

利用互联网的传播优势放大浙江在互联网世界里的声音，采用跨界R&V模式整合现实资源和虚拟资源，做大做强浙江互联网文化产业。

（三）培育宽容失败的互联网创业文化

营造鼓励创新、宽容失败的互联网创业氛围，吸引大批互联网优秀人才来浙江进行创业尝试。

二 创新现代网络治理方式

建设智慧城市大数据应用示范工程，集成运用信息技术，服务智慧城市、智慧社区建设，推动治理信息化。

（一）探索建立数据共享安全机制

互联网创造的价值潜力相当一部分来自数据共享，用户隐私安全是互联网行业可持续发展的重要基础。结合互联网技术特征，探索新型互联网治理模式，创新网络管理模式，引入社会资源参与网络安全与社会治理，在充分释放数据潜力的同时要确保数据的安全性和隐私性。

（二）加强监督注重制度创新

在政策层面，要密切监督互联网产业竞争态势，加强数据使用规范的立法保障，做好知识产权保护和鼓励创意传播之间的平衡。

（三）创新网络安全治理手段

运用云计算和大数据工具，开发新型社会治理工具，推动社会治理上云、公共服务上网。加强基于互联网或云平台的社会治理，重点推进云民生、云健康、云法治、云安全等专项治理。

三 加强对全球互联网业态跟踪研究

（一）建设若干互联网新业态研究智库

在浙江大学、浙江工业大学、省社科院、省咨询委等研究机构中，建设若干新型智库，从信息基础设施建设、信息产业培育、信息文化传播、信息产业发展体制机制等方面，进一步加强前沿研究。

（二）借鉴"PPP"模式开展互联网应用研究

在我国互联网领域，企业和政府有各自优势，单纯只依靠任何一方都可能影响互联网产业发展。要适应互联网经济的快速变化和激烈竞争态势，充分发挥政府主导的各类研究基金的引领作用，协同龙头信息行业企业专题研究未来浙江省信息经济发展战略。

第四十六章　浙江企业在发达经济体
投资对策建议

本章基于对杭州各地赴海外投资的企业开展调研，了解其投资状况，分析面临的困境及发展趋势的调研。研究结果发现，全球金融危机以来中国企业大幅度加快在海外的投资步伐，特别是到以欧盟、美国和日本等发达经济体投资的快速发展，浙江企业在全国各省市数量位居第一；海外投资的目标已由单纯的市场国际化向获取全球研发技术、市场渠道和品牌等全球战略性资产逐渐拓展的趋势；越来越多企业采用海外并购模式、建立海外经贸合作园区开展对外直接投资；从全球价值链不同分工环节来看，浙江企业正通过从事全球 R&D 活动提升全球价值链地位，但行业间存在着较大差异。针对目前浙江企业在欧盟、美国、日本发达经济体投资过程中存在的全球化能力不足、人才缺乏、国际融资困难、政策支持不足等问题，调研组建议，加大推动浙江企业在发达经济体进行获取战略性资产的投资行为以抢占全球价值链高端，由官方在海外建立商贸和对外投资服务联络机构，着力协助企业解决全球化过程中面临的能力不足问题，建立和完善支持企业海外投资的融资和风险预警体系，提供企业国际化过程必需的培训、信息和咨询等公共服务，鼓励建立境外行业协会和商会机构。

第一节　投资数量居全国首位

一　中国在发达经济体投资多数集中在欧盟、美国和日本等发达国家

截至 2013 年 7 月 31 日，在国家商务部登记的境外投资企业名录显示，中国企业在欧洲联盟 27 国投资企业总数为 2088 家（其中在原欧盟 15 国投资企业总数为 1872 家）；在美国投资的企业总数为 2726 家；在日本投资企业总数为 789 家。从投资欧盟的东道国看，多数投资在西欧发达国家，即原欧盟 15 国，投资总数为 1872 家（占欧盟 27 国投资总数的 89.66%）。其中，德国在欧盟吸收中国企业的投资数量位居首位，总数为 625 家，占中国在欧盟 27 国投资总数的 30.0%。

表 46 - 1　中国及浙江省企业在欧盟、日本投资企业数量和比例

	中国大陆投资企业在该国数量（家）	在该国投资占欧盟企业投资比重（%）	浙江企业在该国的投资数量（家）	浙江企业占比中国大陆企业在该国投资比重（%）
（一）欧盟 27 国	2088	100	622	29.8
德国	625	30.0	198	31.7
英国	313	15.0	90	28.8
荷兰	244	10.7	55	24.6
法国	193	9.24	54	28.0
意大利	187	8.96	82	43.9
西班牙	85	4.07	39	45.9
瑞典	72	3.45	17	23.6
比利时	54	2.59	16	29.6
波兰	55	2.63	18	32.7
罗马尼亚	48	2.30	10	20.8
匈牙利	38	1.82	9	23.7
（二）日本	789		104	13.2

资料来源：商务部对外投资与经济合作司，截至 2013 年 7 月 31 日。

二　在东欧等新兴国家投资快速增长

在东欧地区，欧盟新 12 国的投资数量为 216 家（占 10.34%）。在东欧投资数量较多的是波兰（55 家，占 2.63%）、罗马尼亚（48 家，2.30%）、匈牙利（38 家，1.82%）、捷克（29 家，1.55%）和保加利亚（26 家，0.94%）。

三　浙江企业对欧盟、美国、日本发达经济体投资数量高居全国第一位

中国企业对欧盟、美国、日本发达经济体的投资主要来源于长三角地区（其中浙江企业投资企业数量位居全国首位），其次是北京、环渤海地区和珠三角地区。截至 2013 年 7 月 31 日，浙江企业在欧盟 27 国投资企业总数为 622 家，约占全国投资总数的 1/3；在美国投资的企业总数为585 家（占全国的 1/5 强，位居首位）；在日本投资的企业总数为 104 家。其中从投资欧盟的东道国来看，德国吸收了 198 家浙江企业的投资，浙江企业在德国投资总数占中国企业在德投资比重的 31.7%，高居首位；浙江对欧盟 27 国投资数量的第 2 位至第 6 位分别为英国（90 家，占28.8%）、意大利（82 家，占 43.9%）、荷兰（55 家，占 24.6%）、法国（54 家，占 28.0%）和西班牙（39 家，占 45.9%）。

第二节　海外投资领域正处于转型期

从海外投资企业所处的行业看，多数在发达经济体投资以制造业为主，投资集中在机械和汽车零部件、纺织服装、日常消费品、化工材料等传统领域，电子半导体、可再生能源、健康医药和生物技术行业等新兴领域正在快速增长。

浙江企业在欧盟、美国、日本发达经济体投资仍集中在纺织服装、日用消费品、传统机械和化工等领域。从对欧盟、美国、日本发达经济体投资的国内来源地看，前十位投资主体占投资总数的 84.8%，分别是浙江、江苏、广东、山东、北京、央企、上海、福建、辽宁和天津。前十位投资主体中，纺织服装行业企业数占全国对欧盟、美国、日本发达经济体该行业投资的 90.9%。浙江企业在欧盟、美国、日本发达经济体投资的领域主要集中在纺织服装、日用消费品和机械及汽车零部件等行业，占浙江企业在发达经济体投资总数的一半以上。从目前浙江企业在较为发达的原欧盟15 国投资数量情况看，位居前列的分别是机械和汽车零部件（77 家）、纺织服装（107 家）、日常消费品（88 家）、化工材料（59 家）等传统产业；投资于美国的浙江企业来看，从事机械及汽车零部件（110 家）、纺织服装（94 家）、日常消费品（64 家）和化工材料（62 家）的企业仍然占据主导；

投资在日本的浙江企业中，日常消费品行业企业 21 家、机械及汽车零部件企业 18 家、纺织服装企业 17 家，也同样位居浙企在日投资的前三位。

正在从传统行业向新兴技术行业转型。无论从投资欧盟 27 国的浙江企业情况看，还是从投资于美国的浙江企业看，目前浙江企业中，尽管传统行业略多于新兴技术产业，但从事新兴产业的企业正在不断加大海外投资的步伐，特别是与海外研发活动相关的投资。近几年以来，特别是全球金融危机和欧债主权危机爆发以来，原来从事新兴产业的中国企业也加大了在欧洲投资的步伐，特别是电子与半导体、可再生能源、医药健康、计算机和软件等行业显得更为突出，在欧盟原 15 国投资数量分别达到 52 家、27 家、23 家和 12 家。浙江企业近年来在美国的投资行业分布，在以下领域正在不断加大投资步伐：电子与半导体技术（66 家）、生物医药与健康技术（22 家）、ICT 及软件企业（17 家）和可再生能源领域的企业（12 家）。浙江在日本从事新兴技术行业的投资相对较少。

表 46-2　浙江企业在欧盟、美国、日本主要发达经济体投资行业分布情况

行业	欧盟 27 国		美国		日本	
	投资企业（家）	开展 R&D 活动相关的企业（家）	投资企业数量（家）	开展 R&D 活动相关的企业（家）	投资企业（家）	开展 R&D 活动相关的企业（家）
纺织服装	107	4	94	7	17	3
日常消费品	88	8	64	3	21	1
机械及汽车零部件	77	18	110	23	18	7
化工材料	59	8	62	11	3	0
电子半导体	52	14	66	14	12	3
综合贸易	41	1	37	0	11	0
可再生能源	27	9	12	5	2	0
医药健康和生物技术	23	3	22	16	0	0
ICT 及软件	12	7	17	10	5	1

资料来源：商务部对外投资与经济合作司，截至 2013 年 7 月 31 日。

　　浙江企业在欧盟、美国、日本发达经济体的海外投资的进入方式正在从单一的绿地投资，向海外并购（M&A）、绿地投资和海外建立经贸合作园区等多方式并存转型。其中海外并购正越来越成为浙企海外拓展的新模式。早期进入欧盟、美国、日本发达经济体的浙江企业，多数是以设立贸易代表处、售后服务中心、信息监听站等方式为主，规模小、功能单一。伴随浙企在国内的快速发展，越来越多企业在发达经济体通过绿地投资（即百分百股权独资在东道国经营）开展直接投资，这个过程主要依靠自身力量和在发达经济体的领先企业、同乡、领事馆和华侨等开展合作。2003 年以来，特别是 2008 年金融危机之后，越来越多浙江企业通过直接并购发达经济体的企业来开展海外投资。根据笔者从国家商务部和浙江省商务厅汇总的数据库，截至 2013 年 7 月底，浙江企业在全球通过并购方式进入海外的案例累计超过 146 个（次），其中杭州企业海外并购的数量超过 45 个（次），最为显著的萧山的万向集团，先后在美国成功并购近 10 次并有效地整合全球创新资源，极大地提高了其全球竞争力。

　　在欧盟、美国、日本发达经济体通过兼并收购的方式发展最快，并呈现出"发展快、额度大、行业广、精深化"的趋势。近年来，浙江企业在欧盟、美国、日本发达经济体的并购快速发展，从投资金额来看，已经超过 60% 的投资通过并购方式实现，并呈现出四个基本特征和趋势：一是在欧盟、美国、日本并购数量快速增长。近五年来，中国企业在欧盟并购企业总数约为 60 家，是 2007 年之前总和的两倍。二是在欧盟、美国、日本并购的交易额越来越大。中国民营企业近年来在欧盟、美国、日本并购的愈加活跃势力，投资规模也在不断增大。2008 年之前，民营企业在欧盟、美国、日本并购的交易额多数均低于 1000 万美元；而近年来海外并购额大幅度增加，例如 2010 年浙江吉利汽车并购沃尔沃单笔交易额高达 18 亿美元；2011 年单笔交易额高于 1 亿欧元的并购超过 4 家。三是并购行业愈加宽广。从早期的机械制造、零部件制造、服装等行业，已开始向通信服务、新能源和环保领域扩展。四是并购的功能精深化方向发展。早期的并购主要集中在进入当地市场为主，浙江企业偏好于较低的收购价格，但却往往忽视被购买企业的价值。近年来，浙江企业更加注重并购欧盟、美国、日本发达经济体企业的先进产业技术、全球市场渠道和全球品牌等战略性资产，以期整合全球资源实现并购战略目标。

　　海外（境外）经贸合作园区建设全国领先，由浙江企业牵头实施的境外经贸合作区有 5 家，累计实际投资 5.1 亿美元，引进企业 99 家，初步形成了海外投资的集群效应。境外经贸合作园区带动民营企业抱团"走出去"，成为浙江民营企业推进产业梯度转移、"走出去"集群开发的基地和摇篮。如华立集团、吉利控股等企业已经分别在泰国、墨西哥等地建立国家级经济贸易合作区。

浙江企业在欧盟、美国、日本发达经济体海外投资不断加大研究开发（R&D）相关的投资，以求在全球价值链上攀升，且在不同东道国之间存在一定的差异。总体而言，浙江在欧盟开展 R&D 活动的企业数量达到 76 家、在美国开展 R&D 活动的企业为 89 家、在日本开展 R&D 活动企业为 15 家。浙江在欧盟原 15 国的对外直接投资中，开展研发 R&D 活动的企业位居前列的分别是：机械和汽车零部件行业 [18 家，占浙企在欧盟该行业投资总数的比例（下同）23.4%]、电子半导体行业（14 家，占该行业 21.9%）、新能源行业（9 家，占该行业 33.3%）、化工与材料行业（8 家，占该行业 13.6%）、日常消费品（8 家，占该行业 9.09%）和 ICT 软件行业（7 家，占该行业 58.3%）。

浙江企业在美国开展 R&D 活动比其在欧盟 R&D 活动略为活跃，总数 89 家（比欧盟的 76 家多 13 家），主要差别在于有 16 家浙江从事医药健康领域的企业在美国开展 R&D 活动 [占浙企在美国该行业投资总数的比例（下同）72.7%]。另外，浙江企业在美国开展 R&D 投资最为活跃的行业包括：机械与汽车零部件（23 家，占 20.1%）、电子与半导体（14 家，占 21.9%）、化工与材料（11 家，占 17.7%）、ICT 与软件（10 家，占 58.8%）、可再生能源（9 家，占 41.7%）。

第三节　短期成效与长期投资挑战并存

从海外经营短期绩效看，多数浙江企业在欧盟、美国、日本发达经济体拓展过程中，在一定程度上取得既定的目标。在调研中，针对受访企业在欧盟、美国、日本发达经济体分支机构的经营指标进行询问，评价指标主要分为总体绩效、战略目标实现程度、海外销售额（增长）、海外利润率（增长）、创新产出和对母公司的贡献六类。超过 70% 接受访谈的企业对其在欧洲投资总体绩效和战略目标实现程度对其满意；超过 50% 的受访企业对其海外销售额（增长率）表示满意；但超过半数的受访企业表示海外利润（增长率）表示不满意。超过80％开展海外研发（R&D）的受访企业表示，短期内看，在欧盟、美国、日本发达经济体从事R&D相关的投资有助于公司的创新产出，并且有助于母公司长期绩效发展。这表明，浙江在欧盟、美国、日本发达经济体投资的多数企业一定程度达到了既定的目标；但浙江企业在欧盟、美国、日本发达经济体的投资战略目标不仅仅是获取短期的财务绩效，而是为了学习先进的技术和管理经验、提升品牌，中长期绩效还需要通过更长期的观察。

不同行业在欧盟、美国、日本发达经济体投资的绩效存在着一定的差异。从短期财务绩效看，多数传统劳动密集型行业保持较为稳定但增长率不高的销售额和利润增长，例如机械及汽车零部件、日常消费品、纺织服装、化工材料行业和从事贸易、物流运输的企业。知识密集型行业的财务绩效波动较大，例如新能源企业在2011年年底之前受益于德国、西班牙等国的政府补贴和市场扩展而取得较好效益，但2012年以来由于欧盟对于相关补贴政策的调整使得浙江新能源企业面临巨大挑战。计算机软件、电子半导体和生物医药行业的企业则表示在欧盟、美国、日本发达经济体投资中逐渐获取了先进技术、市场渠道和品牌等战略性资产。

以并购方式进入欧盟、美国、日本发达经济体市场企业绩效普遍不高。调研组以2007年年底之前浙江在欧盟、美国、日本发达经济体完成并购的30个企业为研究对象，分析并购5—10年之后这些在欧盟、美国、日本发达经济体并购后企业的经营情况发现，83％以上的浙企并购处于失败或问题状态之中，这个比例远大于全球并购2/3的失败率。其中浙企在德国2007年年底完成并购的10家企业中，截至2013年7月底，仅有2—3家存活且取得一定的财务和战略绩效。另外数家企业仅能维持生存，主要依靠中国母公司的资金输入和国内特定竞争优势维持，而母公司则主要期望进一步整合以达到预期的战略性目标。并购绩效不高的原因主要在于：2007年年底之前完成的欧盟、美国、日本发达经济体并购企业中，浙江企业主要选择的并购对象是处于财务困境的企业和品牌，且多数发生在欧盟、美国、日本发达经济体企业失去竞争优势的产业如纺织、机械等，并购价格较低。中国的并购投资使得一些濒临倒闭的欧盟、美国、日本发达经济体企业获得新生或将其亏损业务剥离出去，并解决了当地员工的部分就业问题，但浙江企业母公司支付了较高的技术溢价。因此，对于海外并购，今后要更多地考虑并购战略及技术溢价评估、并购双方之间的协同效应、跨文化的协调和有效管理机制等的影响因素。

全球金融危机和欧债主权危机对浙江企业在欧盟、美国、日本发达经济体发展的绩效产生短期冲击，机遇挑战并存。一方面，全球金融危机对于欧盟、美国、日本发达经济体各国的购买力、就业等产生了一定的负面影响，加剧了欧盟、美国、日本发达经济体中小企业经营和财务困难。对浙江企业中长期投资而言，既有机遇又有挑战。机遇主要包括：欧盟、美国、日本发达经济体中小企业资产相对贬值，这有利于企业择机进入投资或者并购；欧盟、美国、日本发达经济体各国为了解决就业问题、推动经济复苏，逐渐改变对中国投资者的消极和抵触，展示出主动欢迎的态度，有助于形成良好的宏观舆论环境。带来的挑战主要包括欧盟、美国、日本发达经济体购买力的下降带来的当地市场萎缩，欧盟、美国、日本发达经济体企业纷纷压缩研发费用，将不利于浙江企业在欧洲短期投资目标的实现。另一方面，欧债危机加剧了欧盟、美国、日本发达经济体内部的经济衰退，除了这些国家失业率增高带来的购买力下降之外，当地的企业面临着更大的发展问题。这对于浙江企业在欧洲发展有着短期的负面影响，但如果能够在欧洲的一些新型产业或中国技术、资源等落后的产业进行投资，这正是浙江企业"走出去"的机会，也有利于欧洲各国走出当前的债务危机，同时，良好的管理和运营也有利于企业在未来取得潜在的中长期绩效。

第四节   面临的主要问题和困难

政府有关"走出去"信息服务滞后，海外领事馆相关力量不足。目前，中央和地方各级政府的信息提供平台分散在不同部门，缺乏系统性和全面性，部分信息的时效性和针对性方面达不到浙江企业的要求；同时，政府针对"走出去"的信息提供渠道不通畅，对已有信息平台的宣传不够，许多被调研的杭州企业无从知晓如何获得有关信息。另外，从国家角度来看，我国驻外使领馆的商务参赞配备力量不足，省市一级在欧盟、美国、日本主要发达经济体设立经济代表机构很少，难以对境外企业生存状况了解、更难为在发达经济体投资的企业提供周到细致的服务。

　　发展环境方面，由于中国与欧盟、美国、日本发达经济体的法律框架和经济体制差异、中西文化壁垒和思维行为方式差异，使浙江企业短时间难以适应。一方面，初次到欧盟、美国、日本发达经济体投资的企业面临一系列新环境下法律框架和经济体制差异带来挑战。面临着陌生的公司法、税务法、劳工法、竞争法和知识产权保护环境等，不同于国内的会计准则、福利制度和金融监管体系，使得国际化经营不足的浙江企业在短期内难以适应。另一方面，中西方文化、思维和行为方式的差异性，使得浙江企业在欧盟、美国、日本发达经济体本地化过程中，短时间内难以实现融合，特别是在一定程度上影响了海外并购整合过程中的效率。但上述适应性困难，将会伴随浙江企业欧盟、美国、日本发达经济体投资的时间推移和经验积累而减少。

　　企业能力方面，在全球价值链提升过程中所需的全球化能力不足，企业缺乏全球经营战略、国际化运作和管理能力。一是全球化视野不宽广、全球经营战略尚需提升，多数浙江在欧盟、美国、日本发达经济体投资的企业还是具有较为强烈的"中国特色"意识，较少将自己视为"发达经济体企业"的身份，而是认为"自己是中国企业在发达经济体代表处"，缺乏从全球性企业的视角来思考中长期发展战略，缺乏适合于自己的全球化战略和经营模式。二是中国在欧盟、美国、日本发达经济企业普遍缺乏对国际化运作模式的设计，较少将全球布局和运营战略相连接，也缺少对全球组织流程和运作模式的系统思考。三是企业国际化能力不足，85%的受访企业表示，本企业在全球学习和技术创新、本地化和全球营销网络构建、品牌建设、全球服务、管理全球人才等方面的能力严重不足。

　　人才培养方面，缺少优秀管理人才和专业人才。90%受访的企业表示，缺乏在国际平台上具有有效运营能力的管理团队。一方面，由母国派出的管理人员往往缺乏在欧盟、美国、日本发达经济体的经历，且对于全球运作的经验也相对缺失。另一方面，在欧盟、美国、日本发达经济体招聘当地的员工或在当地留学之后发展较优秀的中国海外人才，双方的信任难以建立，并且管理风格的差异性也难以在短期内克服。针对技术人才，多数浙江投资于欧盟、美国、日本发达经济体的企业由于在本地发展相对时间短、风险较大，难以吸引高质量的专门人才。另外，由于在欧盟、美国、日本发达经济体的浙江企业往往重视低成本战略，支付较低工资报酬，也很难吸引优秀的海外人才。

金融服务方面，在欧盟、美国、日本发达经济体国际化过程中融资困难。浙江企业在欧盟、美国、日本发达经济体投资过程中还出现国际融资困难等问题。主要原因如下：一是境内信贷支持少，国内政策性金融机构由于资金补充渠道单一、贷款规模偏小、以服务大型企业和国有企业为主，不能满足企业对外投资的长期稳定资金需求；二是境外信贷支持难，不仅国内商业银行在发达经济体设立的离岸银行业务量小、金融工具品种单一导致无法满足企业"走出去"需求；由于缺乏信用记录等原因，东道国银行无法给浙江在其投资的企业贷款；三是支持企业"走出去"的股权投资形式少，目前仅有少数"国字头"机构如中投公司、中非发展基金，支持的对象少、要求门槛高，难以满足广大浙江中小型民营企业需求面广的要求；四是境外投资政策性保险机制不健全，目前承担海外投资的保险机构非常有限，政策宣传不到位，保险覆盖率低，广大浙江民营企业不能获得境外投资的保险。

社会服务方面，由于与"走出去"有关的国内和国际中介组织建设滞后，也是造成浙江企业"走出去"难的一个重要因素。一是国内行业协会商会运行机制不健全，跟不上企业"走出去"服务要求，没有形成针对"走出去"企业境内联动与合作的有效机制，在促进境内母公司交流协作方面发挥作用不够，这造成不少浙企在国内不相互往来；二是境外行业协会稀缺，难以做到整合"走出去"企业的优势、规范企业"走出去"后的行为和加强在发达经济体之间的联动；三是有关中介机构建设滞后，对服务于浙江企业"走出去"相关的法律、咨询、评估、验资等服务明显不足。

第五节　主要对策和建议

加大推动浙江企业在发达经济体进行获取战略性资产的投资行为，抢占全球价值链高端。浙江企业转型升级的关键是融入全球价值链体系，并沿着全球价值两端向附加值高的研发、设计、高端服务和品牌等环节升级。加大扶持力度，推动浙江企业在欧盟、美国、日本发达经济体开展研发（R&D）、设计、提供全球高端服务和建设全球知名品牌，以获取全球战略性资产。对于在海外设立研发中心、并购海外研发机构或与全球知名研发机构合作研发的企业进行资金扶持，如果产生了全球专利并进行商业化的企业，进一步提供后续资金支持。对于获得全球知名品牌的行业内"隐形冠军"也进行重点资金、税收和政府采购的扶持。因此，建议进一步针对已经"走出去"的浙江企业进行跟踪和摸底工作，探析其潜在增长空间，并出台相应重点扶持政策。

建议杭州市政府联合浙江省政府在海外建立商贸和对外投资服务联络机构，为浙江企业"走出去"和"引进来"提供更好的服务。借鉴新加坡和中国江苏省的做法：新加坡政府在 2000 年左右为了促进新加坡企业的对外直接投资，以及促使新加坡成为在亚洲经营的跨国公司的地区总部，专门成立了 3 家机构，即新加坡国际企业发展局、经济发展局和新加坡标准、生产力与创新局，并在主要目标国家设立分支机构；为了更好地促进江苏企业在发达经济体投资和加大吸引跨国公司到江苏落户，江苏省早在 2006 年即成立"江苏省政府驻欧洲经贸代表处""江苏省政府驻美国经贸代表处"等，一方面在江苏企业投资集中的欧盟、美国、日本发达经济体设立办事机构，另一方面也鼓励所辖市苏州、无锡、常州、扬州等派出专人，为海外投资的企业更好地服务，以弥补驻外使领馆商务人员不足的缺陷。

着力协助企业解决全球化过程中所面临的能力不足问题，提升国际化主体内生参与能力。从事国际化的浙江企业是海外投资的主体，如何提升企业国际化的内生能力是政策支持的关键。针对已进行海外投资和即将在欧盟、美国、日本发达经济体投资的企业，着力协助提升国际化的战略思维、全球学习和技术创新、管理全球人才等方面的能力。可以借鉴江苏省对投资欧洲企业的培训做法，通过在欧洲和全球主要大国设立政府驻外代表处、联合省市工商联、贸促会、领域内知名大学和研究机构、商会组织和中介机构等，组织浙江进行国际化的企业到欧盟、美国、日本和目标城市参观、现场进修学习、组织研讨会、投资洽谈会和培训等方式，协助企业解决在国际化之前和国际化融合阶段中出现的全球化能力不足问题。

尽快建立和完善支持浙江企业海外投资融资、"杭州—香港海外投资融资绿色通道"和风险预警体系，扶持民营企业全球拓展。首先，借助2012 年 7 月出台的《关于鼓励和引导民营企业积极开展境外投资的实施意见》和"温州国家金融改革综合实验区"先行先试的契机，完善民企境外投资的资金审批体制，积极推进形成杭州市民间资本参与国际合作竞争的新优势。其次，建立浙江企业海外投资的风险预警系统，简化担保程序，降低担保门槛，鼓励和放活杭州企业、杭州联合银行等对外担保的自主决策。最后，鼓励保险公司进行保险产品创新，为浙江企业到欧盟、美国、日本发达经济体投资提供良好的风险保障，可以考虑中国香港保险业发达的优势，由政府与中国香港投资推广署与贸易发展局合作打造"杭州—香港海外投资融资绿色通道"，让浙江企业共同享受中国香港保险机构分行业、分产品的更具差异化的保险产品。

由政府出资，提供浙江企业国际化过程必需的培训、信息和咨询等公共服务。一是对即将"走出去"的企业高级管理人才进行相应的跨文化技能培训。二是国际化人才方面，借助国家和省"千人计划"机会，鼓励海外高层次人才到中国海外投资的企业工作，出资招聘并培育一批熟悉外国市场运作规则、了解外国客户需求、拥有全球运营经验又熟悉本土母公司文化的高端国际经营管理人才和管理团队。三是组织具有国际视野和经验的法律、技术专家杭州市企业国际化进行必要的咨询、辅导和跟踪扶持。四是加大政府采购，通过政府采购其国内产品等方式，为进行国际化企业提供良好的后盾保障。

推动行业协会和商业机构开展促进浙江企业"走出去"服务，逐步建立浙商（杭州）企业的境外行业协会和商会机构。充分发挥工商联、贸促会、国际商会、行业协会等机构的影响力和号召力，组建浙江境外投资企业服务商会，为"走出去"企业提供综合和高效服务。一方面，在境内建立联席会议制度，每个月或双月进行联系和沟通；另一方面，鼓励浙江企业在境外组建不同区域、不同市场、不同产业的联合会或商会，建立行业自律机制，增强浙江企业在海外投资的整体实力和竞争力。

参考文献

[1] Adler, P. S. , W. Kwon, "Social Capital: Prospects for a New Concept", *Academy of Management Review*, Vol. 27, No. 1, 2002, pp. 17 – 40.

[2] Akin, G. and Hopelain, D. , "Finding the Culture of Productivity", *Organizational Dynamics*, Vol. 14, No. 3, 1986, pp. 19 – 32.

[3] Amabile, T. M. , Barsade, S. G. , Mueller, J. S. and Staw, B. M. , "Affect and Creativity at Work", *Administrative Science Quarterly*, Vol. 50, No. 3, 2005, pp. 367 – 403.

[4] Andersen, A. , *The Knowledge Manag Ement Assessment Tool: External Benchmarking Version*, Boston: Harvard Business School Press, 1996.

[5] Andrews, J. and Daniel, C. , "In Search of the Marketing Imagination: Factors Affecting the Creativity of Marketing Programs for Mature Products", *Journal of Marketing Research*, 1996, Vol. 33, No. 2, pp. 174 – 187.

[6] Antonacopoulou, E. P. , "The Relationship between Individual and Organizational Learning: New Evidence from Managerial Learning Practices", *Management Learning*, Vol. 37, No. 4, 2006, pp. 455 – 473.

[7] Antonio, C. and Capaldo, A. , "Network Structure and Innovation: The Leveraging of a Dual Network as a Distinctive Relational Capability", *Strategic Management Journal*, Vol. 289, No. 2, 2007, pp. 585 – 608.

[8] Appiah – Adu , Kwaku, "Market Orientation and Performance: Empirical Tests in a Transition Economy", *Journal of Strategic Marketing*, Vol. 6, No. 1, 1998, pp. 25 – 45.

[9] Argote, L. , *Organizational Learning: Creating, Retaining and Transferring Knowledge*, New York: Springer, 2012.

[10] Argyris, C. and Schon, D. , *Organizational Learning: A Theory of Ac-*

tion Perspective, Reading, MA: Addison – Wesley, 1978.

[11] Argyris, C. , "Organizational Learning and Management Information Systems", *Accounting Organizations & Society*, Vol. 2, No. 77, 1977, pp. 113 – 123.

[12] Attewell, P. , "Technology Diffusion and Organisational Learning: The Case of Business Computing", *Organisation Science*, Vol. 3, No. 1, 1992, pp. 1 – 19.

[13] Atuahene – Gima, K. , "The Effects of Centrifugal and Centripetal Forces on Product Development Speed and Quality: How does Problem Solving Matter", *Academy of Management Journal*, Vol. 46, No. 3, 2003.

[14] Bagozzi, R. P. and Yi, Y. , "On the Evaluation of Structural Equation Models", *Academy of Marketing Science*, No. 6, 1988, pp. 76 – 94.

[15] Baker, G. A. , "Strategic Planning and Financial Performance in the Food Processing Sector", *Review of Agricultural Economics*, Vol. 25, No. 2, 2003, pp. 470 – 482.

[16] Baker, W. E. and Sinkula, J. M. , "The Synergistic Effect of Market Orientation and Learning Orientation on Organizational Performance", *Journal of the Academy of Marketing Science*, Vol. 27, Iss. 4, 1999, pp. 411 – 427.

[17] Barber, F. A. and Elrod, B. F. , "Preliminary Results of an Absorbable Interference Screw", *Arthroscopy*, Vol. 11, No. 1, 1995, pp. 537 – 548.

[18] Barney, J. B. and Hanson, M. H. , "Trust Worthiness as a Source of Competitive Advantage", *Strategic Management Journal*, No. 15, (Special Issue) 1994, pp. 175 – 190.

[19] Baron, R. M. and D. A. Kenny, "The Moderator – mediator Variable Distinction in Social Psychological Research: Conceptual, Strategic, and Statistical Considerations", *Journal of Personality and Social Psychology*, Vol. 51, No. 6, 1986, pp. 1173 – 1182.

[20] Baum, J. C. and Korn, H. J. , "Dynamics of Dyadic Competitive Interaction", *Strategic Management Journal*, No. 20, 1999, pp. 251 – 278.

[21] Bernard J. Jaworski and Kohli, K. , "Market Orientation: Antecedents and Consequences", *Journal of Marketing*, Vol. 57, No. 3, 1993, pp.

53 – 70.

[22] Bernheim, D. and Whinston, M. D. , "Multimarket Contact and Collusive Behavior", *RAND Journal of Economics*, No. 21, 1990, pp. 1 – 26.

[23] Bettis, R. A. and Hitt, M. A. , "The New Competitive Landscape", *Strategic Management Journal*, Vol. 16, (Special Issue) 1995, pp. 7 – 19.

[24] Betz, F. , *Managing Technology: Competing through New Ventures, Innovation, and Corporate Research*, Prentice – Hall, 1987.

[25] Bhuian, S. N. , Menguc, B. and Bell, S. J. , "Just Entrepreneurial Enough: the Moderating Effect of Entrepreneurship on the Relationship between Market Orientation and Performance", *Journal of Business Research*, Vol. 58, No. 1, 2005, pp. 9 – 17.

[26] Bierly, P. E. and P. S. Daly, "Alternative Knowledge Strategies, Competitive Environment, and Organizational Performance in Small Manufacturing Firms", *Entrepreneurship Theory and Practice*, Vol. 31, No. 4, 2007, pp. 493 – 516.

[27] Birkinshaw, J and and Hamel Cary, Mol, "Management Innovation", *Academy of Management Review*, Vol. 33, No. 4, 2008, pp. 825 – 845.

[28] Boer, D. M. , Frans, A. J. Van and Volberda, "Management Organizational Knowledge Integration in the Emerging Multime dia Complex", *Journal of Management Studies*, Vol. 36, No. 6, 1999, pp. 379 – 398.

[29] Bonello, W. , "The Wall Street Perspective – Where is the Investment? What is the Future as Defined by the Venture Capitalists and Analysts? Where are They Putting Their Money?", *Archives of Pathology & Laboratory Medicine*, Vol. 132, No. 5, 2008, pp. 772 – 773.

[30] Bonora, E. A. and Revang, O. , "A Strategic Framework for Analying Professional Service Firms—Developing Strategies for Sustained Performance", *Strategic Management Society Interorganizational Conference*, 1991.

[31] Brown, T. M. and Miller, C. E. , "Communication Networks in Task – Performing Groups: Effects of Task Complexity, Time Pressure, and Interpersonal Dominance", *Small Group Research*, Vol. 31, 2000, pp. 131 – 157.

[32] Browne, M. W. and Cudeck, R. , "Alternative Ways of Assessing Model Fit", in Bollen, K. A. and Long, J. S. eds. , *Testing Structural Equation Models*, Beverly Hills, CA: Sage. 1993.

[33] Burt, R. S. , Brokerage and Closure: An Introduction to Social Capital, Oxford University Press, USA, 2005.

[34] Butler, J. K. and Cantrell, R. S. , "A Behavior Decision Theory Approach to Modeling Dyadic Trust in Superiors and Subordinates", *Psychological Reports*, Vol. 55, 1984, pp. 19 – 28.

[35] Calantone, R. J. , Cavusgil, S. T. , Zhao, Y. , "Learning Orientation, Firm Innovation Capability, and Firm Performance", *Industrial Marketing Management*, Vol. 31, 2002, pp. 515 – 524.

[36] Caliendo, M. and F. Fossen et al. , "Trust, Positive Reciprocity, and Negative Reciprocity: Do these Traits Impact Entrepreneurial Dynamics?", *Journal of Economic Psychology*, Vol. 33, No. 2, 2011, pp. 394 – 409.

[37] Camerer, C. and Vepsalainen, A. , "The Economic Efficiency of Corporate Culture", *Strategic Management Journal*, No. 9, 1988, pp. 115 – 126.

[38] Caner, T. , Geographical Clusters, Alliance Network Structure, and Innovation in the US Biopharmaceutical Industry, Doctoral Dissertation, University of Pittsburgh, 2007.

[39] Cano, C. R. , Carrillat, F. A. and Jaramillo, F. , "A Meta – analysis of the Relationship between Market Orientation and Business Performance: Evidence from Five Continents", *International Journal. J. of Research in Marketing*, No. 21, 2004, pp. 179 – 200.

[40] Carayol, N. and P. Roux, "Knowledge Flows and the Geography of Networks: A Strategic Model of Small World Formation", *Journal of Economic Behavior & Organization*, Vol. 71, No. 2, 2009, pp. 414 – 427.

[41] Carter, C. R. , "Purchasing Social Responsibility and Firm Performance: The Key Mediating Roles of Organizational Learning and Supplier Performance", *International Journal of Physical Distribution & Logistics Management*, Vol. 35, No. 35, 2005, pp. 177 – 194.

[42] Casciaro, T. and Piskorski, M. , "Power Imbalance, Mutual Dependence, and Constraint Absorption: A Closer Look at Resource Dependence Theory", *Administrative Science Quarterly*, Vol. 50, No. 2, 2005, pp. 167 – 199.

[43] Cervera, A. , Molla, A. and Sanchez, M. , "Antecedents and Conse Quences of Market Orientation in Public Organisations", *European Journal of Marketing*, Vol. 35, No. 11/12 , 2001, pp. 1259 – 1286.

[44] Chang, S. J. , C. N. Chung et al. , "When and How does Business Group Affiliation Promote Firm Innovation? A Tale of Two Emerging E-conomies", *Organization Science*, Vol. 17, No. 5, 2006, pp. 637 – 656.

[45] Chen, C. J. , "The Effects of Knowledge Attribute, Alliance Characteristics, and Absorptive Capacity on Knowledge Transfer Performance", *R&D Management*, Vol. 34, No. 3, 2004, pp. 311 – 321.

[46] Chen, H. , Lee, P. and Lay, T. , "Drivers of Dynamic Learning and Dynamic Competitive Capabilities in International Strategic Alliances", *Journal of Business Research*, Vol. 62, Iss. 12, 2009, pp. 1289 – 1295.

[47] Chen, G. , Liu, C. and Tjosvold, D. , "Conflict Management for Effective Top Management Teams and Innovation in China", *Journal of Management Studies*, Vol. 42, No. 2, 2005, pp. 277 – 300.

[48] Chen, M. J. and Danny, M. , "Competitive Dynamics: Themes, Trends, and a Prospective Research Platform", *Academy of Management Annals*, Vol. 6, No. 1, 2012, pp. 135 – 210.

[49] Chen, M. J. and Hambrick, D. C. , "Speed, Stealth, and Selective Attack: How Small Firm Differ from Large Firms in Competitive Behavior", *Academy of Management Journal*, Vol. 38, No. 2, 1995, pp. 453 – 482.

[50] Chen, M. J. , Su, K. H. and Tsai, W. P. , "Competitive Tension: The Awareness – motivation – capability Perspective", *Academy of Management Journal*, Vol. 50, No. 1, 2007, pp. 101 – 118.

[51] Chen, M. J. and Miller, D. , "Competitive Attack, Retaliation and Performance: An Expectancy – valence Framework", *Strategic Management of Journal*, Vol. 15, 1994, pp. 85 – 102.

[52] Chen, M. J. , Competitive Strategic Interaction: A Study of Competitive Actions and Responses, Ph. D. diss. , University of Maryland, 1988.

[53] Chen, M. J. and MacMillan, I. C. , "Nonresponse and Delayed Response to Competitive Moves: The Roles of Competitor Dependence and Action Irreversibility", *Academy of Management Journal*, Vol. 35, 1992, pp. 359 – 370.

[54] Chen, M. J. , "Competitor Analysis and Interfirm Rivalry: Toward a Theoretical Integration", *Academy of Management Review*, Vol. 21, No. 1, 1996, pp. 100 – 134.

[55] Chen, M. J. , Smith, K. G. and Grimm, C. M. , "Action Characteristics as Predictors of Competitive Responses", *Management Science*, No. 38, 1992, pp. 439 – 455.

[56] Chesbrough, H. W. , "Towards a Dynamics of Modularity. A Cyclical Model of Technical Advance", in Prencipe, A. , A. Davies and M. Hobday, eds. , *The Business of Systems Integration*, Oxford University Press, 2003.

[57] Chiang, Y. H. and K. P. Hung, "Exploring Open Search Strategies and Perceived Innovation Performance From the Perspective of Inter – organizational Knowledge flows", *R&D Management*, Vol. 40, No. 3, 2010, pp. 292 – 299.

[58] Cohen, W. M. and Levinthal, D. A. , "Absorptive Capacity: A New Perspective on Learning and Innovation", *Administrative Science Quarterly*, Vol. 35, No. 1, 1990, pp. 128 – 152.

[59] Coleman, J. , "Social Capital in The Creation of Human Capital", *The American Journal of Sociology*, No. 94, (Supplement) 1988, pp. S95 – S120.

[60] Collins, J. D. and M. A. Hitt, "Leveraging Tacit Knowledge in Alliances: The Importance of Using Relational Capabilities to Build and Leverage Relational Capital", *Journal of Engineering and Technology Management*, Vol. 23, No. 3, 2006, pp. 147 – 167.

[61] D'Aveni, R. A. , "*Hypercompetition: Managing The Dynamics of Strategic Maneuvering*", New York: Free Press, 1994.

[62] Daft, R. L. , "A Dual – Core Model of Organizational Innovation", *The*

Academy of Management Journal, Vol. 21, No. 2, 1978, pp. 193 – 210.

[63] Dahl, W. and Page, M. , "Thinking Inside the Box: Why Consumers Enjoy Constrained Creative Experiences", *Journal of Marketing Research*, Vol. 44, No. 3, 2007.

[64] Damanpour, F. , Szabat, K. A. and Evan, W. M. , "The Relationship between Types of Innovation and Organizational Performance", *Journal of Management Studies*, Vol. 26, No. 6, 1989, pp. 587 – 601.

[65] Damanpour, F. F. , "Organizational Innovation: A Meta – analysis of Effects of Determinants and Moderators", *Academy of Management Journal*, Vol. 34, No. 3, 1991, pp. 555 – 590.

[66] Darroch, J. , "Knowledge Management, Innovation and Firm Performance", *Journal of Knowledge Management*, No. 9, 2005, pp. 101 – 115.

[67] Daskalakis, M. and M. Kauffeld – Monz, "On the Dynamics of Knowledge Generation and Trust Building in Regional Innovation Networks. A Multi Method Approach", *Agent – Based Economics*, Vol. 5, 2007, pp. 278 – 296.

[68] Davenport, T. H. and Prusak, L. , Working Knowledge: How Organizations Manage What They Know, Boston, MA: Harvard Business School Press, 2001.

[69] Day, G. S. , "The Capabilities of Market – Driven Organizations", *Journal of Marketing*, Vol. 58, 1994, pp. 37 – 52.

[70] Day, G. S. , Learning about Markets, Marketing Science Institute Report, Cambridge, MA: Marketing Science Institute, 1991, pp. 91 – 117.

[71] Deshpande, R. , Farley, J. U. , "Measuring Market Orientation : Generalization and Synthesis", *Journal of Market Focused Management*, Vol. 2, No. 3. 1997.

[72] Deshpande, R. and J. Farley, "The Market Orientation Construct: Correlation, Culture, and Comprehensiveness", *Journal of Market Focused Management*, No. 2, 1998, pp. 237 – 239.

[73] DeTienne, D. R. and C. S. Koberg, "The Impact of Environmental and Organizational Factors on Discontinuous Innovation within High – technol-

ogy Industries", *IEEE Transactions on Engineering Management*, Vol. 49, No. 4, 2002, pp. 352 – 364.

[74] Dhanaraj, C., Lyles, M. A., Steensma, H. K. and Tihanyi, L., "Managing Tacit and Exp Licit Knowledge Transfer in IJVs: The Role of Relational Embeddedness and the Impact on Performance", *Journal of International Business Studies*, Vol. 35, No. 5, 2004, pp. 428 – 442.

[75] Diamantopolous, A. and Hart, S., "Linking Market Orientation and Company Performance: Preliminary Work on Kohli and Jaworski's Framework", *Journal of Strategic Marketing*, Vol. 1, No. 2, 1993, pp. 93 – 122.

[76] Dickson, Peter R., "The Static and Dynamic Mechanics of Competition: A Comment on Hunt and Morgan's Comparative Advantage Theory", *Journal of Marketing*, Vol. 60, No. 10, 1996, pp. 102 – 106.

[77] Dimaggio, P. J. and Powell, W. W., "The Iron Cage Revisited: Institutional Isomorphism and Collective Rationality in Organization Fields", *American Sociological Review*, No. 48, 1983, pp. 147 – 160.

[78] Djellal, F. and Gallouj, F., "Patterns of Innovation Organisation in Service Firms: Postal Survey Results and Theoretical Models", *Science & Public Policy*, Vol. 28, No. 1, 2001, pp. 57 – 67.

[79] Dodgeson, M., "Organizational Learning: A Review of Some Literature", *Organization Studies*, Vol. 14, No. 3, 1993, pp. 375 – 394.

[80] Dougherty, Deborah and Edward, H. Bowman, "The Effects of Organizational Downsizing on Product Innovation", California Management Review, 37 (4), pp. 28 – 44.

[81] Drucker, P. F., "Knowledge – Worker Productivity: The Biggest Challenge", *California Management Review*, Vol. 41, No. 2, 2006, pp. 79 – 94.

[82] Dubois, A. and Pedersen, A. C., "Why Relationships do not Fit into Purchasing Portfolio Models – A Comparison between the Portfolio and Industrial Network Approaches", *European Journal of Purchasing & Supply Management*, Vol. 8, No. 1, 2002, pp. 35 – 42.

[83] Easterby – Smith, Lyles, M. A., "Handbook of Organizational Learning

and Knowledge Management", *John Wiley*, Vol. 48, No. 4, 2011, pp. 699 – 703.

[84] Edwards, C. D. , "Conglomerate Bigness as a Source of Power. In Business Concentration and Price Policy: 331 – 352", *A Conference of the University – national Bureau Committee for Economic Research. Princeton*, NJ: Princeton University Press, 1955.

[85] Eggers, J. P. , "All Experience is not Created Equal: Learning, Adapting, and Focusing in Product Portfolio Management", *Strategic Management Journal*, Vol. 33, No. 3, 2012, pp. 315 – 335.

[86] Ellis, P. D. , "Market Orientation and Performance: A Meta – Analysis and Cross – National Comparisons", *Journal of Management Studies*, Vol. 43, No. 5, 2006, pp. 1089 – 1207.

[87] Ernst, D. , L. Kim, *Global Production Networks, Knowledge Diffusion, and Local Capability Formation: A Conceptual Framework*, Paper Presented at the Nelson & Winter Conference in Aalborg, Denmark, 2001.

[88] Ettlie, J. E. , "Organization Policy and Innovation among Suppliers to the Food Processing Sector", *Academy of Management Journal*, Vol. 26, 1983, pp. 27 – 44.

[89] Fiol, C. M. and Lyles, M. A. , "Organizational Learning", *Academy of Management Review*, Vol. 10, Iss. 4, 1985, pp. 803 – 813.

[90] Foster, G. , *Financial Statement Analysis*, Englewood Cliffs, NJ: Pentice – Hall, 1986.

[91] Friedland, N. , "Attribution of Control as a Determinant of Cooperation in Exchange Interactions", *Journal of Applied Social Psychology*, No. 20, 1990, pp. 303 – 320.

[92] Fritsch, M. and G. Franke, "Innovation, Regional Knowledge Spillovers and R&D Cooperation", *Research Policy*, Vol. 33, No. 2, 2004, pp. 245 – 255.

[93] Fuentelsaz, L. and J. Góme, "Erratum: Multipoint Competition, Strategic Similarity and Entry into Geographic Markets", *Strategic Management Journal*, Vol. 27, No. 12, 2006, pp. 1233 – 1233.

[94] Fulmer, R. M. , "A Model for Changing the Way Organizations Learn",

Planning Review, Vol. 22, Iss. 3, 1994, pp. 20 – 24.

[95] Furrer, O. and Thomas, H., "The Rivalry Matrix: Understanding Rivalry and Competitive Dynamics", *European Management Journal*, Vol. 18, No. 6, Dec. 2000, pp. 619 – 637.

[96] Gadde, L. E. and Hákansson, H., *Supply Networks Strategy*, Chichester: John Wiley & Sons, 2001.

[97] Gambetta, D., *Trust: Making and Breaking Cooperative Relations*, Oxford: Basil Blackwell, 1988.

[98] Garcia, R., Calantone, R. J. and Levine, R., "The Role of Knowledge in Resource Allocation to Exploration Versus Exploitation in Technologically Oriented Organization", *Decision Sciences*, Vol. 34, No. 2, 2003, pp. 323 – 350.

[99] Gartner, W. B. et al., "Entrepreneurial Behavior: Firm Organizing Processes", *Handbook of Entrepreneurship Research*, 2010, pp. 99 – 127.

[100] Garvin, D. A., "Building a Learning Organization", *Harvard Business Review*, July/August 1993, pp. 78 – 91.

[101] Gelderman, C. and van Weele, A., *Purchasing Portfolios Analysis: towards a Comprehensive Model of Conditions, Goals and Strategies Based on Explorative Case Studies*, Proceedings of the 11th IPSERA Conference, Twente, 2002.

[102] Gertler, M. S., "Tacit Knowledge and the Economic Geography of Context, or The Undefinable Tacitness of Being (there)", *Journal of Economic Geography*, No. 3, 2003, pp. 75 – 99.

[103] Gimeno, J. and Woo, C. Y., "Hypercompetition in a Multimarket Environment: The Role of Strategic Similarity and Multimarket Contact in Competitive De – escalation", *Organization Science*, Vol. 7, No. 3. May – June 1996, pp. 322 – 340.

[104] Gimeno, J. and Woo, C. Y., "Multimarket Contact, Economies of Scope, and Firm Preformance", *Academy of Management Journal*, Vol. 43, No. 3, 1999, pp. 239 – 259.

[105] Glover, T. D., "Hemingway JL. Locating Leisure in Social Capital Lit-

erature", *Journal of Leisure Research*, Vol. 37, No. 4, 2005, pp. 387 – 401.

[106] Gnyawai, D. and Madhavan, R. , "Cooperative Networks and Competitive Dynamics: A Structure Embeddness Perspective", *Academy of Management Review*, Vol. 26, No. 3, 2001, pp. 431 – 445.

[107] Gobeli, D. H. and D. J. Brown, Analyzing Product Innovations, *Research Management*, Vol. 30, Iss. 4, 1987, pp. 25 – 31.

[108] Golden, B. R. and Ma, H. , "Mutual Forbearance: The Role of Intrafirm Integration and Rewards", *Academy of Management Review*, Vol. 28, No. 3, 2003, pp. 480 – 494.

[109] Gómez, P. J. , Lorente, J. C. and Cabrera, R. V. , "Organizational Learning Capability: A Proposal of Measurement", *Journal of Business Research*, Vol. 58, No. 6, 2005, pp. 715 – 725.

[110] Govindarajan, V. , "Appropriateness of Accounting Data in Performance Evaluation: An Empirical Examination of Environmental Uncertainty as an Intervening Variable", *Accounting Organizations and Society*, Vol. 9, No. 2, 1984, pp. 125 – 135.

[111] Granovetter, M. S. , "Economic Action and Social Structure: The Problem of Embeddedness", *American Journal of Sociology*, No. 91, 1985, pp. 481 – 510.

[112] Granovetter, M. , "The Strength of Weak Tie", *American Journal of Sociology*, Vol. 78, No. 6, 1973, pp. 1360 – 1380.

[113] Grant, R. M. , "Prospering in Dynamically – competitive Environments: Organizational Capability as Knowledge Integration", *Organization Science*, Vol. 7, No. 4, 1996, pp. 375 – 387.

[114] Gray, B. J. and Hooley, G. J. , "Market Orientation and Service Firm Performance: A Research a Genda", *European Journal of Marketing*, Vol. 36, No. 9/10, 1996, pp. 980 – 988.

[115] Gray, B. J. , Matear, S. and Matheson, P. K. , "Improving Service Firm Performance", *Journal of Services Marketing*, No. 3, 2002, pp. 186 – 200.

[116] Greenley, I. N. L. A. G. E. , "The Impact of Internal and External

Market Orientations on Firm Performance", *Journal of Strategic Marketing*, Vol. 17, No. 1, 2009, pp. 41 – 53.

[117] Grewal, R. and Tansuhaj, P. , "Building Organizational Capabilities for Managing Economic Crisis: The Role of Market Orientation and Strategic Flexibility", *Journal of Marketing*, Vol. 65, 2001, pp. 67 – 80.

[118] Grimm, C. M. and Smith, K. G. , *Strategy as Action: Industry Rivalry and Coordination*, Cincinnati: South – Western CollegePublishing, 1997.

[119] Gulati, R. , "Alliances and Networks", Strategic Management Journal, Vol. 19, No. 4, 1998, pp. 293 – 317.

[120] Gulati, R. , "Does Familiarity Breed Trust? The Implications of Repeated Ties for Contractual Choice in Alliances", *Academy of Management Journal*, Vol. 38, No. 1, 1995, pp. 85 – 112.

[121] Gulati, R. , "Network Location and Learning: The Influence of Network Resources and Firm Capabilities on Alliance Formation", *Strategic Management Journal*, Vol. 20, No. 5, 1999, pp. 397 – 420.

[122] Gulati, R. , Nohria, N. and Zaheer, A. , "Strategic networks", *Strategic Management Journal*, Vol. 21, 2000, pp. 203 – 215.

[123] Gupta, A. K. and Govindarajan, V. , "Knowledge Flows within Multinational Corporations", *Strategic Management Journal*, Vol. 21, No. 4, 2000, pp. 473 – 496.

[124] Haeckel, S. H. and R. L. Nolan, "Managing by Wire", *Harvard Business Review*, Vol. 71, No. 5, 1993, pp. 122 – 132.

[125] Hair, J. Jr. , R. Anderson, R. Tatham and W. Black, *Multivariate Data Analysis*, 5th ed. , Upper Saddle River, NJ: Prentice – Hall, 1998.

[126] Hamel, Gary and C. K. Prahalad, "The Core Competence of the Corporation", *Harvard Business Review*, No. 3, 1990, pp. 79 – 91.

[127] Han, Jin K. , Kim, N. and Srivastava, R. K. , "Market Orientation and Organizational Performance: Is Innovation a Missing Link?", *Journal of Marketing*, Vol. 62, Iss. 4, 1998, pp. 30 – 45.

[128] Hanavanich, S. , Cornelia, D. and Calantone, R. , "Re – conceptualizing the Meaning and Domain of Marketing Knowledge", *Journal of*

Knowledge Management, Vol. 7, No. 4, 2003.

[129] Hannan, M. T. and Freeman, J. H. , *Organizational Ecology*, Cambridge, MA: Harvard University Press, 1989.

[130] Hansen, M. T. , "The Search – transfer Problem: The Role of Weak Ties in Sharing Knowledge across Organization Subunits", *Administrative Science Quarterly*, Vol. 44, No. 1, 1999, pp. 82 – 111.

[131] Harris, L. C. and Ogbonna, E. , "Strategic Human Resource Management, Market Orientation, and Organizational Performance", *Journal of Business Research*, No. 2, 2001, pp. 157 – 166.

[132] Harris, L. C. , "Market Orientation and Performance: Objective and Subjective Empirical Evidence from UK Companies", *Journal of Management Studies*, Vol. 38, No. 1, 2001, pp. 17 – 43.

[133] Hedberg, B. , "How Organizations Learn and Unlearn", in *Handbook of Organizational Design*, Vol. 1.1, P. C. Nystrom and W. H. Starbuck (eds.): Oxford, 1981, pp. 3 – 27.

[134] Helleloid, D. and Simonin, B. , "Organizational Learning and a Firm's Core Competence", *Competence – Based Competition*, 1994, pp. 213 – 239.

[135] Henderson, R. M. and Clark, K. B. , "Architectural Innovation: the Reconfiguration of Exiting Product Technologies and the Failure of Established Firms", *Administrative Science Quarterly*, Vol. 35, 1990, pp. 9 – 30.

[136] Henry, F. L. C. , "Market Orientation, Guanxi, and Business Performance", *Industrial Marketing Management*, Vol. 40, No. 4, 2011, pp. 522 – 533.

[137] Hirst, G. , van Knippenberg, D. and Zhou, J. , "A Multi – level Perspective on Employee Creativity: Goal Orientation, Team Learning Behavior, and Individual Creativity", *Academy of Management Journal*, Vol. 52, No. 2, 2009, pp. 280 – 293.

[138] Hobday, M. , "East Asian Latecomer Firms: Learning the Technology of Electronics", *World Development*, No. 7, 1995.

[139] Hodge, B. J. , Anthony, W. P. and Gales, L. M. , *Organization Theo-*

ry: *A Strategic Approach*, New Jersey: Pearson Education, 2003.

[140] Hoffman, C. C. and Nathan, B. R. , "A Comparison of Validation Criteria: Objective Versus Subjective Performance Measures and Self – versus Supervisor Ratings", *Personnel Psychology*, Vol. 44, No. 3, 1991, pp. 601 – 619.

[141] Homburg, C. and Pflesser, C. , "A Multiple – layer Model of Market – oriented Organizational Culture: Measurement Issues and Performance Outcomes", *Journal of Marketing Research*, Vol. 37, No. 4, 2000, pp. 449 – 462.

[142] Hooley, G. , Coxb, T. , John Fahy, David Shipley, József Beracs, Krzysztof Fonfara, Boris Snoj, "Market Orientation in the Transition Economies of Central Europe: Tests of the Narver and Slater Market Orientation Scales", *Journal of Business Research*, Vol. 50, Iss. 3, 2000, pp. 273 – 285.

[143] Horng, Shun – Ching and Arthur Cheng – Hsui Chen, "Market Orientation of Small and Medium – Sized Firms in Taiwan", *Journal of Small Buiness Management*, July, 1998, pp. 79 – 85.

[144] Hosmer, L. T. , "Turst: The Connection Link between Organizational Theory and Philosophical Ethics", *Academy of Management Review*, No. 20, 1995, pp. 379 – 403.

[145] Houghton, S. M. Smith, A. D. and Hood, J. N. , "The Influence of Social Capital on Strategic Choice: an Examination of the Effects of External and Internal Network Relationships on Strategic Complexity", *Journal of Business Research*, Vol. 62, No. 12, 2009, pp. 1255 – 1261.

[146] Howells, J. , Tether, B. , Gallouj, F. , Djellal, F. and Gallouj, C. , Innovation in Services: Issues at Stake and Trends, *European Commission*, 2004.

[147] Huber, G. P. , "Organizational Learning: The Contributing Processes and the Literatures", *Organization Science*, No. 2, 1991, pp. 88 – 115.

[148] Hult, G. T. M. and Ketchen, D. J. , "Does Market Orientation Matter?: a Test of the Relationship between Positional Advantage and Performance

Shaker", *Strategic Management Journal*, Vol. 22, No. 9, 2001, pp. 899 – 906.

[149] Hult, G. T. M. and O. C. Ferrell, "Global Organizational Learning Capacity in Purchasing: Construct and Measurement", *Journal of Business Research*, Vol. 40, 1997, pp. 97 – 111.

[150] Hung, H. M. , "Influence of the Environment on Innovation Performance of TQM", *Total Quality Management & Business Excellence*, Vol. 18, No. 7, 2007, pp. 715 – 730.

[151] Iansiti, M. and West, J. , "Technology Integration: Turning Great Research into Great Products", *Harvard Business Review*, Vol. 75, No. 3, 1997, pp. 69 – 79.

[152] Im, S. and Workman, J. P. , "Market Orientation, Creativity, and New Product Performance in High – technology Firms", *Journal of Marketing*, No. 68, April 2004, pp. 114 – 132.

[153] Inkpen, A. C. and Tsang, E. W. K. , "Social Capital, Networks, and Knowledge Transfer", *Academy of Management Review*, Vol. 30, No. 1, 2005, pp. 146 – 165.

[154] Inkpen, A. and Dinur, A. , "Knowledge Management Process and International Joint Venture", *Organization Science*, Vol. 9, No. 4, 1998, pp. 454 – 468.

[155] Janet Y. Murray, Yong Gao and Kotabe, M. , "Market Orientation and Performance of Export Ventures: The Process through Marketing Capabilities and Competitive Advantages", *Original Empirical Research*, Vol. 39, 2011, pp. 252 – 269.

[156] Jarillo, J. C. , "On Strategic Net Works", *Strategic Management Journal*, No. 9, 1988, pp. 31 – 34.

[157] Jaworski, Bernard J. and Kohli, Ajay K. , "Market Orientation: Antecedents and Consequences", *Journal of Marketing*, No. 57, 1993, pp. 53 – 70.

[158] Jaworski, Bernard J. and Kohli, Ajay K. , "Market Orientation: Review, Refinement, and Roadmap", *Journal of Market Focused Management*, Vol. 1, 1996, pp. 119 – 135.

[159] Jerez – Gomez, P., Céspedes – Lorente, J. and Valle – Cabrera, R.,
"Organizational Learning Capability: A Proposal of Measurement",
Journal of Business Research, Vol. 58, No. 6, 2005, pp. 715 – 725.

[160] Jiménez – Jiménez, D. and Sanz – Valle, R., "Innovation, Organizational Learning, and Performance", *Journal of Business Research*,
Vol. 64, No. 4, 2011, pp. 408 – 417.

[161] Joshi, A. W. and Sharma, S., "Customer Knowledge Development:
Antecedents and Impact on New Product Performance", *Journal of Marketing*, No. 68, 2004.

[162] Jun, T. and R. Sethi, "Reciprocity in Evolving Social Networks",
Journal of Evolutionary Economics, Vol. 19, No. 3, 2009, pp.
379 – 396.

[163] Kane, A. A., *Super – ordinate Social Identity, Knowledge Demonstrability and Knowledge Transfer Across Groups*, Paper Presented at the 65th
Annual Meeting of the aAcademy of Management, Honolulu,
USA, 2005.

[164] Kang, S. C., Morris, S. S. and Snell, S. A., "Relational Archetypes, Organizational Learning, and Value Creation: Extending the Human Resource Architecture", *Academy of Management Review*,
Vol. 32, No. 1, 2007, pp. 236 – 256.

[165] Kaplan, R. S. and Norton, D. P., "Using the Balanced Scorecard as
a Strategic Management System", *Harvard Business Review*, Vol. 85,
No. 1, 2007, pp. 150 – 161.

[166] Karnani, A. and Wernerfelt, B., "Multiple Point Competition", *Strategic Management Journal*, No. 6, 1985, pp. 87 – 96.

[167] Katz, R. and Allen, T. J., "Investigating the not Invented Here Syndrome: A Look at the Performance, Tenure and Communication Patterns of 50 R&D Project Groups", *R&D Management*, No. 32, 2002.

[168] Kelley, D. J. et al., "Intra – organizational Networking for Innovation –
based Corporate Entrepreneurship", *Journal of Business Venturing*,
Vol. 24, No. 3, 2009, pp. 221 – 235.

[169] Kelm, Kathryn M., Narayanan, V. K. and Pinches, George E.,

"Shareholder Value Creation during R&D Innovation and Commercialization Stages", *The Academy of Management Journal*, Vol. 38, No. 3, 1995, pp. 770 – 786.

[170] Ketchen, D. J., Hult, G. T. M. and Slater, S. F., "Toward Greater Understanding of Market Orientation and the Resource – based View", *Strategic Management Journal*, Vol. 28, No. 9, 2007, pp. 961 – 964.

[171] Kim, K. H. and W. Tsai, "Social Comparison among Competing Firms", *Strategic Management Journal*, Vol. 33, No. 2, 2012, pp. 115 – 136.

[172] Kimberly, J. R. and Miles, R. H., *The Organization Life Cycle*, London: Jossey – Bass Publishers, 1981.

[173] Kirca, A. H., "The Effects of Market Orientation on Subsidiary Performance: Empirical Evidence from MNCs in Turkey", *Journal of World Business*, Vol. 46, No. 4, 2011, pp. 447 – 454.

[174] Kirca, A. H., Jayachandran, S. and Bearden, W. O., " Market Orientation: A Meta – analytic Review and Assessment of Its Antecedents and Impact on Performance", *Journal of Marketing*, Vol. 69, No. 2, 2005, pp. 24 – 41.

[175] Knight, D. M., *Atoms and Elements*: *A Study of Theories of Matter in England in the Nineteenth Century*, Indiana University Press, 1967.

[176] Kntabe, M. Martin, X. and Domoto, H., "Gaining from Vertical Partnerships Knowledge Transfer, Relationship Duration, and Supplier Performance Improvement in the U. S. and Japanese Automotive Industries", *Strategic Management Journal*, No. 24, 2003, pp. 293 – 316.

[177] Kochhar, R. and David, P., "Institutional Investors and Film Innovation: A Test of Competing Hypothesis", *Strategic Management Journal*, No. 17, 1996.

[178] Kogut, B. and Zander, U., "Knowledge of the Firm, Integration Capabilities, and the Replication of Technology", *Organization Science*, No. 3, 1992, pp. 383 – 397.

[179] Kohli, A. K. and Jaworski, B. J., "Market Orientation: The Construct, Research Propositions, and Managerial Implications", *Journal of*

Marketing, Vol. 54, No. 2, 1990, pp. 1 – 18.

[180] Kohli, A. K., Jaworski, B. J. and Kumar, A., "MARKOR: A Meas-ure of Market Orientation", *Journal of Marketing Research*, Vol. 30, No. 4, 1993. pp. 467 – 477.

[181] Krogh, G., Nonaka, I. and Rechsteiner, L., "Leadership in Organiza-tional Knowledge Creation: A Review and Framework", *Journal of Management Studies*, Vol. 49, Iss. 1, 2012, pp. 240 – 277.

[182] Kumar, Kamalesh, Ram Subramanian and Charles Yauger, "Examining the Market Orientation – Performance Relationship: A Context – Specific Stud-y", *Journal of Management*, Vol. 24, No. 2, 1998, pp. 201 – 233.

[183] Kumar, V., Jones, E., Venkatesan, R. and Leone, R. P., "Is Market Orientation a Source of Sustainable Competitive Advantage or Simply the Cost of Competing?", *Journal of Marketing*, Vol. 75, 2011, pp. 16 – 30.

[184] Lall, S., *Technological Capabilities and Industrialization*, World De-velopment, Vol. 20, No. 2, 1992, pp. 165 – 186.

[185] Landry, R., N. Amara, M. Lamari, "Does Social Capital Determine Innovation? To What Extent?", *Technological Forecasting and Social Change*, Vol. 69, No. 7, 2002, pp. 681 – 701.

[186] Langerak, F., "An Appraisal of Research on the Predictive Power of Market Orientation", *European Management Journal*, Vol. 21, No. 4, 2003, pp. 447 – 464.

[187] Levitt, B. and J. G. March, "Organizational Learning", *Annual Review of Sociology*, No. 14, 1988, pp. 319 – 340.

[188] Li, T. and Cavusgil, S. T., "Decomposing the Effects of Market Knowledge Competence in New Product Export: A Dimensionality Anal-ysis", *European Journal of Marketing*, Vol. 34, No. 1/2, 2000.

[189] Lichtenthaler, U., "Absorptive Capacity, Environmental Turbulence, and the Complementarity of Organizational Learning Processes", *Acade-my of Management Journal*, Vol. 52, No. 6, 2009, pp. 822 – 846.

[190] Lindenberg, S., "Constitutionalism Versus Relationalism: Two Views of Rational Choice Sociology", *James S. Coleman*, London: *Falmer Press*, 1996, pp. 229 – 311.

[191] Lings, I. and Greenley, G. , "Measuring Internal Market Orientation", *Journal of Service Research*, No. 7, 2005, pp. 290 – 305.

[192] Low, M. B. , "The Adolescence of Entrepreneurship Research: Specification of Purpose", *Entrepreneurship: Theory and Practice*, Vol. 25, No. 4, 2001, pp. 17 – 26.

[193] Lukas, Bell, "Strategic Market Position and R&D Capability in Global Manufacturing Industries: Implications for Organizational Learning and Organizational Memory", *Industrial Marketing Management*, Vol. 29, Iss. 6, 2000, pp. 565 – 574.

[194] Lumpkin, G. T. and G. G. Dess, "Clarifying the Entrepreneurial Orientation Construct and Linking It to Performance", *Academy of Management Review*, Vol. 21, No. 1, 1996, pp. 135 – 172.

[195] Lyles, M. A. , "Learning among Joint Venture Sophisticated Firms", *Management International Review*, Vol. 28, Specical Issue, 1988, pp. 85 – 97.

[196] Lynn, Gary S. and Ali E. Akgun, "Innovation Strategies Under Uncertainty: A Contingency Approach for New Product Development", *Engineering Management Journal*, Vol. 10, Iss. 3, 1998, pp. 11 – 17.

[197] Ma, X. , Yao, X. and Xi, Y. , "How Do Interorganizational and Interpersonal Networks Affect a firm's Strategic Adaptive Capability in a Transition Economy?", *Journal of Business Research*, Vol. 62, No. 11, 2009, pp. 1087 – 1095.

[198] Mabey, C. and Salaman, G. , *Strategic Human Resource Management*, Oxford: Blackwell, 1995.

[199] March, J. G. and Simon, H. , *Organizations*, Blackwell Business, 1958.

[200] March, J. G. and J. P. Olsen, "The Uncertainty of the Past: Organizational Learning Under Ambiguity", *European Journal of Political Research*, Vol. 3, 1975, pp. 147 – 171.

[201] Mark S. Granovetter, "The Strength of Weak Ties", *American Journal of Sociology*, Vol. 78, No. 6, 1973, pp. 1360 – 1380.

[202] Marquis, J. F. , Carruthers, S. G. , Spence, J. D. , Brownstone, Y. S. and Toogood, J. H. , "Phenytoin – theophylline Interaction", *The*

New England Journal of Medicine, Vol. 307, No. 19, 1982, pp. 1189 – 1190.

[203] Matsuno, Ken, John T. Mentzer and Aysegul Ozsomer, "The Effects of Entrepreneurial Proclivity and Market Orientation on Business Performance", *Journal of Marketing*, No. 66, 2002, pp. 18 – 32.

[204] Maurseth, P. B. and Verspagen, B., "Knowledge Spillovers in Europe: A Patent Citations Analysis", *Scandinavian Journal of Economics*, Vol. 104, No. 4, 2002, pp. 531 – 545.

[205] McCabe, D., "Waiting for Dead Men's Shoes: Towards Cultural Understanding of Management Innovation", *Human Relations*, Vol. 55, No. 5, pp. 505 – 536.

[206] McEvily, B. and Zaheer, A., "Bridging Ties: A Source of Firm Heterogeneity in Competitive Capabilities", *Strategic Management Journal*, Vol. 20, No. 12, 1999, pp. 1133 – 1156.

[207] McGill, M., Slocum, C. and Lei, D., "Management Practices in Learning Organizations", *Organizational Dynamics*, Vol. 20, No. 2, 1992, pp. 5 – 17.

[208] McKee, D., "An Organizational Learning Approach to Product Innovation", Journal of Product Innovation Management, Vol. 9, No. 3, 1992, pp. 232 – 245.

[209] Meeker, B. F., "Cooperative Orientation, Trust, and Reciprocity", *Human Relations*, Vol. 37, No. 3, 1983, pp. 225 – 243.

[210] Metcalfe, M., "Knowledge Sharing, Complex Environments and Small – worlds", *Human Systems Management*, Vol. 24, No. 3, 2005. pp. 185 – 195.

[211] Meyers, P. W., "Non – linear Learning in Technological Firms", *Research Policy*, Vol. 19, 1990, pp. 97 – 115.

[212] Miles, I., Kastrinos, N., Bilderbeek, R., Hertog, P. and Flanagan, K., Willem Huntink and Mark Bouman, "Knowledge – intensive Business Services: Users, Carriers and Sources of Innovation", *Second National Knowledge Infrastructure Setp*, Vol. 44, No. 4, 1995, pp. 100 – 128.

[213] Miles, R. E. and Snow, C. C. , *Organizational Strategy*, *Structure and Process*, New York: McGraw – Hill, 1978.

[214] Miller, C. C. and Cardinal, L. B. , "Strategic Planning an Firm Performfirmance: A Synthesis of More than Two Decades of Research", *Academy of Management Journal*, Vol. 37, No. 6, 1994, pp. 1649 – 1665.

[215] Miller, D. J. , "Firms' Technological Resources and the Performance Effects of Diversification: A Longitudinal Study", *Strategic Management Journal*, No. 25, 2004.

[216] Minniti, M. and M. Lévesque, "Entrepreneurial Types and Economic growth", *Journal of Business Venturing*, Vol. 25, No. 3, 2010, pp. 305 – 314.

[217] Minzberg, H. and Bruce Ahlstrand, Joseph Lampel, *Strategy Safari*: *A Guided Tour Through the Wilds of Strategic Management*, The Free Press, 1998.

[218] Mohr, J. and Spekman, R. , "Characteristic of Partnership Success: Partnership Attributes, Communication Behavior, and Conflict Resolution Techniques", *Strategic Management Journal*, No. 15, 1994, pp. 135 – 152.

[219] Moore, J. , "Predators and Prey: A New Ecology of Competition", *Harvard Business Review*, Vol. 71, No. 3, 1993, pp. 75 – 86.

[220] Moran, P. , "Structural and Relational Ernbeddedness, Social Capital and Managerial Performance", *Strategic Management Journal*, No. 26, 2005, pp. 1129 – 1151.

[221] Morgan, N. A. , Vorhies, D. W. and Mason, C. H. , "Market Orientation, Marketing Capabilities, and Firm Performance", *Strategic Management Journal*, Vol. 30, No. 8, 2009, pp. 909 – 920.

[222] Morgan, G. and Ramirez, R. , "Action Learning: A Holographic Metaphor for Guiding Change", *Human Relations*, Vol. 37, No. 1, 1983, pp. 1 – 28.

[223] Moultrie, J. , Nilsson, M. , Dissel, M. and Haner, U. E. , "Innovation Spaces: Towards a Framework for Understanding the Role of the

Physical Environment in Innovation", *Creativity and Innovation Management*, *Vol. 16*, *No. 1*, *2007*, *pp. 53 – 65*.

[224] Nader, Salman, Network and Innovation: A Social Network Analysis of Biotechnology Collaboration, Concordia University, 2002.

[225] Nahapiet, J. and Ghoshal, S. , "Social Capital, Intellectual Capital, and the Organizational Advantage", *Academy of Management Review*, No. 23, 1998, pp. 242 – 266.

[226] Narver, J. C. and Slater, S. F. , "The Effect of a Market Orientation on Business Profitability", *Journal of Marketing*, Vol. 54, No. 4, 1990, pp. 20 – 35.

[227] Nevis, E. C. , DiBella, A. J. and Gould, J. M. , "Understanding Organizations as Learning Systems", *Sloan Management Review*, *Winter*, 1995, pp. 73 – 85.

[228] Newman, H. , "Strategic Groups and The Structure – performance Relationship", *Review of Economics and Statistics*, No. 60, 1978, pp. 417 – 427.

[229] Ngai, J. C. H. and P. Ellis, "Market Orientation and Business Performance: Some Evidence from Hong Kong", *International Marketing Review*, Vol. 15, No. 2, 1998, pp. 119 – 139.

[230] Nicolini, "Organizational Learning: Debates Past, Present and Future", *Journal of Management Studies*, Vol. 37, No. 6, 2000, pp. 783 – 796.

[231] Nohria, N. , "Information and Search in the Creation of New Business Ventures: The Case of the 128 Venture Group", In Nohria N, Eccles R (eds.), *Networks and Organizations: Structure, form and Action*, Boston: Harvard Business School Press, 1992, pp. 1 – 22.

[232] Nonaka, I. and Takeuchi, H. , *The Knowledge Creating Company: How Japanese Companies Create the Dynamics of Innovation*, New York: Oxford University Press, 1995.

[233] Nonaka, I. , "A Dynamic Theory of Organizational Knowledge", *Organization Science*, Vol. 5, 1994, pp. 14 – 37.

[234] Oczkowski, E. and Farrell, M. A. , "An Examination of the Form of

Market Orientation in Australian Companies", Australasian Marketing Journal, Vol. 6, No. 2, 1998, pp. 3 – 12.

[235] Olkin, H. L. V. A. I. , *Statistical Methods for Meta – Analysis*, Orlando: FL: Academic Press, 1985.

[236] O'lson, E. M. , Walker, O. C. and Ruekert, W. , "Organizing for Effective New Product Development: The Moderating Role of Product Innovativeness", *Journal of Marketing*, No. 59, 1998, pp. 48 – 62.

[237] Palmatier, R. W. , Dant, R. P. , Grewal, D. et al. , "Factors Influencing the Effectiveness of Relationship Marketing: A Meta – analysis", *Journal of Marketing*, Vol. 70, No. 4, 2006, pp. 136 – 153.

[238] Paul, E. Bierly, III and S. D. Paula, "Alternative Knowledge Strategies, Competitive Environment, and Organizational Performance in Small Manufacturing Firms", *Entrepreneurship Theory and Practice*, Vol. 31, No. 4, 2007, pp. 493 – 516.

[239] Pelham, A. M. and Wilson, D. T. , "A Longitudinal Study of the Impact of Market Structure, Firm Structure, Strategy, and Market Orientation Culture on Dimensions of Small Firm Performance", *Journal of the Academy of the Marketing Science*, Vol. 24, No. 1, 1996, pp. 27 – 43.

[240] Peri, G. , "Determinants of Knowledge Flows and Their Effect on Innovation", *Review of Economics and Statistics*, Vol. 87, No. 2, 2005, pp. 308 – 322.

[241] Persson, S. G. , Lundberg, H. and Andresen, E. , "Interpartner Legitimacy in Regional Strategic Networks", *Industrial Marketing Management*, Vol. 40, No. 6, 2011, pp. 1024 – 1031.

[242] Peter J. Batt, "Building Social Capital in Networks", *Industrial Marketing Management*, Vol. 37, No. 5, 2008, pp. 487 – 491.

[243] Philip J. Vergragt and Halina Szejnwald Brown, Innovation for Sustainability: The Case of Sustainable Transportation, SPRU 40th Anniversary Conference – The Future of Science, Technology and Innovation Policy: Linking Research and Practice, 2006.

[244] Polanyi, M. , *The Tacit Dimension*, Anchor Books, Garden City: N. Y. , 1967.

[245] Porter, M. E., "Clusters and The New Economics of Competition", *Harvard Business Review*, Nov. – Dec. 1998, pp. 77 – 90.

[246] Porter, M. E., *Competitive Strategy: Techniques for Analyzing Industries and Competitors*, New York: Free Press, 1980.

[247] Porter, M. E., *The Competitive Advantage of Nations*, New York: Free Press, 1990.

[248] Portes, A., "Social Capital: Its Origins and Applications in Modern Sociology", *Annual Review of Sociology*, Vol. 24, 1998, pp. 1 – 24.

[249] Pouder, R. and John, C. H. S. T., "Hot Spots and Blind Spots: Geographical Clusters of Firms and Innovation", *Academy of Management Review*, Vol. 21, No. 4, 1996, pp. 1192 – 1225.

[250] Powell, W. W., Koput, K. W. and Smith – Doerr, L., "Inter – organizational Collaboration and the Locus of Innovation: Networks of Learning in Biotechnology", *Administrative Science Quarterly*, Vol. 41, No. 1, 1996, pp. 116 – 145.

[251] Prahalad, C. K. and Hammel, G., "The Core Competence of the Corporation", *Harvard Business Review*, Vol. 68, No. 3, 1990, pp. 79 – 92.

[252] Presutti, M., Boari, C. and Majocchi, A., "The Importance of Proximity for the Start – Ups' Knowledge Acquisition and Exploitation", *Journal of Small Business Management*, Vol. 49, No. 3, 2011, pp. 361 – 389.

[253] Prusak, L. and D. Cohen, "How to Invest in Social Capital", *Harvard Business Review*, Vol. 79, No. 6, 2001, pp. 86 – 93.

[254] Pulendran, B., Jacques Banchereau, Susan Burkeholder, Elizabeth Kraus, Elisabeth Guinet, Cecile Chalouni, Dania Caron, Charles Maliszewski, Jean Davoust, Joseph Fay, and Karolina Palucka, "Flt3 – Ligand and Granulocyte Colony – Stimulating Factor Mobilize Distinct Human Dendritic Cell Subsets In Vivo", *The Journal of Immunology*, Vol. 165, No. 1, 2000, pp. 566 – 572.

[255] Quinn, J. B., "Innovation and Corporate Strategy: Managed Chaos", *in Technology in the Modern Corporation: A Strategic Perspective*, Mel

Horwich, ed. , New York: Pergamon Press, 1986.

[256] Rebelo, T. M. and Gomes, A. D. , "Conditioning Factors of an Organizational Learning Culture", *Journal of Workplace Learning*, Vol. 23, No. 3, 2011, pp. 173 – 194.

[257] Richter, F. J. and Vettel, K. , "Successful Joint Ventures in Japan: Transferring Knowledge through Origanzational Learning", *Long Range Planning*, Vol. 28, 1995, pp. 37 – 45.

[258] Robbins, T. W. , "Neurobehavioural Mechanisms of Reward and Motivation", *Current Opinion in Neurobiology*, Vol. 6, Iss. 2, 1996, pp. 228 – 236.

[259] Robert, W. , Palmatier, R. P. D. , Dhruv Grewal and Kenneth R. Evans, "Factors Influencing the Effectiveness of Relationship Marketing: A Meta – Analysis", *Journal of Marketing*, Vol. 70, No. 10, 2006, pp. 136 – 153.

[260] Russell, S. , Peter Norvig, *Artificial intelligence: A Modern Approach*, Prentice – Hall, 1995.

[261] Sabatini, F. , "Does Social Capital Improve Labour Productivity in Small and Medium Enterprises?", Working Paper, 2006.

[262] Sandvik, I. L. and Sandvik, K. , "The Impact of Market Orientation on Product Innovativeness and Business Performance", *International Journal of Research in Marketing*, Vol. 20, No. 4, 2003, pp. 355 – 376.

[263] Schulz, M. , "The Uncertain Relevance of Newness: Organizational Learning and Knowledge Flow", *Academy of Management Journal*, Vol. 44, No. 4, 2001.

[264] Schumpeter, J. A. , *The Theory of Economic Development*, Harvard University Press, Cambridge, MA. , 1932.

[265] Scott, G. S. and Bruce, R. A. , "Determinants of Innovative Behavior: A Path Model of Individual Innovation in the Workplace", *Academy of Management Journal*, Vol. 37, No. 3, 1994, pp. 580 – 607.

[266] Selnes, F. , Jaworski, B. J. and Kohli, A. K. , "Market Orientation in United States and Scandinavian Companies: A Cross – cultural Study", *Scandinavian Journal of Marketing*, Vol. 12, No. 2, 1996, pp.

139 – 157.

[267] Selznick, P. , "Institutionalism ' Old ' and ' New ' ", *Administrative Science Quarterly*, Vol. 41, 1996, pp. 270 – 277.

[268] Senge, P. M. , "Taking Personal Change Seriously: The Impact of ' Organizational Learning' on Management Practice", *Academy of Management Executive*, Vol. 17, No. 2, 2003, pp. 47 – 50.

[269] Senge, P. M. , *The Fifth Discipline*, New York: Doubleday, 1990.

[270] Sethi, R. , Smith, D. C. and Park, C. W. , "Cross – functional Product Development Teams, Creativity, and the Innovativeness of New Consumer Products", *Journal of Marketing Research*, Vol. 38, No. 1, 2001, pp. 73 – 86.

[271] Shapiro, Benson P. , "What the Hell is ' Market Oriented?", *Harvard Business Review*, November/December 1988, pp. 119 – 125.

[272] Shoham, A. and Rose, G. M. , "Market Orientation: A Replication, Cross – national Comparison, and Extension", *Journal of Global Marketing*, Vol. 14, No. 4, 2001, pp. 5 – 25.

[273] Shrivastava, P. , "A Typology of Organizational Learning Systems", *The Journal of Management Studies*, Vol. 20, Iss. 1, 1983, pp. 7 – 28.

[274] Siguaw, J. A. ; Simpson, P. M. , Baker, T. L. , "Effects of Supplier Market Orientation on Distributor Market Orientation and the Channel Relationship: The Distributor Perspective", *The Journal of Marketing*, Vol. 25, No. 2, 1998, pp. 119 – 144.

[275] Silverman, B. S. and Baum, J. A. , "Alliance – Based Competitive Dynamics", *Academy of Management Journal*, No. 4, 2002, pp. 791 – 806.

[276] Simsek, Z. , "CEO Tenure and Organizational Performance: An Intervening Model", *Strategic Management Journal*, Vol. 28, No. 6, 2007, pp. 653 – 662.

[277] Singh, J. , Goolsby, J. R. and Rhoads, G. K. , "Behavioral and Psychological Consequences of Boundary Spanning Burnout for Customer Service Representatives", *Journal of Marketing Research*, No. 31, 1994, pp. 558 – 569.

［278］ Sinkula, J. M. , "Market Information Processing and Organizational Learning", *Journal of Marketing*, No. 58, 1994, pp. 35 – 45.

［279］ Sinkula, Baker W. E. and Thomas, N. , "A Framework for Market – Based Organizational Learning: Linking Values, Knowledge, and Behavior", *Journal of the Academy of Marketing Science*, Vol. 25, No. 4, 1997, pp. 305 – 318.

［280］ Slater, S. F. and Narver, J. C. , "Competitive Strategy in the Market Focused Business", *Journal of Market Focused Management*, Vol. 1, No. 2, 1996, pp. 159 – 174.

［281］ Slater, S. F. and Narver, J. C. , "Does Competitive Environment Moderate the Market Orientation – Performance Relationship?", *Journal of Marketing*, No. 58, 1994, pp. 46 – 55.

［282］ Slater, S. F. and Narver, J. C. , "Market Orientation and Learning Organization", *Journal of Marketing*, Vol. 59, No. 3, 1995, pp. 63 – 74.

［283］ Slater, S. F. and Narver, J. C. , "Market – oriented is More than being Customer – led", *Strategic Management Journal*, Vol. 20, No. 12, 1999, pp. 1165 – 1168.

［284］ Slater, S. F. , "Developing a Customer Value – Based Theory of the Firm", *Journal of the Academy of Marketing Science*, Vol. 25, Spring 1997, pp. 162 – 167.

［285］ Smith, D. A. and Lohrke, F. T. , "Entrepreneurial Net Work Development: Trusting in the Process", *Journal of Business Research*, No. 61, 2008, pp. 315 – 322.

［286］ Snow, C. C. , Miles, R. E. and Coleman, H. J. , "Managing 21st Century Network Organizations", *Organizational Dynamics*, Vol. 20, No. 3, 1992, pp. 5 – 20.

［287］ Soda, G. , "The Management of firms' Alliance Network Positioning: Implications for Innovation", *European Management Journal*, Vol. 29, No. 5, 2011, pp. 377 – 388.

［288］ Soh, P. H. , "Network Patterns and Competitive Advantage before the Emergence of a Dominant Design", *Strategic Management Journal*, Vol. 31, No. 4, 2009, pp. 438 – 461.

[289] Sorenson, O. and Sørensen, J. B. , "Finding the Right Mix: Franchising, Organizational Learning, and Chain Performance", *Strategic Management Journal*, Vol. 22, No. 6 – 7, 2001, pp. 713 – 724.

[290] Spithoven, A. , Clarysse, B. and Knockaert, M. , "Building Absorptive Capacity to Organise Inbound open Innovation in Traditional Industries", *Technovation*, Vol. 30, No. 2, 2010, pp. 130 – 141.

[291] Stata, R. , "Organizational Learning— The Key to Management Innovation", *Sloan Management Review*, Vol. 30, No. 3, 1989, pp. 63 – 74.

[292] Steers, R. M. , "Problems in the Measurement of Organizational Effectiveness", *Administrative Science Quarterly*, No. 4, 1975, pp. 546 – 558.

[293] Sturgeon, T. and Lester, R. , *Upgrading East Asian Industries: New Challenges for Local Suppliers*, Paper Prepared for the World Bank's Project on the East Asia's Economic Future, Industrial Performance Center, Working Paper, 2002, pp. 25 – 36.

[294] Szulanski, G. , "Exploring Internal Stickness: Impediments to The Transfer of Best Practice within the Firm", *Strategic Management Journal*, No. 17, (Special Issue) 1996, pp. 27 – 43.

[295] Teece, D. J. , Pisano, G. and Shuen, A. , "Dynamic Capabilities and Strategic Management", *Strategic Management Journal*, No. 18, 1997, pp. 509 – 533.

[296] Teece, D. J. and Pisano, G. , "The Dynamic capabilities of Firms: an Introduction", *Industrial and Corporate Change*, Vol. 4, No. 3, 1994. pp. 537 – 556.

[297] Tolbert, P. S. and Zucker, L. G. , "Institutional Sources of Change in the Formal Structure of Organizations: The Diffusion of Civil Service reform, 1880 – 1935", *Administrative Science Quarterly*, No. 28, 1983, pp. 22 – 39.

[298] Tsai, W. and Ghoshal, S. , "Social Capital and Value Creation: the Role of Intrafirm Networks", *Academy of Management Journal*, Vol. 41, No. 4, 1998, pp. 464 – 476.

[299] Tsai, K. and Wang, J. , "External Technology Acquisition and Firm

Performance: A Longitudinal Study", *Journal of Business Venturing*, Vol. 23, No. 1, 2008, pp. 91 – 112.

[300] Tsai, W., "Knowledge Transfer in Intraorganizational Networks: Effects of Network Position and Absorptive Capacity on Business Unit Innovation and Performance", *Academy of Management Journal*, Vol. 44, No. 5, 2001, pp. 996 – 1004.

[301] Tushman, Michael and D. Nadler, "Organizing for Innovation", *California Management Review*, Vol. 28, No. 3, 1986, pp. 74 – 92.

[302] Ussahawanitchakit, P., "Organizational Learning Capability, Organizational Commitment, and Organizational Effectiveness: an Empirical Study of Thai Accounting Firms", *International Journal of Business Strategy*, Vol. 8, No. 3, 2008, pp. 1 – 12.

[303] Uzzi, B., "The Sources and Consequences of Embeddedness for the Economic Performance of Organizations: The Network Effect", *American Sociological Review*, No. 61, 1996, pp. 674 – 698.

[304] Uzzi, B., "Social Structure and Competition in Inter – firm Networks: the Paradox of Embeddedness", *Administrative Science Quarterly*, Vol. 42, No. 1, 1997, pp. 35 – 67.

[305] Van Egeren, M. and O'Connor, S., "Drivers of Market Orientation and Performance in Service Firms", *Journal of Services Marketing*, Vol. 12, Iss. 1, 1998, pp. 39 – 58.

[306] Vera, D. and Crossan, M., "Strategic Leadership and Organizational Learning", *Academy of Management Review*, Vol. 29, No. 2, 2004, pp. 222 – 240.

[307] Wagner, S. and Johnson, J., "Configuring and Managing Strategic Supplier Portfolios", *Industrial Marketing Management*, Vol. 33, No. 8, 2004, pp. 717 – 730.

[308] Wang, G., Negrete – Pincetic, M., Kowli, A., *Dynamic Competitive Equilibria in Electricity Markets*, Springer New York, 2012.

[309] Wang, C. H., Chen, K. Y. and Chen, S. C., "Total Quality Management, Market Orientation and Hotel Performance: The Moderating Effects of External Environmental Factors", *International Journal of*

Hospitality Management, Vol. 31, 2012, pp. 119 – 129.

[310] Webster, Jr. F. E. , "Rediscovering the Marketing Concept", *Business Horizons*, No. 31, 1988, pp. 29 – 39.

[311] Weick, *Social Services by Government Contract: A Policy Analysis*, New York: Praeger, 1979.

[312] Wenger, R. M. , France, J. , Bovermann, G. , Walliser, L. , Widmer, A. and Widmer, H. , *FEBS Lett*, Vol. 340, 1994, pp. 255 – 259.

[313] William E. Baker, James M. Sinkula, "Maintaining Competitive Advantage Through Organizational Unlearning", *Academy of Marketing Science*, No. 15, 2014, pp. 206 – 209.

[314] Wincent, J. and Anokhin, S. , "Quality Meets Structure: Generalized Reciprocity and Firm – Level Advantage in Strategic Networks", *Journal of Management Studies*, Vol. 47, No. 4, 2010, pp. 597 – 624.

[315] Wing S. Chow and Lai Sheung Chan, "Social Network, Social Trust and Shared goals in Organizational Knowledge Sharing", *Information & Management*, Vol. 45, No. 7, 2008, pp. 458 – 465.

[316] Wolfe, C. and T. Loraas, "Knowledge Sharing: The Effects of Incentives, Environment, and Person", *Journal of Information Systems*, Vol. 22, No. 2, 2008, pp. 53 – 76.

[317] Wolfe, R. A. , "Organizational Innovation: Review, Critique and Suggested Research Directions", *Journal of Management Studies*, Vol. 31, No. 3, 1994, pp. 405 – 430.

[318] Wuyts, S. , Colombo, M. G. , Dutta, S. and Noteboom, B. , "Empirical Test of Optimal Cognitive Distance", *Journal of Economic Behavior and Organization*, No. 28, 2005, pp. 56 – 78.

[319] Xu, D. and O. Shenkar, "Institutional Distance and the Multinational Enterprise", *Academy of Management Review*, Vol. 27, No. 4, 2002, pp. 608 – 618.

[320] Yin, R. , *Case Study Research: Design and Methods*, Thousands Oaks: Sage Publications, 2003.

[321] Yuan, L. , Haowen, C. , Yi, L. and Mike Peng, "Managerial Ties,

Organizational Learning, and Opportunity Capture: A Social Capital Perspective", *Asia Pacific Journal of Management*, Vol. 31, Iss. 1, 2014, pp. 271 – 291.

[322] Zack, M. H., "Developing a Knowledge Strategy", *California Management Review*, Vol. 41, No. 3, 1999, pp. 125 – 145.

[323] Zaheer, A. and Bell, G. G., "Benefiting from Network Position: Firm Capabilities, Structural Holes, and Performance", *Strategic Management Journal*, No. 26, 2005, pp. 809 – 825.

[324] Zahra, S. A. and George, G., "Absorptive Capacity: A Review, Reconceptualization, and Extension", *Academy of Management Review*, Vol. 27, No. 2, 2002, pp. 185 – 203.

[325] Zaltman, G., Duncan, R. and Holbeck, J., *Innovations and Organisations*, Wiley, New York: 1973.

[326] 卜长莉：《社会资本的负面效应》，《学习与探索》2006 年第 2 期。

[327] 蔡宁、潘松挺：《网络关系强度与企业技术创新模式的耦合性及其协同演化——以海正药业技术创新网络为例》，《中国工业经济》2008 年第 4 期。

[328] 蔡启通：《组织因素、组织成员整体创造性与组织创新之关系》，台湾大学，1997 年。

[329] 陈国权、马萌：《组织学习的过程模型研究》，《管理科学学报》2000 年第 9 期。

[330] 陈国权、郑红平：《组织学习影响因素、学习能力与绩效关系的实证研究》，《管理科学学报》2005 年第 1 期。

[331] 陈晓萍、徐淑英、樊景立：《组织与管理研究的实证方法》，北京大学出版社 2008 年版。

[332] 陈艺超：《创意产业中企业创意扩散的影响因素分析》，浙江大学，2007 年。

[333] 陈雨思：《论战略生态的演化规律》，http://www.dobig.net/，2003 年。

[334] 程聪、谢洪明、陈盈、程宣梅：《网络关系、内外部社会资本与技术创新关系研究》，《科研管理》2013 年第 11 期。

[335] 程聪、谢洪明、李金刚：《供应商网络关系、网络结构与节点活

性——美的空调的案例研究》,《管理案例研究与评论》2012 年第 4 期。

[336] 程聪、谢洪明、杨英楠、曹烈冰、程宣梅:《理性还是情感? 动态竞争中企业"攻击—回应"竞争行为的身份效应》,《管理世界》2015 年第 8 期。

[337] 程聪、谢洪明、杨英楠、陈盈:《外部知识流入促进产品创新绩效:企业创意的观点》,《管理工程学报》2013 年第 4 期。

[338] 程聪、谢洪明:《集群企业社会网络嵌入与关系绩效研究:基于关系张力的视角》,《南开管理评论》2012 年第 4 期。

[339] 程聪、谢洪明:《市场导向与组织绩效:一项元分析的检验》,《南开管理评论》2013 年第 6 期。

[340] 程聪:《战略生态、制度创业和新创企业成长关系研究》,博士学位论文,浙江工业大学,2013 年。

[341] 程聪:《知识流入、企业创意与创新绩效关系研究》,《研究与发展管理》2012 年第 5 期。

[342] 程东升、刘丽丽:《华为经营管理智慧》,当代中国出版社 2005 年版。

[343] 池仁勇:《区域中小企业创新网络形成、结构属性与功能提升:浙江省实证考察》,《管理世界》2005 年第 10 期。

[344] 戴万稳、赵曙明、蒋建武:《复杂系统、知识管理与组织学习过程动态模型研究》,《中国软科学》2006 年第 6 期。

[345] 丁青、吴秋明:《企业战略生态系统及其策略支撑体系》,《系统科学学报》2010 年第 4 期。

[346] 杜运周、任兵、陈忠卫、张玉利:《先动性、合法化与中小企业成长:一个中介模型及其启示》,《管理世界》2008 年第 12 期。

[347] 方静月:《创新银行业扮演中介角色》,《中华管理评论》2002 年第 5 期。

[348] 方世杰、郑仲兴:《组织间信任关系之组织学习绩效的实证研究——组织间互动的观点》,(中国台湾)《管理学报》2001 年第 4 期。

[349] 费明胜、陈杰:《战略生态系统中的品牌生态战略管理》,《特区经济》2007 年第 1 期。

[350] 符正平、曾素英：《集群产业转移中的转移模式与行动特征：基于企业社会网络视角的分析》，《管理世界》2008 年第 12 期。

[351] 高展军、李垣：《战略网络结构对企业技术创新的影响研究》，《科学学研究》2006 年第 3 期。

[352] 顾新、李久平、王维成：《知识流动、知识链与知识链管理》，《软科学》2006 年第 2 期。

[353] 侯杰、陆强、石涌江、戎珂：《基于组织生态学的企业成长演化：有关变异和生存因素的案例研究》，《管理世界》2012 年第 12 期。

[354] 侯杰泰、温忠麟、成子娟：《结构方程模型及其应用》，教育科学出版社 2004 年版。

[355] 胡祖光、张铭：《何谓"制度企业家"？谁会成为"制度企业家"？来自组织新制度主义的观点》，《社会科学战线》2010 年第 10 期。

[356] 贾卫峰、党兴华：《技术创新网络核心企业知识流耦合控制研究》，《科研管理》2010 年第 1 期。

[357] 江诗松、魏江、龚丽敏：《转型经济中后发企业的创新能力追赶路径：国有企业和民营企业的双城故事》，《管理世界》2010 年第 12 期。

[358] 蒋春燕、赵曙明：《社会资本和公司企业家精神与绩效的关系：组织学习的中介作用——江苏与广东新兴企业的实证研究》，《管理世界》2006 年第 10 期。

[359] 蒋天颖、程聪：《企业知识转移生态学模型》，《科研管理》2012 年第 2 期。

[360] 蒋天颖、张一青、王俊江：《企业社会资本与竞争优势的关系研究——基于知识的视角》，《科学学研究》2010 年第 8 期。

[361] 焦豪、魏江、崔瑜：《企业动态能力构建路径分析：基于创业导向和组织学习的视角》，《管理世界》2008 年第 4 期。

[362] 解学梅、左蕾蕾：《企业协同创新网络特征与创新绩效：基于知识吸收能力的中介效应研究》，《南开管理评论》2013 年第 3 期。

[363] 肯·巴斯金：《公司 DNA——来自生物的启示》，中信出版社 2001 年版。

[364] 蓝海林、谢洪明：《企业战略的抽象群及其演变引论》，《管理工程学报》2003 年第 3 期。

[365] 蓝海林:《迈向世界级企业——中国企业战略管理研究》,企业管理出版社 2001 年版。

[366] 蓝海林:《企业战略管理:承诺、决策和行动》,《管理学报》2015 年第 5 期。

[367] 蓝海林:《企业战略管理》,科学出版社 2015 年版。

[368] 蓝海林:《中国企业战略行为的解释:一个整合情境—企业特征的概念框架》,《管理学报》2014 年第 5 期。

[369] 李春青:《企业战略管理新范式探索》,《企业经济》2003 年第 11 期。

[370] 李飞、陈浩、曹鸿星:《中国百货商店如何进行服务创新——基于北京当代商城的案例研究》,《管理世界》2010 年第 2 期。

[371] 李华军、张光宇、刘贻新:《基于战略生态位管理理论的战略性新兴产业创新系统研究》,《科技进步与对策》2012 年第 3 期。

[372] 李金玉、阮平南:《核心企业在战略网络演化中的作用研究》,《北京工业大学学报》(社会科学版)2010 年第 12 期。

[373] 李仁芳:《聚智分金——台湾企业技术网路建构之探讨》,第六届产业管理研讨会,1997 年。

[374] 李守伟、钱省三、沈运红:《基于产业网络的创新扩散机制研究》,《科研管理》2007 年第 4 期。

[375] 李维安、邱昭良:《网络组织的学习特性辨析》,《科研管理》2007 年第 6 期。

[376] 李文博:《知识网络结构、组织学习与创新绩效的实证研究》,《科技管理研究》2009 年第 8 期。

[377] 李新春、何轩、陈文婷:《战略创业与家族企业创业精神的传承——基于百年老字号李锦记的案例研究》,《管理世界》2008 年第 10 期。

[378] 李洋升:《台湾电子厂商核心专长与竞争策略之研究》,博士学位论文,(中国台湾)中山大学,2000 年。

[379] 李煜华、武晓锋、胡瑶瑛:《基于演化博弈的战略性新兴产业集群协同创新策略研究》,《科技进步与对策》2013 年第 2 期。

[380] 李志刚、汤书昆、梁晓艳、赵林捷:《产业集群网络结构与企业创新绩效关系研究》,《科学学研究》2007 年第 4 期。

[381] 梁嘉骅、葛振忠、范建平：《企业生态与企业发展》，《管理科学学报》2002 年第 4 期。

[382] 林健、李焕荣：《战略网络与企业绩效》，《企业经济》2001 年第 12 期。

[383] 林文宝：《技术知识特性、知识能量与组织学习对核心竞争力及创新绩效关联性之研究》，博士学位论文，（中国台湾）成功大学，2001 年。

[384] 林晓：《基于生态位理论的企业竞争战略分析》，《南京林业大学学报》2003 年第 9 期。

[385] 林义屏：《市场导向、组织学习、组织创新与组织绩效间关系之研究——以科学园区信息电子产业为例》，博士学位论文，（中国台湾）中山大学，2001 年。

[386] 刘帮成：《市场知识能力与创新绩效：组织任务环境变量的缓冲效应检验》，《研究与发展管理》2007 年第 5 期。

[387] 刘良灿、张同健：《互惠性、组织学习与企业绩效相关性研究》，《技术经济与管理研究》2010 年第 6 期。

[388] 罗怀英：《技术知识特性、组织平台与情境对组织知识流通之影响：以工研院电通所为例》，硕士学位论文，（中国台湾）辅仁大学，2000 年。

[389] 吕宏芬、余向平：《OEM 方式的内在劣势及其产业链升级对策探讨》，《商业研究》2006 年第 2 期。

[390] 吕镇：《感知的非确定性与企业战略行为的实证研究》，《西安交通大学学报》1994 年第 6 期。

[391] 毛加强：《创新网络下的产业集群技术创新实证分析》，《软科学》2010 年第 3 期。

[392] 毛蕴诗、姜岳新、莫伟杰：《制度环境、企业能力与 OEM 企业升级战略：东菱凯琴与佳士科技的比较案例研究》，《管理世界》2009 年第 6 期。

[393] 茆汉成、宋典：《内部社会资本：创新型人力资源管理与组织绩效的中介变量》，《科技进步与对策》2011 年第 6 期。

[394] 聂锐、张燚：《战略管理新范式：战略生态管理》，《中国矿业大学学报》（社会科学版）2003 年第 3 期。

［395］潘松挺、蔡宁：《企业创新网络中关系强度的测量研究》，《中国软科学》2010 年第 5 期。

［396］彭灿：《供应链中的知识流动与组织间学习》，《科研管理》2004年第 3 期。

［397］钱辉：《生态位、因子互动与企业演化》，博士学位论文，浙江大学，2005。

［398］沈奇、泰松：《组织合法性视角下制度压力对企业社会绩效的影响机制研究》，博士学位论文，浙江大学，2010 年。

［399］苏敬勤、崔淼、张竞浩：《环境、氛围与外部取向管理创新模式：理论与案例》，《科学学研究》2010 年第 3 期。

［400］孙成章：《现代企业生态概论》，经济管理出版社 1996 年版。

［401］孙嘉琪：《组织学习、组织创新与企业核心竞争优势关系之研究——以台湾发光二极体产业为例》，硕士学位论文，（中国台湾）南华大学，2004 年。

［402］孙晓强：《从组织学习过程模型看组织学习在知识管理过程中的角色》，《技术经济与管理研究》2007 年第 1 期。

［403］孙永风、张睿、李垣：《转型经济时期国有企业市场导向型战略与绩效的实证分析》，《中国软科学》2003 年第 7 期。

［404］唐铭聪：《创业导向、市场导向与经营绩效之实证研究：社会资本之观点》，硕士学位论文，（中国台湾）高雄第一科技大学，2003 年。

［405］田志龙、邓新明、Taieb Hafsi：《企业市场行为、非市场行为与竞争互动：基于中国家电行业的案例研究》，《管理世界》2007 年第 8 期。

［406］汪建成、毛蕴诗、邱楠：《由 OEM 到 ODM 再到 OBM 的自主创新与国际化路径：格兰仕技术能力构建与企业升级案例研究》，《管理世界》2008 年第 6 期。

［407］汪涛、何昊、诸凡：《新产品开发中的消费者创意：产品创新任务和消费者知识对消费者产品创意的影响》，《管理世界》2010 年第 2 期。

［408］王发明：《创意产业集群化：基于知识分工协调理论分析》，《经济学家》2009 年第 6 期。

［409］ 王海燕、周元：《新型贴牌与自主创新》，《中国软科学》2007 年第 9 期。

［410］ 王俊如、林文鼎、于卓民：《多点竞争之僵固性分析》，《中山管理评论》（中国台湾）2001 年冬季号。

［411］ 王玉：《企业进化的战略研究》，上海财经大学出版社 1997 年版。

［412］ 王子平：《企业生命论》，红旗出版社 1996 年版。

［413］ 韦影：《企业社会资本对技术创新绩效的影响：基于吸收能力的视角》，工作论文，浙江大学，2005 年。

［414］ 魏江、应瑛、刘洋：《研发网络分散化、组织学习顺序与创新绩效：比较案例研究》，《管理世界》2014 年第 2 期。

［415］ 温忠麟、张雷、侯杰泰：《有中介的调节变量和有调节的中介变量》，《心理学报》2006 年第 3 期。

［416］ 夏先良：《中国企业从 OEM 升级到 OBM 的商业模式抉择》，《财贸经济》2003 年第 9 期。

［417］ 谢洪明、陈盈、程聪：《市场导向与组织绩效关系：基于 Meta 分析的研究》，《科学学与科学技术管理》2014 年第 12 期。

［418］ 谢洪明、陈盈、程聪：《网络密度、知识流入对企业管理创新的影响》，《科学学研究》2011 年第 10 期。

［419］ 谢洪明、陈盈、程聪：《网络强度和企业管理创新：社会资本的影响》，《科研管理》2012 年第 9 期。

［420］ 谢洪明、程聪：《企业创业导向促进创业绩效提升了吗？—— 一项 Meta 分析的检验》，《科学学研究》2012 年第 7 期。

［421］ 谢洪明、冯建新、程聪：《网络中心性对技术创新的影响：知识流出的视角》，《技术经济》2011 年第 7 期。

［422］ 谢洪明、葛志良、王成：《社会资本、企业文化、知识整合与核心能力：机制与路径——华南地区企业的实证研究》，《研究与发展管理》2008 年第 2 期。

［423］ 谢洪明、韩子天：《组织学习与绩效的关系：创新是中介变量吗？——珠三角地区企业的实证研究及其启示》，《科研管理》2006 年第 5 期。

［424］ 谢洪明、金占明、陈盛松：《产业集群、企业行为与企业竞争力的实证研究》，《科学学与科学技术管理》2005 年第 5 期。

［425］谢洪明、蓝海林、刘钢庭、曾萍：《动态竞争理论的研究评述》，《科研管理》2003 年第 6 期。

［426］谢洪明、蓝海林、叶广宇、杜党勇：《动态竞争：中国主要彩电企业的实证研究》，《管理世界》2003 年第 4 期。

［427］谢洪明、蓝海林：《动态竞争与战略网络》，经济科学出版社 2004 年版。

［428］谢洪明、刘常勇、陈春辉：《市场导向与组织绩效的关系：学习导向与创新的影响——华南地区企业的实证研究》，《管理世界》2006 年第 2 期。

［429］谢洪明、刘钢庭、蓝海林：《战略网络连接关系的特性分析》，《科学学与科学技术管理》2003 年第 4 期。

［430］谢洪明、刘少川：《产业集群、网络关系与企业竞争力的关系研究》，《管理工程学报》2007 年第 2 期。

［431］谢洪明、刘跃所：《战略网络、战略生态与企业的战略行为》，《科学管理研究》2005 年第 1 期。

［432］谢洪明、罗惠玲、王成、李新春：《学习、创新与核心能力：机制和路径》，《经济研究》2007 年第 2 期。

［433］谢洪明、任艳艳、陈盈、程聪、程宣梅：《网络互惠程度与企业管理创新关系研究——基于学习能力和成员集聚度的视角》，《科研管理》2014 年第 1 期。

［434］谢洪明、王成、葛志良：《核心能力：组织文化和组织学习作用——华南地区企业的实证研究》，《南开管理评论》2006 年第 4 期。

［435］谢洪明、王成、李新春、区毅勇：《技术创新软性影响因素的实证研究》，《科学学研究》2007 年第 5 期。

［436］谢洪明、王琪、葛志良：《企业文化、学习与创新绩效的关系研究》，《科学学与科学技术管理》2007 年第 3 期。

［437］谢洪明、王现彪、吴溯：《集群、网络与 IJVs 的创新研究》，《科研管理》2008 年第 6 期。

［438］谢洪明、吴隆增、王成、葛志良：《组织学习的前因后果：一个新的理论框架》，《科学学与科学技术管理》2006 年第 8 期。

［439］谢洪明、吴隆增：《技术知识特性、知识整合能力和效果的关系：

一个新的理论框架》，《科学管理研究》2006 年第 2 期。

[440] 谢洪明、应郭丽、陈盈、程宣梅：《知识流出：连接外部环境与企业管理创新的桥梁》，《科学学研究》2012 年第 11 期。

[441] 谢洪明、张霞蓉、程聪、陈盈、陈贤耿：《网络互惠程度对企业技术创新绩效的影响：外部社会资本的中介作用》，《研究与发展管理》2012 年第 3 期。

[442] 谢洪明、张霞蓉、程聪、陈盈：《网络关系强度、企业学习能力对技术创新的影响研究》，《科研管理》2012 年第 2 期。

[443] 谢洪明、张颖、程聪、陈盈：《网络嵌入对技术创新绩效的影响：学习能力的视角》，《科研管理》2014 年第 12 期。

[444] 谢洪明、赵丽、程聪：《网络密度、学习能力与技术创新的关系研究》，《科学学与科学技术管理》2011 年第 10 期。

[445] 谢洪明、赵薇、陈盈、程聪：《网络互惠程度与企业管理创新：基于知识流出视角的实证研究》，《科学学研究》2012 年第 10 期。

[446] 谢洪明：《社会资本对组织创新的影响：中国珠三角地区企业的实证研究及其启示》，《科学学研究》2006 年第 1 期。

[447] 谢洪明：《市场导向、组织学习与组织绩效的关系研究》，《科学学研究》2005 年第 4 期。

[448] 谢洪明：《市场导向与组织绩效的关系——环境与组织学习的影响》，《南开管理评论》2005 年第 3 期。

[449] 谢洪明：《战略网络结构对企业动态竞争行为的影响研究》，《科研管理》2005 年第 2 期。

[450] 谢洪明：《战略网络中的动态竞争研究》，博士学位论文，华南理工大学，2003 年。

[451] 于伟、谢洪明、王厉琪：《东道国母公司的人力资源控制与 IJV 技术创新——对华南地区企业的实证研究》，《科学学与科学技术管理》2010 年第 6 期。

[452] 余志良、谢洪明、蓝海林：《战略网络中的嵌入关系及其特征和影响分析》，《科技进步与对策》2004 年第 10 期。

[453] 詹姆斯·弗·摩尔：《竞争的衰亡：商业生态系统时代的领导与战略》，北京出版社 1999 年版。

[454] 张方华：《企业社会资本与技术创新绩效：概念模型与实证分析》，

《研究与发展管理》2006 年第 3 期。

[455] 张金萍、周游：《基于商业生态系统的企业竞争战略》，《管理世界》2005 年第 6 期。

[456] 张景安：《实现由技术引进为主向自主创新为主转变的战略思考》，《中国软科学》2003 年第 11 期。

[457] 张其仔：《社会资本与国有企业经济绩效研究》，《当代财经》2000 年第 1 期。

[458] 张世勋：《产业集群内厂商之网络关系对其竞争力影响之研究——新竹科学园区之实证》，硕士学位论文，（中国台湾）朝阳科技大学，2002 年。

[459] 张阳隆：《产业集群成因、企业行为与组织绩效之关联性研究》，硕士学位论文，（中国台湾）成功大学，2002 年。

[460] 张燚、张锐：《战略生态学：战略理论发展的新方向》，《科学学研究》2003 年第 2 期。

[461] 张映红：《动态环境对公司创业战略与绩效关系的调节效应研究》，《中国工业经济》2008 年第 1 期。

[462] 郑海涛、谢洪明、杨英楠、王成：《技术创新的影响因素的"CCLEII"模型研究》，《科研管理》2011 年第 10 期。

[463] 郑永忠：《大型医院组织文化、组织运作、经营管理与经营绩效之关系研究》，硕士学位论文，（中国台湾）成功大学，1996 年。